URBAN RAIL TRANSPORT PLANNING
AND DESIGN METHOD AND PRACTICE
ORIENTED OPERATION DEMAND

城市轨道交通规划设计方法与实践

——以运营需求为导向

何　霖　欧阳长城　韩松龄　等　编著

人民交通出版社股份有限公司
北　京

内 容 提 要

本书系统总结了广州地铁20年来线网运营的实践经验，从制约线网运营效率的规划设计和建设问题入手，以线网运营需求为考量，从提升运营服务标准出发，提出了规划、设计、建设及场站综合体开发等方法建议。全书共9章，内容包括：我国城市轨道交通发展概况、基本建设程序、规划设计现状及问题、线网运营需求分析、线网运营服务指标、湾区城市群发展及“互联网+”等新技术对线网运营提出的新需求、城市轨道交通规划阶段和建设阶段对运营需求的考量以及结语。

本书可为城市轨道交通行业政府主管部门、业主单位提供决策参考，亦可为城市轨道交通设计单位、咨询单位、城市轨道交通相关专业技术人员提供指引。

图书在版编目（CIP）数据

城市轨道交通规划设计方法与实践：以运营需求为导向 / 何霖等编著. —北京：人民交通出版社股份有限公司，2020.8

ISBN 978-7-114-16576-4

Ⅰ. ①城… Ⅱ. ①何… Ⅲ. ①城市铁路－交通规划 ②城市铁路－设计 Ⅳ. ①U239.5

中国版本图书馆CIP数据核字(2020)第089430号

Chengshi Guidao Jiaotong Guihua Sheji Fangfa yu Shijian —— yi Yunying Xuqiu wei Daoxiang

书　　名：城市轨道交通规划设计方法与实践——以运营需求为导向

著 作 者：何　霖　欧阳长城　韩松龄　等

责任编辑：吴燕伶

责任校对：孙国靖　宋佳时

责任印制：刘高彤

出版发行：人民交通出版社股份有限公司

地　　址：（100011）北京市朝阳区安定门外外馆斜街3号

网　　址：http://www.ccpcl.com.cn

销售电话：（010）59757973

总 经 销：人民交通出版社股份有限公司发行部

经　　销：各地新华书店

印　　刷：北京印匠彩色印刷有限公司

开　　本：787×1092　1/16

印　　张：23.5

字　　数：586千

版　　次：2020年8月　第1版

印　　次：2020年8月　第1次印刷

书　　号：ISBN 978-7-114-16576-4

定　　价：138.00元

前言

自20世纪60年代开始建设地铁，我国城市轨道交通建设已走过50多年的发展历程。随着经济的快速发展，城市综合规模的迅速扩大，中国城市化进程的不断加快，城市轨道交通的作用愈发突显。时至今日，城市轨道交通已经从“重大工程”“交通工具”，逐步向“生活要素”“生活平台”转变，成为各级政府贯彻党的十九大精神，实现人民对美好生活向往的重要途径和有力支撑。可以说，开展城市轨道交通建设的最终目的是运营，是为城市发展服务、为人民生活服务！

然而，城市轨道交通是系统复杂、投资巨大的百年工程，线网规划和建设规划从形式上决定了线网的形态以及建设时序，工程设计决定了运营设施的能力和乘客的舒适性、便捷性，它们对后期运营的总体效果会产生巨大影响。实践发现，规划、建设阶段存在的问题最后都会集中体现在线网运营上，前期规划设计一旦落地实施，运营阶段要再做出改变将非常困难。所以，科学合理的规划、设计和建设是支撑城市轨道交通网络化高效运营的基础，城市轨道交通的全价值链与产业链中的任何一个环节，规划、设计、建设过程中的任何一项标准，都将对线网运营起到重要的作用。广州作为国内首批申报城市轨道交通建设规划的城市，率先组织开展了在规划设计阶段超前进行运营管理研究的探索和尝试。通过广州地铁20多年的发展，笔者认为，要保持线网的先进性，建设使人民满意的城市轨道交通，应从四方面着手：一是坚持“运营就是用户”理念，从思想上打破固有的思维模式，彻底改变“设计一条线、建设一条线、新线补旧线”的做法。二是注重超前谋划，在规划、设计时即以运营服务标准作为重要考量因素，从网络化运营角度和服务需求出发，一次性超前做好总体规划，分线路、分步骤实施。三是建立运营提前介入规划、设计、建设的机制，重视线路运营后的总结评估，及时提出规划、设计、建设标准的优化建议，实现计划、执行、检查和处理（PDCA）四个阶段循环的良性反馈机制。四是紧跟时代发展步伐，从大湾区、城市群区域发展规划的全局视野出发，全面推进跨层级、跨行政区界的区域轨道交通一体化协同规划、协同设计、协同建设和协同运营，推进区域轨道交通共生共融。

本书基于对国内城市轨道交通发展情况的分析，从广州地铁运营实践总结发现的问题入手，将实际线网运营中发现的关键问题溯本逐源，回归到规划设计的源头进行原因分析，并结合粤港澳大湾区及城市群、信息化新技术给运营带来的新挑战，针对规划、设计、建设及场站综合体开发方面对运营需求的考量，提出了开展城市轨道交通规划设计的方法建议。

本书共9章，由何霖担任主编，负责拟定全书架构、确定各章要点并审定全书；欧阳长城、韩松龄为副主编，负责拟定全书技术路线、审定技术方案、统稿审核全书。其中，第1～3章、第9章主要参编人员为唐锐、陈玲玲、李坤、洪洁桦，审核人员为徐一平；第4～5章主要参编人员为鲍智军、潘志刚、唐元军、刘劲、张春海、黄慧瑾，审核人员为方思源；第6～8章主要参编人员为邓澄远、邹江源、耿明、张森、龚辉波、耿鸣山、李凤麟、陈虹兵、徐克杨，审核人员为孙元广。

本书可为城市轨道交通政府主管部门、城市轨道交通业主单位提供决策参考，亦可为城市轨道交通设计单位、咨询单位、城市轨道交通相关专业技术人员提供帮助。

由于水平有限，且各城市区位、城市特征、地理环境和线网运营情况不尽相同，书中观点如有不当之处，恳请广大同行及读者批评指正！合力推进城市轨道交通规划设计方法的完善和与时俱进发展，共同为国内城市轨道交通行业的可持续发展努力！

广州地铁集团有限公司

2020年3月

目录

第1章 我国城市轨道交通发展概况

1.1 城市轨道交通系统的概念及分类

1.1.1 城市轨道交通系统概念

从 1863 年到现在，城市轨道交通已走过近 160 年的发展历程。从蒸汽机车时代、内燃机车时代，到电力牵引车辆时代，随着系统技术的不断创新和迭代，城市轨道交通系统制式已趋于成熟并基本稳定。

根据《城市公共交通分类标准》（CJJ/T 114—2007）的定义，城市轨道交通为采用轨道结构进行承重和导向的车辆运输系统，依据城市交通总体规划的要求，设置全封闭或部分封闭的专用轨道线路，以列车或单车形式，运送相当规模客流量的公共交通方式，其包括地铁系统、轻轨系统、单轨系统、有轨电车系统、磁浮系统、自动导向轨道系统和市域快速轨道系统。而《城市轨道交通技术规范》（GB 50490—2009）中，将“采用轨道结构进行承重和导向”调整为“采用专用轨道导向运行”，并将“车辆运输系统”修改为“城市公共客运交通系统”。

结合《城市轨道交通工程项目建设标准》（建标 104—2008）对运输能力的界定，可以对城市轨道交通各制式以导向方式、系统运输能力等为界面，从轨道交通方式、系统、制式三个层面厘清相互关系，提出如下概念和分类：

城市轨道交通是在专用固定轨道上导向运行、采用封闭式或部分封闭式运营管理的城市公共客运交通系统。按照运能，城市轨道交通可分为高运量、大运量、中运量和低运量四个等级；按照轨道形式，城市轨道交通可分为钢轮钢轨方式和轨道梁方式（混凝土梁、钢梁或路面）；按照线路形式、运能等级和运输服务范围，城市轨道交通又可分为地铁、轻轨、市域快轨和有轨电车系统；根据目前的技术发展情况，在该四种系统下主要存在旋转电机制式、直线电机制式、单轨制式、磁浮制式、自动导向轨道制式、胶轮有轨电车制式六种制式产品。城市轨道交通系统分类说明如表 1-1 所示。

城市轨道交通系统分类说明一览表 表 1-1

<table>
<tr><td rowspan="7">定　义</td><td rowspan="7">轨道形式</td><td colspan="5">制式分类、产品构成及运输服务能力</td></tr>
<tr><td rowspan="2">运能等级</td><td>I</td><td>II</td><td>III</td><td>V</td></tr>
<tr><td>高运量</td><td>大运量</td><td>中运量</td><td>低运量</td></tr>
<tr><td>单向运能（万人次/h）</td><td>4.5 ～ 7</td><td>2.5 ～ 5</td><td>1 ～ 3</td><td>0.5 ～ 1</td></tr>
<tr><td>线路形式</td><td colspan="3">全封闭路权</td><td>全封闭或部分共用路权</td></tr>
<tr><td rowspan="2">系统 / 制式</td><td colspan="2">地铁</td><td>轻轨</td><td>有轨电车</td></tr>
<tr><td></td><td colspan="2">市域快轨</td><td></td></tr>
<tr><td rowspan="7">在专用固定轨道上导向运行、采用封闭式或部分封闭式运营管理的城市公共客运交通系统</td><td rowspan="3">钢轮钢轨</td><td rowspan="2">旋转电机制式</td><td rowspan="2">A 型车</td><td>B 型车</td><td>C 型车</td><td rowspan="2">现代有轨电车</td></tr>
<tr><td colspan="2">市域 D 型车</td></tr>
<tr><td>直线电机制式</td><td></td><td colspan="2">L_b、L_c 型车</td><td></td></tr>
<tr><td rowspan="4">轨道梁（混凝土梁、钢梁或路面）</td><td>单轨制式</td><td></td><td></td><td></td><td></td></tr>
<tr><td>磁浮制式</td><td></td><td></td><td></td><td></td></tr>
<tr><td>自动导向轨道制式</td><td></td><td></td><td></td><td></td></tr>
<tr><td>胶轮有轨电车制式</td><td></td><td></td><td></td><td></td></tr>
</table>

1.1.2　城市轨道交通系统分类

（1）地铁

地铁是一种高、大运量轨道交通运输系统，主要服务于城市主城区大客流输送通道，采用独立、专用轨道和信号系统，在城市地下隧道或高架桥梁上全封闭、高密度运行，单向运能通常在 2.5 万～ 7 万人次 /h，最高速度 80 ～ 100km/h，旅行速度 35 ～ 40km/h，平均站间距在城市中心区为 1 ～ 1.2km，在外围区为 2 ～ 3km。

（2）轻轨

轻轨是一种中运量轨道交通运输系统，主要服务于城市主城区次级客流输送通道，或外围组团中心主要客流输送通道，采用独立、专用轨道和信号系统，主要在城市地面或高架桥梁上全封闭、高密度运行，在局部城市建筑密集区节点也可采用地下方式运行。轻轨系统单向运能通常在 1.5 万～ 3 万人次 /h，最高速度 80 ～ 100km/h，旅行速度 35 ～ 60km/h，平均站间距 1 ～ 2km。

（3）市域快轨

市域快轨是一种中、大运量的快速轨道交通运输系统，主要服务于城市中心区与周边新城或外围组团、都市圈中心与外围副中心或周边卫星城的快速通勤需要。线路采用独立、专用的轨道和信号系统，在城市中心区地下隧道或外围有条件区域的地面（或高架桥上）全封闭、高密度运行，可采用快慢线运营模式。单向运能通常在 1 万～ 2 万人次 /h 或 3 万～ 5 万人次 /h，最高速度 120 ～ 160km/h，旅行速度 60 ～ 120km/h，平均站间距 4 ～ 7km。

（4）有轨电车

有轨电车是一种主要依靠人工驾驶、采用电力牵引、按地面公交模式组织运营的低运量轨道交通运输系统。其主要作为城市中心区填补地铁或轻轨空白，并通过与地铁、轻轨的衔接，提高其服务覆盖，并为地铁、轻轨喂给客流；也可作为中小城市或大城市外围组团的骨干运输通道。有轨电车可采用全封闭专有路权形式，也可采用部分专有路权（采用局部平交道口）或混合路权的形式运行。系统单向运能通常在 0.5 万～ 1.5 万人次 /h，最高速度 60 ～ 70km/h，旅行速度 20km/h 左右，平均站间距 0.6 ～ 1km。

1.1.3　城市轨道交通制式分类

1）钢轮钢轨

钢轮钢轨是城市轨道交通的主要形式，通常采用移动闭塞信号系统，以传统钢轮车辆在标准轨距为 1435mm 的钢轨上封闭运行。按驱动形式，其可分为旋转电机制式和直线电机制式。

（1）旋转电机制式

旋转电机制式为目前的主流制式，包含 A 型车、B 型车、C 型车、市域 D 型车及现代有轨电车等几种产品类型，可满足从低至高四个运量等级的运输需求。其中，现代有轨电车是近年来在传统有轨电车基础上发展起来的主要解决低运量运输需求的新型产品，其主要采用地面敷设，编组形式和路权形式灵活多样，运营组织灵活，最高速度可达到 70km/h，多数采用流线型车身、大车窗、对开门、100% 低地板等新颖设计，旅客上下车非常便捷、乘坐舒适，车辆外形美观、车内视野开阔。

（2）直线电机制式

直线电机制式是利用直线感应牵引电机驱动（处在平面内，采用三相电源的牵引电动机，初级安装在车辆上，次级固定在轨道上），利用钢轮钢轨支撑，主要应用在转弯半径小、爬坡能力要求高、建筑物密集、选线条件紧张的城市中心区，分为 L_b、L_c 两种车型，可满足中运量和大运量等级的运输需求。

2）轨道梁

轨道梁是为适应城市特殊需求，以中、低运量为主发展起来的新型制式，列车通过自动导向装置，采用跨坐式、悬吊式、走行式等多种形式在轨道梁上全封闭或半封闭运行。轨道梁主要采用混凝土梁、钢梁等形式，最新的胶轮导向有轨电车将轨道梁简化为混凝土路面。

（1）单轨制式

单轨制式是采用电力牵引列车在混凝土制或钢制轨道梁上运行的中运量轨道交通系统。按照走行模式和结构关系，其可以分为跨坐式单轨和悬吊式单轨。通常采用走行轮在轨道梁上行走，利用导向轮和稳定轮进行限位和导向，以保障车辆安全平稳地行驶。

单轨制式的车辆较短，车体宽度与钢轮钢轨旋转电机制式的 B 型车相当，通常采用高架单梁敷设，可沿道路中间或一侧敷设，采用橡胶轮胎，爬坡能力强，转弯半径较小，环境噪声影响较低。但单轨列车运量较低，道岔部分结构复杂，无乘客专用疏散通道，发生故障情况下的列车救援和乘客疏散困难；橡胶轮胎使用寿命较短、运营成本较高，磨损后产生的橡胶粉尘若处理不当易造成污染。

（2）磁浮制式

磁浮制式是在常温条件下，利用电导磁力悬浮技术使列车上浮，再利用直线电机产生的电磁力驱动行驶的一种现代高科技轨道交通系统。它通过电磁力实现列车与轨道之间的无接触的悬浮和导向，车厢不需要车轮、车轴、齿轮传动机构和架空输电线网。现行轨距标准为 2800mm，主要在高架桥上行驶，特殊地段也可在地面或地下隧道中运行。

按照悬浮系统的设计方式，其主要分为超导斥力悬浮型、常导电磁吸引悬浮型和常导电磁斥力悬浮型。

①超导斥力悬浮型列车的悬浮气隙较大，速度可达 500km/h 以上，采用直线同步电机驱动，主要应用于城市间的长距离快速运输，目前暂无应用线路。

②常导电磁吸引悬浮型列车主要分为长定子型直线同步电动机驱动和短定子型直线感应电动机驱动两类。长定子型直线同步电机驱动型列车，悬浮气隙约 10mm，速度快，主要应用于高速城市轨道交通系统，如上海浦东机场线（速度 430km/h）。短定子型直线感应电机驱动型列车，悬浮气隙约 8mm，速度 100km/h 左右，主要应用于中低速城市轨道交通系统，如日本东部丘陵线（藤丘至八草）、长沙机场磁浮快线、北京 S1 线等。近年来，为适应我国城市群、都市圈和市域快速出行需求，部分厂家正在开展 120 ～ 160km/h 速度等级的中速磁浮列车研究。

③常导电磁斥力悬浮型列车由美国磁浮飞机制造公司开发，气隙 200mm，速度为 100 ～ 500km/h，采用直线同步电机驱动，暂无应用线路。

城市轨道交通制式技术特征表

表 1-2

制式名称	单向运能（万人次/h）	最高运行速度（km/h）	车辆尺寸（长×宽，m）	车辆定员（人/辆，AW_2 工况）	常用编组形式	牵引供电形式	正线最小曲线半径(m)	线路最大爬坡能力	路权形式	敷设方式
旋转电机	0.5～7	A型车、B型车:80～120 C型车:80 市域D型车:140～160 有轨电车:60～70	A型车:23.6（22）×3.0 B型车:19×2.8 C型车:2.6（宽度） 市域D型车:18.6（18.24）×3.3 有轨电车:36.55（四模块）×2.65	A型车:310 B型车:230（250） C型车:— 市域D型车:190～253 有轨电车:305（四模块）	3～8节（铰接车型除外）	A、B、C型车:DC750V、DC1500V 市域D型车:AC2.5kV 有轨电车:DC500～900V	A型车:350 B型车:300 C型车:100 市域D型车:1100～1500 有轨电车:150	A、B型车:30‰ C型车:60‰ 市域D型车:40‰ 有轨电车:50‰	除有轨电车采用全封闭路权或部分共用路权外，其余均为全封闭路权	地面、地下、高架
直线电机	1～4.5	90	L_b 型:17.2（16.8）×2.8 L_c 型:15.5×2.6	L_b 型:217（242） L_c 型:160	3～6节	DC1500V、DC750V	150	60‰	全封闭路权	地下、高架
单轨	1～2.5	80	14.8（13.9）×2.9	151（165）	3～6节	DC1500V	100	60‰	全封闭路权	高架
磁浮	1～2.5	100	16×2.8	150	3～6节	DC500V～900V	75	70‰	全封闭路权	高架
自动导向轨道	0.5～1.5	60	12.75×2.845（庞巴迪CX-100）	138	2～3节	AC600V、DC750V	50	65‰～70‰	全封闭路权	地下、高架
胶轮有轨电车	0.5～1	70	36（四模块）×2.65	256（四模块）	3～4模块	DC500～900V	15	80‰	部分共用路权	地面

注:1. 车辆尺寸中括号内外长度分别为无/有司机室的车辆长度。
2. AW_2 工况，指定员 6 人/m^2 条件下。

(3)自动导向轨道制式

自动导向轨道制式是一种车辆采用橡胶轮胎在混凝土梁或钢梁专用轨道上运行的中、低运量旅客运输系统(简称 APM),其列车沿着特制的导向装置行驶,可实现全自动无人驾驶,在市区通常采用地下隧道,在市郊采用高架结构。自动导向轨道制式通常应用于城市机场内部专用线、旅游专用线或运量适中的客流通勤和集散线路。该制式爬坡能力强、转弯半径小;但橡胶轮胎使用寿命较短、运营成本较高,磨损后产生的橡胶粉尘若处理不当易造成污染。

目前,世界上最主要的 APM 车辆制造商有德国的西门子公司、加拿大的庞巴迪公司以及日本的三菱重工(MHI)和石川岛播磨重工(IHI)等,这些车辆产品在电机类型、供电方式以及导向轨的设置形式等方面均有所不同。由于自动导向轨道系统应用范围有限,APM 制式并未形成国际通用标准,目前仅日本制定了统一的 APM 技术规范。2018 年,我国中车株洲电力机车集团公司、比亚迪集团公司等均研制推出了自动导向轨道制式车辆,但暂无实际应用案例。

(4)胶轮有轨电车制式

胶轮有轨电车制式是近年来在钢轮钢轨有轨电车制式基础上发展起来的新型路面交通工具。该制式是结合大巴与有轨电车技术的创新应用,其车辆定员和外形尺寸与钢轮钢轨有轨电车相当,利用视频识别、雷达测距和定位等技术,识别路面虚拟轨道并采用有轨电车的运营模式运营,可采用接触网或超级电容(动力源)供电方式。胶轮有轨电车制式基本不涉及路面土建施工,其建设周期短、投资少、运营组织灵活、节能环保,也是传统快速公交系统(BRT)的有效替代。

城市轨道交通制式技术特征如表 1-2 所示。

1.2 城市轨道交通发展概况

从 20 世纪 90 年代启动城市轨道交通建设以来,我国城市轨道交通总体经历了缓慢发展期、初步发展期和快速发展期三个阶段。

截至 2018 年底,我国累计共有 35 座城市开通城市轨道交通运营线路 185 条,运营线路总长度 5761.4km,拥有 4 条以上线路和换乘站 3 座及以上(不重复计算),实现网络化运营的城市共 16 座,占已开通城市轨道交通运营线路城市总数的 46%(未含港澳台数据,后同)。

1.2.1 起步期(1965—2000 年)

1953 年 11 月,中共北京市委向中共中央提出了及早筹划地下铁道建设、为城市居民提供最便利、最经济交通工具的建议。新中国成立之初,北京市常住人口不到 300 万人,机动车仅有 5000 多辆。1965 年 7 月 1 日,北京正式举行了北京地铁一期工程开工典礼,项目定位为“战备为主,兼顾交通”,于 1969 年 10 月 1 日完工,1971 年对市民开放。同期的上海和广州也分别依托“60 号”工程和人防“9 号”工程开展了地铁建设的研究尝试。

进入 20 世纪 90 年代,随着上海、广州地铁项目的启动建设,我国其他城市,如沈阳、天津、南京、重庆、武汉、深圳、成都、青岛等开始申报轨道交通项目,纷纷向国家提出立项审批申请。由于地铁建设发展迅猛、工程造价居高不下、设备大量引进等问题,面对并不宽松的政府财政，国家暂停了地铁项目审批。

截至 2000 年末，按户籍人口计算，自 1990 年以来，全国总人口增加 12410 万人，增幅 10.9%。全国市辖区年末总人口为 200 万人以上的地级及以上城市数量占全部地级及以上城市总数的 7.6%。36 座主要城市中，共 25 座城市户籍人口超过 300 万人（其中，22 座城市超过 500 万人）。

1999—2000 年末，全国私人汽车拥有量自 81.62 万辆迅速增加到 625.33 万辆，增加约 6.6 倍，累计净增 543.71 万辆。

截至 2000 年末，全国国内生产总值自 1990 年的 1.88 万亿元增长到 10 万亿元，累计增长 8.12 万亿元（按名义国内生产总值统计）。其中，36 座主要城市的地区生产总值近 4 万亿元，占全国总量的 40%。自 1990 年来，全国财政收入增长 3.6 倍，地方财政收入增长 2.3 倍；36 座主要城市一般公共预算收入增长 2.9 倍，占全国财政收入总增加值的 19%，占地方财政收入总增加值的 3.4%，但仅北京、上海两座城市的一般公共预算收入超过 300 亿元，广州、深圳 2 座城市超过 150 亿元，其余城市财政资金仍然紧张。

1990—2000 年末，我国仅北京、上海和广州三座城市开通了城市轨道交通线路，新建完成了北京地铁复八线（今北京地铁一号线）、上海地铁一号线和广州地铁一号线三条线路，累计建成开通里程约 138km。

1.2.2　初步发展期（2000—2010 年）

20 世纪末期，随着国家社会经济发展，城市集聚效应加强，城市人口流动加快，城市经济实力大幅增长，我国各城市建设地铁的条件逐步发展成熟，城市轨道交通进入初步发展阶段。

2000—2010 年末，按户籍人口计算，全国总人口增加 7348 万人，增幅 5.8%。对比上个十年期，全国净人口增加值下降 40%。全国市辖区年末总人口为 200 万人以上的地级及以上城市数量占全部地级及以上城市总数的比例增加 1 倍，达到 15%。36 座主要城市人口增加 2521 万人，增幅 11%，占全国总人口增量的 34%。36 座主要城市中，共 27 座城市户籍人口超过 300 万人（其中，24 座城市超过 500 万人），城市人口出现净流入持续增长趋势。

2000—2010 年末，全国私人汽车拥有量自 625.33 万辆迅速增加到 5938.71 万辆，增长近 8.5 倍。十年间累计净增 5313.38 万辆，是上个十年期净增数量的 9.8 倍。其中，私人小型载客汽车拥有量从 408.49 万辆（2002 年数据）增加到 4593.46 万辆，增加近 10 倍，占比自 44% 提升至 77%。小汽车数量急剧攀升，城市道路交通压力显现。

截至 2010 年末，全国国内生产总值达到 41.2 万亿元，自 2000 年至 2010 年末累计增长近 31.2 万亿元（按名义国内生产总值统计），是上个 10 年期的 3.8 倍；36 座主要城市的地区生产总值达 16 万亿元，占全国总量的 39%。自 2000 年来，全国财政收入增长 5.2 倍，地方财政收入增长 5.6 倍；36 座主要城市一般公共预算收入增长超过 5.4 倍，占全国财政收入总增加值的 21%，占地方财政收入总增加值的 42.5%，其中，16 座城市一般公共预算收入超过 300 亿元，10 座城市超过 150 亿元，城市财政能力大幅增强。

除北京外，上海、广州的地铁一号线陆续于 20 世纪 90 年代建成，并相继启动了二号线、三号线等后续线路的建设工作。深圳、重庆、武汉等城市也纷纷获得国家批准，启动城市轨道交通建设。至 2010 年末，我国累计建成、开通城市轨道交通线路 1514.3km。其中，共有 9

座城市新开通城市轨道交通线路近 1376km，新增里程相当于 2000 年前累计开通总里程的近 10 倍。

1.2.3 快速发展期（2010 年至今）

随着城市机动车数量继续快速增加，城市道路供给日趋紧张，道路通行速度不断下降，城市交通拥堵现象日益严重，加上超大城市极端雾霾天气的频繁出现，城市轨道交通作为绿色、大运量的公共交通工具，成为城市公共交通的重要发展方向。城市轨道交通进入快速发展阶段。

自 2010 年至 2018 年，全国人口增加 5447 万人，对比上个十年，人口增速有所放缓。36 座主要城市人口增加约 2440 万人，增幅 10%，与上个十年基本持平。但人口继续快速向大城市聚集，全国市辖区年末总人口达 200 万人以上的地级及以上城市新增 17 座。36 座主要城市中，常住人口超过 1000 万人的达到 13 座，常住人口超过 500 万人的达到 16 座，合计占比超过 80%。

自 2010 年至 2018 年末，全国私人汽车拥有量自 5938.71 万辆增加到 20574.93 万辆，增加近 3 倍，累计净增 14636.22 万辆。其中，私人小型载客汽车拥有量从 4593.46 万辆增加到 16788.42 万辆（2017 年数据），占比自 77% 提升至 90%。以广州为例，2000 年原市八区范围内私人小客车保有量为 17.4 万辆，2010 年广州市域范围内私人小客车保有量为 114.3 万辆，2018 年则增长至 186.5 万辆，即使采取了限制上牌等措施，2010 年以来机动车数量仍增长 63%；2000 年广州建成区内主要道路平均车速在 30km/h 左右，2010 年后广州核心区晚高峰平均车速为 23km/h。

截至 2018 年末，全国国内生产总值达到 90 万亿元，增加近 48.8 万亿元（按名义国内生产总值统计），对比 2010 年，国内生产总值总量翻一番以上；36 座主要城市的地区生产总值增加近 19 万亿，占全国总增加值 39%，对比 2010 年，增幅达 118%。自 2010 年来，全国财政收入增长 1.2 倍，地方财政收入增长 1.4 倍；36 座主要城市一般公共预算收入增长超过 1.5 倍，占全国财政收入总增加值的 26%，占全国地方财政收入总增加值的 45.6%，其中，5 座城市一般公共预算收入超过 2000 亿元，8 座城市超过 1000 亿元，10 座城市超过 500 亿元，除拉萨、银川、西宁、海口和兰州 5 市外，其余城市均超过 300 亿元。城市财政能力快速提升。

截至 2018 年末，我国已建成开通城市轨道交通的城市达到 35 座，累计开通运营里程达到 5761.4km（含地铁、轻轨、单轨、市域快轨、有轨电车及磁浮系统），车站数 3394 座，服务城市人口 3.36 亿人。已开通城市轨道交通的 35 座城市中，有 20 座城市于 2010 年后启动建设，占城市总数的 57%。2011—2018 年，我国有 24 座城市新开通地铁 3343.95km，新开通轻轨、市域快轨、单轨、有轨电车及磁悬浮系统等 985.35km。

据不完全统计，截至 2018 年末，我国共有 53 座城市在建城市轨道交通线路 258 条，在建线路里程达到 6374km；全国累计获批城市轨道交通线网规划的城市共 63 座，获批复且在实施的城市 61 座，在实施建设规划线网长度 7611km。

2010—2018 年城市轨道交通发展情况如图 1-1 ～图 1-3 所示，运营数据和线网统计数据分别如表 1-3、表 1-4 所示。

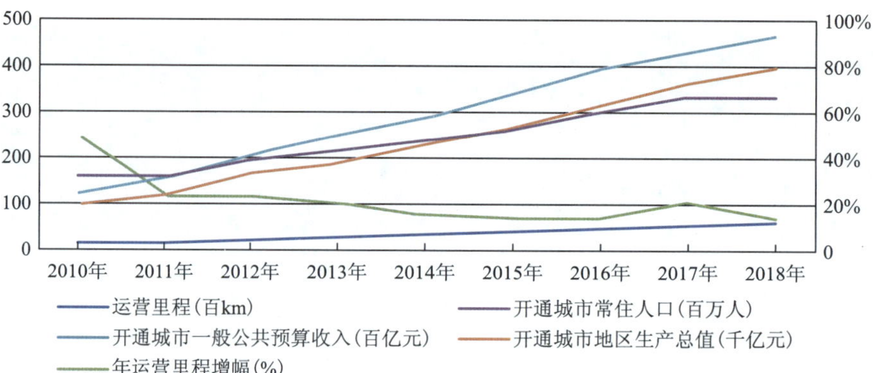

图 1-1　2010—2018 年城市轨道交通发展示意图

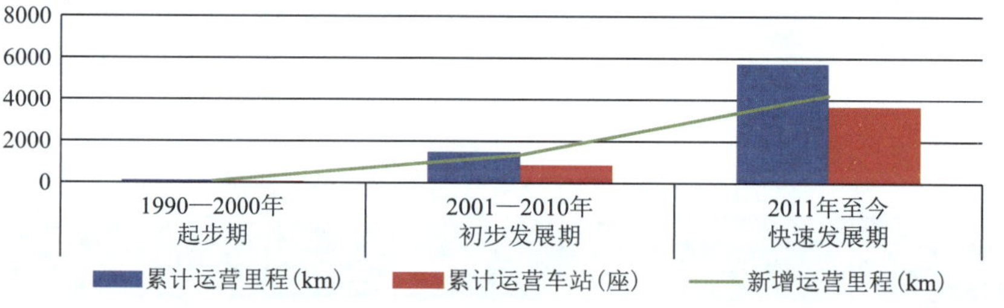

图 1-2　我国城市轨道交通发展阶段运营对比示意图

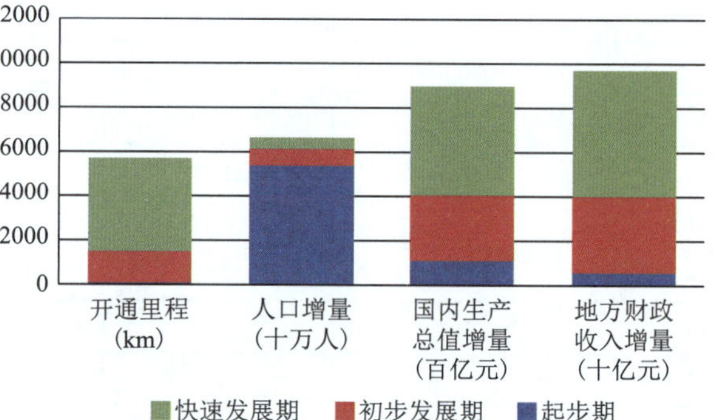

图 1-3　我国城市轨道交通发展阶段对比图

我国城市轨道交通线网运营数据统计表　　表 1-3

年度	运营里程（km）	新增运营里程（km）	年运营里程增幅	人口			经济			财政			运营车站数量（座）	年度客运量（亿人次）
				全国人口（百万人）	开通城市常住人口（百万人）	开通城市人口占全国的比例	全国国内生产总值（百亿元）	开通城市的地区生产总值（百亿元）	开通城市的地区生产总值占全国的比例	全国地方财政收入（百亿元）	开通城市一般公共预算收入（百亿元）	开通城市财政收入占比全国的比例		
2000 年	138	54	—	1267	40	3.1%	1003	103	10.3%	64	10	16.1%	—	—
2005 年	544.6	72	—	1308	103	7.9%	1873	422	22.5%	151	43	28.3%	—	—
2010 年	1514.3	498	49.0%	1341	151	11.3%	4121	985	23.9%	406	118	29.1%	—	55.7

续上表

年度	运营里程（km）	新增运营里程（km）	年运营里程增幅	人口			经济			财政			运营车站数量（座）	年度客运量（亿人次）
				全国人口（百万人）	开通城市常住人口（百万人）	开通城市人口占全国的比例	全国国内生产总值（百亿元）	开通城市的地区生产总值（百亿元）	开通城市的地区生产总值占全国的比例	全国地方财政收入（百亿元）	开通城市一般公共预算收入（百亿元）	开通城市财政收入占比全国的比例		
2011年	1864.3	350	23.1%	1347	160	11.9%	4879	1204	24.7%	525	156	29.6%	—	71
2012年	2286	421.7	22.6%	1354	196	14.4%	5386	1642	30.5%	611	205	33.5%	—	87
2013年	2746	460	20.1%	1361	218	16.0%	5930	1926	32.5%	690	247	35.8%	—	110
2014年	3173	427	15.5%	1368	242	17.7%	6413	2322	36.2%	759	288	38.0%	—	126
2015年	3618	445	14.0%	1375	263	19.2%	6860	2665	38.9%	830	344	41.5%	2236	138
2016年	4152.8	534.8	14.8%	1383	299	21.6%	7401	3117	42.1%	872	394	45.2%	2671	160.9
2017年	5032.7	879.9	21.2%	1390	332	23.9%	8208	3624	44.2%	915	431	47.1%	3234	184.8
2018年	5761.4	728.7	14.5%	1395	337	24.1%	9003	3911	43.4%	979	465	47.5%	3394	210.7

注：2011—2014年无开通车站统计数据。

2018年底各城市轨道交通运营线网统计数据 表1-4

城市名称	常住人口（万人）	线网里程（km）		线网车站数（座）	运营年限（年）
		总里程	地铁里程		
北京	2154.2	713	617	347	47
上海	2423.8	784.6	669.5	386	25
广州	1490.4	463.9	452.3	227	19
天津	1559.6	226.8	166.7	163	14
深圳	1302.7	297.6	285.9	186	14
重庆	2031.6	313.4	214.9	160	14
武汉	1108.1	348	263.7	233	14
成都	1633.0	329.8	222.1	190	8
苏州	1072.2	164.9	120.7	120	6
哈尔滨	1085.8	21.8	21.8	22	5
西安	1000.4	123.4	123.4	89	7
郑州	1013.6	136.6	93.6	64	5
石家庄	1095.2	28.4	28.4	26	1
杭州	980.6	114.7	114.7	80	6
青岛	939.5	178.2	44.8	92	3
南京	843.6	394.3	176.8	187	13
东莞	839.2	37.8	37.8	15	2
沈阳	829.4	128.4	59	119	9
宁波	820.2	74.5	74.5	50	4
长沙	815.5	67.3	48.8	45	2
合肥	808.7	52.3	52.3	46	2

续上表

城市名称	常住人口（万人）	线网里程(km)		线网车站数（座）	运营年限（年）
		总里程	地铁里程		
佛山	790.6	21.5	21.5	15	7
福州	774.0	24.6	24.6	21	2
长春	753.4	117.7	38.6	119	16
南宁	725.4	53.1	53.1	41	2
大连	698.7	181.3	54.1	106	15
昆明	685.0	88.7	88.7	57	6
无锡	657.5	55.7	55.7	45	4
南昌	554.6	48.5	48.5	40	3
淮安	492.5	20.1	0	23	2
贵阳	488.2	33.7	33.7	24	1
厦门	411.0	30.3	30.3	24	1
兰州	375.4	61	0	6	3
乌鲁木齐	350.5	16.7	16.7	12	0
珠海	189.1	8.8	0	14	1

1.3　我国城市轨道交通线网发展情况分析

1.3.1　发展速度

2010 年以来，我国城市轨道交通发展速度惊人。

2000—2010 年，我国城市轨道交通合计新增运营里程 1377km；2010 年至今，我国城市轨道交通合计新增运营里程达 4247km，相当于前一个十年新增量的 3 倍。2010 年以来，我国城市轨道交通每年平均新增运营里程约 528km，年度建成里程相当于 20 世纪 90 年代至 2005 年的 15 年累计建成规模之和，运营线网年均增幅 18%，持续保持高速增长。其中，重庆、武汉和深圳市增长速度最快，运营线网年均增幅超过 30%。如图 1-4 ～图 1-7 所示。

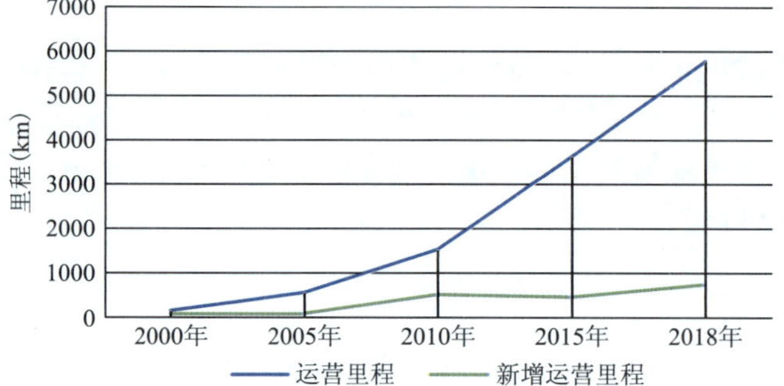

图 1-4　城市轨道交通开通里程示意图

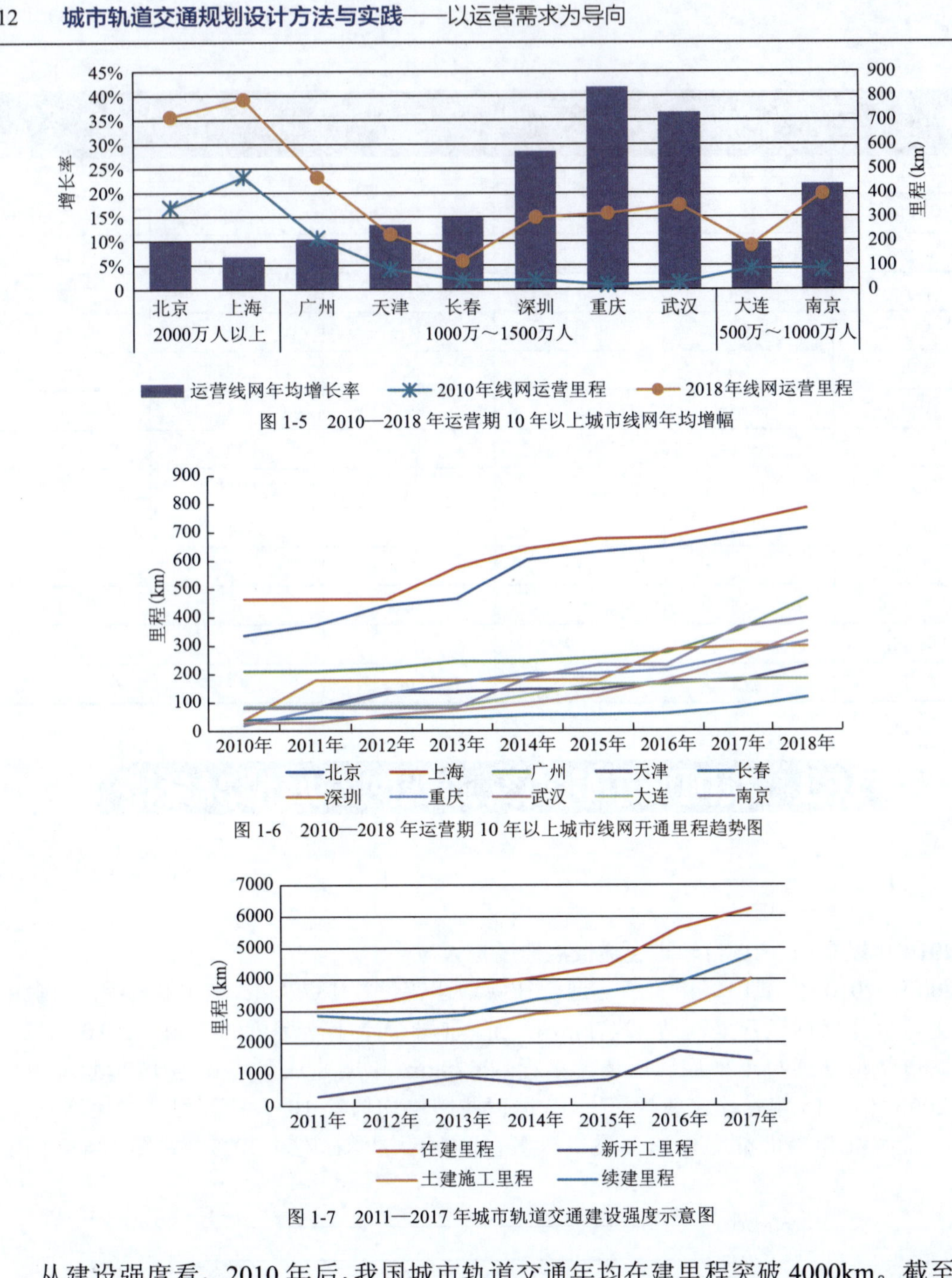

图 1-5　2010—2018 年运营期 10 年以上城市线网年均增幅

图 1-6　2010—2018 年运营期 10 年以上城市线网开通里程趋势图

图 1-7　2011—2017 年城市轨道交通建设强度示意图

从建设强度看，2010 年后，我国城市轨道交通年均在建里程突破 4000km。截至 2018 年，按平均 5 年建设工期（含 1 年机电安装及调试），并忽略现代有轨电车情况，估算我国城市轨道交通年均建设强度最高约 4800km，平均约 3800km；土建施工的年均建设强度最高 4030km，平均约 3000km。

1.3.2　发展规模

2018 年，全世界城市轨道交通线网总里程 26100km，我国城市轨道交通线网里程 5761.4km，占世界总规模的 22%，是线网里程位居世界第二位的德国（3147.6km，其中

2749km 为有轨电车线路）的 1.83 倍。2018 年全世界城市轨道交通线网运营里程国家排名如图 1-8 所示。

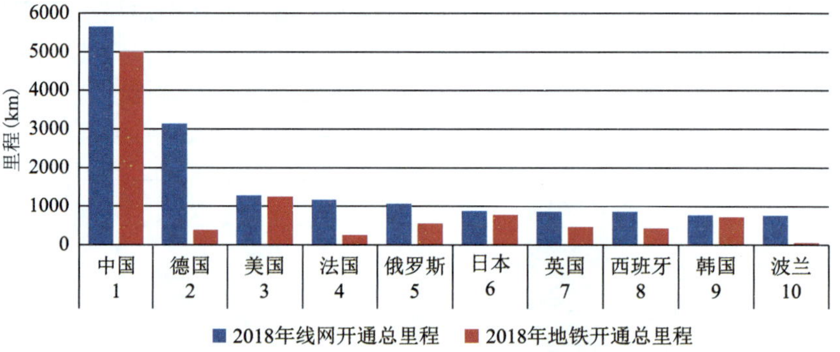

图 1-8　2018 年全世界城市轨道交通线网运营里程国家排名

根据日本统计局数据，2006 年全世界城市轨道交通线网里程约 11245km。按此口径计算，2006—2018 年 10 余年间，全世界城市轨道交通新增里程 14855km，我国城市轨道交通新增运营里程约 5092km，占全世界新增总里程的 34%。

截至 2018 年底，北京、上海、广州、南京、武汉 5 座城市轨道交通总里程进入世界前十（图 1-9）。其中，北京、上海、广州、南京 4 座城市地铁总里程进入世界前十，大连、重庆、长春、天津、武汉 5 座城市轻轨总里程进入世界前十。拥有 4 条或以上线路、3 座以上换乘站，实现网络化运营的城市达到 16 座。

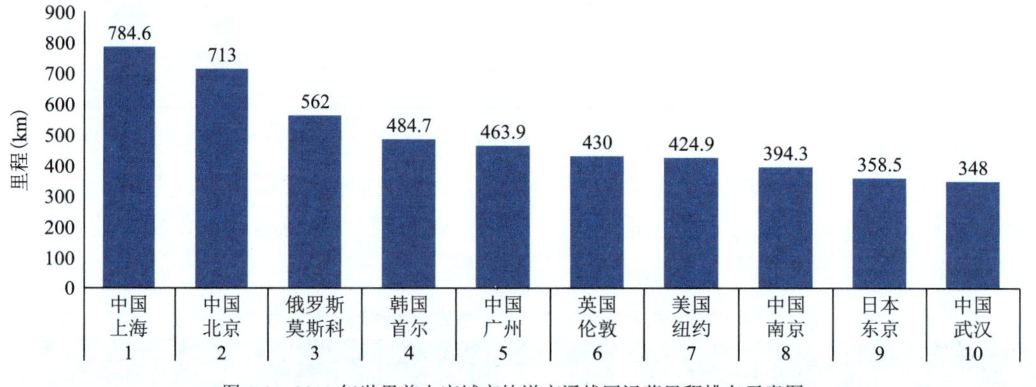

图 1-9　2018 年世界前十座城市轨道交通线网运营里程排名示意图

截至 2018 年底，我国开通城市轨道交通的 35 座城市中，有 7 座城市轨道交通线网规模超过 300km；2 座城市轨道交通线网规模超过 200km；8 座城市轨道交通线网规模超过 100km，其余 16 座城市处于 100km 以内。

总体来看，全国城市轨道交通发展水平并不平衡。

2018 年，35 座开通城市轨道交通的城市中，北京、上海、广州三座超大城市常住人口合计约 6068 万人，占全国总人口数 4.3%；地区生产总值总量合计达 8.6 万亿元，约占全国国内生产总值总量的 9.6%，财政收入合计约 1.45 万亿元，约占全国地方财政收入的 14.8%；累计开通城市轨道交通线路 1961.5km，约占全国运营线网总里程的 34%。

2018 年，35 座开通城市轨道交通的城市中，共 7 座城市线网开通里程超过 300km（含北、上、广），7 座城市常住人口合计约 1.17 亿人，占全国总人口 8.4%；地区生产总值总量合计达 14.9 万亿元，约占全国国内生产总值总量的 16.6%，财政收入合计约 2.1 万亿元，占全国地方财政收入的 21.5%；总运营里程约 3343km，占全国运营线网总里程的 58%，万人拥有城市轨道交通规模指标为 0.29km/ 万人，远高于其他城市一倍以上。2018 年我国城市轨道交通运营线网总里程对比如图 1-10 所示，我国城市轨道交通线网规模构成见表 1-5。

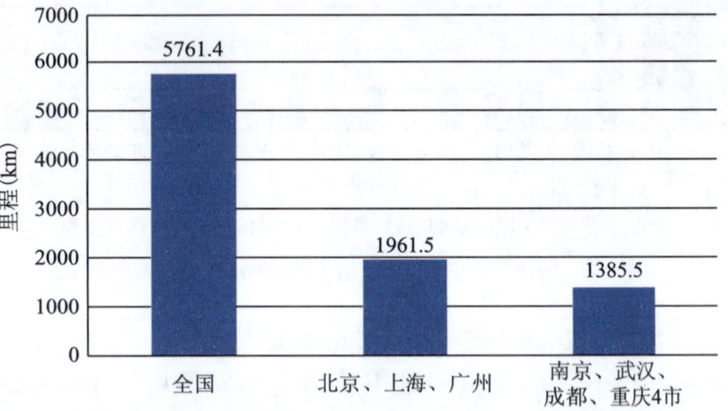

图 1-10　2018 年全国城市轨道交通运营线网总里程对比分析

2018 年底我国城市轨道交通线网规模构成　　表 1-5

线网规模（km）	城市数量（座）	服务人口（万人）	占总服务人口比例(%)	线网运营总里程（km）	占总运营里程比例(%)	万人公里指标（km/ 万人）
⩾ 300	7	11684.7	35%	3347	58%	0.29
200 ～ 300	2	2862.3	8%	524.4	9%	0.18
100 ～ 200	8	7287.8	22%	1145.2	20%	0.16
100 以下	18	11958.2	35%	744.8	13%	0.06

从城市总的轨道交通拥有量来看，对比伦敦、巴黎、纽约、柏林、东京等国外轨道交通发达城市，北上广三座城市的地铁规模指标基本与世界发达国家城市相当，但在综合轨道交通规模指标上仍存在较大差距，尤其是在市域（铁路）轨道交通网络层次上差距更为明显，总的市域（铁路）轨道百万人拥有量仅为国外先进城市的 10% ～ 20%。如表 1-6 所示。

2018 年世界主要城市轨道交通发展指标对比一览表　　表 1-6

城市名称及数据		东京	上海	墨西哥城	首尔	北京	纽约	广州	伦敦	巴黎	莱茵-鲁尔	香港	马德里	罗马	柏林	新加坡
城市人口量级		2000 万～ 3000 万人					1000 万～ 2000 万人					1000 万人以下				
城市数据	城市区域人口（百万人）	30	24.3	22	22	21.5	18.7	14.9	13.9	12	11.2	7	5.8	5.5	4.9	4.3
	城市区域面积（km^2）	12563	6341	14000	2300	16411	8680	7434	16262	14500	7000	1104	4610	5352	1429	692
	城市区域人口面积比（人 /km^2）	2388	3833	1571	9565	1310	2154	2004	855	828	1600	6341	1258	1028	3429	6214
	主要市区人口（百万人）	8.5	12.4	20.8	10.3	12.5	8.2	8.2	8.5	9.6	11.2	7.0	3.6	2.7	3.4	4.3
	主要市区面积（km^2）	620	1499	3000	605	1369	1214	1166	1623	2720	7000	1104	996	1285	892	692
	主要市区人口面积比（人 /km^2）	13710	8272	6933	17025	9131	6755	7067	5237	3529	1600	6341	3614	2101	3812	6214

续上表

城市名称及数据		东京	上海	墨西哥城	首尔	北京	纽约	广州	伦敦	巴黎	莱茵-鲁尔	香港	马德里	罗马	柏林	新加坡
城市数据	2005 年地区生产总值(10 亿美元)	1191	481	315	218	446	1133	336	452	460	655	244	188	—	75	129
	2005 年人均地区生产总值(美元)	39700	19777	14318	9909	20739	60588	22562	32518	38333	58482	34857	32414	—	15306	30000
地铁数据	地铁线路长度(km)	358.5	646.7	202	484.7	490.2	424.9	279.1	430	213	—	91	283	36	146	109
	地铁线路长度/市区面积(km/km²)	0.58	0.43	0.07	0.80	0.36	0.35	0.24	0.26	0.08	—	0.08	0.28	0.03	0.16	0.16
地铁数据	地铁线路长度/市区人口(km/百万人口)	42	52	10	47	39	52	34	51	22	—	13	79	13	43	25
市郊轨道	市郊轨道线路长度	1065	137.9	27	—	222.8	1086	184.8	3242	1401	200	113	339	—	331	—
	市郊轨道线路长度/城市面积(km/km²)	0.08	0.02	0.00	—	0.01	0.13	0.02	0.20	0.10	0.03	0.10	0.07	—	0.23	—
	市郊轨道线路长度/城市人口(km/百万人口)	36	6	1	—	10	58	12	233	117	18	16	58	—	68	—
总线网数据	总线网长度(km)	1357	784.6	229	287	713	1484	463.9	3657	1614	200	204	661	36	477	109
	总线网长度/市区面积(km/km²)	0.11	0.12	0.02	0.12	0.04	0.17	0.06	0.22	0.11	0.03	0.18	0.14	0.01	0.33	0.16
	总线网长度/市区人口(km/百万人口)	45	32	10	13	33	79	31	263	135	18	29	114	7	97	25

注：1. 摘自《2007 年广州市城市轨道交通线网规划修编咨询报告》。
2. 北京、上海、广州地区生产总值数据为 2018 年统计数据。

1.3.3　建设条件

截至 2018 年底，已开通城市轨道交通线路的 35 座城市中，常住人口在 2000 万人以上的城市共 2 座，在 1000 万～1500 万人的城市共 9 座，在 500 万～1000 万人的城市共 18 座，在 500 万人以下的城市共 6 座（除珠海低于 200 万人，其余均在 350 万人以上）。

以 2017 年为折算基准年（依据国家统计局口径，将各城市历年名义地区生产总值折算为不变价格地区生产总值，下同），按常住人口统计各城市首次启动地铁、轻轨和市域快轨时的人均地区生产总值和人均一般公共预算收入（财政能力）。

（1）首次启动轻轨建设的城市经济指标

启动轻轨建设的城市人均地区生产总值基本范围为 2.8 万～4.8 万元，平均在 4 万元左右；城市人均一般公共预算收入基本范围为 0.2 万～0.3 万元，平均在 0.25 万元左右。如图 1-11、图 1-12 所示。

（2）首次启动地铁建设的城市经济指标

剔除部分城市因人口密度和出行习惯因素影响，可以看到 1000 万人以上城市启动地铁建设的人均地区生产总值基本范围为 4 万～8 万元，平均在 6 万元左右；1000 万人以下城市启动地铁建设的人均地区生产总值基本范围为 6 万～10 万元，平均在 8 万元左右。1000 万人以上城市启动地铁建设的人均一般公共预算收入基本范围为 0.4 万～0.8 万元，平均在 0.6 万元左右；1000 万人以下城市启动地铁建设的人均一般公共预算收入基本范围为 0.4 万～ 1.2 万元，平均 0.8 万元左右。如图 1-13、图 1-14 所示。

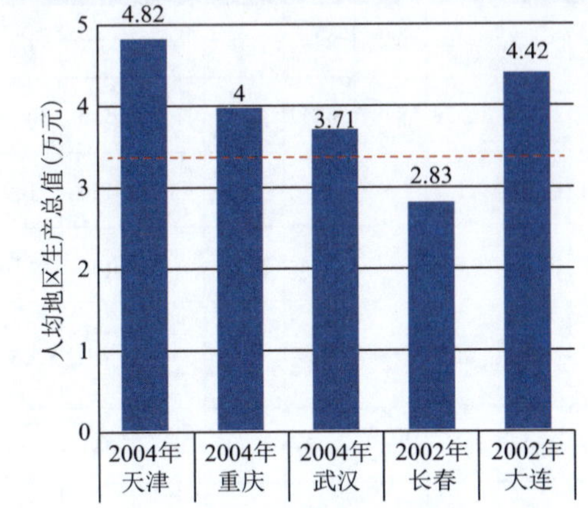

图 1-11 启动轻轨建设经济指标——人均地区生产总值

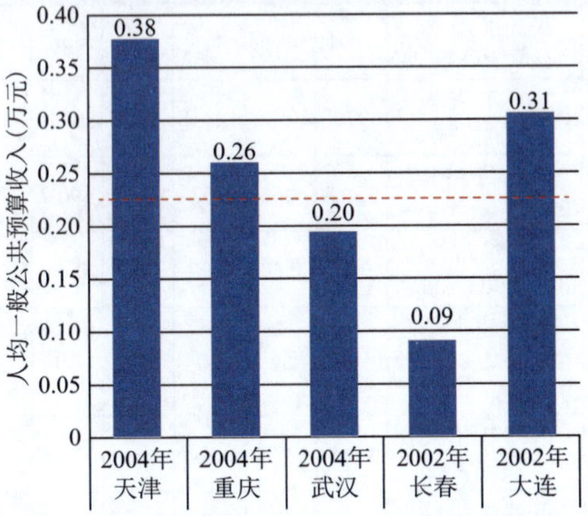

图 1-12 启动轻轨建设经济指标——人均一般公共预算收入

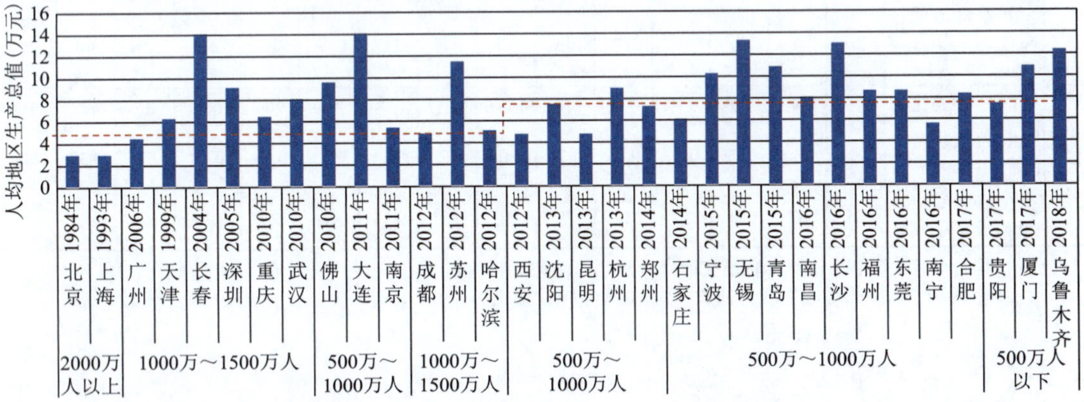

图 1-13 启动地铁建设经济指标——人均地区生产总值

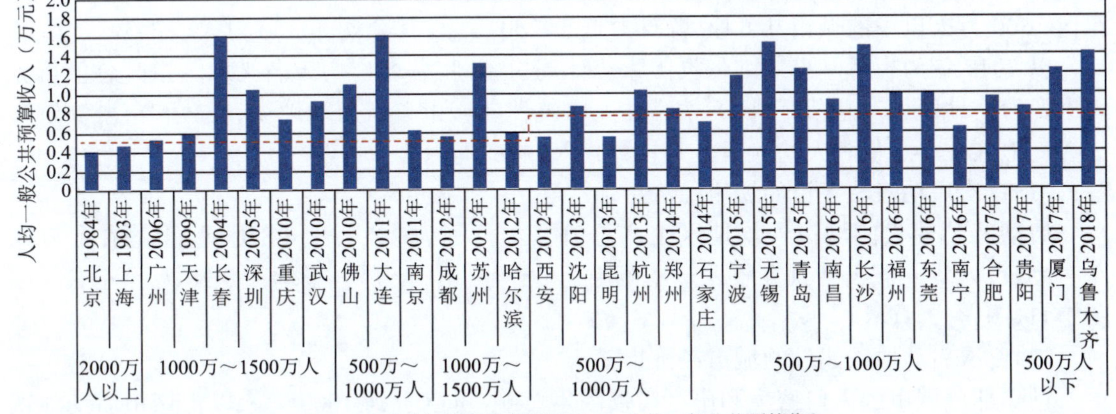

图 1-14 启动地铁建设经济指标——人均一般公共预算收入

（3）首次启动市域快轨建设的城市经济指标

启动市域快轨建设的城市人均地区生产总值基本范围为 8 万～ 12 万元，平均在 10 万元左右；城市人均一般公共预算收入基本范围为 1.1 万～1.4 万元，平均在 1.2 万元左右。如图 1-15、图 1-16 所示。

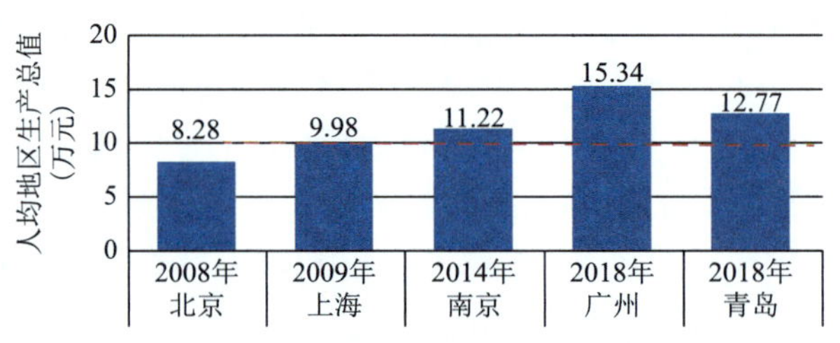

图 1-15　启动市域快轨建设经济指标——人均地区生产总值

图 1-16　启动市域快轨建设经济指标——人均一般公共预算收入

(4)首次启动有轨电车建设的城市经济指标

启动有轨电车建设的城市人均地区生产总值基本范围为 10 万～15 万元，平均在 13 万元左右；城市人均一般公共预算收入基本范围为 1 万～1.7 万元，平均在 1.5 万元左右。如图 1-17、图 1-18 所示。

图 1-17　启动有轨电车建设经济指标——人均地区生产总值

图 1-18　启动有轨电车建设经济指标——人均一般公共预算收入

国内较多城市认为有轨电车需要占用路面，其发展与城市快速增长的小汽车的路权冲突，而且地面敷设方式也对周边环境和道路交通存在一定影响。其在选择轨道交通发展方式时，往往倾向于地铁或轻轨，且选择地下敷设方式，对有轨电车方式表现出天然的抗拒。目前，国内发展有轨电车的城市主要表现为如下两种形式：一是将有轨电车作为城市轨道交通系统的补充，即在城市轨道交通发展到一定规模后，才开始考虑在外围区域次级客流通道补充有轨电车，完善线网覆盖；二是不具备地铁和轻轨建设条件的城市，通过建设有轨电车发展轨道交通。在上述因素影响下，我国有轨电车的发展呈现出与国外城市发展经验完全不同的情况。但可以预见，在国内各城市逐步正确理解有轨电车并接受后，其启动建设条件等将发生变化。

（5）首次启动城市轨道交通建设经济指标建议

根据上述分析，对于国内后续其他城市启动城市轨道交通建设，可考虑参考如表 1-7 所示的经验指标，初步判断其可行性和合理性。

首次启动城市轨道交通建设经济指标建议 表 1-7

首次启动建设类型		城市人均地区生产总值（万元）	城市人均一般公共预算收入（万元）
轻轨		4	0.25
地铁	常住人口 1000 万人以上	6	0.6
	常住人口 300 万～1000 万人	8	0.8
市域快轨		10	1.2
有轨电车		13	1.5

注：表中数据为按 2017 年不变价格的计算指标。

1.3.4 线网运营年限

在 35 座城市中，北京市轨道交通线网运营时间超过 30 年，上海市轨道交通线网运营时间超过 20 年，广州市轨道交通线网运营时间接近 20 年，天津、长春、深圳、重庆、武汉、大连、南京 7 座城市的轨道交通线网运营时间超过 10 年，成都等 8 座城市超过 5 年，其余 15 座城市不满 5 年，我国城市轨道交通处于一种新老交替发展的状态（图 1-19）。其中，受城市轨道交通设备寿命周期影响，北京、上海、广州市轨道交通线网已同步进入运营设备更新改造期，其余运营时间超过 10 年的城市也预计将陆续进入更新改造期。

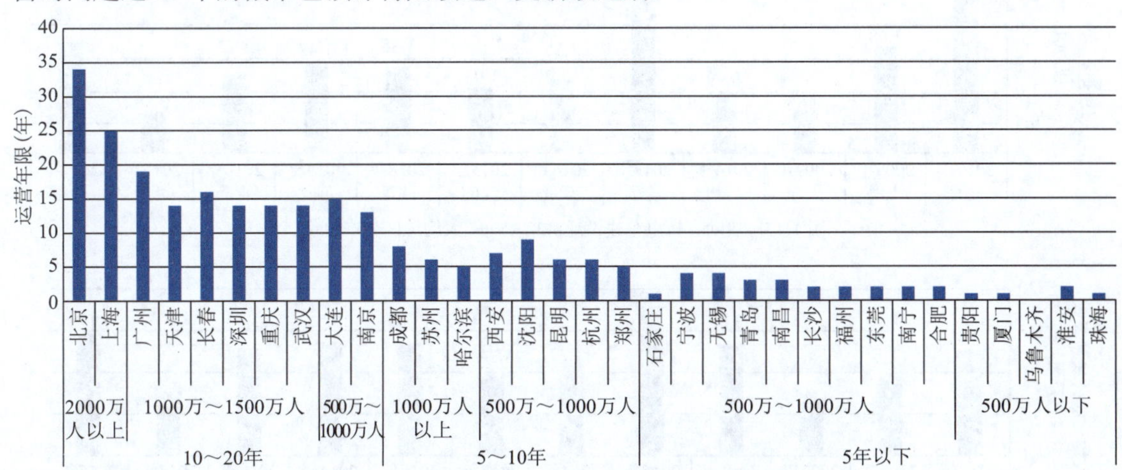

图 1-19 2018 年我国各城市轨道交通运营年限统计

从人口规模与线网运营时间的关系分析，城市人口规模越大，对城市轨道交通线网建设的需求越迫切。我国超过 2000 万人以上的超大城市启动建设和运营时间均在 20 年以上，1000

万人以上城市普遍达到15年，这与城市轨道交通解决城市交通拥堵的主要目的是相符的。

1.3.5　系统制式

从2014—2018年统计情况看（图1-20），地铁仍为我国城市轨道交通系统的主要制式，轻轨和市域快轨比例相当，约为地铁的七分之一，有轨电车比例相对最低，但近年呈逐步上升趋势。

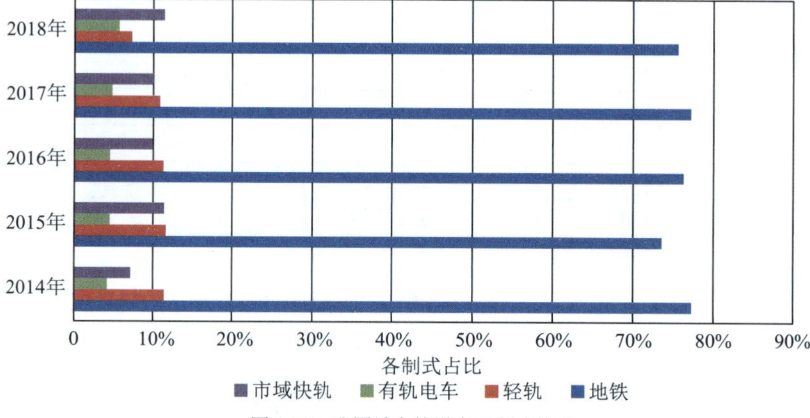

图1-20　我国城市轨道交通制式构成

截至2018年底，我国拥有2种及以上制式的城市共16座，占比47.1%。其中，北京、上海各有4种制式同时运营；天津、广州、武汉、南京、长春、大连6市各有3种制式同时运营；重庆、深圳、沈阳、成都、苏州、郑州、长沙、青岛8市各有2种制式同时运营。从各城市制式演变发展过程看，制式种类是随着城市经济实力的增加而不断多样发展的。其中，城市启动第二制式建设的经济指标基本为启动第一制式时经济指标的2～3倍，存在一定的阈值效应。启动第三、第四制式的建设时间点与经济发展指标关联度不高，更多取决于城市人口规模和交通需要。如表1-8所示。

国内多制式城市经济能力发展特征表　　表1-8

城市名称	人均地区生产总值（万元）			
	第一制式	第二制式	第三制式	第四制式
北京	2.85	8.28	12.91	12.91
上海	2.88	8.62	9.98	9.98
天津	4.82	6.14	6.44	—
广州	4.37	13.35	15.34	—
南京	5.36	11.22	11.22	—
武汉	3.71	7.93	13.40	—
长春	2.83	13.94	—	—
大连	4.42	14.00	—	—

注：长春、大连旧有轨电车属于原公共汽电车体系。

从各城市线网规模、城市人口、经济因素综合分析，可以发现当城市人口超过2000万人、线网规模超过500km、城市人均一般公共预算收入接近3万元时，城市轨道交通制式基本达到4种类型或以上；当城市人口超过1000万人、线网规模超过100km、城市人均一般公共预算收入超过1万元时，城市轨道交通制式基本达到2～3种类型；当城市人口低于

1000 万人、线网规模低于 100km、城市人均一般公共预算收入低于 1 万元时，城市轨道交通基本为单一制式。如表 1-9 所示。

国内多制式城市财政能力发展特征表 表 1-9

城市名称	人均一般公共预算收入(万元)			
	第一制式	第二制式	第三制式	第四制式
北京	0.40	1.37	2.50	2.50
上海	0.46	1.28	1.68	1.68
天津	0.38	0.57	0.66	—
广州	0.52	0.99	1.06	—
南京	0.47	1.15	1.15	—
武汉	0.20	0.82	1.38	—
长春	0.09	0.54	—	—
大连	0.31	0.87	—	—

注：长春、大连旧有轨电车属于原公共汽电车体系。

2018 年底各城市轨道交通方式情况及分析分别如图 1-21 和表 1-10 所示。

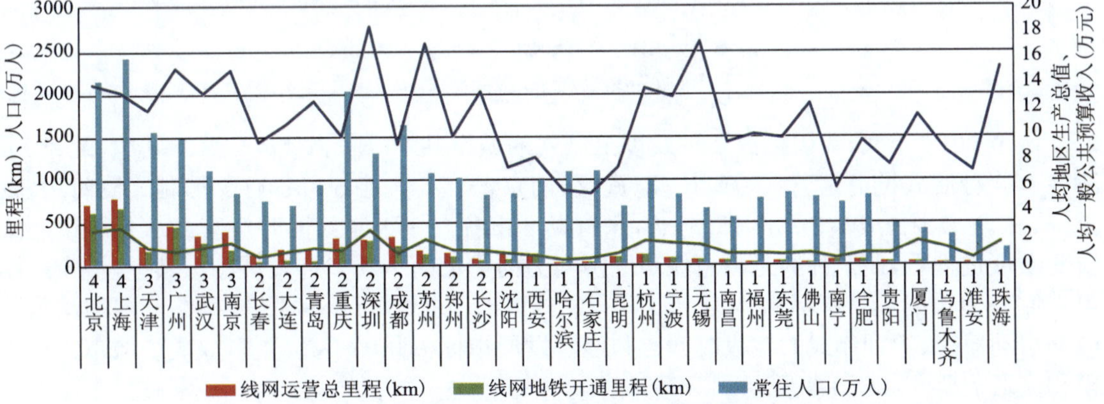

图 1-21 2018 年底各城市轨道交通情况

2018 年底各城市轨道交通情况分析表 表 1-10

城市名称	拥有方式种类	线网运营总里程(km)	线网地铁开通里程(km)	常住人口(万人)	人均地区生产总值(万元)	人均一般公共预算收入(万元)
北京	4	713	617	2154	14.1	2.69
上海	4	785	670	2424	13.5	2.93
天津	3	227	167	1560	12.1	1.35
广州	3	464	452	1490	15.3	1.06
武汉	3	348	264	1108	13.4	1.38
南京	3	394	177	844	15.2	1.74
长春	2	118	39	751	9.6	0.64
大连	2	181	54	699	11.0	1.01
青岛	2	178	45	939	12.8	1.31
重庆	2	313	215	2032	10.0	1.12
深圳	2	298	286	1303	18.6	2.72

续上表

城市名称	拥有方式种类	线网运营总里程（km）	线网地铁开通里程(km)	常住人口（万人）	人均地区生产总值（万元）	人均一般公共预算收入(万元)
成都	2	330	222	1633	9.4	0.87
苏州	2	165	121	1072	17.3	1.98
郑州	2	137	94	1014	10.0	1.14
长沙	2	67	49	815	13.5	1.08
沈阳	2	128	59	831	7.6	0.87
西安	1	123	123	1000	8.3	0.68
哈尔滨	1	22	22	1086	5.8	0.35
石家庄	1	28	28	1095	5.6	0.47
昆明	1	89	89	685	7.6	0.87
杭州	1	115	115	981	13.8	1.86
宁波	1	75	75	820	13.1	1.68
无锡	1	56	56	657	17.4	1.54
南昌	1	49	49	555	9.5	0.83
福州	1	25	25	774	10.2	0.88
东莞	1	38	38	839	9.9	0.77
佛山	1	22	22	791	12.6	0.89
南宁	1	53	53	725	6.0	0.49
合肥	1	52	52	809	9.7	0.88
贵阳	1	34	34	488	7.8	0.84
厦门	1	30	30	411	11.7	1.84
乌鲁木齐	1	17	17	351	8.8	1.31
淮安	1	20	0	493	7.3	0.50
珠海	1	9	0	189	15.4	1.75

注：1. 人均地区生产总值及人均一般公共预算财政指标均按常住人口测算。
2. 重庆为城镇常住人口统计数。
3. 长春、大连、青岛旧有轨电车系统属于原公共汽电车体系。

此外，城市轨道交通敷设方式构成与系统制式的关联度较高。对比制式构成数据，地铁制式中约 10% 采用了高架敷设方式，其余均为地下敷设方式。如图 1-22 所示。

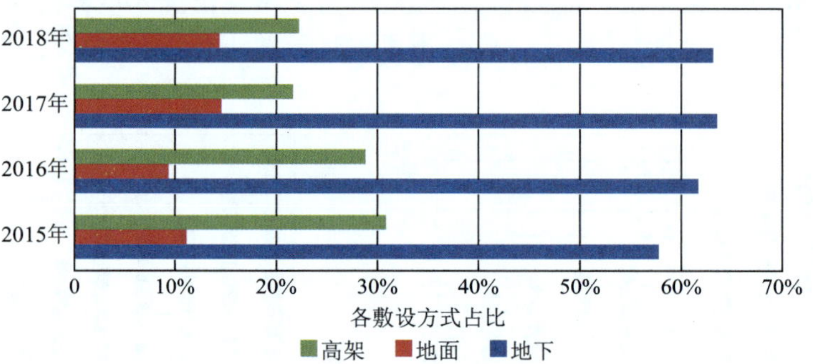

图 1-22　城市轨道交通敷设方式

根据 2018 年统计数据，三座超大城市北京、上海、广州常住人口为 1500 万～ 2500 万人，三座城市轨道交通中地铁制式的比例高达 85% ～ 90%（表 1-11），证明超大城市仍以缓解交通拥堵或解决通勤交通需求的高大运量交通运输工具为主。结合三座城市系统制式演变情况分析，当城市地铁线网规模达到 350 ～ 400km 时，开始出现建设市域快轨的需求。

北京、上海、广州城市轨道交通制式构成表　　表 1-11

城市名称	地　铁	磁浮交通	APM	市域快轨	有轨电车
北京	86.5%	1.4%	0.0%	10.8%	1.3%
上海	85.3%	3.7%	0.8%	7.1%	3.0%
广州	97.5%	0.0%	0.8%	0.0%	1.7%

1.3.6　线网运营效率

根据 2010—2018 年我国城市轨道交通线网规模及客运量数据，近 8 年来，城市轨道交通线网运营规模迅速增加，但线网客流效率并未同步增长，反而总体呈下降趋势，2018 年有所回升。如表 1-12 所示。

我国城市轨道交通线网运营效率统计表　　表 1-12

年度	运营里程（km）	开通城市常住人口（万人）	运营车站（座）	年度客运量（亿人次）	万人公里指标（km/ 万人）	万人车站指标（站 / 万人）	平均线路客运强度［万人次 /（km·d）］	平均车站客运强度［万人次 /（车站·d）］
2010 年	1514.3	15 125.8	—	55.7	0.1001	—	—	—
2011 年	1864.3	15 977.2	—	71	0.1167	—	—	—
2012 年	2286.0	19 560.2	—	87	0.1169	—	—	—
2013 年	2746.0	21 769.1	—	110	0.1261	—	—	—
2014 年	3173.0	24 215.4	—	126	0.1310	—	1.14	—
2015 年	3618.0	26 345.0	2236	138	0.1373	0.0849	1.21	1.96
2016 年	4152.8	29 871.3	2671	160.9	0.1390	0.0894	0.83	1.29
2017 年	5032.7	33 184.5	3234	184.8	0.1517	0.0975	0.81	1.26
2018 年	5761.4	33 671.0	3394	210.7	0.1711	0.1008	0.80	1.36

注：1. 2011—2014 年无全国统计数据。
2. 2014—2018 年全国平均线路客运强度指标为中国城市轨道交通协会统计指标。
3. 平均车站客运强度指标按平均线路客运强度指标折算。

2018 年，全球地铁和轻轨累计运送乘客 600.54 亿人次，我国轨道交通客运量 210.7 亿人次，占比 35%；全球日均客运强度 1.08 万人次 /km，我国轨道交通日均平均客运强度 0.8 万人次 /km。在年度总客运量方面，北京、上海、广州 3 座城市进入世界前十位，并位居前五位。但在线网客运强度方面，中国无一座城市进入世界前十位，表明总体线网运营效率不尽理想。如图 1-23 所示。

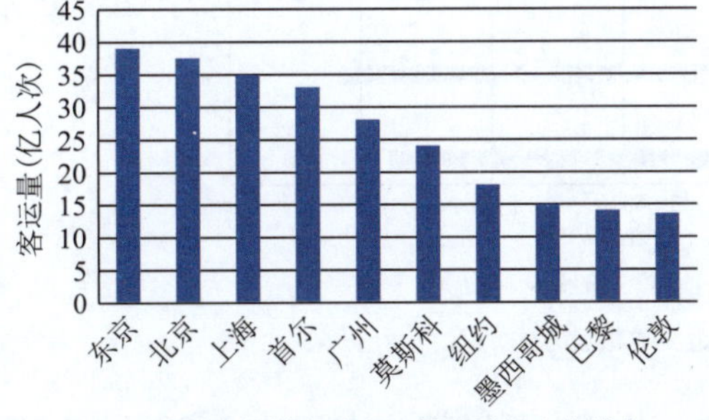

a) 城市轨道交通客运量世界前十位城市

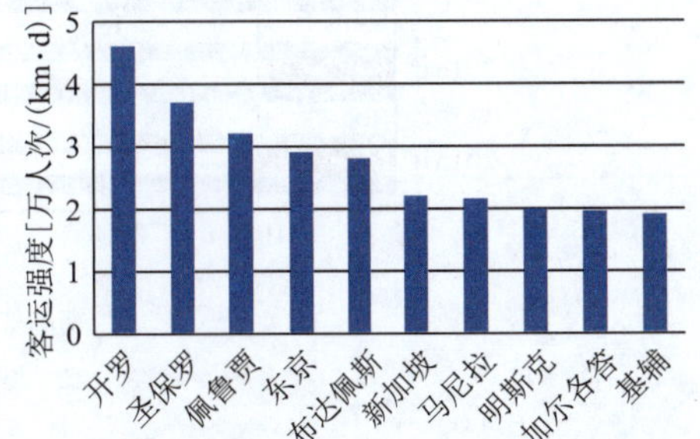

b) 城市轨道交通客运强度世界前十位城市

图 1-23　城市轨道交通客运量与客运强度世界前十位城市

近年来，按开通城市常住人口测算，我国线网人均拥有长度和车站数指标均呈逐步上升趋势，近年增加较快，2017 年和 2018 年增幅达 10%，是前 6 年的 2 倍以上，显示城市轨道交通供给能力增加较快。如图 1-24 所示。

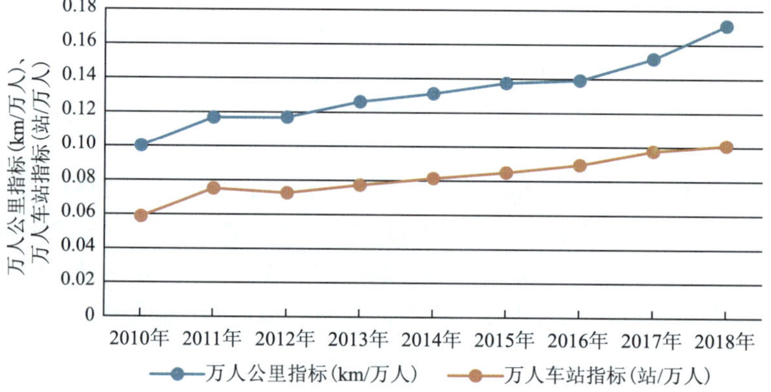

图 1-24　按开通城市常住人口计算线网人均拥有量规模指标

但线网平均千米客运强度和线网平均车站客运强度自 2013—2014 年达到顶点后呈逐年下降趋势（图 1-25、图 1-26），显示线网运营效率随着线网规模和供给能力的增加反而有所降低，线网规划建设略有超前，对于线网客流效率的考虑有所不足。

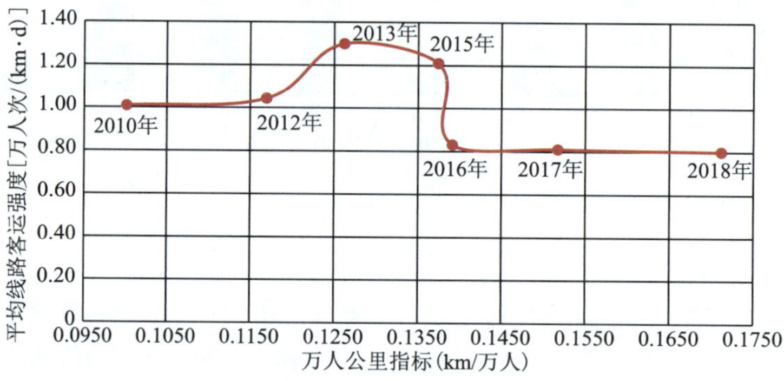

图 1-25　2010—2018 年中国线网规模与客运强度关系

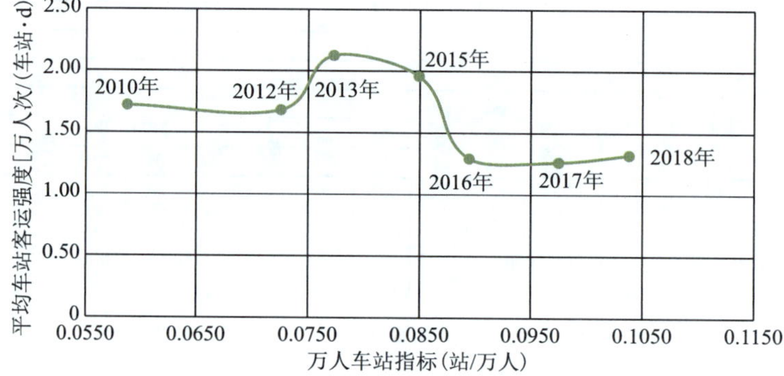

图 1-26　2010—2018 年我国站点规模与站点客运强度关系

按 2018 年平均千米客运强度分析，我国线网平均客运强度 0.8 万人次 /（km·d）。运营期 10 年以上城市共 10 座，线网日均客运强度超过 1.0 万人次 /km 的城市仅 4 座，占比 40%，其中，超过 1.5 万人次 /km 的城市仅 2 座，占比约 20%；运营期 5 ～ 10 年的城市共 8 座，线网日均客运强度超过 1.0 万人次 /km 的城市仅 3 座，占比 37.5%，其中，超过 1.5 万人次 /km 的城市仅 1 座，占比约 12.5%；运营期不足 5 年的城市共 15 座，其中，线网日均客运强度超过 1.0 万人次 /km 的城市仅 2 座，占比 13.3%。

按 2018 年平均站点客运强度分析，对比世界发达国家城市轨道交通线网运营发展水平，可以得出以下结论。

①我国已运营 10 ～ 30 年、500 万人口以上的城市共 10 座，占全部开通城市总数的 28.6%，线网长度占线网总长度的 67%。10 座城市中，线网站点日均客运强度超过 3 万人次 / 站的城市仅北京、广州 2 座城市，日均客运强度为 2 万～ 3 万人次 / 站的城市仅上海和深圳 2 座城市，日均客运强度为 1 万～ 2 万人次 / 站的共 3 座城市，日均客运强度不足 1 万人次 / 站的共 3 座城市。日均客运强度低于 2 万人次 / 站的城市占比达 60%，总体运营效益低于世界平均水平。如图 1-27 所示。

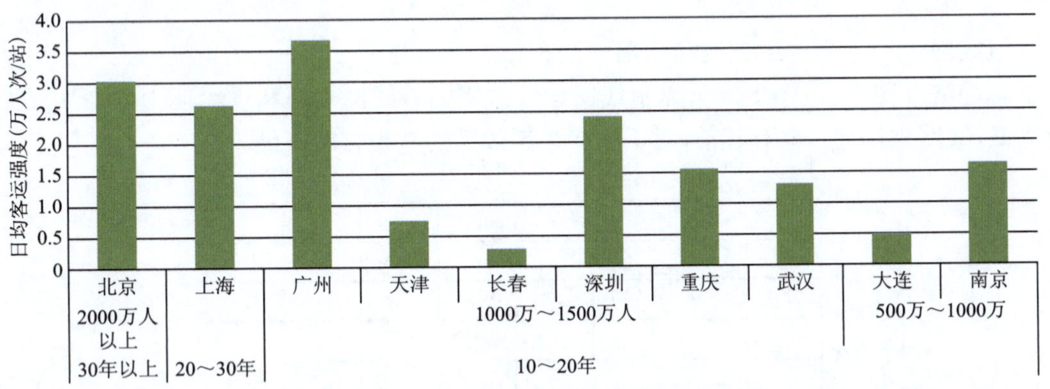

图 1-27 运营 10 年以上城市线网站点日均客运强度

②已运营小于 10 年、500 万人口以上的 18 座城市中，线网站点日均客运强度超过 2 万人次 / 站的仅西安 1 座城市，日均客运强度超过 1 万人次 /站的仅 6 座城市（图 1-28），总体线网客运强度明显偏低，显著落后于世界平均发展水平，这与部分城市仍在建设起步阶段、仍未形成一定的线网规模有关。

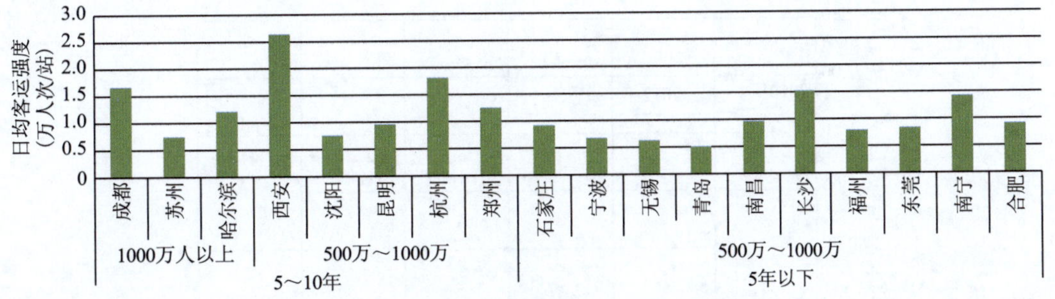

图 1-28 运营 5 ～ 10 年城市线网站点日均客运强度

2018 年底我国线网运营客流数据如表 1-13 所示。

2018 年底我国线网运营客流数据　　表 1-13

运营年限	人口规模	城市名称	运营年限（年）	线网日均客运量（万人次）	万人站点数（座）	线网日均客运强度（万人次 /km）	站点日均客运强度（万人次 / 站）
30 年以上	2000 万人以上	北京	47	1054.4	0.161	1.48	3.04
20 ～ 30 年		上海	25	1017.2	0.159	1.30	2.64
10 ～ 20 年	1000 万～ 1500 万人	广州	19	835.4	0.152	1.80	3.68
		天津	14	123.5	0.105	0.54	0.76
		长春	16	35.5	0.158	0.30	0.30
		深圳	14	451	0.143	1.52	2.42
		重庆	14	250.3	0.079	0.80	1.56
		武汉	14	306.9	0.210	0.88	1.32
	500 万～ 1000 万	大连	15	52.7	0.152	0.29	0.50
		南京	13	307	0.222	0.78	1.64
5 ～ 10 年	1000 万人以上	成都	8	317.4	0.116	0.96	1.67
		苏州	6	90	0.112	0.55	0.75
		哈尔滨	5	26.7	0.020	1.22	1.21
	500 万～ 1000 万	西安	7	235.4	0.089	1.91	2.64
		沈阳	9	90.4	0.143	0.70	0.76
		昆明	6	54.7	0.083	0.62	0.96
		杭州	6	145.2	0.082	1.27	1.82
		郑州	5	80.4	0.063	0.59	1.26
5 年以下	500 万～ 1000 万	石家庄	1	24	0.024	0.85	0.92
		宁波	4	34.1	0.061	0.46	0.68
		无锡	4	28.3	0.068	0.51	0.63
		青岛	3	47.1	0.098	0.26	0.51
		南昌	3	38.8	0.072	0.80	0.97
		长沙	2	68.8	0.055	1.02	1.53
		福州	2	16.7	0.027	0.68	0.80
		东莞	2	12.6	0.018	0.33	0.84
		南宁	2	58.5	0.057	1.10	1.43
		合肥	2	42	0.057	0.80	0.91
	500 万人以下	贵阳	1	2	0.049	0.06	0.08
		厦门	1	11.4	0.058	0.38	0.48
		乌鲁木齐	0	3.6	0.054	0.22	0.30
		淮安	2	2.5	0.047	0.12	0.11
		珠海	1	0.3	0.074	0.03	0.02

③考虑人口规模和运营年限因素，从北京、上海、广州三座超大城市的线网规模和客运强度指标来看（表 1-14），当前北京的城市轨道交通千米万人拥有量和站点万人拥有量指标基本位于较经济合理的配置区间。上海、广州的城市轨道交通千米万人拥有量指标和站点万人拥有量指标略超出经济合理的配置区间，有一定超前，但日均客运强度及站点日均客运

强度仍处于较经济合理的区间，线网效益相对较好。从广州线网的发展特征看，北上广三市线网规模已经进入成熟发展期，线网效益开始进入递减发展区域。如图 1-29 所示。

2014—2018 年北上广三市城市轨道交通线网运营数据统计表　表 1-14

城市名称	运营年限（年）	数据时点	常住人口（万人）	线网总里程（km）	线网车站数（座）	线网日均客运量（万人次）	万人线路长度（km）	万人站点数（座）	线网日均客运强度（万人次/km）	站点日均客运强度（万人次/站）
北京	47	2014	2151.6	604	—	953	0.28	—	1.60	—
		2015	2170.5	631	348	936	0.29	0.16	1.69	2.69
		2016	2172.9	650.4	351	1002.5	0.30	0.16	1.88	2.86
		2018	2154.2	713	347	1054.4	0.331	0.161	1.48	3.04
上海	25	2014	2425.68	643	—	784	0.265	—	1.20	—
		2015	2415.27	683	375	841	0.283	0.155	1.36	2.24
		2016	2419.7	682.5	390	931.8	0.282	0.161	1.51	2.39
		2018	2423.78	784.6	386	1017.2	0.324	0.159	1.30	2.64
广州	19	2014	1308.05	247	162	610	0.189	0.124	2.50	3.77
		2015	1350.11	247	162	644	0.183	0.120	2.61	3.98
		2016	1404.35	276.3	179	680.5	0.197	0.127	2.46	3.80
		2018	1490.44	463.9	227	835.4	0.311	0.152	1.80	3.68

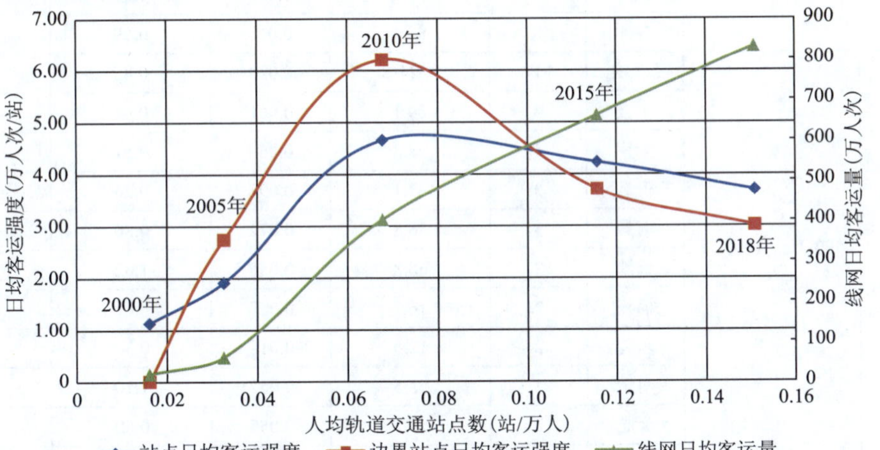

图 1-29　广州市城市轨道交通线网发展特征图

注：1. 站点日均客运强度 = 线网日均客运量 / 线网站点数；
2. 边界站点日均客运强度 = △线网日均客运量 / △线网站点数。

1.3.7 线网运营效益

从可收集到的统计数据看，我国城市轨道交通线网运营收益并未随着线网规模的增加而呈现线性式递增态势。2013—2016 年，我国城市轨道交通线网运营收支比总体呈缓慢向好的发展趋势，2017 年出现较大降幅，2018 年回复到 2016 年水平。线网运营收益指标受近年新投入运营线路规模较大的影响，存在波动。如表 1-15 所示。

我国城市轨道交通线网运营成本统计表　　表 1-15

年度	运营收支比	平均单位车公里运营成本(元)	平均单位人公里运营成本(元)	平均单位车公里收入(元)	平均单位人公里收入(元)	平均单位人公里票款收入(元)
2013 年	52%	—	—	—	—	—
2014 年	54%	27.90	—	15.20	—	—
2015 年	60%	28.80	—	18.20	—	—
2016 年	78%	27.60	0.99	16.30	0.49	0.15
2017 年	70%	28.10	0.95	13.20	0.33	0.14
2018 年	78%	23.80	0.84	17.2	0.48	0.27

运营能耗是运营成本的重要组成部分，从近几年行业统计数据看，随着线网规模的不断扩大，线网能耗指标逐步趋于稳定。如表 1-16 和图 1-30 所示。

线网运营能耗指标统计表(单位:kW·h)　　表 1-16

年　度	人公里综合能耗	车公里综合能耗	车公里牵引能耗
2014 年	—	6.2	—
2015 年	0.07	3.74	1.96
2016 年	0.177	4.79	2.01
2017 年	0.166	4.16	2.05
2018 年	0.181	4.09	1.77

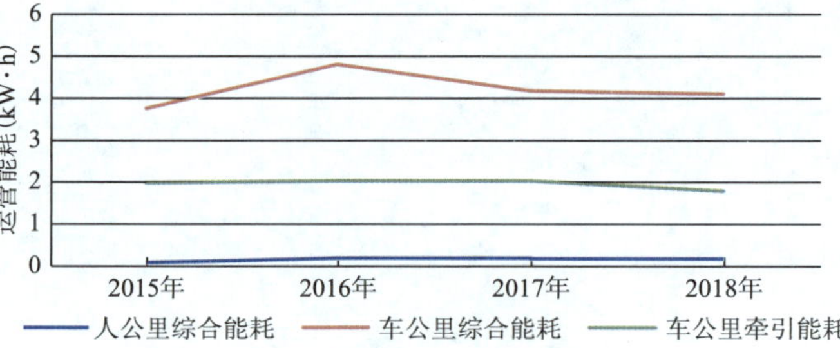

图 1-30　线网运营能耗指标统计图

第 2 章

我国城市轨道交通基本建设程序

2.1 概　述

按目前国家轨道交通规划、建设程序的要求，城市轨道交通基本建设阶段主要包含规划阶段、立项阶段、设计阶段、建设阶段及运营阶段五大阶段共 15 项工作内容，如图 2-1 所示。

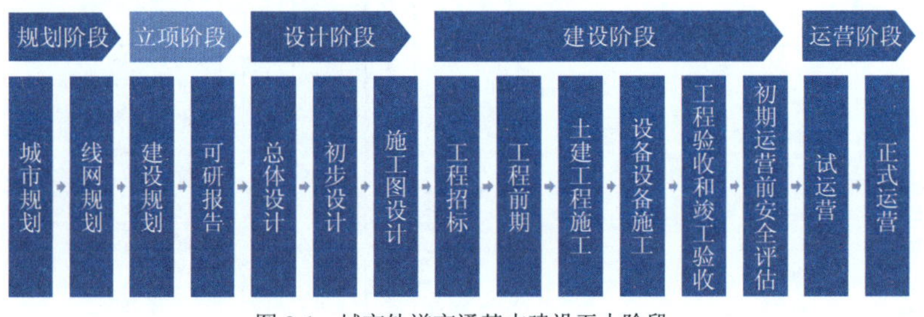

图 2-1　城市轨道交通基本建设五大阶段

其中，规划阶段包含城市规划（原为总体规划，现为国土空间规划）、线网规划 2 项工作内容；立项审批阶段包含近期建设规划、可研报告 2 项工作内容；设计阶段包含总体设计、初步设计和施工图设计 3 项工作内容；建设阶段主要包含工程招标、工程前期、土建工程施工、机电设备施工、工程验收和竣工验收、初期运营前安全评估 6 项内容；运营阶段包含试运营、正式运营 2 项内容。

2.2 立项审批政策

2.2.1 国家宏观政策发展概况

自 20 世纪我国启动城市轨道交通建设以来，伴随着国内城市社会经济的快速发展，城市轨道交通建设逐步加快，国家宏观管理政策也相应不断调整。如图 2-2 所示。

在审批模式方面，2003 年前采用单线立项模式。2003 年 9 月，国家颁布《国务院办公厅关于加强城市快速轨道交通建设管理的通知》（国办发〔2003〕81 号）（以下简称“81 号文”）后，调整为采用集中编制建设规划，打包立项的模式。

在审批政策方面，先后经历了限制发展、鼓励发展、规范发展、优化发展四个阶段。2003 年前，因城市经济实力不足、城市交通需求有限、地铁设备主要依赖进口导致投资过高等原因，国家限制地铁审批；2003—2015 年，随着国内社会经济发展加快，人口逐渐向城市集聚，城市交通压力不断增加，在城市财力快速增长、建设能力有所保障的前提下，国家开始鼓励发展公共交通，尤其是发展城市轨道交通；2015 年后，因可研审批权限下放至省级，部分城市出现无序建设的现象，国家发展和改革委员会（以下简称“国家发改委”）出台《关于加强城市轨道交通规划建设管理的通知》（发改基础〔2015〕49 号）（以下简称“49 号文”）引导和规范建设规划的审批执行：2018 年，国务院颁布《国务院办公厅关于进一步加强城市轨道交通规划建设管理的意见》（国办发〔2018〕52 号）（以下简称 52 号文），结合 49 号文的执行总结，对 81 号文进行了更新，以进一步促进城市轨道交通的优化发展。如图 2-3 所示。

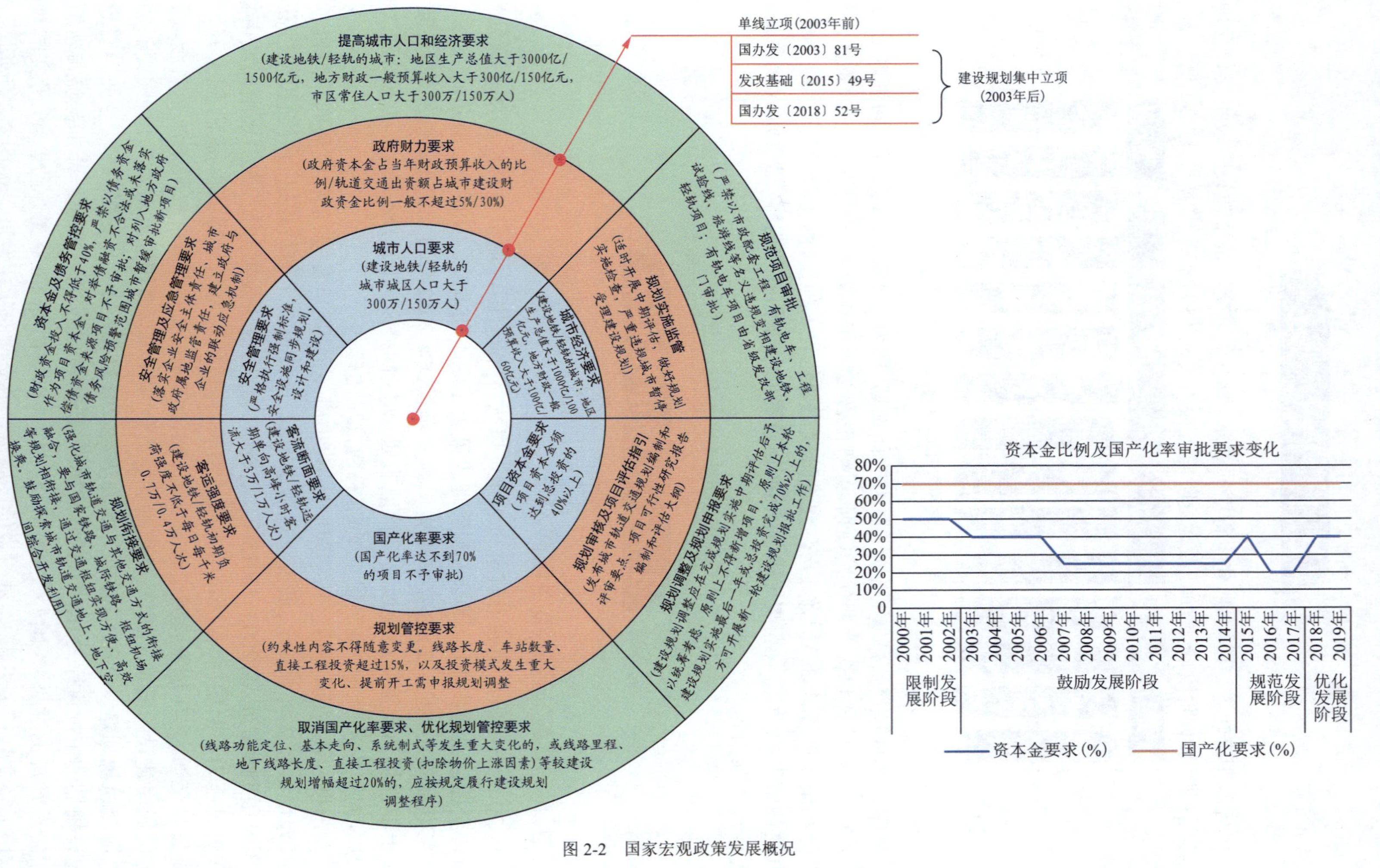

图 2-2　国家宏观政策发展概况

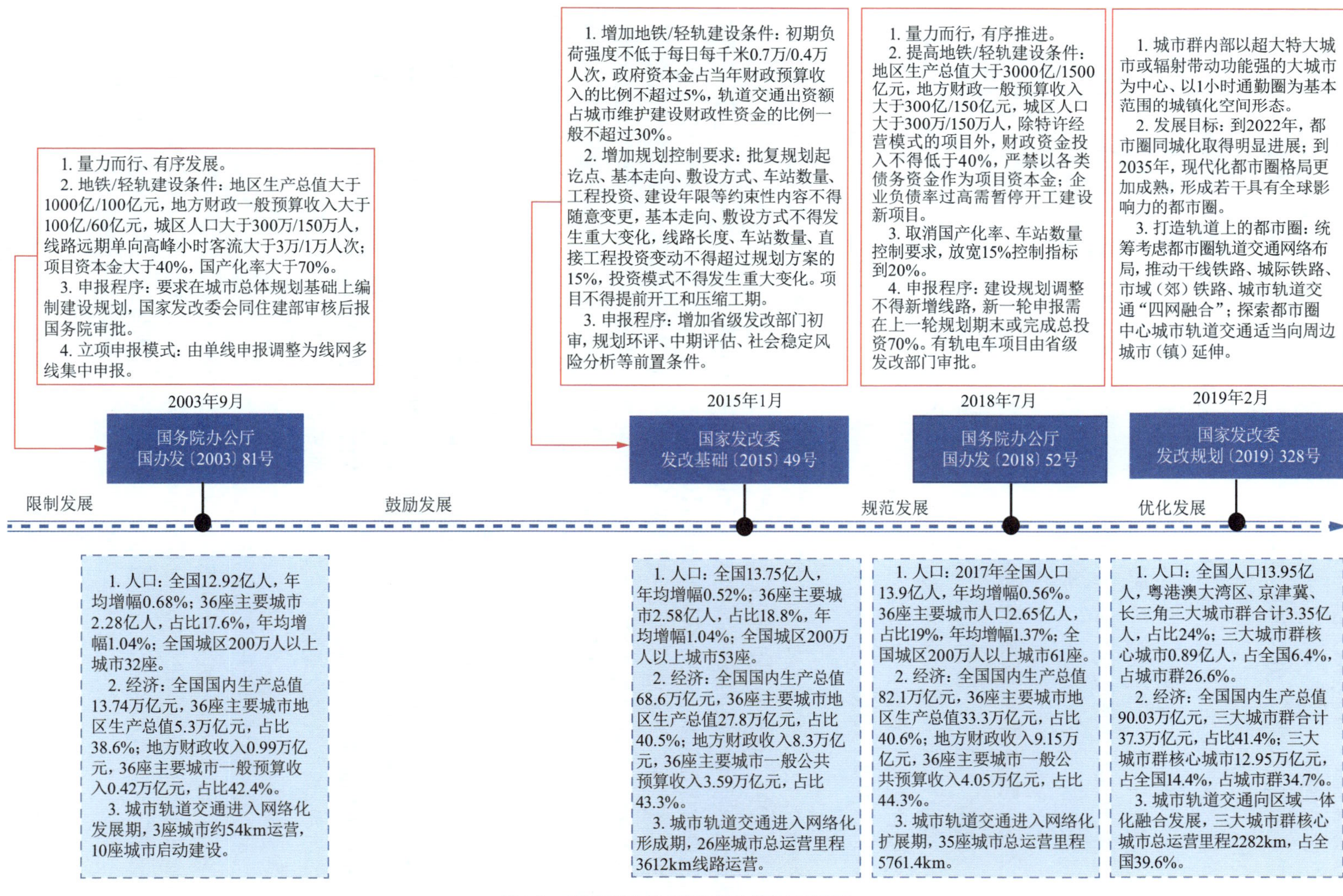

图 2-3　国家城市轨道交通审批政策发展示意图

在资本金要求方面，国务院结合国家宏观经济形势发展情况，从收紧和加快城市轨道交通项目审批的角度，先后对城市轨道交通项目审批的资本金比例进行了多次调整，如2003年起要求不低于40%，2009年放宽到25%，2015年1月提高到40%，2015年6月再次放宽到20%，自2018年7月起仍提高到40%等。

在国产化政策方面，国家自1999年出台政策要求国产化率不低于70%，一直执行到2018年。过程中先后根据国内产业发展的实际情况，配套出台了振兴装备制造业、装备认证、加强监管和制止无序竞争等相关政策。

此外，在城市轨道交通网络化、区域化融合递进发展的进程中，国家还同步配套出台了线网规划编制、综合枢纽建设、建设安全管理、运营安全管理等方面的政策。

2.2.2 立项审批政策演变

（1）2003年前——限制发展

从20世纪80年代末开始，继北京后，上海启动城市轨道交通建设。1990年，广州地铁一号线项目建议书获得国家批准，广州也正式启动城市轨道交通建设。进入90年代，沈阳、天津、南京、重庆、武汉、深圳、成都、青岛等大批城市也开始向国家申报城市轨道交通建设项目。

1995年12月，国务院办公厅发布《关于暂停审批城市地下快速轨道交通项目的通知》（国办发〔1995〕60号），提出根据我国城市现有经济发展水平和国家财力状况，必须严格控制城市快速轨道交通的发展，除北京、广州两个在建地铁项目和上海地铁二号线外，今后一段时间内暂停审批城市地下快速轨道项目。

20世纪末期，国家启动积极财政政策和扩大内需政策，逐步恢复了城市轨道交通项目审批。从1999年开始，陆续批准了北京、上海、广州、重庆、深圳、武汉等10个城市轨道交通项目开工建设，并投入40亿国债资金予以支持。但一些地方也出现了不顾自身财力要求建设城市轨道交通项目的现象，未批先建、盲目攀比、资金不足等问题突出。2002年10月，国家决定对地铁立项的事情暂时搁置不议。对于动辄上百亿元投资的地铁线来说，建设造价居高不下，城市经济实力不足成为最主要的制约因素，也是这一时期国家限制发展的政策根源。

20世纪60年代，北京启动首条地铁线路建设，主要是通过引入借鉴苏联地铁的建设经验和标准，形成初步认识并开始建设实践。20世纪80年代，通过对德国、法国等欧洲国家城市和新加坡等亚洲城市地铁发展历史和设计建设模式的大量考察，将以欧洲地铁为代表的地铁建设经验引入国内，促进形成了早期国内地铁设计和建设的相关标准。

本阶段，城市轨道交通项目主要采取单线编制项目建议书和工程可行性研究报告申报立项程序审批。

（2）2003—2015年——鼓励发展

随着北京、上海、广州等城市地铁建设规模的不断增加，地铁初步呈现网络化发展趋势，实践中体现出许多与以往单线建设模式不同的特征和需求，如线路客流的发展规律、线路效益的评价体系、TOD（以公共交通为导向的开发）模式线路发展的需求、系统选型和车辆编组的标准等。以广州为例，参考德国城市尤其是我国香港的先进经验，广州完成了地铁一号线、二号线的建设。在广州地铁二号线投入运营后，两条线路客流发展梯度均高于原单条线路，乘客的出行规律和乘车习惯也体现出与国外城市截然不同的特点。参照其他重大基础设施的单线审批项目建议书和工程可行性研究报告的立项模式渐渐出现了线网资源统筹不足、单线附属设施规模偏大等问题。

为规范城市轨道交通规划建设，鼓励城市轨道交通良性发展，2003 年 9 月，国务院办公厅颁布了 81 号文，提出了“量力而行，有序发展”的基本方针，合理控制建设规模和发展速度，确保与城市经济发展水平相适应，防止盲目发展或过分超前。81 号文提出申报地铁和轻轨的城市，地方财政一般预算收入分别在 100 亿元、60 亿元以上，国内生产总值（GDP）分别在 1000 亿元、600 亿元以上，城区人口分别在 300 万人、150 万人以上，规划线路单向高峰小时客流分别在 3 万人次、1 万人次以上等。同时，规范了申报和审批程序，要求在城市总体规划及城市交通发展规划的基础上，组织制定轨道交通建设规划，规划由国家发改委会同建设部（今住房和城乡建设部）组织审核后报国务院审批。项目审批要依据批准的建设规划进行，项目资本金须达到总投资的 40% 以上。对照该通知条件，全国有 7 个城市符合建设地铁条件，15 个城市符合建设轻轨条件。

2005 年，国务院办公厅转发了建设部等部门《关于优先发展城市公共交通意见的通知》（国办发〔2005〕46 号），提出“城市轨道交通建设要坚持量力而行、有序发展的方针，与城市规模和经济发展水平相适应”“对经济条件较好，交通拥堵问题比较严重的特大城市轨道交通项目予以优先支持”“要积极探索改革建设、运营和投融资体制，增加投入，促进轨道交通健康发展”，从国家政策层面，进一步明确了鼓励支持城市轨道交通发展的政策方向。

在审批程序上，81 号文正式确立了城市轨道交通专项审批制度：各城市集中编制近期建设规划代替原单条线路的项目建议书，一次性完成申报立项，立项批准后再逐条线路编制工程可行性研究报告并申报审批，并在后续实施过程中不断完善。

建设规划阶段：需编制报批城市总体规划、线网规划、近期建设规划环评报告作为近期建设规划报告的审批前置条件，编制客流预测专题报告、沿线土地利用调整规划作为近期建设规划报告审查支撑文件。

工程可行性研究阶段：需要编制报批线路环境影响评价、地震安全性、地质灾害危险性、职业病危害、卫生学 [2003 年严重急性呼吸综合征（SARS）爆发后作为必备文件]、安全等预评价报告作为审查和审批前置条件，提供政府资本金承诺函、银行贷款承诺函。过程中，随着国家对城市轨道交通立项审批制度不断调整完善，陆续增加了用地预审、节能评估、社会稳定风险评估等专项作为审批前置条件。

2013 年 5 月，国务院颁布《关于取消和下放一批行政审批项目等事项的决定》（国发〔2013〕19 号），城市轨道交通项目的工程可行性研究报告审批权限下放至省级发改委，可研报告审批前置条件精简为选址意见书、用地预审、节能评估、环境影响评价报告、社会稳定风险评估报告五项，其余作为专家技术评估的支持文件。

（3）2015—2018 年——规范发展

2009 年 9 月，国务院发布《关于调整固定资产投资项目资本金比例的通知》（国发〔2009〕27 号），将城市轨道交通行业固定资产项目最低资本金比例降至 25%。2010 年前后，多个城市开始启动第二轮甚至第三轮城市轨道交通建设规划申报和建设，大量二线城市也开始启动首轮城市轨道交通建设。2013 年 5 月，国务院将城市轨道交通项目可研报告审批权限下放至省级发改委。2014 年 3 月，《国家新型城镇化规划（2014—2020 年）》正式发布，进一步引发了国内各城市建设城市轨道交通的热潮。

据中国城市轨道交通协会统计，截至 2014 年末，城市轨道交通在建城市达 40 个，在建线路 4073km，首次突破 4000km。由于城市土地、能源、空间等资源日益紧张，城市基础设施建设引起的征地拆迁、资源分配、环境保护等社会问题日益复杂和突出；同时，随着地铁运营和建设规模的不断扩大，部分城市出现了债务和运营补亏负担过重、财政承受能力不足，进而可能影响未来财政可持续能力的风险。在具体线路的建设过程中，部分城市也出现了随意变更线路起终点、调整敷设方式、增减车站数量、调整路由、改变系统选型等不规范的行为。

为及时规范国内城市轨道交通规划与建设管理工作，配合做好下放后的监管工作，国家发改委于2015年1月颁布了49号文，提出了“量力而行，有序推进；因地制宜，经济适用；衔接协调，集约高效；严控风险，持续发展”的32字方针，进一步完善了地铁和轻轨的基本建设条件，增加了初期线路负荷强度、规划控制管理、中期评估等新要求，并首次明确了城市轨道交通规划编制和评审要点、城市轨道交通工程项目可行性研究报告编制和评估大纲的技术要求。该文件出台后，国内过热的城市轨道交通建设得到了及时疏导，逐步向规范有序的方向发展。

2015年9月，国务院颁布了《关于调整和完善固定资产投资项目资本金制度的通知》（国发〔2015〕51号），将城市轨道交通资本金比例调整至20%，进一步放宽了城市轨道交通资本金要求。同时，根据2003年颁布的81号文规定的地铁和轻轨建设条件，越来越多二线和三线城市跨过了基本门槛条件，积极启动城市轨道交通立项申报。据统计，截至2017年，我国地区生产总值超过1000亿元的城市数量超过100座。

在审批程序上，2015年11月，国家发改委、住房和城乡建设部（以下简称“住建部”）联合颁布了《关于优化完善城市轨道交通建设规划审批程序的通知》（发改基础〔2015〕2506号），简化了第二轮申报建设规划的程序，即首轮申报建设规划仍需报国务院审批，后续建设规划申报不再报国务院审批，改由国家发改委会同住建部审批并报国务院备案。但该通知进一步严格了建设规划申报程序，将建设规划报国家发改委和住建部，以及建设规划环境影响评价报告报环境保护部（以下简称“环保部”，今生态环境部）的分头并联的做法调整为串联，即由省级发改部门会同省级住建部门联合初审，形成统一的初审意见后作为依据向环保部申报建设规划环境影响评价报告，取得环保部对建设规划环境影响评价报告的审查意见后，再由省级发改部门联合省级住建部门向国家发改委报送建设规划，同时抄报住建部。

2016年5月，国务院颁布了《关于印发清理规范投资项目报建审批事项实施方案的通知》（国发〔2016〕29号），取消了矿产压覆核查，将地质灾害危险性评估、职业病危害预评价、安全预评价调整为涉及安全的强制性评估，不再纳入政府审批事项。工程可行性研究报告由省级部门审批的前置要求维持不变。

截至2017年末，全国共54座城市开工建设城市轨道交通（部分地方政府批复项目未统计在内），共在建城市轨道交通线路254条，在建线路里程达到6246.3km，超过2014年在建规模的55%；全国累计批复城市轨道交通项目的城市共62座，规划线网长度7424km；国家发改委批复了44座城市地铁共6161.9km，总投资达3.69万亿元。

（4）2018年至今——优化发展

2018年7月，国务院办公厅颁布了52号文，对81号文进行了更新，并优化调整了49号文的部分规定。该意见大幅提升了地铁和轻轨申报条件，适当调整优化了规划控制指标要求，进一步严格规定城市轨道交通建设的财政资金投入占总投资比例不得低于40%，强调全生命周期财政承受能力，严格建设规划调整和新一轮建设规划申报条件等。该政策将引导国内城市轨道交通行业由过去的注重建设规模和发展速度，逐步向注重线网运营效益、线网可持续经营能力的方向调整优化。

在优化城市轨道交通发展质量的同时，国家发改委还开展了优化区域轨道交通网络体系的政策布局。早在 2017 年 6 月，国家发改委颁布了《关于促进市域（郊）铁路发展的指导意见》（发改基础〔2017〕1173 号），鼓励利用国铁既有或规划线路的富余能力开行市郊列车，兼顾满足城市通勤需求，实现设施共享，降低建设和运营成本。推进既有铁路挖潜扩能改造，视需要有序规划新线，着力扩大市域（郊）铁路公交化运营服务的有效供给，鼓励发展多层次、多模式、多制式的轨道交通系统，完善城市综合交通运输体系，更好地适应都市圈和城市群发展新要求。

2019 年 2 月，国家发改委颁布《关于培育发展现代化都市圈的指导意见》（发改规划〔2019〕328 号）。该意见指出：近年来，都市圈建设呈现较快发展态势，但城市间交通一体化水平不高、分工协作不够、低水平同质化竞争严重、协同发展体制机制不健全等问题依然突出。都市圈即城市群内部以超大特大城市或辐射带动功能强的大城市为中心、以 1 小时通勤圈基本范围的城镇化空间形态。该意见提出打造轨道上的都市圈，统筹考虑都市圈轨道交通网络布局，推动干线铁路、城际铁路、市域（郊）铁路、城市轨道交通“四网融合”；探索都市圈中心城市轨道交通适当向周边城市（镇）延伸。到 2022 年，都市圈同城化取得明显进展；到 2035 年，现代化都市圈格局更加成熟，形成若干具有全球影响力的都市圈。

据统计，截至 2018 年底，全国人口 13.95 亿人，粤港澳大湾区、京津冀、长三角三大城市群合计 3.35 亿人，占比 24%。其中，三大城市群 5 座核心城市（北京、上海、天津、广州、深圳）合计 0.89 亿人，占全国人口的 6.4%，占三大城市群总人口的 26.6%；全国国内生产总值总量 90.03 万亿元，三大城市群合计 37.3 万亿元，占比 41.3%；5 座核心城市 12.95 万亿元，占全国的 14.4 %，占城市群的 34.7%；5 座核心城市的城市轨道交通总运营里程 2484km，占全国总运营里程的 43%，三大城市群成为我国城市轨道交通发展的主体。

以粤港澳大湾区为例，在多层次轨道交通线网建设方面。2018 年，珠三角城际轨道交通网建成开通广珠、莞惠、广佛肇三条线路 327km，正在建设及计划建设 9 条（段）线路约 365km，预计 2023 年建成开通 692km；根据 2018 年广东省开展的粤港澳大湾区城际铁路建设规划的初步成果，远景规划约 3790km（含高速铁路和城际轨道交通），其中湾区内城际铁路里程约为 1700km。广州、深圳、佛山、东莞、中山 5 市远期城市轨道交通规划总里程达 4248km。其中，广深佛莞 4 市已开通的运营总里程达 799km（不含有轨电车）；至 2018 年底，湾区总人口约 6800 万人，湾区 9 市城际、地铁已开通运营总里程约 1164km，规划总里程约 6000km。

在城市轨道交通互联互通方面。2010 年，国内首条跨市地铁线路——广佛线开通运营；2017 年，广州地铁七号线西延至顺德段启动建设。同期，广佛城市轨道交通互联互通规划提出了“9+2”共 11 个地铁互联互通通道，获得两市政府批复；2018 年，东莞、中山、珠海、清远、惠州与广州轨道衔接规划启动对接并逐步落地；同期，深圳、东莞、惠州也已谋划地铁相连；粤港澳大湾区呈现出区域空港、陆港（广州—深圳铁路枢纽）、海港枢纽一体化互联整合，国铁、城际、地铁多网立体融合、跨线运输，相邻城市地铁网由边界换乘向贯通运营发展的新趋势。

从国家对都市圈发展的政策要求、国内三大城市群在国内社会经济和城市轨道交通发展的地位和作用，以及粤港澳大湾区的轨道交通发展趋势分析，城市轨道交通行业将由城市向区域、由单一层级向多层级、由相对独立向互联互通的一体化融合方向发展。

城市轨道交通立项审批政策、资本金比例政策要求、线路工程可行性研究报告审批政策演变见表 2-1 ～表 2-4，国家城市轨道交通主要管理规定对比见表 2-5。

城市轨道交通立项审批政策一览表 表 2-1

发展阶段	颁布时间	颁布部门	文件名称	文号	文件内容要点
限制发展	1995 年 12 月	国务院办公厅	关于暂停审批城市地下快速轨道交通项目的通知	国办发〔1995〕60 号	严格控制城市快速轨道交通发展
	2003 年 9 月	国务院办公厅	关于加强城市快速轨道交通建设管理的通知	国办发〔2003〕81 号	系统提出城市轨道交通发展方针，申报地铁和轻轨的经济、人口和线路客流基本条件，规范申报和审批程序，提出国产化率不低于 70% 和资本金不低于 40% 等规定
鼓励发展	2005 年 9 月	国务院办公厅	转发建设部、国家发改委等六部委《关于优先发展城市公共交通的意见》	国办发〔2005〕46 号	优先发展城市公共交通，轨道交通建设要加强换乘枢纽建设，实现多方式间便捷换乘
	2012 年 8 月	国家发改委	关于重大固定资产投资项目社会稳定风险评估暂行办法的通知	发改投资〔2012〕2492 号	固定资产投资项目申报必须开展社会稳定风险评估，为受理前提条件之一
	2013 年 5 月	国务院	关于取消和下放一批行政审批项目等事项的决定	国发〔2013〕19 号	城市轨道交通项目核准权限下放至省级发改部门
规范发展	2015 年 1 月	国家发改委	关于加强城市轨道交通规划建设管理的通知	发改基础〔2015〕49 号	增加地铁、轻轨初期负荷强度不低于 0.7 万人次 /（d·km）、0.4 万人次 /（d·km），重申资本金比例不低于 40%，政府资金办占当年城市公共财政预算收入比例一般不低于 5%，同时对规划变化的具体控制指标提出要求
	2015 年 11 月	国家发改委、住建部	关于优化完善城市轨道交通建设规划审批程序的通知	发改基础〔2015〕2506 号	首轮申报建设规划报国务院审批，第二轮以后授权国家发改委审批，以及建设规划申报流程（与规划环评申报明确为串联流程）
	2017 年 7 月	国家发改委	关于开展城市轨道交通建设规划中期评估工作的通知	发改办基础〔2017〕1151 号	要求各个已经批复城市轨道交通建设规划的城市开展中期评估，并作为新一轮建设规划申报的前提条件之一
	2017 年 6 月	国家发改委	关于促进市域（郊）铁路发展的指导意见	发改基础〔2017〕1173 号	单独编制市域（郊）铁路发展规划或统筹纳入相关规划，有限利用既有资源开行市郊列车，不得借城际轨道交通名义建设城市轨道交通
优化发展	2018 年 7 月	国务院办公厅	关于进一步加强城市轨道交通规划建设管理的意见	国办发〔2018〕52 号	取代“国办发〔2003〕81 号”，大幅提升地铁和轻轨申报条件，适当调整规划控制指标要求，严格财政资金投入占总投资比例不得低于 40%，强调全生命周期财政承受能力，严格建设规划调整和新一轮建设规划申报条件等
	2019 年 2 月	国家发改委	关于培育发展现代化都市圈的指导意见	发改规划〔2019〕328 号	提出打造轨道上的都市圈

城市轨道交通资本金比例政策要求一览表 表 2-2

发展阶段	颁布时间	颁布部门	文件名称	文号	资本金比例要求
限制发展	2003 年 9 月	国务院办公厅	关于加强城市快速轨道交通建设管理的通知	国办发〔2003〕81 号	资本金不低于 40%
鼓励发展	2009 年 5 月	国务院	关于调整固定资产投资项目资本金比例的通知	国发〔2009〕27 号	调整固定资产投资项目资本金比例，城市轨道交通项目最低资本金比例为 25%

续上表

发展阶段	颁布时间	颁布部门	文件名称	文号	资本金比例要求
规范发展	2015年1月	国家发改委	关于加强城市轨道交通规划建设管理的通知	发改基础〔2015〕49号	资本金比例不低于40%，政府资金办占当年城市公共财政预算收入比例一般不低于5%
	2015年9月	国务院	关于调整和完善固定资产投资项目资本金制度的通知	国发〔2015〕51号	城市轨道交通资本金比例调整至20%
优化发展	2018年7月	国务院办公厅	关于进一步加强城市轨道交通规划建设管理的意见	国办发〔2018〕52号	严格财政资金投入占总投资比例不得低于40%，强调全生命周期财政承受能力

城市轨道交通立项审批政策要求各阶段演变一览表　表2-3

序号	项目名称	审批部门	项目研究资质要求	政策依据	审批要求	备注
第一阶段：2003年以前（单线立项审批模式）						
1.1	线路项目建议书	国家发展计划委员会（简称“国家计委”，今国家发改委）	国家计委颁发的工程咨询（城市轨道交通）甲级资质			
1.2	线路环境影响评价报告	国家环境保护局（今生态环境部）	环保部颁发的交通评价甲级资质	《中华人民共和国环境保护法》（1989年12月）、《中华人民共和国环境影响评价法》（2002年10月）	建设项目立项审批前必须编制环境影响评价报告且通过同级环保主管部门批准	项目建议书审批前置条件
第二阶段：2003—2015年（建设规划集中立项模式）						
2.1	建设规划（一般以5年为周期）	国务院（其中，北京、上海、广州、深圳建设规划授权给国家发改委）	国家发改委颁发的工程咨询（城市轨道交通）甲级资质	《国务院办公厅关于加强城市快速轨道交通建设管理的通知》（国办发〔2003〕81号，2003年9月）	1. 明确修建城市地铁和轻轨的财政收入、人口规模和客流指标； 2. 明确建设资本金不低于40%； 3. 明确设备国产化率不低于70%； 4. 鼓励投资主体多元化	
2.2	城市总体规划（10年）	国务院	—	《城市规划法》（1990年4月）、《城乡规划法》（2008年1月）	省人民政府所在地的城市总体规划，由省人民政府审查同意后，报国务院审批	建设规划审批前置条件
2.3	城市综合交通规划	省级住建部门	—	《关于印发城市综合交通体系规划编制办法》的通知（建城〔2010〕13号）	1. 城市综合交通规划应与城市总体规划一致，相互协调； 2. 市级城市综合交通规划由当地省住建部门负责组织审查	住建部会签审查依据
2.4	建设规划环境影响评价报告	国家环境保护局/环保部	无要求（通常环保部颁发的交通评价甲级资质）	《中华人民共和国环境影响评价法》（2002年10月）	建设规划审批前必须编制环境影响评价报告且通国家环保部门批复	建设规划审批前置条件
2.5	建设规划沿线土地利用调整规划专题	—	—			住建部会签审查依据
2.6	建设规划客流预测及资源共享系列专题	—	—	《城市轨道交通工程项目建设标准》（建标104—2008）		评估审查依据

续上表

序号	项目名称	审批部门	项目研究资质要求	政策依据	审批要求	备注
2.7	政府出资承诺函、银行贷款承诺函、规划期间城市本级财政一般预算收入及支出现状和预测表	地方人民政府	—	《国务院办公厅关于加强城市快速轨道交通建设管理的通知》(国办发〔2003〕81 号)，2010 年后增加资本金占城市一般公共预算收入评价要求	1. 市政府资本金出资承诺函(不低于 40%)； 2. 银行贷款承诺函(剩余 60%)； 3. 已开展城市建设(尤其地铁建设)运营补亏、还贷及后投资分析；4、承诺资本金支出占城市一般预算收入比例是否合理(一般不超过 30%)	评估审查依据
2.8	建设规划社会稳定风险评估报告	地方人民政府	—	《国家发改委发展规划社会稳定风险评估暂行办法》(2012 年 11 月)		建设规划受理前置条件
第三阶段：2015—2018 年(建设规划集中立项模式)						
3.1	建设规划(5～6 年为周期)	首批建设规划由国务院审批；后续建设规划由国家发改委会同住建部审批，报国务院备案	国家发改委颁发的工程咨询(城市轨道交通)甲级资质(2017 年 10 月取消，国发〔2017〕46 号)	《关于加强城市轨道交通规划建设管理的通知》(发改基础〔2015〕49 号，2015 年 1 月)、《关于优化完善城市轨道交通建设规划审批程序的通知》(发改基础〔2015〕2506 号，2015 年 11 月)	1. 新增初期负荷强度、政府资本金占当年财政预算收入的比例、轨道交通建设资金占城市维护建设财政性资金比例要求； 2. 需取得省级预审意见、建设规划环评批复、社会稳定风险评估批复后，由省级发改部门会同省住建部门上报国家发改委，抄报住建部； 3. 提出了建设规划控制指标要求	
3.2	建设规划省级预审意见	省级发改部门会同省级住建部门	评估资质	《关于优化完善城市轨道交通建设规划审批程序的通知》(发改基础〔2015〕2506 号)	城市轨道交通建设规划及规划调整由省级发改部门会同省级住建(规划)部门等部门进行初审，形成一致意见。在规划环境影响审查意见、社会稳定风险评估完成后，省级发改部门签省级住建(规划)部门向国家发改委报送城市轨道交通建设规划，同时抄报住建部	建设规划受理前置条件
3.3	城市总体规划(10 年)	国务院	—	《城市规划法》(1990 年 4 月)、《城乡规划法》(2008 年 1 月)	住建部会签阶段对建设规划方案与城市总体规划中的线网规划符合性审查需组织专家专项审查	建设规划受理前置条件
3.4	城市综合交通规划	省级住建部门	—	《关于印发城市综合交通体系规划编制办法》的通知(建城〔2010〕13 号)		住建部会签审查依据
3.5	建设规划环境影响评价报告	环保部	无要求(通常环保部颁发的交通评价甲级资质)	《中华人民共和国环境保护法》(第 13 届第 9 号主席令修订，2015 年 1 月)、《中华人民共和国环境影响评价法》(第 12 届 48 号主席令修订，2016 年 9 月)	需取得省级预评估意见后，由地方建设规划主管部门为主体向国家环保部门申报	建设规划受理前置条件
3.6	建设规划沿线土地利用调整规划专题	—	—			住建部会签审查依据
3.7	建设规划客流预测及资源共享系列专题	—	—	《城市轨道交通工程项目建设标准》(建标 104—2008)		评估审查依据

续上表

序号	项目名称	审批部门	项目研究资质要求	政策依据	审批要求	备注
3.8	建设规划社会稳定风险评估报告	地方人民政府	—	《国家发改委发展规划社会稳定风险评估暂行办法》（2012年11月）		建设规划受理前置条件
3.9	上一轮建设规划中期评估	地方政府发改部门	—	《关于加强城市轨道交通规划建设管理的通知》（发改基础〔2015〕49号，2015年1月）		建设规划受理前置条件
第四阶段：2018年至今（建设规划集中立项模式）						
4.1	近期建设规划（5-6年为周期）	首批建设规划由国务院审批；后续建设规划由国家发改委会同住建部审批，报国务院备案	取消	《关于进一步加强城市轨道交通规划建设管理的意见》（国办发〔2015〕52号）	1. 提高地铁/轻轨建设条件； 2. 提高资本金和财政能力要求； 3. 取消国产化率、车站数量控制要求，放宽规划管理控制指标； 4. 严格建设规划调整和新一轮建设规划申报要求	
4.2	城市轨道交通线网规划	省级住建部门	—	《关于加强城市轨道交通线网规划编制的通知》（城建〔2014〕169号）	明确城市轨道交通线网规划是城市总体规划的专项规划，并要求线网规划纳入城市总体规划一并报批；直辖市线网报住建部审查，其他城市线网规划报省住建厅审查	住建部会签审查依据
4.3	近期建设规划省级预审意见	省级发改部门会同省级住建部门	—	《关于优化完善城市轨道交通建设规划审批程序的通知》（发改基础〔2015〕2506号）	城市轨道交通建设规划及规划调整由省级发改部门会同省级住建（规划）部门等部门进行初审，形成一致意见。在规划环境影响审查意见、社会稳定风险评估完成后，省级发改部门签省级住建（规划）部门向国家发改委报送城市轨道交通建设规划，同时抄报住建部	建设规划受理前置条件
4.4	国土空间规划	国务院	—			评估审查依据
4.5	近期建设规划环境影响评价报告	生态环境部	2018年国家取消资质要求	《中华人民共和国环境影响评价法》（第13届24号主席令修订，2018年12月）		建设规划受理前置条件
4.6	建设规划社会稳定风险评估报告	地方人民政府	—	《国家发改委发展规划社会稳定风险评估暂行办法》（2012年11月）		建设规划受理前置条件
4.7	上一轮建设规划中期评估	地方发改部门	—	《关于进一步加强城市轨道交通规划建设管理的意见》（国办发〔2015〕52号）		建设规划受理前置条件

城市轨道交通线路工程可行性研究报告审批政策演变一览表　　表2-4

序号	项目名称	审批部门	项目研究资质要求	审批依据	主要政策要求	备注
1	工程可行性研究报告	国家发改委	国家发改委颁发的工程咨询（城市轨道交通）甲级资质（2017年10月取消，国发〔2017〕46号）	《国务院办公厅关于加强城市快速轨道交通建设管理的通知》（国办发〔2003〕81号）、《关于加强城市轨道交通规划建设管理的通知》（发改基础〔2015〕49号）、《关于进一步加强城市轨道交通规划建设管理的意见》（国办发〔2015〕52号）	国家发改委委托咨询单位对上报工可报告进行评估审查，咨询单位提交线路工可报告的评估报告作为项目的审批依据	

续上表

序号	项目名称	审批部门	项目研究资质要求	审批依据	主要政策要求	备注
2	选址意见书	省级住建部门	—	《中华人民共和国城乡规划法》《国务院办公厅关于印发精简审批事项规范中介服务实行企业投资项目网上并联核准制度工作方案的通知》（国办发〔2014〕59号）	按照国家规定需要有关部门批准或者核准的建设项目，以划拨用地方式提供国有土地使用权的，建设单位在报送有关部门批准或者核准前，应当向城乡规划主管部门申请核发选址意见书	可研报告审批前置条件
3	用地预审	国土资源部（今自然资源部）	—	《建设项目用地预审管理办法》（国土资源部第27、42号令）、《国土资源部关于改进和优化建设项目用地预审和用地审查的通知》（国土资规〔2016〕16号）、《国土资源部关于修改〈建设项目用地预审管理办法〉的决定》（国土资源部第68号令）	1. 需人民政府或有批准权的人民政府发展和改革等部门审批的建设项目，由该人民政府国土资源管理部门预审； 2. 未经预审或者预审未通过的，不得批复可行性研究报告、核准项目申请报告； 3. 预审审查的相关内容在建设用地报批时，未发生重大变化的，不再重复审查	可研报告审批前置条件
4	节能报告(2017年为节能评估报告)	国家发改委	无具体要求，通常参照工程可行性研究报告资质要求	《固定资产投资项目节能评估和审查暂行办法》（国家发改委第6号令，2010年9月）、《固定资产投资项目节能审查办法》（国家发改委第44号令，2017年1月，前文废止）；《国务院办公厅关于开展工程建设项目审批制度改革试点的通知》（国办发〔2018〕33号）	1. 建设单位在报送工程可行性研究报告前，应取得节能审查机关出具的节能审查意见； 2. 对年综合能源消耗量不满1000t标准煤，且电力消耗不满500万kW·h的固定资产投资项目不再单独进行节能审查	可研报告审批前置条件，2018年5月起取消
5	社会稳定风险评估报告	国家发改委	无具体要求，通常参照工程可行性研究报告资质要求	国家发改委关于重大固定资产投资项目社会稳定风险评估暂行办法的通知（2012年8月16日印发）	1. 社会稳定风险分析应当作为项目可行性研究报告的重要内容并设独立篇章； 2. 上报项目可行性研究报告应包含对社会稳定风险评估报告的意见，并附社会稳定风险分析评估报告	可研报告审批前置条件
6	客流预测报告	全国专家评审	—	《地铁设计规范》（GB 50157—2013）、《城市轨道交通工程项目建设标准》（建标104—2008）、《城市轨道交通客流预测规范》（GB/T 51150—2016）	—	可研报告评估审查依据
7	环境影响评价报告	环保部、省级环保部门	环保部颁发的交通评价甲级资质(2018年取消)	《中华人民共和国环境保护法》1989年12月、《环境影响评价法》（2002年、2016年、2018年三次修订）	1. 国家根据建设项目对环境的影响程度，对建设项目的环境影响评价实行分类管理； 2. 2013年，随可研报告下放至省级环保部门审批	可研报告审批前置条件，2016年调整为开工前置条件
8	矿产压覆查核、储量评估及备案登记（如有）	省级国土资源部门	液体、固体矿产勘察甲级资质	《建设项目用地预审管理办法》（国土资源部第42号令）、《国土资源部关于改进和优化建设项目用地预审和用地审查的通知》（国土资规〔2016〕16号）	单独选址项目申报用地预审时需提供所在区域国土部门出具的是否压覆重要矿产资源的证明材料	用地预审申报前置条件，2016年后调整作为用地报批前置条件

续上表

序号	项目名称	审批部门	项目研究资质要求	审批依据	主要政策要求	备注
9	地震安全性预评价	省地震局	国家地震局颁发的工程建设场地地震安全性评价工作甲级资格证书的单位	《中华人民共和国防震减灾法》（2008 年 12 月）、《地震安全性评价管理条例》（国务院令第 323 号，2001 年 11 月）、《中国地震局关于贯彻落实国务院清理规范第一批行政审批中介服务事项有关要求的通知》（ZLE00/ZL-2015-00079，2015 年 11 月）	1. 重大建设工程和可能发生严重次生灾害的建设工程，应当按照国务院有关规定进行地震安全性评价，并按照经审定的地震安全性评价报告所确定的抗震设防要求进行抗震设防（2015 年前）； 2. 城市轨道交通除国家标准《城市轨道交通结构抗震设计规范》（GB 50909—2014）中规定的特殊设防类（甲类）城市基础设施工程外，不需开展评价（2015 年后）	可研报告审批前置条件（2014 年取消）
10	地质灾害危险性预评价	省级国土资源部门	国土资源部颁布地质灾害防治工程勘查甲级资质	《关于实行建设用地地质灾害危险性评估的通知》（国土资发〔1999〕392 号），《地质灾害防治条例》（国务院第 394 号令，2003 年 11 月）、《国土资源部关于改进和优化建设项目用地预审和用地审查的通知》（国土资规〔2016〕16 号）、《国务院办公厅关于印发精简审批事项规范中介服务实行企业投资项目网上并联核准制度工作方案的通知》（国办发〔2014〕59 号）、《国务院关于印发清理规范投资项目报建审批事项实施方案的通知》（国发〔2016〕29 号）	涉及安全的强制性评估	用地预审前置条件(2016 年取消)、可研报告审批前置条件（2014 年取消，现为可研评估审查依据）。原为由省国土资源部门备案，现改为由行业协会备案
11	安全预评价	国家安监总局（今应急管理部）	国家安监总局颁发的安全评价甲级资质	《建设项目（工程）劳动安全卫生预评价管理办法》（1998 年）、《建设项目安全设施“三同时”监督管理暂行办法》（国家安监总局第 36 号令，2010 年 12 月）、《建设项目安全设施“三同时”监督管理办法》（国家安全生产监督管理总局第 77 号令）、《国务院关于印发清理规范投资项目报建审批事项实施方案的通知》（国发〔2016〕29 号）	涉及安全的强制性评估	可研报告审批前置条件（2014 年取消，现为可研评估审查依据）。原由国家安监总局审批，现国家取消审批，调整为由业主组织专家评估
12	职业病预评价	国家安监总局	国家安监总局颁发的职业病评价甲级资质	《职业病防治法》（2001 年通过，2011 年修订）、《建设项目职业卫生“三同时”监督管理暂行办法》（2012 年 4 月）、《国务院关于印发清理规范投资项目报建审批事项实施方案的通知》（国发〔2016〕29 号）	涉及安全的强制性评估	可研报告审批前置条件（2014 年取消，现为可研评估审查依据）。原由国家安监总局审批，现国家取消审批，调整为由业主组织专家评估

续上表

序号	项目名称	审批部门	项目研究资质要求	审批依据	主要政策要求	备注
13	卫生学预评价	省卫生厅(市卫生局)	卫生评价类资质	《公共场所卫生管理条例实施细则》(卫生部1987年9月15日发布,1991年6月1日修订发布)、《国务院关于印发清理规范投资项目报建审批事项实施方案的通知》(国发〔2016〕29号)	1. 凡受周围环境质量影响和有职业危害以及对周围人群健康有影响的公共场所建设项目,必须执行建设项目卫生评价报告书制度。卫生评价报告书应在建设项目可行性研究阶段进行,施工设计前完成; 2. 建设项目的主管部门应将建设项目卫生评价报告书报卫生行政部门审批(2016年后不再受理)	可研报告评估审查依据。原由卫生部门审批,现调整为业主组织专家评估
14	资本金出资承诺函	地方人民政府	—	国务院办公厅关于加强城市快速轨道交通建设管理的通知(国办发〔2003〕81号)、《国务院办公厅关于印发精简审批事项规范中介服务实行企业投资项目网上并联核准制度工作方案的通知》(国办发〔2014〕59号)	1. 项目资本金比例在40%以上; 2. 资本金、银行贷款落实书面承诺	可研报告审批前置条件(2014年后取消)
15	银行贷款承诺函	银行机构	—	国务院办公厅关于加强城市快速轨道交通建设管理的通知(国办发〔2003〕81号)、《国务院办公厅关于印发精简审批事项规范中介服务实行企业投资项目网上并联核准制度工作方案的通知》(国办发〔2014〕59号)	1. 项目资本金比例在40%以上; 2. 资本金、银行贷款落实书面承诺	可研报告审批前置条件(2014年后取消)
16	文物部门意见	相应等级文物主管部门	—	《文物保护法》(2002年至2017年五次修订)	在文物保护单位的建设控制地带内进行建设工程,不得破坏文物保护单位的历史风貌;工程设计方案应当根据文物保护单位的级别,经相应的文物行政部门同意后,报城乡建设规划部门批准	可研报告审查前置条件(2014年后取消,现为可研评估审查依据)
17	其他相关部门意见	—	—	—	—	—

国家城市轨道交通主要管理规定对比说明　　表2-5

文件名称			国办发〔2003〕81号文	发改基础〔2015〕49号	国办发〔2018〕52号
发布时间			2003年9月27日,已废止	2015年1月12日,有效	2018年7月13日,有效
基本原则(方针)			量力而行、有序发展	量力而行、有序发展	量力而行,有序推进;因地制宜,经济适用;衔接协调,集约高效;严控风险,持续发展
准入条件	地铁	城市财力	地方财政一般预算收入在100亿元以上,国内生产总值达到1000亿元以上	未涉及	一般公共财政预算收入应在300亿元以上,地区生产总值在3000亿元以上
		城市人口	城区人口在300万人以上	未涉及	市区常住人口在300万人以上
		客流规模	远期单向高峰小时3万人次以上	初期负荷强度不低于每日每千米0.7万人次	初期客运强度不低于每日每千米0.7万人次,远期客流规模达到单向高峰小时3万人次以上

续上表

准入条件	轻轨	城市财力	地方财政一般预算收入在60亿元以上，国内生产总值达到600亿元以上	未涉及	一般公共财政预算收入应在150亿元以上，地区生产总值在1500亿元以上
		城市人口	城区人口在150万人以上	未涉及	市区常住人口在150万人以上
		客流规模	远期单向高峰小时1万人次以上	初期负荷强度不低于每日每千米0.4万人次	初期客运强度不低于每日每千米0.4万人次，远期客流规模达到单向高峰小时1万人次以上
	资本金		项目资本金占总投资的40%以上	项目资本金比例不低于40%，政府资本金占当年财政预算收入的比例不超过5%，轨道交通出资额占城市维护建设财政性资金的比例一般不超过30%	除城市轨道交通建设规划中明确采用特许经营模式的项目外，项目总投资中财政资金投入不得低于40%，严禁以各类债务资金作为项目资本金
	装备国产化政策		国产化率不足70%的项目不予审批	未涉及	不再要求
建设规划管理	编制要求		无	发布《城市轨道交通规划编制和评审要点》，增加新要求：完成用地规划、社会稳定风险分析、线网地质灾害专题等	1. 除有轨电车外，均应纳入城市轨道交通建设规划并履行报批程序； 2. 要加强节地技术和节地模式创新应用，鼓励探索城市轨道交通地上地下空间综合开发利用，推进建设用地多功能立体开发和复合利用； 3. 将人才培养和保障措施纳入建设规划
	规划期限		无	5～6年	5～6年
	审批程序		国家发改委委托咨询评估，评估通过后送住建部会签后，报国务院审批（北上广深为报国务院备案），省级程序未具体要求	增加由省级发改部门进行初审，其余参照国办发〔2003〕81号文执行	省级发改部门会同城乡规划主管部门、住建部门进行城市轨道交通建设规划初审，按程序向国家发改委报送建设规划。由国家发改委会同住建部审批，报国务院备案
	受理条件		无	以往建设规划已完成中期评估，项目实施中无重大违规，客流预测、社稳等专题报告齐备	未达到城市轨道交通建设申报条件的建设规划一律不得受理
	规划审核要求		无	发布《城市轨道交通规划编制和评审要点》	国家发改委、住建部要会同有关部门按照职责分工严格审核把关，省级政府有关部门要进一步强化初审责任
	规划调整申报		无	国家批复建设规划的起讫点、基本走向、敷设方式、车站数量、工程投资、建设年限等约束性内容不得随意变更，基本走向、敷设方式不得发生重大变化，线路长度、车站数量、直接工程投资变动不得超过规划方案的15%，投资模式不得发生重大变化。项目不得提前开工和压缩工期，如有，需报国家发改委审批	因城市规划、工程条件、交通枢纽布局变化等因素影响，城市轨道交通线路功能定位、基本走向、系统制式等发生重大变化的，或线路里程、地下线路长度、直接工程投资（扣除物价上涨因素）等较建设规划增幅超过20%的，应按相关规定履行建设规划调整程序。建设规划调整应在完成规划实施中期评估后予以统筹考虑，原则上不得新增项目
	新编规划申报		—	—	原则上本轮建设规划实施最后一年或规划项目总投资完成70%以上的，方可开展新一轮建设规划报批工作
	规划监管		无	适时开展中期评估和项目稽查	加强对规划编制、评估、审查、项目设计等各环节责任单位履责行为的监管

续上表

项目工可管理	编制要求	文件无具体要求，工可编制按普通基建项目工可要求进行	发布了《城市轨道交通工程项目可行性研究报告编制和评估大纲》，提出了具体的评估指标体系；增加了交通衔接的新要求；明确实施管理主体和保障措施，确保同步设计、同步建设和同步投入使用	—
	审批程序	按现行基建程序审批，市、省报国家发改委，委托第三方评估后审批，工可、环评、节能、社稳、用地、规划、文物、选址意见书、出资承诺函为必须前置条件	省级发改部门委托第三方咨询机构进行评估后直接审批，需定期向国家发改委报送项目信息，审批前置条件基本相同	1. 城市轨道交通项目（不含有轨电车）由省级发改部门根据国家批准的城市轨道交通建设规划，按照相关程序审批（核准），未列入建设规划的项目不得审批（核准）； 2. 有轨电车项目由省级发改部门负责审批（核准），并做好与相关规划的统筹衔接
	受理条件	工可报告、节能评估、社稳风险评估齐备	未涉及，要求省级发改部门抓紧制定项目审批办法	未涉及
	工可审核	无	发布了《城市轨道交通工程项目可行性研究报告编制和评估大纲》，提出了具体的评估指标体系	未涉及
	项目监管	无	要求省级发改部门抓紧制定项目监管办法，形成项目监管的部门联动机制，开展项目后评价	国家发改委和省级发改部门要完善建设规划实施的中期评估机制，建立建设规划执行情况和建成投运线路经济社会效益分析的后评价机制
其他	投融资政策	鼓励盘活资产、发行长期债券和股票上市。沿线土地增值应主要用于轨道交通建设	创新投融资体制，实施轨道交通导向型土地综合开发，吸引社会资本通过特许经营等多种形式参与建设和运营。支持企业发行债券	支持各地区依法依规深化投融资体制改革，积极吸引民间投资参与城市轨道交通项目，鼓励开展多元化经营，加大站场综合开发力度。规范开展城市轨道交通领域政府和社会资本合作（PPP），通过多种方式盘活存量资产。研究利用可计入权益的可续期债券、项目收益债券等创新形式推进城市轨道交通项目市场化融资，开展符合条件的运营期项目资产证券化可行性研究
	建设实施	无	严禁擅自开展规划外项目、随意压缩工期和试运行时间等行为	城市政府和相关企业不得不顾条件提前实施项目、随意压缩工期，对前期工作未完成、建设条件不具备、遇有特殊工程地质灾害且不能保证施工安全的项目，应根据实际情况暂缓实施，建设工期可相应顺延
	债务要求	无	—	严禁通过融资平台公司或以PPP等名义违规变相举债。对举债融资不符合法律法规或未落实偿债资金来源的城市轨道交通项目，发展改革部门不得审批（核准）；对列入地方政府债务风险预警范围的城市，应暂缓审批（核准）其新项目。对企业负债率过高的应采取有效措施降低债务，并暂停开工建设新项目
	责任主体	无	—	坚持国家统筹、省负总责、城市主体的原则，明确有关部门和地方政府责任
	监督服务	无	由中国城市轨道交通协会进行相关研究、跟踪和监督工作	—
	安全管理	立项、工可阶段要进行安全、地质、地灾评估。保证安全资金投入，建立应急机制	严格落实安全设施"三同时"管理制度，量化企业安全考核指标，建立常态化安全检查制度和重点工程检查、抽查制度，强化工程质量终身责任制，形成应急救援联动制度，制定快速有效的安全事故和突发事件处置预案	—

2.2.3　产业发展政策演变

20 世纪，国家启动城市轨道交通建设之初，就开始关注城市轨道交通装备国产化产业发展的布局。

1999 年 3 月，国务院办公厅转发国家计委（今国家发改委）《关于城市轨道交通设备国产化实施意见的通知》（国办发〔1999〕20 号），规定：“城市轨道交通项目，无论使用何种建设资金，其全部轨道车辆和机电设备的平均国产化率要确保不低于 70%。”“从 1999 年起，国家将批准条件成熟的城市启动轨道交通项目。新上城市轨道交通项目，其项目建议书、可行性研究报告以及开工报告，必须上报国家计委审查后报国务院审批，并以国产化率目标作为审批立项的首要条件。”

2002 年，国家计委进一步出台了《关于印发加快城市轨道交通装备制造业发展的若干意见的通知》（计产业〔2002〕913 号）。

2006 年 2 月，国务院颁布了《关于加快振兴装备制造业的若干意见》（国发〔2006〕8 号），要求以城市轨道交通等项目为依托，通过引进、消化吸收先进技术与自主创新相结合，掌握新型地铁车辆等装备核心技术。

在国家单线平均国产化率不低于 70% 的严格要求，以及国家关于装备核心技术自主研发政策的支持下，国内城市轨道交通装备产业获得了快速发展。

以广州为例，广州地铁一号线于 1999 年开通运营，当时采用了全套西门子进口设备（含车辆、信号等系统）。广州地铁二号线依托国家政策，提出采用集成创新实现核心设备国产化、降低地铁造价并降低运营维修维护成本的思路，得到了国家有关部门的认可和支持。通过组织国内各合作装备制造商共同开展技术攻关，广州地铁二号线在国内首次应用屏蔽门系统、非接触式集成电路（IC）卡、自动售检票（AFC）系统、集中供冷系统、刚性接触网、轨道减振技术、复合地层盾构技术等新技术，采用长春车辆厂生产的国产地铁鼓形 A 型车辆，最终国产化率达到了 71%、单位投资造价由一号线的 6.9 亿元 /km 降到了 4.5 亿元 /km，对比一号线降低 34%（静态投资对比），并获得了 2006 年度国家科技进步二等奖、2006 年度全国环境十大友好工程等奖项。

经过近 20 年的努力，国内城市轨道交通走过了引进、吸收、升级、创新的艰难历程，在国家政策的引导和支持下，国内城市轨道交通装备已经完成了由组装向自主研发创新能力的蜕变，开始走向海外市场，与西门子、庞巴迪等国际知名制造商同台竞争。

2017 年 12 月，国家认证认可监督管理委员会（简称“国家认监委”）、国家发改委颁布了《关于印发〈城市轨道交通装备认证实施意见〉及〈城市轨道交通装备产品认证第一批目录〉的通知》（国认证联〔2017〕142 号），规范引导国内城市轨道交通装备的认证工作。

2018 年 3 月，国家发改委颁布《关于加强城市轨道交通车辆投资项目监管有关事项的通知》（发改办产业〔2018〕323 号），要求省级发改委严格控制本地区城轨车辆新增产能，城轨车辆产能利用率低于 80% 的地区，不得新增城轨车辆产能，遏制国内城市轨道交通装备产业的不当竞争，进一步从国家宏观角度调控引导产业的健康发展。

2018 年 7 月，52 号文取消了国产化率 70% 的硬性要求。

自 2006 年起，国家关于城市轨道交通项目国产化率不得低于 70% 的政策要求执行了 12 年，到 2018 年国家出台了遏制产能无序发展的政策，表明在国家政策的支持和引导下，国内城市轨道交通装备制造业基本发展成熟，具备了自主研发制造能力，政策效果显著。

国家城市轨道交通产业及资本金政策发展示意如图 2-4 所示。

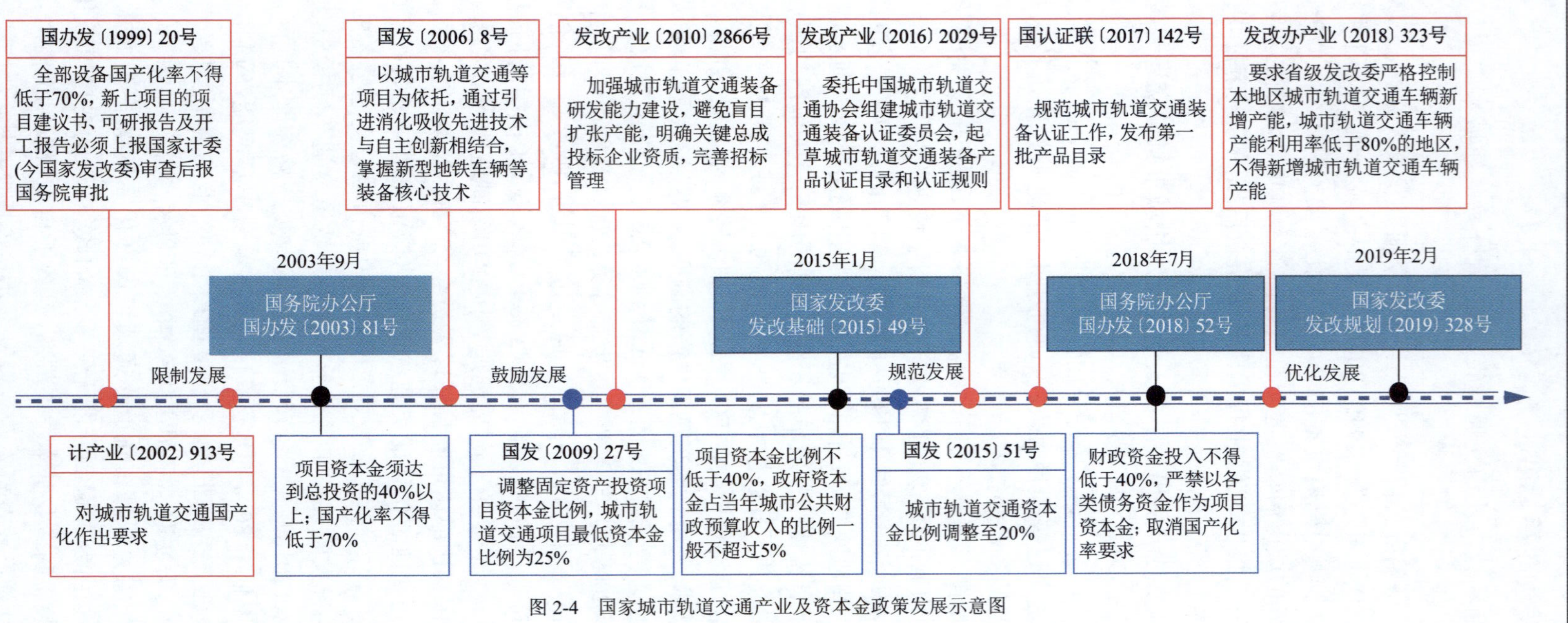

图 2-4 国家城市轨道交通产业及资本金政策发展示意图

城市轨道交通产业发展政策一览见表 2-6。

城市轨道交通产业发展政策一览表　　表 2-6

发展阶段	颁布时间	颁布部门	文件名称	文号	文件内容要点
限制发展	1999 年 3 月	国务院办公厅	关于城市轨道交通设备国产化实施意见的通知	国办发〔1999〕20 号	全部设备国产化率不得低于 70%，新上项目的项目建议书、可研报告及开工报告必须上报国家计委审查后报国务院审批
	2002 年	国家计委	关于印发加快城市轨道交通设备制造业发展的若干意见的通知	计产业〔2002〕913 号	对城市轨道交通国产化作出要求
鼓励发展	2006 年 2 月	国务院	关于加快振兴装备制造业的若干意见	国发〔2006〕8 号	以城市轨道交通等项目为依托，通过引进消化吸收先进技术与自主创新相结合，掌握新型地铁车辆等装备核心技术
	2010 年 12 月	国家发改委	关于进一步推进城市轨道交通装备制造业健康发展的若干意见	发改产业〔2010〕2866 号	加强城市轨道交通装备研发能力建设，避免盲目扩张产能，明确关键总成投标企业资质，完善招标管理
规范发展	2016 年 9 月	国家发改委、国家认监委	关于开展城市轨道交通装备认证工作的通知	发改产业〔2016〕2029 号	委托中国城市轨道交通协会组建城市轨道交通装备认证委员会，起草城市轨道交通装备产品认证目录和认证规则
	2017 年 12 月	国家认监委、国家发改委	关于印发《城市轨道交通装备认证实施意见》及《城市轨道交通装备产品认证第一批目录》的通知	国认证联〔2017〕142 号	规范城市轨道交通装备认证工作，发布第一批产品目录
	2018 年 3 月	国家发改委	关于加强城市轨道交通车辆投资项目监管有关事项的通知	发改办产业〔2018〕323 号	要求省级发改委严格控制本地区城市轨道交通车辆新增产能，城市轨道交通车辆产能利用率低于 80% 的地区，不得新增城市轨道交通车辆产能
优化发展	—	—	—	—	—

2.2.4　综合枢纽建设政策演变

2010 年后，随着国内城市轨道交通进入快速发展阶段，国家开始关注提升城市轨道交通与其他交通方式的枢纽换乘及站点周边土地集约和节约利用。

2013 年 3 月，国家发改委颁布了《关于印发促进综合交通枢纽发展的指导意见的通知》（发改基础〔2013〕475 号），通知要求推进综合交通枢纽建设，实现各种运输方式的一体化发展，强化高铁接入城市中心，配套城市轨道交通等各类方式，打造"零距离换乘"。

2015 年 11 月，住建部颁布了《关于印发城市轨道沿线地区规划设计导则的通知》（建规函〔2015〕276 号），通知要求加强和改进城市轨道沿线地区规划设计工作，推进轨道交通与沿线地区地上和地下整体发展，从规划技术层面为地区规划设计制定了标准。

2016 年 5 月，国家发改委印发《关于打造现代综合客运枢纽提高旅客出行质量效率的实施意见》（发改基础〔2016〕952 号），要求建设完善的现代交通运输体系，打造现代化综合客运枢纽。通知提出超大城市的主要客运枢纽间以换乘时间不超过 1h、换乘次数不超过 2 次为宜，特大城市换乘时间不超过 45min，大城市换乘时间不超过 30 min。

根据国家推进城市轨道交通综合枢纽建设的相关政策要求，各地均启动了枢纽的规划和建设工作，以广州为例，也经历了两个较典型阶段的发展尝试。

2006年，广州地铁开展了《广州市轨道交通站点客运一体化设施近期规划方案》研究工作，并于2010年建成了坑口、汉溪长隆、南浦、海傍、嘉禾5个枢纽试验站点。

2012年，广州地铁组织开展了《2020年线网站点周边用地开发规划专题研究工作》，在枢纽规划建设的基础上开始探索站点周边土地开发。

2016年，广州地铁组织开展了第三期建设规划场站综合体规划，提出在10条（段）线路、113个站点及车辆段中，结合交通衔接需求、场站用地和规划条件，同步规划建设33个场站综合体。一方面实现集约节约用地，提升土地利用价值，并为政府筹资用于地铁建设，推动地铁可持续建设发展；另一方面同步建成站点周边综合交通系统，方便站点周边的城市连接，有效改善城市整体风貌，特别在城市边缘地区，解决地铁站周边环境脏乱差、五类车横行等痛点问题。

截至2018年底，广州地铁已出让面积75.65ha（约0.76km²），实现出让收入250.66亿元，筹集建设资金129.81亿元；计划2020年前出让面积186ha（1.86km²），实现出让收入618亿元，可筹集建设资金408.57亿元。经统计，33个场站综合体总用地约400ha（4km²）。经过收益测算，预计可筹集资金700多亿元，基本能够平衡本轮建设资金需求。表2-7为广州地铁近年场站综合体开发统计情况。

广州地铁近年场站综合体开发统计　表2-7

开发周期	出让面积（ha）	初始地价预估（亿元）	实际出让收入（亿元）	可筹集建设资金（亿元）	土地价值增值比例（%）	备注
2012—2018年	116.16	151.42	408.60	219.76	270%	已完成出让
2019—2023年	361.9	1698.27	—	807.66	—	正在整理

表2-8为国家城市轨道交通规划编制及枢纽开发政策一览。

城市轨道交通规划编制及枢纽开发政策一览表　表2-8

发展阶段	颁布时间	颁布部门	文件名称	文号	文件内容要点
限制发展	—	—	—	—	—
鼓励发展	2013年3月	国家发改委	关于印发促进综合交通枢纽发展的指导意见的通知	发改基础〔2013〕475号	推进综合交通枢纽建设，实现各种运输方式的一体化发展，强化高铁接入城市中心，配套城市轨道交通等各类方式，打造“零距离换乘”
	2014年11月	住建部	关于加强城市轨道交通线网规划编制的通知	城建〔2014〕169号	明确城市轨道交通线网规划是城市总体规划的专项规划，并要求线网规划纳入城市总体规划一并报批；直辖市线网报住建部审查，其他城市线网规划报省住建厅审查
规范发展	2015年11月	住建部	关于印发城市轨道沿线地区规划设计导则的通知	建规函〔2015〕276号	加强和改进城市轨道沿线地区规划设计工作，推进轨道交通与沿线地区地上和地下整体发展
	2016年5月	国家发改委	关于打造现代综合客运枢纽提高旅客出行质量效率的实施意见	发改基础〔2016〕952号	建设完善的现代交通运输体系，打造现代化综合客运枢纽。超大城市的主要客运枢纽间以换乘时间不超过1h、换乘次数不超过2次为宜，特大城市换乘时间不超过45min，大城市换乘时间不超过30min
优化发展	—	—	—	—	—

2.2.5 建设和运营安全管理政策演变

早期，国家较侧重于城市轨道交通建设安全的管理。2003 年，建设部等九部委联合颁发了《关于进一步加强地铁安全管理工作的意见》（建质〔2003〕177 号）。81 号文也主要对地铁规划、设计标准、施工安全方面提出了要求。2005 年 6 月，建设部颁发了《城市轨道交通运营管理办法》（中华人民共和国建设部令第 140 号）。2006 年 1 月，国务院颁布了《国家处置城市地铁事故灾难应急预案》。

2010 年后，大线网运营逐渐成为常态，大线网运营安全成为国家关注的重点。从 2014 年起，国家密集颁布了关于城市轨道交通运营安全管理的相关规定。

2014 年 9 月，交通运输部发布《关于加强城市轨道交通运营安全管理的意见》（交运发〔2014〕201 号）；2015 年 1 月，国家发改委颁布的“发改基础〔2015〕49 号文”中，对强化安全管理、加强政府监管、建立政府与企业联动应急机制提出了要求。2018 年 3 月，国务院发布《关于保障城市轨道交通安全运行的意见》（国发〔2018〕13 号），要求有序统筹规划建设运营、加强运营安全管理、强化公共安全防范、提升应急处置能力、完善保障措施。2018 年 5 月，《城市轨道交通运营管理规定》（交通运输部令 2018 年第 8 号）颁布实施，提出了规范城市轨道交通运营管理，制定运营基础要求、运营服务、安全支持保障、应急处置、法律责任等具体规定。2018 年 7 月，国务院办公厅发布的 52 号文，进一步提出把安全作为城市轨道交通发展的生命线，并从加强安全监管方面提出了具体要求。

国家城市轨道交通建设及运营安全管理政策情况如表 2-9 和图 2-5 所示。

城市轨道交通建设和运营安全管理政策一览表　　表 2-9

发展阶段	颁布时间	颁布部门	文件名称	文号	文件内容要点
限制发展	—	—	—	—	—
鼓励发展	2003 年月	建设部等九部委	关于进一步加强地铁安全管理工作的意见	建质〔2003〕177 号	加强地铁建设的安全管理
	2005 年 6 月	建设部	城市轨道交通运营管理办法	建设部令第 140 号	制定城市轨道交通验收、运营管理的程序，乘客行为和运营安全管理的具体要求
	2006 年 1 月	国务院	国家处置城市地铁事故灾难应急预案	—	明确需要国务院处置的地铁（包括轻轨）特别重大事故灾难范围，处置方式和分工等。地铁事故灾难应急处置实行属地负责制，城市人民政府是处置事故灾难的主体，要承担处置的首要责任
	2014 年 9 月	交通运输部	关于加强城市轨道交通运营安全管理的意见	交运发〔2014〕201 号	提出加强城市轨道交通运营安全管理的 7 大项、22 个分项具体任务
规范发展	2018 年 3 月	国务院	关于保障城市轨道交通安全运营的意见	国办发〔2018〕13 号	有序统筹规划建设运营、加强运营安全管理、强化公共安全防范、提升应急处置能力，完善保障措施
	2018 年 5 月	交通运输部	城市轨道交通运营管理规定	交通运输部令 2018 年第 8 号	规范城市轨道交通运营管理，制定运营基础要求、运营服务、安全支持保障、应急处置、法律责任等具体规定
优化发展	—	—	—	—	—

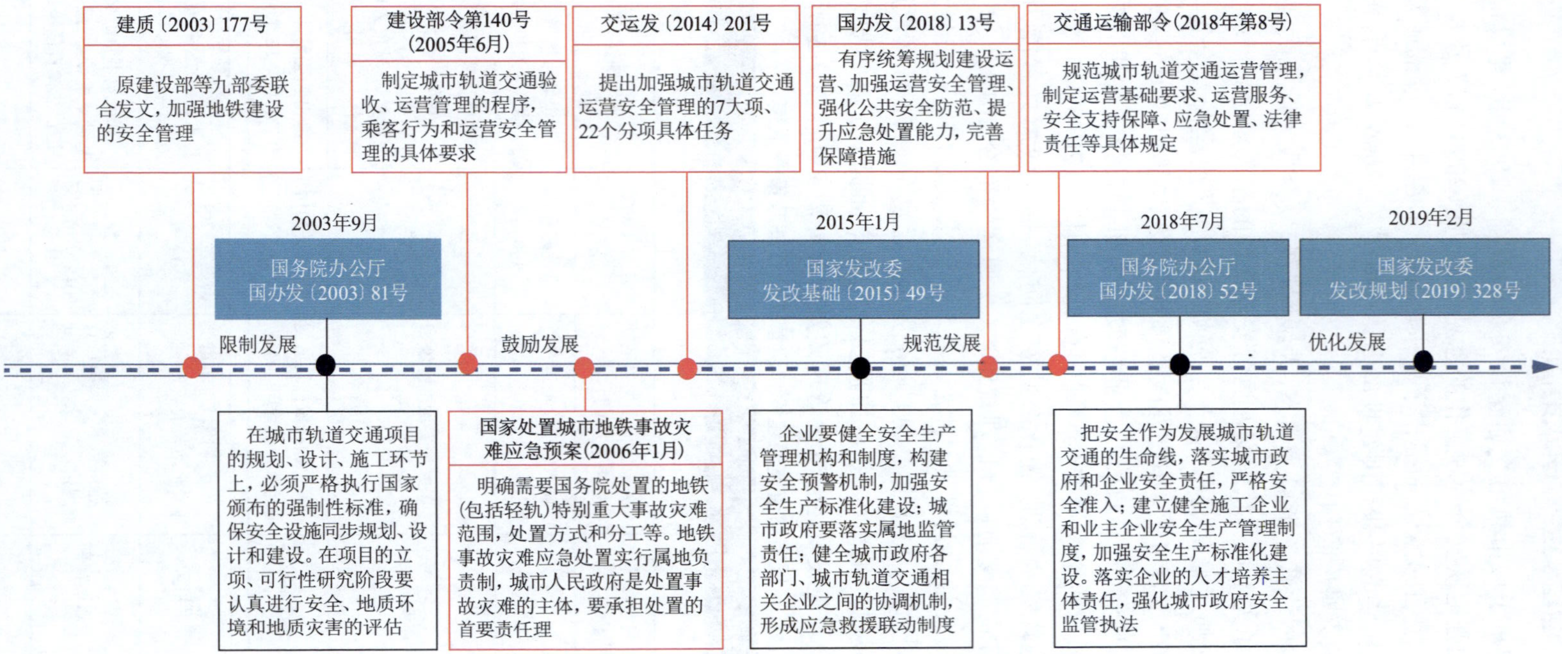

建质〔2003〕177号

原建设部等九部委联合发文，加强地铁建设的安全管理

建设部令第140号（2005年6月）

制定城市轨道交通验收、运营管理的程序，乘客行为和运营安全管理的具体要求

交运发〔2014〕201号

提出加强城市轨道交通运营安全管理的7大项、22个分项具体任务

国办发〔2018〕13号

有序统筹规划建设运营、加强运营安全管理、强化公共安全防范、提升应急处置能力，完善保障措施

交通运输部令（2018年第8号）

规范城市轨道交通运营管理，制定运营基础要求、运营服务、安全支持保障、应急处置、法律责任等具体规定

2003年9月

国务院办公厅
国办发〔2003〕81号

2015年1月

国家发改委
发改基础〔2015〕49号

2018年7月

国务院办公厅
国办发〔2018〕52号

2019年2月

国家发改委
发改规划〔2019〕328号

限制发展　鼓励发展　规范发展　优化发展

在城市轨道交通项目的规划、设计、施工环节上，必须严格执行国家颁布的强制性标准，确保安全设施同步规划、设计和建设。在项目的立项、可行性研究阶段要认真进行安全、地质环境和地质灾害的评估

国家处置城市地铁事故灾难应急预案（2006年1月）

明确需要国务院处置的地铁（包括轻轨）特别重大事故灾难范围，处置方式和分工等。地铁事故灾难应急处置实行属地负责制，城市人民政府是处置事故灾难的主体，要承担处置的首要责任理

企业要健全安全生产管理机构和制度，构建安全预警机制，加强安全生产标准化建设；城市政府要落实属地监管责任；健全城市政府各部门、城市轨道交通相关企业之间的协调机制，形成应急救援联动制度

把安全作为发展城市轨道交通的生命线，落实城市政府和企业安全责任，严格安全准入；建立健全施工企业和业主企业安全生产管理制度，加强安全生产标准化建设。落实企业的人才培养主体责任，强化城市政府安全监管执法

图 2-5　国家城市轨道交通建设及运营安全管理政策发展示意图

2.3　规划、立项阶段

城市轨道交通规划、立项阶段主要包括城市规划、线网规划、建设规划和工程可行性研究报告四项内容。其中城市规划不属于城市轨道交通管理范畴，本章暂不论述。

2.3.1　线网规划

城市轨道交通线网指多条城市轨道交通线路通过车站衔接组合而形成的网络系统。线网规划是指导城市轨道交通长远可持续发展的总体性方案。根据城市总体发展要求，确需建设城市轨道交通线路的城市要编制线网规划，确定长远发展目标。按照前瞻性和系统性要求，线网规划应统筹人口分布、交通需求等情况，确定城市轨道交通的发展目标、发展模式、功能定位等；确定城市轨道交通线路走向、主要换乘节点、资源共享和用地控制要求，实现与城市人口分布、空间布局、土地利用相协调；做好城市轨道交通与主要铁路客站和机场等综合交通枢纽的衔接。

城市轨道交通线网规划规划范围和年限与城市总体规划（现为国土空间规划）的规划范围一致，同时对远景城市轨道交通线网布局提出总体框架性方案。

2.3.2　建设规划

城市轨道交通建设规划是近期建设项目安排的实施方案。根据国家审批要求，发展城市轨道交通的城市要结合自身经济、人口、客流需求等情况，根据线网规划编制5～6年期的建设规划。在对建设规划实施情况及时总结的基础上，根据线网规划、交通需求、建设管理能力、政府财力、新技术发展和国家政策导向等，结合城市发展重点提出建设规划，包括背景分析、线网规划、建设必要性、规划方案、工程方案、投资估算、建设保障和风险分析等。同时需结合城市特点完成用地控制规划，开展社会稳定风险分析、环境影响评价、客流预测、交通一体化、资源共享、网络化运营、地质灾害等方面的专题研究。

2.3.3　工程可行性研究报告

依据国家发改委批复的近期建设规划，结合工程基础资料（地形图、勘察资料、建（构）筑物基础资料、地下管线调查资料、防洪条件调查资料、客流预测数据等），按照住建部、国家发改委关于工程可行性研究报告的编制要求，建设单位需对逐条线路组织编制工程可行性研究报告并按国家规定程序报批。

工程可行性研究报告主要研究内容包括线路建设的必要性、可行性，工程建设条件、线路站位方案、行车组织方案（含行车配线）、系统选型及车辆、限界及轨道方案、区间施工工法、车站建筑结构方案、车辆基地方案、设备系统方案（含车站设备、信号、通信、给排水、消防、人防、控制指挥中心、计算机系统等）、安全设计方案（工程运营安全、安全风险、职业病、环保等）、投资估算及经济评价、工程筹划、设备国产化率及招标等。

2.4　设计阶段

城市轨道交通设计阶段主要包含总体设计、初步设计和施工图设计三项内容。

2.4.1 总体设计

总体设计是依据已经批准的工程可行性研究报告编制的线路具体设计要求的指导性文件，是确定线路总体方案和各专业的具体设计标准和设计水平的纲领性设计文件，是初步设计的编制依据。

总体设计的目的在于保证全线工程设计的系统性、统一性、完整性、协调性和经济性。其主要通过对系统功能、规模等设计标准的控制，对主要参数的指引，指导后期工点的设计工作，协调众多专业系统之间的接口关系，最终保证工程建设项目的投资、进度、质量控制目标在设计阶段的实现。其主要研究内容包括制定各专业的设计标准、深化重点设计方案，对工程难点提出解决方案，稳定主要工程方案、施工工法和施工范围，提出投资估算控制要求等。

2.4.2 初步设计

初步设计是依据总体设计要求、更加详细的基础资料［地形图、初步勘察资料、管线勘探、控制性建（构）筑物基础资料］以及征地拆迁等工程条件，开展的具体设计工作。其主要包含各专业的设计图样说明书（车站、区间、桥梁、高架结构、建筑设计图，供电、通信、信号、消防系统图，各种管线、设备的布置图，各专业接口说明，征地拆迁图等），以及在此基础上编制的投资概算（包含详细工程量清单）。

2.4.3 施工图设计

施工图设计是依据批准的初步设计文件编制完成的实际工程施工用最终设计图，按专业分别形成各分部工程的详图，并配以施工工序、计算说明、材料清单，以及验收标准方法等。

2.5 建设阶段

城市轨道交通建设阶段主要包括工程招标、工程前期、土建工程施工、机电设备施工、工程验收和竣工验收、初期运营前安全评估等 6 阶段工作。

2.5.1 工程招标

工程招标主要包括施工（全线土建工程、轨道工程、机电设备安装工程、系统集成工程、装饰装修工程、相关交通衔接工程，相关市政接驳工程，同步实施的其他工程等）、监理、第三方监测和其他项目招标。

2.5.2 工程前期

工程前期主要包括征地拆迁、规划报建、用地报批、管线迁改、绿化迁移、交通疏解、占道开挖等工作内容。

2.5.3 土建工程施工

土建工程施工包括工程施工许可申报、工程质量安全监督登记，按《中华人民共和国建筑法》《中华人民共和国安全生产法》《建设工程质量管理条例》《建设工程安全生产管理条例》等工程建设法律法规要求，在市质量安全监督机构的监督指导下开展项目施工、土建工程材料管理、工程余泥渣土排放等工作。

2.5.4　机电设备施工

机电设备施工阶段分为机电设备安装及装修、系统综合联调及试运行两个阶段。机电设备安装及装修主要包括机电设备采购、机电设备安装、车站装修等工作；系统综合联调及试运行主要包括机电系统单机调试、机电系统综合联调、试运行。依据《城市轨道交通工程试运营基本条件》（GB/T 30013—2013）规定，试运行时间不少于 3 个月，其中按照开通运营时列车运行图连续组织行车 20 日以上且关键指标符合规定；关键指标主要是指列车运行图兑现率不低于 98.5%、列车正点率不低于 98%、列车服务可靠度不低于 2.5 万列 km/ 次、列车退出正线运行故障率不高于 0.5 次 / 万列 km、车辆系统故障率不高于 5 次 / 万列 km、信号系统故障率不高于 1 次 / 万列 km、供电系统故障率不高于 0.2 次 / 万列 km、屏蔽门故障率不高于 1 次 / 万次等；同时，需取得第三方评估单位的不载客信号认证书和载客信号认证书。

2.5.5　工程验收和竣工验收

工程验收和竣工验收主要包括单位工程验收、分部工程验收、分项工程验收及政府专项竣工验收等内容。其中，政府专项验收包括工程质量、安全、消防、卫生、职业病防护、环保、人防、规划、档案、统计、竣工财务决算审查、竣工决算审计等验收工作。

2.5.6　初期运营前安全评估

城市轨道交通线路运营前应按照交通运输部关于《城市轨道交通初期运营前安全评估管理暂行办法》（交运规〔2019〕1 号）和交通运输部办公厅《城市轨道交通初期运营前安全评估技术规范 第 1 部分：地铁和轻轨》（交办运〔2019〕17 号）的要求进行初期运营前的安全评估，由城市交通运输主管部门组织第三方安全评估机构对城市轨道交通线路的运营安全和基本服务要求进行评估。

2.6　运营阶段

2.6.1　试运营阶段

运营单位应当按照设计标准和技术规范，对土建工程、设施设备、系统集成的运行状况和质量进行监控，发现存在问题或者安全隐患的，应当要求相关责任单位按照有关规定或者合同约定及时处理。

2.6.2　正式运营

城市轨道交通线路初期运营期满一年，运营单位应当向城市轨道交通运营主管部门报送初期运营报告，并由主管部门组织正式运营前安全评估。通过安全评估的，方可依法办理正式运营手续。

第 3 章

我国城市轨道交通规划设计现状及问题

3.1　规划设计的重要性

城市轨道交通是一项涉及城市规划、交通、工程技术、水文地质、环境以及经济等多种学科交织的复杂系统工程，科学合理的规划设计是一切工作的开端，也是支持运营的基础。按照我国目前的城市轨道交通项目审批体制，历经线网规划、建设规划、工程可行性研究阶段、工程设计阶段的多重论证，才能合理决策并确定工程建设标准，规划设计阶段的问题最后都会集中体现在运营上。规划设计的主要作用有：

①支持城市规划的实施和发展。城市轨道交通系统庞大、投资巨大，具有不可逆性，一经建设很难更改。因此，结构合理的线网布局、规模适当和层级合理的线网体系，直接关系到城市交通结构的合理性和城市空间结构的发展走向。建设城市轨道交通，首先要做好城市轨道交通线网规划，制定与城市规划相匹配的线网架构、规模、层级体系，以支持城市发展战略目标的实现。

②控制工程建设用地。城市轨道交通用地有严格的技术要求，如不提前按照线网规划预留城市轨道交通走廊和用地，将面临施工难度增大、交通疏解困难、拆迁费用过高或工程难以实施等问题。从网络规划初期就预留好轨道交通廊道、换乘站用地、设施用地，才能最有效节省投资、保障工程可行性、避免土地资源浪费。

③稳定城市轨道交通建设时序。城市轨道交通建设不仅与城市建筑（三旧改造）、交通设施、地下管线和征地拆迁等工程条件关系紧密，需要城市一段时期内财力、人力和物力的集中投入，而且将对城市道路交通承载能力造成较大影响；科学合理的城市轨道交通建设时序安排不仅关系到城市空间布局、城市近期发展战略目标的实现，而且还将关系到成网后的线网运营效率和效益。

④确定城市轨道交通系统能力。科学的客流预测数据是确定城市轨道交通项目建设必要性和系统规模的重要依据。城市轨道交通客流预测的内容包括城市轨道交通客运总量、客运周转量、各站上下车人数、各城市轨道交通线路之间的换乘人数、区间上下行客运量、高峰小时运量等，这些数据是城市轨道交通系统配备和车站规模设计的基本依据，是城市轨道交通规划设计的起点和投资决策的基础，也是运营的基本条件。科学合理的客流预测，以及经济适当的规划设计，是提升线网运营效率和效益、乘客服务能力的重要保障。

⑤协调各方利益、稳定总体方案。线路方案是城市轨道交通整个工程设计的“龙头”，其优劣直接影响到乘客服务能力、工程投资、运营期客运量、运营成本、实施难易、与城市规划匹配性、与周边环境和景观的协调性等。线路一经建成，无论地面、地下还是高架线路，其位置都很难再做改变。在城市轨道交通前期规划设计研究阶段，线路设计需站在城市规划和综合交通规划的高度，协调相关方利益，结合现场具体工程建设条件，合理确定线路总体方案，为项目实施和运营奠定基础。

3.2　规划设计的主要内容

城市轨道交通前期规划和设计工作，一般可划分为两个阶段：项目前期研究阶段和项目设计阶段。我国城市轨道交通项目研究是一个从前期研究到后期设计的循序渐进的过程，体现了从宏观到微观、从全面到具体、从决策研究到技术研究过渡的特点。

项目前期研究阶段是指为了项目立项而开展的规划和研究工作，本阶段偏重宏观性、整体性、策略性的分析，是解决城市轨道交通项目建设的战略性、方向性问题，重点考量项目的必要性、经济性、合理性和可行性。后期设计阶段则更加关注技术上的适用性、可靠性，运营的效率、效益和乘客服务能力，将前期阶段所确定的发展目标、技术原则、运营服务需求逐步落实到工程设计中去。本节仅介绍前期研究阶段的主要内容。

3.2.1 线网规划阶段

（1）编制依据

线网规划的编制需要以城市总体规划、城市土地利用总体规划（现为城市国土空间规划）为依据，参考城市发展战略规划、城市产业规划、城市交通发展战略、综合交通规划，以及国家铁路网规划、城际铁路规划、周边城市轨道线网规划，支持城市定位、空间发展战略、产业发展平台，按照《城市轨道交通线网规划编制标准》的要求，编制城市轨道交通网络规划。

（2）规划内容

线网规划的主要目的在于落实城市总体规划要求，提出符合城市发展的轨道交通发展规模、层次、形态与功能定位，控制预留线网设施用地选址，支持远景线网规划的可拓展性。本阶段工作依据《住房和城乡建设部关于加强城市轨道交通线网规划编制的通知》（建城〔2014〕169 号）开展，主要内容包括：

①明确规划期限和范围。线网规划的规划期限和地域范围，应当与城市总体规划（现为国土空间规划）相一致，线网规划一般应在城市总体规划确定的规划建设用地内。同时做好城市轨道交通远景线网研究，对远景线网布局提出总体框架性方案，远景线网一般应在城市开发边界范围内布置。

②明确城市轨道交通的发展目标和线网规模。依据城市总体规划和城市综合交通体系规划，在深入调查研究城市国民经济与社会发展、自然环境、城市建设、城市交通等基础资料的基础上，根据未来预测交通需求，明确提出城市轨道交通的功能定位和发展目标。从服务范围、出行距离，旅行速度等角度评价线网的层级划分适应性，分别从出行需求、服务水平、城市承受能力等几个方面评价比选并确定线网合理的发展模式。

③明确线网布局和规划线路走向。根据城市轨道交通的功能定位、城市空间结构和用地布局，立足城市轨道交通客流预测，在多方案比选的基础上，确定城市轨道交通线网布局。依据支持城市发展、交通功能分担率及工程可实施等原则，提出线网方案或对既有线网方案进行优化、调整，从对重点片区的覆盖、人口和就业岗位覆盖率、线网运营效率、客运规模、时空目标实现度、枢纽覆盖率等多个层面进行评价。

④做好综合交通衔接、用地控制。结合线网运能分层规划，提出初步的系统制式、车辆选型建议。初步提出线路敷设方式建议，规划联络线的布置形式和设置方案，并结合综合枢纽布局方案提出换乘站建议。根据线网主变电站、控制中心、车辆基地、线网综合检修基地分布和功能匹配，统筹确定用地规模，并根据线路特征、用地条件和沿线土地使用功能提出规划选址（适当考虑远景发展的需要），提出用地控制的建议，纳入城市规划管理体系。此外，还需做好与铁路、城际、机场、大型客运站等的衔接规划。

⑤提出城市轨道交通工程实施规划。综合考虑城市发展、交通规划发展等预期，结合城市经济可承受能力和工程可实施性，提出近期线路的实施建议。

3.2.2　建设规划阶段

1）编制依据

建设规划以已经批复的城市轨道交通线网规划、城市国土与空间发展规划为依据，重点参考区域发展规划、城市近期重点项目建设规划、城市分区控制性详细规划、重点片区及产业发展规划，按照城市轨道交通相关建设标准、设计规范和国家相关管理政策要求编制。

2）研究内容

城市轨道交通建设规划的主要工作是结合城市经济、人口、交通需求等情况，合理选择城市轨道交通系统制式、敷设方式，科学确定城市轨道交通的建设规模、项目时序、资金筹措方案。本阶段主要依据49号文及其附件2《城市轨道交通工程项目可行性研究报告编制和评估大纲》的要求以及52号文的要求开展编制工作，本阶段主要研究内容如下。

（1）必要性

根据上位规划的要求，从落实国家战略、支持城市国土空间规划、实现城市规划发展、改善交通需求和城市生活环境、支撑城市经济发展等角度审视线路建设必要性；从城市空间结构、功能布局规划、产业布局规划、重点片区近期发展规划、综合交通廊道符合性及服务水平等分析城市轨道交通项目建设的迫切性和建设时机。

（2）合规性

城市国土空间规划以及其他上位规划确定了城市发展的目标、策略、发展规模、总体布局和城市重要功能区，近期建设规划还需核实并确保近期建设线路在满足上述规划要求的同时，保持与土地利用总体规划、用地控制规划、环境保护规划（生态保护红线、地下及地表饮用水源保护区、声环境、风景名胜保护区等）、文物保护规划等的一致性。此外，各项目还需要从站点周边用地类型、人口及就业岗位分布情况、周边开发建设计划等多因素核实是否符合项目建设的基本客流条件。

（3）合理性

结合城市和交通发展战略目标，提出城市轨道交通近期建设目标、建设原则。充分考虑城市发展现状和发展需求、城市经济发展水平、城市交通需求等因素，从客运需求、线网密度、经济承受能力等多角度分析测算近期建设规模的合理性。确立近期项目的选择原则，论证建设项目的选择范围，对近期建设线路组合方案进行筛选。开展线路起终点的详细论证，研究是否符合城市发展和规划边界条件。如对线网规划的线路方案进行局部微调，需充分论证其合理性。综合城市近期发展目标、城市经济承受能力、交通承受能力、城市轨道交通线网运营可靠性和衔接性等需求，提出线路建设的时序安排，明确各线路功能定位、建设规模、建设工期计划。

（4）可行性

提出达到预可行性研究深度的技术方案，主要包含线路方案、车辆方案、行车组织方案、土建工程方案、车站建筑方案、联络线方案、换乘枢纽方案、机电设备工程方案、车辆基地方案，重点落实项目起终点、基本路由、敷设方式、车站分布、系统规模、车辆等系统设备设施选型和附属设施的资源共享方案，并从工程地质、施工工法、运营安全性等多方面论证，确保项目工程可行。

（5）可控性

预估近期建设规划所需建设资金及使用计划，考察政府财力、建设能力和交通需求三者的发展匹配性。根据工程方案确定的车站初步规模、施工工法、车辆段规模、换乘枢纽设计方案，初步估算新建线路的投资规模、经济指标、分年度投资计划。明确资金来源，并从全市财政收入、地方财政支出、政府资本金占一般公共财政预算收入比例、城市轨道交通出资占政府建设资金比例等分析资金保障能力。识别征地拆迁、房屋征收风险、工程施工风险、政府出资风险、社会稳定风险及环境影响风险等，提出具体对策，保障项目投资可控、风险可控。

3）配套技术专题

建设规划阶段除编制建设规划报告外，还必须按照国家相关管理规定和技术评审要求组织开展环境影响评价、社会稳定风险评估、各线路工程方案研究（预可研深度），以及客流预测、运营管理、系统配置等线网资源共享系列专题研究。其中，环境影响评价、社会稳定风险评估需严格遵照国家相关法律法规和专业技术指导进行编制并按程序报批，其他专题研究则需作为建设规划报批过程中各级评估审查的技术依据。

建设规划阶段开展的资源共享系列专题研究可按照如表3-1所示的分类组织开展。

近期建设规划资源共享系列专题研究分类一览表 表3-1

序号	研究类别	专题名称	主要研究内容
1	网络需求研究	建设规模和实施计划的论证	从宏观层面预测与经济总量、经济发展速度相适应的城市轨道交通建设规模及实施计划；在微观层面，论证客流及企业经济收益，满足城市轨道交通可持续发展的需要
		线网运输服务水平研究	研究提出线网运输服务水平指标体系及其具体要求，作为线网设计、建设的输入依据
		线网客流预测及运输能力研究	线网客流总需求预测、分配，采用弹性区间预测法，提出线网及各条线路的初、近、远期预测客流目标，对各线路的行车组织、发车间隔、站立密度、运输能力等系统研究提出各线路的运输能力要求
		线网换乘及布局模式研究	依据线网客流预测，尤其换乘客流分析，建立换乘功能评价体系，确定换乘站点功能类别，对重要换乘站点进行客流动态仿真模拟评价，制定线网换乘功能设计标准和换乘设计要求
2	系统及设施规划研究	系统制式规划研究	从线网层面研究确定车辆选型、主变电站设置、供电方式、综合通信、信号、控制中心、隧道通风及供冷方式等，制定近远期技术升级接口
		信息化平台系统研究	结合互联网信息化新技术，研究建立以地铁建设与运营管理为核心的信息系统平台，包括：信息网基础框架体系、信息化技术框架体系、信息化总体功能、信息网及平台工程投资、系统实施计划等
		附属设施规划研究	从线网层面对车辆段（停车场）、主变电站、线网控制中心、综合维修基地、线网培训中心及综合实训基地、线网派出所等附属设施进行资源共享研究，提出选址规划和用地需求、外部电源需求，及时提交市规划、供电部门控制用地
3	运营组织管理研究	运营模式研究	结合线网建成后的运营需求，在满足线网客流预测、设施配套、交通需求、乘客服务水平的前提下，从行车组织、车务管理、票务运作、车辆维修管理、安全管理、调度管理、物资管理等方面，研究论证线网运营管理模式
		控制指挥模式研究	结合线网运营管理需求，研究论证并确定线网控制指挥模式，通常在集中式、分散式和混合式基础上比选

续上表

序号	研究类别	专题名称	主要研究内容
3	运营组织管理研究	运营组织架构及定员标准研究	结合线网运营管理规模，通过管理层次、管理幅度、管理流程接口、技术管理人员的利用率、技术共享程度、信息收集及传递渠道、物资管理难度、对外扩展的业务能力、中层管理人员人工成本等方面的比较，研究论证并确定运营管理的组织架构，明确线网定员标准
		票务策略及清分系统规划研究	结合线网运营服务需求，研究论证线网采取的票务政策（包含票价结构、票价水平、车票种类等）、AFC 系统架构（含清分中心）、清分模式等。通常在计程制、计时制、区域统一制、计程计时混合制中研究比选
4	工程实施规划	线路敷设方式研究	根据城市的地质、地形、道路条件、环境保护、工程造价等因素，明确各线路地下、地面或高架敷设方式，规划各条线路的走向、平面和纵断面参数，提出沿线用地控制的范围，高架及地面线路对周边地段开发的影响及处理方法
		新施工工法及工程重大风险研究	从减少对城市道路交通干扰、提高施工效率、降低施工风险、改善施工对城市环境影响的角度，研究采用新型施工工法的可行性；结合地质条件、工程施工复杂程度梳理工程施工的重大风险，提出解决措施
5	综合开发及交通衔接规划	场站综合体开发规划研究	结合近期建设规划方案，梳理沿线站点周边用地，整合站点周边零散用地，结合交通需求，以便利出行、便捷换乘为主要目的，以城市轨道交通场站为核心，科学组织出入口、换乘设施、步行系统与城市生活服务设施，构建城市轨道交通场站及相关设施布局协调、交通设施无缝衔接、地上地下空间充分利用、城市轨道交通运输功能与城市综合服务功能有机衔接的一体化枢纽综合体开发规划，并完成概念方案
		交通衔接及交通疏解研究	研究论证城市轨道交通近期建设规划各线路土建施工期间，对城市交通承载能力的影响，并从区域层面提出道路交通疏解措施。从城市综合交通一体化角度出发，研究各线路站点交通接驳需求，交通衔接方式、规模，分别纳入场站综合体或主体工程同步实施
		附属资源开发规划研究	结合近期建设规划方案，研究各线路广告、商业、通信及站点周边地下空间等附属资源开发配置方案，与主体工程做好衔接预留
6	实施保障规划	经营管理机制研究	适应国家对基础设施投融资体制改革趋势，适应集中大规模建设轨道交通的管理体制，包括投融资体制、建设管理体制、经营体制；产业化的趋势及实施轨道交通产业化的战略；政府对大规模建设城市轨道交通的管理模式、改革方向；大规模建设对城市轨道交通公司整体发展的影响，寻求合适的企业发展模式
		投融资模式研究	结合国家投融资政策要求，基于本地政府财政能力，研究提出近期建设规划范围各线路的具体投融资方案，含传统模式下的新型融资手段，以及社会参与投资的 PPP、建设—移交（BT）等模式比选

在上述技术及管理类的专题研究中，运营管理方面的研究需要关注重点，可按照“需求研究”“实施研究”到“效益研究”三个层级逐步深化、成体系组织开展。以广州为例，广州地铁的近期建设规划运营管理研究是随着线网的不断发展，历经了三个阶段逐步完善的。

（1）第一阶段（2003—2010 年）——实现线网运营系统自身资源的整合

2003 年初，广州地铁启动首个近期建设规划编制，广州市政府提出在 2010 年亚运会举行前建成超过 200km 线网（2005 年 7 月国家实际批复共 237km），年均建设里程超过 30km。当时，广州刚刚完成一、二号线建设（年均建设里程仅 4km），不仅缺乏大规模建设经验，更缺乏对线网运营的基本认识。国内各城市也均在起步发展阶段，都还在向线网发展的路上。受发展阶段认识的限制，各城市仍沿用传统的规划思路，即在各线路的工程可行性研究阶段才真正深入研究确定线路运营管理方面的关键内容。这种做法摆脱不了以往单条线路独立建设存在的片面性问题，常常因为规划预留不足或设施重复建设，存在线网资源的浪费、运营效率的低下和线路运营服务的割裂等问题。为此，广州地铁在国内率先调整思路，从线网的全新角度出发，启动了建设规划前期运营管理研究，建立线网运营管理的基本概念，组织对 200km 线网层面的车辆、供电系统、通信系统、信号系统、AFC 系统、附属设施以及线网运营组织架构、行车组织、车务、乘务、维修和物流模式等进行资源整合和超前规划，变资源微分布为集中集成设置，为广州迎接2010年线网运营做好充分的准备。

（2）第二阶段（2011—2015年）——关注线网运输服务能力及换乘能力

2011年，广州市启动了第二期建设规划申报，着重提出建设中心区环线和搭建中心区与外围组团之间的快速联系，计划继续建设200km以上线路（2012年7月实际批复228.9km）。按此计划，至规划期末，广州地铁累计开通运营里程将突破500km，真正迈入大线网运营的关口。2009—2012年，广州地铁线网日均客运量由200万人次迅速攀升到了500万人次以上，日均客流密度突破2.0万人次/km。以一、三号线为代表的中心区骨干线路日均客流突破100人次/d；以公园前站、体育西路站、广州火车站站、广州东站站等为代表的线网换乘站客流规模增长迅速，2010年底，公园前站、体育西路站换乘量接近30万人次/d，乘降量突破40万人次/d。在借鉴第一期运营管理研究及实践经验的基础上，广州地铁组织开展了第二轮前期运营管理研究。本阶段研究，一方面结合线网规模的翻倍增长及线网功能的新要求，及时对运营各系统技术规划进行更新，并结合互联网等新兴技术新增了信息化、综合监控系统等研究内容；另一方面结合线网运营实践，从最初集中关注线网系统自身技术需求，转为开始关注线网服务能力和换乘标准等面向乘客的需求。

（3）第三阶段（2016年至今）——深入探索线网运营效率和效益均衡发展

2016年，广州再次启动了第三期建设规划申报，预计继续建设300km线路（2012年7月实际批复228.9km）。2016年线网运营里程已突破300km，线网日均客流突破700万人次，客运强度突破2.6万人次/（km·d）。一、二、三、五号线四条线路日均客流突破100万人次以上，中心区线网客流压力巨大。2016年，国家正式宣布推进粤港澳大湾区发展战略实施，并颁布了《中华人民共和国国民经济和社会发展第十三个五年规划纲要》，提出建设北京、上海、广州等国际性综合交通枢纽。基于粤港澳大湾区发展战略和“互联网+”等新技术发展趋势，广州地铁开展了区域轨道一体化运营规划、市域快速轨道交通系统的探索；站在大线网运营效益平衡的角度，进一步转向探索站点交通功能与城市功能整合，站点开发价值对地铁建设运营的反馈机制，推进线网运营的可持续发展。

3.2.3 可行性研究阶段

1）编制依据

工程可行性研究以国家批复的城市轨道交通建设规划为依据，结合城市分区控制性详细规划、地形图修测、沿线控制测量、工程地质勘探、建（构）筑物调查、地下管线调查、水文资料调查等资料，按照《地铁设计规范》（GB 50157—2013）、国家相关管理规定和政策要求编制。

2）研究内容

相比于建设规划阶段，工程可行性研究阶段更加侧重于“项目是否可行、经济是否可行”，重点解决系统选择科学性问题、项目建设适应性问题、技术方案可行性问题、项目投资的合理性问题，为政府投资提供决策支持。本阶段主要依据49号文及其附件2《城市轨道交通工程项目可行性研究报告编制和评估大纲》的要求开展编制工作，主要研究内容包括：

①线路建设必要性。综合地区战略发展规划、城市总体发展战略规划、城市社会经济现状与发展规划、城市综合交通规划背景，从城市发展的角度，基于上层线网规划和批复的建设规划成果，分析论证项目建设的必要性，并从实现城市战略目标、实现城市国土空间规划、保持城市社会经济可持续发展、解决城市交通紧张局面、优化交通结构、城市轨道交通线网

发展等角度，详细论证启动线路建设的迫切性、建设时机的合理性、功能定位的科学性。科学预测全线的初期、近期、远期的全日客运量、高峰小时最大断面客流规模和站点集散量，论证项目建设的规模是否符合城市发展和居民出行需求。

②系统选择的科学性。根据线路功能定位，提出线路的总体设计原则和主要技术标准，确保工程设计标准服从城市总体规划、综合交通系统发展的目标，站点布设符合分区规划的要求。

③项目建设的适应性。从社会稳定、文物保护、环境保护、安全风险等方面评价项目的适应性。站在项目决策角度对风险进行识别和评价，分析项目总体风险，提出应对措施。项目风险评价可以分为市场风险因素、资源风险因素、工程风险、资金风险、外部协作配套风险识别，对风险程度进行定性分析，提出防范和降低风险的对策。社会稳定风险分析调查市民对建设征拆补偿的诉求等，从规划、土地利用对项目合理性分析，从城市生态景观、污染物排放、水土流失等方面评价对生态环境的影响，最后提出风险防范处理措施。环境保护方面则分析工程施工期、运营期对环境的影响，从城市生态环境、噪声振动、废水废气及固体废物等方面分析给出工程应采取的环保措施，提出沿线环境保护问题和解决方案。

④技术方案的可行性。分别论证技术方案的可行性，包括土建方案、设备方案和实施组织方案。土建方案需提出地下车站的施工工法、地下区间的施工工法、断裂带的工程处理方案，对不良地质问题处理原则的建议；设备方案包含通风与空调、给排水及消防系统、供电系统、通信系统、信号系统、综合监控系统、火灾自动报警系统、环境与设备监控系统、AFC系统、门禁系统、计算机综合信息系统、停车场安防、站台门、防淹门、升降设备，提出系统的主要设计规范和技术标准、主要设计原则、主要技术参数；通过调查分析线路经过的区域特征，判断线路全线建成的大致工期；提出工程施工组织安排，分析沿线工期关键节点，总结车站、区间的施工工法，给出轨排井、盾构井的建议位置，制定工程施工组织和工程筹划、工程招标方案。

⑤项目投资的合理性。依据相关政策文件，提出工程建设和其他费用的取费标准，估算工程投资总额和技术经济指标。以线路建设投资、可开发资源和开发模式为基础，制定线路的资金筹措方案，综合运用PPP、站点开发一体化、直接融资租赁等多种模式筹划投融资方案，评判项目投资的合理性和可靠性。

依据客流预测数据按照工期筹划提出的建设期和25年运营期，对项目进行财务评价（项目投资回报）和经济评价。其中，财务评价包括项目的内部收益率、投资回收期、偿债能力、财务生存能力等，分析项目敏感性和盈亏平衡性，评判项目的抗风险能力；经济评价则是在宏观层面上，从社会角度评价项目的社会效益和负面影响，评判经济效益是否可行。

3）配套技术专题

工程可行性研究阶段需要配套编制的专题包括审批性配套专题、支撑性配套研究专题和同步开展专题三类。

审批性配套专题包括节能评估、社会稳定性风险评估、客流预测专题、场站综合体概念方案研究，用以支撑工程可行性研究的审查和批复用地等工作。

支撑性配套研究专题包含地形图修补测、沿线控制测量、工程地质勘探、建（构）筑物调查、地下管线调查、水文资料调查、防洪条件调查、车辆选型专题、运营组织专题、工程重难点专题，主要为工可研究报告提供技术支撑。

同步开展专题包括环境影响评价、文物保护申报、地质灾害预评价、安全预评价、职业病预评价、卫生学预评价，为后续工程的稳定性、合法性奠定基础。详见图 3-1。

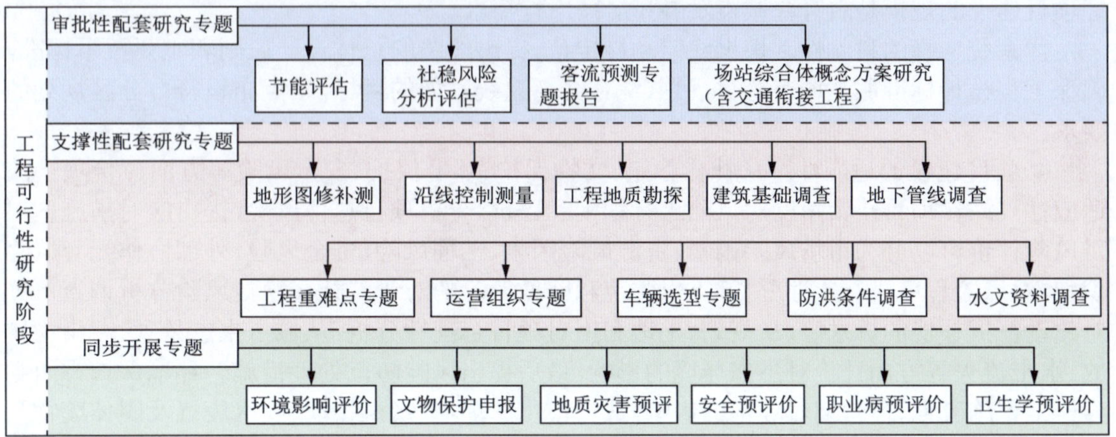

图 3-1 工程可行性研究阶段专题内容

各配套专题虽然在审批中占据不同角色，但其本质均是为工程可行性研究提供支撑，确保工程可行、风险可控、投资可控。

（1）地质选线勘察

地质选线勘察主要工作内容包括收集区域性地质构造、工程地质、水文地质、气象、地震、地貌、地下水动态等有关资料及物探资料和有关图片（卫星相片、航空相片），进行地质钻探，原位测试、水位观测取样、试验，并在统计分析后编制地质勘察报告。需掌握勘察范围的地貌特征、区域地质、工程地质、水文地质，了解地震、气象、河流水文概况，提交必要的气象要素、河流水文要素，满足工程可行性研究需要。

（2）地下管线调查

调查范围一般为各线路的车站建筑物边界外延 50m 和区间线路中心两侧各 25m。要求查明的地下管线包括城市地下埋设的给水、排水、煤（燃）气、热力、电力、电信电缆、工业各类管线以及地下管线综合管沟（廊）等。管线探测要查明区域内地下管线的平面位置、埋深（高程）、走向、性质、规格、材质、埋设时间、使用年限以及权属单位等，并测量绘制地下管线平面图及断面图。

（3）建（构）筑物基础调查（房屋基础调查）

其主要工作内容是搜集沿线建（构）筑物的资料，满足线路选线、车站选址、方案比选等工程可行性研究需要。房屋基础调查对象为线路两侧 30m 范围内的高层建筑物（十层以上）、构筑物（高架桥、立交桥、人行天桥、码头、人防工程、地下隧道、邮政通道等地下工程）、重要地段的多层建筑物，以及市政工程、航道等。

（4）地形图及控制网测量

地形具有时效性，每隔一段时期，工程实施地的地形地貌将发生较大变化，因此一般在开展城市轨道交通项目工程可行性研究前，需委托地形测绘单位对线路沿线（包括比选方案）中心线两侧 150m 内范围、车辆段和停车场范围内地形（含跨越江、河段的水下地形）进行修补测并绘制 1：500 数字化地形图，同步在此基础上缩编 1：2000 数字化地形图。地形图资料是开展可行性研究及设计工作必备的基础资料。

控制网测量工作将同时服务于设计和施工两个阶段。测绘单位应沿线路布设平面控制点及水准控制点，尤其需在每处车站附近布设控制点，以便日后施工时进行放线等工作。

（5）线路客流预测与站点分向客流预测

线路客流预测数据决定系统制式的选择和规模设计，客流起终点（OD）分布决定行车组织方案、运营交路（折返线、停车线等配线）设计；车站集散量和上下车人数决定车站设计规模（站厅、站台），换乘站的分方向换乘客流、车站分向出入客流预测数据决定车站平面布置和换乘通道设计；全日客流及其周转量预测数据决定票务收入等。可研阶段客流预测的主要工作任务是明确客流性质，掌握所研究线路的客流发展特征，科学预测提出线路客流的各项指标数据。

（6）环境影响评价

线路环境影响评价是指对线路实施阶段和运营阶段可能造成的环境影响进行分析、预测和评估，提出预防或者减轻不良环境影响的对策和措施（相关措施方案及投资需同步纳入线路可研技术方案和投资估算中）。主要的环境影响评价因子涉及噪声、振动、水、大气、固体废弃物、电磁辐射、生态等方面，并按施工期、运营期等不同阶段进行评价。

3.3 规划实施变化情况

3.3.1 总体情况

自 2003 年国家实行建设规划审批方式以来，在国家批复建设规划后，各城市在设计实施阶段基本都出现了调整变化规划的情况。2015 年，国家发改委颁布《关于加强城市轨道交通规划建设管理的通知》（发改基础〔2015〕49 号），启动建设规划中期评估工作。2018 年，国务院办公厅颁布《关于进一步加强城市轨道交通规划建设管理的意见》（国办发〔2018〕52 号），要求必须完成上一轮建设规划中期评估后才能申报后续新一轮建设规划。国内各城市建设规划批复方案的调整变化开始逐渐规范。

以广州为例，广州至今一共经历了三轮建设规划报批。2003 年，广州市作为国内首批城市启动了第一期建设规划（2010 年）申报，2005 年获得国家发改委批复，第一期建设规划共批复 9 条（段）线路、总长 163km、共 99 座车站，项目总投资 595 亿元；2009 年 2 月，广州第一期建设规划调整获得批复，共新增 3 条（段）线路（长 53.4km）；2012 年 7 月，广州市第二期建设规划（2012—2018 年）获得批复，同意新建 7 条（段）线路（长 228.9km）；2017 年 3 月，广州市第三期建设规划（2017—2023 年）获得国家批复，批准继续新建 10 条（段）线路（长 258.1km）。目前，广州第一期建设规划及其调整规划已运营多年，第二期建设规划陆续于 2017 年之后建成开通，第三期建设规划正在建设中。为更好说明问题，本书选取具有典型意义的广州 2012—2018 年第二期建设规划已建成线路进行对比说明。

3.3.2 典型调整情况分析

总体来看，广州第二期建设规划线路实施方案基本实现了国家对建设规划的批复要求，各线路规划走向、起终点、功能定位和规模基本保持一致，调整变化主要表现在敷设方式、车站数量、系统制式、实施工期以及工程投资五个方面。

(1)线路规模变化情况

广州第二期建设规划线路起终点和主要路由均未发生变化,实施阶段线路长度对比建设规划批复的调整变化幅度为 2% ~ 9%,均属于细微调整。变化的原因主要是根据环评批复要求绕避敏感保护区域、深化工程方案、避让高层控制性建(构)筑物及学校等。如表 3-2 所示。

广州第二期建设规划线路规模变化对比表(单位:km)　表 3-2

线路名称	建设规划批复长度	可研批复长度	初步设计批复长度	施工图设计长度	方案变化情况及其主要原因
八号线北延段	15	16.1/+7.3%	16.3/+8.7%	16.3/+8.7%	工程方案深化微调
十三号线首期	28.3	27/−4.6%	26.9/−4.8%	27/−4.6%	终点站象颈岭站避让二级饮用水源保护区
十四号线一期	51.2	54.1/+5.7%	54.4/+6.3%	54.4/+6.3%	线路局部调整照顾经济适用房居住区
十四号线支线	21.6	21.8/+1%	21.9/+1.4%	21.9/+1.4%	工程方案深化微调
二十一号线	58.7	60.9/+3.7%	61.6/+3%	61.5/+3%	十一号线约 2.2km 与本线同步实施,以实现二十一号线接入线网,十一号线建成后拆解复原
四号线南延段	11.7	12.6/+7.7%	12.6/+7.7%	12.6/+7.7%	工程方案深化微调
十一号环线	42.4	43.2/+1.8%	44.2/+4.2%	44.2/+4.2%	按环评批复要求绕避白云山国家风景名胜区,局部避让高层建(构)筑物和学校

注:表中"+/− 百分比"表示对比建设规划的长度变化。

(2)敷设方式变化情况

广州第二期建设规划批复线路中,地下线路与高架线路长度分别为 175.7km、82.4km,地下线路与高架线路长度的比例为 68 : 32。这一比例在后续可研、初步设计和施工图阶段分别调整为 73.5 : 26.5、79 : 21、80 : 20。

对比建设规划批复,高架线长度占比下降了 12%,均调整为地下敷设方式,反映了高架敷设方式极易受地区规划定位提升,征地拆迁、高压电塔迁改等工程实施因素的影响而发生变化。如表 3-3 所示。

广州第二期建设规划敷设方式调整对比表(单位:km)　表 3-3

线路名称	建设规划批复长度	可研批复长度	初步设计批复长度	施工图设计长度	方案变化情况及其主要原因
八号线北延段	地下敷设 15; 高架敷设 0/0	地下敷设 16.1/+7.3%; 高架敷设 0/0	地下敷设 16.3/+8.7%; 高架敷设 0/0	地下敷设 16.3/+8.7%; 高架敷设 0/0	无
十三号线首期	地下敷设 28.3; 高架敷设 0/0	地下敷设 27/−4.6%; 高架敷设 0/0	地下敷设 26.9/−4.8%; 高架敷设 0/0	地下敷设 27/−4.6%; 高架敷设 0/0	无
十四号线一期	地下敷设 2.1; 高架敷设 49.1	地下敷设 2/+5%; 高架敷设 49.2/0	地下敷设 21.8/+938%; 高架敷设 32.6/−34%	地下敷设 21.8/+938%; 高架敷设 32.6/−34%	因 550kV、220kV 高压电塔无法迁改,部分高架敷设改为地下敷设
十四号线支线	地下敷设 0; 高架敷设 21.6	地下敷设 19.6/—; 高架敷设 2.2/−89.8%	地下敷设 19.9/—; 高架敷设 2/−91%	地下敷设 19.9/—; 高架敷设 2/−91%	中新知识城规划定位提升,部分高架敷设改为地下敷设
二十一号线	地下敷设 36.3; 高架敷设 22.4	地下敷设 38.5/+6%; 高架敷设 16.4/−27% 山岭隧道 6/—	地下敷设 40.1/+10.4%; 高架敷设 14.7/−34% 山岭隧道 6.8/—	地下敷设 42.5/+16%; 高架敷设 12.2/−5.5% 山岭隧道 6.8/—	新增教育城规划,规划定位提升,避让征拆难点,部分高架敷设改为地下敷设及山岭隧道
四号线南延段	地下敷设 0; 高架敷设 11.7	地下敷设 12.06/—; 高架敷设 0.54/−95%	地下敷设 12.06/—; 高架敷设 0.54/−95%	地下敷设 12.06/—; 高架敷设 0.54/−95%	南沙国家级新区、南沙自贸区获得批复,规划定位提升,高架敷设改为地下敷设
十一号环线	地下敷设 42.4; 高架敷设 0/0	地下敷设 43.2/+1.8%; 高架敷设 0/0	地下敷设 44.2/+4.2%; 高架敷设 0/0	地下敷设 44.2/+4.2%; 高架敷设 0/0	无

注:表中"+/− 百分比"表示对比建设规划的敷设方式长度变化。

（3）车辆段（停车场）选址变化情况

车辆段选址受后期实施阶段的征地拆迁制约极大。当前国内各大城市土地资源日益紧张，导致实施阶段车辆段（停车场）选址变化成为常态。同时，由于车辆段（停车场）属于大型生产设施，环保要求日益严格，因环评批复要求优化选址也成为近年来出现的普遍现象。车辆段的规模变化则主要是由设计阶段对配车数量、运营管理、行车组织和收发车效率等方面深化研究所带来的。如表 3-4 所示。

广州第二期建设规划车辆段选址及规模变化对比表　表 3-4

线路名称	建设规划批复	可研批复	初步设计批复	施工图设计	方案变化情况及其主要原因
八号线北延段	白云湖车辆段，占地 35ha	亭岗车辆段，占地 35ha /0	亭岗车辆段，占地 35ha /0	亭岗车辆段，占地 35ha /0	根据环评批复，选址退出二级饮用水源保护区陆域范围
十三号线首期	象颈岭站东侧，占地 38ha	官湖站南侧占地 42.89 ha /+13%	位置：与可研一致，占地 41.06 ha /+9.5%	位置与可研一致，占地 41.06 ha /+9.5%	根据环评批复，选址西移 2km 退出二级饮用水源保护陆域范围；因上盖开发，占地面积增加
十四号线一期	1. 邓村车辆段，占地 35.3 ha； 2. 东平停车场（地面），占地 13.7 ha	1. 邓村车辆段，占地 36.8 ha； 2. 东平停车场（地面），占地 13.45； 总用地 +2.5%	1. 邓村车辆段，占地 37.8 ha； 2. 石湖停车场（地下），占地 11ha； 总用地 −0.4%	1. 邓村车辆段，占地 37.8 ha； 2. 石湖停车场（地下），占地 11ha； 总用地 −0.4%	东平选址与村预留用地冲突，调整至石湖村，受用地性质限制，改为地下停车场
十四号线支线	无	镇龙北停车场，占地 14ha	镇龙北停车场，占地 14ha	镇龙北停车场，占地 14ha	考虑运营管理、救援组织及夜间维护需要，在支线末端增设 1 座停车场
二十一号线	1. 镇龙车辆段，占地 30.5 ha； 2. 象岭停车场，占地 18ha	1. 镇龙车辆段，占地 37.4 ha； 2. 象岭停车场，占地 12.88 ha； 3. 水西停车场，占地 8.9 ha； 总用地 +22%	1. 镇龙车辆段，占地 37.4 ha； 2. 象岭停车场，占地 12.88 ha； 3. 水西停车场，占地 8.9 ha； 总用地 +22%	1. 镇龙车辆段，占地 37.4 ha； 2. 象岭停车场，占地 12.88 ha； 3. 水西停车场，占地 8.9 ha； 总用地 +22%	考虑运营管理、南端早晚收发车效率和效益，在南端增设 1 座停车场
四号线南延段	金隆停车场，占地 15 ha	金隆停车场，占地 18.6 ha /+24%	金隆停车场，占地 19.9 ha /+33%	金隆停车场，占地 24.2 ha /+61%	因选址北侧高边坡放坡及周边边角地块征地增加规模
十一号环线	赤沙车辆段，占地 51.4 ha	赤沙车辆段，占地 51.4 ha /0	赤沙车辆段（库房双层布置），占地 45.2 ha /−12%	赤沙车辆段（库房双层布置），占地 45.2 ha /−12%	因中心区征地困难，按双层库房设计缩减用地规模

注：表中"+/− 百分比"表示对比建设规划的用地规模变化。1ha（公顷）=0.01km^2。

（4）行车组织方案变化情况

行车组织方案取决于客流预测规模，在客流数据未变化的前提下，一般较少发生变化。第二期建设规划中，除十一号线由于初期外环客流断面增加导致初期外环开行对数增加，以及四号线南延线因客流 OD 数据变化而调整交路开行方案外，其余均未发生变化。如表 3-5 所示。

广州第二期建设规划运营模式变化对比表（单位：列 /h）　表 3-5

线路名称	建设规划批复	可研批复	初步设计批复	施工图设计	方案变化情况及其主要原因
八号线北延段	站站停 10+10/12+12/15+15	站站停 11+11/13+13/15+15	站站停 11+11/13+13/15+15	站站停 11+11/13+13/15+15	增加初期运营服务水平
十三号线首期	站站停 12/13+13/15+15/15	站站停 12/12+12/15+15/15	站站停 12/12+12/15+15/15	站站停 12/12+12/15+15/15	无

续上表

线路名称	建设规划批复	可研批复	初步设计批复	施工图设计	方案变化情况及其主要原因
十四号线一期	快慢线运营 4+4/5+5/8+8+8	快慢线运营 4+4/6+12/6+18	快慢线运营 4+4/6+6+6/6+6+12	快慢线运营 4+4/6+6+6/6+6+12	快慢线运营服务水平优化
十四号线支线	站站停 4/5/8	站站停 4/8/12	站站停 4/8/15	站站停 4/8/15	增加远期运营服务水平
二十一号线	快慢线运营 8+4/10+5/12+6	快慢线运营 8+4/12+6/16+8	快慢线运营 8+4/12+6/16+8	快慢线运营 8+4/12+6/16+8	增加近期运营服务水平
四号线南延段	站站停（大小交路）10+10/12+12/17+17	站站停（大小交路）14+7/16+8/22+11	站站停（大小交路）14+7/16+8/22+11	站站停（大小交路）14+7/16+8/22+11	根据客流深化数据调整
十一号环线	站站停 初期 15+15	环线，站站停 初期 15+17	环线，站站停 初期 15+17	环线，站站停 初期 15+17	外环客流断面由 2.1 万人次 /h 增加至 3.3 万人次 /h

（5）车辆选型及编组调整变化情况

引起车辆选型和编组变化的主要原因是可研阶段客流预测深化。广州第二期建设规划 7 条线路中，3 条线路的车辆选型发生变化，1 条线路的车辆编组发生变化。车辆选型变化以小车型向大车型调整为主，类似广州十四号线（一期、支线）及二十一号线由 A 型车调整为 B 型车的情况比较少见，主要是因为这 3 条线路均为 120km/h 速度等级的市域快线，关于市域快线车辆座椅的布置形式，当时国内仍缺乏统一标准和深入研究，后期从运营成本、运营效率和资源共享角度进行了调整优化。如表 3-6 所示。

广州第二期建设规划配属车辆变化对比表 表 3-6

线路名称	建设规划批复	可研批复	初步设计批复	施工图设计	方案变化情况及其主要原因
八号线北延段	6A	6A	6A	6A	无
十三号线首期	8A	8A	8A	8A	无
十四号线一期	6A	6B	6B	6B	考虑到与 3 号线、9 号线及 21 号线资源共享，由横排座椅 A 型车调整为纵向座椅 B 型车
十四号线支线	6A	6B	6B	6B	
二十一号线	6A	6B	6B	6B	考虑到与 3 号线、9 号线及 14 号线资源共享，由横排座椅 A 型车调整为纵向座椅 B 型车
四号线南延段	L 型车，4 节编组	L 型车，4 节编组	L 型车，4 节编组	L 型车，4 节编组	无
十一号环线	6A	8A	8A	8A	根据客流断面变化（3.8 万人次 /h 增加至 5.48 万人次 /h），增加编组规模

（6）车站规模变化情况

增加车站也是实施阶段发生的主要变化之一。由于城市轨道交通前期报批周期长，可研阶段城市片区规划往往发生了较大变化，需要增加车站予以支撑。另外，近年来人民群众对轨道交通出行服务的需求越来越高，也是导致增加车站的重要原因。由于技术发展，行车组织方案的多样化客观为增设车站提供了技术条件。据统计，广州第二期建设规划 7 条线路中，共 4 条线路在实施阶段增加了车站，增站幅度为 8% ～ 80%。如表 3-7 所示。

广州第二期建设规划配属车站数量变化对比表　　表 3-7

线路名称	建设规划批复	可研批复	初步设计批复	施工图设计	方案变化情况及其主要原因
八号线北延段	12 座	13 座 /+8%	13 座 /+8%	13 座 /+8%	适应城市规划调整，增加居住区域覆盖
十三号线首期	11 座	11 座 /0	11 座 /0	11 座 /0	无
十四号线一期	13 座	13 座 /0	13 座 /0	13 座 /0	无
十四号线支线	5 座	9 座 /+80%	9 座 /+80%	9 座 /+80%	与城际线换乘、支持中新知识城国家级合作区发展，增加片区主轴覆盖
二十一号线	14 座	20 座 /+42%	21 座 /+50%	21 座 /+50%	适应城市规划调整，支持教育城、科学城、智慧城等重点发展区，增加覆盖
四号线南延段	5 座	6 座 /+20%	6 座 /+20%	6 座 /+20%	增加金隆站
十一号环线	32 座	32 座 /0	32 座 /0	32 座 /0	取消瑞宝乡站，增加上涌公园站

注：表中“+/- 百分比”表示对比建设规划规模变化。

（7）工程投资变化情况

从规划期工程总投资分析，对比建设规划，可研阶段增幅 17.5%，初步设计阶段增幅 23%，实施阶段增幅 25%。从规划期直接工程总投资分析，对比建设规划，可研阶段增幅 10%，初步设计阶段增幅 31.8%，实施阶段增幅 32.5%。

从各线路具体投资分析，各线路总投资和直接工程投资随着设计阶段的深化，总体呈递增趋势。其中，实施阶段总投资对比建设规划最低增幅 2.8%，最高增幅 65%；直接工程投资对比建设规划最低增幅 9%，最高增幅 110%。

实施阶段敷设方式调整、增设车站及车站方案调整、系统选型调整工程地质加固是线路投资增大的主要原因。如表 3-8 所示。

广州第二期建设规划工程投资变化情况　　表 3-8

线路名称	建设规划批复	可研批复	初步设计批复	施工图设计	方案变化情况及其主要原因
八号线北延段	总投资 110.76 亿元； 直接工程投资 69.07 亿元；	总投资 134.5 亿元 /+21%； 直接工程投资 84.11 亿元 /+22%	总投资 130.25 亿元 /+18%； 直接工程投资 87.69 亿元 /+27%	总投资 130.25 亿元 /+18%； 直接工程投资 87.69 亿元 /+27%	岩溶地质加固，车站、车辆段规模增大；环评减振措施；配车数增加；房屋拆迁、管线迁改费用增加
十三号线首期	总投资 182.36 亿元； 直接工程投资 113.41 亿元	总投资 190.26 亿元 /+4%； 直接工程投资 100.41 亿元 /-11%	总投资 162.10 亿元 /-11%； 直接工程投资 94.03 亿元 /-17%	总投资 162.10 亿元 /-11%； 直接工程投资 94.03 亿元 /-17%	车站及车辆段规模增加，增加 1 座车站，6A 改 8A
十四号线一期	总投资 189.13 亿元；直接工程投资 102.65 亿元	总投资 225.76 亿元 /19.4%； 直接工程投资 145.04 亿元 /41.3%	总投资 206.99 亿元 /9.4%； 直接工程投资 141.36 亿元 /37.7%	总投资 206.99 亿元 /9.4%； 直接工程投资 141.36 亿元 /37.7%	高架改地下；桥梁结构形式调整；石湖停车场改地下；接触网供电改为接触轨供电；
十四号线支线	总投资 78.02 亿元； 直接工程投资 41.10 亿元	总投资 98.23 亿元 /25.9%； 直接工程投资 64.38 亿元 /56.6%	总投资 91.78 亿元 /17.6%； 直接工程投资 67.01 亿元 /63.0%	总投资 91.78 亿元 /17.6%； 直接工程投资 67.01 亿元 /63.0%	全线高架改地下；增加 4 座车站，增加 1 座停车场，接触网供电改为接触轨供电
二十一号线	总投资 291.33 亿元； 直接工程投资 180.67 亿元	总投资 305.23 亿元 /+5%； 直接工程投资 183.15 亿元 /+1%	总投资 284.87 亿元 /-2%； 直接工程投资 187.51 亿元 /+4%	总投资 284.87 亿元 /-2%； 直接工程投资 187.51 亿元 /+4%	增加 11 号线员村至天河公园段的同步建设工程，部分线路高架改地下
四号线南延段	总投资 53.29 亿元； 直接工程投资 31.23 亿元	总投资 83.76 亿元 /+57.19%； 直接工程投资 24.46 亿元 /78.34%	总投资 80.55 亿元 /51.18%； 直接工程投资 57.31 亿元 /83.55%	总投资 80.55 亿元 /51.18%； 直接工程投资 57.31 亿元 /83.55%	全线高架改为地下，增加 1 座车站

续上表

线路名称	建设规划批复	可研批复	初步设计批复	施工图设计	方案变化情况及其主要原因
十一号环线	总投资 336.06 亿元；直接工程投资 197.68 亿元	总投资 420.58 亿元 /+25.15%；直接工程投资 239.16 亿元 /+20.98%	总投资 462.42 亿元 /+37.6%；直接工程投资 270.24 亿元 /+27.22%	总投资 462.42 亿元 /+37.6%；直接工程投资 270.24 亿元 /+27.22%	编组 6A 改 8A，车站规模增大，配车增加，车辆段规模及方案调整，征地拆迁及管线迁改

注：表中“+/- 百分比”表示对比建设规划投资变化。

（8）规划实施变化情况总结

总体分析，从调整内容看，发生变化最大的前三位是敷设方式、车站数量和工程投资。从影响因素看，导致调整变化的主要因素是规划前提的变化。例如广州地铁四号线南延段，直接工程投资变化幅度提高 84%，主要原因是受规划影响，高架线路全部改为地下线路，同样情况也出现在十四号线支线。其次，受城市快速发展的影响，车站规模也较易变化。如二十一号线和十四号线支线车站变化幅度较大，数量分别增加 7 座和 4 座（增加 50% 和 80%），车站增加原因主要是线路沿线位于城市快速发展的从化区与增城区，2014 年撤市改区后规划调整幅度较大，车站周边现状或规划开发强度均有较大的提高，因此增设车站以提高服务。此外，因工程地质条件、环评要求、房屋拆迁、管线迁改等导致前期费用增加也是引起变化的次要因素。如图 3-2 所示。

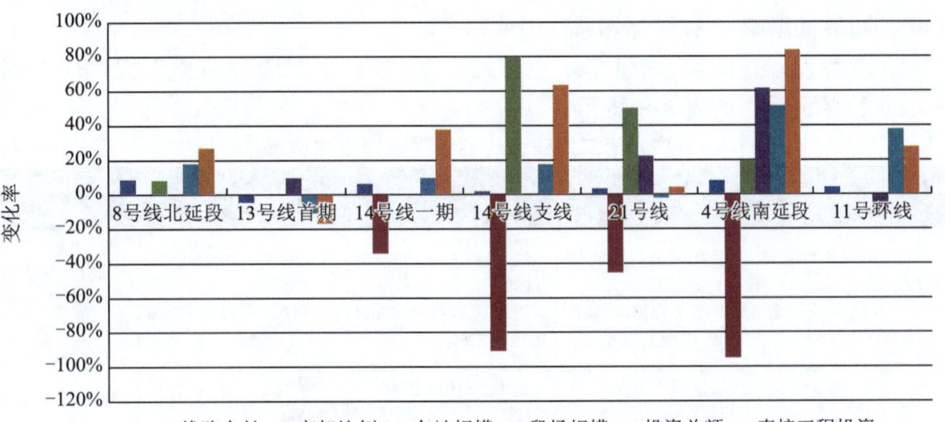

图 3-2 广州市城市轨道交通第二期建设规划各因素变化情况

3.3.3 资源共享专题总结与反思

国内建设规划阶段组织开展资源共享系列专题研究是在城市轨道交通发展过程中不断创新和积累的基础上逐步完善的。2003 年初，广州作为国内首批申报建设规划的城市，率先提出在建设规划阶段组织开展“保持线网先进性资源共享系列专题研究”，包含宏观策划、基础数据、系统制式、运营管理、城市规划、组织管理 6 大类，涉及建设规模、客流预测、系统制式与选型、运营模式、交通衔接方式和经营管理等 12 项具体内容。该项研究成果保证了线网系统功能的统一与匹配，避免了系统的重复设置、改造与返工，大幅度地节约了建设投入与运营成本，建立了全寿命周期成本的规划设计理念，相关做法最终于 2008 年纳入了《城市轨道交通建设标准》（建标 104—2008）。其后，国内各城市均按此原则组织开展了近期建设规划系列技术和管理类专题研究，专题研究内容也在各城市的实践和创新中得到不断完善。

借鉴第一期建设规划资源共享系列专题研究经验，广州地铁相继推进了 2015 年、2020 年线网资源共享系列专题研究工作。截至目前，上述专题研究成果的应用情况良好，但也不可避免地存在执行中发生调整变化的情况。

1）车辆制式专题

2003 年，广州地铁首次提出线网车辆分层规划理念，结合线网客流及运营服务需求，从运营调度、维修调度及车辆段资源共享角度，将线网车辆分为 A 型车、B 型车、L（直线电机）型车三层网系。其中，A 型车网系线路长度 79.5km，占线网 12.8%，配车数 948 辆；B 型车网系线路长度 243 km，占线网 39.4%，配车数 1416 辆；L 型车网系线路长度 296.5 km，占线网 47.8%，配车数 2142 辆。同时，不排除远景线路选择其他车型的可能。在速度等级上，广州地铁三号线作为广州贯通南北的骨干线，成为国内首条采用 120 km/h、6 辆编组、B 型车的地铁快线。2010 年广州市轨道交通线网车辆选型及编组方案如表 3-9 所示。

2010 年广州市轨道交通线网车辆选型及编组方案一览表　　表 3-9

车辆型号		A 型车	B 型车	L 型车
线路规模	线路名称	一号线：18.5km 二号线：26.5km 八号线：34.5km	三号线：84.5km 九号线：60km 十号线：30.5km 十二号线：39.5km 十三号线：28.5km	四号线：67.0km 五号线：41.0km 六号线：28.5km 七号线：39.5km 十一号 A 线：25.5km 十一号 B 线：16km 十四号线：79.0km
	总计线路长度（km）	79.5	243	296.5
	占线网的比例	12.8%	39.4%	47.8%
编组形式		初、近、远期均为 6 辆编组	三号线初期为 3 辆编组，远期为 6 辆编组；其余各线初期、近期、远期均为 4 辆编组	五号线初、近期为 4 辆编组，远期为 6 辆编组；其余均为 4 辆编组

2010 年，广州地铁根据线网规划调整，对线网系统制式进行调整，调整后的 2020 年线网中（表 3-10），A 型车约占 28.5%，B 型车约占 53%，L 型车约占 18%。对比第一轮，结合线网时空目标的新需求，新增了 120km/h、6 节编组 B 型车的十四号线、二十一号线，与三号线一并构成了快线网络层级；根据中心区线网结构调整后增加的环线，以及中心区东西走廊的客流特征，在 A 型车网系层级中，新增了 8 节编组及 100km/h 速度等级的制式规划；根据城市线网新增区域的不同等级交通需求，补充了中低速磁悬浮、新型有轨电车等新交通制式比选研究，新增了中低运量系统采取新型有轨电车的技术规划。

2020 年广州市轨道交通线网车辆选型及编组方案一览表　　表 3-10

车辆型号		A 型车	B 型车	L 型车
线路规模	线路名称	一号线：18.5km 二号线：31.8km 八号线：44.9km 十一号线：42.4km 十三号线：62.8km 十六号线：31.7km	三号线：69.2km 七号线：28.4m 九号线：19.8km 十号线：19.6km 十二号线：30.1km 十四号线：84.4km 十四号线支：21.6km 十九号线：30.9km 二十号线：17.5km 二十一号线：53.5km 二十二号线：59.2km	四号线：58.4km 五号线：41.7km 六号线：48.8km

续上表

线路规模	共计线路长度(km)	232.1km	215.5km	148.9km
	占线网的比例	28.5%	53.2%	18.3%
编组形式		各线初期、近期、远期均为6辆编组(十三号线远期也可为8节编组)	二十号线初期为3节编组;其余各线初期、近期、远期均为6辆编组	—

注:因线网规划修编,本表中与表3-9中的同名线路并非同一线路。

2016年,为适应湾区轨道交通一体化发展需求,满足地铁公交化运营和运能需求与市域快速出行的双重目标,广州地铁在十八号线和二十二号线项目首次采用了160km/h等级的市域快线,车辆选型中新增了市域D型车的新种类。

截至2018年,从系统制式规划的实际实施结果看,车辆选型较初期规划差异较大,主要因城市规模扩大、地铁网络效益的增长,客流发展超出预期,原规划的车型不能满足未来需求。如L型车修改为A型车或B型车、A型车出现8节编组(十一号线和十三号线)、车辆编组基本从4节调整为6节。据统计,目前线网共4种车型,其中A型车线路占比24.46%,B型车线路占比44.87%, L型车线路占比18.66 %,市域快车线路占比12.01%。如表3-11所示。

广州市轨道交通线网车辆选型建设实施情况表(2018年) 表3-11

车辆型号		A型车	B型车	L型车	市域快车
线路规模	线路名称	一号线:18.5km 二号线:31.8km 八号线:33.9km 十一号线:42.8km 十三号线:60.5km	三号线:76.9m 七号线:40.5m 九号线:20.1km 十号线:19.2km 十二号线:37.6km 十四号线:66.3km 十四号线支:21.9km 二十一号线:61.5km	四号线:59.3km 五号线:41.7km 六号线:42.1km	十八号线:61.3 km 二十二号线:30.8 km
	共计线路长度(km)	187.5km	344km	143.1m	92.1 m
	占线网的比例	24.46%	44.87%	18.66%	12.01%
编组形式		十一、十三号线为8节编组;其余各线为6辆编组	6辆编组	五号线初、近期为4辆编组,远期为6辆编组;其余均为4辆编组	8辆编组

2)车辆基地及联络线专题

(1)车辆基地规划

2003年版专题从线网资源共享的角度出发,建议按A、B、L三种车型设置3处车辆综合基地、1处预留综合基地,并相应设置3处车辆后备综合基地;此外,设置车辆段5处,停车场10处。

2010年,结合线网规划修编对车辆基地专题进行了调整,调整后的2020线网共规划了23个车辆段及停车场,其中设5个车辆大架修基地、10个定修段、8个停车场(表3-12)。

截至2018年,广州线网车辆综合基地已全部按照规划实施,车辆段、停车场部分因车辆选型的改变发生一定调整。据统计,共规划实施18座,占比38.29 %;调整15座,占比31.91%;取消5座,占比10.64%。其中,调整占比较大,主要原因是地方政府另有开发用途导致用地规划调整,无法按原选址实施;规划取消部分则主要因线路走向发生调整而发生。具体实施情况见表3-12。

2020 年广州市轨道交通线网综合基地、车辆段和停车场实施情况对照表　　表 3-12

类型	规划车场名称	规划主要功能	实施结果
综合基地	芳村综合基地（A 型车基地）	一号线、二号线、八号线大、架修，1 号线定修、停车列检	已建成西朗车辆段，功能定位与规划一致，承担 A 型车一号线、二号线、八号线大、架修任务，一号线定修及以下任务
	洛溪综合基地（B 型车基地）	三号线、十号线、十二号线、十三号线、九号线的大、架修，3 号线定修，停车列检	已建成厦滘车辆段，（目前正在大、架修扩容改造）承担 B 型车三号线、九号线、十号线大、架修；三号线定修及以下任务
	鱼珠综合基地（L 型车基地）	四号线、五号线、六号线、七号线、十四号线大、架修，五号线定修段	已建成鱼珠车辆段，承担 L 型车四号线、五号线、六号线的大、架修任务；五号线的定修及以下任务
	南沙综合基地（预留其他车型基地）	十一号线 A、B 型车的大、架修；十一号线全部停车，四号线部分停车	已建成南沙停车场，承担四号线周、月检及以下任务
车辆段	新造车辆段（L 型车备用基地）	四号线定修，部分停车列检	已建成新造车辆段，承担四号线定修及以下任务
	沙贝车辆段	六号线的架修段，六号线定修和部分停车列检	已建成浔峰岗停车场，承担六号线定修及以下任务
	南岗车辆段	九号线 A、B 型车的架修段，负责部分停车列检	调整为官湖车辆段（已建成），承担 A 型车十一号线、十三号线大、架修任务，十三号线定修及以下任务
	大州车辆段	二号线、七号线的定修段合设	已建成大洲车辆段、大洲停车场，其中大洲车辆段承担 B 型车七号线定修及以下任务，大洲停车场承担 A 型车二号线周、月检及以下任务
	赤沙车辆段（A 型车备用基地）	八号线定修段；负责八号线部分停车列检	已建成，目前为已运营 A 型车八号线定修段，将改建为 A 型车十一号线定修段，承担十一号线定修及以下任务
	沙湾车辆段（B 型车备用基地）	十号线、十二号线的定修段，并负责部分停车列检	规划调整取消
	大岗车辆段	十三号线定修段，负责十三号线全部停车列检	规划调整取消
	汽车城车辆段	九号线定修段，负责九号线部分停车列检	调整为 B 型车九号线岐山车辆段（已建成），承担九号线定修及以下任务
	厦滘车辆段	三号线 B 型车的大、架修基地，建议扩建为三号线和九号线大、架修基地	已建成，（目前正在大、架修扩容改造）承担 B 型车三号线、九号线、十号线大、架修，三号线定修及以下任务
	萝岗车辆段	六号线定修段	已建成，承担六号线定修及以下任务
	黄金围车辆段	八号线定修段，A 型车第二大、架修基地（推荐方案）	调整为白云湖车辆段（在建），承担 A 型车八号线定修及以下任务
	民主车辆段	九号线定修段	调整为 B 型车九号线岐山车辆段（已建成），承担九号线定修及以下任务
	东沙车辆段	十号线定修段	调整为广钢新城车辆段（在建），承担十号线定修及以下任务
	槎头车辆段	十二号线定修段	在建，功能定位与规划一致，承担 A 型车十二号线定修及以下任务
	象颈岭车辆段	十三号线定修段	调整为官湖车辆段（已建成），承担 A 型车十一号线、十三号线大、架修任务，十三号线定修及以下任务
	太和车辆段	十四号线定修段	调整为石湖停车场（已建成），承担 B 型车十四号线周、月检及以下任务
	镇龙车辆段	十四号线支线车辆段，市域线路 B 型车大、架修基地，二十一号线车辆段，市域线路 B 型车大、架修基地	已建成，十四号线支线、二十一号线共址车辆段，承担二十一号线定修及以下任务，十四号线部分列车周、月检及以下任务
	荔城车辆段	十六号线大、架修基地及定修段	规划调整为富鹏车辆段，规划承担 B 型车十六号线、二十三号线大、架修任务，十六号线定修及以下任务
	奥体东车辆段	十九号线定修段	远期规划预留

续上表

类型	规划车场名称	规划主要功能	实施结果
车辆段	石壁车辆段	二十号线定修段	远期规划预留
	海傍车辆段	二十二号线车辆段，与三号线停车场共址	规划调整取消
停车场	嘉禾停车场	二号线、三号线共用的停车场	调整为车辆段（已建成），承担二号线、三号线定修及以下任务
	科学城停车场	三号线部分停车列检	规划调整取消
	萝岗停车场	四号线的部分停车列检	规划调整取消
	高塘石停车场	六号线的部分停车列检	调整为萝岗车辆段（已建成），承担六号线定修及以下任务
	横沙停车场	七号线的部分停车列检	调整为上堂停车场（拟建），承担七号线周、月检及以下任务
	黄金围停车场	八号线的部分停车列检	调整为白云湖车辆段（在建），承担 A 型车八号线定修及以下任务
	槎头停车场	十四号线 A 型车的部分停车列检	调整为槎头车辆段（拟建），承担 A 型车十二号线定修及以下任务
	荔城停车场	十四号线 B 型车的部分停车列检	规划调整取消
	莲花山停车场	十号线、十二号线共用的停车场	规划调整取消
	神岗停车场	九号线的部分停车、检修	规划调整取消
	海傍停车场	三号线停车场	规划调整取消
	南沙停车场	四号线停车场	已建成南沙停车场，承担四号线周、月检及以下任务
	水西停车场	四号线的停车场	调整为二十一号线停车场（已建成），承担二十一号线周、月检及以下任务
	浔峰岗停车场	六号线停车场，具有定修功能	已建成浔峰岗停车场，承担六号线定修及以下任务
	鱼珠停车场	五号线车辆段	已建成鱼珠车辆段，承担 L 型车四号线、五号线、六号线的大、架修任务；五号线的定修及以下任务
	凰岗停车场	十三号线停车场	在建，承担十三号线周、月检及以下任务
	邓村停车场	十四号线停车场	功能调整为大、架修段，承担 B 型车十四号线、二十一号线大、架修任务，十四号线定修及以下任务
	养生谷停车场	十四号线停车场	远期规划预留
	石围塘停车场	十九号线停车场	远期规划预留
	万顷沙停车场	十八号线停车场	调整为大、架修段，承担市域快线十八号线、二十二号线大、架修及定修任务，十八号线周、月检及以下任务
	北部停车场	十八号线停车场	规划中
	大洲停车场	二号线停车场	已建成

(2)线网联络线规划

2003 年版专题提出城市轨道交通线网中共设置 14 处联络线。其中，A 型车网系 2 处，B 型车网系 4 处，L 型车网系 5 处，A/B 型车网系间 2 处，A/L 型车网系间 1 处。

2010 年，结合线网规划专题研究对联络线的设置方案进行了调整，共规划 21 处，对比 2003 版取消了市桥站、沙湾站、南亭站、南沙站、鱼珠站、大良站的 6 处联络线方案，新增了 13 处联络线。

截至 2018 年，全网联络线共计实施 15 条，占比 50%；取消 12 条，占比 40%；预留条件 3 条，占比 10%。规划联络线取消比例较高，主要原因是联络线车辆段选址调整、规划线路的变化取消。具体实施情况见表 3-13。

广州市轨道交通线网联络线实施情况表　表 3-13

车型	互联线路	设置位置	规划建设情况	备　注
A 型车网系	一号线/二号线	公园前站	建成，主要作为车辆大、架修转运通道（一号线、二号线、八号线车辆大、架修由一号线西朗车辆段承担）	
	二号线/八号线	昌岗—江南西	建成，主要作为车辆大、架修转运通道（一号线、二号线、八号线车辆大、架修由一号线西朗车辆段承担）	现为昌岗站
	八号线/十一号线	赤沙车辆段	建成，主要作为线网大型工程车资源共享转运通道（如钢轨探伤、钢轨打磨、网轨检测车等）	现为八号线车辆段
	十一号线/一三号线	天河公园站	在建，主要作为车辆大、架修转运通道（十一号线车辆大、架修由十三号线官湖车辆段承担）	
	十三号线/十六号线	新塘站	规划预留，主要作为不同车型线路之间线网大型工程车资源共享转运通道（如钢轨探伤、钢轨打磨、网轨检测车等）	
	八号线/十三号线	黄金围车辆段	取消	规划调整变化而取消，目前八号线北端实际设置为白云湖车辆段，十三号线北端设置凰岗停车场
	八号线/十三号线	彩虹桥站	取消	线网规划调整变化而取消。一号线、二号线、八号线大、架修由一号线西朗车辆段承担，十一号线、十三号线大、架修由十三号线官湖车辆段承担，且八号线、十一号线可通过赤沙车辆段实现联络
B 型车网系	三号线/九号线	高增站	建成，主要作为车辆大、架修转运通道（九号线车辆大、架修由三号线厦滘车辆段承担）	
	十四号支/二十一号线	镇龙车辆段	已建，主要作为车辆大、架修转运通道（二十一号线车辆大、架修由十四号线邓村车辆段承担）	
	三号线/十号线	体育西站	建成，三号线拆解后保留联络线功能，主要作为车辆大、架修转运通道（十号线车辆大、架修由三号线厦滘车辆段大、架修扩容改造后承担）	目前为三号线支线
	十四号线/十四号支	新和站	已建，作为主线、支线运营组织通道以及车辆大、架修转运通道（十四号线支线、二十一号线车辆大、架修均由十四号线邓村车辆段承担）	
	七号线/二十号线	广州南站	取消	线网规划调整变化而取消
	三号线/十号线	市桥站	取消	线网规划调整变化而取消。十号线与三号线在体育西路站设联络线
L 型车网系	四号线/五号线	车陂南站	建成，主要作为车辆大、架修转运通道（四号线车辆大、架修由五号线鱼珠车辆段承担）	
	五号线/六号线	大坦沙	建成，主要作为车辆大、架修转运通道（六号线车辆大、架修由五号线鱼珠车辆段承担）	

续上表

车型	互联线路	设置位置	规划建设情况	备注
不同车型的网间联通	二号线/三号线	嘉禾车辆段 A型车/B型车	建成，嘉禾车辆段为二号线、三号线共址车辆段可实现段内连接，主要作为线网大型工程车资源共享转运通道（如钢轨探伤、钢轨打磨、网轨检测车等）	
	二号线/七号线	大洲车辆段 A型车/B型车	建成，二号线大洲停车场与七号线大洲车辆段共址建设，中间通过南车基地可实现联络。主要作为线网大型工程车资源共享转运通道（如钢轨探伤、钢轨打磨、网轨检测车等）	实际联络为大洲停车场—南车基地—大洲车辆段
	三号线/八号线	客村站 A型车/B型车	建成，主要作为线网大型工程车资源共享转运通道（如钢轨探伤、钢轨打磨、网轨检测车等）	
	二号线/十四号线	嘉禾站 A型车/B型车	建成，主要作为线网大型工程车资源共享转运通道（如钢轨探伤、钢轨打磨、网轨检测车等）以及焊轨资源共享转运通道（十四号线邓村车辆段设焊轨基地）	十四号线嘉禾站与嘉禾车辆段联络
	四号线/七号线	南亭站 L型车/B型车	建成，主要作为线网L型车与线网其他制式线路实现互联互通、资源共享的重要通道	实际为大学城南站
	十三号线/十九号线	暨大站 A型车/B型车	规划预留，作为十九号线（规划为B型车）与线网其他A型车线路实现联络与资源共享的重要通道	目前规划名称为马场站
	十六号线/二十一号线	荔城站 A型车/B型车	规划预留，主要作为线网大型工程车资源共享转运通道（如钢轨探伤、钢轨打磨、网轨检测车等）	
	七号线/十二号线	大学城 A型车/B型车	取消	线网规划调整变化而取消，十二号线为A型车，七号线为B型车，线网已统筹规划联络线，此处不再设置
	十号线/十二号线	东湖 A型车/B型车	取消	线网规划调整变化而取消，十二号线为A型车，十号线为B型车，线网已统筹规划联络线，此处不再设置
	三号线/二十二号线	海傍车辆段 B型车/市域快线	取消	线网规划调整变化而取消（目前二十二号线为市域快线，且与三号线均无规划设置）
	十一号线/十九号线	邮科所站 A型车/B型车	取消	线网规划调整变化而取消。十九号线已考虑与十三号线在马场站设联络线，而十一号线、十三号线也有联络线
	十号线/十二号线	沙湾站 A型车/B型车	取消	线网规划调整变化而取消（十号线、十二号线规划路由均发生变化，且车型制式分别为B型车、A型车）
	十号线/十三号线	大良站 A型车/B型车	取消	线网规划调整变化而取消（线路规划路由发生变化，且十号线、十三号线分别为B型车、A型车）
	五号线/十四号线	鱼珠站 L型车/B型车	取消	线网规划调整变化而取消。目前规划十四号线走向与五号线不交叉换乘
	四号线/十一号线	南沙站 A型车/L型车	取消	线网规划调整变化而取消。目前十一号线线网第一条环线与四号线不交叉换乘

从实施结果上看，A、B、L型车网系全部实现了同车型线路之间的互通；不同车型之间尚未完全实现互通，目前只有A型车与B型车、B型车与L型车之间可实现不同车型的互通，A型车与L型车之间，以及与新规划建设市域快线车型均无互通联络线。

3）主变电站专题

2003 年版专题提出设置 25 个主变电站。2010 年，结合线网规划修编对主变电站设置及供电方式进行了调整，提出 2015 年规划建设 29 座主变电站、2020 年规划建设 34 座、远期 2040 年规划建设 37 座主变电站。2017 年，结合 2015 年线网规划优化调整，主变电站规划再次优化新增了 8 个主变电站。

在线网资源共享专题开展前，主变电站通常按照 15km 一座的原则设置，优化调整改为线网供电的原则后，主变电站尽量设置在线路交汇处并同时向多条轨道交通线路供电。预计 2025 年已批复的轨道交通建设规划共需要设置 34 个主变电站，与每条线路 15km 设置一个主变电站相比，节省了近 20 个主变电站。

截至 2018 年，累计规划的 45 个主变电站中，已建成 13 个，占比 29%；在建 8 个，占比 18%；取消 13 个，占比 29%；规划预留 3 个，占比 7%。规划新增 8 个，占比 18%。

4）物流管理专题

在线网发展初期，按照由分散管理向集中管理转化、由操作型管理向决策型管理转化、由封闭型管理向开放型管理转化的原则，推荐线网设置一座物资中心，并采用三级仓库管理。即线网设置一座一级仓库（与物资中心合并选址），各维修基地设二级材料仓库，分部、车间设三级仓库。

在线网发展近期，随着线网规模的扩大，对应提出采用“集中管理、分散仓储、分类库存”的仓储管理模式，设置集中式二级物资仓库（车辆段内）、委托第三方物流开展物资集约化配送业务。

2010 年前，因开通线路较少，一直采取线路仓库 + 工班仓库的运作体系。2014 年按照专题要求组织完成了线网物流配送基地的可研批复（选址位于四号线新造车辆段），现已完成设计方案，即将动工建设。

为提高物资供应效率、物流作业的标准化，广州地铁首次启动了“无人值守、自助领用”智能仓库的建设。截至 2017 年底，6 个车辆段、2 个正线车站累计建成车辆段智能库 20 间、车站智能库 2 间、电子物流柜 2 个（客村站、赤沙车辆段检修库），服务 235 个工班。从应用情况看，智能仓库的综合满意度达 73%，有效降低了备品备件库存，提高了工班生产效率，方便一线生产。工班紧急领用频次呈下降趋势。智能仓库陆续上线后，节约了约 2/3 的二级线路仓库面积，三级车间备品库已逐步被取代。

3.4　规划设计问题反思

3.4.1　城市规划前提变化影响既有线网对城市交通出行的适应性

城市轨道交通线网规划依据城市总体规划（现为国土空间规划）编制，以解决城市交通拥堵并引导支撑城市空间布局发展为目标。近年来，国内社会经济快速发展，城市综合实力显著提升，城市化进程明显加快，城市规划、用地、人口分布（居住、就业）等发展变化迅速，传统 10 年编制一轮的城市总体规划明显滞后于城市实际发展速度，使按旧的城市总体规划建设实施的城市轨道交通线路出现滞后城市、居民需求，不能与新的城市发展目标和发展水平相契合的问题，给城市轨道交通线网运营带来了极大困扰。

以广州为例，自开展城市轨道交通线网规划以来，已历经三轮城市总体规划（表 3-14）。

广州城市总体规划与实际发展数据对比表　　表 3-14

总体规划名称	规划期	规划目标数据			实际发展数据					
		总人口（万人）	地区生产总值（亿元）	城镇建设用地规模（km^2）	总人口（万人）	对比规划目标增幅（%）	地区生产总值（亿元）	对比规划目标增幅（%）	城镇建设用地规模（km^2）	对比规划目标增幅（%）
广州城市总体规划（1981—2000 年）	2000	780	2300	—	994.2	27.5%	2492	8.3%	1236	—
广州城市总体规划（2001—2010 年）	2010	1225	9500	785	1271	3.8%	10 604	11.6%	1649	110.06%
广州城市总体规划（2010—2020 年）	2020	1800	28000	1772	1490*	82.8%*	22859*	81.6%*	1817*	102.5%*

注：标 * 为 2019 年实际数据。

1984 年，国务院批复了《广州市城市总体规划（1981—2000 年）》，规划期限近期为 1990 年、远期为 2000 年，确定广州市是广东省的政治、经济、文化中心，是我国的历史文化名城之一，又是我国重要的对外经济、文化交往中心之一。市辖八区面积约 1160km^2，城市人口至 2000 年末控制在 280 万人左右。城市的主要发展方向是沿珠江北岸向东至黄埔发展。

2005 年，国务院批复《广州市城市总体规划（2000—2010 年）》，规划期限近期为 2005 年、远期为 2010 年，提出广州市是广东省的政治、经济、文化、交通中心，是我国的历史文化名城和华南地区的中心城市，是我国重要的经济、文化中心和对外交往中心之一，是我国南方的国际航运中心。规划至 2010 年，全市市域面积 7434 km^2、常住人口 1225 万人，城镇人口 1040 万人。其中，市辖十区面积 3843.4 km^2、常住人口为 1035 万人，城镇人口为 920 万人。城市空间发展战略为：南拓、北优、东进、西联。城市空间结构为：以山、水、城、田、海的自然格局为基础，主要沿珠江水系发展的多中心组团式网络型城市结构。

2016 年，国务院批复《广州市城市总体规划（2010—2020 年）》，规划期限近期为 2015 年、远期为 2020 年，广州定位为我国重要的中心城市之一，国家历史文化名城，广东省省会，我国重要的国际商贸中心、对外交往中心和综合交通枢纽，南方国际航运中心。规划 2020 年市区面积 7434km^2，市域常住人口 1800 万人，其中户籍人口 1050 万人，非户籍常住人口 750 万人。规划中心城区常住人口 770 万人。城市发展空间发展策略修正为以建设国家中心城市为目标，继续实施“南拓、北优、东进、西联、中调”的十字方针，促进城市空间发展从拓展走向优化与提升，规划形成多中心组团式网络型城市空间结构。

城市上位规划的大幅调整变化，导致作为城市规划发展支撑的轨道交通线网规划需不断修编调整来适应和支撑城市规划的实现，而线网规划的频繁修编则带来了线网换乘条件预留考虑不足、线网结构变化导致均衡性不足、线网既有通道走廊运能匹配不足等一系列影响线网运营的问题。以广州为例，三轮城市总体规划期间，广州市轨道交通线网规划先后历经了 5 轮大的调整（不含细微区域规划调整），线网规模自最初的 2 条线路、35km 迅速发展到 23 条线路 1025km。尤其是在 2000 年到 2010 年的十年间，依托 2010 年城市总体规划编制的线网规划，受到第十六届亚运会申报成功、三大汽车城建设等城市最新规划和发展条件变化的影响，迅速调整增加到 15 条线路 726km，进而增加至 21 条线路

905km，增加近 4 倍，线网结构也在 2007 年由棋盘方格网调整为“环 + 放射”网。如图 3-3 所示。

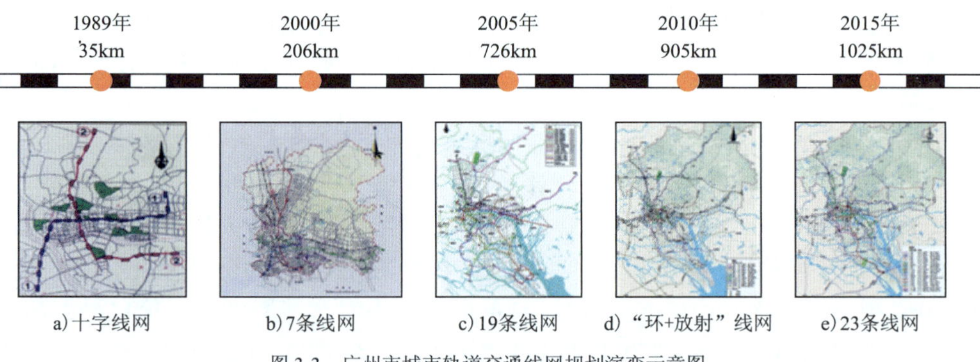

图 3-3　广州市城市轨道交通线网规划演变示意图

城市轨道交通线网规模的快速扩大，新增了大量的线网换乘枢纽（图 3-4），因部分线路按原线网规划实施未能预留换乘条件，车站选址也未考虑足够的换乘空间，给后续线网运营带来了巨大困难与挑战。如广州地铁一号线的体育西路站，原规划均为一般站，不仅车站规模小而且未预留换乘空间，2006 年该站调整为一号线与三号线换乘站，成为广州地铁最繁忙和拥挤的车站之一。目前，体育西路站的日均客流突破 80 万人次，其中换乘客流超过 50 万人次。另外，以广州地铁二号线为例，原 2005 年版线网规划为 7 座换乘站并于 2010 年建成开通，目前的最新线网规划换乘站数量提升到 12 座，换乘站数量新增 5 座、调整 1 座，均未能提前规划预留，给后续设计建设和运营带来极大困难。

图 3-4　广州市轨道交通线网换乘枢纽发展示意图

3.4.2　客流预测期限与城市规划期限不匹配导致的预测偏离

城市总体规划和沿线土地利用规划是线路客流预测的重要依据。目前客流预测多采用四阶段预测法，先对地铁沿线土地利用强度做出合理假设，对基本年、预测年的人口、就业分布以及相应的客运出行模式进行分析和预测，然后采用宏观战略模型对各路由方案的客运出行总量、出行方式、出行分布等进行测算。按照上述方法，首先需要对规划年的社会经济、人口就业规模做出预期的增长假设。此前，我国城市总体规划的规划期一般为 10 年，城市轨道交通线路客流预测的预测期一般为 25 年，城市总体规划与线路客流预测期限存在近 15 年差距，考虑城市轨道交通建设期 5 ～ 8 年，城市轨道交通开通后的初期年限即已基本达到城市总体规划的远期年限。同时，一般轨道交通沿线的土地利用规划深化调整都在立项以后才能开展，因此在土地利用规划尚未完全稳定的前提下，确保客流预测的准确性也非常困难。此外，城市发展的预测前提一般采用相对保守的发展数据，或以城市承受力为边界，影响对近、远期客流预测的准确性，使中心城区客流预测值往往偏离实际客运量。

以广州为例，亚运会前广州地铁开通且已运营 5 ～ 10 年左右的线路共 8 条（段）。其中，3 条（段）为“SOD 型（交通疏导型）”线路、3 条（段）为“TOD 型（规划引导型）”线路、2 条（段）为“SOD+TOD 型”线路。由于城市社会经济发展带来城市人口和城市建设密度的增加超过城市规划发展预期，3 条（段）“SOD 型”线路，有 2 条近期全日客流实际值超过原预测值近 30%，其中五号线 2019 年全日客流、单向高峰小时客流断面实际值已分别超过远期预测值 13% 和 18%；3 条（段）“TOD 型”线路，2 条线路的初、近期全日客流实际值均已超过原预测值 10% ～ 60%，2019 年客流指标已分别超过远期 4% 和 50%，其单向高峰小时客流断面差异更大，实际值超过预测值最大达到 66%；2 条（段）“SOD+TOD 型” 线路客流实际值对比原预测值的偏离幅度介于上述两个类型之间，初、近期客流实际值超过原预测值 30% ～ 40%。其中，二号线已超过远期预测指标。可以看到，现有客流预测依据城市总体规划和土地利用规划编制的技术路线，在城市总体规划期限与客流预测期限不匹配的固有前提下，面对城市发展超城市总规预期的变化，必然导致客流预测值与实际客流值的偏离，这种偏离在 TOD 线路上因叠加了城市发展超过预期、土地利用超过预期双重因素的作用下，表现得更为明显。如表 3-15 所示。

此外，还有一些政策及实施因素也会对客流预测的准确性产生影响。

（1）线路开通时间延后

由于地铁线路施工复杂，前期征地拆迁存在较大的不确定性，线路如不能按时完工，将影响本线及其他线路客流预测的准确性。如广州地铁六号线 2006 年动工，工期历时 8 年，于 2013 年底开通运营，其客流预测是以 2009 年开通进行预测，预测年限初期为 2012 年、近期为 2019 年，这导致六号线开通时客流就达到甚至超过初期水平。同时，五号线客流预测时已考虑初期（2012 年）在浔金和坦尾与六号线换乘。因此，线路工期滞后以及延伸段建设时序对本线及其他线路客流影响较大。

（2）交通政策变化

城市交通政策的变化，尤其是关于出行方式的引导政策将带来地铁线网客流的变化。如广州自 2000 年 11 月 10 日开始全天 24 小时禁止外市籍号牌摩托车进入广州行驶，自 2006 年 11 月 15 日起全面禁止电动自行车上牌、上路行驶，自 2007 年 1 月 1 日起全面禁摩，自 2018 年 7 月 1 日起对外地籍中小客车实行“开四停四”，这均促使部分客流转向乘坐公共交通出行，带来了地铁客流的增长。

（3）票价政策变化

票价因素对轨道交通运营初期、近期客运量影响较大，远期时随着居民收入水平的提高，轨道交通出行费用占居民收入的比重较小，居民会更多地选择轨道交通出行。

如广州自 2010 年亚运会后实施了地铁公交联程优惠政策，即使用羊城通卡乘坐公交或地铁当月满 15 次后可享受 6 折优惠，以及残疾人免费、学生卡 7 折、60 岁以上老人 5 折、65 岁以上老人免费等特殊优惠政策，都带来了地铁客流的增长。

广州地铁部分线路预测客流与实际客流指标对比表

表 3-15

线路名称	起　终　点	运营里程（km）	开通时间	总规依据	线路类型	预测期限		预测线路长度（km）	全日客运量（万人次）			单项高峰最大客流断面（万人次/h）			误差主要原因
									预测值	实际值	误差率（%）	预测值	实际值	误差率（%）	
一号线	西朗—广州东站	18.5	1997 年	2000 年总规	SOD	初期	2000 年	18.5	49.9	17.6	-184%	2.44	—	—	初期单线运营未形成网络效应
						近期	2008 年		81.9	64.83	-26%	3.71	—	—	
						远期	2023 年		122	100.7*	-21%	5.23	4.12*	-27%	
二号线（拆解后）	广州南站—嘉禾望岗	30.95	2010 年	2010 年总规	SOD+TOD	初期	2012 年	30.95	59.2	107.5	+45%	3.21	3.7	+13%	城市发展超城市总规预期，南站枢纽功能强化
						近期	2019 年		88.5	140.5	+37%	4.85	4.6	-5%	
						远期	2034 年		79.8	140.5*	+43%	3.86	4.6*	16%	
三号线	番禺广场—广州东站、体育西路—天河客运站	36.3	2005 年	2010 年总规	TOD	初期	2010 年	35.1	50.5	69.56	+27%	2.46	—	—	城市发展超原城市总规预期，土地利用规划调整
						近期	2017 年		103.9	118.38	+12%	4.57	6.42	29%	
						远期	2032 年		125.8	130.4*	4%	5.34	5.53*	3%	
三号线北延段	广州东站—机场北	30.9	2010 年	2010 年总规	TOD	初期	2012 年	28.7	16.6	41.34	+60%	1	2.9	+66%	城市发展超原城市总规预期，土地利用规划调整
						近期	2019 年	30.9	34.4	84.6	+59%	1.86	4.72	+61%	
						远期	2034 年		42.2	84.6*	+50%	2.28	4.72*	52%	
四号线	黄村—金洲	46	2005 年	2010 年总规	TOD	初期	2010 年	46	22.4	12.72	-76%	0.97	—	—	沿线土地利用未及时调整性质
						近期	2017 年		60.7	35.35	-72%	2.15	1.74	-24%	
						远期	2032 年		79.3	40.9*	-94%	2.98	1.8*	-66%	
五号线	滘口—文冲	31.9	2009 年	2010 年总规	SOD	初期	2012 年	31.9	60.3	75.85	+21%	2.32	3.79	+39%	城市人口超原城市总规预期，东部组团功能提升
						近期	2019 年		87.2	119.5	+27%	3.27	4.82	+32%	
						远期	2034 年		103.4	119.5*	+13%	3.93	4.82*	+18%	
六号线	浔峰岗—长湴	24.5	2013 年	2010 年总规	SOD	初期	2012 年	31.6	44.8	—	—	1.2	—	—	工期滞后 4 年
						近期	2019 年		53.4	86.2	+38%	2	2.28	+12%	
						远期	2034 年		69.2	86.2*	+20%	2.73	2.28*	-20%	
八号线（拆解后）	凤凰新村—万胜围	15.8	2010 年	2010 年总规	SOD+TOD	初期	2012 年	16	35.2	54.28	+35%	1.47	2.3	+36%	未能按计划开通与六号线换乘的凤凰新村至文化公园段
						近期	2019 年	24.4	61.3	66.4	+8%	2.93	2.7	-9%	
						远期	2034 年	34.5	76.5	66.4*	-15%	3.67	2.7*	-36%	

注：1. 标 * 为 2019 年实际数据。

2. SOD（Service-Oriented Development），即以社会服务设施建设为导向的开发。

3.4.3 线网建设时序不当制约线网运营效率和客流均衡性

城市轨道交通线路从功能上可分为"交通疏导型"和"规划引导型"两种。城市发展的不同阶段对线路的需求不同，轨道交通线网体系搭建的顺序应与城市规划、客流需求相适应。对于交通拥堵严重的城市走廊，迫切需要"交通疏导型"线路解决市民出行问题。对于城市新发展区域，更需要能够引导和带动城市空间延展的"交通引导型"线路，通过重构新发展区与城市中心区的时空距离，带动沿线土地开发，逐步引导聚集成为新的客流走廊。如果在线网建设时序上过于考虑上述两类线路的功能需求，而缺乏从线网结构对各阶段线网运营效率和客流分布均衡性的统筹考虑，将造成线网初期、近期运营的严重失衡，导致部分换乘节点和通道走廊的巨大压力。

以广州为例，在第一期建设规划阶段，于2005年前首先搭建了位于城市现状及规划主要客流通道上的一、二、三号线，形成"π"骨架。随后继续建设四号线、五号线及八号线，于2010年左右基本形成了236km的"井"字形网络架构，基本覆盖了旧城区主要交通走廊，有力支撑了城市"东进、南拓"的发展战略。2010年线网建成后，全网日均客流迅速攀升，到2012年突破500万人次/d，日均客运强度稳定在2万人次/(km·d)以上，最高维持在2.8万人次/(km·d)，客流效益位居全国前列。其中，三号线是国内首条采用120km/h速度等级的南北快线，成为国内最成功的TOD线路之一。

第二期建设规划阶段，广州确立了"区区通地铁"的建设原则，受总体建设规模的限制，为优先保障建设城市外围组团（如从化、增城等）与中心区快速联系的十四号线、二十一号线等组团线路，导致中心区线网出现阶段性的结构缺陷。如因与五号线平行的十三号线二期未纳入本期建设范围，导致城市中心东西向走廊运能出现不足，五号线拥堵严重；中心区十一号环线的建设时序因征拆问题影响不断延后，外围组团线路如期建成接入中心区后，因缺乏环线的均衡疏导，造成线网北部线路和换乘站不堪重负。2017年，五号线全日客运量达到116万人次，已超过近期预测客流；运营高峰断面为4.43万人次/h，远超远期（2034年）预测值。2018年底，十四号线一期开通后接入嘉禾望岗站（换乘二号线和三号线北延段进城），导致嘉禾望岗站日换乘量从16万人次/d迅速增加到25万人次/d（最高达41.6万人次/d），增幅56%，成为全市第三大换乘站。其中，早高峰往三号线方向换乘的入城客流约占35%，让本已接近饱和的三号线北延段迅速进入超负荷运作。2019年底开通的二十一号线，因换乘的十三号线二期仍未建成，只能在员村站接入五号线。据测算，二十一号线二期开通后，全日客流将达到35.6万人次/d，预计高峰换入五号线员村站的进城客流达到7000人次/h，将进一步加剧线网东西向能力不足的运输困难。

上述问题，在广州市第三期建设规划得到高度重视，先后补充了东西向骨干十三号线二期、线网径向线十号线和十二号线，南北向通道的市域快线十八号线，拆解了三号线天河客运站支线以简化三号线运营交路等，同时优化十三号线二期与五号线东延、十号线与三号线东延之间的开通顺序，改善线网换乘效率和运营均衡性。前述因第二期建设规划时序上安排不当带来的阶段性运营压力预计至第三期建设规划实施完毕后可以得到彻底缓解。

3.4.4 大线网客流发展规律及系统性特征认识不足

站点的客流波动性会对线路整个运输系统和站点空间的稳定性、可靠性产生较大影响，不同用地性质、不同功能的线路客流波动幅度均有差异，表现出不同的发展规律。由于缺乏线网运营数据的积累分析，过去线路的行车组织设计、车站规模设计、系统配置设计结合线网客流系统性特征参数的针对性、差异化设计不足，带来了线网运营的很多不利之处。

结合近二十年实际运营数据的统计分析，广州线网客流表现出如下发展特征：

①线网总体特征。基于线网全天 24h 进出站客流时间分布和时间累积值分析，线网早晚高峰表现出截然不同的规律，其进出站最高峰延时不同、进出客流比值不同、线网实时最大承载乘客总数不同。如图 3-5 ～图 3-7 所示。

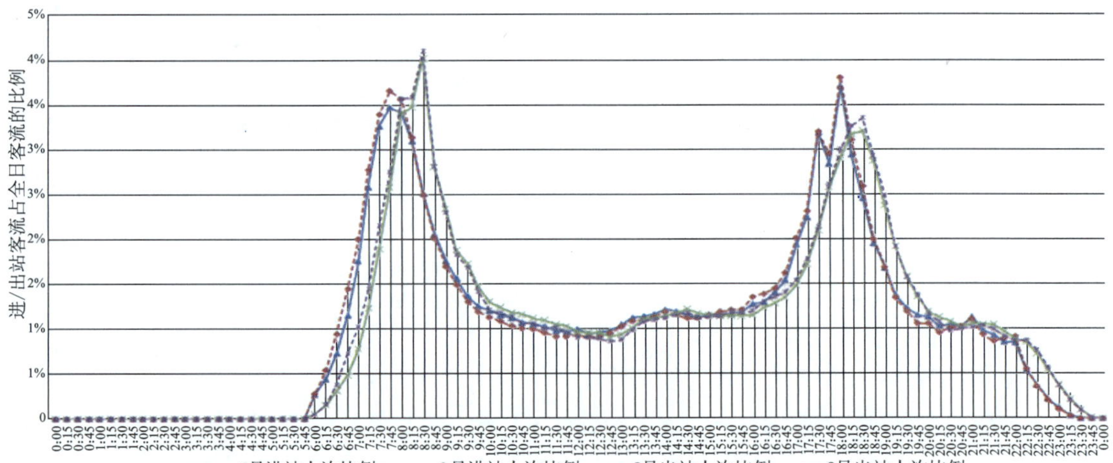

图 3-5　广州地铁 2017 年线网客流工作日 15min 段进出站客流时间分布

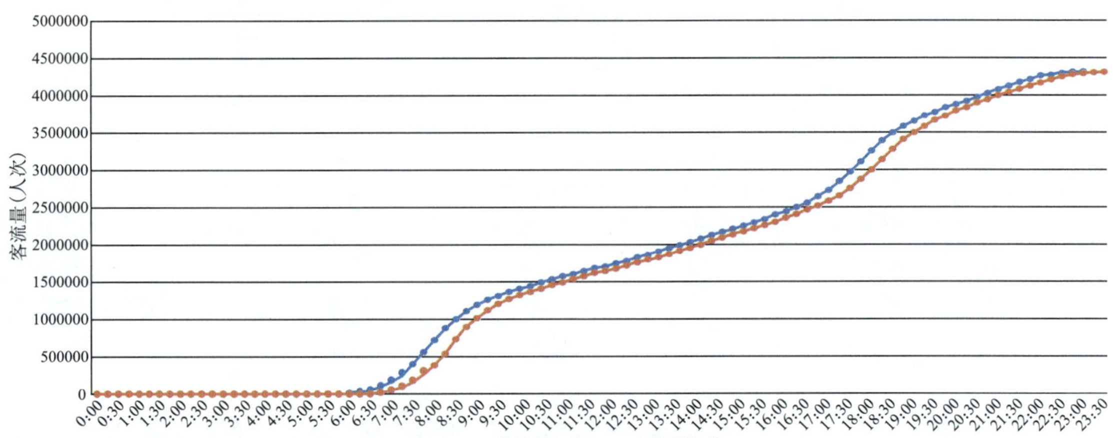

图 3-6　广州地铁 2017 年 9 月基于全网的全日每 15min 客流的时间累积值

全网早高峰进站客流最高峰发生在 8:05，达到 55703 人次 /5min，出站最高峰在 8:45，达到 65593 人次 /5min，全网早高峰进出站客流最高峰时间延时 40min，早高峰峰值比（早高峰出站最高值 / 早高峰进站最高值）为 1.18，早高峰时间累积值最大值出现在 8:10，达到 317523 人次（即线网中实时存在人数）。分线路的早高峰进出站客流比值（出站 / 进站）最高值为一号线，达到 1.61，其次为八号线和三号线，分别为 1.55 和 1.38。

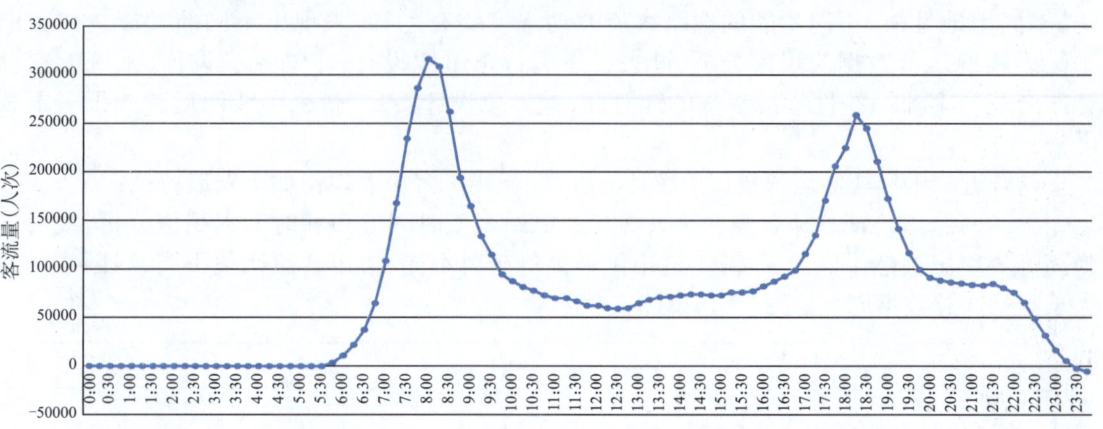

图 3-7　广州地铁 2017 年 9 月全网全日客流时间累积值差值(线网内实时客流图)

全网晚高峰进站客流最高峰发生在 18:15，达到 56787 人次 /5min，出站最高峰在 18:45，达到 48133 人次 /5min，全网晚高峰进出站客流最高峰时间延时 30min，晚高峰峰值比（晚高峰进站最高值 / 晚高峰出站最高值）为 1.18，晚高峰时间累积值最大值出现在 18:25，达到 260278 人次(即线网中实时存在人数)。分线路的晚高峰进出站客流比值(进站 / 出站)最高值为七号线，达到 1.5，其次为一号线和五号线，分别为 1.43 和 1.33。其他线路早晚高峰客流比值基本相当。

全网平峰进出站平均延时 20min(全网进出站人数相等时的时间差)。全网全天平均运距 12.34km，全天进出站平均延时 22min(进出闸机的时间差)，则全网平均运行速度约 33.7km/h（综合平均速度，包括闸机到站台的步行、候车延误、换乘通道的步行、车上运行)。表 3-16 为广州地铁运营 5 ～ 10 年线路早、晚高峰和平峰的延时和峰值对比表。

②不同日高峰小时呈现不同的波动性，全线网大部分站点波动系数为 1.2 ～ 1.7，且整体来看，大多数站点早高峰波动系数要大于晚高峰波动系数，尤其是早高峰出站波动系数较大；晚高峰进出站波动系数更为集中，进站波动系数普遍小于出站波动系数。当站点全天集散客流小于 2 万人次时，不同日高峰小时最大客流波动系数超过 3.0；当站点周边分布有会展中心、学校等场所时，容易因活动产生较大客流变化，其波动系数一致超过 2.0。全市不同区位的不同日高峰小时波动性系数存在较大差异。老城区早晚波动性不大。全网换乘客流的不同日早晚高峰进站小时波动系数基本为 1.0 ～ 1.4，外围换乘站的不同日高峰小时波动系数相对较大，早高峰客流波动系数的变化幅度比晚高峰大，但是多数站点的波动系数集中在 1.2 左右，换乘客流更为稳定。

③全网大部分站点高峰小时内波动系数(超高峰系数)为 1.01 ～ 1.6，且整体来看，大多数站点早高峰小时内波动系数要大于晚高峰小时内波动系数，尤其是早高峰出站的小时内波动系数较大；晚高峰进出站的小时内波动系数更为集中，基本为 1 ～ 1.4，并且出站波动系数普遍小于进站波动系数。当站点全天集散客流小于 5000 人次时，高峰小时内最大客流波动系数超过 2.0。换乘站点的高峰小时内客流波动系数基本为 1.0 ～ 1.2，一般换乘站的早高峰小时内波动系数要大于晚高峰的波动系数；换乘客流大的站点换乘客流高峰小时内波动系数一般为 1.2 ～ 1.3，换乘客流小的站点换乘客流高峰小时波动系数较大；波动系数较大的换乘站点多位于线网外围。

广州地铁运营 5 ～ 10 年线路早、晚高峰和平峰的延时和峰值对比表

表 3-16

线路编号	L1		L2		L3		L3 北延线		L4		L5		L6		L7		L8		GF 线		全网	
线路长度(km)	18.5		31.8		34.2		33		46.7		31.9		42		18.6		15		32.6		304.3	
站点数	16		24		16		13		16		24		31		9		13		22		184	
客运量(万人次 /d)	103.1		120.4		110.2		68.9		33.3		106.7		72.1		17.9		57.2		28.4		718.2	
客运强度(万人次 /km)	5.57		3.79		3.22		2.09		0.71		3.34		1.72		0.96		3.81		0.87		—	
平均运距(km)	5.15		7.28		8.35		9.94		10.4		7.09		6.62		7.82		4.97		9.24		12.34	
早高峰	进站	出站	进站	出站	进站	出站	进站	出站	进站	出站	进站	出站	进站	出站	进站	出站	进站	出站	进站	出站	进站	出站
最高峰—时间	8:05	8:45	8:10	8:45	8:05	8:45	7:40	8:40	7:45	8:45	8:05	8:40	8:05	8:45	8:00	8:40	8:15	8:45	8:00	8:20	8:05	8:45
最高峰—时间延时	40min		35min		40min		60min		60min		35min		40min		35min		30min		20min		40min	
最高峰—客流（每 5 分钟）	5803	9351	10627	12175	7865	10827	6203	4967	3343	3043	10236	12148	6193	5667	1059	1188	3401	5264	3159	2292	55703	65593
最高峰—客流比值（出站 / 进站）	1.61		1.15		1.38		0.80		0.91		1.19		0.91		1.12		1.55		0.73		1.18	
晚高峰	进站	出站	进站	出站	进站	出站	进站	出站	进站	出站	进站	出站	进站	出站	进站	出站	进站	出站	进站	出站	进站	出站
最高峰—时间	18:15	18:35	18:15	18:45	18:15	18:45	18:15	18:45	18:15	18:50	18:15	18:30	18:15	18:45	18:15	18:35	18:15	18:50	18:15	18:30	18:15	18:45
最高峰—时间延时	20min		30min		30min		30min		35min		15min		30min		20min		35min		15min		30min	
最高峰—客流（每 5 分钟）	8289	5784	10308	9392	8640	7329	3840	5545	2428	3232	10593	7940	5105	4551	1207	805	4284	3427	2092	2269	56787	48133
最高峰—客流比值（进站 / 出站）	1.43		1.10		1.18		0.69		0.75		1.33		1.12		1.50		1.25		0.92		1.18	
平峰—时间延时	—		—		—		—		—		—		—		—		—		—		20min	

④经过多年数据积累观察，发现线网站点客流受周边土地利用特征影响表现出完全不同的特征（图 3-8），可分为居住型、办公型、商业型、枢纽型和混合型 5 大类，以及居住＋办公型、居住＋办公＋商业型、办公＋居住型、办公＋居住＋商业型、办公＋商业型等 14 小类，由于这些站点客流特征差异较大，过去按照规范提供的统一模式设计的车站规模、布置形式和设备配置能力等难以满足不同站点的需求，造成部分站点的拥堵或资源浪费，也不便于运营管理人员的配置和运营生产计划的制订。

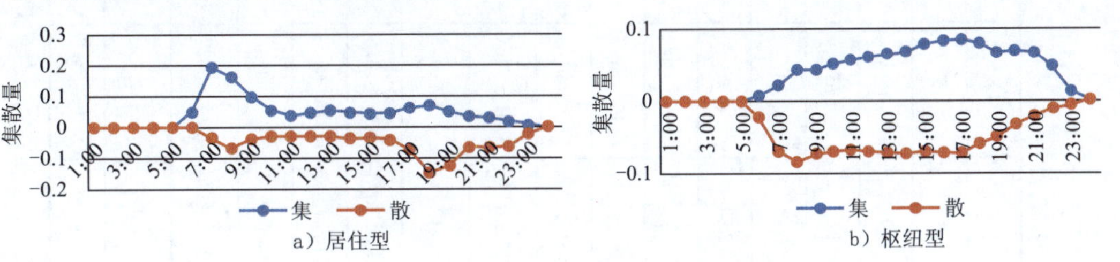

图 3-8 站点周边类型对站点客流的影响示意图

注：集散量即进站量（集）和出站量（散）的比例。

3.4.5 系统设计标准及参数设置不满足实际运营需求

国内城市轨道交通设计标准和设计规范已相对比较齐全，但存在发展相对滞后（如最新的《地铁设计规范》是 2013 版，制定时间已超过 6 年），且过于关注建设、投资、安全、运营的基本条件，对于线网运营效率、运营服务水平、乘客体验等近年来在实际运营中出现的新需求考虑不足。以广州为例，自 2010 年线网突破 200km 后运营至今，发现如下问题需引起重视。

（1）车站设计参数的系统性考虑不足

通过对线路运营后的客流调查统计，车站站台拥挤主要由如下因素引起：一是站台采用的设计标准偏低，不能满足客流规模需求；二是站内交通组织流线设计不合理，存在人流交织冲突点，降低了流通速度；三是未能合理匹配换乘站列车的发车间隔差异引起的客流冲击；四是客流超过预期发展，线路运输能力不足，导致客流滞留站台，不能及时疏散；五是对于站台客流分布的不均衡性认识不足，车站楼扶梯设计未能进行针对性调整，导致站台楼扶梯区域拥堵严重。在车站设计过程中，上述五个因素需要系统思考、统筹参数设置，否则极易带来车站拥堵的问题。

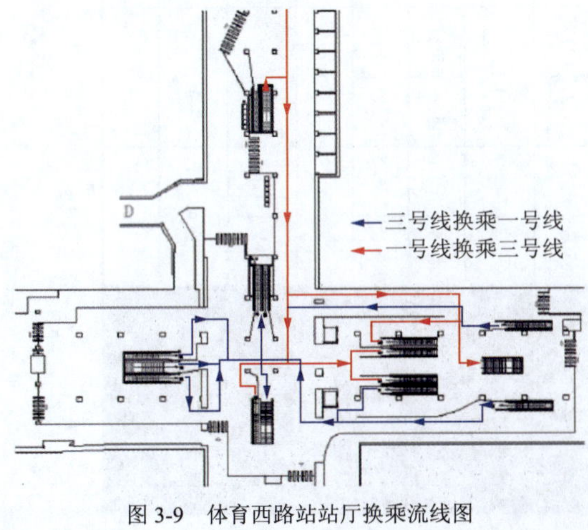

图 3-9 体育西路站站厅换乘流线图

以广州为例，一号线体育西路站（图 3-9）因车站流线设计和大客流超过预期的双重因素影响，处于常年拥挤状态。该站原为普通站，后调整为与三号线的换乘站，因未预留换乘条件，站台层无法换乘，只能通过站厅层换乘。但由于原设计三号线换乘一号线的流线较为分散，换乘一号线距离短，乘客大量集聚在站厅“十”字换乘区域，形成较长的排队。而一号线换乘三号线的客流量同样很大，双向客流在站厅区域冲突，流线交织，最大密度达到 2.41 人 /m²，乘客舒适性较差。同时，受三号线运能不足限制，乘客滞留拥堵在站台，虽然后期采取了改造 AFC 设备的布置、优化流线组织，取消商铺及工作楼梯、扩大站厅面积等措施，令车站拥挤情况有所改善，但站台规模偏小、运能不足的矛盾未能根本解决，拥挤情况长期存在。

又如，五号线在设计阶段对城市传统东西商业走廊通道上的客流预估不足，车辆未能采用高运量的 A 型车，在近期早高峰最小行车间隔已达到 2 min 20 s 的情况下，运输能力仍然无法满足需求。根据实际运营调查数据，高峰断面乘客站立密度已达到 6.8 人 /m²，站台的客流密度最大达到 5.82 人 /m²，只能采用站外控制的方式缓解客流压力。

站台客流分布的不均衡性对站台实际服务水平也带来一定影响。受乘客省力心理因素影响，客流往往聚集在楼梯、电梯附近，影响后续客流进入站台。根据运营实际统计数据，广州地铁五号线各站台的车门不均衡系数在 0.5 ～ 2.2 范围内波动，三号线各站台的车门不均衡系数在 0.6 ～ 1.6 范围内波动。如体育西路站站台局部车门（10 号门）处客流人均面积降低至 0.2m²/ 人以下，服务水平降到了 E 级。

图 3-10、图 3-11 分别为五号线文冲站列车各车门客流密度分布示意和三号线体育西路站站内客流密度示意。

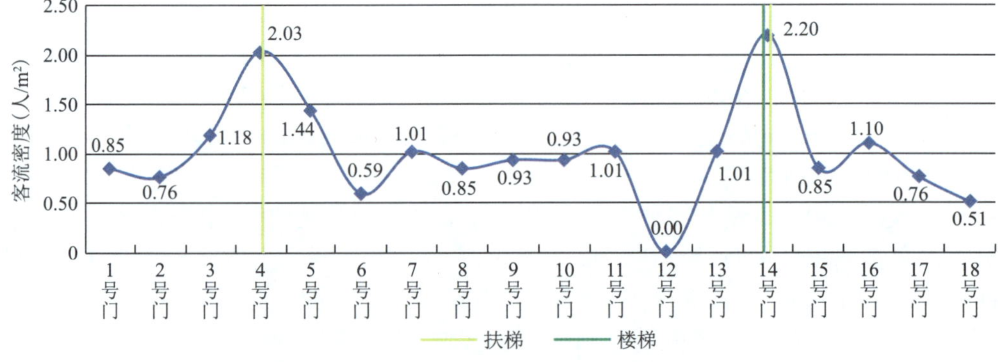

图 3-10　五号线文冲站列车各车门客流密度分布示意图

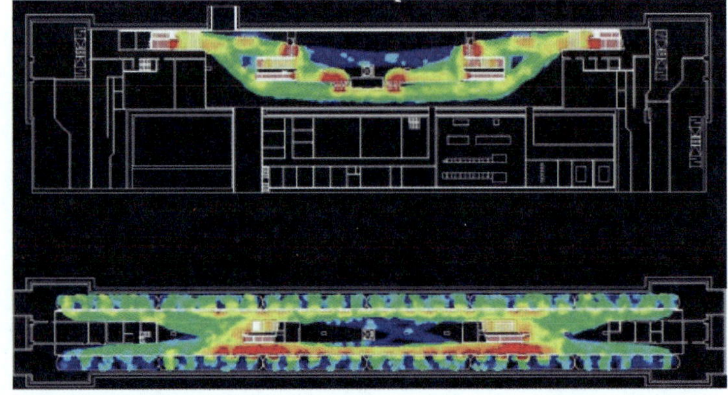
图 3-11　三号线体育西路站站内客流密度示意图

三号线的石牌桥站，车站站台在设计前期已按超高峰系数 1.4 设计，但实际运营发现，该参数的选取还是偏于保守，在 2010 年三号线实际客流已达到 2017 年预测客流的背景下，因线路运能与客流需求的不匹配，导致站台滞留大量乘客。

此外，二号线与三号线的换乘站——客村站则表现出因两条线路高峰发车密度不匹配，导致站台滞留乘客过多的现象，二号线去往三号线的换乘客流常年被迫在高峰期实施管制，必须在换乘平台截留部分乘客，分批进入三号线站台。

(2)车厢内客流分布对车辆设计容量标准选取的影响

《城市轨道交通工程项目建设标准》（建标 104—2008）提出，在高峰运行时段，在单向运行各区段内，列车乘客站席最大密度为 5 ～ 6 人 /m² 的区间数量，不宜大于全程的 20%。《地铁设计规范》（GB 50157—2013）提出，对于车厢内除座位及其前缘 250mm 以外有效空余地板面积上站立乘客的标准，设计可采用 5 人 /m² 至 6 人 /m² 的标准，具体采用标准应结合城市经济水平、线路客运规模、客流风险及舒适度要求等因素综合权衡后确定。总结广州市轨道交通线网车辆拥挤度及车厢客流分布规律，车辆站席设计标准的选取还应结合实际因素综合考虑。

目前，广州市轨道交通线网工作日高峰最高断面客流均值为 3.6 万人次 /h，一般周一早高峰断面客流最高，高峰小时内 15min 客流更加集中，但较北京、上海的高峰最高断面客流 5.3 万人次 /h 和 5.5 万人次 /h 仍有一定差值。虽然广州市轨道交通线网高峰断面客流并不高，但局部区段线路受限于站点间断面的客流输送能力，仍会出现车厢内拥挤、站台客流清空、需组织多趟列车，以及站点地面进出需进行客流控制的情形，如三号线北延线和珠江新城周边的三、五号线。目前，三号线北延线（燕塘—广州东站）、五号线（员村—潭村）和三号线（广州塔—珠江新城）车厢内满载率分别为 120%、110% 和 100%，换算成车厢内平均站立密度，则为 7 人 /m²、6.6 人 /m² 和 6 人 /m²。高峰期局部线路的服务水平不佳，也成为其客运量进一步增长的瓶颈。

另外，实际运营中，地铁车厢的乘客更多偏好于站立于车辆门区，车厢内密度低于车门，导致无法完全实现车辆的预计运能。以广州为例，经选取最为拥堵的 5 号线员村—潭村区间车厢（车厢平均站立密度 6.8 人 / m²）调查，发现靠近站台侧车门区域 A 受频繁上下客影响，客流积聚明显，车门附近密度明显高于其他区域，为 7.5 人 / m²；座席中间的站立区域 C 上下车不便，客流积聚较少，密度最低，为 6.2 人 / m²；车门内侧非靠近站台侧区域 B 站立密度介于区域 A 和 C 之间，为 7.0 人 / m²。如图 3-12 所示。

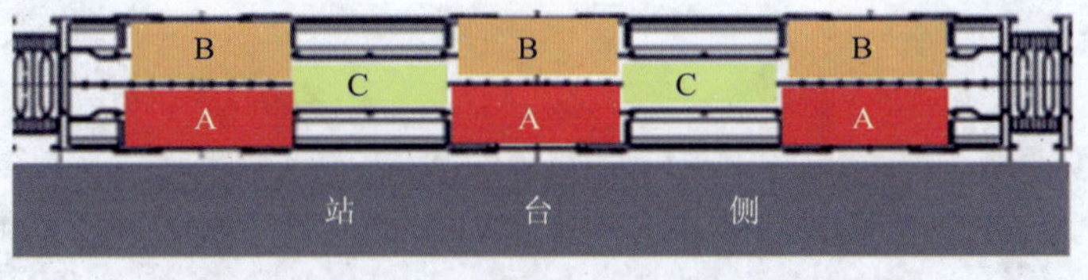

图 3-12　车厢乘客分布调查情况示意图

(3)线路配线设置不尽合理

配线设置除需满足《地铁设计规范》（GB 50157—2013）要求外，还受到建设阶段实施条件的影响。实际运营发现，即使配线设置均已满足《地铁设计规范》（GB 50157—2013）的技术要求，但结合实际运营需求仍存在较多不尽合理之处。如部分分段开通运营线路，临时终点站配线设计未考虑现阶段的运营需求，未考虑灵活的交路及冗余配线；部分终点站只能站前折返，折返效率较低，制约了运输效率的提升；部分终点站配线只有一个折返路径，设备故障情况下行车组织调整不灵活，对运营影响较大；可以实施小交路折返的中间站点少，无法根据客流需求设置合理的大小交路，运力提升受限。表 3-17 为配线设置问题举例。

广州市轨道交通配线设置问题举例　　表 3-17

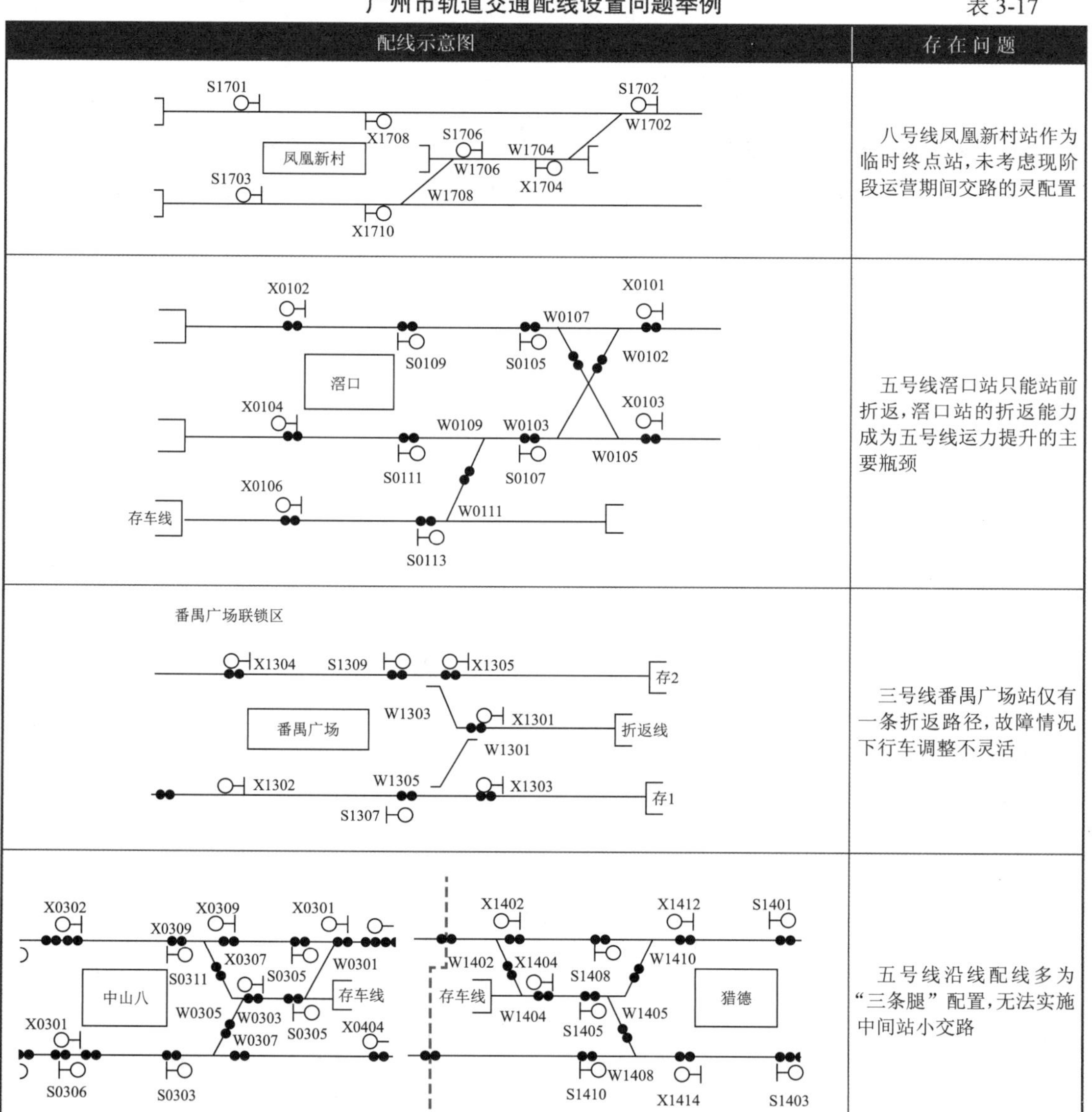

配线示意图	存在问题
凤凰新村站配线示意图	八号线凤凰新村站作为临时终点站，未考虑现阶段运营期间交路的灵配置
滘口站配线示意图	五号线滘口站只能站前折返，滘口站的折返能力成为五号线运力提升的主要瓶颈
番禺广场站配线示意图	三号线番禺广场站仅有一条折返路径，故障情况下行车调整不灵活
中山八站、猎德站配线示意图	五号线沿线配线多为“三条腿”配置，无法实施中间站小交路

配线设置对运营服务可靠度影响极大。在关键站点，尤其是终点站应尽可能灵活设置配线，确保应急情况下行车组织调整，否则一旦发生故障，将对运营服务可靠度构成相当危害。如广州地铁凤凰新村站道岔均为必经道岔，故障率较高，一旦故障，86% 为 5min 以上大晚点故障；嘉禾望岗站同时存在站前渡线和站后交叉渡线，当站后关键道岔故障后（功能失效），可利用站前渡线折返，仅以小晚点为主；广州东站仅设置站后折返线，其道岔一旦故障，67% 均为 5min 以上大晚点故障。

（4）线路配属车辆不足

在规划设计阶段由于线路预测客流偏小，开通后沿线区域迅速发展，线路客流急速增长，线路配属车辆、运输能力与客流需求不匹配。例如，广州地铁三号线（含北延段），规划设计阶段预测的远期（2030 年）客运量为 176 万人次 /d，而 2018 年三号线日均客运量已达到 204 万人次 /d。规划设计阶段根据预测客流配属列车 71 列，目前三号线高峰上线率高达 90.1%，最大满载率 171%，均为广州地铁最高值；每千米配属列车数仅 1 列，与线网其他市区线路相比，配属列车指标明显偏低。如表 3-18 所示。

广州市轨道交通线路配属列车情况表 表 3-18

线路	高峰上线列车数（列）	配属列车数（列）	上线率	每千米配属列车数	最大满载率
一号线	26	36	72.2%	1.4	103.5%
二号线	44	55	80.0%	1.4	98.9%
三号线（含三北）	64	71	90.1%	1.0	171.3%
四号线	35	57	61.4%	0.6	90.8%
五号线	51	62	82.3%	1.6	136.9%
六号线	45	51	88.2%	1.1	112.7%
七号线	11	23	47.8%	0.6	67.7%
八号线	15	25	60.0%	1.1	103.8%
九号线	9	16	56.3%	0.5	50.9%
十三号线	10	17	58.8%	0.4	41.1%
十四号线（含支线）	26	31	83.9%	0.3	58.8%
二十一号线	7	11	63.6%	0.3	16.5%
广佛线	29	33	87.9%	0.8	119.1%

（5）车辆选型偏小或编组偏少

通过对不同车型载客能力的实际测算（在相同测试区域内不断增加乘客人数达到极限，测算出各车型单位面积极限载客能力），A 型车极限载客能力约 9.12 人 /m²，满载率达到 140%；B 型车极限载客能力约 8.49 人 /m²，满载率达到 160%；L 型车极限载客能力约 7.43 人 /m²，满载率达到 120%。A、B、L 三种车型车厢内部结构不同，因此测得的极限载客能力不尽相同。其中，A 型车车身向外凸出，极限载客能力最大，B 型车略低于 A 型车的载客能力，L 型车由于贯通道两侧各设有两个短座椅，与其他车型相比，短座椅前面积被座椅乘客腿部占用，站立人数相对减少，因此实测极限载客能力最小。

目前，广州地铁高峰拥挤比较严重的三、四、五、六号线分别采用 6B、4L、6L 和 4L 车型，由于单列车载客能力有限，且未预留扩容条件，线路运输能力提升空间受限，导致高峰期部分区段客流较为拥挤，只能依靠拆除部分座椅来提高单列车载客能力。

（6）车辆段选址不佳，停车列位配置不足

受用地限制，规划两端配置车辆段的设计方案常常受到城市现实用地情况影响发生调整，如部分线路只在中间站附近或者线路一端设置车辆段，导致车辆空驶里程多、尾班车需在正线过夜或需在中间站清客回厂；部分车辆段停车列位设置不足，需先后开展扩容改造，在边运营边改造的情况下，不仅对运营组织影响较大，还存在较大的安全风险。

以广州地铁三号线厦滘车辆段为例，三号线（含三北线）目前配属车共 71 列（其中，高峰上线 64 列），厦滘、嘉禾车辆段设计停车能力仅 61 列，超出设计停车能力共计 10 列，超出的 10 列车在厦滘车辆段扩容前分别在厦滘车辆段牵出线停放 1 列、大修线停放 2 列，嘉禾车辆段试车线停放 2 列、牵出线停放 1 列，正线摆车 4 列。厦滘车辆段扩容后，厦滘、嘉禾车辆段停车能力达 76 列。

（7）信号系统设备功能不足

部分既有线路信号系统设备功能不足，制约了线路运输能力的提升。如广州地铁一号线由于建设运营较早，信号系统设备功能不足，高峰最大上线列车数只能达到25列，严重制约了运输能力的提升。此外，部分线路受信号系统编图机功能限制影响，无法实现在不同峰期时段采用不同的区间运行参数或牵引运行曲线编制列车运行计划的目标，如四、五号线的西门子系统，全天只能使用相同的区间运行参数，无法实现高峰期使用高效运行参数、低峰期使用节能运行参数的功能，从而导致运输成本增加。

3.4.6　建设实施方案的稳定性不足

城市轨道交通建设是一项极其复杂的系统工程，牵涉到城市社会经济、城市建设、城市交通以及人文、法律、自然环境的方方面面。规划设计阶段因研究阶段和深度的限制，对实施时的困难仍难以考虑全面，影响建设实施方案稳定的主要因素如下。

（1）基础资料收集不足，规划条件不明确，影响设计稳定

在初步设计、施工图设计阶段，会根据收集到的建（构）筑物基础调查资料，对隧道上方的建筑物分不同情况做相应处理，但实际设计过程中，常常遇到部分老旧房屋基础资料丢失，无法准确预判工程难度的情况。以广州为例，三号线经过中心区的6个区间，穿越了大量建筑物，因设计阶段未取得翔实资料，在实施阶段发现地下穿越难度大而被迫调整了线路平面和纵断面方案；又如沥滘站在工可阶段规划为中间站，后因线网规划调整为三线换乘车站，同时站点周边征拆困难，严重影响施工进度，导致设计方案多次发生重大变化，最终采用T字形岛式站台。

（2）设计方案对施工工法考虑不足

线路设计方案对施工工法、工程地质考虑不足，给项目实施带来了较大困难。以广州为例，三号线天河客运站至华师站区间，盾构隧道长度为3083.3m，由于碰到软弱不均地层以及花岗岩球状孤石，盾构掘进十分缓慢，刀具磨损严重，如果线路纵断面局部埋深加大，就可以极大减少花岗岩球状风化区段的长度，显著加快施工进度。区间北端设计为矿山法施工，盾构始发井至天河客运站南端是83.6m的大断面矿山法暗挖隧道，隧道为单洞双线形式，隧洞宽14.7m、洞高10.1m，上方为交通繁忙的广汕路和元岗高架桥，高架桥桩基为条形浅基础。沿线地下管线众多，对地表的沉降要求高。该段矿山法隧道虽短，但地质条件十分复杂，隧道洞身穿越花岗岩残积土层，隧道拱顶覆盖层厚8.1m，主要为淤泥质土和砂层，富含地下水，开挖时极易坍塌。由于在实施中遇到上述困难，在盾构始发井基坑开挖后，因天河客运站站位难以调整，工法不易改变，只能用地面旋喷桩加固等方案，增加了工程投资和工期。

此外，由于广州地区地质条件复杂，部分地区有石灰岩地区的岩溶发育、花岗岩地区的花岗岩残积土、深厚层的富水砂层和淤泥、发育的富水断裂带等不良地质，前期调查和对应方案很难确定，往往要在施工过程中不断论证，最后才能确定详尽的方案。如二号线北延段从三元里站至嘉禾望岗站约7km位于岩溶发育区，最终采用注浆填充方法，导致工程费用有所增加。

（3）因居民投诉、区域征拆及环境诉求变化影响线路敷设方式的稳定性

近年来，城市居民参与城市交通决策的深度和广度大大提高，总体提升了城市轨道交通规划和建设决策的科学性和合理性。但部分站点周边居民围绕局部利益进行的投诉也在一定程度上制约了规划方案的稳定性。

仍以广州为例，三号线北延段同和至嘉禾望岗段敷设方式最初规划为高架，因沿线居民担心高架线路噪声、振动以及景观等环境影响，强烈反对建设高架线路，最终不得不改为地下线路。六号线黄花岗站，周边居民担心因车站施工带来房屋开裂等质量问题，强烈要求将该站移走，最终调整了车站设计方案，同时将明挖方案改为暗挖方案，增加了工程投资，影响了工期。

当前的城市征地拆迁政策，也严重制约了城市轨道交通建设的进度。由于城市房价的大幅提高，房屋拆迁补偿价也大幅提高，补偿费只能与被拆迁户协商补偿，长时间的协商不仅严重影响工程进度，并且通常协商过程中被拆迁户提出的补偿价（市场价）远远高于评估价格。而初步设计概算时的房屋拆迁费用依据的是城市规定的补偿标准，客观造成了前期房屋拆迁成为了工程的拦路虎。以广州五号线为例，文冲站由于“最牛钉子户”的拆迁补偿价格过高，不得不修改设计方案，将明挖方案改为暗挖方案，降低了车站的使用功能，增加了工程费用。

（4）因站点周边规划调整引起的设计变更

前期阶段提出的车站位置在后期建设中，常常因城市规划的改变或征地问题发生重大变化。如广州地铁三号线在建议书阶段未设置赤岗塔站，后因广东新中国船厂有限公司土地置换，用地性质改变，调整为 60ha 的大型居住区，并规划了领事馆、赤岗塔公园、观光塔等，为配合规划调整，取消了原规划海心沙站，增设了赤岗塔车站。汉溪长隆站设计初期为高架站，意图在城市郊区营造轻盈、空透的形象，利用周边台地，以天桥联系长隆欢乐世界，后因政府规划的变动，车站附近的新光路移出地块，线路、车站随之调整为地下布置。十四号线嘉禾望岗站至东平站区间建筑密集，原高架方案拆迁面积近 2 万 m^2，因该地段规划调整为居住用地，高架线路距离居住环境敏感点距离较近，后期线路调整为地下敷设。

（5）轨道交通及其接驳设施同步建设不足

在近期建设的线路，工可阶段已经融入交通接驳的概念，地铁车站周边有条件的一般均规划有公交接驳、自行车停车场、小客车接驳等设施，由于站点周边用地紧张，同时由于没有立项，未开展征地工作，部分接驳设施用地已被建成其他用途，给接驳设施的实施带来较大的困难，并且许多公交接驳场站需要结合旧城（村）改造实施，但旧城（村）改造近期尚无实施计划，导致部分常规公交接驳场站难以与地铁车站同步建成，同步投入使用。如三号线厦滘站，换乘设施不完善，造成站点难以吸引更多客流，不能最大限度发挥线网的运营效益。

（6）与沿线市政基础设施协调困难

由于管线迁改和交通疏解协调涉及管线业主多、环节多、协调非常困难，也对城市轨道交通建设方案的稳定有影响。如广州地铁三号线北延段涉及部队军用管线的迁改，存在没有案例可循、补偿标准不确定、补偿方案需要多个部门审查，审批流程复杂、时间长等难点，严重影响了工程进展。

3.4.7 运营期轨道振动机理及减振措施效果认识不足

近年来，城市轨道交通的施工和运营期环境影响日益受到环保部门和市民的关注。其中，运营期地下线路振动和高架线路噪声影响是关注的重点。根据《中华人民共和国环境影响评价法》的规定，在城市轨道交通建设规划和工程可行性研究阶段，需要分别组织开展建设规划和项目环境影响评价报告的编制报批工作。同时，环保部门也陆续颁布了噪声、振动评价标准和城市轨道交通环境影响评价报告编制技术导则等规范性文件。但由于城市轨道交通线路的噪声和振动的形成机理较为复杂，尤其是二次结构噪声，不仅涉及振动和噪声复合产生和传递的机理，还与线路周边地质条件、建筑结构、施工工法、运行速度、埋深等因素有关。因此，行业内关于城市轨道交通的环保措施及其效果评价一直争议不断。

如对于地下线路的减振措施，经过多年实践，环保审批基本形成了如下的通用做法：

①按振动预测最大值来设置措施。

②线路下穿敏感点（距外轨中心线 0 ～ 5m）或环境振动超标量（VL_{max}）≥ 8dB，二次结构噪声超标敏感点选择特殊减振措施。

③ 6dB ≤敏感建筑物超标量（VL_{max}）< 8dB，或距外轨中心线 5 ～ 10m 范围内二次结构噪声超标敏感点选择高等减振措施。

④对于其他环境振动超标敏感点，当超标量（VL_{max}）< 6dB 时可选择中等减振措施。

⑤对于超标的文物保护敏感点，采取特殊减振措施。

对于减振措施的产品选择，通常按如表 3-19 所示的原则进行设计。

国内通用减振方案技术经济对比表 表 3-19

减振等级	中等减振措施			高等减振措施		特殊减振措施
类别	弹性短轨枕	剪切型轨道减振扣件	压缩型轨道减振扣件	隔离式减振垫	固体阻尼钢弹簧浮置板道床	液体阻尼钢弹簧浮置板道床
减振性能	6 ～ 8dB	6 ～ 8dB	6 ～ 8dB	8 ～ 18dB	8 ～ 18dB	13 ～ 25dB
可施工性	施工同短轨枕道床，技术成熟、速度快	施工同一般道床、技术成熟、速度快	施工同一般道床、技术成熟、速度快	满铺于整体道床板之下，需锯轨、起吊道床板更换	浮置板可现场浇筑，需专门施工机具，技术成熟	浮置板可现场浇筑，需专门施工机具，技术成熟
可维修性	维修不方便	维修方便	维修方便	可维修性较差	结构比较简单，弹簧使用寿命长，性能稳定	结构比较简单，弹簧使用寿命长，性能稳定
单线千米造价估算	600 万元	540 万元	520 万元	1100 万元	1300 万元	1800 万元

为进一步了解不同速度等级城市轨道交通及市域快线隧道敷设方式下的振动规律及轨道减振措施的有效性，2017—2018 年，广州地铁集团组织环评单位对已运营的广州地铁三号线、五号线和七号线，以及珠三角莞惠城际线进行了实测对比分析。实测数据对比见表 3-20 ～表 3-24。

经过实测发现，对于城市轨道交通线路，中等减振措施中的 GJ Ⅲ型、高等减振措施中的 Vanguard 扣件减振效果较好；特殊减振措施的钢弹簧浮置板道床，其道床边的振动强度加剧近 30%，对车内乘客影响明显，隧道壁处的对外减振效果较好，但低于通常采用的产品减振效果预计值；梯形轨枕表现出的实际减振效果则不理想。

对于城际轨道交通线路，经过对 120km/h 及 135km/h 两个实际运营断面实测数据分析，发现隧道壁振动源强低于城市轨道交通线路近 10% 以上。经过对振动频谱分析，发现钢轨在 1 ～ 2500Hz 范围内的振动主频为 400Hz，400Hz 对应的振动加速度级为 154dB；道床板在 1 ～ 1600Hz 范围内的振动主频为 800Hz，800Hz 对应的振动加速度级为 107dB；隧道壁在 4 ～ 200Hz 范围内的振动主频为 50Hz，50Hz 对应的 Z 计权振动加速度级为 65dB。如图 3-13、图 3-14 所示。该振动实测结果显示，尽管城际轨道交通线路速度快、车辆轴重大，但其隧道壁振动源强未体现出与其速度和轴重呈正比增长的线性关系，为广州地铁开展国内首条 160km/h 全地下市域快线的轨道减振设计提供了重要参考依据。

广州地铁七号线振动实测数据对比表(B 型车、120km/h)　　表 3-20

类型	无措施				梯形轨枕									钢弹簧	
监测条件	编号 2：七号线 K15+680 上行（员岗—板桥） 1. 监测条件 监测断面：K15+680 上行 施工工艺：明挖 / 盾构 减振措施：无 轨道埋深：13.3m 列车运行速度：70km/h 监测日期：2017.10.20（隧道）/2017.9.28（地面） 2. 隧道监测结果 3. 地面监测结果				编号 1：七号线 K20+018 下行（板桥—大学城南） 1. 监测条件 监测断面：K20+018 下行 施工工艺：明挖 减振措施：梯形轨枕 轨道埋深：19.6m 列车运行速度：70km/h 监测日期：2017.09.12（隧道）/2017.10.24（地面） 2. 隧道监测结果 3. 地面监测结果									编号 3：七号线 K17+770 下行（板桥—大学城南） 1. 监测条件 监测断面：K17+770 下行 施工工艺：明挖 减振措施：钢弹簧浮置板道床 轨道埋深：22.0m 列车运行速度：65km/h 监测日期：2017.09.10（隧道）/2017.10.24（地面） 2. 隧道监测结果	
测点位置	隧道 VL_{max}（dB）		地面 VL_{max}（dB）		隧道 VL_{max}（dB）				地面 VL_{max}（dB）					隧道 VL_{max}（dB）	
	道床边	隧道壁	0m	6m	10m	20m	道床边	隧道壁	0m	6m	10m	20m	30m	道床边	隧道壁
0.95 置信度取值	73.07 ±2.20	65.07 ±1.51	60.01 ±2.24	57.52 ±2.27	54.39 ±2.47	52.08 ±1.44	77.76 ±1.05	70.64 ±1.59	70.44 ±2.54	70.86 ±3.05	69.93 ±2.56	60.66 ±3.32	64，68 ±2.71	115.99 ±0.89	62.48 ±2.79

广州地铁五号线振动实测数据对比表(L 型车、90km/h)　　表 3-21

类型	无措施		中等减振 GJ-III 型					高等减振(Vanguard 扣件)					
监测条件	编号 3：五号线 K28+200（渔珠—大沙地） 1. 监测条件 监测断面：K28+200 上行 施工工艺：盾构 减振措施：无 轨道埋深：24.0m 列车运行速度：85km/h 监测日期：2017.11.2 2. 隧道监测结果		编号 1：五号线 K29+670（大沙地—大沙东） 1. 监测条件 监测断面：K29+670 上行 施工工艺：盾构 减振措施：中等减振 GJ-III 型 轨道埋深：13.7m 列车运行速度：70km/h 监测日期：2017.9.24（隧道）/2017.10.31（地面） 2. 隧道监测结果 3. 地面监测结果					编号 2：五号线 K19+000（潭村—员村） 1. 监测条件 监测断面：K19+000 上行 施工工艺：盾构 减振措施：高等(Vanguard 扣件) 轨道埋深：22.1m 列车运行速度：80km/h 监测日期：2017.10.29（隧道） 2. 隧道监测结果					
测点位置	隧道 VL_{max}（dB）		隧道 VL_{max}（dB）		地面 VL_{max}（dB）			隧道 VL_{max}（dB）		地面 VL_{max}（dB）			
	道床边	隧道壁	道床边	隧道壁	0m	6m	10m	道床边	隧道壁	0m	6m	10m	20m
0.95 置信度取值	82.42 ±2.51	78.30 ±1.01	69.95 ±1.99	60.56 ±1.13	70.63 ±6.95	66.39 ±4.69	61.21 ±3.59	67.71 ±1.37	65.29 ±1.50	58.35 ±2.33	59.40 ±2.50	59.80 ±2.38	61.02 ±2.98

广州地铁三号线振动实测数据对比表(2-1)（B 型车、120km/h） 表 3-22

类型	无措施								弹性短轨枕				
监测条件	编号 1：三号线 K27+785（市桥—番禺广场） 1. 监测条件 监测断面：K27+785 下行 施工工艺：明挖 减振措施：无 轨道埋深：28.5m 列车运行速度：80km/h 监测日期：2017.9.14 2. 隧道监测结果		编号 2：三号线 K10+400 1. 监测条件 监测断面：K10+400 上行 施工工艺：明挖 减振措施：无 轨道埋深：25.0m 列车运行速度：75km/h 监测日期：2017.9.18 2. 隧道监测结果		编号 3：三号线 K9+750 1. 监测条件 监测断面：K9+750 上行 施工工艺：暗挖 / 盾构 减振措施：无 轨道埋深：28.0m 列车运行速度：80km/h 监测日期：2017.9.22 2. 隧道监测结果		编号 6：三号线 27+720（高增—机场南） 1. 监测条件 监测断面：27+720 施工工艺：盾构 减振措施：无 轨道埋深：8.2m 列车运行速度：115km/h 监测日期：2017.9.4 2. 隧道监测结果		编号 5：三号线 K17+210（大石—汉溪长隆） 1. 监测条件 监测断面：K17+210 施工工艺：盾构 减振措施：弹性短轨枕 轨道埋深：32.1m 列车运行速度：115km/h 监测日期：2017.9.8 2. 隧道监测结果 3. 地面监测结果				
测点位置	隧道 VL_{max}（dB）		隧道 VL_{max}（dB）		隧道 VL_{max}（dB）		隧道 VL_{max}（dB）		隧道 VL_{max}（dB）		地面 VL_{max}（dB）		
	道床边	隧道壁	道床边	隧道壁	道床边	隧道壁	道床边	隧道壁	道床边	隧道壁	0m	6m	10m
0.95 置信度取值	75.64±1.26	69.14±0.97	74.34±0.92	65.27±0.85	73.91±1.20	66.53±0.65	92.43±1.20	82.74±0.88	80.39±1.43	73.12±1.06	64.47±0.65	66.08±0.77	65.39±0.68

广州地铁三号线振动实测数据对比表(2-2)（B 型车、120km/h） 表 3-23

类型	无措施									
监测条件	编号 4：三号线 K21+450（人和—龙归） 1. 监测条件 监测断面：K21+450；施工工艺：盾构；减振措施：无；轨道埋深：15m；列车运行速度：115km/h 监测日期：2017.8.30（隧道）/2017.9.2（地面） 2. 隧道监测结果 3. 地面监测结果									
测点位置	隧道 VL_{max}（dB）		地面 VL_{max}（dB）							
	道床边	隧道壁	0m	6m	10m	20m	30m	40m	50m	60m
0.95 置信度取值	86.53±1.00	77.00±0.73	76.58±1.36	74.45±1.23	72.50±1.17	68.88±1.29	65.19±1.63	64.45±1.13	60.34±1.31	57.44±1.33

珠三角城际莞惠线振动源强测试布点　　表 3-24

断面编号	平面线型	轨道结构形式	隧道类型	与车站距离（m）	轨下基础形式	车速（km/h）	隧道壁Z计权总振级（dB）	隧道壁振动主频（Hz）	隧道壁Z计权振动加速度（dB）
1	直线	双块式	盾构	1000	隧道	120	60	50	59
2	直线	双块式	盾构	1500	隧道	135	65	50	65

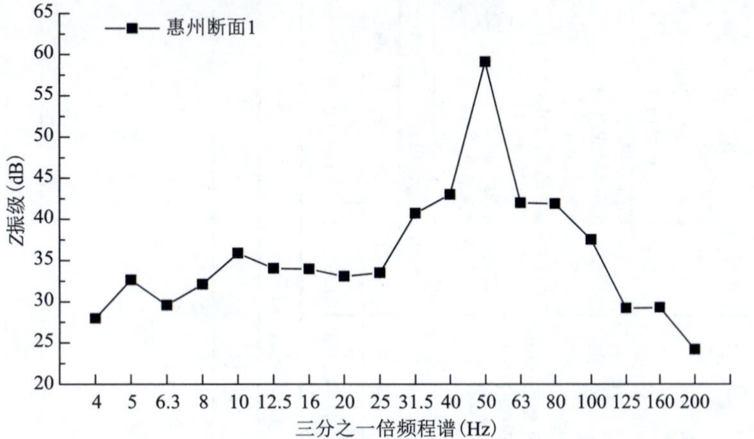

图 3-13　断面 1 隧道壁分频振级

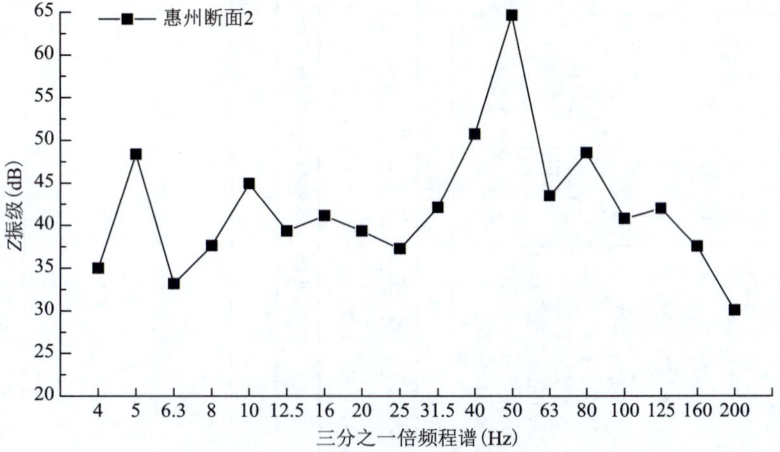

图 3-14　断面 2 隧道壁分频振级

3.4.8　系统能耗指标与线网设计参数的关联关系认识不足

城市轨道交通运营成本主要由电力成本、人工成本、维修维护成本等构成。其中电力成本主要包括牵引用电、动力用电、照明用电、办公用电四部分，并以牵引用电和动力用电的能耗为主。牵引用电能耗关键在于最初的线路规划设计，因为线路一旦建成，牵引能耗指标继续优化的手段非常有限。因此，怎样认识和把握好系统能耗指标与线网设计参数之间的关联关系，对于降低线网运营成本非常重要。

以广州为例，2018 年线网牵引能耗占总能耗约 56%，其次为动力能耗，占比约 35%。两项能耗占总能耗达 91%。

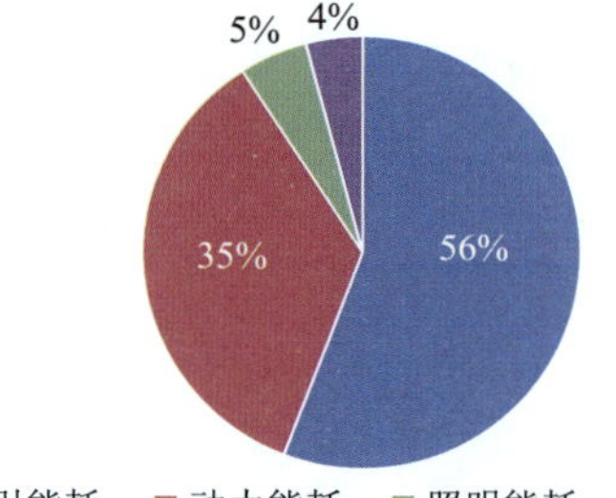

图 3-15　广州市轨道交通线网 2018 年能耗构成

在牵引能耗方面，如按车公里能耗指标统计，2018 年线网牵引能耗约 2.48kW·h /（车·km）。其中，L 型车最高，B 型车最低，A 型车居于线网平均水平；如按人公里能耗指标统计，2018 年线网牵引能耗约 0.033 kW·h /（人·km）。其中，L 型车最高，A 型车最低，B 型车居于线网平均水平。如图 3-15～图 3-17 所示。

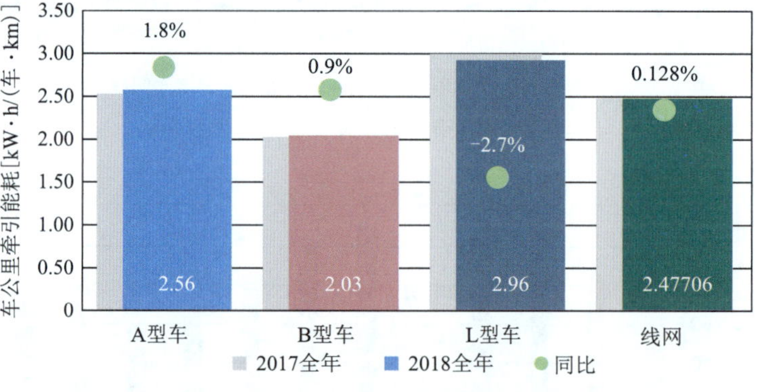

图 3-16　广州市轨道交通线网车公里牵引能耗情况

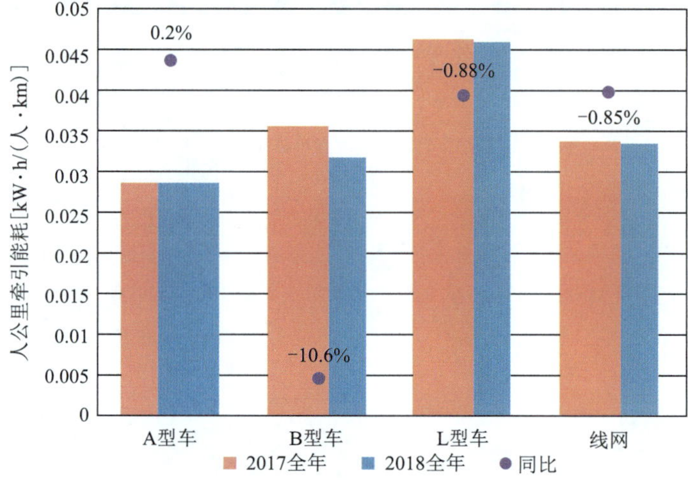

图 3-17　广州市轨道交通线网人公里牵引能耗情况

在动力能耗方面，如按站均能耗统计，2018 年线网动力能耗约 6216kW·h/（站·d）。其中，以高架线为主（占比约 45%）、4 节编组的四号线指标最低，约 3849kW·h/（站·d）。全地下敷设、6 节编组的一号线指标最高，达 8449 kW·h/（站·d）。日均全日客流超过 100 万人次的一号线、二号线、三号线和五号线的站均动力能耗指标均超过了 7000 kW·h/（站·d），高于线网平均值 10% 以上；如按单位面积能耗统计，2018 年线网牵引能耗约 220 kW·h /（m²·年）。

其中，全地下、6 节编组的三号线和八号线最高，超过 320 kW·h / （m^2·年）。近期开通的全地下、6 节编组的七号线最低，仅 113 kW·h / （m^2·年）。总体看，高架线路略低于地下线路，但差异不明显。如图 3-18、图 3-19 所示。

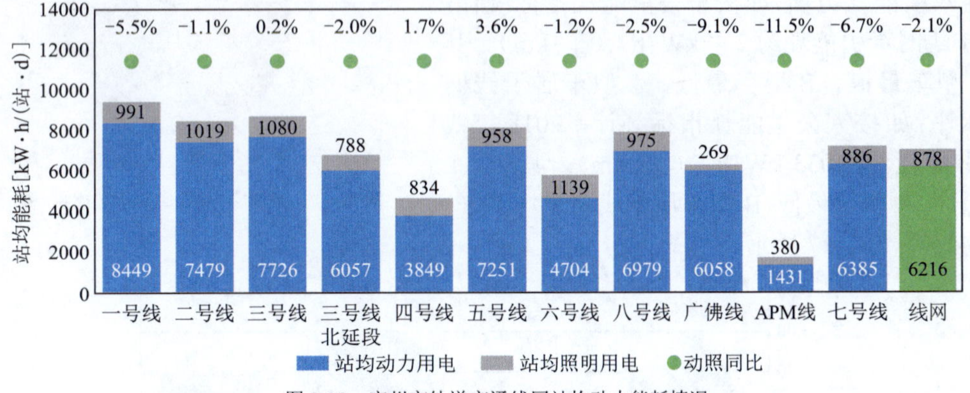

图 3-18 广州市轨道交通线网站均动力能耗情况

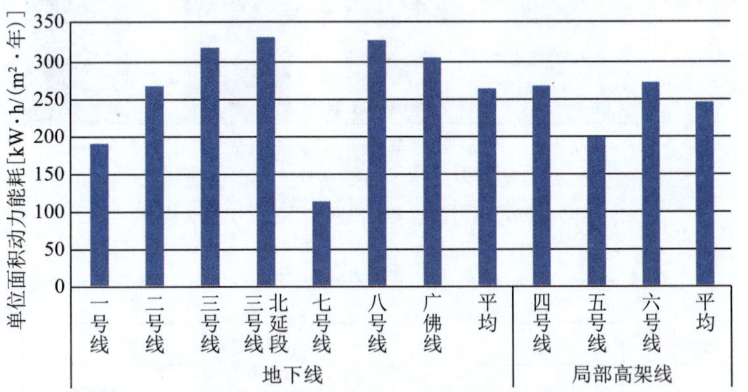

图 3-19 广州市轨道交通线网单位面积动力能耗情况

第 4 章

城市轨道交通线网运营需求分析

4.1 概　述

单线运营时期，由于线网通达性差，运输组织、客运服务的难度相对较低，应急调度和维修响应的要求不需要综合考虑多线运营时期的“链锁”反应，资产更新的压力没有形成，运营安全的压力主要集中在个别大客流车站，运营管理的难点主要是控制较高的单位运营成本和培育运营人才，解决人才短缺的问题。

多线运营时期，随着线网通达性提升，线网换乘站点的出现带来各线路之间客流的不均匀性分布，不同线路之间的运输组织和差异化的客运服务特点，对应急调度和维修响应提出了新的要求，运营管理效率开始进入运营管理者的视野，运营管理者需要形成平衡运营安全、服务、效率、成本的管理能力。

网络化运营时期，线网通达性随着线网继续扩张，正向的通达性作用反过来对运输组织、客运服务、应急调度、维修响应、运营安全管理提出了前两个阶段所未有的新的要求。与此同时，由于资产开始进入更新阶段，新问题不断涌现且无经验可循，运营管理者开始接受全方位的考验。网络化运营阶段的关注要点如图 4-1 所示。

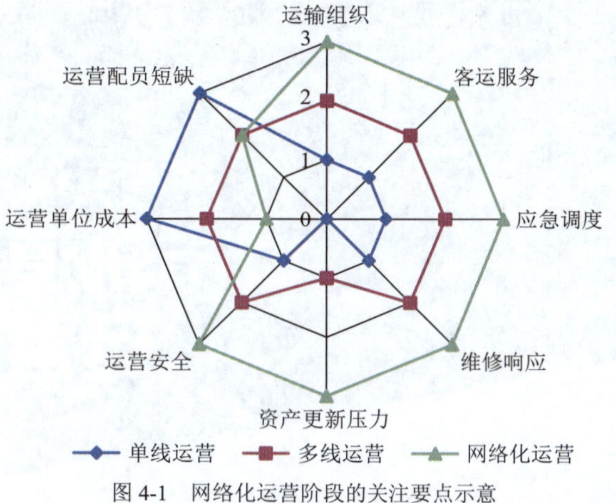

图 4-1　网络化运营阶段的关注要点示意

4.2 网络化运输组织

4.2.1 网络客流变化特征

在城市轨道交通网络规模不断扩大的情况下，不仅沿线地区的出行结构将会产生较大调整，而且整个网络的客流分布也将随着线路的增加呈现出新的特点。为了能够及时应对客流的各种变化，有必要对城市轨道交通新线接入后全网成长规律进行分析与研究，总结出城市轨道交通网络的客流规律。

自 1997 年广州地铁一号线首通段试运营、1999 年全线正式运营至 2018 年底，广州市轨道交通线路由 18.5km 增长至 478km，增长了约 26 倍，日均客运量由 17.2 万人次增长至 829 万人次，增长了约 48 倍。广州市轨道交通发展总体上可划分为四个运营阶段：单线运营阶段、双线运营阶段、四线运营阶段和网络化运营阶段。其中，单线和双线运营阶段（1999—2005 年）线网客运量较低，且增长平缓；四线运营阶段（2006—2009 年），随着 2006 年底新线开通，线网“π”形架构初步形成，线网客运量增长较快，但由于四条运营线路在空间上较为分散，且无新线补充的情况下，客流增速又逐步回落；网络化运营阶段（2010 年至今），随着线网结构趋于稳定，线网可达性提升，线网客运量保持稳定高速增长，即使 2011—2013 年或 2014—2016 年，线网未新增线路的两个阶段，客流增速仍保持较高水平。图 4-2 为广州市轨道交通 2018 年底线网图。

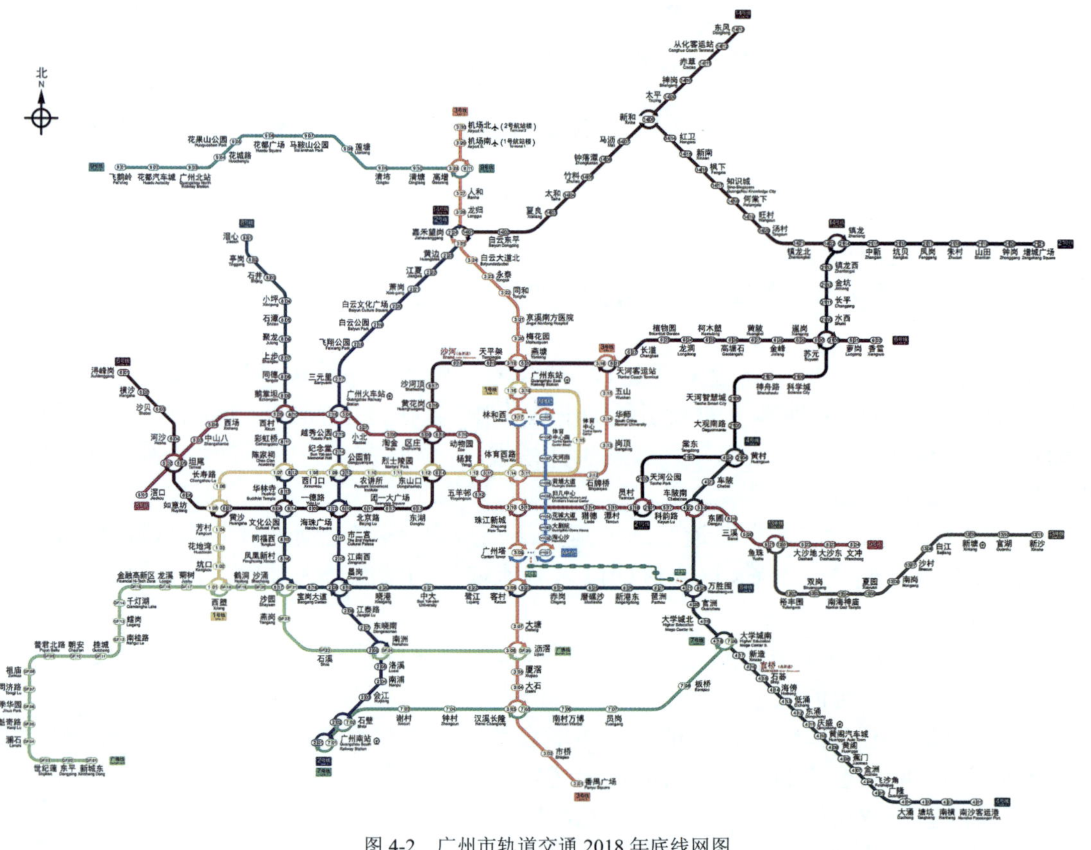

图 4-2　广州市轨道交通 2018 年底线网图

一号线属于典型的城市中心区客流疏导型线路，至今已运营 20 余年。从其客流增长情况来看，作为城市的首条线路，开通及初期客流增长较为平缓，主要为站点直接覆盖地区的集散客流；随着线网逐步完善，因其城市中心的区位特征，客流高速成长；随着线网进一步加密，部分新开通的线路起到了一定的分流作用，再加上线路周边土地开发已高度成熟，一号线客流近几年趋于平稳，甚至开始略微降低。从总体上看，一号线的客流成长呈现为 S 形成长曲线。如图 4-3 所示。

1）城市轨道交通线路及网络客流变化规律

通过对城市轨道交通线网建设历程和运营数据分析，可见网络及线路客流变化趋势有一定的规律可循，主要研究结论归纳如下。

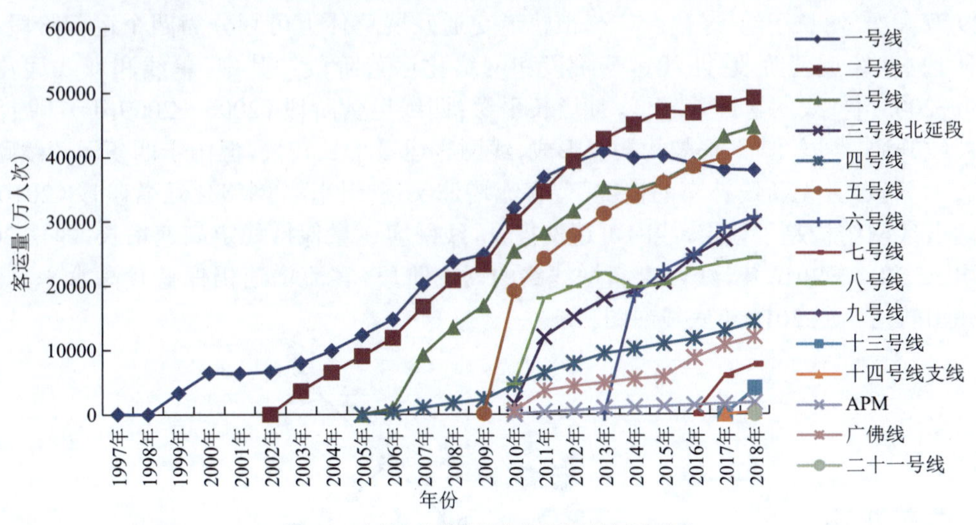

图 4-3　广州市轨道交通各线路客运量变化趋势

(1)网络客流成长规律分析

城市轨道交通从第一条线开通运营到未来发展的各年中，其客流变化可以划分为以下三个阶段。

①客流培育期：在城市轨道交通建设初期，运营轨道线路较少，可达性较差，城市轨道交通对沿线覆盖范围之外客流的吸引能力非常有限；且在开通后 3 ～ 5 年有一个客流培育的阶段，必须经历一个居民认知、适应、熟悉并搭乘，直至形成一个合理的客流吸引区域的过程，客流增长比较平缓。

②高速增长期：随着城市轨道交通的运营逐渐成熟，线路逐渐增多并形成网络，线网可达性增强，客流开始高速增长，这个时间段内客流增长的幅度最大，网络客运量可能会发生量级的巨大变化。

③客流稳定期：高速增长期之后的时间段内，网络客流总体呈上升趋势，但增速趋于平缓，最终保持较为稳定的状态。

此外，票价提升或降低等政策的实施可能会造成网络客流短期内发生较大变化，但经过一段时间之后，网络客流的变化又会回归上述发展规律。

(2)单线客流成长规律分析

①轨道交通开通的第一条线路仅靠自身功能培育、吸引客流，客流增长速度往往较慢。

②市区线路呈现客流总体保持增长、运营后初近期客流增长较快、中远期增长较缓、远期客流趋于平稳或稍微下降的趋势。

③郊区线路的客流培育时间相对较长，在开通运营之后相当长的时间内，客流呈现总体上升趋势，但增长较为平缓，直至沿线土地开发相对成熟后趋于稳定，并没有出现通常认为的远期日均客流呈下降趋势的现象。可以认为这是沿线开发分步实施的结果，对把握市郊线路客运量具有重要的参考作用。

④随着线网密度的增加，线网中辅助线的开通分流，使某些线路的客运量增长到高位后反而下降，所以远期客运量不一定是最大值，如广州地铁一号线。图 4-4 为广州市轨道交通线网日均客运量发展里程。

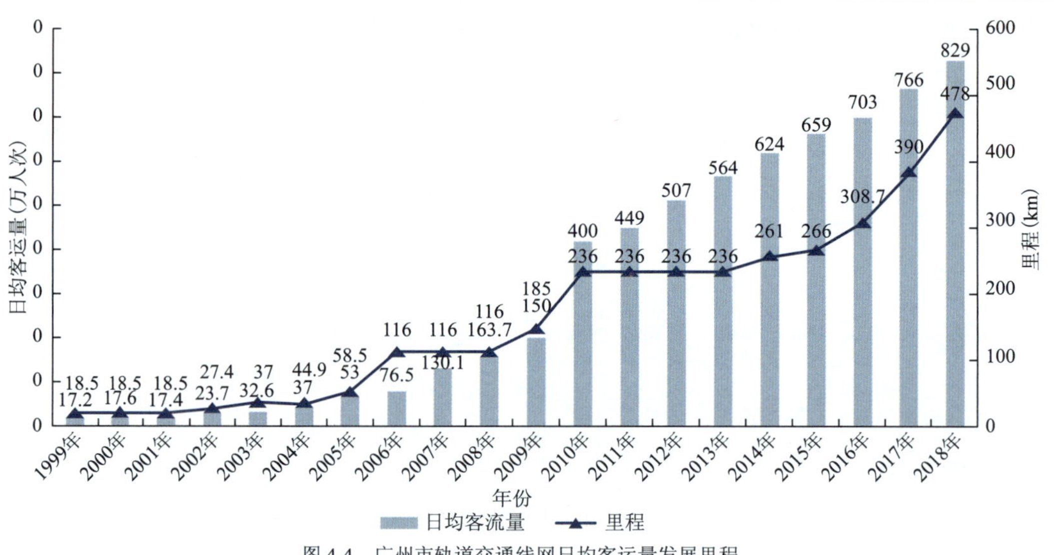

图 4-4　广州市轨道交通线网日均客运量发展里程

2)网络客流时间分布特征

(1)月分布特征

由于全年各月重大节假日分布与天气情况具有较大的差异性，导致城市轨道交通客流在一年各月中的分布特征有所差异。以广州地铁来说，受春节和暑假的影响，1 月、2 月通常是一年中客流最低的两个月份，7 月、8 月客流则较大。此外，在 4 月、10 月举办的广交会，以及春节后的梅雨季节对客流均有一定影响。如图 4-5 所示。

图 4-5　广州地铁各月客流分布

(2)周分布特征

城市轨道交通因其便捷、快速的特性吸引了大量的通勤、通学客流，而这部分乘客的出行时间具有明显的规律性，而且在选择出行路线与车站时形成了一定的出行习惯。在一周内，同日期类型的网络客流特征具有明显的相似性，而不同的日期类型则有明显的差异。以广州地铁为例：周一至周四通勤、通学客流的占比较大，客流相对稳定；周五通勤客流与娱乐出行客流叠加，往往是一周中客流最大的日期；周六作为周末第一天，虽然通勤、通学客流少，但市民娱乐出行欲望较强，客流也保持较高水准；周日是周末的最后一天，更多市民选择在家休息，客流较低。同时，在 2013 年之前，广州地铁历年假日(节假日及周末)出行客流均比日常工作日客流高，而 2013 年后工作日客流则逐渐增多。因此，针对不同的日期类型以及变化的乘客出行规律，要编制合理的列车运行计划。图 4-6 为广州地铁 2018 年一周客流分布图。图 4-7 为广州地铁节假日、工作日客流变化图。

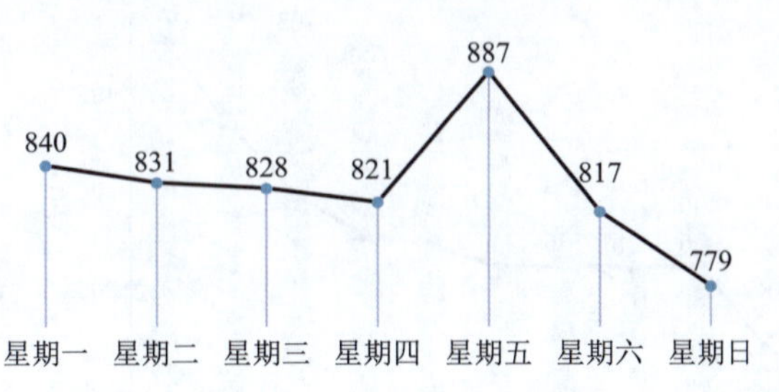

图 4-6 广州地铁 2018 年一周客流分布图(单位:万人次)

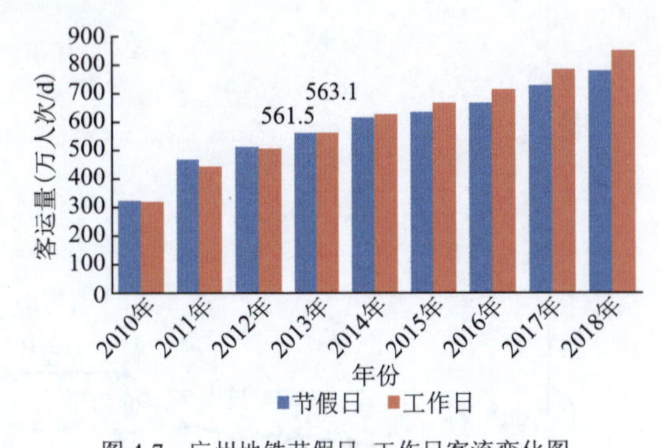

图 4-7 广州地铁节假日、工作日客流变化图

(3)日分布特征

站点日客流分布特征主要反映出站点周边土地利用特征,根据站点客流特征可以将站点主要分为 4 大类:居住型、办公型、枢纽型和混合型(枢纽 + 居住 + 商业),具体客流特征如表 4-1 所示。

城市轨道交通站点客流特征分类主要类型　　表 4-1

类　型	客流特征
居住型	客流“单峰”明显,表现在早高峰进站多、晚高峰出站多
办公型	与居住相反的特征
枢纽型	枢纽无明显客流高峰
混合型	枢纽 + 居住 + 商业 / 就业型

城市轨道交通站点客流分布主要类型集散量时间分布如图 4-8 所示。

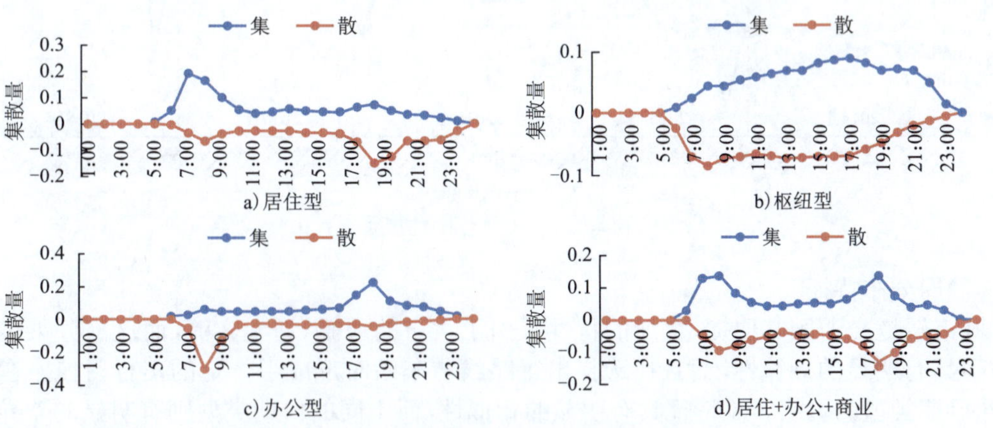

图 4-8 城市轨道交通站点客流分布主要类型集散量时间分布

①居住型。居住型是指客流“单峰”明显,表现在早高峰进站多、晚高峰出站多(图 4-9)。客流特征识别时,为区别于居住与办公商业混合类型,其站点进出站客流波动性如下:

a. 早高峰进站远大于早高峰出站的 2 倍;

b. 晚高峰出站客流要大于晚高峰进站客流。

$$\frac{IN_{AM}}{OUT_{AM}} > 2 \ \& \ \frac{OUT_{PM}}{IN_{PM}} > 1 \tag{4-1}$$

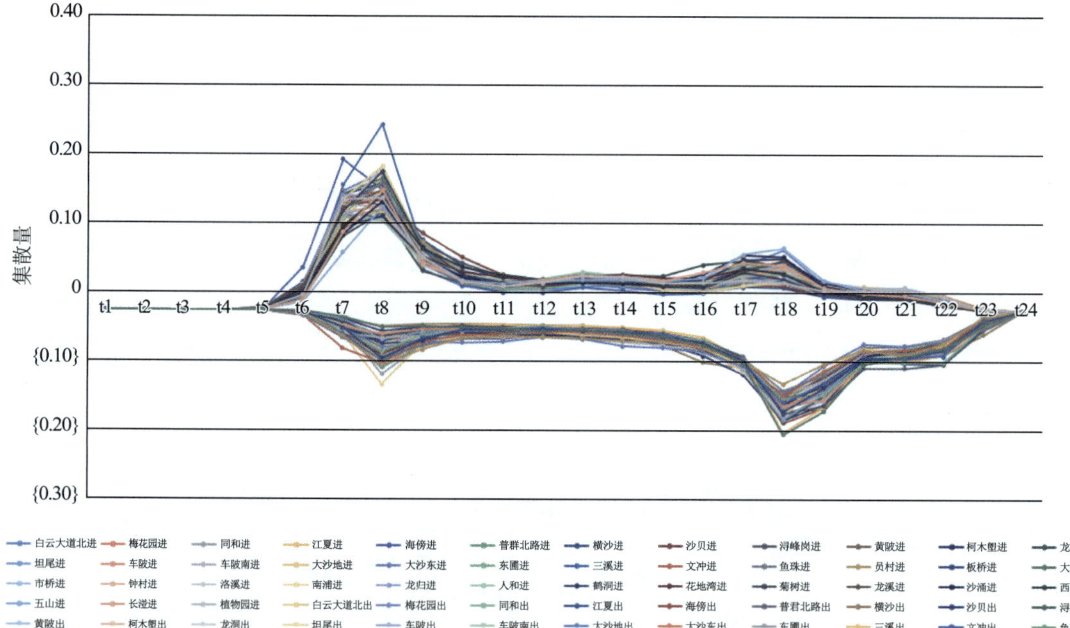

图 4-9　居住型站点客流特征

②办公型。办公型是指客流“单峰”明显，客流特征与居住型相反，表现在早高峰出站多、晚高峰进站多（图 4-10）。客流特征识别时，为区别于办公与居住商业混合类型，其站点进出站客流波动性如下：

a. 早高峰出站远大于早高峰进站的 2 倍；

b. 晚高峰进站客流要大于晚高峰出站客流。

$$\frac{OUT_{AM}}{IN_{AM}} > 2 \ \& \ \frac{IN_{PM}}{OUT_{PM}} > 1 \tag{4-2}$$

③枢纽型。根据站点进出站客流波动特征，是指枢纽无明显客流高峰（图 4-11）。

④混合型（枢纽 + 居住 + 商业型 / 就业型）。根据站点进出站客流波动特征（图 4-12），混合型（枢纽 + 居住 + 商业型）站点的特征主要如下。

a. 根据站点进出站客流波动特征，办公 + 居住型客流呈现出“双高峰”现象，具体表现为：

- 早高峰出站客流大于进站客流；
- 早高峰出站小于或等于早高峰进站的 2 倍；
- 晚高峰进站客流要大于出站客流；

- 晚上 21:00 左右还会出现一轮高峰。

$$1<\frac{OUT_{AM}}{IN_{AM}}\leqslant 2 \ \& \ \frac{IN_{PM}}{OUT_{PM}}>1 \ \& \ \frac{IN_{21}}{OUT_{20}}>1 \tag{4-3}$$

b. 如为枢纽 + 居住 + 就业型站点，其特征（图 4-13）则主要体现在：

- 站点属于枢纽型站点；
- 呈现出居住 + 就业混合型客流特征。

$$station\in\{机场、火车站、客运站等\} \ \&1<\frac{IN_{AM}}{OUT_{AM}}\leqslant 2 \ \& \ \frac{OUT_{PM}}{IN_{PM}}>1 \tag{4-4}$$

混合型（枢纽 + 居住 + 就业型）站点如南洲站，虽然有客运站，但其地铁客流的整体特征仍表现了强有力的居住 + 就业型客流特征。

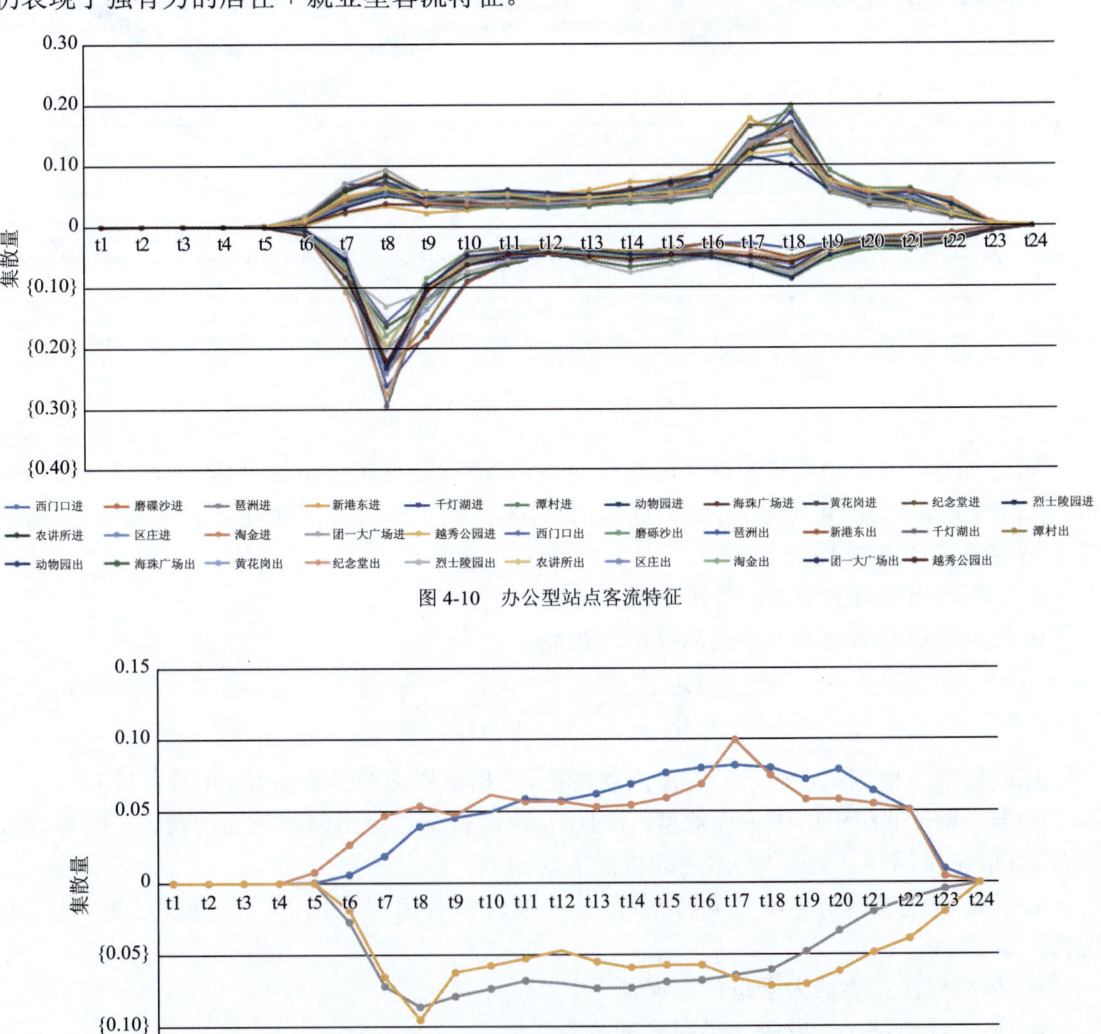

图 4-10 办公型站点客流特征

图 4-11 枢纽型站点客流特征

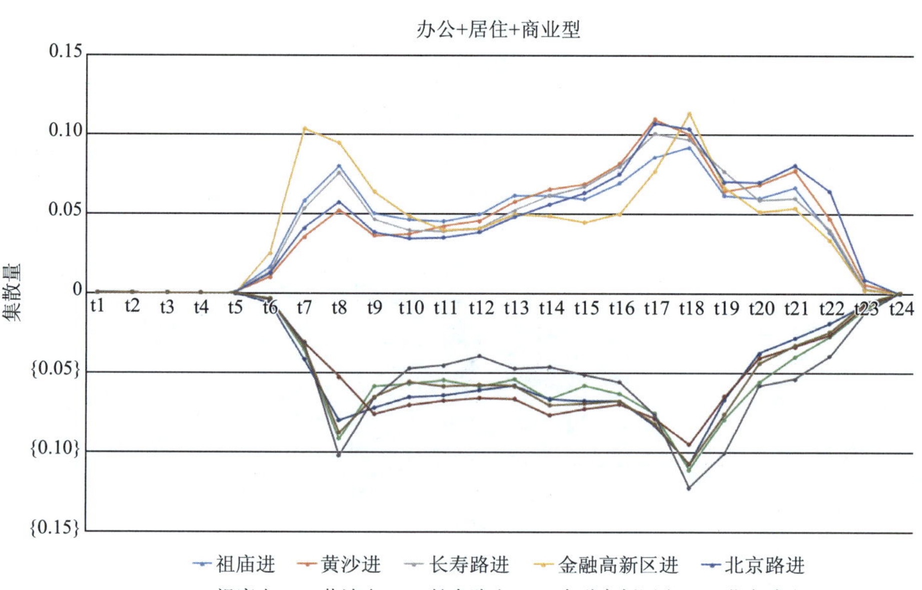

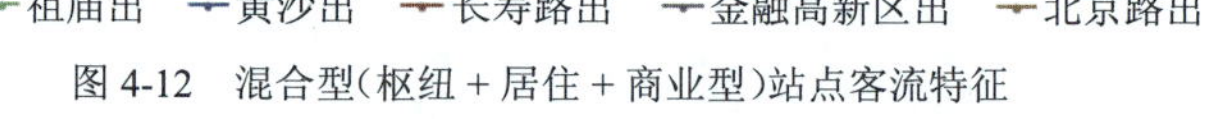

图 4-12　混合型(枢纽 + 居住 + 商业型)站点客流特征

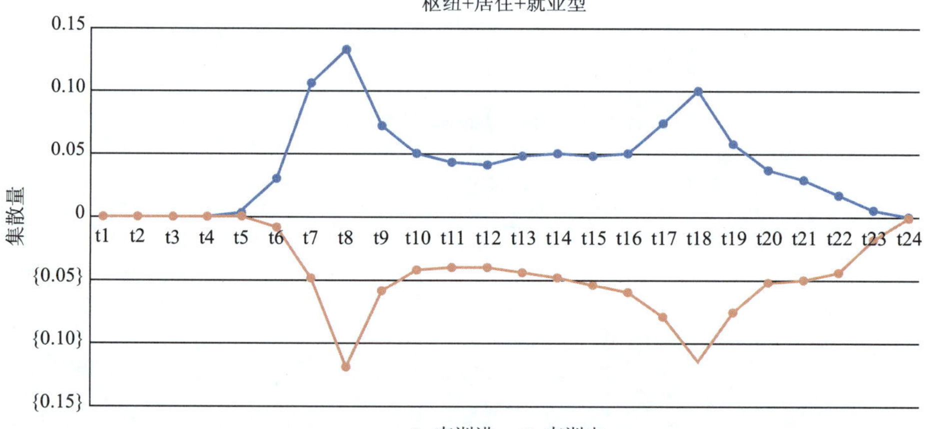

图 4-13　枢纽 + 居住 + 就业型站点客流特征

不同区块的小时内波动系数(PHF)范围如图 4-14 所示。中心城区的波动系数一般会低于外围地区,越靠近城市中心的站点小时内波动系数越低。

根据交叉聚类分析,站点的小时内波动系数类型可分为 8 类,每一类的进出站 PHF 值如图 4-15 所示。

3)网络客流空间分布特征

根据广州市轨道交通线网运营资料,在网络、线路、车站三个层面轨道交通从单线向网络转变过程中存在不同的客流特征和成长规律。随着轨道交通网络的扩展,客运强度边际效应递减、换乘系数增大、平均运距增长;从线到网,换乘客流成为客流增长的主要来源;不同类型车站的客流特征差异较大。

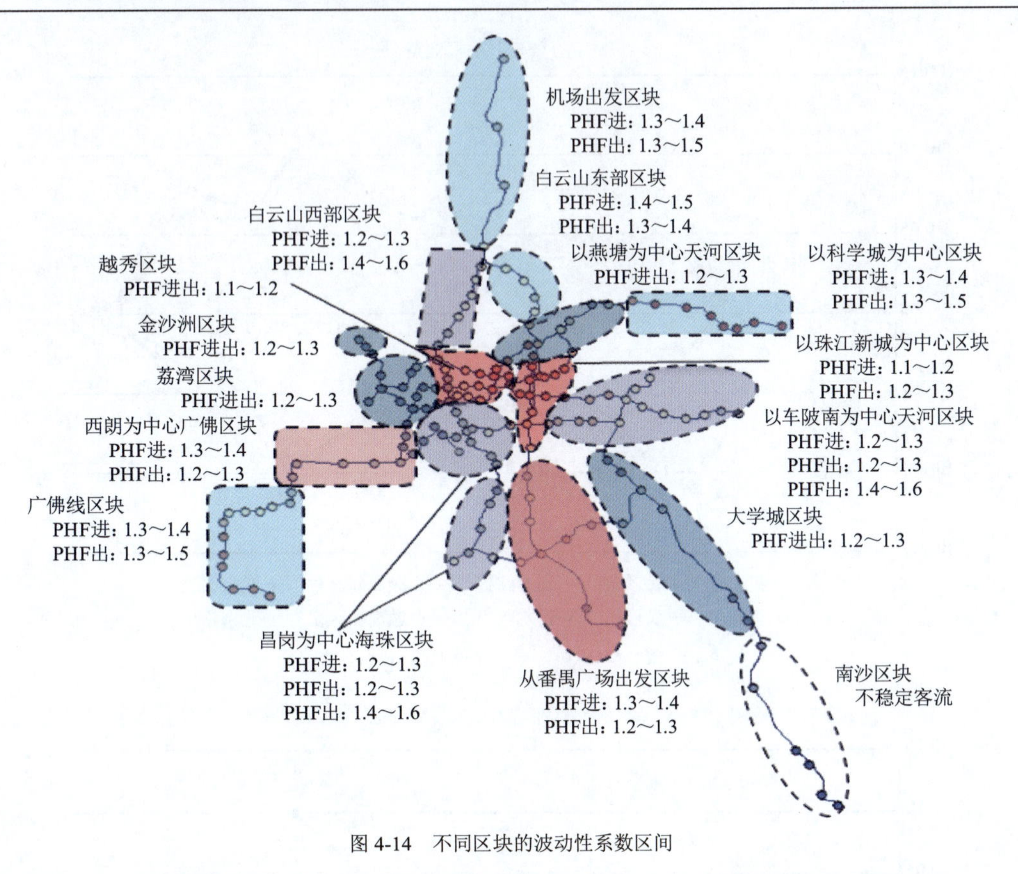

图 4-14 不同区块的波动性系数区间

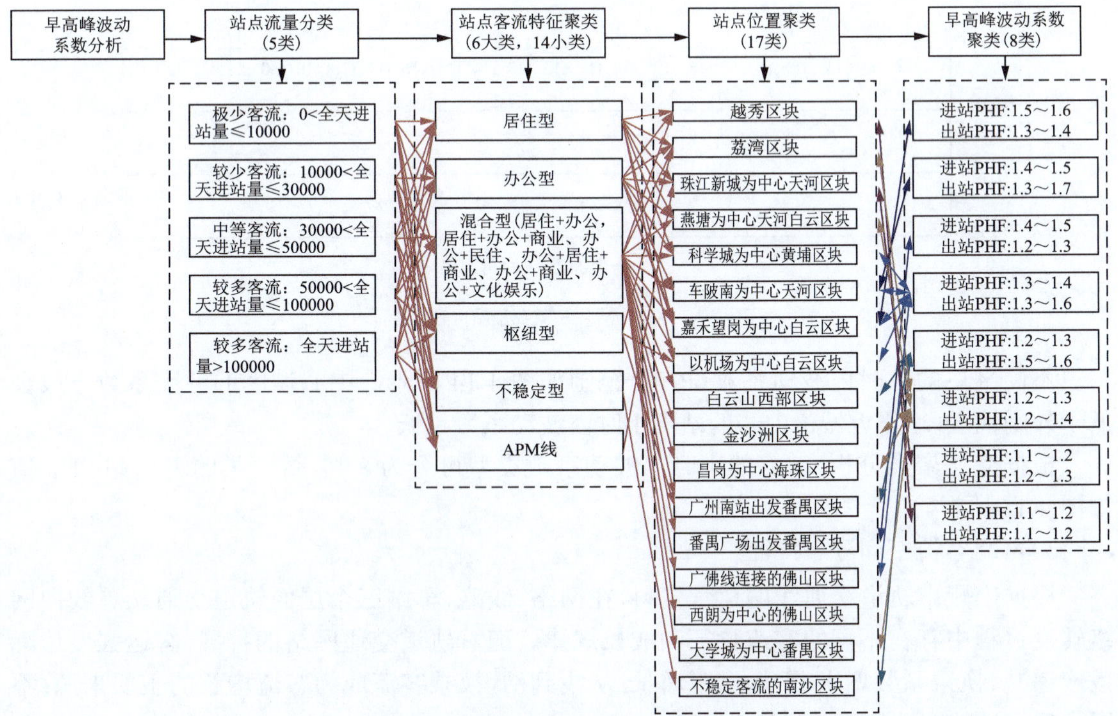

图 4-15 小时内波动系数交叉聚类分析结果

（1）客运强度

开通至今，从单线到多线，再到网络化运营，广州市轨道交通线网客运强度保持增长趋势，且保持在全国排名前三的水平。值得关注的是郊区规划引导线路接入线网后对客运强度的影响，郊区线路长度大，但客流需求成长培育需要较长的时间。在 2006 年和 2018 年线网客运强度出现较明显的下滑。当年线网分别连接了郊区规划引导线路，分别是四号线、十四号线和二十一号线。如图 4-16 所示。

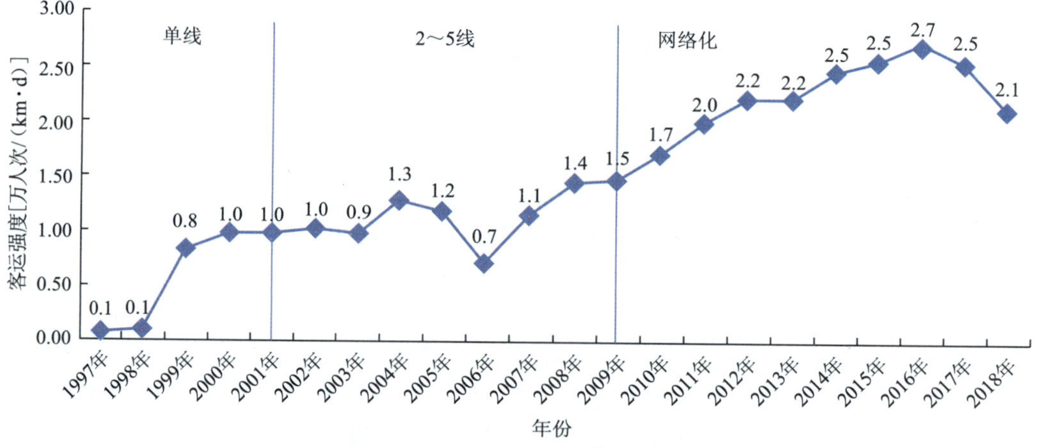

图 4-16　线网客运强度变化趋势

（2）换乘率及换乘系数

换乘率和换乘系数是另外一个反映客流特征的重要指标。从广州市轨道交通数据来看，从单线到多线时期，线网换乘率逐步从两线时的 16% 增长到 40% 左右，到 2018 年 14 条线路，实现区区通地铁，线网的换乘率进一步攀升且总体基本稳定在 42% 左右。换乘系数则从 1.65 逐步发展到 1.75。其中，2017 年线网进入 400km 规模后，变化幅度最大。如图 4-17、图 4-18 所示。

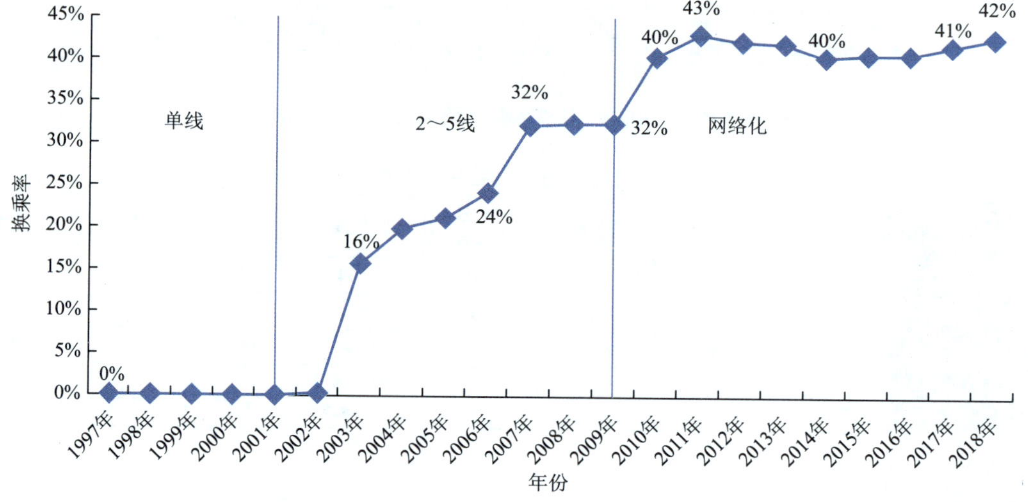

图 4-17　线网换乘率变化趋势

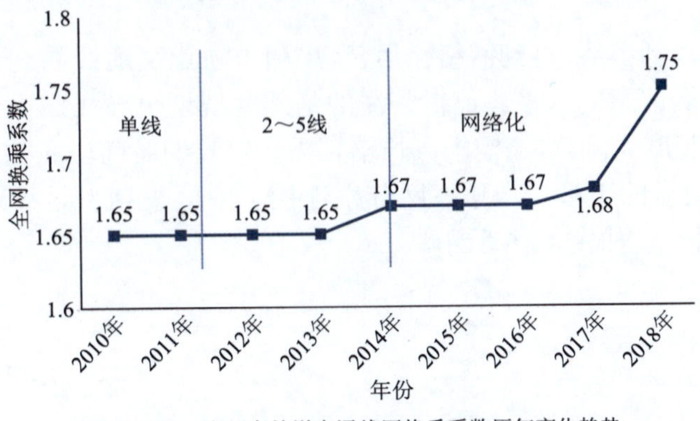

图 4-18　广州市轨道交通线网换乘系数历年变化趋势

（3）平均运距

平均运距是一个综合反馈乘客利用城市轨道交通出行的指标，数值越大，说明城市轨道交通的利用率越高，是另外一个反馈客流出行习惯的重要特征。从广州市轨道交通线网数据来看（图 4-19），2010 年亚运会期间多条线路投入后，网络化效应影响下的平均运距增长明显，到 2018 年 14 条线路成网后，平均出行距离已接近 13km。在线网通达性提高的同时，乘客利用城市轨道交通实现远距离的出行习惯越来越明显，有效地扩大了市民的出行范围，提高了人员流动性，对社会活动发展起到极为重要的促进作用。广州市轨道交通各线路平均运距情况如表 4-2 所示。

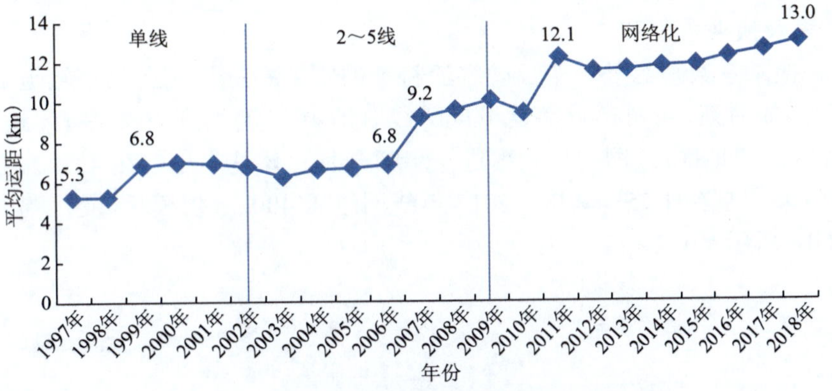

图 4-19　广州市城市轨道交通线网平均运距变化趋势图

广州市轨道交通各线路平均运距情况　　表 4-2

线　路	一号线	二号线	三号线	三号线北延段	四号线	五号线	六号线	七号线
平均运距(km)	5.11	7.41	7.99	9.95	10.64	7.03	6.55	7.89
线路长度(km)	18.5	31.8	34.2	33	58.5	31.9	42	18.6
占线路长度比例	28%	23%	23%	30%	18%	22%	16%	42%
线　路	七号线	八号线	九号线	十三号线	十四号线及知识城线	广佛线	APM	
平均运距(km)	4.94	9.42	14	10	15	9.18	1.71	
线路长度(km)	15	19.3	26.4	76.3	26.2	37.96	3.9	
占线路长度比例	33%	49%	53%	13%	58%	24%	44%	

（4）不同日高峰小时波动系数

不同日高峰小时波动系数指一年中高峰小时进出站客流最大值与平均值的比例（最大值 / 平均值）。以工作日高峰小时波动系数为例，即为一年工作日中的高峰最大值与工作日高峰平均值的比例。其中，“高峰”指一天客流最高的时间段，在工作日一般指早高峰和晚高峰两个时间段。

全线网大部分站点波动系数为 1.2 ～ 1.7，且整体来看，大多数站点早高峰波动系数要大于晚高峰波动系数，尤其是早高峰出站波动系数较大；晚高峰进出站波动系数更为集中，进站波动系数普遍小于出站波动系数。

当站点全天集散客流小于 2 万人次时，不同日高峰小时最大客流波动系数超过 3.0，如河沙和新港东站；当站点周边分布有会展中心、学校等场所时，容易因活动产生较大客流变化，其波动系数一致超过 2.0，如新港东、低涌、河沙、海心沙以及长湴等。

全市不同区位的不同日高峰小时波动性系数存在较大差异。老城区早晚波动性不大。其中，越秀区早高峰波动性大于荔湾，晚高峰波动性小于荔湾；天河新城区波动性要大于老城区，且越近中心区的波动性越大。

南部城区海珠、番禺的早高峰进站波动性不大，但番禺广场片区（番禺组团中心）晚高峰进站波动性要大于广州南站枢纽区块；广佛线起始站点沥滘区块（海珠区南端）与大学城区块类似，客流量少，又远离中心城区，早高峰波动性不大，但大学城区块晚高峰进站波动性较大；白云山两侧，西侧不同日早晚高峰波动性更大；机场南区块不同日早晚高峰波动性与白云山东侧类似。

全网换乘客流的不同日早晚高峰进站小时波动系数基本为 1.0 ～ 1.4，外围换乘站的不同日高峰小时波动系数相对较大，早高峰客流波动系数的变化幅度比晚高峰要大，但是多数站点的波动系数集中在 1.2 左右，换乘客流更为稳定。如图 4-20 ～图 4-23 所示。

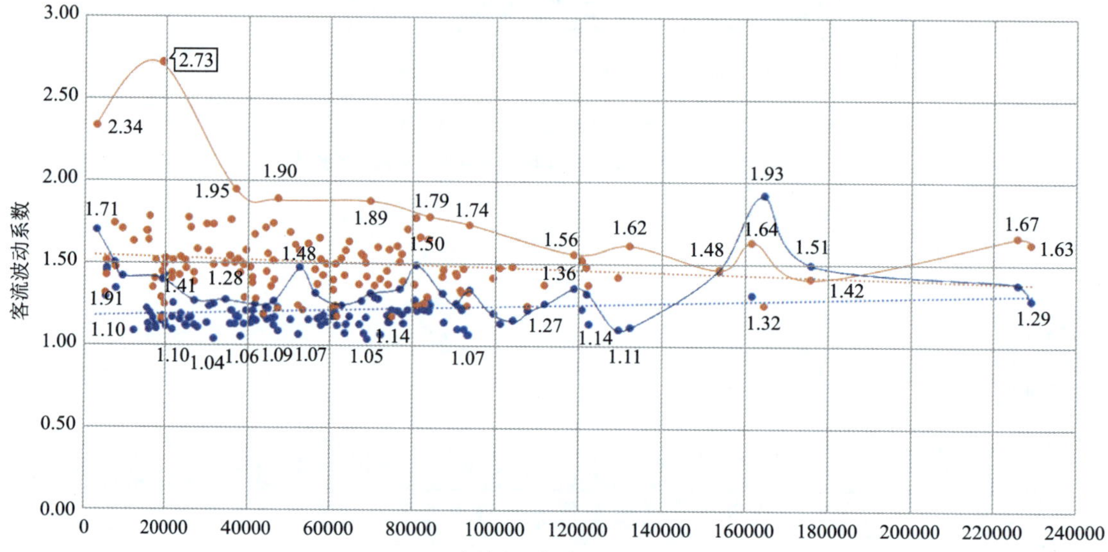

图 4-20　站点早高峰不同日高峰小时客流波动系数分布示意图

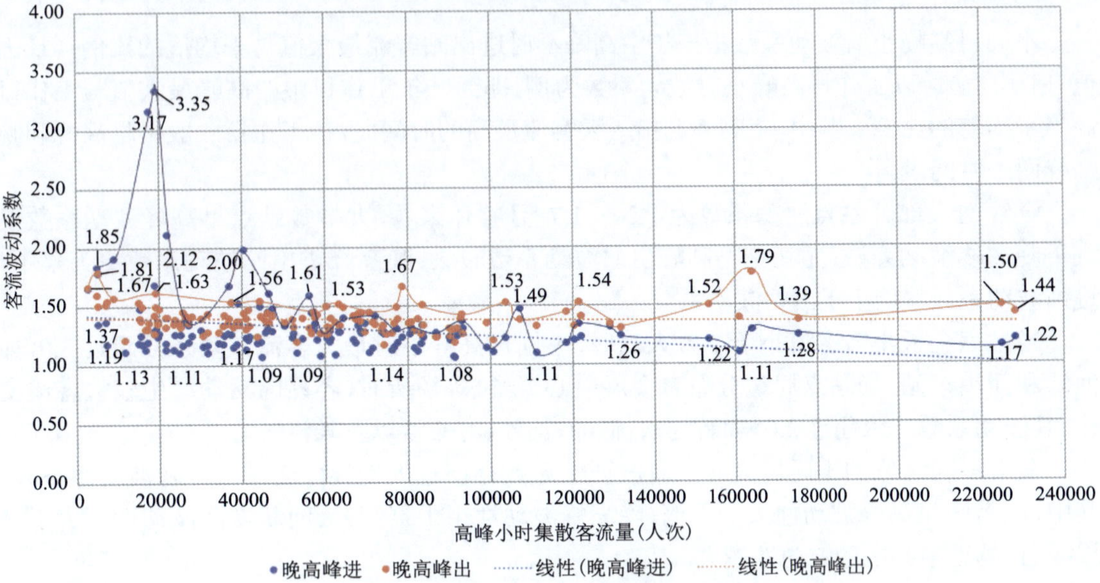

客流波动系数
高峰小时集散客流量(人次)
晚高峰进 晚高峰出 线性(晚高峰进) 线性(晚高峰出)

图 4-21 站点晚高峰不同日高峰小时客流波动系数分布示意图

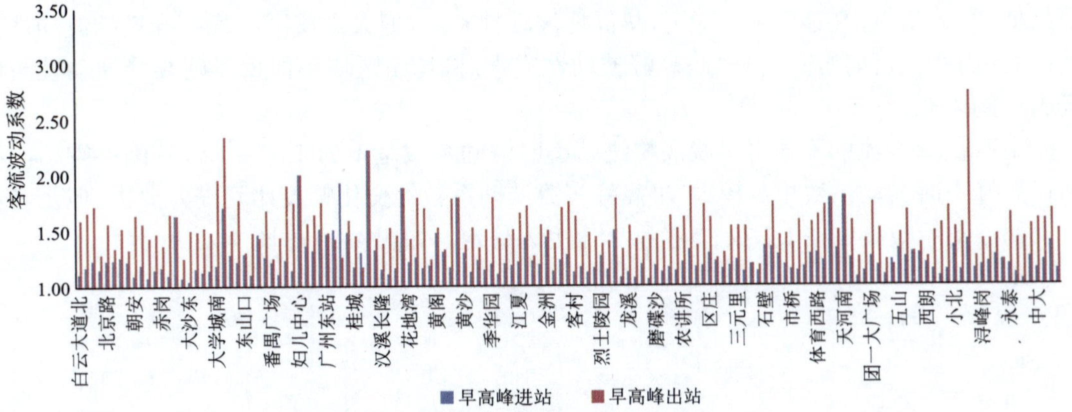

客流波动系数
早高峰进站 早高峰出站

图 4-22 部分站点早高峰不同日高峰小时客流波动系数

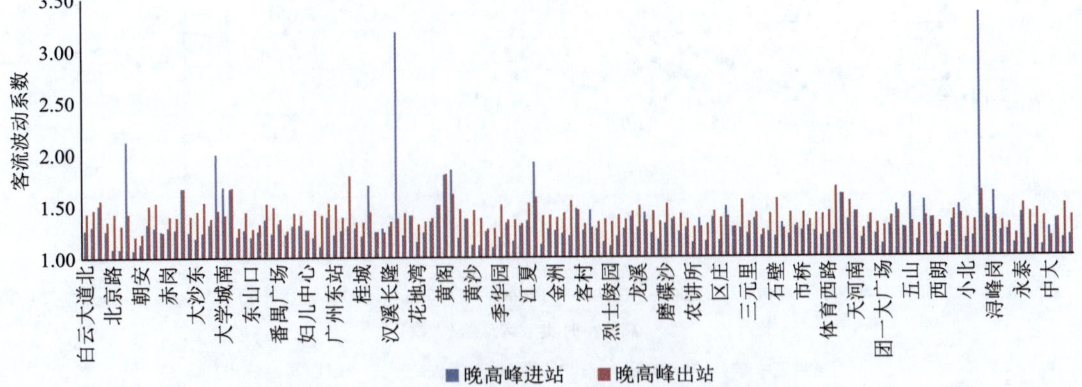

图 4-23 部分站点晚高峰不同日高峰小时客流波动系数

各线站点进出站客流的不同日高峰小时波动系数如图 4-24 ～图 4-32 所示。

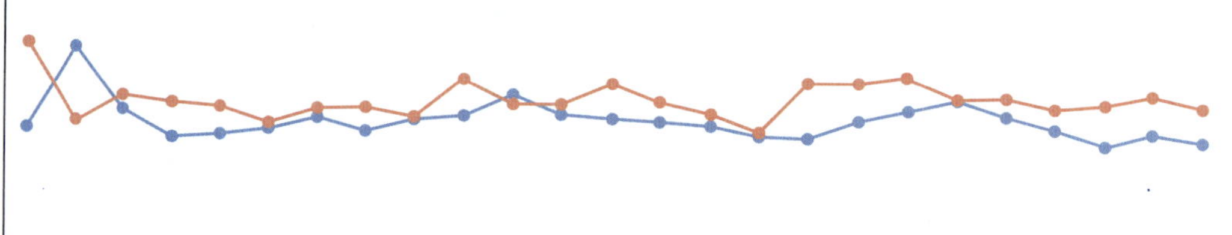

图 4-24　换乘站点早高峰不同日高峰小时系数

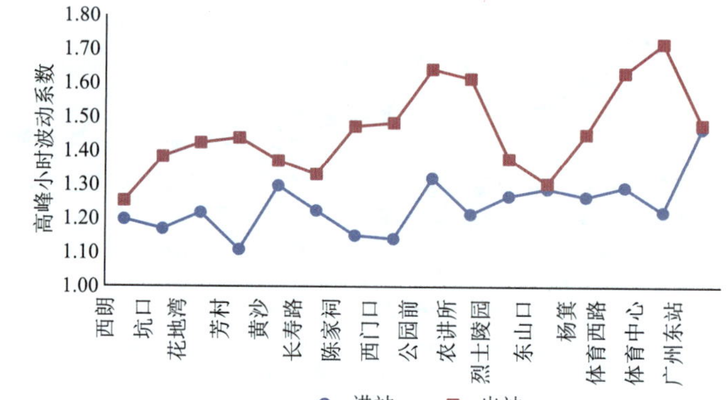

图 4-25　一号线站点进出站客流不同日高峰小时波动系数

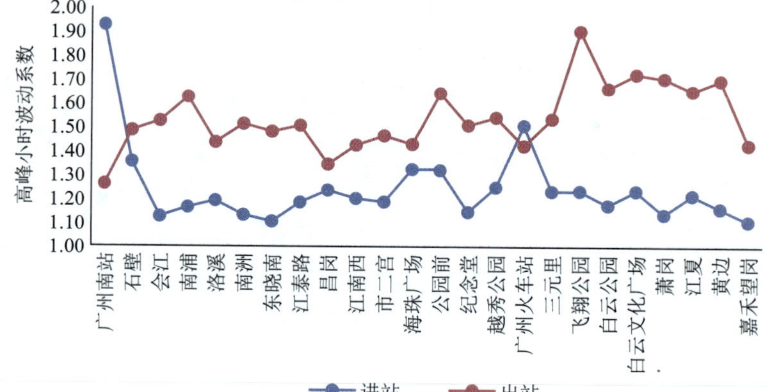

图 4-26　二号线站点进出站客流不同日高峰小时波动系数

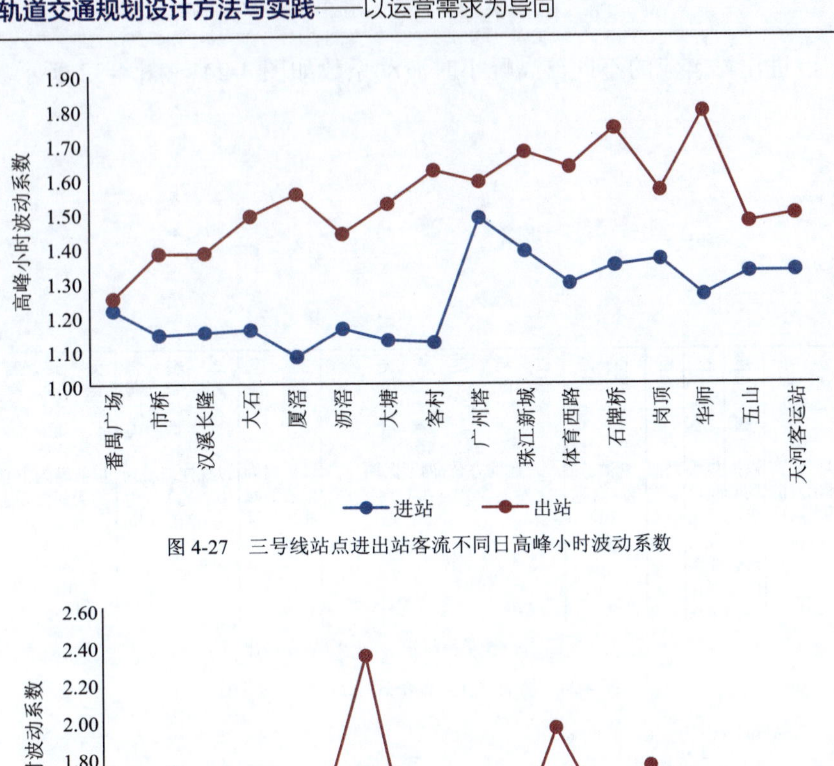

图 4-27　三号线站点进出站客流不同日高峰小时波动系数

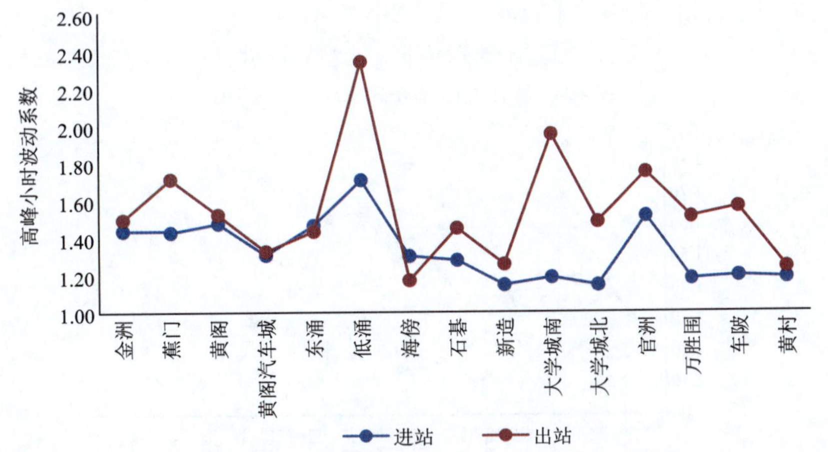

图 4-28　四号线站点进出站客流不同日高峰小时波动系数

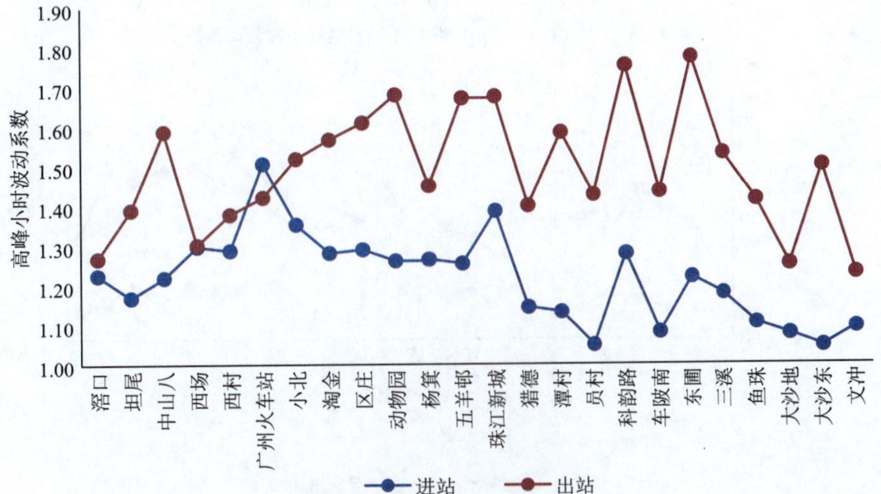

图 4-29　五号线站点进出站客流不同日高峰小时波动系数

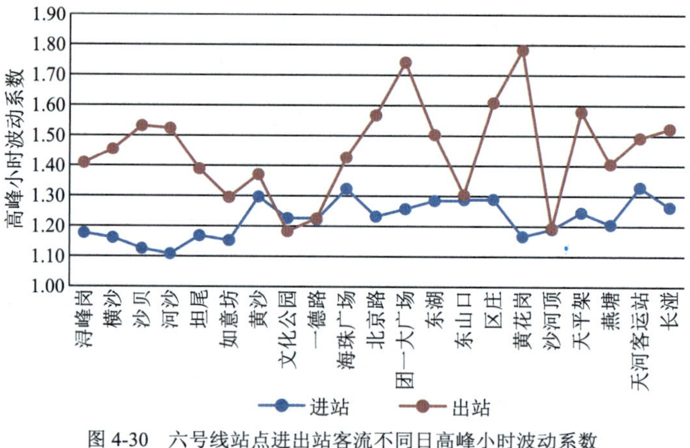

图 4-30　六号线站点进出站客流不同日高峰小时波动系数

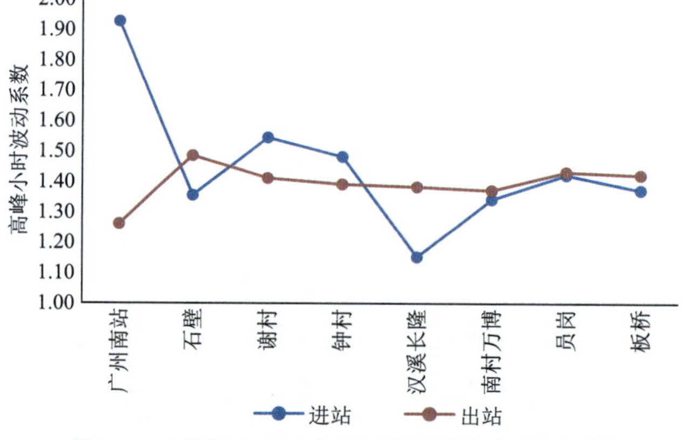

图 4-31　七号线站点进出站客流不同日高峰小时波动系数

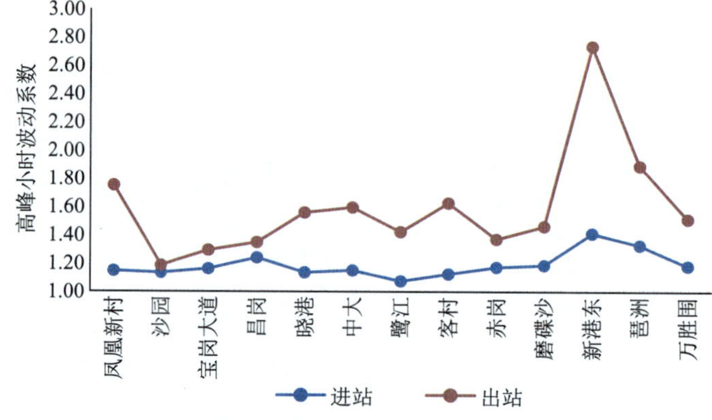

图 4-32　八号线站点进出站客流不同日高峰小时波动系数

(5)站点高峰小时内波动系数(超高峰系数)

站点高峰小时内波动系数(超高峰系数)指早、晚高峰两小时内，最高 15min 客流的 4 倍与所在高峰小时客流的比例。最高 15min 是指在早、晚高峰 15min 间隔数据中，找到最高的 15min 高峰数据。

全线网大部分站点的高峰小时内波动系数为 1.01 ～ 1.6，且整体来看，大多数站点早高峰小时内波动系数要大于晚高峰小时内波动系数，尤其是早高峰出站的小时内波动系数较大；晚高峰进出站的小时内波动系数更为集中，基本为 1 ～ 1.4，并且出站波动系数普遍小于进站波动系数。当站点全天集散客流小于 5000 人次时，高峰小时内最大客流波动系数超过 2.0，如低涌和黄阁汽车城站。如图 4-33 ～图 4-36 所示。

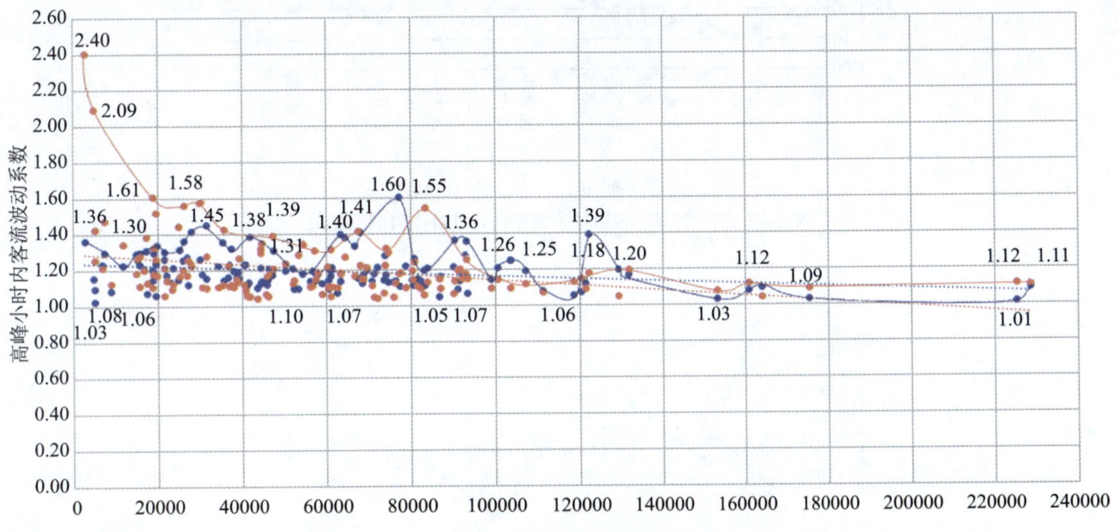

图 4-33　站点早高峰小时内客流波动系数分布示意图

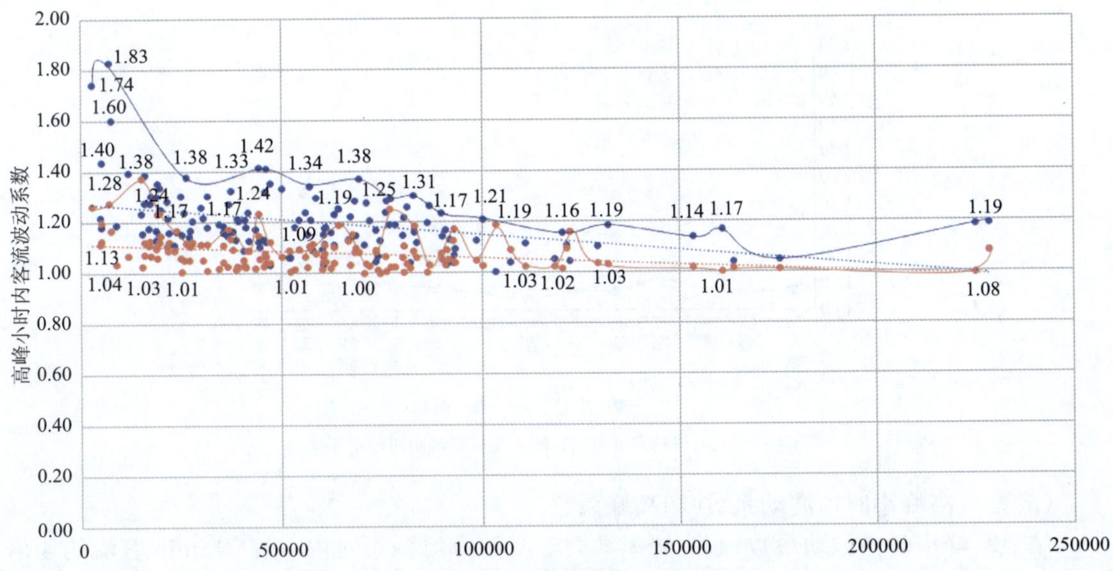

图 4-34　站点晚高峰小时内客流波动系数分布示意图

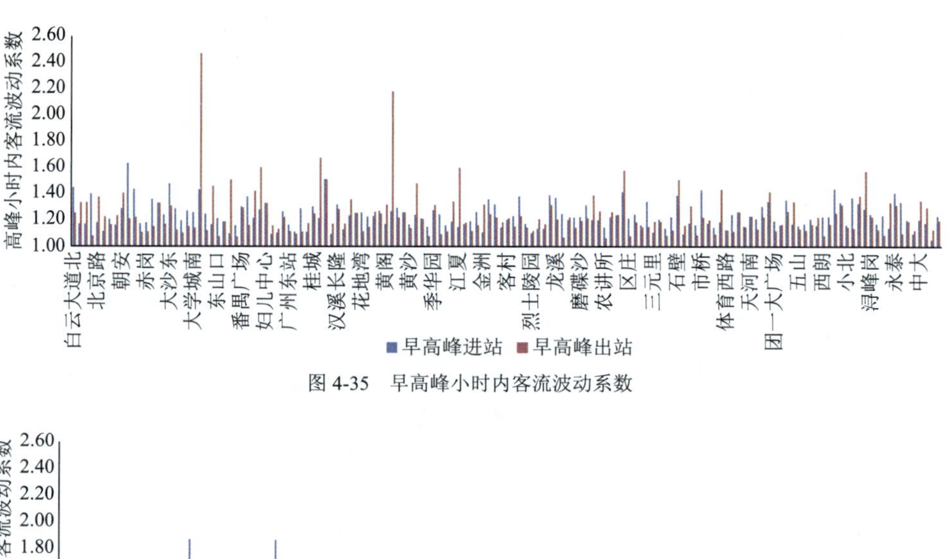

图 4-35　早高峰小时内客流波动系数

图 4-36　晚高峰小时内客流波动系数

换乘站点的高峰小时内客流波动系数基本为 1.0 ～ 1.2，一般换乘站的早高峰小时内波动系数要大于晚高峰的波动系数；换乘客流大的站点换乘客流高峰小时内波动系数一般为 1.2 ～ 1.3，换乘客流小的站点换乘客流高峰小时波动系数较大；波动系数较大的换乘站点多位于线网外围。如图 4-37 所示。

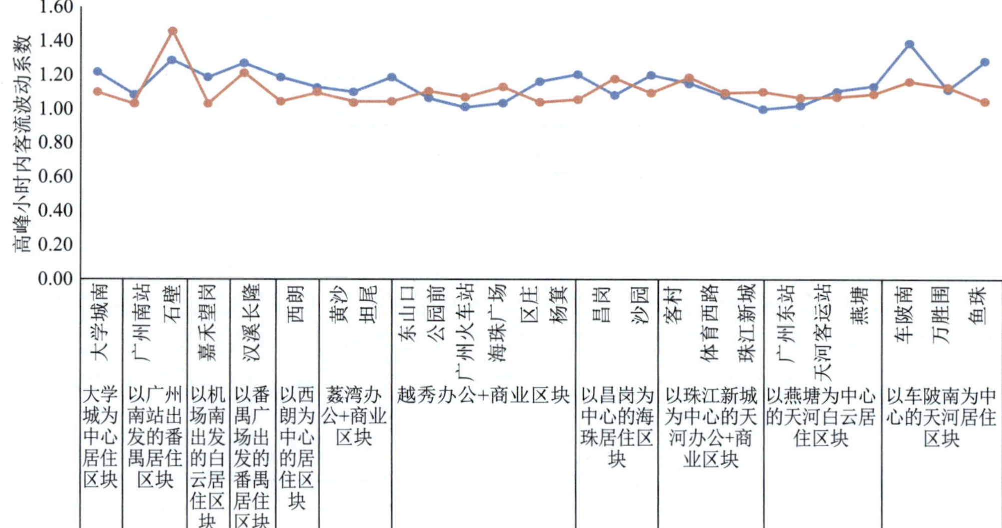

图 4-37　换乘站点早高峰小时内客流波动系数

4.2.2 网络化行车组织特征

行车组织是综合运用各种运输技术设备，依据客流特征，合理地组织列车运行，实现城市轨道交通安全、快速、便捷的乘客运输的计划和组织工作，是城市轨道交通运营工作的核心。随着线网规模的扩大，城市轨道交通系统网络化行车组织主要呈现出以下特征。

1）行车组织方式日趋复杂

行车组织方式的选择要综合考虑线路长度、换乘站、客流数据、运营管理和折返能力等因素，为匹配线路的客流时空分布特征，行车组织方式呈现出多样化发展的趋势。结合线路客流断面空间分布特征和线路设备技术条件，采用相匹配的行车组织方式和行车交路，可以在更好地适应线路客流在各区段分布不均衡的情况下减少运能浪费。运营交路模式主要包括单一交路、大小交路、衔接交路、嵌套交路、Y 形交路、环形交路等，行车组织方式包括均衡运输、不均衡运输、快慢车运输等。

（1）运营交路模式

单一交路（图 4-38）是指运营列车在两端终点站折返并循环运行，适用于线路长度相对较短、客流分布比较均匀的线路，与其他交路相比，采用单一交路方案行车组织简单、乘客无须换乘、不需要设置中间折返站。但如果线路各区段断面客流不均衡程度较大，会产生部分区段列车运能的浪费。目前广州地铁八、九、十三号线等线路采取此交路模式运营，此处不一一列举。

图 4-38 单一交路

大小交路（图 4-39）是指在开行线路两端大交路的基础上，再增加部分列车在终点站或中途具备折返条件的车站折返的小交路，从而形成中间重合段相对密集的行车方式，适用于长度相对较长、客流高度集中在部分区段的线路。采用大小交路方案可提高大交路列车满载率、加快小交路列车周转，但部分乘坐大交路列车乘客的候车时间增加，以及需要设置中间折返站。设置大小交路时，一般选取与峰期时段最大断面客流相差二分之一或三分之二的区段作为重合段与非重合段交路的交汇点，大小交路行车对数宜取 1∶1，可取倍数比例，但不应超过 1∶3。国内采取大小交路运营的典型线路有北京地铁四号线，上海地铁一、六、七、八、九、十二号线，广州地铁二、四、六号线等。

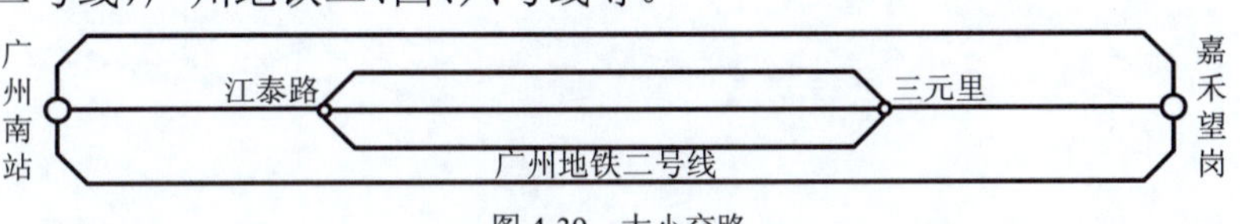

图 4-39 大小交路

衔接交路（图 4-40）是若干短交路的衔接组合，列车只在线路的某一区段内运行，在指定的中间站折返。与常规交路相比，采用衔接交路方案可提高断面客流较小区段的列车满载率，但跨区段出行的乘客需要换乘，以及需要设置中间折返站。与大小交路方案相比，衔接交路在中间折返站是双向折返，增加了折返作业复杂性。国内采用衔接交路的线路有北京地铁一号线、八通线，上海地铁二号线。

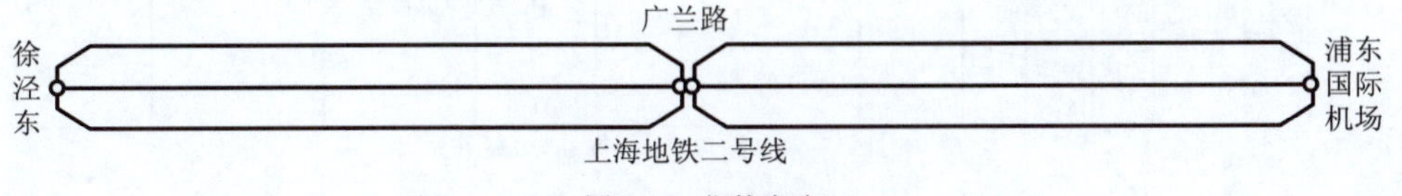

图 4-40 衔接交路

嵌套交路（图 4-41）指两种交路的列车分别运营在线路的一个区段，且两交路有一个交错区段。采用嵌套交路方案时，交错区段一般为市区，运行最大列车对数。国内城市中采取此交路的线路相对较少。

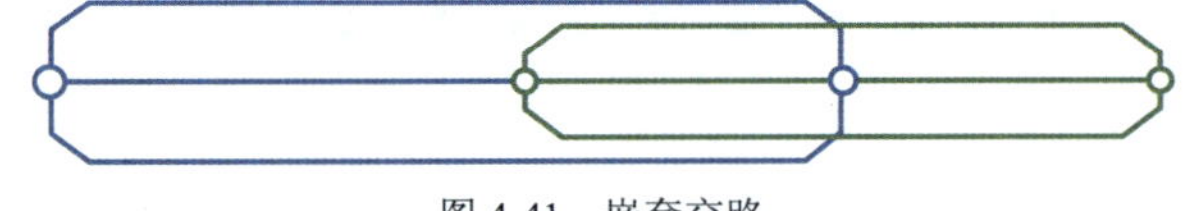

图 4-41　嵌套交路

Y 形交路（图 4-42）是指某条运营线路上的运营列车交路形成一个 Y 字形结构的行车方式，适用于 Y 形线路，并根据该线路的组团交换情况、客流断面情况，合理设置匹配的行车方式。Y 形交路行车对数比在 1 : 1 至 1 : 3 之间为宜。国内实施 Y 形交路的线路有上海地铁十、十一号线，成都地铁一号线，广州地铁三号线等。

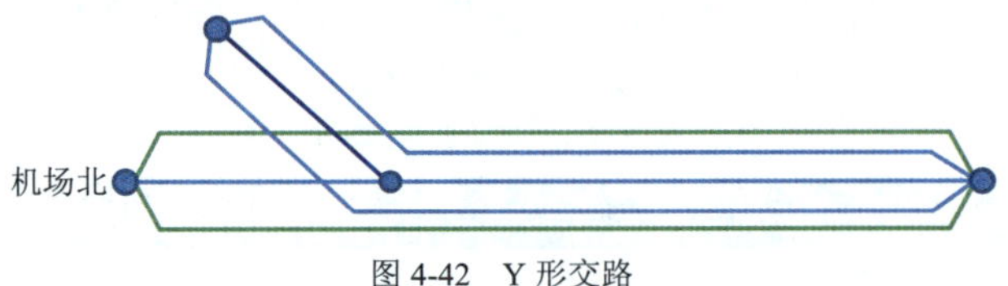

图 4-42　Y 形交路

环形交路（图 4-43）是指列车沿着环型线路在运营时间内按一定方向不断循环地从一个站点开往到另一个站点，适用于环型线路。国内采取环形交路运营的线路有北京地铁二、十号线，上海地铁四号线，成都地铁七号线等。

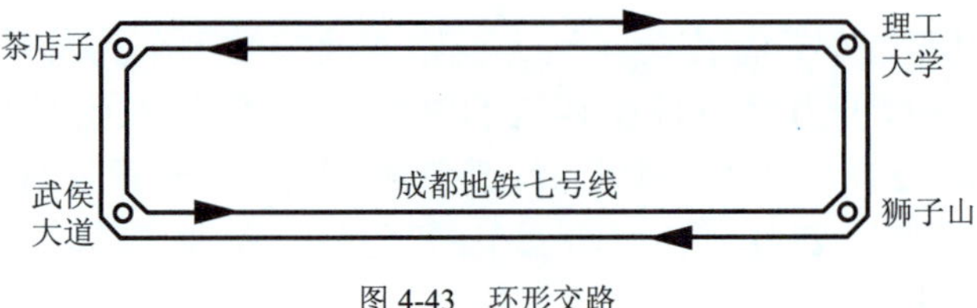

图 4-43　环形交路

（2）行车组织方式

均衡运输是指在同一交路的条件下，列车在相同发车间隔（上下行运输能力一致）的情况下，在两端终点站折返并循环运行的行车组织方式，适用于全线双向客流均衡的线路。

不均衡运输是指在交路不变的条件下，通过抽疏某一方向的部分列车或使部分运营列车中途折返，局部增大另一个方向的列车数，调整运能分布的方向、时间等不均衡运输的组织方式，适用于上下行方向客流不均衡现象明显的线路，达到缓解上下班高峰期单一方向尖峰大客流的效果，使运能得到充分利用。广州地铁二、、三、五号线等线路均采用了不均衡运输的方式。如图 4-44 所示。

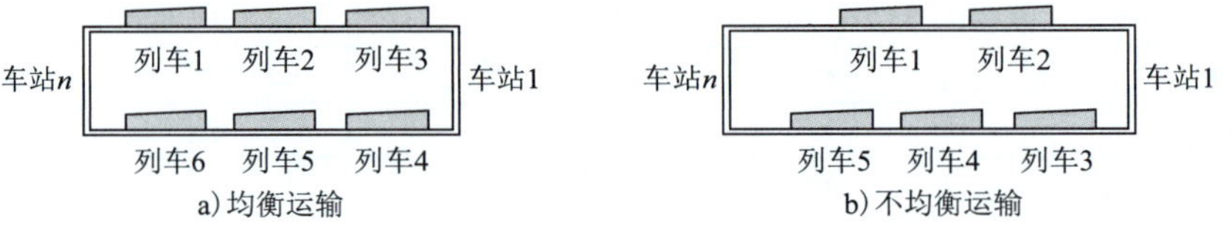

图 4-44　均衡与不均衡运输组织方式

快慢车运输（图 4-45）是为了满足城市发展需要，在长大线路增设越行线，快车在越行线超越慢车，达到“大站快车”的效果，适用于市域快线，连接市区与郊区或卫星城，以提高旅客的通达性。快慢车开行应适当增加快车的开行列次，比例推荐 1 : 2 和 1 : 3。

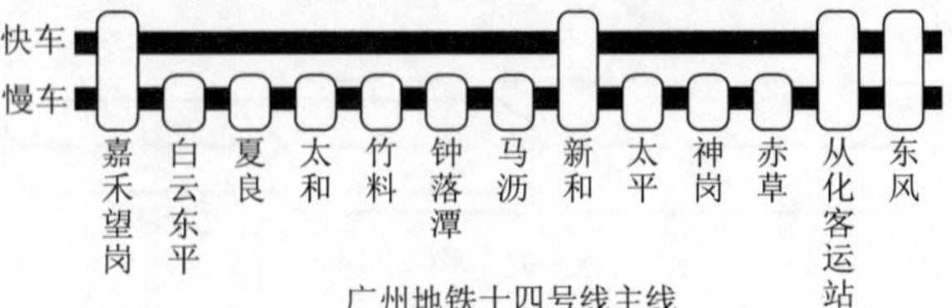

图 4-45 快慢车运输组织方式

不同运输组织方式实施条件：总结上述不同运输组织方式的特点，结合线网客流特征分析。以广州市轨道交通各种典型交路形式及客流分析数据为例（表 4-3），不同的客流特征对应于不同的交路形式，以提高城市轨道交通运营服务水平，同时兼顾经济性和社会效益，提高通过能力，为城市轨道交通选择交路提供参考依据。

典型交路形式与客流数据分析对比表　　表 4-3

方　式	客运强度	换乘量占本线客运量比例	平均运距(km/ 人次)
单一交路	不同区段波动 ±10%	10% 以下	0 ~ 8
大小交路	不同区段波动 ±40%	60% ~ 90%	8 ~ 10
快慢车	不同区段波动 ±70%	90% 以上	14 以上

2）线间换乘衔接匹配协调难度大

线网衔接线路间的列车开行需要在运力设置和换乘站列车到发时刻两方面予以匹配。在编制列车运行计划时，一方面需根据客流的时空变化特征，在满足基本客运需求的条件下，确定各线路各时间段合理列车运力配置，避免换乘站客流滞留等待；另一方面，需考虑协调换乘站列车到发时刻，既要避免各方向列车同时到达，还要尽量减少乘客等待时间，提高乘客出行便捷性。因此，网络化运营条件下的列车运行计划编制协同难度较大。广州市轨道交通各线路高峰、平峰行车密度如表 4-4 所示。

广州市轨道交通各线路高峰、平峰行车密度一览　　表 4-4

时 间 段	线网	一号线	二号线	三号线	四号线	五号线	六号线	八号线	广佛线	APM 线
05:00 — 06:00	71	9	8	8	6	8	8	8	9	7
06:00 — 07:00	71	9	8	8	6	8	8	8	9	7
07:00 — 08:00	183	20	27	31	19	27	19	16	12	12
08:00 — 09:00	183	20	27	31	19	27	19	16	12	12
09:00 — 10:00	159	14	13	31	19	27	19	12	12	12
10:00 — 11:00	115	14	13	17	12	13	12	12	10	12
11:00 — 12:00	115	14	13	17	12	13	12	12	10	12
12:00 — 13:00	115	14	13	17	12	13	12	12	10	12
13:00 — 14:00	115	14	13	17	12	13	12	12	10	12
14:00 — 15:00	115	14	13	17	12	13	12	12	10	12
15:00 — 16:00	115	14	13	17	12	13	12	12	10	12
16:00 — 17:00	115	14	13	17	12	13	12	12	10	12
17:00 — 18:00	176	20	27	31	19	27	12	16	12	12

续上表

时　间　段	线网	一号线	二号线	三号线	四号线	五号线	六号线	八号线	广佛线	APM 线
18:00 — 19:00	183	20	27	31	19	27	19	16	12	12
19:00 — 20:00	182	20	27	31	19	26	19	16	12	12
20:00 — 21:00	129	14	13	31	12	13	12	12	10	12
21:00 — 22:00	113	14	13	15	12	13	12	12	10	12
22:00 — 23:00	71	9	8	8	6	8	8	8	9	7
23:00 — 00:00	71	9	8	8	6	8	8	8	9	7

3）线网首末班车时间设定复杂度增加

网络的通达性增长，换乘方式增多、乘客出行时间跨度拉长，线路间制约性增强，线网各车站乘客只需要一次购票即可完成在不同线路车站之间的出行，但由于各线路运营服务时间不同，导致网络上各站之间的可达性关系在一天中是动态变化的。各线路设置首末班车时间时，需从整个线网的效益最大化角度出发，以最大化地方便乘客出行和最大限度地减少无法到达目的地的客流数量为目标，统筹规划，协调设定。

4）列车运行计划种类日益多样化

结合网络客流分布特点和客流需求，各线路不断细化编制适用不同运营需求的列车运行计划。例如，在日常工作日运行计划基础上结合客流需求增加周一和周五类型，结合运营服务时间需求和乘客出行规律不同等因素编制双休日、节假日等专用列车运行计划等，以适应客流在空间、时间上的分布特点，以最大限度地与客流特征相匹配。广州地铁三号线、三号线北延段、四号线、五号线在工作日时刻表基础上增设了周五时刻表；除十四号线、二十一号线外，各线路均设置周六日时刻表；大部分线路节前一天工作日使用晚高峰提前起峰的特殊时刻表；五一、国庆等客流较大的节假日使用加大运力时刻表；除夕及春节期间客流较小，则使用减少运力特殊时刻表；12 月 31 日则使用夜间增加运力的特殊时刻表；节假日需延长运营服务时，使用延长运营时间的特殊时刻表。

5）新线接入线网后对既有线运营影响大

新线的接入，一般会为与其相衔接的既有线带来较大的接入客流，将会给既有线带来较大的冲击，既有线原列车运行计划是否能适应和保证客流的顺利疏散，是新线接入给既有线网运营带来的最大问题。广州地铁近年来开通的九号线、十三号线、十四号线以及二十一号线均为郊区线路，九号线、十四号线分别在高增及嘉禾望岗接入既有的三号线北延段，十三号线及二十一号线分别在鱼珠及员村接入既有的五号线。2017 年底，九号线和十三号线开通后，三号线北延段和五号线日均客运量分别增长 7 万人次和 7 万人次，高峰小时断面客流分别增加 0.33 万人次和 0.57 万人次。如表 4-5 所示。

三号线、五号线客流数据　　表 4-5

线　路	客流指标	2017 年	2018 年	增 长 量
三号线	日均客运量（万人次）	75	82	7
	断面客流（万人次 /h）	4.45	4.78	0.33
	高峰断面满载率	159.3%	171.3%	12%
五号线	日均客运量（万人次）	109	116	7
	断面客流（万人次 /h）	4.83	5.4	0.57
	高峰断面满载率	138.5%	136.9%	-1.6%

4.3 运营组织管理

随着线网规模的日益扩大、网络结构日益复杂，新线路、新技术、新设备密集投入使用，不同轨道交通线路制式和功能多元化，客流需求时空分布呈现多重性等，都使得运营管理的难度大大增加。

4.3.1 运营组织管理概况

城市轨道交通运营组织架构一般经历从单线运营组织架构逐步演变为区域化运营组织架构的过程。运营组织架构的设计必须与企业发展业务战略方向相匹配，在此前提下综合考虑企业的人力资本、管理成本、功能共享等相关因素。对于不同时期的线网运营规模，运营组织架构也要做出相应的调整。在支持生产业务开展定位不变的情况下，其配套的职能服务将按照业务发展需要不断调整，以适应业务的发展。

(1)组织架构设置的原则

组织架构是指组织内各构成要素以及它们之间的相互关系，主要涉及企业部门构成、基本岗位设置、权责关系、业务流程、管理流程及企业内部协调与控制机制等。企业组织架构是支撑业务运作的平台，反映内部组织行为的效果和效率，从而影响业务的实现。

组织设计要考虑的关键要素如下。

①组织架构决定了正式的报告关系，包括层级数和管理者的控制跨度。

②组织架构确定了由个体组合部门，再由部门到整体组织。

③组织架构决定流程如何设计，这些流程用来保证跨部门之间的沟通、合作与整合。

组织架构设计要遵循的内容如下。

①使组织内各部门在公司整体经营目标下能充分发挥能力和达成各自的目标。

②管理的跨度和层次适度。

③正确处理管理职能中指挥和参谋的关系。

④管理组织中的职、责、权必须对等。

⑤权责必须明确化，权责或职责不清将使工作发生重复、推诿现象，易使员工产生挫败感。

⑥组织的简化将有助于内部协调与人力分配。

⑦组织的弹性，在保持基本形态下，又能适应各种环境的变化。

运营组织模式通常可以分为单个总部模式和多个总部模式，在不同的模式下还可以进一步延伸出不同的结构。

(2)组织架构设计

一般组织的架构设计包含了三个部分，即必要的工作活动、报告关系以及部门组织。

①确定工作活动。部门的设立是为了完成那些被认为是对企业生产具有意义的任务，为了实现组织的目标和任务，必须确定许多具体的管理和生产工作活动，从而实现组织的目标。

②报告关系。通常也就是命令链。命令链是一条连续的权力线，连续组织中所有的成员，表明谁应该向谁负责。部门的界定和报告关系的明确，决定了员工如何组合到各个部门和流程中去。

③部门组合方法。部门的组合方法包括职能组合、事业部组合、区域组合和多重组合。部门组合将影响员工、员工共同的上级和资源，共同对绩效负责，并基于相互认同和相互合作。每种组合都基于组织方式存在优点和不足。

a. 职能式组织结构特征（表 4-6）。

职能式组织结构特征表　　表 4-6

背景	
结构 环境 技术 规模 战略目标	职能式 不确定性低，稳定 相互依存性低 小型到中型 内部效率，技术质量
内部系列	
经营目标 计划和预算 正式权力	重视职能目标 基于成本的预算，统计报告 职能经理
优点	缺点
鼓励部门内规模经营 促进深层次技能提高 促进实现职能目标 在小型到中型规模下效果最优 有一种或少数几种产品时效果最优	对外界环境变化反应较慢 可能引起高层次决策堆积、超负荷 部门间缺少横向协调 缺乏创新 对组织目标的认识有限

b. 事业部式组织结构特征（表 4-7）。

事业部式组织结构特征表　　表 4-7

背景	
结构 环境 技术 规模 战略目标	事业部式 中度到高度的不确定性，不断变化 相互依存度高 大型 外部有效性、适应环境、满足顾客
内部系列	
经营目标 计划和预算 正式权力	重视产品线 基于成本和收益的利润中心 事业部经理
优点	缺点
适应不确定、高度变化的环境 使各分部适应不同的产品、地区和顾客 跨职能的高度协调 在产品较多的大公司效果最优 决策分权	失去了职能部门内部的规模经济 事业部间缺乏协调 不利于各职能技术的深度挖掘和提高 产品线间的整合与标准化变得困难 对组织目标的认识有限

c. 混合式组织结构特征(表 4-8)。

混合式组织结构特征表 表 4-8

背景	
结构 环境 技术 规模 战略目标	混合式 中度到高度的不确定性,客户要求不断变化 职能间一定的依存 大 外部有效性、适应环境、顾客满意
内部系列	
经营目标 计划和预算 正式权力	重视产品线和某些职能 基于事业部利润中心、基于核心职能的成本 产品经理或取决于职能对比经理的协调责任
优点	缺点
使企业在事业部内获得适应的协调,在核心职能部门内实现效率 公司在事业部目标获得更好的一致性 获得产品线内和产品线间的协调	存在发生过多管理费用的可能性 导致事业部和职能部门间的冲突

组织结构并没有唯一的标准,城市轨道交通企业在不同的发展阶段都应根据具体生产需求来选择和设计相应的组织架构。它影响组织模式的选择,从业务上看包括生产环境、经营策略、生产规模、技术更新、人员素质等。

4.3.2 不同发展阶段的运营组织架构

1)单个总部模式

(1)单线运营组织(职能室 + 生产部)(图 4-46)

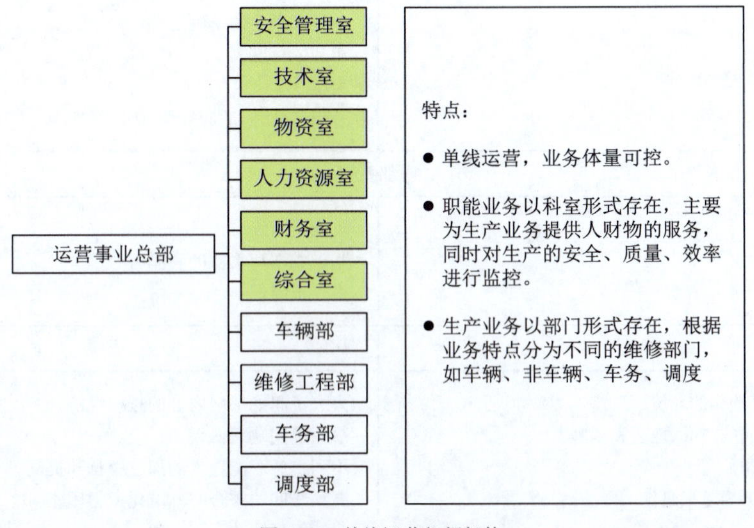

图 4-46 单线运营组织架构

(2)三线运营组织(职能部 + 生产部)(图 4-47)

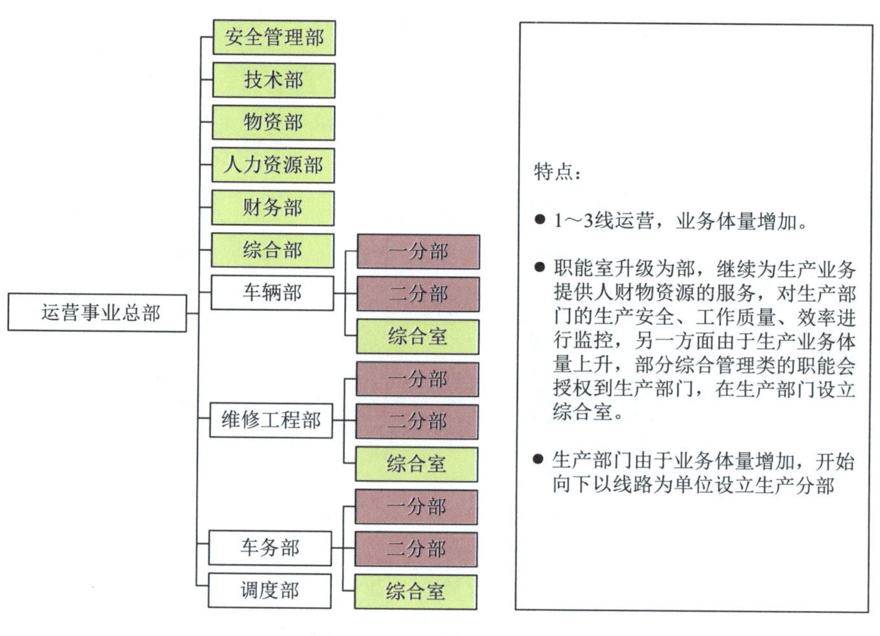

图 4-47　三线运营组织架构

(3)多线(3 条以上)运营组织(职能部 + 生产中心)(图 4-48)

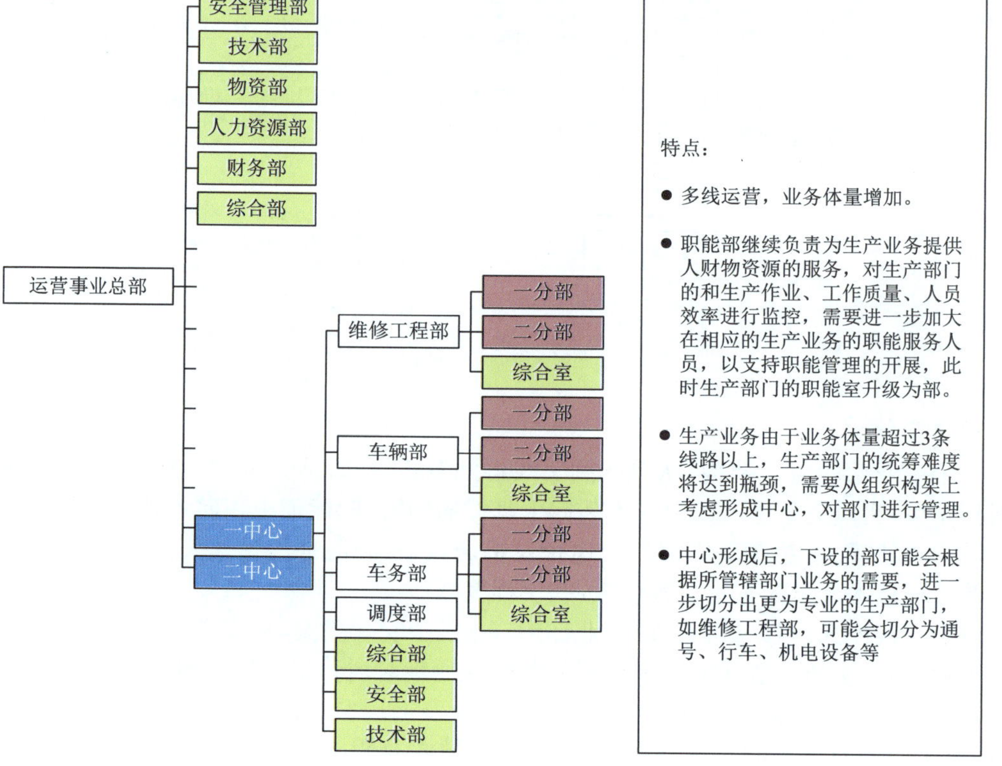

图 4-48　多线运营组织架构

2）多事业部模式

（1）复制事业部模式（职能总部＋事业部）（图 4-49）

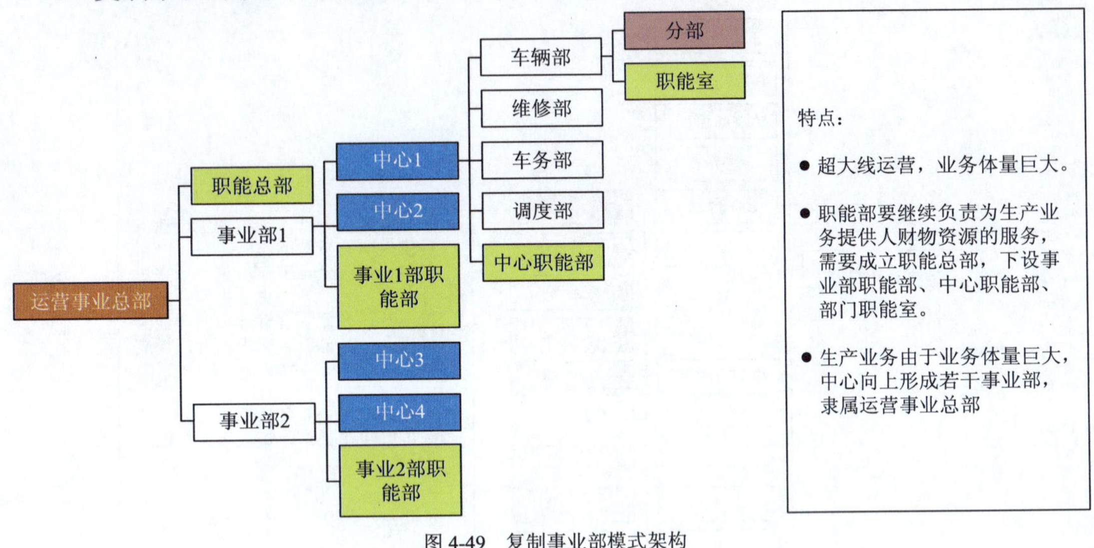

图 4-49 复制事业部模式架构

（2）复制单线模式（职能总部＋线路生产部）（图 4-50）

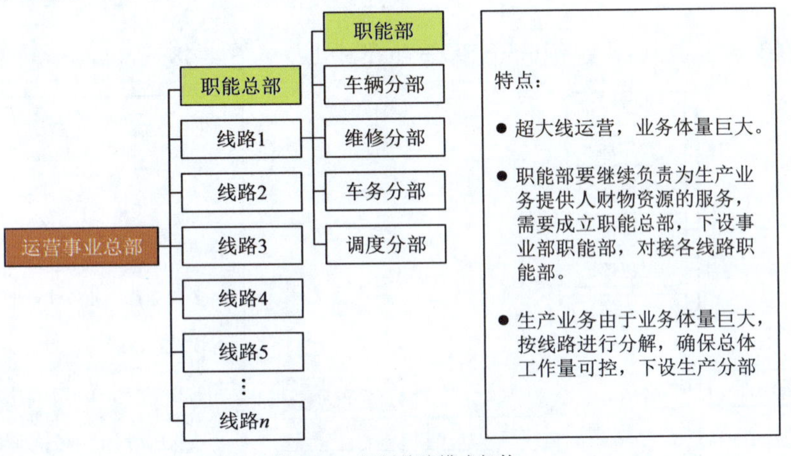

图 4-50 复制单线模式架构

3）总结分析

一个事业部的组织架构，从单线到三线再到多线模式，从总部到一线分部，从 1 级逐步发展到 4 级，实质上是生产部门在不断向下延伸的同时，职能部也在向下延伸。

对于单线模式，员工的纵向发展途径及机遇较多，职能部门管理人员较为精简；但生产部门的管理技术人员配置重复程度大，共享程度低。

对于三线模式，组织架构呈现事业部形式的特点更为明显，职能部与多个生产部门同属运营事业总部，实质是在线网不断扩展的基础上逐步对运营生产部门的向下延伸，而职能部设置不变。总部管理幅度为 3 级，而每个生产部门的管理幅度也不大，运营管理控制难度适中；但员工职业发展空间及机遇相对较少，生产技术及职能管理人员的配置均有一定重复，尤其职能管理人员共享程序不高。

对于多线模式，从总部的管理幅度看，总部管理控制难度不大。生产技术人员及职能管理人员的配置共享程序都较高，线网的规模效益优势较为明显；但管理流程接口相对较多，多个事业部的组织构架，从总部到一线分部的达到 5 个管理层级，增加了总部的管理幅度，总部对一线的监管协调难度大，要实现对外服务标准统一性管理，需要在运营的协调管理上配套较多决策程序。组织架构模式对比见表 4-9。

组织架构模式对比表　　表 4-9

比较要素	单事业部模式			多事业部模式	
	职能室 + 生产部	职能部 + 生产部	职能部 + 中心	职能总部 + 事业部	职能总部 + 线路生产部
架构形式	职能式	事业部式	事业部式	事业部式	混合式
管理层次	1	2	3	4	2
管理幅度	大	大	中	小	大
管理接口	多	多	中	小	中
人员利用率	高	中	中	低	高
共享程序	小	中	中	低	高
信息收集及传递渠道	快	中	中	慢	快
物资管理难度	易	中	中	难	易
扩展能力	易	中	中	难	易
中层管理人员人工成本	低	中	中	高	高

通过不同的运营架构模式对比，选择运营组织架构的模式关键是要支撑运营业务中的客运组织、行车组织、票务组织、维修组织和维修作业组织五个关键环节。其中，客运组织、行车组织、票务组织是为乘客提供直接服务，维修和维修作业组织则是为安全运营生产提供保障。按规模经济理论、竞争激励理论以及分权和集权理论，建议对直接服务乘客的部门采用分线管理的组织架构；对运营保障的部门采用专业化集中管理的组织架构；如对生产部门采用分线架构的形式，对职能管理部门采用集中设置的架构，各生产部门和职能部门的职责需要清晰的界定。其中，职能部门根据服务生产的职能分为人力资源部门、财务部门、技术管理部门、安全管理部门、综合部门等。

①人力资源部门：负责人力资源的招聘、调配、考核、薪酬、奖惩、培训等工作，对人员生产效率进行综合评价，不断优化配员标准和各级岗位说明书。

②财务部门：负责经营目标的牵头制定、组织实施、检查协调，合同管理等工作，确保经营目标的实施提供支撑。

③技术管理部门：负责技术管理、固定资产管理、国产化科研技改管理、质量管理和标准化管理。

④安全管理部门：负责依据国家有关法令法规、条例，制定相应管理办法和细则，对运营安全、消防、生产活动、综合保卫实施管理，监控生产服务安全环境。

⑤综合部门：负责提供办公行政、综合性公关文秘事务、法律事务和后勤保障联系工作。

根据服务生产的特点，生产部门可分为调度部门、车务（含乘务）部门、维修部门等。

①调度部门：负责地生产运营业务的总体协调，协调各生产部门的工作关系，负责各区域控制指挥中心的管理，对城市轨道交通运营的运行、服务及生产管理承担总体控制和对外沟通协调的职能。

②车务（含乘务）部门：负责车辆所行线路的车站客运服务和列车乘务服务，服务过程中

的现场非维修类的操作应急处理。

③维修部门：是服务保障部门，负责维护各线路运营的设备、设施功能保障，保证设备设施的可靠性与利用率并提供技术支持；根据维修模式的确定，可考虑成立相应的不同专业的维修分部，对车辆、信号、通信、变电、线路、接触网、车站设备、房建基础设施进行分类维护。

4）维修部门的组织架构

城市轨道交通系统的设备分为车站级设备、正线设备和离线设备（如可移动的大型资产、电客车）。

对于车站级设备建议以站级管理为单元，可根据车站所安装的设备数规模和种类、技术等级配置相应维修人员，在线路配置一名主管工程师，向下设置流动维修队伍，班组中设置技师和不限等级的维修人员。在架构设计上，抓住技术管理与生产组织两条主线，减少管理层级，提高维修效率，节约管理成本。如图4-51所示。

对于正线设备建议以区段包干管理为单元，可根据不同区段所安装的设备数量规模和种类、技术等级配置相应维修人员，在线路配置一名主管工程师，向下设置区段的维修班组，班组中设置技师和不限等级的维修人员。在架构设计上，存在小组班长的多重配设。如图4-52所示。

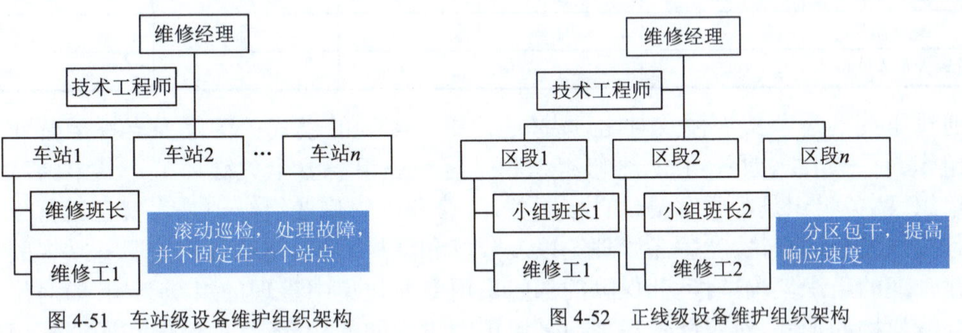

图4-51 车站级设备维护组织架构

图4-52 正线级设备维护组织架构

对于离线设备建议以工厂式管理为单元，可根据厂区内的维修周转能力，设置技术工程师、流水线式或专业化程度分工明显的不同技术等级维修班组或人员。在架构设计上，应能实现技术资源的共享，节约维修成本。如图4-53所示。

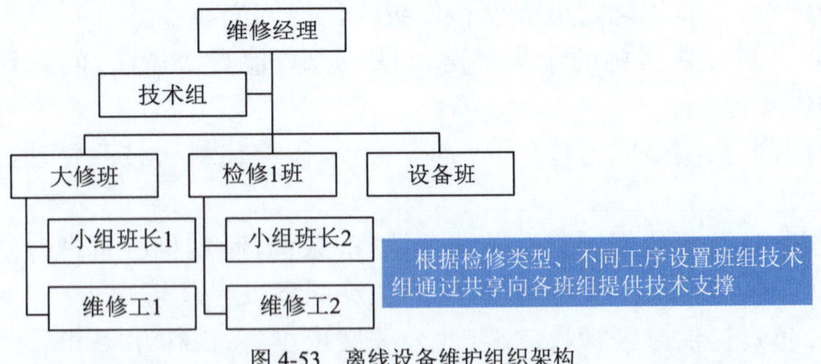

图4-53 离线设备维护组织架构

维修组织架构随着业务的变化，并不是固定不变的。维修组织架构是服务维修效率、生产任务的兑现，维修人员的技能也应该随着生产组织的需要，从单一技能向多综合技能发展，随着人员技能的综合化，维修组织的排班所负责的范围也可以逐步从车站、区段到全线综合发展。技术工程师同样需要向多专业发展，这样才能适应地铁复杂系统下，越来越高要求的维修组织变化。

5）前台服务交付、后台维修的组织模式

将某个区域的前台运营服务功能与责任都交由所属区域运营主体负责，包括车务、调度以及完整的小修及以下维护功能模块，这种模式下区域运营主体负责的是区域内线路端对端整体服务质量的完整交付，要求区域运营主体在维修维护、客运服务、行车组织、生产调度等方面统筹兼顾，实现整体服务最优。而与前台维护模块相对应的是后台的中大修能力与零部件维修的培养与发展，为前台提供设施设备的中大修服务，并提供精深化的支持。其运营组织架构详见图 4-54。

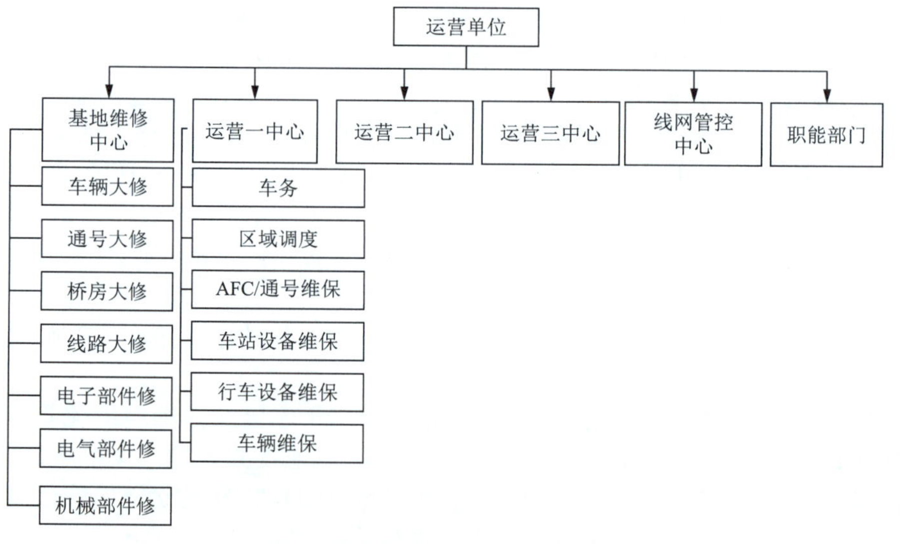

图 4-54　广州地铁运营组织架构示意图

这种完整服务交付的区域化模式，是将区域主体打造成为一个小型的运营单位，除了中大修功能外，五脏六腑齐全，在这种设置下带来的就是全线网的管理、技术力量的摊薄，同时由于维修规程上的问题，容易导致前后台维修之间切分不清晰的情况出现。所以采取这种模式的运营单位，需要推动管理流程简化，完善区域管理授权体系，强化区域运营主体自主经营决策能力，并建立前后台以及前台横向上的维修技术经验交流机制。

城市轨道交通运营是一个百年行业，在长时间的发展中，内外业务环境几乎是不可能稳定的，组织架构的适用性也就随着业务环境的变化、自身发展的需求而改变，所以城市轨道交通运营单位的管理组织架构演变都是一个在运作中优化，在优化中进行调整与变革的过程，同时也是城市轨道交通运营单位在发展中解决发展带来的问题的一个缩影。

4.3.3　网络化运营组织架构特征

网络化运营组织架构特征，包含运营组织架构的机制和管理策略，主要体现在服务交付主体、维修模式、线网管控、新线筹备和业务协同五个方面。

（1）构建区域责任主体，推动服务交付责任下沉

在城市轨道交通线网发展初期，只有一条线路或线路较少时，“专业化”是基础，城市轨道交通运营主体大多采用了“专业化”的管理模式来实施运营管理，按专业系统类别及特征分别成立车务、车辆、通号、维修等生产模块，强化生产业务单元的组织体系，培育并提升专

业化管理优势。这种业务运作及组织模式是城市轨道交通行业的普遍做法。

以广州地铁为例，在发展过程中，也是从“专业化”起步，在运营事业总部下先是成立了车务部、车辆部、维修工程部等，随着运营线路从1条增加到4条，为了分摊管理压力，进行了横向扩充，即是以“专业化为主，区域化为辅”，业务部门分化为车务一部、车务二部、车辆部、维修一部（通号、工建）、维修二部（供电、机电）；随着运营线路继续增加，最后又发展成了车务、车辆、通号、维修四大专业中心，以纵向的层级增加，缓冲了业务量带来的压力。在此过程中，“专业化”为基础的管理理念一直没有发生变化。

如果以这样的“增量”设置方式，来应对业务发展，势必使组织体系陷入一个不断循环的膨胀过程，显然不能从根本上解决问题。网络化条件下，发展阶段不一样了，“生产力”发生了变化，“生产关系”也要随着调整。这时候，总部（指城市轨道交通运营公司或事业部）管理的对象，应该从过去的“线路”，转变为“线网”，而把“线路管理”的责任下沉。

广州地铁对比了国内外很多城市轨道交通运营企业的做法，进行了优劣分析，对整体运营线路进行区域划分，建立完整的区域化服务交付责任主体——区域化管理的运营中心。各区域运营中心直接承担所辖线路的客运服务和前台设备保障服务责任，既负责站务、乘务、票务、区域调度等车务运作，也负责所辖线路各专业设备的日常检修、维护保养及故障处理。这样的好处如下。

①明确了各线路的服务交付责任主体，对线网运营责任进行了有效的分摊，运营决策层可以更加关注线网的整体统筹管理。

②各运营中心减轻了专业的管理幅度，更加聚焦于本区域内的精细化管理。一个运营中心所管辖的线路范围为80～120km。目前，广州地铁共设置了4个运营中心，承担260km线网运营，下一步，这4个运营中心将承担超500km线网的运营。在线网进一步扩展的情况下，可以增加相应的运营中心来分摊线网任务，形成可复制的模式。

③各区域运营中心为了达到管理目标，内部必须要强化客运服务和设备维保的业务协作关系，从而能够更快地响应乘客的需求。

在这种定位下，进一步强化车站属地管理职责，优化现场作业与施工配合，强调人员效率的优化与现场响应速度的提升。通过组织架构优化的方式，将车站人员与乘客界面设备维修人员进一步整合，推动两大专业模块之间的支持与联动，实现属地范围内资源共享，快速响应。

④形成良性的适度竞争关系。由于实现了以线路为对象的管理模式，各区域之间可以更加明确、精准地进行绩效对比。通过每个月的数据统计，进行生产分析和安全分析，开展点评，激发良好的竞争意识。

（2）构建前后台维修体系，培育核心能力与技术

一般而言，在线网形成的时候，由于时间较长，部分早期开通的线路已经到了设备老化的阶段，面临大修的需要。线网运营必须考虑相关技术能力，特别是核心技术的储备。

为提升专业设备大中修及零部件精细维修能力，掌握核心技术，节约维修成本，广州地铁的实践经验是把原有的设备维修模式，分离成前台维护加后台维修。在这一体系下，成立一个专业技术服务后台——基地维修中心，为各区域运营中心提供强有力的维修支持。前台的维护由各区域运营中心来负责，对所辖线路进行计划性的日常检修、维护保养、故障的快速排除，以区域化的模式提高响应速度，培养综合化维保能力；后台的维修由基地维修中心负责，抽离各专业的大中修、零部件维修，培养高精深维修技术能力。同时，后台也为各个专业

设备维护提供大型的监测、设备检测、计量等共享服务。这一体系的建立将达到以下的目标。

①有利于支持前台运营中心做好服务交付的责任承担。前台的责任，就是通过日常的精细维护保养，保持设备稳定的状态，提供优质的服务，一旦发生故障，能够以更换维修为主，进行故障的快速排除，从而恢复行车秩序。

②有利于形成资源共享的设备维修能力。在地铁运营过程中，对备件的需求巨大，在物资库存中往往超过九成。而设备故障之后的备件，如果没有进行有效的返修再利用，将造成极大的浪费。后台的维修基地成立之后，将原来分属于车辆、AFC、信号、机电等各专业的高价值备件，按照电子、电气、机械等进行了整合，形成规模化维修。

③有利于线网大型设备的高效利用和共享。包括网轨检测车、探伤车等在内的大型设备，单体价值高，由后台统一管理、提供服务，能够最大限度地发挥设备价值和专业优势。

④有利于人才梯队的差异化培养。在前后台体系下，运营人才培养与发展从过去单一专业的专家向运营综合管理专家转型，从过去地铁特定行业专家向社会化专业专家转型。前台重点培育运输整体业务的综合性管理人员和一专多能的地铁综合化技能人才。后台集中培育“高、精、尖”的专业技术人才，电子、电气、机械等社会通用零部件专业维修人才。因此，员工的职业发展空间及机遇相对更多，并为以后新线开通储备更多样化的人才队伍。广州地铁前后台维修体系的分工与发展方向对比见表4-10。

广州地铁前后台维修体系的分工与发展方向对比　　表4-10

项目	前台维护	后台维修
定位	在设备运行现场对设备进行的维护、保养	对搬离设备运行现场的设备零部件或整体进行全面的修复，同时兼顾大中修实施工作
目标	保证服务交付的快速响应、及时处置，确保在线设备的安全、可靠运行，满足乘客需求，培养综合化技能	整合维修资源，培育精细化维修能力，为城市轨道交通巨额资产增值保值提供技术支持，为前台提供大型抢险专业力量
主要职责	主要包括设备计划性及故障性维修（更换坏件为主，故障抢险的第一层响应）、保养工作	负责中大修，以及故障件的离线维修。统筹零件部件相关故障信息的分析、监测，推进科研技改，提供应急抢险的技术支持
人才培养	综合性维护人才	“高、精、尖”的专业维修人才

（3）集中管控线网运作，统筹与协调线网资源

随着线网不断延伸，线网管辖里程越来越长，故障处理和应急抢险的快速响应难度越来越高，因此，整体线网的联动和协调的统一指挥协调起着关键的作用。运营事业总部下设置了线网管控中心，线网管控中心对线网业务运作进行集中管控，具有统一的指挥体系与管控功能，以达到线网联动、协调运作的目标。线网管控中心不仅可以优化运营模式，协调生产运作及应急组织，确保线网运营的安全、可靠、有序；而且可以规划线网运输，明确线网客运组织原则，统一服务标准，提供服务、票务、清分、信息化等管理及共享服务，为服务交付的顺利完成提供强大支持。

广州地铁采用“集中＋区域”的控制指挥模式，强化线网与区域调度的联动。线网管控中心（COCC）主要发挥对整体线路管控、协调资源配置，及起着对各区域控制指挥中心（OCC）分级进行管理的作用。各运营中心下设区域控制指挥中心，负责各运营中心内所辖线路的运营监控和指挥，包括对行车、电力、环控、维修、运营服务组织和信息收集等各环节进行集中调度指挥，并接受线网指挥中心的统一指挥。这种模式保证了运营一线发生的状况能最快反馈至最高决策部门，同时各种决策也能最快地传达到运营一线，实现运营指挥的准确、连贯、高效。COCC与OCC的功能定位对比见表4-11。

COCC 与 OCC 功能定位对比 表 4-11

功　能	COCC	OCC
应急预案	牵头编制，组织实施	细化编制与实施
紧急突发事件	集权处置	分级负责
线网关系	协调各区域(线路)调度	协调本区域(线路)调度
地面交通系统关系	落实政府、公司交通决策，协调与地面公交系统的接驳	落实本区域(线路)地面公交系统的接驳
外联部门关系	与政府相关部门协调，建立紧急突发事件联动机制	配合及实施
信息处理	负责线网运作及应急信息的收集与对外发布	区域(线路)运作信息的收集与发布

(4)优化新线建设与筹备，有效应对新线筹备压力

在网络化运营的发展阶段，运营管理者既要面对线网运营的巨大压力，也要积极做好新线的筹备开通。新线建设与筹备的模式，各个城市地铁的做法差异较大，这与各自的管理模式有着密切的关系，不存在正确与否，而是各自管理思路的体现。

广州地铁采用一体化管理模式，建设、运营、经营分工不分家，均采用事业部制，并且明确了“建设为运营，运营为经营，经营为效益”的发展思路。在建设与运营相互支持方面，广州地铁做了很多探索和实践，主要分成两个阶段。

第一个阶段，在 2007—2008 年，借着专业中心成立的时机，建设事业总部主要保留土建、供电、机电及车辆段建设等业务，将车辆、通信、信号、AFC、PIDS（乘客信息显示系统）等专业的新线建设业务与运营业务进行整合，把运营单位的实际需求与经验，和新线建设紧密结合起来，并且实现了新线建设、联调和验交在人员、设备上的共享和协同，加快了信息的沟通、筹备问题的快速处理，为大规模新线建设与开通运营工作奠定了基础。实践也证明，这一做法有力地支撑了 2010 年亚运会前线路密集建设开通的实际需要。

第二个阶段，随着新一轮规划的出台，为了与网络化转型组织变革的工作匹配，也同样为了确保完成高密度的新线建设开通任务，将原分散在各业务中心的车辆系统工程、通号系统工程、AFC 系统等新线建设系统工程和已有线路的工程项目管理进行集中，成立新线建设与筹备中心，不仅负责对应专业的建设，还负责统筹管理运营筹备，把新线建设和筹备开通两个目标进一步统一起来，形成一个兼顾新线建设与筹备任务的完整责任主体。这种调整可以使运营主体内部的新线业务组织定位与目标更加清晰，即负责新线建设相关专业，与运营筹备协同管理，保证新线顺利开通，并为交付运营提供更好条件。

(5)促进业务协同发展，发挥协同与经营效益

网络化运营不仅仅意味着区域的扩大、客流的提升、工作任务的增大，也意味着经营效益压力的增大，在网络化扩展的过程中，部分属于规划引导型的线路，明显客流不足。基于运营业务自身的经营效益较差，一般情况下难以实现收支平衡。因此，从一体化管理的高度来看，除了运营自身的成本控制之外，还要谋求运营业务和经营性业务之间的相互支持，以达到整体效益的提升。对于国内各城市地铁公司来说，目前均在战略层面，提出了“地铁 + 物业”的发展模式，但在实际的运作中，容易受到宏观经济、政策法规、政府支持力度等多方面因素的制约。因此，在轨道交通自身更加可控的范围内，如何做好运营附属资源的开发、经营，就显得非常重要。

广州地铁的做法是，把与运营相关性比较密切的广告、通信、商业等资源经营业务，以及物资经营业务，纳入运营的整体管理范畴，由运营事业总部管理，并成立资源经营中心、采购物流中心，形成了“运输服务 + 资源经营 + 物资经营”的业务组合。通过一系列的组织设计，

为三大业务之间的联动创造条件，共享资源。

资源经营中心的定位是对城市轨道交通广告、商业、通信、文化产品等资源进行集中统一的策划、开发和管理，根据业务不同采用不同的经营模式，其资产作为线路的附属资源，划入运营中心的资产。在内部关系上，理顺运输服务与资源经营的关系。

统一目标：统一运输服务与资源经营的目标，两者首先都是为乘客提供服务，以打造城市生活综合服务平台为共同目标，这就把服务与经营统一起来。

统一规划：在线路设计、建设阶段，就做好客运服务与附属资源的规划，在车站空间有限的情况下，协调服务设施与广告、商铺设置等关系。

共享资源：做好各种资源的共享利用。明确属地上的广告、商铺等设施的维护、保洁、日常监管等，将其都纳入运营中心的属地管理范畴，使资源经营中心能更加集中力量搞好开发、经营。

4.4　运营系统规划需求

4.4.1　基础设施规划需求

（1）车辆基地需求

车辆基地是城市轨道交通行车系统的重要单位之一，是城市轨道交通系统中对车辆进行运营管理、停放及维修、保养的场所，同时也是车辆基地工作人员的办公场所，包含临时住宿等。对于城市轨道交通车辆基地，其功能应满足列车的检修、停放，具备车辆架修、大修、专项修及日常检查的基本软硬件功能，车辆基地配置基本原则如下。

应遵循相同制式线路实现车辆检修资源共享的原则，根据线网线路车辆选型对 A 型车、B 型车、L 型车、市域快线车等车辆大架修资源进行共享规划。线网中相同车型线路的车辆大、架修应从线网角度集中设置，通过配置必要的联络线来实现多线共用一个大架修车辆段，一个大架修车辆段宜服务的线路规模为 80 ～ 120km（2 ～ 4 条线路）。应根据行车数据，分析各线检修任务，进一步结合线路长度、车辆选型、行车速度、沿线用地条件来统筹分析车辆基地的规划分布数量及合理布局。

①车辆基地规模分配应根据线路分期建设时序合理分配规模，确保远期分配合理、近期满足行车要求。

②车辆基地作为车辆检修重要场所，应具备列车调试功能，设置的试车线应根据线路设计最高运行速度，对于设计速度为 80km/h、100km/h 和 120km/h（及以上）的列车，其试车线试车速度分别不宜低于 60km/h、70km/h 和 80km/h，试车线的惰性时间按 3 ～ 5s 考虑。

正线应设置至少 1 个区间用于正线高速试车，试车范围的坡度不超过 28‰，紧急制动段的坡度不超过 4‰。

车辆基地应设置洗车线，优先考虑贯通式洗车线，条件确实不允许情况下可设置往复式洗车线，洗车频率不得低于 3d。

车辆基地内应具备列车掉头功能，以进一步优化列车运行质量。

（2）焊轨及配轨基地需求

焊轨及配轨基地作为工务专业钢轨专项修、大修的重要生产基地，应作为重点设施进行考虑，结合城市轨道交通维修管理特点，设置焊轨基地及配轨基地。

在焊轨基地焊接成长轨后，需要将长轨运输至换轨现场，由于线网作业时间限制，基本不能直接从焊轨基地将长轨运输至换轨现场卸轨，在长轨运输过程中，需提前计划将长轨运输至相关线路配轨基地存放。

各线之间应具备 100m 长轨运输车（有效长度 180m）的转运联通功能；各车辆段 / 停车场应满足 100m 长轨运输车（有效长度 180m）的存放、转线条件；焊轨 / 配轨基地应在长轨运输车至相关线路途中，满足车辆的临时存放需求。

焊轨基地及配轨基地配置原则如下所示。

①全套采用移动式焊轨车、正火车及配套设备，解决设备共享灵活运用问题。钢轨的打磨、探伤、调直全套采用移动式设备，可以方便地转移至各条线路。

②采购自带装卸功能的地铁专用长轨运输车，解决焊轨线长轨装卸问题，也可保障运输及装卸的安全性。专用长轨装卸运输车最长可运输 100m 长钢轨。

③新线尽量选择有效长度至少 180m，轨料装卸范围内对应焊轨线应设置为直线，无道岔、障碍，容易调车、搬运工器具，同时不影响客运列车正常进出库；既有线路尽量在有条件的材料装卸平台旁边的装卸线实现长轨焊接。目前采购的钢轨是 25m 标准轨，采用大型卡车运输至车辆段装卸线卸轨存放。

④在线网中规划若干具有长轨焊接功能的焊轨基地。基本要求如下：有钢轨进料装卸存放功能，装卸平台硬化至少长 130m、宽 20m，便于大型卡车进出，并设置移动式门式起重机，地基适应钢轨 8 层堆放。装卸线轨道有效长度不低于 180m（100m 长轨车 + 动力车），便于 100m 长钢轨运输车、装卸列车调车。装卸线附近可设置工班房、休息室等，线路一端设置工务机具、抢险物资、焊接配套设备等存放房。

焊轨基地可按照线路区域划分设置、线路类型划分设置，宜按照每 3 ～ 5 条线路 / 250km 设置 1 个焊轨基地原则，并尽量设置在线路换轨周期短（通过总重大、小半径曲线多）、车辆段辐射能力较强的线路。

配轨基地的基本要求如下：有钢轨进料装卸存放功能，装卸平台硬化至少长 70m、宽 20m，硬化平台区域应方便 25m 标准轨汽车运输及装卸。配轨线有效长度至少 130m 长（50m 长轨车 + 动力车），轨料装卸范围内对应的配轨线应设置为直线，应设置移动式门式起重机，装卸线附近设置工务设备存放用房（首层，使用面积 $60m^2$），应方便汽车运输及设备装卸。

线路换轨大修焊轨基本实现形式如下所示。

①小规模换轨采用临近有条件的焊轨线焊接好钢轨，再采用转运的方式，运输至换轨现场进行换轨工作。有些线路因个别换轨周期短的侧磨轨，或少量伤损轨需更换，可以采用长轨运输车从有条件焊接长轨的焊轨基地转运钢轨至换轨现场更换。

②大规模换轨。线路进入换轨大修期或整条线需要更换达到 10km（单根轨条）以上。

4.4.2 区域控制中心规划需求

城市轨道交通控制中心是对全线列车运行、电力供应、车站设备运行、防灾报警、环境监控、票务管理及乘客服务等城市轨道交通运营全程进行调度、指挥和监控的“中枢”。运营控制中心可控制线网的多条地铁线路。结合城市轨道交通特定环境，也可逐步形成以区域控制中心的形式进行运营管理的模式。

4.4.3　机电设备智能化需求

从机电设备维护的便利性及维护成本考虑，应设置同一型号设备，在日常检修、调试过程中进行管理。同时，备品备件的采购种类及数量可以进行通用设置，这可更好节省备品备件成本。同时，应加快利用网络传输技术、智能感知技术、云计算技术、应用开发和微服务技术、大数据技术、人工智能技术和信息安全技术，且各技术应具有足够的开放性，可以持续接入新兴技术，以提高机电设备的智能化程度。采用在线监测、故障诊断和预测、数据融合、专家分析决策、全寿命周期管理等智能技术，综合构建能全面感知、响应交互、主动介入、决策定制的智能运维模式。

4.4.4　能源管理需求

新建线路的能耗水平应处于行业先进水平，若低于既有线路水平，就需要从设计源头保证线路节能先进性。从设备 / 系统全寿命周期来核算成本，而不只是关注设备采购价格，忽略其效率和能耗带来的成本节约。

设计阶段的节能评估工作：在新线设计阶段编制的节能评估报告，存在部分线路初期设计的项目能效指标已超出既有线路的情况，这样的新线投入运营会拉高线网能耗水平，无法做到可持续发展。设计单位应按照低耗能标准来进行设计。

杜绝高能耗落后机电设备：国家工业和信息化部陆续公布了第一、二、三批《高耗能落后机电设备（产品）淘汰目录》，第四批正在公示中。企业若使用淘汰的高耗能电机，国家将按照《中华人民共和国节约能源法》等相关法律法规对相关企业进行处罚。

（1）系统设备节能技术应用

积极引入节能技术。诸如电机变频、能耗回馈、光伏发电、中水处理、照明智能控制等。

系统设备宜设置节能模式。设计推荐的运行模式需考虑节能减排，在建设安装调试过程中切实落实设计运行要求。宜在列车运行模式、环控控制模式、车站照明模式中增加节能模式。

照明系统应全面选用节能产品应用，包括低压气体放电灯（T5 灯具）、发光二极管（LED）的应用。地面、高架站、车辆段照明须实现自动控制调节，优化照明回路，单独设置各区域回路并独立设置各回路开关，智能调节开关时间，使照明具备节电模式，合理设置屏蔽门灯带等。

信号专业列车自动驾驶（ATO）系统宜具备多种运行曲线，有节能运行策略，支持多种速度曲线；采用 LED 信号机，并且在基于通信的列车自动控制（CBTC）模式下采用灭灯方式，以降低功耗。

车辆专业客室应采用 LED 照明，并具备光感调节功能，客室照明根据外部光线自动调节；列车采用铝合金车体，轻量化设计；空调采用多级调节控制。

AFC、PIDS 专业采用远程开关机技术、自动休眠功能。

车站出入口、车站面积、建筑结构充分考虑节能因素等。

（2）全面配置能源管理系统需求

实现大线网下的能源管理多级管控（线网级、线路级、车站级），新建线路全面配置能源管理系统，分类统计能耗。

实现全自动抄表，自动生成用电报表。系统对能源进行分类，并进行节能分析，及时发现能耗异常情况，助力能耗管控工作。加强对能耗输送、分配、使用的管控，从硬件和软件上实现能源管理的自动化、信息化。

制定和执行主要耗能设备（单台设备功率≥ 100kW）能耗定额、限额标准的要求，设定标准能耗数据指标，车站系统进行能耗对标。

能源管理系统的安装、调试需要重点跟进、关注，确保该系统与新线同步移交、验收，保证新建线路能耗数据的全面性、完整性、可靠性。

（3）列车选型、线路特征对能耗的影响

通过对广州市轨道交通 A、B、L 不同列车及线路特征数据分析发现（表 4-12、图 4-55），随列车最高目标速度提高而产生的单位能消耗增加的幅度明显高于列车最高目标速度的提高幅度；在最高目标速度一定的条件下，列车的单位能耗又和车站的间距有一定关系。所以在规划设计阶段，需要综合考虑线路所使用的列车车型及各种线路特征要素的影响，车站间距小、曲线段多、大坡道多的线路设计容易导致牵引能耗偏高。

列车车型的单位电耗参考值 表 4-12

车　型	单位牵引能耗（kW·h/ 车公里）
A 型车	2.30
B 型车	1.94
L 型车	2.76

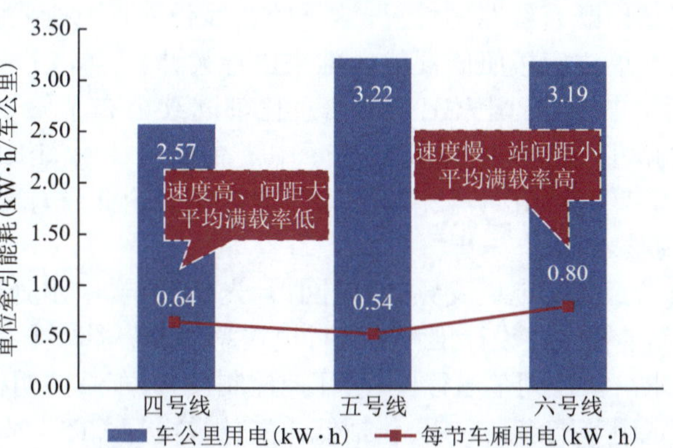

图 4-55　线路特征要素对 L 型车电耗参考值影响

通过对广州四、五、六号线列车在试车线轨道上运行能耗，对正线的站间距的影响测试、在正线进行坡道测试及弯道测试，发现列车需要频繁进行大牵引和大制动，导致频繁牵引制动进行调速过程，曲线多导致列车限速较多，曲线半径造成列车运行阻力增加，都导致能耗增加。如表 4-13 所示。

广州市轨道交通 L 型车线路能耗指标试验对比表 表 4-13

分析要素	六号线	五号线	四号线
运营速度（km/h）	28.65	32.75	48.27
站间距（km/ 站间）	1.23	1.39	3.11
平均满载率	36%	33%	25%
正线每公里 大坡道数量	0.78 处 /km	0.66 处 /km	0.52 处 /km
曲线数量（半径小于 400m）	45 处	23 处	7 处
试车线试验 0 ～ 40km/h	1.94kW·h/（车·km）	2.08kW·h/（车·km）	2.22kW·h/（车·km）
正线试验	3.37kW·h/（车·km）	3.04kW·h/（车·km）	2.52kW·h/（车·km）

（4）用电设备回路需求

应统一车站配电形成细分设备用电回路，自上而下明确各项用电回路，并落实在能源管理系统中。对提供能源计量器具应有首检证书，方便日后开展检定管理工作。

4.4.5　运营线路保护规划需求

结合广州地铁运营经验及运营设施近年受外部工程施工影响的情况，总结形成运营线路隧道和高架区间及车站的保护需求如下。

①申报“入格”，把地铁隧道、电缆纳入社区网格化管理内容。主要借助属地街道专职网格员巡查资源，与地铁保护巡视人员形成“双巡”机制，对勘探、顶管等“隐蔽性强，施工速度快”的工程行为起到及时发现、及时上报的作用，对于事件的跟进处理，由地铁方组织专业处置确认对地铁影响，共同加强地铁安全保护，确保乘客安全出行，并实现城市网格化管理达到能够主动及时发现问题、及时处理问题，加强政府对城市的管理能力和处理速度，将问题解决在发生之前。

②推动强制地方性法规，进一步完善地铁保护设施的根本依据。地铁保护工作应推动政府立法，并提高违法成本。例如，在保护区的所有施工必须征询管线管理单位意见，有利于更好地对其进行管理，特别是勘探作业有着“工期短、施工快”的特性，应该纳入审批工作。

③对《广州市城市轨道交通管理条例》进行补充和完善，明确电缆作为地铁设施纳入地保执法范围，尤其在设施保护方面，应根据《中华人民共和国电力法》和《电力设施保护条例》相关内容，明确由相关行政部门负责电力设施保护的行政执法及处罚，在法规上进一步完善地铁保护内容，为今后地铁运营安全保障提供坚实的依据。

④组建地铁保护执法队伍。结合各城市地铁保护执法的有效经验，如南京、深圳等。执法工作是政府部门职责，在《广州市城市轨道交通管理条例》中赋予地铁公司可以进行执法，但在现实工作中，外部只知道地铁公司是企业。为有效地制止违规行为，非常有必要成立专职执法队伍，解决地铁保护区违规施工行为，形成类似公安、城管等执法部门，构成完善的立体管理执法体系。地铁保护执法单位，由市政府授权，在对外执法力度上较为有力，执法效率较为高效，并能有效解决地铁保护区的违规施工，降低地铁运营由于外环境造成的安全风险。

4.4.6　宽敞有序的车站空间布局

车站是服务乘客和客运组织的场所，公共区的设计应预留足够的空间，以适应地铁线路从单线发展到网络化阶段时的客流增长变化。车站空间布局应宽敞、便于车控室值班人员瞭望，站厅和站台宜采用无柱设计工艺，以便于车站开展客运组织工作的高效开展。

采用 BIM 全专业协同设计技术，对车站空间和各系统管线进行布局，基于装配式车站开展综合管线、设备、装修等多专业的研究与优化设计，有效避免专业间的碰撞，减少返工造成的工时与材料浪费。运用 BIM 的三维可视功能，模拟施工流程和拼装过程，提高施工效率；基于全生命周期的设计，实现设计、生产、施工、运营和管理全过程的成本最优化。同一条线路的车站设备区空间布局应尽量采用相同的设计，以便于车站和维修人员迅速到达各类设备房巡查设备设施，设备区上方的电缆和管线敷设应按系统分层安装，并设有足够的检修空间，以便于维修人员维护和日后的故障检修、设备更换或改造。

4.4.7 以人为本的服务设施

参考商业配套成熟的大中型地铁商业标准，车站内的商业空间不宜低于 200m^2。车站应设有公共卫生设施和母婴室，满足乘客更舒适、人性的如厕需要。

洗手间标准配备相应的卫生设施，设置第三人卫生间、独立工具间、无障碍设施、儿童小便器 / 洗手盆、坐便厕位、废纸容器、洗手液 / 烘手机 / 面镜、厕位扶手、防臭措施、智能设备等。母婴室 100% 采用企业管理及建设标准实施，旧线改造不低于 90%、困难改造区车站不低于 80%。

母婴室设计为人性化的布局和硬软装效果，设置独立的哺乳隔间，配置洗手台、面镜、垃圾桶、护理台、儿童安全座椅、呼叫电话等，整体装修风格色彩柔和，温馨亲切，配备智能化设施，含智能管理体系、智能感应设备（自动感应门、声控灯）等设施。如母婴室内装有可语音控制的灯光和窗帘，以及调奶器、加湿器、净化器，也可语音控制室内的音乐。

第 5 章

城市轨道交通线网运营服务指标

5.1 概 述

城市轨道交通是一个大型民生工程，随着城市轨道交通线网规模越来越大，前期规划、设计、建设投入，到运营阶段的服务提供及后端维护保养，运营服务在为市民生活出行提供了运输服务的功能价值以外，同时也创造了明显的社会效益、经济效益，为行业产业发展提供了规模效应。

因此，对于线网运营服务的评价需要综合考虑各相关方的诉求，这是一个需要系统探索思考的问题。运营服务是长期的、系统性的可持续活动，规划、设计、建设的投入，在运营阶段会以线网通达性、线路运输能力、运营效率、运营成本水平等多项指标得以综合体现，良好的城市轨道交通运营服务应该是在同等要素投入的情况下，最大化地为更广泛的利益相关方创造综合价值，实现利益相关方的共同可持续发展，取得尽可能多利益相关方的认同，共同促进城市发展、社会环境、市民生活、企业、行业发展驱动下的综合价值目标实现，充分发挥政府、产业链合作伙伴、行业、企业内外部利益相关方及相关资源的效用最大化。

5.2 城市轨道交通线网运营服务水平评价指标体系

城市轨道交通运营服务管理连接各个业务，服务水平的高低一方面取决于运营公司的服务管理水平，但本质服务能力的提供还要前置到线路规划、设计和建设阶段，它们相互联系、相互配合，作用并影响线网服务水平的综合表现。因此城市轨道交通运营服务水平，需要从线网层、线路层、站点层三个空间纵深面进行评价。城市轨道交通绩效指标关系如图 5-1 所示。

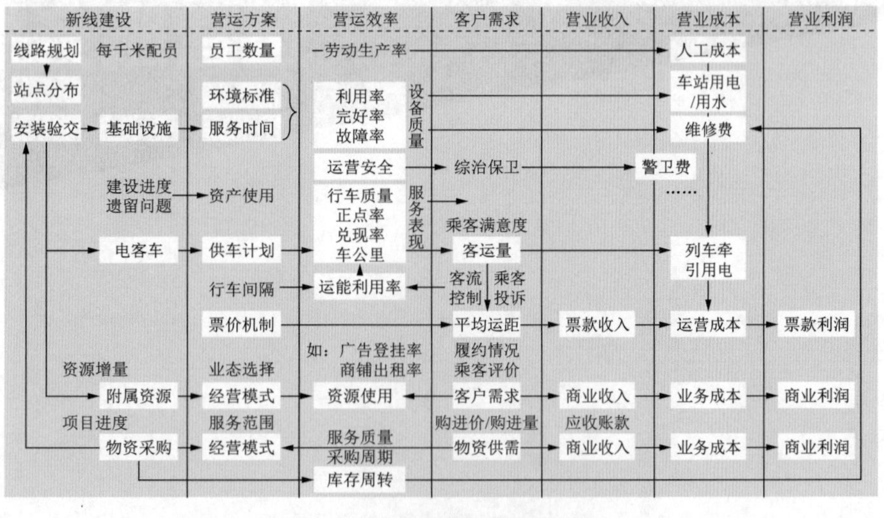

图 5-1　城市轨道交通绩效指标关系

城市轨道交通运营服务中心由一系列综合指标构成，如线网服务可靠度、服务满意度等指标，应该形成闭环，即需要同步下达到设计、建设和运营，以此保证线网中各线路之间、线路内各系统之间的可靠性目标匹配，满足网络化运营的总体要求。如图 5-2 所示。

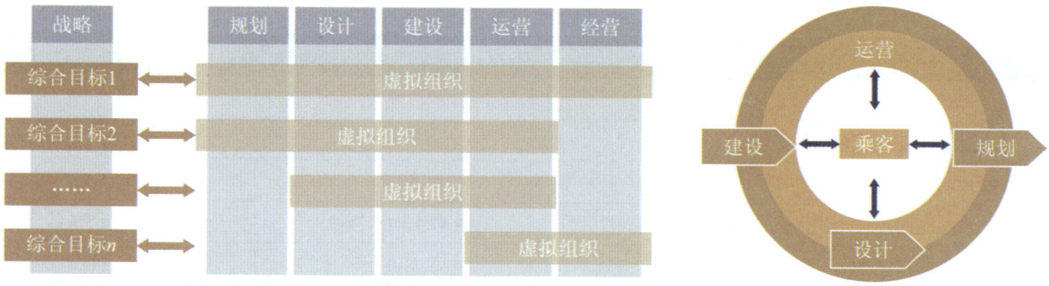

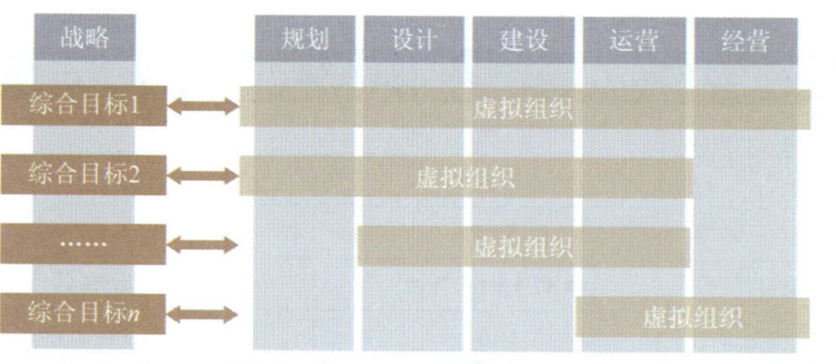

图 5-2　城市轨道交通运营服务指标分解图

5.2.1　线网层面评价要点

城市轨道交通线网的布局需要匹配城市规划发展，是城市发展在公共交通方面的一个侧面体现，城市圈的延伸需要交通先行。因此，对城市轨道交通线网服务水平层面的评价，主要的评价指标包括线网的通达性、线路之间的运输能力匹配性、线网服务可靠性，从线网层面反映政府对城市公共交通能力综合能力的考量。

1）线网通达性评价

线网通达性评价主要适用于规划层面。从单线运营、多线运营到网络化运营三个阶段，线网通达性是一个逐步从隐性化到显性化的过程。单线运营时期，通达性主要体现在个别大客流车站的覆盖情况；多线运营时期，随着线网通达性提升，线网换乘效率问题开始进入考量；网络化运营时期，线网通达性随着线网继续扩张，不同线路组网下的布局、走向设计，反映出规划与设计阶段的综合考虑。

指标 1：线网通达性评价

在线网形成的不同阶段，不同线路布局及走向的设计对线网通达性的贡献是有差异的。

以图 5-3 所示的三种不同的线网布局为例，不同线路连接方式，由于车站数量、换乘站数量、连接方式的差异，线网的平均连接性、图形中心化和线网密度的特征是不同的，当中不同的规划设计起到决定性的作用。表 5-1 为线网特征评价指标。

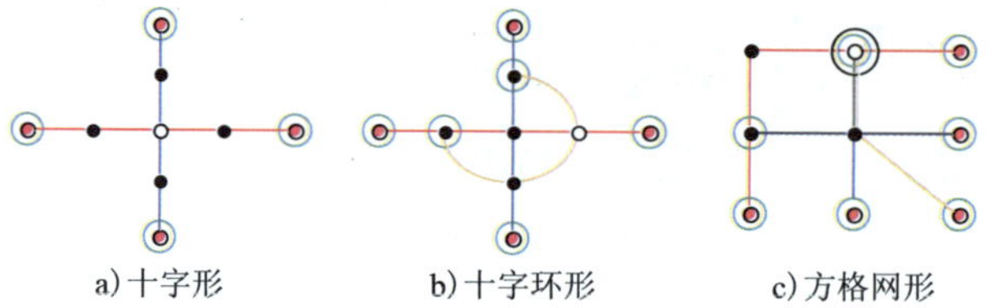

a）十字形　b）十字环形　c）方格网形

图 5-3　城市轨道交通线网布局

2）线路之间能力匹配性评价

线网之间的能力匹配性评价主要适用于设计层面。在线网高通达性的同时，还需要加入线路之间能力的匹配性评价，控制线路接入后通达性的合理度。线路之间的能力匹配性，从多线运营时期开始出现。主要表现为由于不同线路之间的乘客出行需求不同，不同线路之间的列车选型、车站空间大小、换乘站的设计也有所不同。随着线网通达性提升，线网换乘站点的增多，导致出现由各线路之间的客流差异呈不均匀性分布，不同线路之间的运输能力需要在设计阶段做好规模统筹匹配。

表 5-1

线网特征评价指标

（输入）线网特征			
车站数量	9	9	9
连接数量	8	11	10
换乘站比例	11.1%	55.5%	33.3%
终点站比例	●44.4%/44.4%○	●44.4%/66.7%○	●55.5%/77.8%○
连接重叠的比例	0	0	○11.1%
（输出）线网特征指标			
平均连接性	1	1.75	1.375
图形中心化	22.2%	27.8%	25%
线网密度	22.2%	30.5%	27.8%

指标 2：标准载客能力与规划设计客流的匹配度（表 5-2）

表 5-2

指标匹配度

指标匹配度	2013 年	2014 年	2015 年	2016 年	2016 年对比 2013 年
标准载客能力（百万人次·km）	41990	44386	46254	46706	增加 11%
客运周转量（百万人次·km）	13807	15884	16949	18647	增加 35%

注：①标准载客能力 = 车公里 ×（所有列车提供站位 + 座位的容量）。
②客运周转量 = 客运量 × 平均运距。

同时需要研究确定线路间接入与换算对服务能力的影响。如某线路列车车型是 B 型车 6 节编组，列车长约 120m，载客量满载为 1350 人，高峰期行车间隔 1min 58s。随着线网形成，该线路上换乘站逐步增加到 9 座，其中 9 座换乘站中 7 座是连续接入。当多个换乘站接入线路的列车定员载荷、行车间隔均高于被接入线路时，由于部分接入线路的额定载荷高于被接入线路，流入客流对被接入线路的服务能力形成冲击，同时多站连续换乘进一步造成客流服务压力叠加。因此在线网高通达性的同时，需要同时对线网不同线路之间的运输能力匹配性进行评价。图 5-4 为线路间接入设计对服务能力的影响示意。

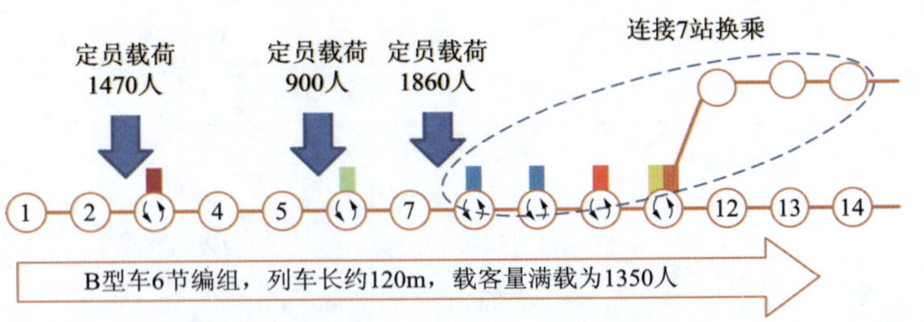

图 5-4　线路间接入设计对服务能力的影响示意图

规划设计阶段就应避免新开通线路接入既有线网时造成既有线运能的冲突，降低原有线路的服务舒适度水平，原则上应以满足运输能力与线网客流需求匹配增、减为宜。

3）线网总体可靠性评价

在保证线网通达性基础上，网络化程度越高，便捷性越好。而城市轨道交通服务中另外一个核心竞争能力——安全可靠也是乘客十分关注的指标。

随着单线、多线、网络化运营的发展进程，城市轨道交通运营所管辖的资产呈现分布广、距离远、种类多（如固定设备、移动设备、性线设备）的特点。由于线网建设到形成的时间跨度长，一般需要 20 多年或更长时间逐步建成开通，客观存在由于开通年限不同，以及资产技术水平和标准的发展升级，导致线路之间的可靠性要求不尽相同。

单线运营时期，由于线网通达性差，运输组织、客运服务、运营安全的压力主要集中于个别大客流车站，线路服务可靠性主要取决于单系统的关键设备可靠性，出现大面积晚点的概率也相对较低。多线运营时期，随着线网通达性逐步提升，不同线路之间的客流特点、运输组织开始出现差异化，对运营服务提出了新的要求，运营可靠性问题开始进入运营管理者的视野，多条线路的小晚点事件叠加，容易形成跨线及网络的晚点事件。网络化运营时期，线网通达性继续扩张，对线网服务可靠性的要求是前两个阶段所未有的，运营服务的稳定性需要高可靠性、安全性给予支撑。从单线运营到网络化运营可靠性的变化趋势如图 5-5 所示。

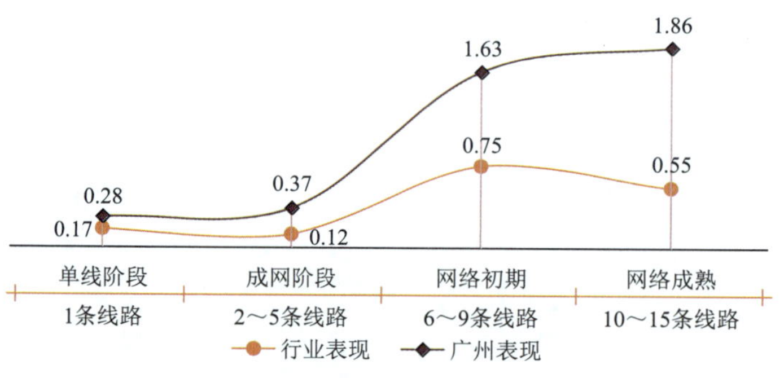

图 5-5　从单线运营到网络化运营可靠性变化趋势(单位:百万车公里 / 件)

注:行业表现是指 CoMET 和 Nova（统称为国际地铁协会）各家地铁按线路规模进行划分后，在不同时期内的行车服务可靠性（平均无故障距离，MDBF）的平均表现。以广州网络初期 1.63 为例，是指 2010—2014 年行车服务可靠性表现(即 0.93、1.36、1.14、1.53、3.18)的平均水平。

从行业表现来看，伴随运营年限及规模变化，在既有线路设备逐步劣化，新线投入初期可靠性表现不稳定等因素作用下，线网整体可靠性将呈下降趋势。因此，需要将运营稳定性的要求前置贯穿到设计、建设和运营三个阶段，利用系统理论对可靠性目标从设计、建设、运营三个阶段进行分配，且各阶段的管理侧重点有所不同。其中，设计阶段重点应从系统需求分配方面开展可靠性设计，尽量把不可靠的因素消除在设计过程的早期；建设阶段，设备可靠性管理侧重于标准的执行，即可靠性目标的执行，要求设备在设计制造过程中满足可靠性目标的要求，并在安装调试中进行合理调试、确认和验收；运营阶段，设备可靠性管理的重点在于采取适当的维修策略，确保设备固有可靠性得到最大的保持和提升。图 5-6 为可靠性理念在设计、建设、运营全周期应用示意，图 5-7 为可靠性全周期中设计、建设、运营三方配合关系。

对于不同阶段所使用的可靠性计算工具也有所不同，设计阶段常用的是风险矩阵和可靠性框图，其中风险矩阵是定义用户对可靠性、可用性、可维护性和安全性的可容忍度，是可靠性系统设计前的输入条件。一般运营公司需要平衡社会效益和经济效益，提出运营管理和服务上的可容忍度标准，通常容忍度是通过“后果严重等级”和“发生频率等级”矩阵来进行定义的(表 5-3、表 5-4)。

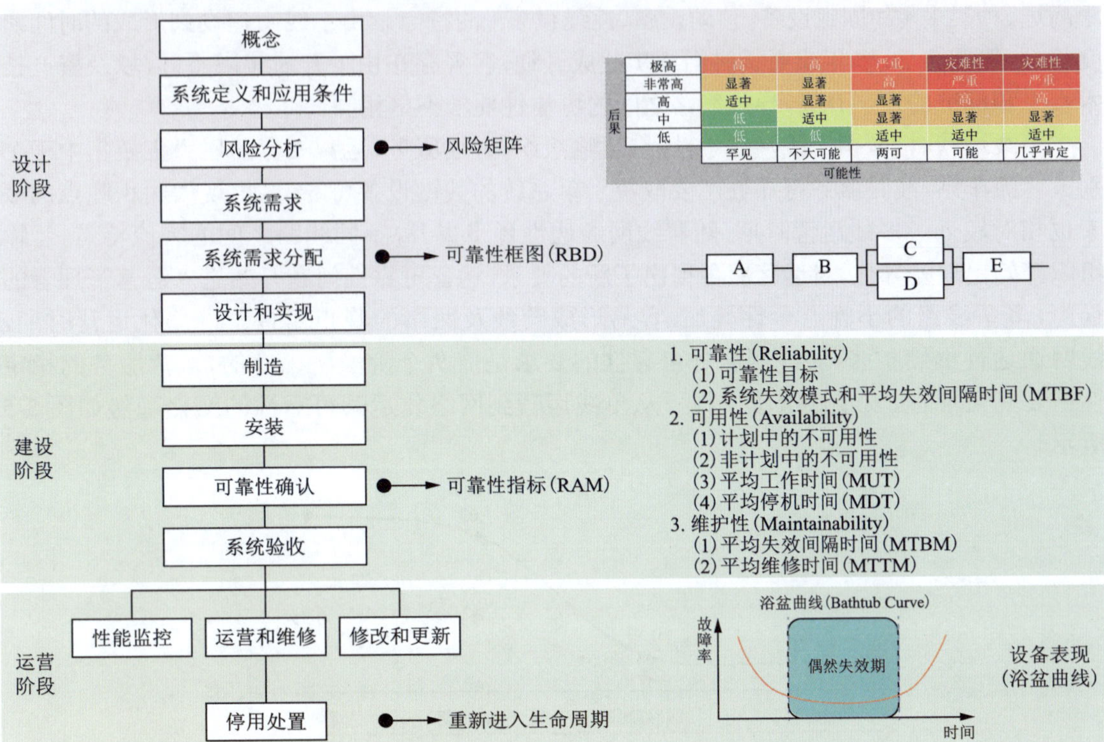

图 5-6 可靠性理念在设计、建设、运营全周期应用示意图

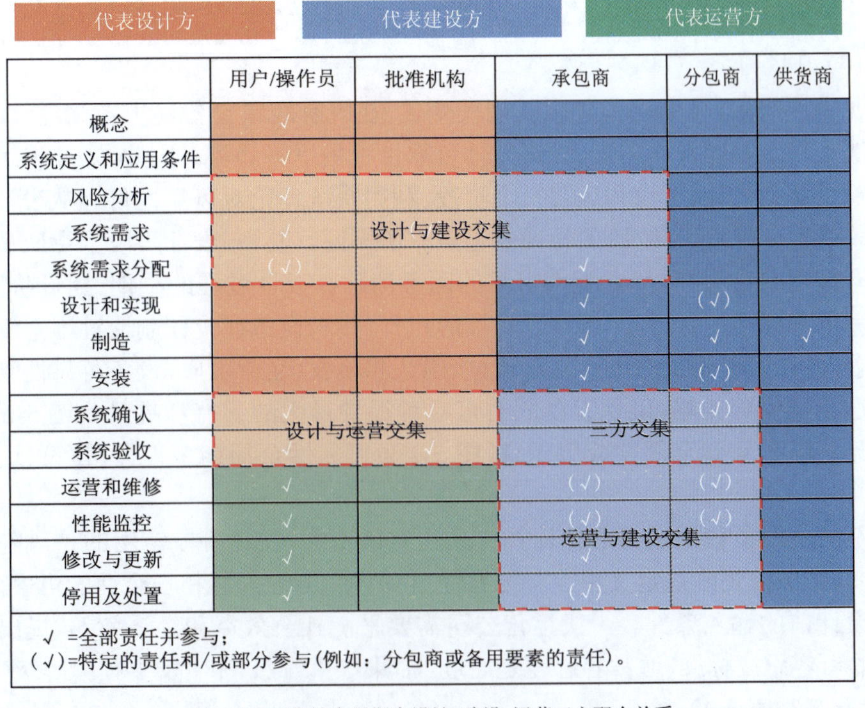

	用户/操作员	批准机构	承包商	分包商	供货商
概念	√				
系统定义和应用条件	√				
风险分析	√		√		
系统需求	√				
系统需求分配	(√)		√		
设计和实现			√	(√)	
制造			√	√	√
安装			√	(√)	
系统确认	√	√	√	(√)	
系统验收	√	√			
运营和维修	√		(√)	(√)	
性能监控	√		(√)	(√)	
修改与更新	√		√		
停用及处置	√		(√)		

√ =全部责任并参与;
(√)=特定的责任和/或部分参与(例如：分包商或备用要素的责任)。

图 5-7 可靠性全周期中设计、建设、运营三方配合关系

后果严重等级定义　表 5-3

严重程度	对服务产生的后果	对乘客环境或设备系统产生的后果
轻微的(无延误)	对服务不影响或轻微影响	乘客无法感知,对环境或设备系统是轻微的损坏
次要的(5 分钟内延误)	导致列车延误时间超过 3 分钟,但未超过 5 分钟	个别站点乘客能感知,对设备系统造成次要的损害和 / 或对环境产生一定的威胁
重大的(15 分钟以内延误)	导致列车延误时间 5 分钟及以上、且延误时间(故障或影响开始至结束的时间)超过 5 分钟,但在 15 钟以内	部分站点乘客能明显感知,或对设备系统造成单个严重毁坏和 / 或对环境产生显著的损害
特大的(15 分钟以上延误)	导致列车延误时间 15 分钟及以上、且延误时间(故障或影响开始至结束的时间)超过 30 分钟	全线或邻线乘客明显感知,对一个或多个设备系统造成多重的严重毁坏和 / 或对环境产生严重的损害

发生频率等级定义　表 5-4

频率类别	说　明
频繁	很可能频繁发生,危害不断地出现,设备系统月均故障总量在 100 件以上,子系统故障总量占设备系统故障总量 25% 以上
经常	会出现几次,预计危害可经常发生,设备系统月均故障总量为 50 ～ 100 件,子系统故障总量占设备系统故障总量 15% 以上
有时	会出现几次,但没有固定频率,预计危害可经常发生,设备系统月均故障总量为 15 ～ 50 件,子系统故障总量占设备系统故障总量 5% 以上
很少	很可能会出现几次,可能有时会出现,合理预计危害会发生,设备系统月均故障总为量 5 ～ 5 件
极少	不太可能发生,但存在可能性,假定危害极少会发生,设备系统月均故障总量为 1 ～ 5 件
不可能	几乎不可能发生,假定危害不会发生,设备系统年均发生此类故障总量不足 1 件

在工程设计阶段,主要是利用可靠性框图将城市轨道交通各系统的可靠性进行整体设计。重点考虑何种情况下应该要有足够的冗余,包括关键系统或关键部件的串联或并联设计。如系统可靠性同为 0.94 的情况下,串联设计对每个部件的可靠性要求很高,即 0.98,而并联系统每个系统的可靠性只需要 0.61,如图 5-8 所示。

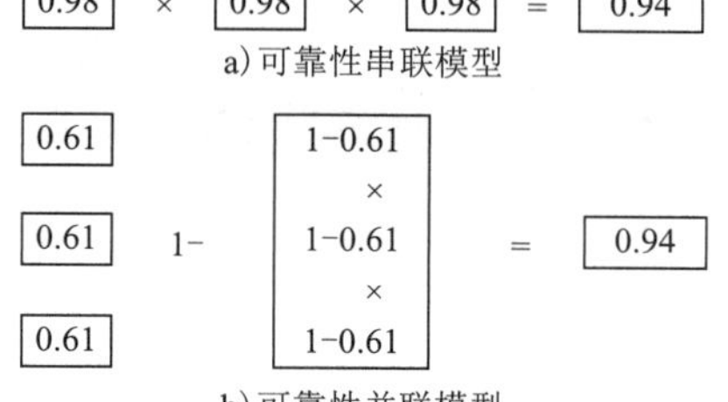

图 5-8　可靠性串联与并联模型

指标 3:可靠度设计冗余度

以广州地铁某线路为例,当仅有站前渡线或站后渡线折返配线时,配线设计无冗余,若要保证正线联锁设备的可靠度 0.943,则对应道岔的固有可靠度需达到 0.97;但当既有站前渡线又有站后渡线折返配线时,在同等可靠度条件下,对应各组道岔的可靠性则只需保证到 0.49 即可。由此可看出,配线的冗余设计可降低道岔的固有可靠度要求。如图 5-9 所示。

因此对新线配线而言,应尽量考虑运营调整需求,增加冗余设计,固定折返站应多采用站前 + 站后相结合的配线组合,以提高整个信号系统的固有可靠性。一般可靠度冗余能保证在 0.95 以上较为适当。

指标 4:可靠度校验标准

在可靠性系统框图设计后,要将设计分配出的可靠性目标输入到建设阶段对产品投产的可靠性要求中,常用可靠性指标通常还包括如下内容,这些指标最后将转化为设备系统在不同维度上的可靠性要求。

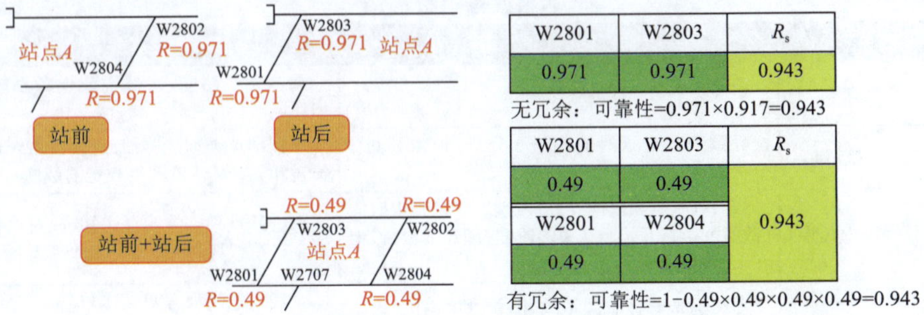

W2801	W2803	R_s
0.971	0.971	0.943

无冗余：可靠性=0.971×0.917=0.943

W2801	W2803	R_s
0.49	0.49	0.943
W2801	W2804	
0.49	0.49	

有冗余：可靠性=1−0.49×0.49×0.49×0.49=0.943

图 5-9 相同可靠性等级下的不同设计方案

(1)可靠性(Reliability)

①平均失效间隔时间(MTBF)：产品在操作使用或测试期间的平均连续无故障时间。

②平均失效间隔距离(MDBF)：产品在操作使用或测试期间的平均连续无故障距离。

(2)可用性(Availability)

①平均工作时间(MUT)：产品在操作使用期间的平均连续工作时间。

②平均停机时间(MDT)：产品在操作使用期间的平均停机时间。

(3)维护性(Maintainability)

平均维修时间(MTTR)：修复出现故障的组件或设备所需的平均时间。

(4)安全性(Safety)

安全相关失效率 [$F_S(t)$]。失效率指一个工程系统或零件失效的频率。

常用的列车和信号系统可靠度校验指标见表 5-5。

常用的列车和信号系统可靠度校验指标 表 5-5

<table>
<tr><th>类型</th><th>可靠性要求及参数</th></tr>
<tr><td>列车</td><td>1. 平均无故障时间(MTBF)：300h
2. 正常运营功能服务平均时间(MTBFS)：4000h
3. 列车服务故障时间限制：
<table>
<tr><th>服务故障事件</th><th>每月数量(次)</th></tr>
<tr><td>超过 5min 且低于和等于 10min</td><td>10</td></tr>
<tr><td>超过 10min 且低于和等于 20min</td><td>5</td></tr>
<tr><td>超过 20min 且低于和等于 30min</td><td>1</td></tr>
<tr><td>超过 30min</td><td>0</td></tr>
</table></td></tr>
<tr><td>信号</td><td>144 h 测试，安全指标：在联锁、ATP 安全功能正常的基础上，系统必须提供 100% 的安全运行。
1. 可用性指标：各子系统(联锁、车站 ATP/ATO、车载 ATP/ATO、车站 ATS、OCC)的可用性都不得低于 99.999%
2. 可靠性指标——系统平均无故障时间
(1) 联锁 > 5×10⁷h
(2) LZB 轨旁设备 > 7×10⁶h
(3) LZB 车载 ATP 设备 > 1.5×10⁴h
(4) LZB 车载 ATO 设备 > 2×10⁴h
(5) 控制中心 > 2.5×10⁶h
(6) 轨道电路 > 1×10⁵ h</td></tr>
</table>

注：LZB 即西门子列车控制系统 LZB700。

对于涉及行车与客运服务的关键设备系统，如车辆、信号、变电、接触网、电扶梯等系统数据，在新线设备采购合同中，应明确出各系统的可靠性指标要求，作为运营公司和供应商对可靠性目标验收的共识。

上述可靠性分配方法主要是为单条线路的可靠性管理服务。但当线网进入多线或网络化阶段后，线网可靠性目标设定就要引入更为复杂的设计因素，如表 5-6 所示。

可靠性目标设定考虑因素　　表 5-6

可靠性目标设定考虑因素	线网目标	线路目标
每小时开行列次、最少行车间隔、设备年限	×	√
车公里、可靠性历史表现、乘客原因	×	×
车公里、设备年限、故障水平、可靠性历史表现	√	√
车公里、车型及列车维修计划、运营时刻表	√	×
车公里、故障水平、乘客原因	√	√
车公里、故障水平	√	×

具体到线网中的各线路，在规划设计阶段时，就需要将各项规划设计的基本预测值或参数作为输入值，设定好验证线路最优分配结果的有效性条件。图 5-10 为城市轨道交通可靠性要素构成推导图。

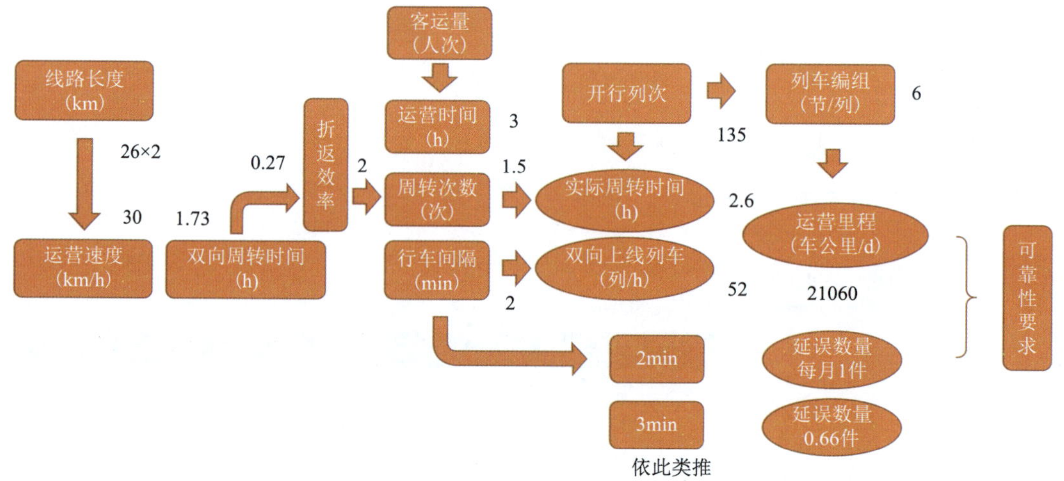

图 5-10　城市轨道交通可靠性要素构成推导图

以广州地铁为例，借鉴行业中对 2min 列车延误的容忍度标准，然后设定出自身的可靠性最低要求，作为后续各线路之间可靠性系统的要求。如图 5-11 所示。

网络可靠性设定的方法，是从线网可靠性目标出发，逐级分配线路、基础设施、子系统可靠性目标后，再选择具体可靠性分析方法和可衡量的指标。

其中 R 可靠性分配方法常用的分配方法有：

①串联分配法；

②并联分配法；

③直接搜查法；

④专家评分法；

⑤组织比例分配法；

⑥重要度和复杂度分配法；

⑦拉格朗日乘数法；

⑧动态规划法。

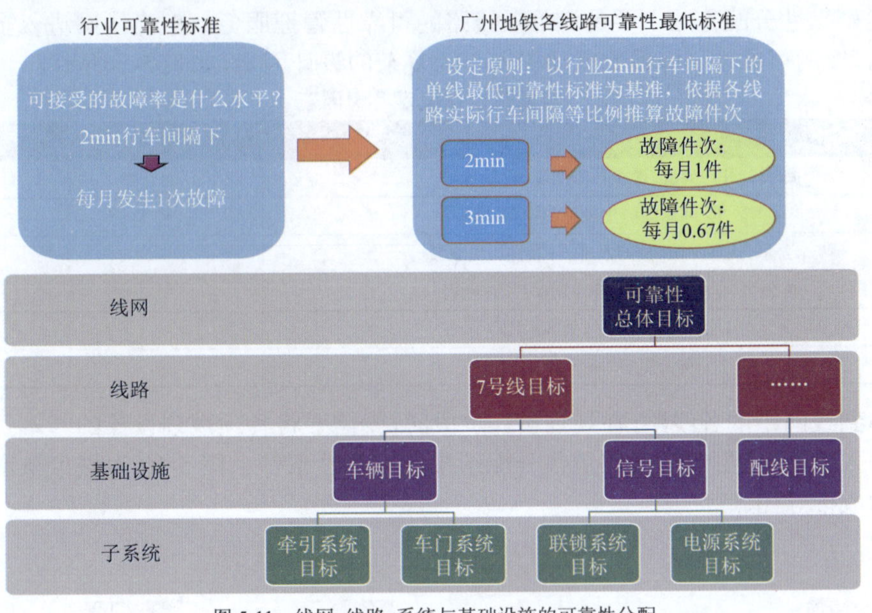

图 5-11 线网、线路、系统与基础设施的可靠性分配

下面，以基于复杂度和重要度的分配法（AGREE）为例，介绍如何定义各系统的重要度和复杂度。如图 5-12 所示。

确定各基础设施重要度
（根据既有线设施故障引发任务失效比例确定）

↓

确定各基础设施复杂度
（根据既有线设施系统数量占线网设施比例确定）

↓

完成基础设施可靠性目标分配
（对在建新线关键基础设施提出可靠性设计要求）

系统分类	重要度	复杂度
信号系统	0.52	0.12
车辆系统	0.48	0.46
屏蔽门系统	0.12	0.23
电力系统	1.00	0.08
轨道系统	0.33	0.11

图 5-12 城市轨道交通各系统重要度与复杂度

采用平均无故障距离的可靠性指标，将具体一条线路的行车关键设备可靠度，转化为可量化检验的目标值——无故障距离（MDBF），如表 5-7 所示。

城市轨道交通各系统目标值 表 5-7

系统分类	基础设施可靠度	重要度	复杂度	工作时间(h)	无故障距离(万车·km)
车辆系统	0.984	0.48	0.36	14.16	1156
信号系统	0.973	0.52	0.09	24	5007
屏蔽门系统	0.979	0.12	0.38	18	264
供电系统	0.973	1.00	0.06	24	14483
轨道系统	0.979	0.33	0.09	18	3219

用相同的方法，进一步分配出车辆系统下的关键子系统可靠度要求，见表 5-8。作为未来新线设备采购合同中，对于车辆子系统的可靠性验收的关键条款，实现设计前期系统性开展基础设施可靠性风险分析，识别关键设施，指导可靠性目标的设定。

车辆系统下的关键子系统可靠度要求　　表 5-8

子系统分类	可靠度分配目标	重要度	复杂度	无故障距离(万车·km)
转向架 / 轮对故障	0.984	0.40	0.17	3937
牵引 / 电制动故障		0.27	0.05	18783
气制动 / 供风故障		0.09	0.04	3663
受电弓 / 集电靴故障		0.02	0.06	87
列车控制及诊断故障		0.08	0.03	6172
车门故障		0.50	0.56	537
列车辅助系统故障		0.18	0.05	8562
有接点控制电路故障		0.08	0.04	2703

考虑到实际操作中，不同系统的重要度和复杂度不一样，因此运营公司应该根据自身情况选择关键设备系统的失效率 λ，引入重要度因子 ω 和复杂度因子 ε 作为考量因素。

5.2.2　线路层面的总体服务评价要点

1）服务评价体系设计框架

线路层面的服务评价主要适用于运营阶段，关注的相关方是市民、企业自身的诉求，服务评价的方式分为乘客视角主导的满意度调研、企业视角主导的服务承诺执行。当乘客期望与企业服务承诺出现差距时，服务评价应该可以清晰地指出需要企业关注的要点，供企业考虑是否需要将乘客的期望转化为服务的 A、B、C、D、E 五类行动。所以在评价内容上，服务评价指标涵盖了旅程前、旅程中、旅程后的全服务链条。客户期望与企业期望之间的作用关系如图 5-13 所示。

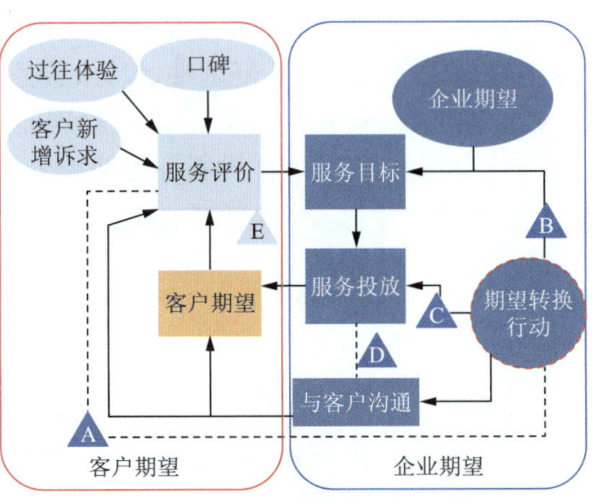

图 5-13　客户期望与企业期望之间的作用关系

而针对发现的具体差距，运营管理者所采取的方法主要是商议、确定并转化为指导下一步服务提升的行动，分析造成不满意的原因，一般可划分为 ABCDE 五类，如图 5-14、图 5-15 所示。

期望转换行动过程中的潜在差距	应对措施
差距A 管理者未能认清客户诉求转化为行动 差距B 认清客户诉求但改善措施不能切实转化为目标 差距C 员工未能正确理解，服务投放出线偏差 差距D 采取改善行动后，客户未能感受到(沟通无效) 差距E 客户对服务的评价不能检验服务目标	应对A：优化问卷，避免无法识别的诉求 应对B：落实行动计划，定义清晰目标 应对C：挂钩员工绩效，明确行为准则 应对D：主动公布改进措施，争取认同 应对E：量化服务承诺，以便用户评价

图 5-14　潜在差距与应对措施

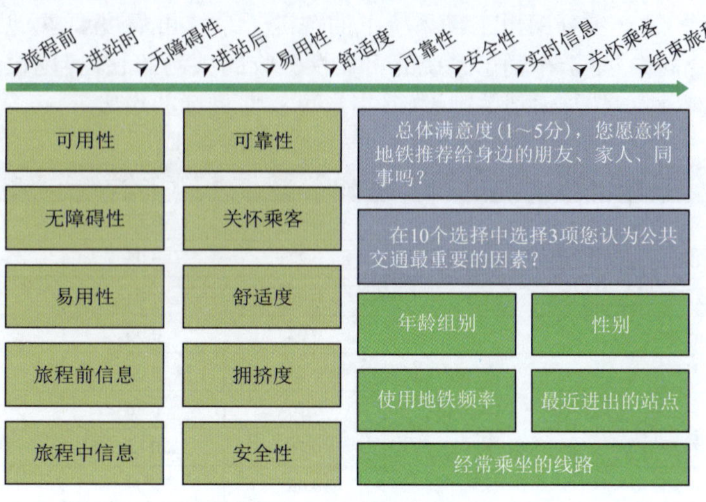

图 5-15 服务指标设计路径

2）乘客视角的服务评价

要找出乘客心目中运营服务标准与乘客要求之间的差距，常用的方法是引导式的调查问题。通过调查问卷了解乘客心中对服务重要度和满意度的排名。由乘客根据对地铁服务价值的认同，给出服务要素的重要度排名，比如，运营核心价值——安全、准点、快捷（最重要）；运营服务水平——舒适性、设计、服务态度（重要）；运营管理能力——设备可靠度、设备设施配置情况、服务人员数量、应急处理能力（比较重要）；运营附加业务——零售店、自助设备（一般），由此获得乘客对服务的期望分布情况。图 5-16 为用四象限反映乘客服务期望。

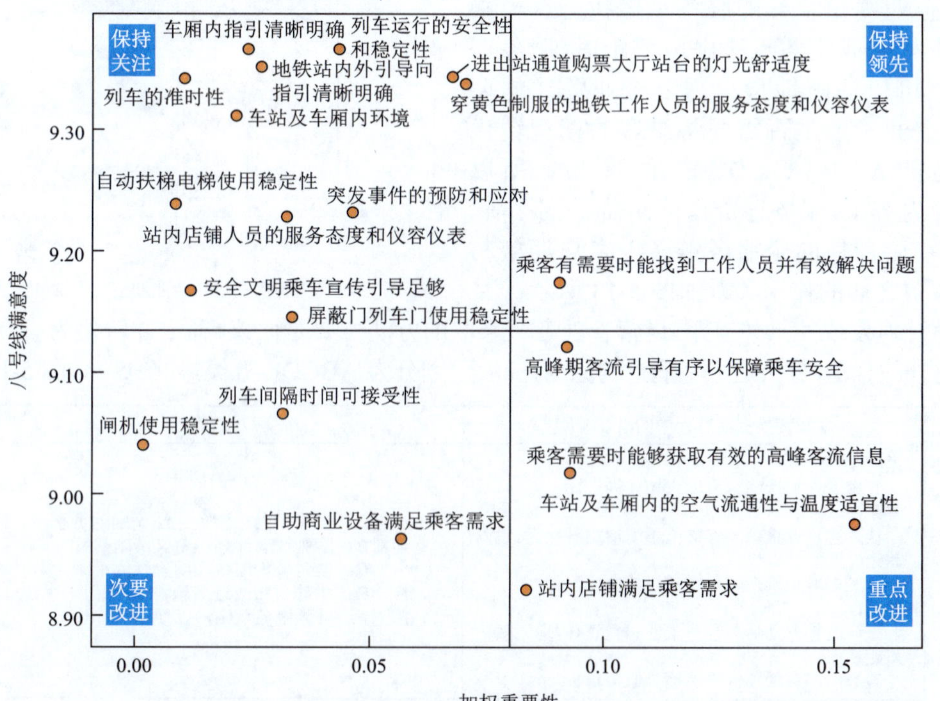

图 5-16 四象限反映乘客服务期望

指标 5:服务满意度指标(表 5-9)

服务满意度指标主要围绕安全性、可靠性、舒适性、服务态度进行设置。常用的指标主要包括运营信息、综合治理与安全和清洁度;其次是列车可靠性、服务态度和旅程时间;而性价比、服务环境和拥挤度则只有部分乘客关注。事件来源主要有三类,即投诉事件、信访事件和焦点事件;采用形式主要有九类,即建议箱、面谈交流、开放式提问、引导式乘客调查问卷、电话咨询、公司网站、手机软件、特许客户和神秘顾客。

地铁服务满意度指标与评价项目　　表 5-9

乘客关注度	主要维度	所涉及的评价项目
96%	运营核心价值:安全、准点、快捷	安全,行车间隔,列车服务可靠性
85%	运营服务水平:适舒性、设计、服务态度	列车空调,站台空调,站厅空调; 站台拥挤水平,车厢内拥挤水平,车站出入口拥挤水平; 列车平稳感,列车内整洁程度,站台整洁程度,出入口整洁程度; 车厢座位数量,屏蔽门布置情况,车站出入口设置情况; 综合治理,紧急状态管理水平,不同线别的换乘管理,员工态度
70%	运营管理能力:设备可靠度、设备设施配置情况、服务人员数量、应急处理能力	屏蔽门可靠度,车站电梯可靠度,自动扶梯可靠度,闸机可靠度,车票可靠度; 辅助服务,残疾人服务设施,辅助服务设施,站外车站标志与信息,列车内照明,充足的进出闸机数量,充足的增值设施,充足的票务查询机,充足的自动扶梯,自动提款机数量,列车内的扶手数量,站台座位数量; 站台辅助人员数量,列车内辅助人员数量,容易发现车站服务人员,车站员工解决问题的能力; 增值服务,免费信息广播,站外自行车和私家车停放服务,站内手机信号,拎行李的设施; 车厢内的应急提示标志,故障恢复速度,充足的运营信息,当出现列车延误时的服务信息公开,列车站间短暂停车,车站 PIDS 显示效果,列车 PIDS 显示效果,车站照明,车厢内的噪声,自动扶梯扶手整洁程度
17%	运营附加业务:零售店、自助设备	不同类型的零售商店,硬币兑换点,车票失效的处理网点,自助拍照机,售货机,IC 电话,站内广告; 列车到站提示,充足的车站电梯数量,站厅辅助人员数量; 车票可靠度,单程票可靠度

3)运营管理角度关注的服务指标(表 5-10)

城市轨道交通服务指标设置情况　　表 5-10

服务指标	标准	定　义
列车兑现率	99.5%	列车实际开行列次 / 计划开行列次
乘客旅程准时程度	99.0%	进站客流 -5min 以上延误影响客流
列车服务准点率	99.0%	(列车实际开行列次 -2min 以上延误列次)/ 列车实际开行列次
列车可靠性	600 000	列车有效收益车公里 /5min 列车延误次数
车票可靠性	8000	车票有效交易次数 / 失效更换车票数量
充值机可靠性	99.0%	(充值机总运行时间 − 停用时间)/ 充值机总运行时间
售票机可靠性	99.0%	(售票机总运行时间 − 停用时间)/ 售票机总运行时间
出入闸机可靠性	99.0%	(出入闸机总运行时间 − 停用时间)/ 出入闸机总运行时间
自动扶梯可靠性	99.0%	(自动扶梯总运行时间 − 停用时间)/ 自动扶梯总运行时间
楼梯升降机可靠性	99.5%	(楼梯升降机总运行时间 − 停用时间)/ 楼梯升降机总运行时间
车站温度与通风	91.0%	车站温度与通风标准内记录次数 / 总记录次数
车厢温度与通风	97.5%	车厢温度与通风标准内记录次数 / 总记录次数
车厢清洁程度	98.5%	早班车服务前车厢清理记录次数 / 早班车数量
车身清洁程度	99.0%	2d 内早班车服务前车身清理记录次数 / 早班车数量
乘客咨询及时回复率	99.0%	7d 内咨询回复数量 / 总咨询数量

然而，许多乘客反映的问题，如车站空间问题、换乘问题等，运力问题往往不是运营阶段可以有效解决的。例如，车站每台 AFC 闸机的每分钟通过能力，根据国际地铁协会研究的数据，全球 30 多家地铁在这个指标上的表现存在明显差异，单台闸机通过能力最高可以达 50 人次 /min，而最低只有不足 20 人次 /min。如图 5-17 所示。

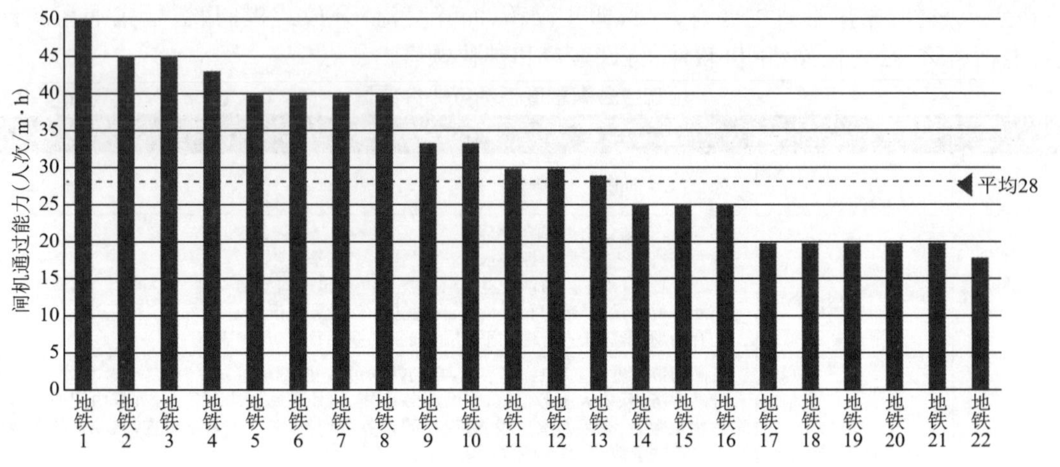

图 5-17 全球 22 家匿名地铁的闸机通过能力

车站内商铺面积指标，不同地铁公司也存在较大的差异，大部分地铁公司控制在 100m² 范围内，但有一些地铁可以接近 300m²。如图 5-18 所示。

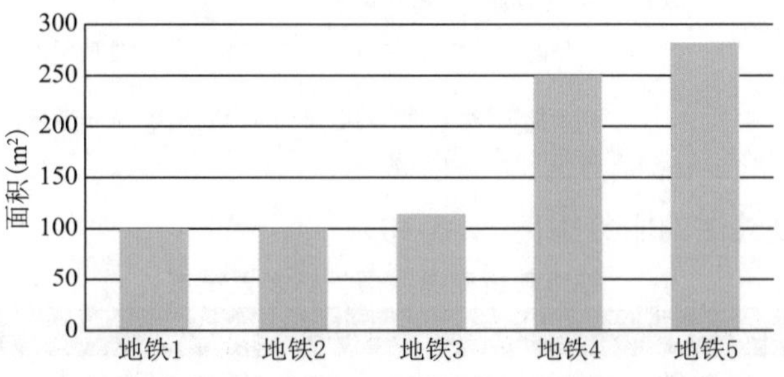

图 5-18 5 家匿名地铁车站内商铺面积

因此，服务指标评价不能只考虑运营端，而是应该反馈延展至规划、建设端。将满足乘客服务诉求的运营需求，传导至规划、设计、建设阶段，以此驱动前面提到的线网布局、站点选址、换乘设计、设备能力、工程质量、运营表现的全面考量，牵引上下游协作。

指标 6：车站设计通过能力

在车站设计时，首先是根据设计客流值，进行车站各部位的布局，再选择并确定车站各部位（设施）的通行能力，然后校核疏散时间是否满足规范的要求。在设计过程中，缺乏对服务水平的研究，系统能力、车站规模和服务水平之间缺少协调与匹配，在一定程度上，造成了车站在实际运营过程中发生客流拥挤、通行不畅的状况。这样既不利于乘客的出行，也增加了乘客在车站逗留的时间，同样增加了列车的停站时间，最终造成了恶性循环，使得线路的运输能力不能充分发挥出来。

涉及列车输送能力（主要是列车定员指标）和车站规模的主要标准规范有《地铁设计规范》（GB 50157—2013）和《城市轨道交通工程项目建设标准》（建标 104—2008）。《地铁设计规范》涉及车站各部位（设施）（包括楼梯、通道、自动扶梯、售票口和售票机、检票口和验票机）的通行能力，《城市轨道交通工程项目建设标准》涉及列车的定员指标，进而影响城市轨道交通的系统输送能力设计；车站站台客流密度指标目前标准规范中尚无明确规定，各城市在城市轨道交通工程项目设计时自行采用，目前的指标多在 2 ～ 3 人 /m²。

因此，车站空间通过能力设计应该匹配客流特征，对以往的设计参数进行修正，各城市在车站设计过程中宜建立对应的分析模型。广州地铁现状客流特征分析如图 5-19 所示。

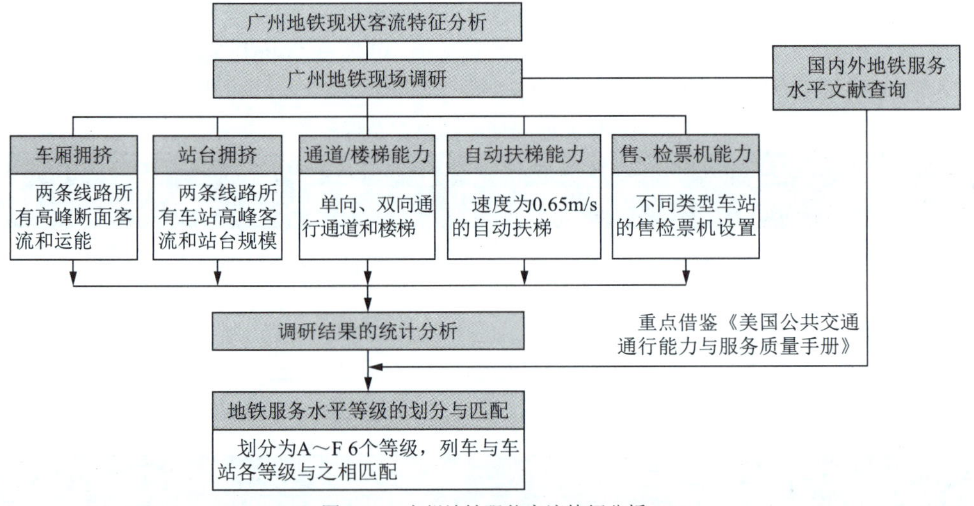

图 5-19　广州地铁现状客流特征分析

根据客流预测，对列车不同车门进入车厢的人数分布进行数据统计，对站台客流分布特征进行分析。预测站台候车客流分布的不均衡性，合理设置站台布局，尤其是站台楼梯、扶梯的分布位置，建立相应等级标准。

（1）通道等级评价

①通道等级划分。

非常舒适（A 级）——行人自由步行。

舒适（B 级）——行人个体舒适步行，大多数人可以达到期望速度。

一般（C 级）——正常步行，少数慢速行人可达到期望速度。

拥挤（D 级）——不能达到期望速度，行人群速度同化。

非常拥挤（E 级）——行人流开始不稳定，步行严重受限。

极端拥挤（F 级）——所有人都与他人产生接触，可能产生推挤和集体恐慌。

②不同等级的通道汇总评价（表 5-11）。

不同等级的通道调研结果汇总评价表　表 5-11

服务等级	单向通道	
	行人占据空间（m²/人）	单位宽度人流率 v（人/m/h）
A	大于 2	0 ～ 1400
B	1.5 ～ 2.0	1500 ～ 2200
C	1.0 ～ 1.5	2300 ～ 2900
D	0.8 ～ 1.0	3000 ～ 3500
E	0.5 ～ 0.8	3600 ～ 4400
F	小于 0.5	大于 4600

(2)楼扶梯等级评价

①楼梯服务等级划分。

非常舒适(A 级)——行人自由步行。

舒适(B 级)——行人个体舒适步行,大多数人可以达到期望速度。

一般(C 级)——正常步行,少数慢速行人可达到期望速度。

拥挤(D 级)——不能达到期望速度,行人群速度同化。

非常拥挤(E 级)——行人流开始不稳定,步行严重受限。

极端拥挤(F 级)——所有人都与他人产生接触,可能产生推挤和集体恐慌。

②不同等级的楼梯汇总评价(表 5-12)。

不同等级的楼梯调研结果汇总评价表 表 5-12

服务等级	单向上行	
	行人占据空间(m^2/人)	单位宽度人流率 v(人/m/h)
A	大于 2	0 ~ 900
B	1.5 ~ 2.0	1000 ~ 1700
C	1.0 ~ 1.5	1700 ~ 2400
D	0.8 ~ 1.0	2400 ~ 3100
E	0.5 ~ 0.8	3100 ~ 3800
F	小于 0.5	大于 3800
服务等级	单向下行	
	行人占据空间(m^2/人)	单位宽度人流率 v(人/m/h)
A	大于 2.2	0 ~ 1100
B	1.7 ~ 2.2	1200 ~ 2100
C	1.2 ~ 1.7	2200 ~ 2500
D	1.0 ~ 1.2	2600 ~ 3300
E	0.7 ~ 1.0	3400 ~ 4750
F	小于 0.7	大于 4800
服务等级	双向混行	
	行人占据空间(m^2/人)	单位宽度人流率 v(人/m/h)
A	大于 1.8	0 ~ 1000
B	1.8 ~ 2.0	1100 ~ 1500
C	1.2 ~ 1.8	1600 ~ 1900
D	1.0 ~ 1.2	2000 ~ 2500
E	0.6 ~ 1.0	2600 ~ 3100
F	小于 0.6	大于 3200

(3)自动扶梯等级评价

①自动扶梯等级划分。

非常舒适(A 级)——扶梯部分梯级空置,梯级立 1 人,扶梯入口处无连续客流,乘客通过迅速。

舒适(B 级)——扶梯极少梯级空置,几乎所有梯级至少立 1 人,扶梯入口处形成乘客流,但乘梯基本无须等候,乘客通过迅速。

一般(C 级)——扶梯无梯级空置,梯级极少立 1 人,扶梯入口处形成乘客队列,乘梯开始等候，乘客通过速度正常。

拥挤（D 级）——扶梯无梯级空置，大部分梯级立 2 人，扶梯乘客队列加长，等候乘梯乘客数量快速增加，乘客通过速度降低。

非常拥挤（E 级）——扶梯梯级饱和，扶梯乘客队列加长，乘客等候占用区域扩大，乘梯乘客数量继续增加，等候区客流密度增加，乘客间距变小。乘客通过速度缓慢。

极端拥挤（F 级）——扶梯梯级饱和，扶梯乘客队列达到长度极限，乘客等候区域占用达到极限，乘客停滞不前或移动缓慢。

②不同等级的自动扶梯汇总评价（表 5-13）。

不同等级的自动扶梯（速度 0.65m/s）调研结果汇总评价表　　表 5-13

服务等级	等候队伍长度（m）	通行能力（人 /m/h）
A	无	小于等于 3100
B	0 ～ 1	3900 ～ 4300
C	1 ～ 3	4700
D	3 ～ 5	5500 ～ 5900
E	大于 5	6100 ～ 7500
F	—	—

（4）售、检票机能力评价

售票机分为人工售票口和自动售票机。售票机一般布置于站厅层，靠近出入口，从布局形式上，有垂直于客流流线布置和平行于客流流线布置。售票机的使用对象主要是外来人员和较少乘坐城市轨道交通出行的市民，通勤客流一般均持交通卡乘坐城市轨道交通，很少用到售票机。位于交通枢纽区域的车站，由于外来人员较多，售票机前易形成排队区，延长乘客进站时间。

检票机分为人工检票口和自动验票机。作为划分付费区和非付费区的界面设施，检票机是站厅层的主要瓶颈设施。从承担客流性质方面，检票机分为进站检票机和出站检票机；从布局形式方面，有垂直于客流流线和平行于客流流线的检票机；从门及卡的类型方面，自动验票机分为磁卡和非接触 IC 卡状态的三杆式验票机和门扉式验票机。当进站或出站乘客超过其通行能力时，检票机前易形成排队区，延长乘客进出站时间。表 5-14、表 5-15 分别为不同情况的售、检票设施能力评价。

不同情况的售票设施能力评价表　　表 5-14

售票口类型	额定售票能力（人 /h）	站位特征	售票能力（人 /h）		实际售票能力与额定能力的比值（%）	最长排队人数（人）
			客流与售票口垂直	客流与售票口平行		
人工售票口						
自动售票口	300	A 类	121		40.3	2
	300	C 类	110		36.7	10

不同情况的检票设施能力评价表　　表 5-15

检票口类型	额定售票能力（人 /h）	站位特征	检票能力（人 /h）	实际检票能力与额定能力的比值（%）	最长排队人数（人）
人工检票口					
自动验票机	1800	A 类	2274	126	
	1800	B 类	951	52.8	

4）服务等级选用建议

对车站内各类通行设备设施通过能力进行水平分级后，在实际选用时，不应再按照一个统一值来进行设计和验算，而是应全面考虑不同线路、不同车站、不同客运量、不同车型等因素的具体情况来合理取值。初步提出以下建议，供相关技术人员参考。

（1）总体服务水平等级选用建议

①城市轨道交通的服务水平应按城市的整体发展规划、经济发展水平、地域文化环境综合考虑，一般以交通功能为主的线路宜选用D级或C级；对舒适度要求特别高的机场线或观光型线路可选用B级或A级，选用B级或A级前应进行专项经济论证。

②相比气候与季节因素外，城市的人口构成、出行习惯等对服务水平的影响更加明显，因此在确定新线服务水平等级时，需结合城市的人口规模和既有的公共交通服务能力水平进行综合考虑。

③携带行李的乘客数量直接影响站内乘客的人均空间密度，乘客的步速与步幅影响了活动空间及在各区域的通过时间，乘客对设施的熟悉程度影响了设施的使用效率，在确定新线服务水平等级时需要考虑这些因素。

④对外交通枢纽站携带大件行李的外地乘客比例较高，大型换乘枢纽的换乘量较大且集中，这类车站各设施的服务水平等级可以考虑适当提高一级。

⑤在选择不同服务水平等级时还要考虑经济因素。不考虑前期费用变化，经初步估算，一般情况下：

a. D级水平与目前规范水平的投资是相似的；

b. C级水平的总投资要比D级高出约2%，即C级水平的总投资比目前规范水平高出约2%；

c. B级水平的总投资要比C级高出约1.5%，即B级水平的总投资比目前规范水平高出约3.53%；

d. A级水平的总投资要比B级高出约1.5%，即A级水平的总投资比目前规范水平高出约5.08%。

（2）车厢站席密度等级选用建议

①每个等级所对应的站席密度并不是一个值，而是一个范围。对于新线设计而言，不宜选择范围中的任何一个值，而应有一个确定的建议值。D级～A级适用于设计阶段，建议D级～A级分别按6人、5人、4人、3人等取值；若考虑在同一等级内提高服务水平，建议选择5.5人、4.5人、3.5人、2.5人。

②站立时长对车厢内站立乘客的舒适度有较大影响。服务水平等级选用D级时，列车在正常运行下通过满足D级水平的连续断面数时间不宜超过15min；服务水平等级选用C级时，列车在正常运行下通过满足C级水平的连续断面数时间不宜超过30min。

③一般情况下，车厢服务水平等级首先考虑选择D级；如果线路属于城市主干线，服务水平等级可以考虑适当提升半级或一级；如果线路属于机场线，携带行李的乘客比例较高，可以直接选择B级。

（3）站台客流密度等级选用建议

①站台层的服务等级应结合车站的区域特征进行选择。位于对外交通枢纽的重要站点，服务等级可选择C级；位于一般地区的中心站点、轨道交通换乘站，重要的公交枢纽和轨道交通换乘站可选择D级的高值（如0.6～0.7m^2/人）；位于城市一般居住区的一般客流

站点，服务等级可选取 D 级的中值（如 0.5m²/ 人）。

②站台规模应充分考虑客流的不均衡性特征，通过 1.1 ～ 1.4 超高峰系数进行协调。根据统计分析结果，城市枢纽型车站的超高峰系数较大，可选 1.3 ～ 1.4，客运量较小的车站超高峰系数宜为 1.2，其他一般车站的超高峰系数宜选 1.1。

③正常工况与非正常工况的服务水平等级应有所区分，正常工况选用 C 级和 D 级的站点，在紧急工况中可选用 E 级服务水平进行验算。F 级为极端拥挤情况，在验算中不建议选用。

（4）通道通行能力等级选用建议

①通道服务等级的选用应与站台服务水平等级相匹配，其等级相差不应超过一个等级。

②换乘通道应充分考虑客流的不均衡性特征，设置 1.1 ～ 1.4 的调整系数进行协调。多线换乘的通道系数可相乘叠加，叠加后调整系数不宜超过 1.5。调整系数根据换乘通道离开站台的距离选取，换乘通道离站台距离越短，调整系数越大。

（5）楼梯、扶梯通行能力等级选用建议

①楼梯、扶梯服务等级的选用应与站台服务水平等级相匹配，其等级相差不应超过一个等级。

②楼梯、扶梯的超高峰系数选择与站台相同。

③正常工况与非正常工况的服务水平等级应有所区分，正常工况选用 C 级和 D 级的站点，在紧急工况中可选用 E 级服务水平进行验算。F 级为极端拥挤情况，在验算中不建议选用。

（6）售、检票机服务能力等级选用建议

售、检票机服务水平与乘客对设施的熟悉程度有关，可结合车站的区域特征将设施选用标准分为三类，选择相应的设施服务水平。

①一类站周边为对外交通枢纽或大型主题乐园，乘客中城市外来人员比例较高。该类站点设施的服务能力较低，应适当增加配置，留有余量。售票设施除满足数量要求外，应配置一定数量的人工服务窗口。

②二类站周边为综合性社区或商业区，通勤客流占一半左右。该类站点设施的服务能力一般，可按中值配置。

③三类站周边为居住区或中央商务区，乘客主要为通勤客流。该类站点的设施的服务能力一般可达到其额定服务能力。此外，站点对单程票的购票需求较低，可减少售票机数量。

（7）采用客流仿真模拟技术验算服务水平

考虑到客流的不均衡性对服务水平的影响较为明显，建议在工程设计阶段即对大客流车站进行客流动态仿真模拟，充分考虑客流分布的随机性和不均衡性，直观了解客流在车站内的分布、相互间的冲突、各设备之间的适应能力，得到车站各部位的服务水平。通过对设备的调整、优化，使设备更满足客流的要求，使系统内功能协调统一，避免产生瓶颈点，充分发挥系统运能。

车站层面服务评价要点。车站层面的服务评价是服务评价的最小单元，评价的相关方包括了车站周边相关方，如周边的商业配套、公交接驳、站内站外导向指引，车站基础设施的完备性。随着地铁技术的快速发展，在新技术逐步成熟，未来地铁车站层面的服务评价将从“便捷、舒适”的维度进一步引入“智能、自助”的智慧要素。

①车站基础能力评价。按车站基础设施的区域和功能要素划分，如图 5-20 所示。

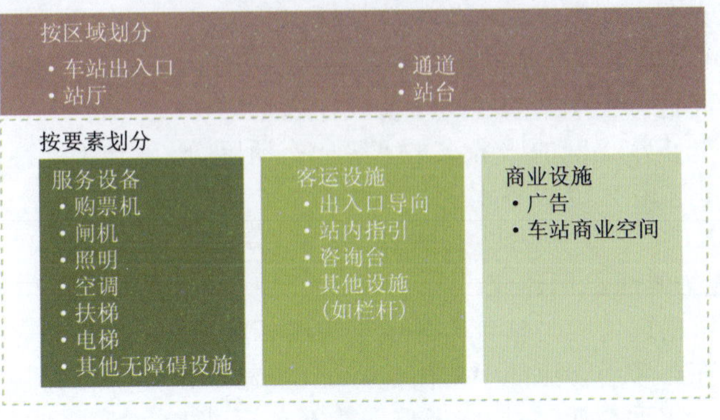

图 5-20 车站基础设施的区域和功能要素

主要评价内容是关注车站空间布局的设计合理性，关注站内拥挤程度，关注乘客上下列车的顺畅程度对运输服务的影响。关注站台空间和照明情况，合理的空间和光线有助于提高乘客上下列车的顺畅程度。关注经常超负荷运转的车站，对于这些车站需要采取必要的措施，减少客流影响等。

车站设备设施能力最低标准不应少于如表 5-16 所示的要求。

车站设备设施能力最低标准 表 5-16

区 域	能力表现
出入口通过能力	每个出入口宽度应按远期分向设计客运量乘以 1.1 ～ 1.25 不均匀系数计算确定，且宽度不应小于 2.4m
售票机排队的最小空间	售票机前应留有不小于 2 m的排队空间，在出站检票机内侧应留有 4 ～ 5 m的滞留聚集空间
站台最小宽度	岛式站台宽度平均是单侧站台的 2 倍
闸机通过能力	每分钟通过 28 人次
电梯升降设备能力	至少在 2 个出入口设置电梯，每个站台至少有 2 部扶梯、2 个楼梯
照度	出入口、站厅、站台、列车照度为 150 ～ 200 lux 为宜
商业面积	最少不宜低于 $100m^2$

②面向未来智慧车站的“GoS 1 ～ 4 级”评价。

指标 7：智慧地铁等级

考虑到技术的发展，可将智慧地铁等级（Grade of Smart Metro）划分为 4 级（表 5-17），其中 GoS1 为基础水平级，代表现代轨道交通的工业自动化水平。上位等级智慧功能兼容下位等级功能，体现轨道交通智能化技术演进迭代的进程。便捷出行行车组织功能类中的长大线路实现快慢线运行、区间内开行跨线运行、关键线路实现 24h 运营等功能项目，不属于智慧地铁功能，但对运营服务质量具有重要影响，在功能等级表中列为功能可选项。

智慧地铁等级划分表 表 5-17

业务分类	子项	功 能		一级（GoS 1）	二级（GoS 2）	三级（GoS 3）	四级（GoS 4）
乘客服务	票务服务	多样式票种	实体电子票务	√	√	√	√
			互联网电子票务		√	√	√
			基于生物特征识别的票务			√	√

续上表

业务分类	子项	功能		一级（GoS 1）	二级（GoS 2）	三级（GoS 3）	四级（GoS 4）
乘客服务	票务服务	便捷票务通行	进出闸支付通行	√	√	√	√
			一站式票务安检快速通行		√	√	√
			现场设备虚拟化的无感通行				√
		区域间计费方式	区域间独立计费	√	√	√	√
			区域间联乘计费			√	√
		票务处理	现场辅助处理服务	√	√	√	√
			线下车站现场票务自助处理服务		√	√	√
			线上 APP 票务自助处理服务			√	√
		票务数据应用	票务收益自动监控		√	√	√
			票务数据深度挖掘			√	√
	资讯服务	乘客咨询服务	现场站务乘客服务	√	√	√	√
			后台网络化集中式乘客服务		√	√	√
			现场自助“一站式”乘客服务		√	√	√
			车站人员快速“响应式”服务		√	√	√
			服务质量有效监控		√	√	√
		乘客资讯信息服务	线下站内终端乘车资讯信息显示	√	√	√	√
			线上 APP 乘车资讯信息查询		√	√	√
			乘客属性的精准挖掘定位			√	√
			“主动式”服务信息精准推送			√	√
	客运组织	行车—客运自适应联动	线网运能供需匹配联动			√	√
			网络联动的客流管控			√	√
			客运信息动态诱导		√	√	√
			车站客运设施场景联动控制		√	√	√
	生活服务	乘客增值服务	大众化乘客增值信息服务		√	√	√
			个性化乘客定制增值信息服务			√	√

具体智慧地铁等级的评价采用基于技术应用成熟度的确定方法，包括以下步骤：

①获取待评估地铁设施的场景信息，所述场景信息包括所述待评估地铁设施中已实现的各种功能信息的技术内容。

②使用智慧地铁等级评价准则对所述场景、功能、技术项进行匹配，得到各项技术内容的符合项；智慧地铁等级评价准则中将地铁设施中的场景功能技术划分为乘客服务类技术信息、行车组织类技术信息、调度指挥类技术信息、车站管理类技术信息、运营维护类技术信息和安全保障及应急处置类技术信息，并设置所述各类场景功能技术信息所包括的具体技术内容和对应预设的技术内容等级系数，并根据场景功能信息中技术内容等级值的符合项在预设的水平区间的位置，确定待评估地铁设施的智慧地铁等级。

③使用智慧地铁技术应用成熟度计算公式，对匹配到的场景功能信息中技术内容等级值的符合项和应用成熟度权重系数进行计算，应用成熟度权重系数则根据各项技术内容已应用的车站数量和线路长度乘积进行计算，得到所述待评估地铁设施的技术应用成熟度水平，以确定所述待评估地铁设施的智慧地铁等级的应用成熟度。

得到 GoS 值，可定量标定评估项目的智慧地铁等级，并置入智慧地铁等级四象限中，为地铁的发展建设方略提供参考。

①象限Ⅰ：场景功能技术等级高，应用成熟度低（加快应用）。

②象限Ⅱ：场景功能技术等级高，应用成熟度高（保持领先）。

③象限Ⅲ：场景功能技术等级低，应用成熟度低（加快升级、加快应用）。

④象限Ⅳ：场景功能技术等级低，应用成熟度高（加快升级）。

5.3 运营能力指标

城市轨道交通作为大运量的公共交通出行工具，在规划阶段的能力指标，主要针对运输能力和客运组织能力。在运营阶段的能力指标，主要针对安全、质量、效率等维度。不同时期的单线运营、多线运营、网络化运营，它们的相关能力指标应能适应城市发展、客流预测偏差、外部环境对服务的要求，以及中长期规划可能带来的变化。

5.3.1 能力评价指标

对于项目能力评价，通常涉及能力维度、时间维度、计划维度、设备维度和质量维度五个方面，它是一个总体性指标体系，如表 5-18 所示。

城市轨道交通规划功能指标一览表　　表 5-18

维　度	指　　标
能力维度	载客能力 / 运营里程，乘客出行公里 / 载客能力，高峰期列车利用率
时间维度	列车停站时间，乘客旅程时间
计划维度	列车兑现率，列车准点率
设备维度	单程票完好率，售票机完好率，出入闸机完好率，自动扶梯完好率，楼梯升降机完好率，屏蔽门完好率
质量维度	设备可用率，故障率，百万车公里平均故障次数

以线路的运输能力评价为例，进行评价时主要体现在折返能力、配线设计、设备容量、车辆配属和选型、行车作业效率等方面。

（1）列车载荷能力评价

这个指标是列车运输能力设计的基础，分为标准载荷、计划载荷和高峰载荷三类，通过对实际载荷进行比较，可以帮助运营单位掌握不同时段中列车内的拥挤程度。

指标 8：计划载客能力设计（表 5-19）

列车运输能力设计　　表 5-19

类别	A 地铁	B 地铁	C 地铁	D 地铁	E 地铁	F 地铁	G 地铁
计划载荷能力（人 / 平方）	4.5	6	5	4.5	3.5	4.4	4
高峰载荷能力（人 / 平方）	9.7	7	7	6.5	6	5.5	7
实际 = 计划 / 高载荷比例	46%	86%	71%	69%	58%	80%	57%

通常情况下，计划载荷能力在按高峰载荷能力（车辆能力不均衡系数）的 20% 进行设计时，列车内有一个舒适的服务环境。而实际生产中，为了减少资源浪费，大部分地铁计划载荷按 50% 至 80% 进行设计，当实际载荷能力超接近高峰期载荷能力，可通过增加上线列车，提高列车服务频率或采取客流控制，避免车厢内过于拥挤，使用列车实际载荷情况可作为调整供车频率的一个因素。

(2)行车频率契合度

一般情况下,地铁列车在高峰期的行车密度为每小时 25 ～ 30 列次,行车间隔大约 120 ～ 130 秒。表 5-20 是地铁行车的行车频率契合度的情况分析。

地铁行车的行车频率契合度分析表　表 5-20

类　别	A 地铁	B 地铁	C 地铁	D 地铁
服务频率	28 列次	30 列次	20 列次	25 列次
列车节数	8 节	8 节	4 节	6 节
计划载客能力	9120 人 /h	54 000 人 /h	8640 人 /h	23 400 人 /h
实际载客能力	6000 人 /h	50 400 人 /h	7920 人 /h	16 000 人 /h

指标 9:行车频率契合度

指标设计考虑四方面因素:

①站台设计;

②站台员工数量与维持现场秩序的能力;

③列车加减速性能;

④车门关闭模式(司机手动或信号联动)。

以某地铁某站点的不同时段列车停站时间分布图为例（图 5-21)。正常情况下,列车在该站点的停站时间一般在 30s 左右,而早高峰对停站时间的影响较大,最大影响为 ±50% 左右。如行车密度合适,计划载客能力和线路实际载客能力的契合度应该接近 ±10%。

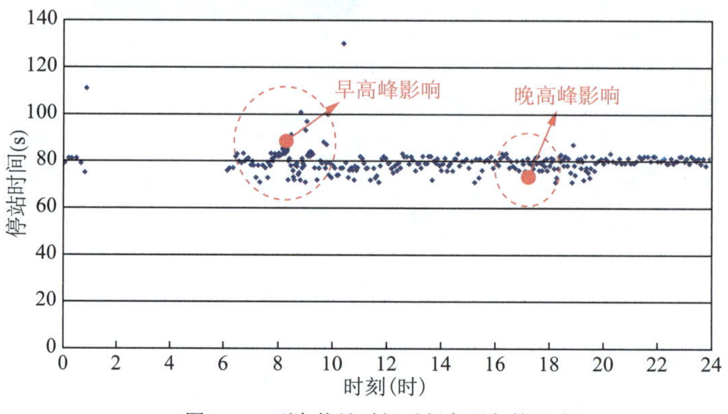

图 5-21　列车停站时间对行车服务的影响

(3)列车编组灵活性评价

列车编组方式是影响列车利用率的因素之一,以某地铁为例（表 5-21),列车 A 虽然可靠性比列车 B 要高（219km/190km),但由于编组更多（50 节 /32 节),结果是列车 A 的高峰期可用率反而比列车 B 要低(81%/83%)。因此,合理的列车编组在发挥线路运输能力、灵活调用列车、提高运输效率方面有一定帮助。

列 车 编 组 对 比　表 5-21

参　　数	车　型　A	车　型　B
平均年限	24.2 年	36.1 年
列车数	10 列	8 列
编组数	5 节	4 节
MDBF	219km	190km
可用率	81%	83%

指标 10:列车编组灵活度

(4)列车维修时间对运能评价

列车维修是确保列车可靠运行的一项工作,合理地安排列车维修时间、检修股道、检修人力和物资等措施,都可以提高列车资产可用度。比较合理的做法是结合设备可靠性和维修时间需求,合理编制检修计划,将维修任务分解到高峰期以外的其他不同时段,在不影响列车高峰期利用率的情况下,兼顾线路运输能力和维修效率。

指标 11:列车可用率

以某地铁为例,高峰期与非高峰期的列车可用率相差较大,非高峰期列车回库安排检修,如图 5-22 所示。列车可用率应在资产利用角度有清晰的目标,然后维修部门据此不断优化维修策略,服务部门通过灵活的运输组织提高列车上线率。因此,维修组织上对列车可用率的保障不宜低于 90%。

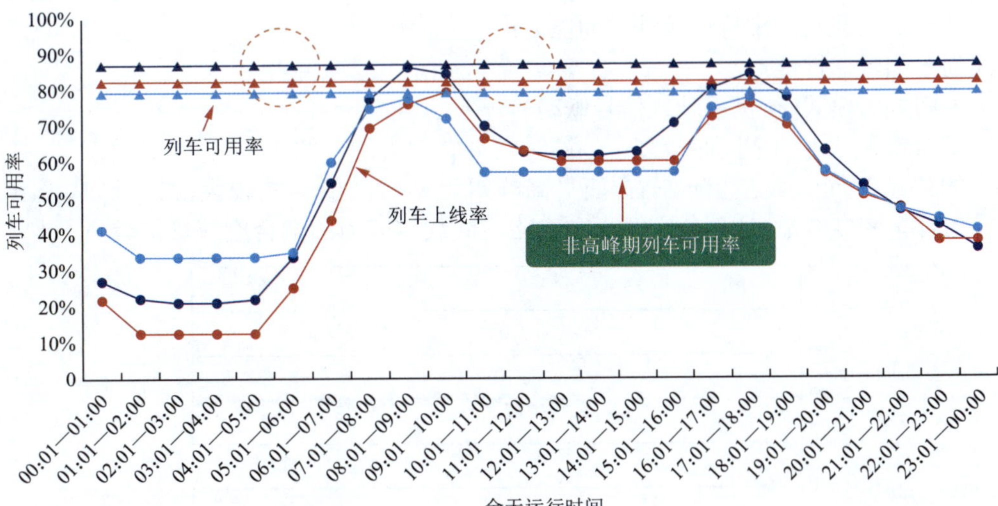

图 5-22 某地铁列车利用情况

5.3.2 运营效率指标

城市轨道交通生产组织的特点有别于其他公共交通工具。运营管理者关心的生产组织活动是广义的,在优化总体生产组织效率时,应包括每天 24 小时中所有不同类型的生产活动。一般情况下,服务时间内生产活动以运输组织、客运组织为主,服务时间外包括运营准备工作、施工组织、故障处置等不同的活动,不同类型的生产活动有的是并行发生的,有的是交替发生的。如图 5-23 所示。

(1)生产全链条效率评价

要确保生产组织的高效衔接,管理者要建立“全链条管理”理念。以施工作业为例,链条上游关注的作业所需的人、财、物的配置要素是否完备;实施过程关注的是时间、空间的要素是否满足作业的要求;施工结束后关注的是施工质量和安全条件能否达成次日运营服务(下一个生产活动)的条件。各类生产活动有一套内部链条,而不同生产活动之间又构成一个大的外部链条。确保各链条内外部之间高效运转,是生产全链条管理的目的。

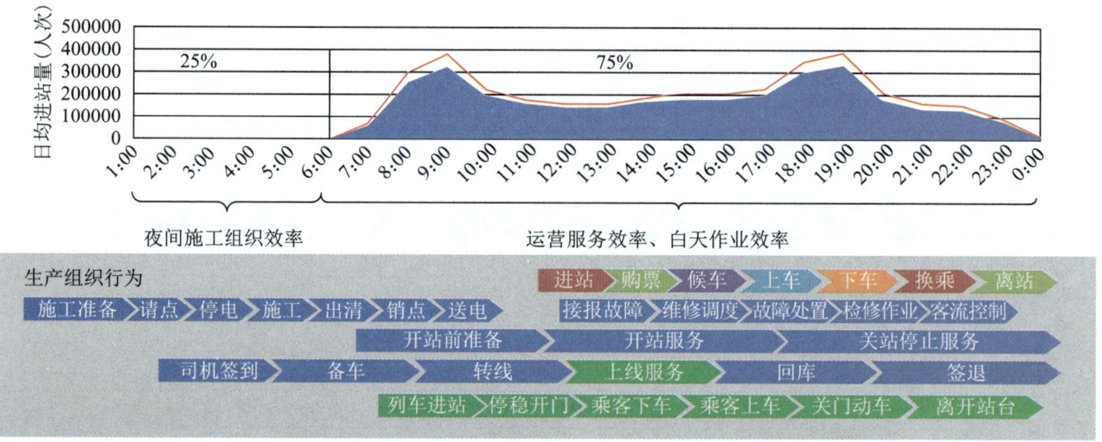

图5-23　运营生产活动分布图

具体到链条中，不同生产活动效率指标如下：

①司机效率指标：作业流程的标准化、司机靠站、离站、折返的作业时间。

②施工效率指标：请销点流程、施工条件和作业组织形式。

③准备效率指标：车站开站和关闭流程、人员分工。

④旅程效率指标：服务指引、路线设计、换乘路径、设备效率和可靠性。

⑤运输效率指标：运输组织模式、行车间隔。

⑥维修效率指标：人员技能、配置工具、调度程序、沟通效率。

⑦客运效率指标：设计通过能力、站内布局、乘客行为、站台秩序。

效率指标表见表5-22。

效率指标表　表5-22

安全管理	结果维度：责任伤亡人数／乘客人次
设备管理	综合维度：设备可靠性，设备可用性，设备可维修性
生产管理	计划维度：生产计划完成率，生产计划调整率
资产管理	计划维度：资产可用度，资产新增计划兑现率，资产报废计划兑现率
维修管理	维修过程：预防性维修计划完成率，故障及时修复率（规定时间内），平均维修时间（MTTR）

（2）运营效率指标评价关键点

指标设计需要区分近期、中期和远期目标；厘清各阶段目标要做什么，要达到什么结果，具体措施是什么，执行情况是否达到期望值；进一步围绕运营表现中较为关注的财务表现、客户感受、内部流程三个版块，针对收入与成本、库存管理、生产成本、行车质量、服务质量、生产效率、运输效率、职能管理（安全、设备、生产、维修、财务管理）等，结合不同运营企业发展关注的重点进行设计。其评价内容如下：

①需要有明确的中长期与近期目标。

②表现是否符合总体战略计划与目标要求。

③指标的口径设计是否权威、有效，指标设计是否可以避免分歧。

④关注新开通线路的表现与运营成熟线路表现的差别，设置指标时需要考虑不同线路的经营特点。

⑤管理方向和目标从属战略的把控。在战略既定的方向下，寻求实现目标的有效方法，对于有效的管理措施应该提出固化。

⑥关注不同指标间的关系，高可靠性的城市轨道交通可以提供高密度和高水平的服务，创造更多的利润，但同时需要投入较高的管理成本。

（3）常用绩效指标库（表 5-23）

城市轨道交通指标浏览表 表 5-23

板块	指标类型	指标名称
财务表现	收入与成本	收入维度：总收入 / 运营成本，票价收入 / 乘客人次
		成本维度：总成本 / 车公里，总成本 / 乘客人次，运营成本 / 乘客人次，运营成本 / 车站数量
	库存管理	计划维度：采购计划兑现率，实际采购价 / 计划采购价
		价格维度：单位采购成本，采购总量 / 采购总成本，每年节约金额
		库存维度：存货周转率，存货折旧，陈废物资数量
	生产成本	类别维度：服务成本 / 车公里，维修成本 / 车公里，管理成本 / 车公里，投资成本 / 车公里，生产成本预算控制在 90% 以内
		专业维度：车公里维修成本（不含大架修），每千米轨道维修成本，地下站平均维修成本，地面站平均维修成本
客户感受	行车质量	计划维度：列车兑现率，列车准点率
		时间维度：车小时 / 列车延误时间，列车延误时间（首次、最长、总计），乘客延误时间，乘客准点时间
		结果维度：清客次数，平均清客车公里，百万车公里平均故障次数，高峰期平均故障次数，平均无故障距离（车公里），平均无故障时间（车小时）
	服务质量	设备维度：单程票完好率，售票机完好率，出入闸机完好率，自动扶梯完好率，楼梯升降机完好率，屏蔽门完好率，
		乘客维度：乘客满意度，乘客咨询及时回复率，清洁度，环境与温度
内部流程	运输效率	能力维度：载客能力 / 运营里程，乘客出行公里 / 载客能力，高峰期列车利用率
		时间维度：列车停站时间，乘客旅程时间
	生产效率	时间维度：列车载客运营小时总数 / 司机人员总工时数，乘客人次 / 员工工时（含委外），收益车公里 / 员工工时（含委外）
	安全管理	结果维度：责任伤亡人数 / 乘客人次
	设备管理	综合维度：设备可靠性，设备可用性，设备可维修性
	生产管理	计划维度：生产计划完成率，生产计划调整率
	资产管理	计划维度：资产可用度，资产新增计划兑现率，资产报废计划兑现率
	维修管理	维修质量维度：设备可用率，高峰期列车可用率，百万车公里平均故障次数，高峰期平均故障次数，预防性维护 72h 内故障发生数量
		维修过程：预防性维修计划完成率，故障及时修复率（规定时间内），平均维修时间（MTTR）

5.3.3 运营效益指标

运营的可持续发展是城市发展基础设施良好服务的一个要素。从城市经济发展的角度看，城市轨道交通是城市的经济走廊、城市生活的脉络。运营公司的战略定位、线网的发展走向已与城市经济和市民生活息息相关。

指标 12：运营成本结构指标

根据世界地铁协会统计数据，全球 38 个大型地铁的运营成本中，人力成本、水电能耗费用、资产设备维修费的支出约占总成本费用的 90%，如图 5-24 所示。这几个方面的成本压力是行业必须长期面对的，而且需要进一步研究。

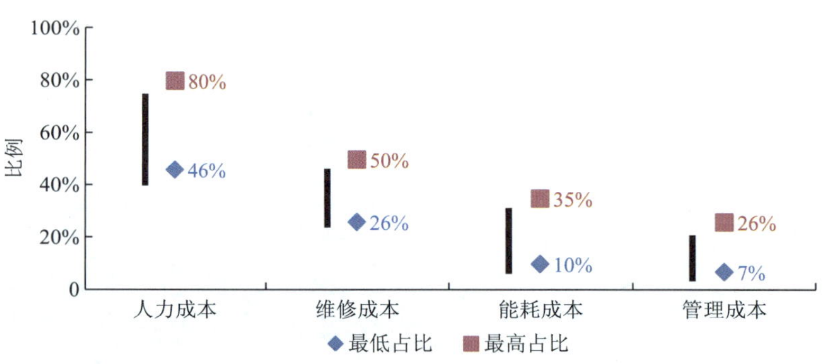

图 5-24　各类成本占运营总成本的最高、最低参考区间

通过借鉴不同地区的行业数据可知，要实现真正的可持续经营，总收入最理想状态下应超过日常经营成本的 1.5 倍，在这种情况下企业才能较为稳健地保证收入，在减去日常经营的成本，以及当年更新改造、追加投资的成本后，现金流仍然大于“0”，才能实现可持续经营。

1）维修成本评价

指标 13：单位维修成本指标

维修成本是运营成本的重要构成，对维修成本的评价需要区分设备保养成本和设备更新改造成本，建立不同设备类型的设备（车辆、线网基础设施）的维修成本标准，有利于维修成本管理。

年轻地铁：维修成本主要是预防性检修，其他维修成本比例最低。

中年地铁：仅次于预防性维修投入的是状态检测维修投入。

老年地铁：仅次于预防性维投入的是故障修和其他维修成本投入。

不同运营年限的地铁维修成本构成对比见表 5-24。

不同运营年限的地铁维修成本构成对比　　表 5-24

不同类型维修作业成本	50 年以上	30 ～ 50 年	30 年内
	老地铁	中年地铁	年轻地铁
状态检测	15%	30%	21%
故障修	28%	20%	22%
预防性检修	32%	37%	45%
其他维修成本	25%	13%	12%

参考不同地区的行业数据：

①列车每车公里维修成本（不含大架修）：0.68 美元（约人民币 4.84 元）。

②线网基础设施（建筑 + 轨道）每千米维修成本：100 万美元（约人民币 712 万元）。

同时，为了有效缓解维修成本资金，越来越多运营公司提早统筹资产更新规划，如制订 40 年的资产投资与更新规划（图 5-25），有利于减少计划以外的巨额投资，平衡资产管理工作和战略发展。

资产更新有别于常态的保养与维修，资产更新可能是对设备的全部拆解和更换，以延长设备的工作年限（寿命），恢复设备的理想状态为目的。资产更新费用通常属于资本化行为，列资在投资预算；而维修费用列资在经营预算。

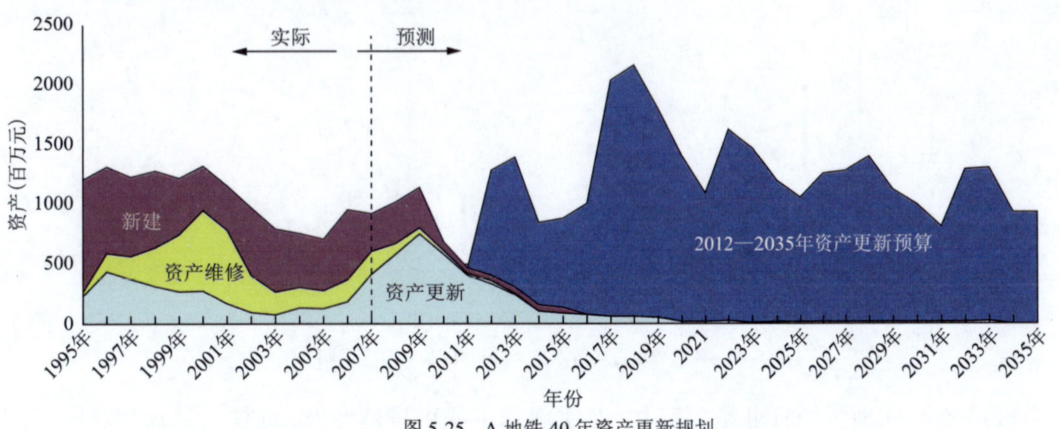

图 5-25 A 地铁 40 年资产更新规划

2）资产更新策略选择与评价

总的来看，不同资产的更新策略形式上略有差别。列车更新主要倾向于战略目标，供电和信号系统更新主要倾向于采用细节分析和使用年限，轨道更新倾向于兼顾使用年限、细节分析和战略目标，车站设备和土建结构更新主要倾向于根据使用年限要求实施更新。如表 5-25 所示。

资产更新策略应用　　表 5-25

地铁	列　车	供　电	信　号	轨　道	车站设备	土建结构
A	战略	细节＋战略	细节＋战略	细节＋战略	年限＋细节	细节＋战略
B	细节＋战略	细节	细节＋战略	细节＋战略	年限＋细节	年限
C	细节＋战略	年限＋细节	细节＋年限	保养	年限	保养＋年限
D	年限	年限	年限	年限	年限	年限
E	年限	年限	年限	年限	年限	年限

（1）基于年限要求

①根据标准与规范要求。

②根据供货商的建议。

（2）基于细节分析

①分析对比历史表现和当前状态。

②对比继续运行与维修成本的价值。

③获取更多技术分析。

④考虑客户与社会利益。

⑤通过专项研究确定。

（3）基于战略目标

①通过商业目标确定优先级。

②根据不同阶段的战略，制订相应支出计划。

③量化成本、利益与风险。

④统计资产全生命周期的成本。

在资产投资更新费用规划这个问题上，不同的地铁规划水平差距较大，应提前为资产更新费用做好规划，减少计划以外的巨额投资，平衡支出。行业资产更新费用规划情况如表 5-21 所示。

行业资产更新费用规划情况 表 5-26

时间	1 年	2 ～ 4 年	4 ～ 10 年	10 年以上
数量	2 家	9 家	2 家	2 家

另一方面，预算规划性较强的地铁，其设备日常维修和投资更新费用的构成比规划性较弱的地铁更为合理，特别是在列车、车站设备和供电系统方面，这种合理的结果更为突出。比如，A 地铁列车年度维修费用占年度总维修费用的 28%，列车年度投资更新占年度总投资更新费用的 45%，而 B 地铁列车年度维修费用占年度总维修费用的 46%，列车年度投资更新占年度总投资更新费用的 70%。图 5-26 为不同地铁在投资更新与维修费用支出结果的对比。

参考不同地区的行业数据，建议年度资产更新投资金额不宜超过当年度运营总成本的 31%。

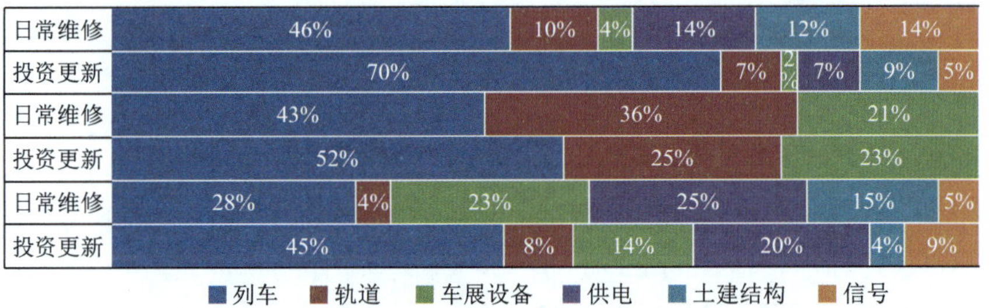

图 5-26 不同地铁在投资更新与维修费用支出结果的对比

在广州地铁一号线资产中，建筑设施资产占比 64%，其次是车辆、变电、轨道线路、信号、通信、接触网、AFC、电扶梯系统，上述 9 类主要行车和客运服务相关设备资产累计占比为 95%，属于地铁运营服务中资产功能和价值的关键资产，是资产更新的重点优先对象。如图 5-27 和表 5-27 所示。

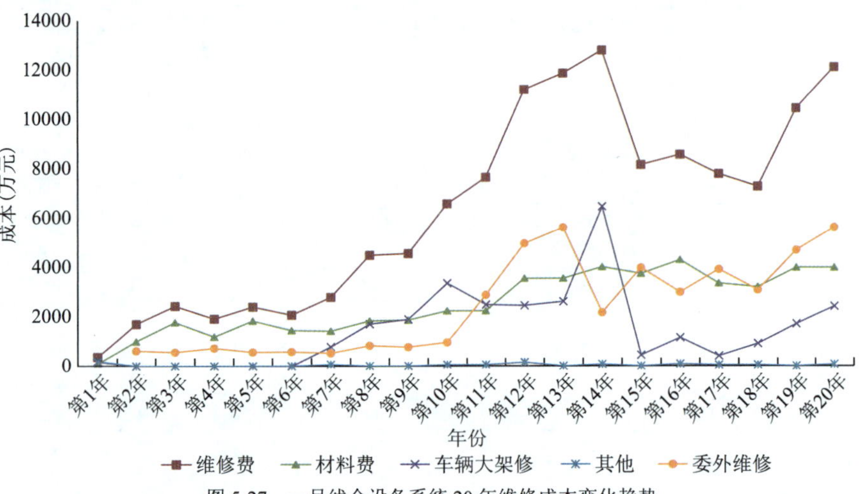

图 5-27 一号线全设备系统 20 年维修成本变化趋势

固定资产类型占比（按专业） 表 5-27

资产类别	占比
房屋构筑物及轨道设施	64.3%
电动客车组	11.7%
供电系统	6.9%

续上表

资产类别	占比
机电系统	6.4%
信号系统	2.98%
通信系统	2.66%
AFC 系统	1.83%
通用设备	1.69%
通信、信号系统	0.59%
PIDS 设备	0.25%
车辆运输设备	0.21%
专用设备	0.20%
通用设备	0.18%
工具及器具	0.11%
办公用具	0.10%
门禁系统	0.10%
电子导引系统	0.01%

从线网资产成新率（净值 / 原值 ×100%）看（表 5-28），不同线路的各专业设备设施资产状态有所不同，总体净值占比为 82%。其中，成新率低于 60% 的资产当次净值约为 97 亿元，成新率介于 60% ～ 75% 的资产原值约为 64 亿元。其中一号线经过 20 多年使用后，资产成新率约 42%。

线网资产成新率统计表 表 5-28

资产成新率	总计 82%	一号线 42%	二号线 64%	三号线 50%	八号线 64%	四号线 93%	五号线 96%	三北线 96.16%	APM 线 99.95%
房建桥隧	94%	77%	95%	89%	89%	98.04%	95.12%	99.33%	99.97%
轨道线路	89%	78%	94%	71%	79%	98.04%	95.12%	99.33%	99.97%
车辆	88%	63%	88%	77%	80%	98.54%	97.31%	99.30%	99.98%
屏蔽门	85%	94%	70%	58%	68%	98.62%	95.12%	99.25%	99.93%
主控	85%	—	—	28%	—	99.14%	99.07%	99.07%	99.96%
AFC	84%	87%	86%	44%	64%	97.63%	92.16%	99.07%	99.96%
给排水	83%	27%	96%	58%	90%	99.22%	95.16%	99.07%	99.96%
门禁	80%	50%	88%	34%	70%	98.77%	99.72%	98.54%	99.93%
清分	79%	57%	76%	23%	84%	93.06%	99.31%	98.54%	99.93%
信号	77%	26%	92%	46%	61%	99.00%	95.13%	99.07%	99.96%
通信	77%	28%	90%	33%	73%	97.29%	97.45%	99.07%	99.96%
电扶梯	76%	29%	73%	46%	68%	99.35%	95.12%	99.25%	99.97%
环控	73%	24%	81%	28%	58%	99.28%	95.12%	99.07%	99.96%
EMCS	71%	27%	28%	56%	71%	94.25%	95.12%	98.54%	99.93%
电力监控	69%	15%	30%	83%	38%	93.09%	95.12%	98.54%	99.93%
低压配电	69%	27%	31%	50%	53%	97.25%	95.16%	99.07%	99.96%
变电	69%	27%	31%	58%	53%	87.82%	96.35%	99.33%	99.93%
FAS	68%	24%	36%	38%	55%	94.44%	98.98%	98.54%	99.93%
接触网	66%	17%	36%	57%	53%	70.83%	92.83%	99.33%	99.93%
气体灭火	64%	26%	26%	33%	33%	94.44%	98.98%	98.54%	99.93%
车务设施	50%	33%	35%	31%	39%	43.37%	79.19%	39.14%	99.90%

注：1. 成新率 = 净值 / 原值 ×100%。□表示成新率低于 60%；□表示成新率低于 75%；□表示成新率低于 85%；□表示成新率为 85% ～ 100%。
2. EMCS- 电力自动化系统；FAS- 火灾报警系统。

通常需要考察企业是否进行了必要的资产更新，因此建议将固定资产成新率作为资产再投资更新合理安排的参照标准之一。广州地铁一、二、三、八号线的资产成新率为 42% ～ 64%，说明资产净值不高，应结合资产当前状态纳入再投资更新的重点研究范围；而三北、四、五、APM 线因运营使用年限在 10 年以内，总体成新率在 90% 以上，资产净值较高，应避免额外的大规模再投资。

以 A1 型车为例，20 多年内日常运维成本（含人工成本和材料成本）整体呈现随年限上涨的趋势，运营公司需要高度关注人力成本波动对总成本影响，如 2008 年、2009 年，广州地铁一号线人工成本因为 2010 年储备新线人员出现较大涨幅；2010 年、2011 年人力成本因储备人员抽调新线又开始出现大幅下降。如图 5-28 所示。

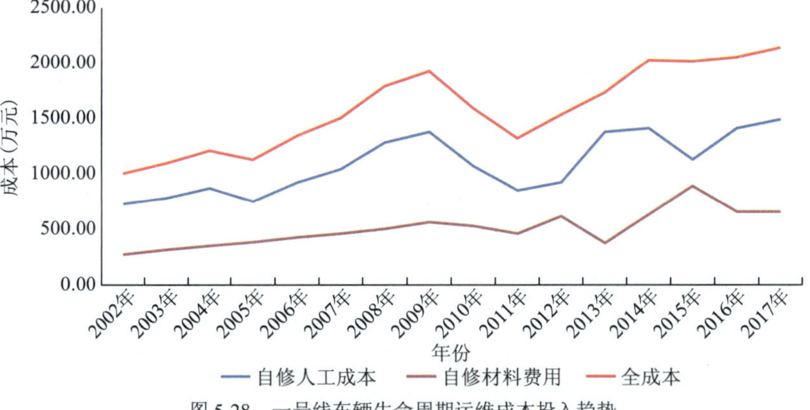

图 5-28　一号线车辆生命周期运维成本投入趋势

除资产成新率这个财务指标外，在实际操作中还需进一步对比新旧线路设备设施性能状态，对功能定位不同的设备设施系统，找出其资产状态变化特征，确定差异化的更新策略。

对于广州地铁运营年限较久的线路和较短的新线路，这两组不同使用年限跨度的设备设施故障总数与成新率之间的关系为：

①高价值资产，成新率变化与故障量成正比（但房建、信号系统例外，变电和接触网系统始终表现可靠）。

②低价值资产，成新率变化与故障量不成正比。

广州市轨道交通线网资产成新率与故障总量对比统计见表 5-29。

广州市轨道交通线网资产成新率与故障总量对比统计表　　表 5-29

设备系统	一、二、三、八号线		三北、四、五、APM 线	
	成新率	故障总数（件）	成新率	故障总数（件）
房建桥隧	88%	621	98%	875
车辆	77%	1841	99%	1097
变电	42%	25	96%	26
轨道线路	81%	43	98%	6
信号	56%	821	98%	1613
通信	56%	2483	98%	1006
接触网	41%	3	91%	2
AFC	70%	99469	97%	40157

续上表

设备系统	一、二、三、八号线		三北、四、五、APM 线	
	成新率	故障总数(件)	成新率	故障总数(件)
电扶梯	54%	569	98%	303
环控	48%	108	98%	90
屏蔽门	73%	418	98%	251
低压配电	40%	1219	98%	255
给排水	68%	109	98%	170
EMCS	46%	27	97%	37
气体灭火	29%	13	98%	67
主控	28%	26	99%	68
FAS	38%	82	98%	237
电力监控	42%	10	97%	14
门禁	60%	1634	99%	721

将成新率与故障量绘制成散点图（图 5-29），进行全局比照，可以发现：通信系统和车辆系统的故障量随运营年限增加，增长明显，建议采取状态修与预防性维修相结合的维修机制，严格按照年限实施中大(架)修整体更新。

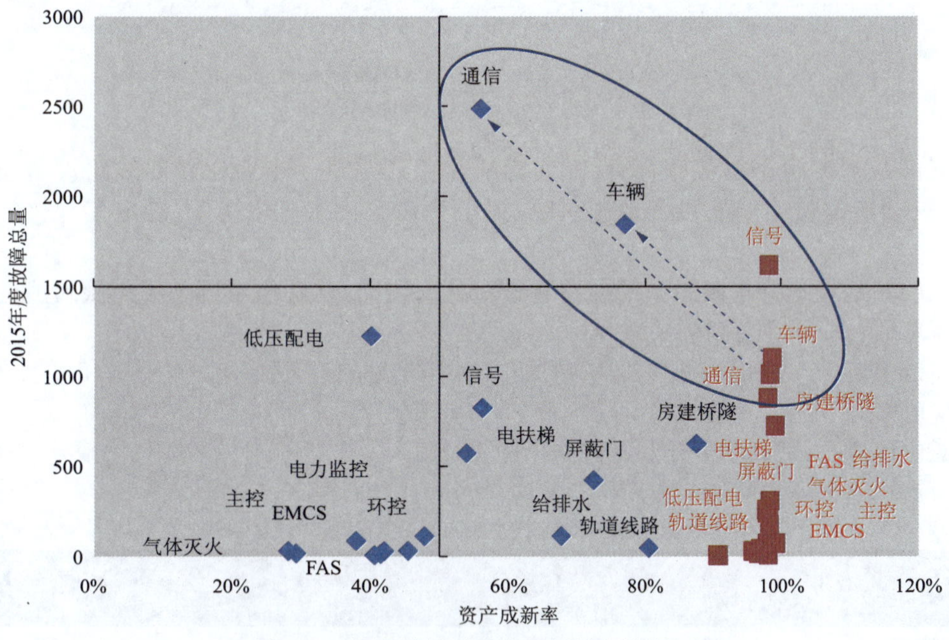

图 5-29　不同年限的通信和车辆成新率与故障量对照

对于信号、电扶梯、屏蔽门、给排水、轨道系统，总体表现为随着运营年限增加，故障量增长趋势相对平衡(图 5-30)，建议考虑服务安全与成本效益，采取以价值为导向的预防性维修机制，分阶段、分批量实施更新。

对于机电系统(环控、低压配电)和自动化系统(主控、车站监控、电力监控、FAS 和气体灭火)，总体表现为随着运营年限增加，故障量表现基本相近(图 5-31)。建议考虑成本效益，采取以事后维修为主的维修机制，以专项修局部小范围更新为主。

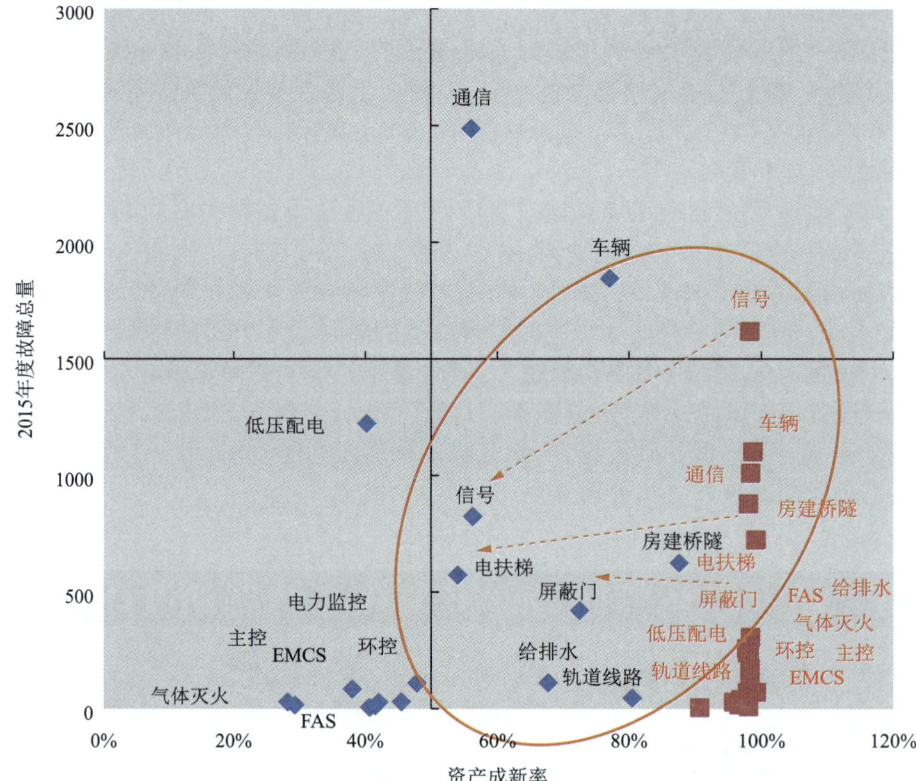

图 5-30　不同年限的信号、电扶梯、屏蔽门、给排水、轨道系统成新率与故障量对照

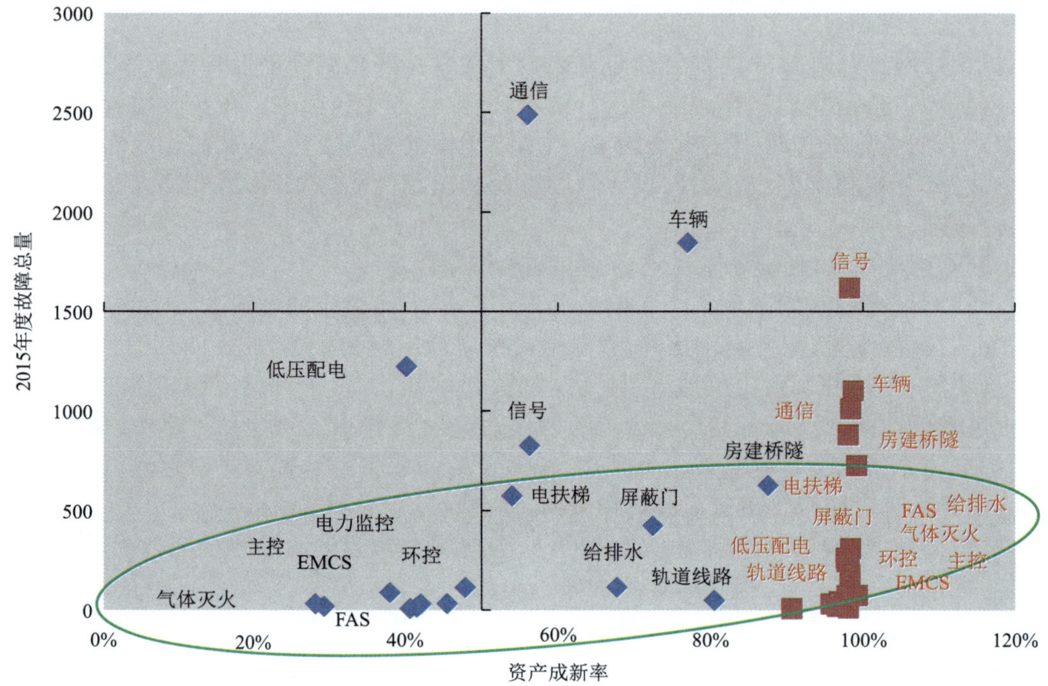

图 5-31　不同年限的机电和自动化系统成新率与故障量对照

一般而言，城市轨道交通线路从规划到开通一般需要经历 5 ～ 8 年不等的时间，期间的挑战和机遇并存。新线建设项目从项目行为来说属于工程建设行为，但从另一角度深层次来看，新线建设项目也是发展战略落地的平台，以往由于客观条件无法获得政府或权威部门认可的想法和变革，可以借助新线建设再次提出，促成战略落地，为城市轨道交通长期运营奠定良好基础。

城市轨道交通运营企业应在规划建设阶段就建立系统设备全生命周期的成本概念，即从设计、制造、投用、维修维护、改造、更新，直至报废的全过程进行成本管控。建立设备全生命周期理念后，可以减少或消除设备故障率、缩短故障所导致的停机时间，逐步实现投入最小化、效益最大化、提高设备劳动生产率的管理综合目标。设备作为企业的主要生产工具，维修成本自然成为运营成本的主要构成之一，因此要建立全生命周期成本，首先需要区分设备保养成本和设备更新改造成本，区分在不同运营阶段下的维修成本投入的特点，区分不同设备类型的设备（车辆、线网基础设施）的维修成本标准之间的差别，这一点将有利于进一步建立设备全生命周期的维修成本管理体系。

5.4 建立以运营服务标准为核心的规划设计理念

5.4.1 概述

站在粤港澳大湾区及城市群、都市圈建设发展的历史关口，必须突破传统的规划理念制约，以区域一体化背景下乘客服务同质化为规划目标，推进城市轨道交通规划工作，必须树立全生命周期的“运营就是用户”的理念，搭建以乘客服务为目的，以保证运营安全、提高运营效率、降低运营成本为目标的规划设计指标体系。如图 5-32 所示。

认识大线网运营规律的根本目标是将来自于运营实践总结中的运营需求和服务指标，分解落实到城市轨道交通前期规划、设计、施工、验收等各个环节中。在实际的规划建设过程中，以运营服务标准作为重要考量因素，从网络化运营的角度出发，超前一次性做好总体规划，分线路、分步骤实施；从规划、设计阶段做好相关预留和控制，为后期建设及运营期的效果奠定基础。

（1）基于构建高效、便捷轨道交通运输网络的规划理念

城市轨道交通系统的本质是为了响应交通出行需求而建设的运输基础设施，必须从网络化运营的角度和运营服务需求出发，以服务人民群众出行为根本目标。宏观上看，出行时间是社会生产、生活必须付出的成本，轨道交通作为承载百万、千万级日均客流的大运输系统，提供高效便捷的网络服务能为社会节约巨大的时间成本、提高社会生产效率；微观上看，城市轨道交通系统作为运输市场的竞争者，高效便捷的服务能够提高其在运输市场中的竞争能力，提高乘客对城市轨道交通的选择倾向，提高轨道交通的客流效益。

为打造高效、便捷的城市轨道交通线网，应当使城市轨道交通线网与城市空间形态、主要客流走廊的分布相吻合，提高沿客流主导方向的直达客流联系，降低线网的换乘系数；线路应当布设在城市主要客流走廊上；系统选型满足时空目标要求、运力充裕有弹性，并具备合理的服务水平；提高换乘设施的便捷性，增强综合交通的一体化设计，重视城市轨道交通与综合枢纽的同步规划，加强城市轨道交通出行链起终点端“最后一千米”的接驳规划。

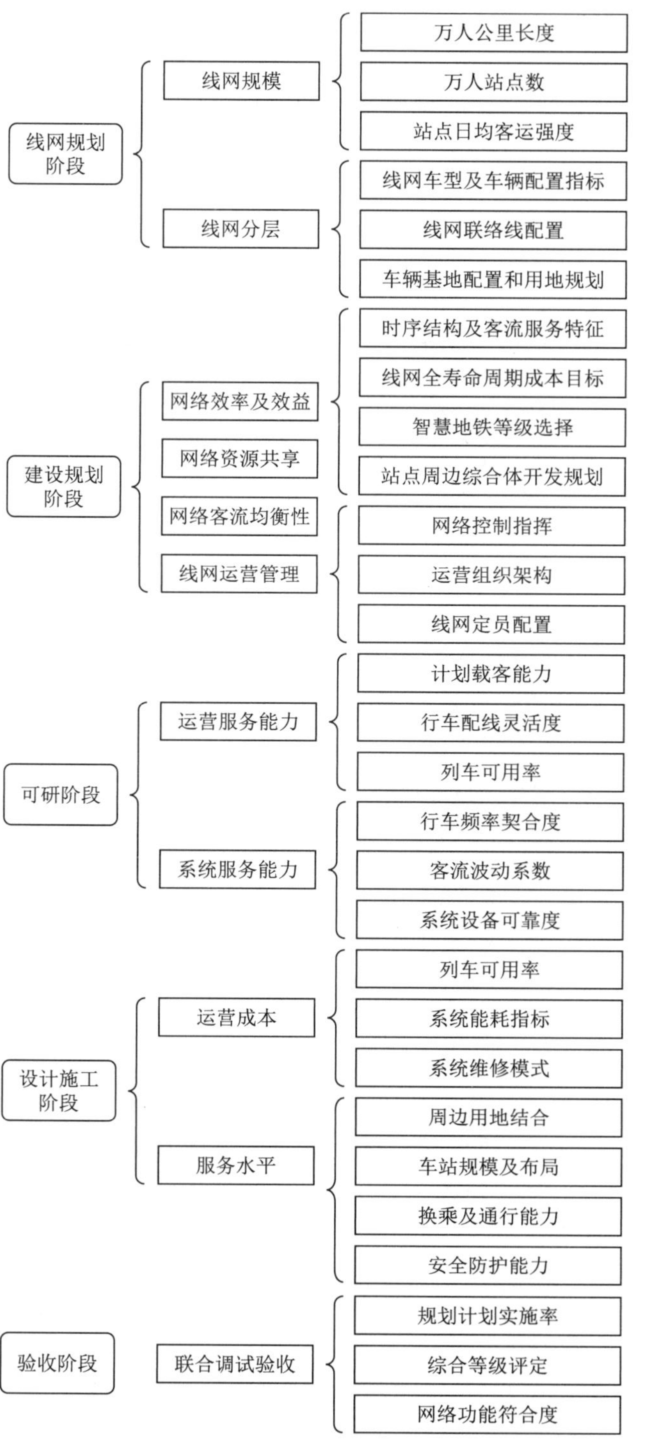

图 5-32　运营服务需求及指标分解示意图

(2)基于区域一体化、多网融合、高效衔接的规划理念

新时代里，传统行政边界已无法包络单个城市的发展生长的社会活动需求，经济发达地区慢慢朝着城市群体系发展演化。轨道交通系统从“城市”向“区域”、从“交通配合”向“功能整

合”的深入发展等规划命题的重要性不断提升，区域轨道交通的规划应适应“单点、单区域”向“多区域、多中心”的规划转变。规划应重新思考区域轨道交通的规划原则、规划目标、规划时空要求；积极开展城市间线网、城市地铁网与城际网互联互通规划研究，完善高速度等级的市域线网，满足区域一体化对时间、空间的要求；创新跨区域、跨层级轨道交通的立项、投资、建设、运营、经营等管理方式，为区域性的轨道交通网络提供完善的规划、建设、运营体系。

（3）基于与城市发展战略相协调的规划理念

城市轨道交通发展的目标、必要性、可能性都基于城市发展对于轨道交通提出的发展需求。城市轨道交通的效能是否满足社会经济的需要、对社会经济产生什么样的影响、是否支撑城市的规划发展是城市轨道交通规划必须回答的问题。城市的现状和规划战略、发展目标对城市轨道交通的规模、结构、功能定位、系统配置提出了具体的要求，也是城市轨道交通规划的重点研究问题。城市轨道交通规划与城市发展战略相协调，是决定城市轨道交通规划和实施的关键因素。

（4）基于城市交通主体地位、打造一体化运输体系的规划理念

我国各大城市大多选择坚持公共交通优先的城市交通发展战略，积极发展多层次公共交通。城市轨道交通在大城市的公共交通系统中处于主体地位，是城市最重要的公交运输系统。城市轨道交通在城市综合交通中处于“承上启下”的地位，应充分发挥轨道交通的大运量集散作用，加强城市轨道交通与航空、国家铁路等综合交通枢纽的同步规划、提高城市轨道交通与市域（郊）铁路的衔接效率、强化城市轨道交通出行终点端的交通接驳能力，实现城市综合交通运输体系的一体化构建。

（5）基于规范有序、可持续发展的规划理念

应坚持科学编制城市轨道交通规划，有序推进项目建设，确保城市轨道交通发展规模与实际需求相匹配、建设节奏与支撑能力相适应，实现规范有序、持续健康发展。规划过程中应坚持多规衔接，加强城市轨道交通规划与城市规划、综合交通体系规划等的相互协调，集约、节约做好沿线土地、空间等统筹利用，提升线网的客流效益，发挥轨道交通对城市交通运输发展的支撑引导作用，建立交通与土地利用相协调的发展机制，确保城市轨道交通系统的可持续运营。

（6）基于资源共享、成本节约的规划理念

城市轨道交通具有很强的公益性属性，世界各国的城市轨道交通基本上都依靠政府补贴、扶持来维持运营，巨额的运营维护费是政府财政开支的巨大负担，也是大规模运营线网所面临的重要课题。随着城市轨道交通线网的不断发展完善，从单线规划到网络化的转变要求、从以地铁为主的结构形式到“一张网、多模式”的网络结构要求、多模式下的城市轨道交通线网以及城市之间轨道交通线网互联互通要求等背景下，对线网车辆基地设施、设备及系统的规划提出更高的要求。因此，应从城市轨道交通线网互联互通出发，结合线网既有情况分析，开展车辆基地资源共享研究，以实现线网互联互通下的车辆检修设施、设备规划的系统性、协调性、统一性和合理性，实现对资源的有效整合，降低建设投资和运营成本，集约用地，引导城市轨道交通建设持续健康发展。

5.4.2 城市轨道交通规划的需求

1）适应区域轨道交通一体化的规划原则、规划目标、规划时空需求

通过对东京、纽约、伦敦和巴黎四大都市圈的比较研究发现，四大都市圈呈现出圈层

式空间形态（图 5-33）。根据土地开发强度和交通影响范围可以分为四个圈层，由内向外依次为 CBD（1 区）、中心城（2 区，城市密集开发的中心地区）、中心城外围区（3 区，中心城的外围地区，也是通勤范围）、都市圈远郊区（4 区，市域外通勤区域）和都市圈可辐射地区（5 区，接受中心城市辐射的地区）。中心城（1 区和 2 区）一般在半径 5 ～ 15 km，中心城外围区的范围约在半径 15 ～ 30 km，最外围的都市圈辐射区可以达到 70 ～ 150 km。围绕中心城区，都市圈外围区和辐射地区沿着若干条主要发射状发展轴线进行较为集中的用地开发，进而形成不同等级的次级中心，并与中心城一起，形成圈层式多中心空间结构。表 5-30 为国际大都市圈层式空间形态特征。

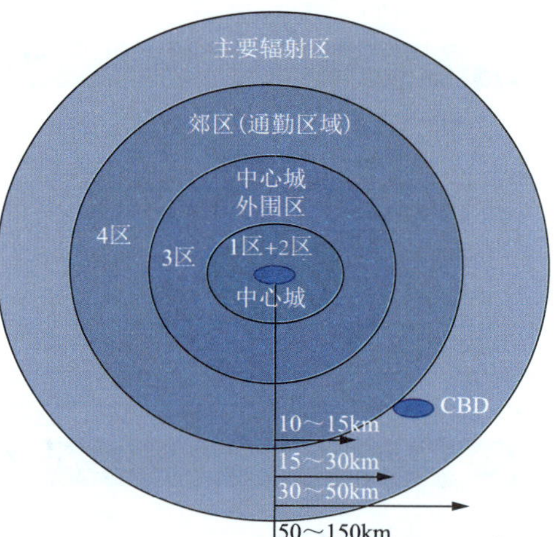

图 5-33　国际大都市圈圈层结构

国际大都市圈层式空间形态特征　　表 5-30

圈层		伦敦	纽约	巴黎	东京	距离中心半径(km)
1 区 +2 区	中心城（集中城市化地区）	10	8	5	15	5 ～ 15
3 区	中心城外围区	25	15	15	30	15 ～ 30
4 区	远郊	48	45	60	50	45 ～ 60
5 区	主要辐射地区	70	150	70	100	70 ～ 150

考察国际上四大都市圈发展历程可以发现，随着都市圈发展成熟，中心城区和放射性发展轴线上的交通需求逐渐增加，并成为都市圈的关键交通问题。面对巨大的交通需求，四大都市圈都采取了轨道交通为主体的交通发展模式。在中心城区，布设密集的地铁线网，满足中心城高密度开发需求，为保持中心城的集聚能力，提供交通基础设施条件。在围绕中心城的放射状轴线上，布设高速铁路、通勤铁路、城际轨道等多种类型的轨道交通，服务重点也逐渐由满足城市间公务和休闲交通联系为主，向重点服务通勤交通转变。四大都市圈在通过发达的轨道交通网联系都市圈核心区与外围区，在服务通勤客流需求的同时，带动了轨道沿线用地的发展，引导各圈层内次级中心的形成。

以粤港澳大湾区为例，2019 年 2 月 18 日，经党中央、国务院，同意正式发布《粤港澳大湾区发展规划纲要》。《粤港澳大湾区发展规划纲要》提出构建现代化的综合运输体系，构筑大湾区快速交通网络。以连通内地与港澳以及珠江口东西两岸为重点，构建以高速铁路、城际铁路和高等级公路为主体的城际快速交通网络，力争实现大湾区主要城市间 1 小时通达，促进人员、物资高效便捷流动。大湾区主要城市情况、世界主要湾区情况见表 5-31、表 5-32。

大湾区主要城市情况一览表　　表 5-31

城市	人口(万人)	面积(km^2)	地区生产总值(亿美元)
广州	1404	7436	2846
深圳	1190	2007	2830
惠州	478	11159	495
东莞	825	2512	991
佛山	750	3875	1253

续上表

城　市	人口(万人)	面积(km^2)	地区生产总值(亿美元)
肇庆	406	15006	302
中山	323	1770	464
江门	454	9554	348
珠海	168	1696	323
香港	737	1104	3193
澳门	64	29.2	447

世界主要湾区情况对比表 表 5-32

参数	东京湾区	纽约湾区	旧金山湾区	粤港澳湾区
人口(万人)	4400	2340	765	6705
面积(km^2)	36800	21500	16700	56000
城市轨道总长(km)	304	394	260	1029
区域轨道总长(km)	2691	1800	180	2024
轨道线网总长(城市轨道＋区域铁路)	2995	2194	440	3053
万人线网里程(km)	0.68	0.94	0.58	0.46

为实现区域轨道交通一体化，相对于单个城市轨道交通网规划时期，目前的规划理念应适应如下调整。

(1)适应区域一体化线网的服务范围和时空目标要求

随着社会经济活动范围的不断扩大和人民日益增长的出行品质需求，我国城市轨道交通规划设计工作已经历了"市区到市域"的发展，逐渐向着"从市域到区域"深化演变。

城市轨道交通需要实现"从市域到区域"的发展，最直接的影响就是城市轨道交通线网覆盖的空间尺度的急剧提升。同时，随着我国社会经济的不断发展，社会时间价值随之提升，市民对交通出行时间成本的考量愈发重要。因此，构建覆盖更大范围的城市轨道交通线网，并有效保证线网上出行的时效性是区域轨道交通规划所必须面对的问题。

为满足区域出行时空目标的发展要求，克服城市空间距离，城市轨道交通线网中必然会出现高速度、新制式的运输系统。如为了构建南沙与广州母城间半小时通道的高速通道，广州地铁十八号线、二十二号线设计速度采用 160km/h，将直线距离广州中心城区 40km 以上的南沙自贸区纳入广州半小时出行范围，极大提高了南沙副中心的区位优势。

随着城市辐射范围的不断扩大，城市轨道交通规划范围和功能层次的复杂度都将显著发展，高速制式轨道交通快线、跨行政区域线路、灵活的运营组织模式等新理念、新系统、新方法将会逐步进入城市轨道交通规划运营的视野中。

广州市轨道交通服务范围变化趋势如图 5-34 所示。

(2)区域多层次的线网融合

为支撑国家及城市发展战略，贯彻新发展理念，顺应区域轨道一体化的发展趋势，在轨道交通层面，为支撑城市群结构融合、经济分布与产业关系整合，保障社会经济资源要素的快速合理流动，区域轨道交通将可能形成如下层级的功能分配。

高铁：作为大湾区对外辐射和两极中各核心间直接联系的重要方式，需满足核心区之间半小时出行需求，衔接陆港、空港、海港。

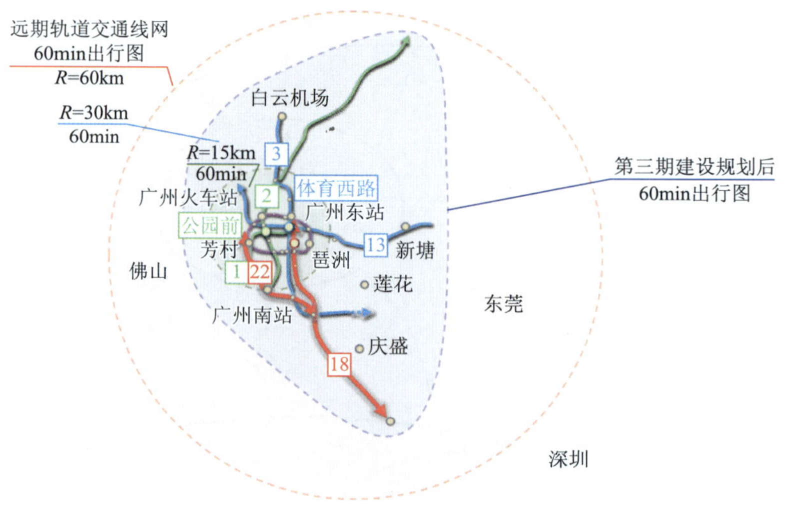

图 5-34　广州市轨道交通服务范围变化趋势示意图

城际铁路：满足大湾区各核心区域与周边区域 45 ～ 60min 的功能需求，同时需提升服务水平，尤其是服务频率和服务方式。

区（市）域轨道交通：在满足原市域出行要求的同时，需重点解决相邻城市与区域核心之间的连通性，成为各城市原有城市轨道交通线网融合的基础，继而形成连接区域重要节点的骨干网络，是实现重要节点间 30 ～ 45min 出行时间控制的最重要方式。

城市网：实现原各城市综合交通目标的主体方式。

城市群轨道交通发展的重点将是构建区域轨道交通网络，突显其为基础的城市群机场枢纽、交通枢纽连接的双重要求。区域轨道交通与高铁、城际、城市地铁间的承接与分工关系处理，继而形成区域轨道交通网络的互联互通机制、技术选型、资源共享、服务共享、区域管理等一系列的重大变革。

（3）便捷的线网衔接、运营设施互联互通，实现协同运输

随着城市群体系的发展与区域轨道交通一体化的推进，城市轨道交通线网互联互通、城际轨道交通线网互联互通将成为未来的发展趋势。

由于实施主体不同、管理主体不同，沿用过去的管理方式已无法适应，必须提前组织开展城市轨道交通线网及城市地铁网、城际网之间互联互通的管辖权规划研究、投资及资产管理模式研究、票制及票务体系研究、运营维修维护管理模式研究、建设管理模式研究等，为互联互通做好管理准备，真正做到“规划一张图、布局一张网、联通一串城、运行一张表、出行一张票”。协同运输体系如图 5-35 所示。

（4）区域性轨道交通资源共享

①跨区域车辆基地资源共享的需求。随着城市轨道交通线网的不断发展完善，从单线规划到网络化的转变要求、从以地铁为主的结构形式到“一张网、多模式”的网络结构要求、多模式下的城市轨道交通线网以及城市之间轨道交通线网互联互通要求等背景下，对线网车辆基地设施、设备及系统的规划提出更高的要求。因此从城市轨道交通线网互联互通出发，结合线网既有情况分析，开展车辆基地资源共享研究，以实现线网互联互通下的车辆检修设施、设备规划的系统性、协调性、统一性和合理性，实现对资源的有效整合，降低建设投

资和运营成本，集约用地，引导城市轨道交通建设持续健康发展具有重要意义。

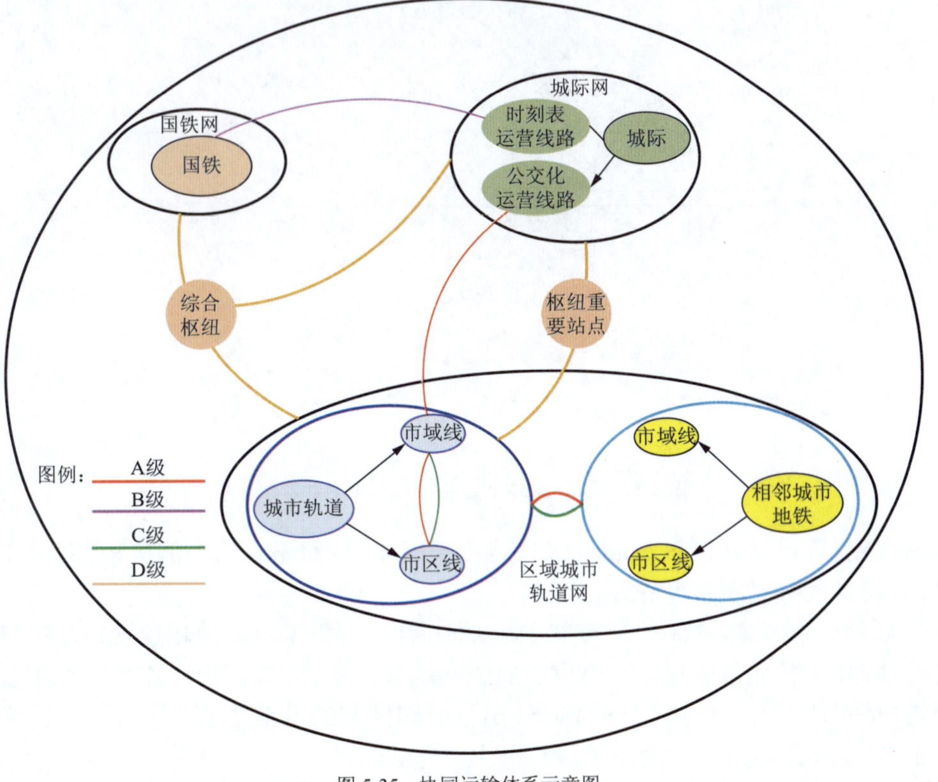

图 5-35 协同运输体系示意图

区域线网车辆基地规划资源共享规划需求如下。

a. 统一相同系统制式的车辆检修制度。检修制度主要包含车辆的修程、检修周期以及检修内容三个基本要素，统一检修制度有利于实现区域车辆基地检修设施设备的配置标准化、均衡化利用。

b. 大、架修车辆基地宜多线资源共享。应结合区域既有车辆大架修模式及大架修综合维修基地布置情况，综合比选车辆大架修合修制、分修制的适用性，确定区域车辆检修资源共享制式。

c. 定修及以下车辆基地宜各线独立设置。对于周月检、临修等列车日常维护设施，其设施的投资较低而利用率一般较高，而且占用每日的运营时间及检修周期也较短。如在轨道交通线网中共享这些设施，由于大批量的列车转运会造成线路与线路间的干扰，不但会增加运营成本，同时也给运营组织计划带来不便，干扰正常的运营。

d. 车辆基地布局规划及共址合建。对于跨区域的轨道交通线路，应结合线路长度、建设时序、行车需求等特点，从全线角度出发，合理配置段场数量、优化段场分布位置，以提高运营组织效率。在用地条件具备的情况下，可在几条线路的交会处设置车辆基地，几条线的运用设施设置在一块用地内实现共用的办公、生活实施的资源共享。

e. 做好线网联络线规划统筹设置。应结合线网车辆检修转运、多线共用的大型工程车调配转运及物资设备运输通道等需求，对线网各线之间联络线设置进行统筹规划，为区域线网车辆基地资源共享及互联互通提供条件。

②区域化的轨道交通互联互通技术体系需求。在城市间地铁线网互联互通、地铁网与城际线网互联互通的研究中，需从线网关系研究、管辖权规划（含安保、消防、警务、运营管理、应急指挥等）、系统制式等资源共享规划、票务清分规则和区域清分设施规划、运输组织、信息互联互通、设备设施维护维修、安全应急处理等方面取得突破，解决互联互通的技术障碍，建立互联互通的技术规则，完善互联互通的技术体系。

在区域管理及服务的技术路径上，结合当前“云计算”等新兴网络信息技术，研究建立区域轨道云计算中心，建立区域票务清分平台、区域资产管理平台、区域运营管理平台、区域应急指挥平台等云计算平台，各城市地铁、城际地铁建立独立的私有云计算中心，实现区域内轨道交通各相关系统信息的共享，并按照制定好的规则运行，为区域轨道一体化做好技术准备。

③区域轨道交通线网设施设备的规划需求。在统一技术标准条件下，区域内互联互通线路所采用的设备应尽量使用统一的技术标准和制式，便于不同线路设备之间的信息交互，降低各线路设备互联互通的技术障碍。

城市群各城市轨道交通（互联互通）清分系统宜采用统一的线网技术标准、统一的安全密钥体系、统一的清分规则、相似的单程票票务管理、相似的服务界面、统一的票价规则。并应研究建立城际清分中心、各城市清分中心的分级体系，实现票务收入、客流数据、统计报表等相关信息的互通。

研究区域内统一的系统制式，按照互联互通标准逐步推进线路工程建设，实现跨市线路的无缝衔接、贯通运营。统一 ATC 信号设备和基础信号设备选型，推进和实现检修、维修、培训设备及人员的互补和共享，促进信号系统跨市融合。

研究统一区域内相同系统制式的维护维修技术标准和检修制度，便于设备维修维护的相互支持、资源互补。

2）满足市民对美好生活品质日益增长的追求，解决轨道交通发展不充分、不平衡的问题的需求

随着社会文明的提升与进步，出行品质的重要性在运输产品的规划中更加重要，经过多年的线网建设、运营及客流培育，已有轨道交通的发展不平衡、不充分的问题也逐步显现。如广州市轨道交通线网工作日客流潮汐现象突出，高峰期进出核心城区的断面客流压力大，工作日早高峰三、三北、五号线运高峰 30min 列车满载均超 120%，沿线大部分车站高峰期常态化客流控制，市民出行的感受较差。为提高乘客出行的舒适水平，降低运营压力，未来的轨道交通规划工作应当关注市民对出行品质不断增长的需求，并着力解决既有线网已经显现的问题。

随着各城市线网客流的快速增长及市民出行需求的多样化，实际运营中单一运输组织方式已无法满足运输需求。规划工作中，应充分研究灵活多样的运营模式，以满足不同群体的出行需求，应对线网中运输需求不均衡的问题。广州普遍采取不均衡运输组织方式；二号线、四号线、六号线先后实施了大小交路，其中四号线、六号线还通过“大小交路 + 不均衡运输”多种行车组织方式混合使用的手段来缓解运力和运量之间的矛盾；四是三号线、四号线、五号线在工作日高峰期及线网在节假日大客流期间实施空车定点投放等，有效缓解了高峰拥挤情况。

经济发展带来了社会活跃时间的增加，节假日、重大活动期间适当延长重要线路的运营服务时间、探索 24h 长时运营的运营方案，轨道交通运营规划也需不断响应社会发

展的需求。

3）实现轨道交通成本节约、城市综合效益提升的可持续发展需求

城市轨道交通具有公益性的属性，世界各国的城市轨道交通基本上都依靠政府补贴、扶持来维持运营，巨额的运营维护费用已成为政府财政开支的巨大负担，也是大规模运营线网所面临的重要课题。

城市轨道交通运营成本包括：运营中各项能耗产生的电费、设备系统及基础设施的更新及维护费用、人员工资及相关支出、运营综合管理费用等。人员工资及相关费用约占四成至一半以上，运营维护与更新成本约占两成，各项能耗电费、综合管理费用约占四分之一。在不断提升服务水平的要求下，“开源节流”是成本领先战略的核心。应用智能化、信息化等高效及创新技术，实现运营维护模式变化，达到人员精简，建立科学合理岗位用人机制，降低运营管理费用，提高劳动生产效率，控制人工成本。

以政府主导、企业参与、市场化运作，将“产业+TOD引导+城轨交通”纳入市、区规划，建设共同设计、共同开发，实现土地一级/二级开发成本降低，包括拆迁安置、资源使用等共效成本的下降。确立实践建设为运营服务的理念，满足乘客的人性化需求，建立运维标准体系并把运营贯穿于规划设计和建设施工的全过程，以下游需求推动上游的发展。一是提升线网规划和建设的前瞻性和科学性。在线网规划之初，从长期运营角度出发，避免运营后的二次改造。二是加强技术标准研究，开发兼容通用的设施设备标准接口，促进资源集约利用。三是建设思路由传统的单线分散式向网络集约式、智慧化转变，推进网络资源的互通和共享。

4）构建绿色、环保、低能耗的城市轨道交通运输系统的需求

规划过程中充分考虑地铁全生命周期过程中的节能理念，从规划层面去挖掘节能潜力、环保潜力，打造绿色地铁、低碳地铁。促进轨道交通系统的健康可持续发展。如选线过程中尽量保持线形顺直、优化线路长度，避免小半径、大偏角曲线的线路路由，使列车运行顺畅，降低能耗；线站位规划时，应重视轨道交通设施与环境敏感位置的关系；车辆基地选址时，尽量避免远离正线，减少列车空走距离；车站、车辆基地选址时，应注意选址周边地形地貌和城市环境避免项目实施时对既有地貌产生较大的施工改造。

5.4.3 城市轨道交通规划的实施

轨道交通的实施，要本着“适度超前、合理负债、效益优先、从容建设”的总体要求，尊重轨道交通发展的客观规律，量力而行、严控风险。

首先要提高轨道交通的综合效益。选取符合城市总体规划、综合交通战略规划实施的建设项目，选择适宜的轨道交通系统制式和敷设方式；重视城市轨道交通线网的客流效益，优先考虑建设与国家干线铁路、区域城际轨道、区域交通衔接的线路，加强对客流密集区域覆盖及交通一体化；重视线网换乘关系，提高乘客出行的便捷性。协调中心区线路和外围TOD线路的建设时序关系，匹配TOD线路沿线的规划、土地同步开发、产业聚集等要素，集约节约做好沿线土地、空间统筹利用。

其次要量力而行、分期有序建设轨道交通线路。合理把握建设规模和建设节奏，确保轨道交通的建设与城市发展水平相适应，强化项目建设和运营资金的保障；根据城市规划、客运量等因素，合理选择线路的起终点、长度和分期实施时序。

要重视城市轨道交通规划阶段的建设用地控制和实施性研究。加强规划前期线路沿线用地控制，为轨道交通建设充分预留用地，并落实到城市规划管理体系中，实现城市用地与轨道交通的有机结合；重大控制性工程，应加强与相关管理部门的沟通协调，落实工程方案的可行性，避免项目实施期间发生较大的变化。

5.4.4　城市轨道交通规划的效益

城市轨道交通通过发挥城市空间塑造、功能资源配置、产业发展引导等作用，与城市产业和空间紧密互动，是城市空间布局、经济活动、市民生活的黏合剂和催化剂。我国目前进入轨道交通建设全面提速的时期，轨道交通在持续带来可量化的社会经济效益的同时，还将在优化城市空间、带动产业发展、提升民生福祉等方面发挥重要作用，成为推动城市国际化、现代化进程的重要资源。

1）交通效益

城市轨道交通具有速度快、运量大、准时性好、安全系数高的特性，在城市综合交通竞争中，尤其在通勤客流竞争中具有极大优势。因城市轨道交通系统采用封闭系统，不占用道路资源，对于城市交通空间资源的节约效果也十分显著。城市轨道交通系统的交通效益主要体现在以下几方面。

（1）肩负城市大客流的运输任务

我国大型城市普遍选择了公共交通优先发展的交通发展战略，城市轨道交通因其系统特点，被定位为公共交通的骨干系统，承担了城市主要公交出行需求的运输任务。我国主要城市公交分担率对比见表 5-33。

我国主要城市公交分担率对比　　表 5-33

城市	北京（六环内）	上海	深圳	广州
现状年限	2017 年	2017 年	2016 年	2017 年
公交出行分担率	53.3%	40.4%	38%	48.7%
轨道占公交比例	40%	46%	35%	43.7%

（2）出行时间节约效益

城市轨道交通相较地面交通有速度快、准时性好的优势，乘客利用轨道交通出行所节约的时间，用于工作可创作新的社会价值，用于闲暇可促进消费，提升生活品质、提高劳动效率。

（3）安全性效益

城市轨道交通是全封闭的运输系统，安全性远高于地面交通，直接降低了社会运输中交通事故发生的频次，降低了人员和财产损失。

（4）轨道交通运营收入

城市轨道交通作为城市公共交通的骨干，是城市重要的“发展线”“经济线”。除能优化城市空间布局，促进沿线地区相关产业的发展外，还能给运营方带来可观的经济效益。轨道交通的运营收入效益主要包括票务收入效益、多种经营收入（物业开发、广告收入等）。

广州地铁 2018 年全年收入为 91 亿元，其中全年实现运营收入 49.94 亿元，多种经营收入 40.89 亿元。广州地铁与香港地铁、深圳地铁的业务对比如图 5-36 所示。2018 年国内部分城市地铁运营收入利润见表 5-34。

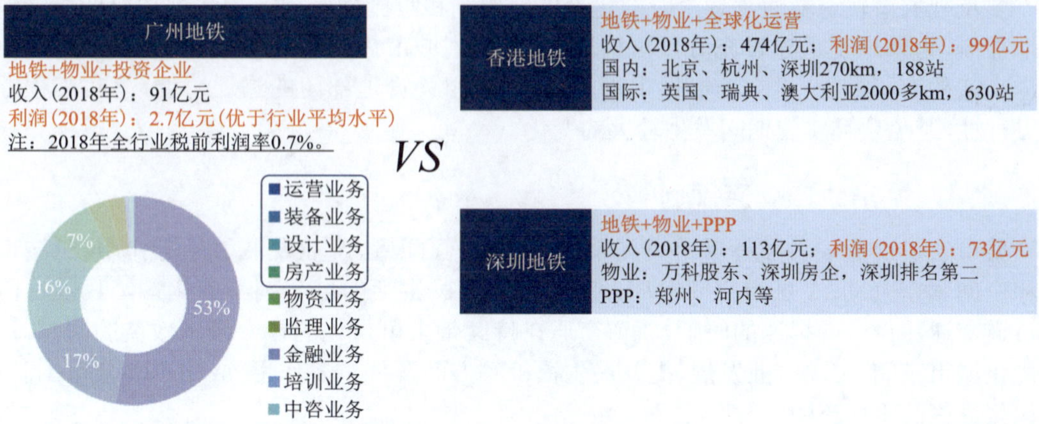

广州地铁
地铁+物业+投资企业
收入(2018年)：91亿元
利润(2018年)：2.7亿元(优于行业平均水平)
注：2018年全行业税前利润率0.7%。

VS

香港地铁
地铁+物业+全球化运营
收入(2018年)：474亿元；利润(2018年)：99亿元
国内：北京、杭州、深圳270km，188站
国际：英国、瑞典、澳大利亚2000多km，630站

深圳地铁
地铁+物业+PPP
收入(2018年)：113亿元；利润(2018年)：73亿元
物业：万科股东、深圳房企，深圳排名第二
PPP：郑州、河内等

7%
16%
53%
17%
运营业务
装备业务
设计业务
房产业务
物资业务
监理业务
金融业务
培训业务
中咨业务

图 5-36 广州地铁与香港地铁、深圳地铁业务对比

2018 年国内部分城市地铁运营收入利润一览表(单位:亿元) 表 5-34

序号	城市	营收	净利润	与日常活动相关的政府补助
1	深圳地铁	113.48	72.49	0.51
2	武汉地铁	102.55	14.36	2.54
3	广州地铁	90.83	1.84	17.30
4	杭州地铁	48.40	7.18	3.47
5	长沙轨道交通	38.59	2.93	13.77
6	成都轨道交通	31.49	0.49	0.84
7	南京地铁	21.64	2.21	20.12
8	天津轨道交通	19.81	4.89	8.40
9	西安轨道交通	18.57	0.26	10.30
10	南宁轨道交通	17.61	2.19	3.18
11	宁波轨道交通	11.77	0.20	22.36
12	沈阳地铁	10.73	-1.47	0.74
13	南昌轨道交通	8.08	10.12	9.23
14	苏州轨道交通	7.08	-0.0048	28.77
15	青岛地铁	6.34	0.78	9.71
16	长春轨道交通	4.29	7.84	15.50
17	厦门轨道交通	3.36	14.19	4.19
18	贵阳轨道交通	2.90	2.62	2.50
19	济南轨道交通	0.63	0.42	0.07

2)社会效益

城市轨道交通的运量大、可靠性高、速度快、节能环保、节约土地等特点，决定了其在城市中成为主要客运走廊的地位、成为城市发展的“骨架”。城市轨道交通还产生巨大的社会效益。

(1)支持城市战略定位、城市功能的实现、促进区域经济一体化

城市轨道交通系统在城市综合交通体系中的地位举足轻重，对城市的战略规划、社会经济发展目标、城市建设发展目标、城市交通发展目标都有重要的影响，对综合交通体系的构

建、城市结构的发展、促进区域经济一体化都有长远的意义。

（2）带动城市结构发展，驱动城市活力

轨道交通系统建成后，可以改善整个沿线组团的出行质量、经济流动性乃至居民的生活质量。交通出行条件的改善将极大提升轨道交通沿线土地的使用价值，对于盘活城市用地，吸引人群聚集有显著效应。如广佛线联通广州、佛山两地，线路由佛山城市核心区向西北直接进入广州行政管辖范围，并与广州地铁一号线、二号线、八号线等线路便捷换乘。自广佛线动工以来，十余年时间里，佛山段沿线开发不断取得成效，城市面貌显著发展，站点周边开发密度逐渐提高，沿线经济活动日渐繁荣，本线客流效益日益增长。如图 5-37 所示。

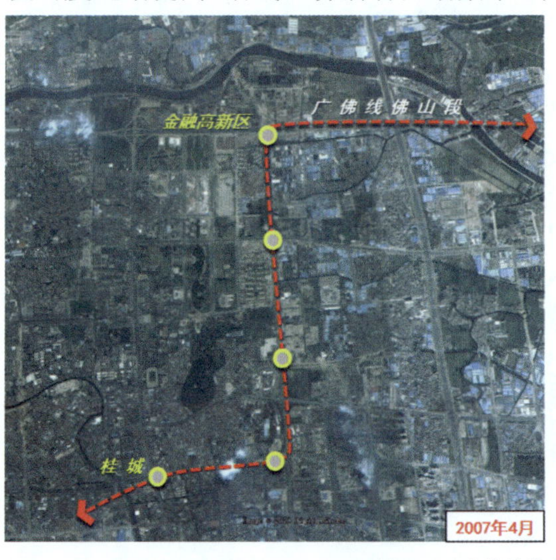

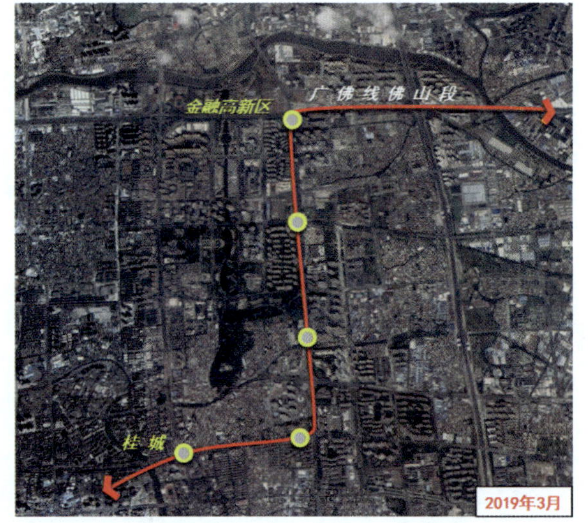

图 5-37　广佛线佛山段沿线城市发展的演变

（3）带动城市产业发展，促进就业

轨道交通对城市经济的影响可以分为建设期和运营期两个阶段，在这两个时期，轨道交通对城市经济的影响是不尽相同的。

由于大量的建设资金和运营资金的投入，对城市经济影响主要体现在就业岗位、商业销售、政府税收等方面的增加，直接反映在城市国民生产总值的提高上。此外，轨道交通系统的建设和运营还将带相关产业聚集，创造出就业岗位，带动区域经济。此外，轨道交通系统还将持续地强化地区的经济资源，提高社会经济的流动性和机动性，提高产业活力和社会生产效率。根据有关机构相关研究成果，轨道交通建设期间建设投资对城市经济贡献的投入产出比为 2.3 ～ 2.6。

（4）节约社会能耗、改善环境

城市交通系统直接影响着城市居民的居住与工作环境，所产生的直接影响主要有两方面：占地及环境污染。而发展轨道交通与发展道路交通相比，在这两方面均具有很大的优势。

①轨道交通比道路交通更节约土地。道路运输投资相对少，见效快，但发展道路运输系统需要大量的道路及停车场，从而占用大量的土地。

②轨道交通比道路交通对环境的影响更少。公路运输对环境造成的大气污染、噪声污染是人所共知的事实。而轨道交通通常采用电力为主要动力，无废气排出，对环境的影响很少；因此规划建设轨道交通对于减少环境污染具有十分重要的意义。

③轨道交通是建设成生态城市的必然选择。从能量消耗来看，据日本统计资料，东京、大阪、名古屋三大城市圈中，轨道交通能源消耗量 423kJ/（人·km），公共汽车能源消耗量 749kJ/（人·km），营业用小车能源消耗量 5434kJ/（人·km），家庭用小车能源消耗量 2520kJ/（人·km）。

国内各城市轨道交通网络牵引能耗和动力照明能耗表现如图 5-38 所示。

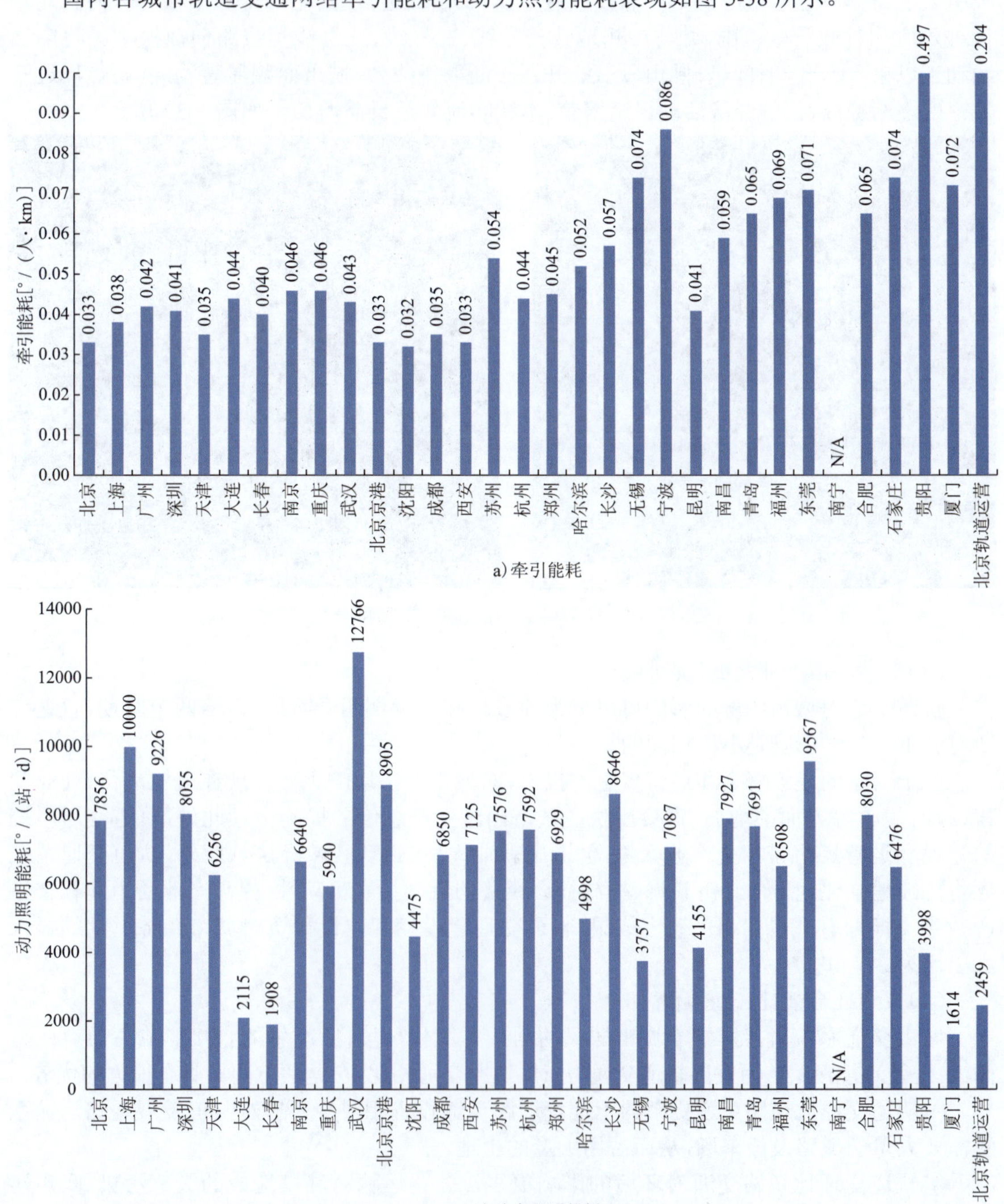

图 5-38 国内各城市轨道交通网络牵引能耗和动力照明能耗

第6章

湾区城市群发展及“互联网+”等新技术对线网运营提出的新需求

6.1 国内城市轨道交通建设运营面临新的发展形势

交通驱动要素流动，带动社会进步。城市轨道交通是交通运输体系的一个重要组成部分，代表了交通先进的发展方向。在新形势下，国内城市轨道交通面临新的发展需求。

6.1.1 大湾区及城市群轨道交通一体化发展趋势

京津冀、长三角和珠三角是我国最具代表性的城市群，其现状情况对比如表 6-1 所示。

国内主要城市群综合对比表 表 6-1

参数	粤港澳大湾区	京津冀城市群	长三角城市群
面积（万 km²）	5.67	21.8	21.17
人口（万人）	7116	11000	15 000
人口密度（人/km²）	1150	504.6	708.5
地区生产总值（万亿元）	11.3	7.5	15
人均地区生产总值（万元）	16.1	6.7	10
核心产业	科技创新金融服务业 制造业	产业协同发展	工业
第三产业占比	62%	—	50%
区域城市结构	多中心，环湾发展稍弱	单中心，以首都为核心的世界级城市群、区域整体协同发展改革引领区	复合式核心—边缘结构
	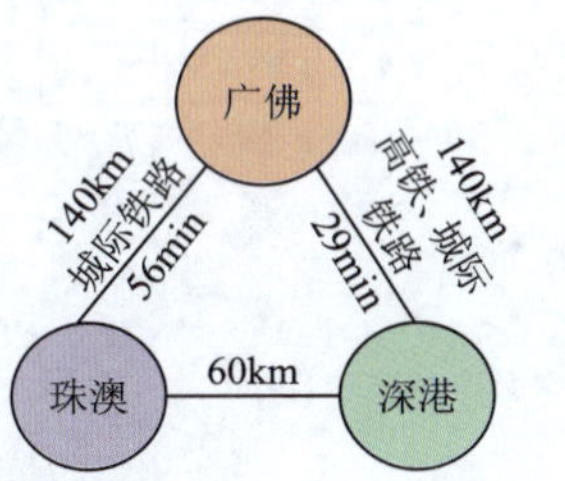 广佛；珠澳；深港；广佛—珠澳 140km 城际铁路 56min；广佛—深港 140km 高铁、城际铁路 29min；珠澳—深港 60km	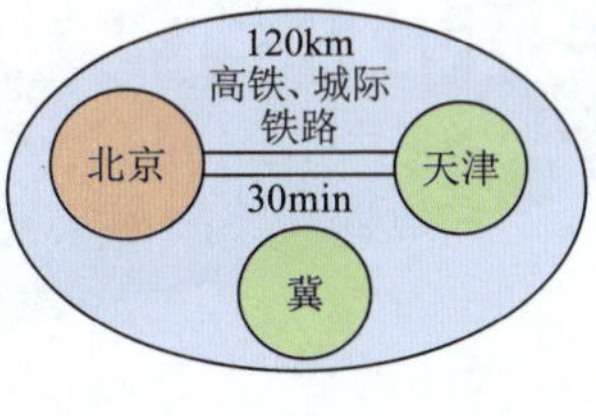 北京；天津；冀；北京—天津 120km 高铁、城际铁路 30min	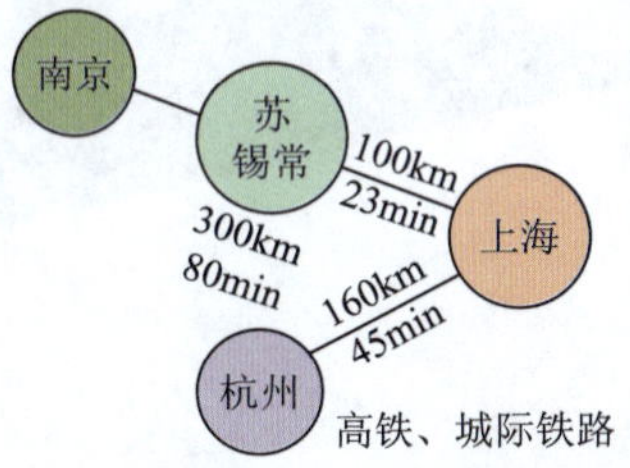 南京；苏锡常；上海；杭州；苏锡常—上海 100km 23min；杭州—苏锡常 300km 80min；杭州—上海 160km 45min；高铁、城际铁路
轨道交通	有城际铁路及城市轨道交通，广深港间有高铁，但至珠澳缺乏高铁层次，城市间通勤客流小，各城市交通协调性有待加强	分为高铁、城际铁路及城市轨道交通，高铁覆盖率高，城市间通勤客流小，各城市交通协调性有待加强	分为高铁、城际铁路、市域铁路及城市轨道交通，城际铁路网较发达，轨道交通间互联互通初具规模，但仍需进一步加强

粤港澳大湾区与京津冀、长三角城市群有所不同，湾区内拥有广州、深圳、香港三座具有国际影响力的城市，湾区内呈现出多中心的发展格局。与其他城市群相比，城市发展不平衡性强，多中心竞争大于合作，城市轨道交通交互较差。

此外，粤港澳大湾区与世界三大湾区（美国纽约湾区、美国旧金山湾区、日本东京湾区）相比（表 6-2），社会经济水平仍有一定差距，产业结构需要进一步优化。粤港澳大湾区人口多，特别是外来人口红利大，劳动力丰富，但目前区域通达性较差，万人线网里程较世界湾区仍有一定差距，城市间资源流动受阻。同时，粤港澳湾区发展现状及规划均呈现出多中心的特点，与单中心的城市群相比，区域间多层级、高服务等级的轨道交通系统更加重要，目前湾区内仅国铁、城际铁路、城市轨道交通三个层级，市域通达服务水平仍然较低，城市轨道交通缺乏区域内的统筹研究，在粤港澳湾区发展的前提下，对粤港澳湾区内的轨道交通也提出新的发展要求。

粤港澳大湾区与世界湾区综合对比表　　表 6-2

参　数	粤港澳大湾区	纽约湾区	旧金山湾区	东京湾区
面积(万 km^2)	5.67	3.45	1.47	1.4
人口(万人)	6773	2370	768	3800
人口密度(人 / km^2)	1194	687.8	340	2631
地区生产总值(万亿元)	9.18	12	5	13.11
人均地区生产总值(万元)	13.5	50.6	65	34.5
核心产业	科技创新、金融服务业、制造业	金融服务业、地产业	科技创新、专业服务	先进制造业、金融服务业、批发零售业
第三产业占比	62%	89.5%	82%	80%
区域城市结构	多中心，环湾发展稍弱	单中心，功能区集中，环湾发展成熟	单中心，功能区集中，南部湾区发展成熟	单中心，功能区集中，湾区西岸发展成熟
城市轨道交通线路总长(km)	1029	394	260	304
区域轨道交通线路总长(km)	2024	1800	180	2691
轨道线网总长（城市轨道交通线路＋区域铁路交通线路）	3053	2194	440	2995
万人线网里程(km)	0.46	0.94	0.58	0.68
轨道交通	分为国铁、城际铁路及城市轨道交通，各轨道层级接驳与纽约较为相似，但城市间通勤客流小，各城市交通协调性有待加强	分为地铁及通勤铁路，层级划分简单，其中地铁服务于纽约市区，通勤铁路基本接入纽约火车站与地铁接驳	分级明显，市域之间采用快速线路连接，在快速交通骨架下，局部城市区域采用轻轨覆盖，湾区与外围地区采用通勤铁路连接，但受区域人口限制，客流较小	轨道交通分级较多，运营主体多，但互联互通情况良好，轨道交通出行占比约 60%，服务水平高

2019 年 2 月，《国家发展和改革委关于培育发展现代化都市圈的指导意见》（发改规划〔2019〕328 号）颁布实施，提出到 2022 年，都市圈同城化取得明显进展，基础设施一体化程度大幅提高，阻碍生产要素自由流动的行政壁垒和体制机制障碍基本消除，成本分担和利益共享机制更加完善，梯次形成若干空间结构清晰、城市功能互补、要素流动有序、产业分工协调、交通往来顺畅、公共服务均衡、环境和谐宜居的现代化都市圈。到 2035 年，现代化都市圈格局更加成熟，形成若干具有全球影响力的都市圈。在具体举措上，提出打造轨道上的都市圈。统筹考虑都市圈轨道交通网络布局，构建以轨道交通为骨干的通勤圈。在有条件地区编制都市圈轨道交通规划，推动干线铁路、城际铁路、市域（郊）铁路、城市轨道交通"四网融合"。探索都市圈中心城市轨道交通适当向周边城市（镇）延伸。统筹布局都市圈城际铁路线路和站点，完善城际铁路网络规划，有序推进城际铁路建设，充分利用普速铁路和高速铁路等提供城际列车服务。创新运输服务方式，提升城际铁路运输效率。大力发展都市圈市域（郊）铁路，通过既有铁路补强、局部线路改扩建、站房站台改造等方式，优先利用既有资源开行市域（郊）列车；有序新建市域（郊）铁路，将市域（郊）铁路运营纳入城市公共交通系

统。探索都市圈轨道交通运营管理“一张网”，推动中心城市、周边城市（镇）、新城新区等轨道交通有效衔接，加快实现便捷换乘，更好适应通勤需求。可以预见，未来国内将形成若干以大都市圈为主的城市群。

以粤港澳大湾区为例，粤港澳大湾区已初步形成由高速铁路、城际铁路、普通铁路组成的多层次铁路网络系统。至2018年，粤港澳大湾区铁路通车总里程2024km，其中高铁里程1232km。区内交通基本实现私家车出行三小时通达。

基于粤港澳湾区将成为充满活力的世界级经济区、具有全球影响力的国际科技创新中心、“一带一路”建设的重要支撑、内地与港澳深度合作的示范区和宜居宜业的优质生活圈，区域内轨道交通将面对如下发展趋势。

①湾区社会经济一体化：珠三角城市群将发展升级成为突破各城市行政边界，实现区域内社会、经济、综合服务设施等一体化融合的高端经济集聚区。

②湾区轨道网络一体化：为保障湾区社会经济资源要素的快速合理流动，将构建全新一体化的湾区轨道交通网络体系，统一区域内轨道相关政策和机制，实现区域内生活服务设施、交通服务设施的同城化或无差异化，进而促成大湾区轨道交通网络互联互通机制、资源共享、服务共享、区域管理等一系列的重大变革。

③湾区轨道体系变革：粤港澳大湾区初期必然形成以“广佛”和“深港澳”为区域核心的“两极并重、并进发展”的格局。因应两极化同权发展需求，以及经济辐射的竞争和互补双重关系，将在现有高铁、城际铁路、城市轨道交通基础上，新增区（市）域快速轨道交通网络层级，促成大湾区重要节点的骨干网络30～45min出行目标的实现。

④湾区轨道管理变革：大湾区轨道交通一体化发展最终将促成大湾区轨道交通联盟的构建形成，从政府和企业层面展开政策、技术和管理研究，各城市及各运营主体共同签署区域轨道交通联运协议，建立区域轨道交通联运机制，实现区域轨道交通服务的共建、共管、共享。

⑤最终实现湾区内轨道交通系统“互通互联、换乘便捷、多城一网、一票通达”的目标。

湾区轨道交通模式如图6-1所示。

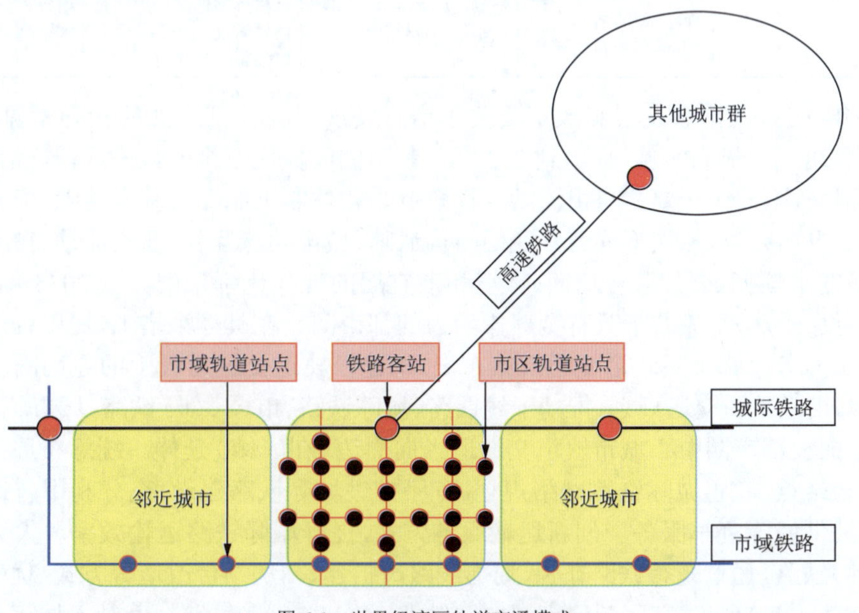

图6-1 世界级湾区轨道交通模式

6.1.2　前沿新科技跨界融合发展的新趋势

1)“互联网+”信息技术

“互联网+”是创新2.0下的互联网发展的新业态,是知识社会创新2.0推动下的互联网形态演进及其催生的经济社会发展新形态。

大数据是一种规模大到在获取、存储、管理、分析方面大大超出了传统数据库软件工具能力范围的数据集合,具有海量的数据规模、快速的数据流转、多样的数据类型和较低的价值密度四大特征。大数据技术的战略意义在于对这些含有意义的数据进行专业化处理。提高对数据的“加工能力”,通过“加工”实现数据的“增值”。

人工智能是研究、开发用于模拟、延伸和扩展人的智能的理论、方法、技术及应用系统的一门新的技术科学。人工智能是计算机科学的一个分支,它企图了解智能的实质,并生产出一种新的能以与人类智能相似的方式做出反应的智能机器,该领域的研究包括机器人、语言识别、图像识别、自然语言处理和专家系统等。人工智能研究的一个主要目标是使机器能够胜任一些通常需要人类智能才能完成的复杂工作。

工业互联网通过云计算、大数据、人工智能等新一代信息技术在工业的融合集成应用,构建起人、机、物全面互联的新型网络基础设施,实现制造资源泛在连接、弹性互补和高效配置。

2)5G与物联网

(1)5G移动通信系统

第五代移动通信技术(5G)是目前最新的移动通信技术,具有高速度、泛在网、低功耗、低时延、万物互联、重构安全六大基本特点,核心技术包括正交频分复用技术(Orthogonal Frequency Division Multiplexing, OFDM)优化的波形和多址接入、灵活的框架设计、先进的新型无线技术、超密集异构网络、网络的自组织、内容分发网络、设备到设备通信、边缘计算、软件定义网络和网络虚拟化等。5G是一个综合的、复杂的体系,5G不仅仅是网络,未来5G网络中的终端也不仅是手机,还有汽车、无人驾驶飞机、家电、公共服务设备等多种设备,5G将会是社会进步、产业推动、经济发展的重要推进器。

(2)物联网

物联网(IoT)是指通过射频识别(RFID)、红外感应器、全球定位系统、激光扫描器等信息传感设备,按约定的协议,把任何物品与互联网连接起来,进行信息交换和通信,以实现智能化识别、定位、跟踪、监控和管理的一种网络。

物联网是互联网、传统电信网等信息承载体,让所有能行使独立功能的普通物体实现互联互通的网络,是在互联网基础上的延伸和扩展的网络,将各种信息传感设备与互联网结合起来而形成的一个巨大网络,实现在任何时间、任何地点,人、机、物的互联互通。

物联网满足对物品的识别及信息读取的需求,通过网络将这些信息传输和共享。

3)轨道交通应用展望

(1)5G应用场景

轨道交通内5G应用场景主要包括3D/超高清视频等大流量移动宽带业务、与运维相关的大规模物联网业务、全自动驾驶自动化业务等需要低时延、高可靠连接的场景,可具体划分为面向列车运行、面向运营维护、面向乘客出行、面向应急防灾等几大类。

①面向列车运行。窄带/宽带可视化语音通信:实现列车与地面之间的语音调度通信、

广播通信等。

安全可靠的中低速数据：主要是列车运行控制系统数据、列车控制管理数据及紧急情况下文本数据传输，对时延要求高，并且需要优先保障数据带宽，用于保障列车的安全运行。

超高清视频流：主要是列车上行视频监控图像及控制中心下行流媒体播放。

3D 可视化行车环境虚拟现实（VR）：实现列车运行轨道可视化和可控。

②面向运营维护。轨道交通内需要维护的设施很多，且分布在线路沿线，点多面广、维护工作量巨大，利用物联网技术采集各机电系统状态数据、工务系统状态数据，然后通过 5G 网络接入回传给专业维护人员，能够让轨道交通由被动维护转为智能监管，提高整个轨道交通系统的维护效率并强化系统安全性。

③面向乘客出行。乘客智能出行是发展趋势，利用 5G 技术，乘客可实现轨道交通网络购票，实时查询车辆到 / 发站信息、车站拥挤情况，定位轨道交通内商业网点等，这可为乘客出行提供参考，提高轨道交通的服务水平和舒适度。

④面向应急防灾。城市轨道交通列车发车密度高、客运量大，尤其是在全自动驾驶模式下，一旦出现紧急状况，可以通过 5G 技术实现现场情况直播，提高应急防灾处理效率和决策针对性。

（2）物联网

轨道交通内物联网应用场景很多，主要包括以下几大类。

① RFID 技术的应用。RFID 技术通过射频信号来识别使用设备的目标对象，并获取识别对象的相关信息，转换成数据并经处理后进行存储，实现信息共享。例如，车站内进出站时的刷卡、视频监控系统等。

②传感技术的应用。传感技术是利用换能器、传感器等进行信息识别、信息处理、信息传输等活动，进一步优化人机交互的整个过程。

③电子标签以及终端设备的 RFID 技术应用。电子标签也叫智能标签，是采用具有小型天线的非接触式 IC 卡，通过 RFID 技术以及存储芯片来进行智能读写和加密通信。电子标签作为用户使用的凭证，实现信息采集、用户识别的功能。在维修系统中可利用 RFID 的电子标签对重要部件实现零部件的编号处理，提高维修效率。

“互联网 +”、5G 及物联网等新科技在轨道交通领域应用见表 6-3。

“互联网 +”、5G 及物联网等新科技在轨道交通领域应用表 表 6-3

序号	新科技	轨道交通领域应用
1	“互联网 +”	云计算平台； 计算共享资源池； 大数据平台； 数据中台； 人工智能平台
2	5G	窄带 / 宽带可视化语音通信； 安全可靠的中低速数据； 列车超高清视频流； 3D 可视化行车环境 VR； 5G 网络定位
3	物联网	通过射频信号来识别使用设备的目标对象； 利用换能器、传感器等进行信息识别、信息处理、信息传输等； 利用 RFID 的电子标签对重要部件实现零部件的编号处理，提高维修效率

6.2　区域轨道交通一体化对线网运营提出的新需求

城市群和都市圈带来的区域轨道交通一体化发展，对线网运营提出了新的要求。仍以粤港澳大湾区为例，随着国家《国民经济和社会发展第十三个五年规划纲要》、粤港澳大湾区发展战略等重要战略规划的落地实施，以及广州与周边城市的社会经济和城市化水平的进一步提高，广州、深圳、东莞、佛山及中山等城市轨道交通线网的建设进一步加快，珠三角区域开始出现多城市、多层次轨道线网逐步融合发展的新需求。

6.2.1　规划创新需求

在大湾区一体化的发展背景下，城市轨道交通规划理念迫切需要从“城市”向“区域”、从“交通配合”向“交通融合、交通契合”发展。首先，在功能层次上，要发挥高铁 / 城际铁路的速度优势和高速地铁、市域快速地铁和普速地铁的运营及覆盖优势，进一步构建“多层次、多模式”的网络；其次，在网络结构上，要在网络编织的基础上，强化不同层次轨道交通网络之间的衔接，提高网络运营效率，具体如下。

（1）由“单点、单区域”向“多区域、多中心”的规划转变，重新审视区域轨道交通的规划原则、规划目标、规划时空要求

随着粤港澳大湾区发展战略的落地实施，珠三角地区势必突破过去基于行政界限的传统规划理念，实现区域功能的优势互补、协调发展。未来，广州地铁需要站在湾区轨道交通一体化发展的层面上，以广州都市圈的发展为基础，重新梳理研究广州及周边城市、区域内轨道交通的规划原则、规划目标、规划时空要求。

（2）区域轨道交通系统的分层次规划理念

大湾区、城市群和都市圈的规划尺度远大于一座城市的传统范围，区域规划的空间结构和空间体系也与城市内完全不同，必须结合区域空间体系特征和社会经济发展需求，合理制定各层级规划时空目标，并对应匹配不同等级的区域轨道交通系统，做好轨道交通分层规划，满足区域内居民多样化的交通出行需要，最终形成功能完善的城市群或都市圈多层次轨道交通系统。

（3）区域轨道交通系统联合规划理念

交通区位理论揭示了不同圈层的区域都存在圈层内交通和圈层间交通两类交通。区域轨道交通线网的联合规划既是一个针对高速铁路系统、城际铁路系统线网、市域快线系统线网、城市轨道交通系统等多个层次系统跨层级互联互通的规划，也是一个针对区域内相邻城市间城市轨道交通线网连片融合发展的规划。

（4）创新跨区域、跨层级轨道交通的立项、投资、建设、运营、经营等管理方式

随着区域轨道交通一体化的推进，城市轨道交通线网互联互通、城际轨道交通线网互联互通将成为未来的发展趋势。由于实施主体不同、管理主体不同，沿用过去的管理方式已无法适应新情况，必须提前组织开展不同城市轨道交通线网及城市地铁网、城际网之间互联互通的管辖权规划研究、投资及资产管理模式研究、票制及票务体系研究、运营维修维护管理模式研究、建设管理模式研究等，为互联互通做好管理准备。

在城市间城市轨道交通线网互联互通、与城际线网互联互通的研究中，需从以下几方面取得突破。

①线网关系研究。

②规划和立项机制研究。

③建设和运营模式。

④管辖权规划（含安保、消防、警务、运营管理、应急指挥等）。

⑤系统制式等资源共享规划。

⑥票务清分规则和区域清分设施规划。

⑦投融资和资产管理规划。

⑧设备设施维护维修模式等。

6.2.2 一体化运营新需求

面对粤港澳大湾区轨道交通一体化发展的趋势，未来将形成“安全、便捷、高效、绿色、经济”的一体化综合交通运输体系，建立以服务大湾区协同发展为导向，以人民群众满意为标准的轨道交通体系，积极推进区域轨道交通一体化融合发展：“规划一张图、布局一张网、运行一张表、出行一张票、服务一串城”，打造“轨道上的大湾区”，支撑国际一流湾区和世界级城市群建设。

具体要求如下：

①主要城市 1h 内通达。

②至省内其他城市 1.5h 通达。

③至相邻省会城市 3h 通达。

④城际网覆盖区域内 100% 的县级以上城市和 80% 以上 5 万人口城镇，促进区域协同发展。

⑤承担大湾区 50% 以上的营运旅客运输比重。

为全面推动轨道交通的一体化发展，满足居民的轨道出行服务需求，打破现有行政壁垒，实现轨道交通网络全面对接和融合发展，从轨道线网衔接层次和空间结构上强化各区域联系，将轨道衔接通道作为融合发展的基本骨架，引导城市空间拓展和结构调整，应实现轨道交通“三个一体化”。

①网络一体化：采用合理的衔接模式实现轨道线网搭接，形成轨道交通“一张网”，实现中心城区之间、相邻重点组团之间轨道交通半小时内互达。

②换乘一体化：建立一体化换乘系统，实现市中心城区之间、相邻重点组团之间轨道交通 1 次换乘直达。

③票务一体化：制定科学可行的建设运营管理模式和协调机制，实现轨道交通 1 票通达。

1）跨制式互联互通

从粤港澳大湾区一体化发展的高度，全面整合湾区内国铁、城际铁路、各城市轨道交通线网规划，从湾区区域重心分布的角度分析，统筹考量区域内各层级轨道交通网络体系和效率的科学性与合理性，实现各层级轨道交通网络的融合归一。

各区域联系以城际铁路为主要依托，实现湾区内部主要节点快速联系（兼顾远郊通勤需求）；以市域快线为依托，实现都市区近郊地区与核心区的快速可达。不同层级线网间依托枢纽联通，将快线引入综合性枢纽，丰富枢纽功能层次，巩固城市中心体系；在中心城区构筑若干快线—干线枢纽，分散换乘压力；在外围地区构筑若干快线—快线枢纽，培育外围主要节点，多网和各层级线网联道示意如图 6-2、图 6-3 所示。“外拓通道、内筑网络”，构建“三极三轴放射”的大湾区（城际）铁路网构架及城际快速交通网络；加快广州—深圳国际性综合交通枢纽建设，从“枢纽城市”迈向“枢纽区域”。

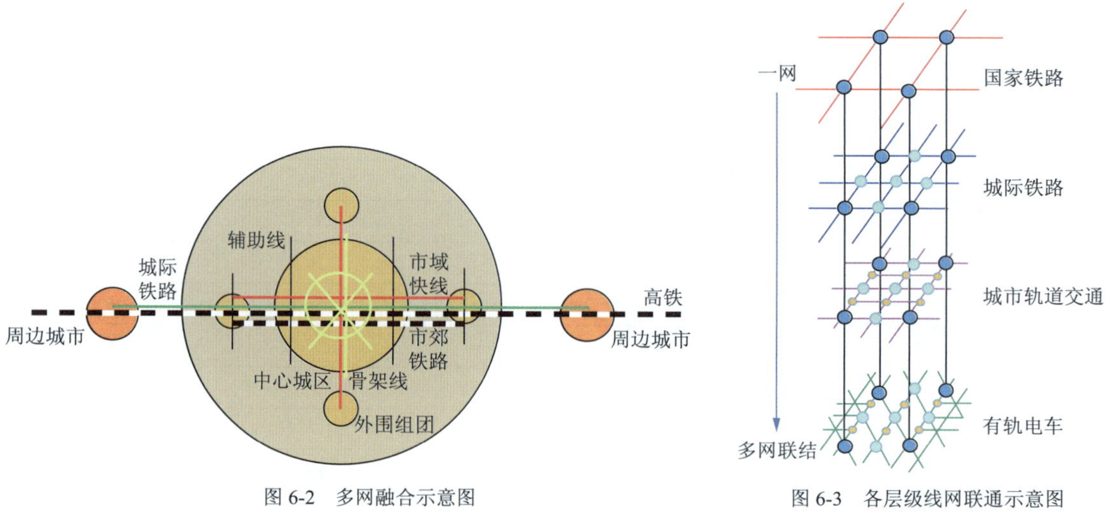

图 6-2　多网融合示意图

图 6-3　各层级线网联通示意图

2）跨市互联互通

为完善轨道交通层级，粤港澳大湾区应建设市域快线，提供“高铁”+“市域”+“城际”功能，推进城际公交化运营模式，实现城际与城市线网的深度融合。

广州地铁是国内最先实践跨市互联互通的，2010 年全国首条跨市线路——广佛线开通运营。目前广州已运营和在建的跨市地铁线路共 3 条（表 6-4）。

广州跨市互联互通线路表　　表 6-4

序号	线　路	线路特点
1	广佛线	全国首条跨市线路，贯穿广佛都市圈，全线通车后日均客流 50 万，其中 40% 的客流是两市之间的交互客流，已基本构成了广佛都市圈轨道交通的基础骨架，有力地促进了广佛同城化的发展
2	七号线	连接广州番禺、黄埔、佛山顺德，2017 年广州地铁七号线西延段的开工建设进一步强化广佛都市圈核心区对沿线的辐射带动效应。建成后将进一步强化广佛同城，由广州线网向广佛线网升级
3	十八号线	为 160km/h 市域快线，初期广州南沙至市中心 30min 可达，远期将延伸至中山、珠海，实现主城区高速直达中山、珠海

广州地铁首先从发展最成熟的广佛同城化入手，率先探索湾区轨道交通一体化发展机制。按照“形成两城一网”的共同愿景，编制形成了“广佛两市城市轨道交通互联互通专题研究报告”，未来广佛共有 14 条线互联互通（表 6-5）。

广佛两市城市轨道交通衔接规划方案一览表　　表 6-5

序　号	线　路	线路总长(km)	广州段(km)	佛山段(km)
1	广佛线	41.6	17.0	24.6
一、广州市轨道交通衔接线路				
1	七号线西延段	13.4	2.1	11.3
2	十号线佛山支线	10.2	3.8	6.4
3	十七号线	32.9	30.6	2.3
4	十九号线	34.2	33.0	1.2

续上表

序号	线路	线路总长(km)	广州段(km)	佛山段(km)
5	二十八号线	63.8	44.2	19.6
6	白云一号线	40.5	27.8	12.7
7	南沙二号线	47.9	36.4	11.5
8	南沙四号线	26.6	19.8	6.8
小计		269.5	197.7	71.8
二、佛山市轨道交通衔接线路				
1	二号线一期	32.3	1.3	31
2	四号线	70.2	11.3	58.9
3	五号线	49.6	2.8	46.8
4	八号线	32.9	1.5	31.4
5	十一号线	41.0	4.8	36.2
小计		226	21.7	204.3
合计		537.1	236.4	300.7

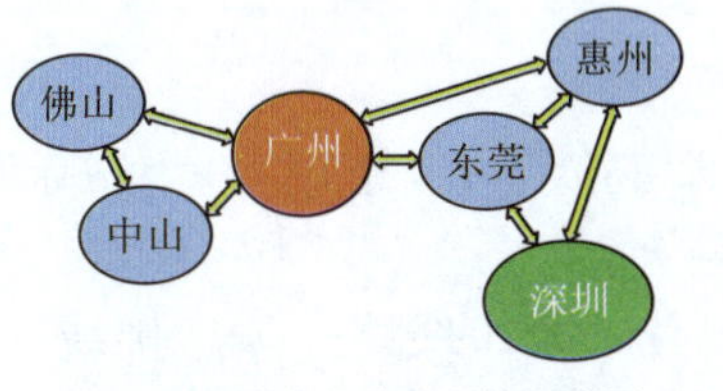

图 6-4　各城市间线网衔接示意图

除了佛山，广州还主动对接周边城市，完善城市轨道交通线网互联互通，发挥广州中心城市的辐射引领功能。除了进一步增强现有与佛山的衔接和通过五号线东延段与东莞一号线的衔接外，再新增与中山、惠州、清远的衔接通道，并研究与珠海、深圳实现衔接。各城市间线网衔接示意如图 6-4 所示。

城市轨道交通网络自身应加强与相邻城市的联系，深化广佛同城，强联珠江西岸，拓展珠江东岸，辐射环珠三角，打造以广州为中心的粤港澳湾区 1 小时生活圈，广州、深圳城市轨道交通线网规划与周边城市实现多点、多线衔接，以实现与周边城市地铁的无缝连接。

3）新都市区长时运营说明

随着城市经济的不断发展，市民生活水平及对美好生活要求的不断提升，市民夜间出行需求逐步增加。但从现状来看，国内城市满足乘客深夜出行的交通服务方式主要为出租车和网约车，轨道交通对夜间经济的支撑作用还略显不足。目前国内城市暂无 24h 运营的轨道交通线路，大多线路在 24 点前停止运营，部分线路甚至 22 点左右就结束服务。图 6-5 为我国城市地铁运营时长(工作日)。

由于轨道交通网络化运营的特征，一条线路结束服务，不仅影响该线路车站需要进站乘客的出行，也会影响从线网其他线路车站进站乘客的出行，具有复杂的网络连锁效应。在这种现状下，很多夜间休闲消费的市民，由于担心无法搭乘地铁末班车，往往提前返程，更多的夜间出行需求甚至因此而被抑制。而随着各城市间的联系逐步紧密，城市交通枢纽站场(如机场、高铁站、铁路枢纽站)等夜间到发客流持续增长。

从全球范围看，城市轨道交通通宵运营服务可直接创造或增加工作就业岗位、刺激市民夜间出行、拉动夜间经济产业链的增长，改善营商和居住环境，提高城市影响力及吸引力，方便郊区及重大枢纽的乘客夜间出行，提升夜间出行的安全性等。延长运营时间的主要意义如下。

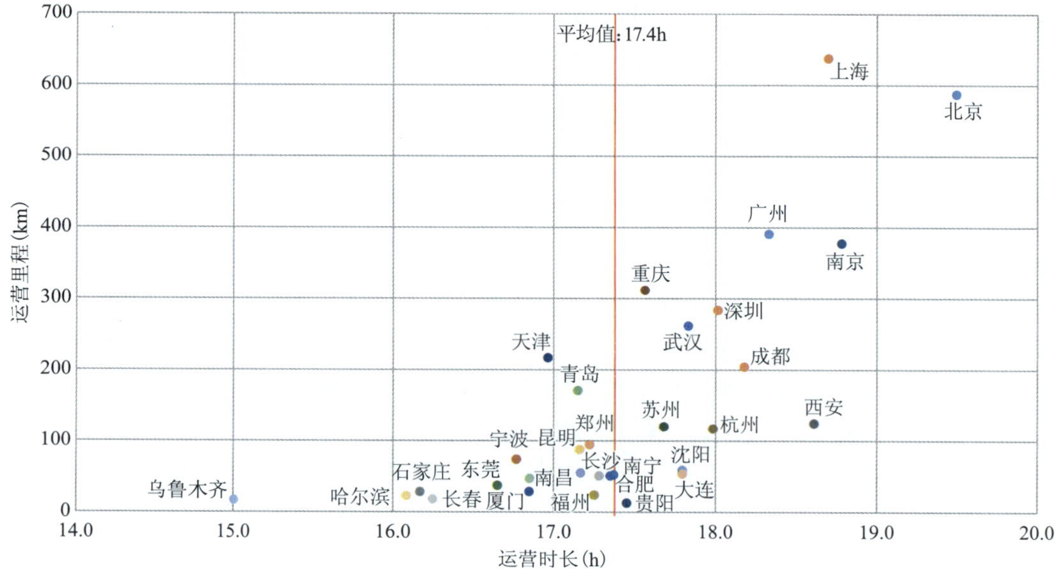

图 6-5　我国城市地铁运营时长(工作日)

(1)改善交通服务的质量,实现交通服务的均质化

轨道交通的延时运营从时间上扩大覆盖面,提升了交通服务的完整性和均质化,给诸如医生、护士、安保人员等需要夜间上下班的人群带来了极大的便利,也为夜间乘坐火车和飞机抵达城市的乘客提供了更多的出行选择。

(2)提升夜间行业经济收益,拉动午夜经济和消费

随着经济的发展,夜间行业对交通的需求也将同步增长。从 2000 年至今,周末夜间乘坐地铁的伦敦市民超过了 50 万人,增长了 70%,而同期伦敦的夜间巴士的搭乘人数更是增长了 170%。

(3)体现城市的开放性和包容性

纽约地铁在 20 世纪初开通时就实现了通宵运营的服务,并且一直保留至今,早已经成为某种生活习惯和文化符号,在大量影视作品中都有所呈现,并被世人所熟知。通宵运营的纽约地铁既是为了满足纽约大都会繁荣的夜生活,同时其本身也成为纽约繁华生活的一个组成部分。

党的十九大提出以人民为中心,必须将满足人民群众出行和经济社会发展需求作为公共交通发展的根本任务,进一步细分城市公共交通市场服务对象,优化公共交通服务供给结构,创新发展多元化、高品质的公共交通服务模式,提升公共交通服务的针对性和精准性,增强公共交通吸引力和竞争力。从加速城市发展和满足人民日益增长的美好生活需要来看,延长运营时间是城市轨道交通未来的发展趋势之一。

4)资源共享

在多网融合的背景下,有条件实现不同制式系统的资源共享。如市域快线与国铁、城际系统的互联,共享双方资源。市域快线采用市域快线列车,车辆制式及最高运行速度等级与珠三角地区国铁、城际较为接近。珠三角地区既有车辆基地资源丰富,包括国铁、城际车辆段和动车所 7 座,存在提供车辆检修服务的基础条件。

为满足城市发展、居民出行,城市间轨道交通在逐步实现互联互通,城市间设施设备亦

可逐步实现资源共享，如广佛线与广州八号线共享主变电站，另外，运营人员共同培训，互相学习先进运营经验，也是资源共享的重要部分。

6.2.3 一体化实施方案

湾区轨道交通一体化建设将涉及规划管控、立项、投融资、设计、建设、验收、运营等多方面的具体内容。

1）规划管控

主要实现对线网规划、用地规划的管控。

（1）线网规划审批

互联互通线路经过城市的规划部门分别为所属区域线网规划方案规划主管单位。线网规划分别报所属区域城市人民政府审查、市人大常务委员会审议后，纳入城市总规上报国务院审批，作为近期建设规划立项的依据。如为城际线路，则按国家关于城际线网管理的规定执行。

（2）线网规划方案

各城市轨道交通线网规划征求意见阶段，应当同步征求周边城市的意见，双方统筹确定互联互通线路的总体技术方案，包括线路功能定位、走向及衔接方式等。线网规划审批后，如涉及规划方案调整，需征求其他相关城市及上级审批单位的意见。

（3）用地规划研究

各城市需提前做好互联互通线路所属区域的地铁主体工程规划及场站综合体（含交通衔接）开发规划，必须做好线路站位的规划及用地控制，可考虑按照各城市在“投入”与“受益”方面比例关系控制车辆段、主变电站等轨道交通设施用地规模。

（4）用地规划控制

对于经行政主管部门审批后的线路、场站、资源共享、大型交通接驳等设施规划和用地，做好用地预留和控制，并与城市控制性详细规划紧密结合、相互协调，纳入城市规划管理体系，如未经其他相关城市及共同上级行政主管部门的同意，不能调整作其他用途。

2）立项审批

跨区域轨道交通立项需协调解决不同行政区和不同企业主体条件下的统筹申报、统一方案及高效审批的问题。

（1）立项模式

探索“主导方立项”的立项模式。项目主导方的确定原则可考虑通过对经过有关城市区域内的投资强度、线路长度、车站数，以及项目建成后带来的经济效益及社会效益等进行对比分析，确定各城市在“投入”与“受益”方面的主次地位，明确项目的主导方。

（2）前期工作策划

项目主导方牵头做好前期工作策划，经项目参与方确认后作为各方后续工作的依据。项目主导方按此组织开展项目建设规划及工程可行性研究的前期研究报告编制及报批立项工作，同时项目参与方做好配合。

（3）前期技术方案

项目的技术方案由项目主导方组织编制并主持审查，项目经过有关区域的城市主管部门及城市轨道交通运营企业参与审查。

（4）建设规划申报

互联互通线路应作为一个整体，由项目主导方负责建设规划报批立项。各城市按照协调确定的前期工作策划，项目主导方将项目纳入其城市轨道交通近期建设规划中报批，并同步组织开展技术方案研究及报批工作，受益方城市发改部门做好配合。在工程可行性研究报批阶段延续建设规划阶段的立项模式。

（5）资本金承诺

按照“属地投资”的原则，各城市的发改及财政部门应负责制定所属区域内线路的资金筹措方案，解释有关财政数据，并出具其资本金承诺函。

（6）可研方案调整

工程可行性研究原则上应严格依据国家批复的建设规划方案开展。如因特殊原因涉及互联互通线路的总体技术方案调整，包括车辆、限界、线路、车站分布、运营组织、车辆基地、配线设置、控制系统构成、资源共享及衔接方式等，需征求其他相关城市及上级审批单位的意见，经同意后方可实施。

（7）确定项目业主

在立项阶段确定项目业主可按以下两种方式之一确定。

一是由在“投入”与“受益”方面处主导地位的城市轨道交通运营企业作为项目业主；二是成立由经过有关区域的城市合资组建合作公司作为项目业主，合作公司所在地设在“投入”与“受益”方面处主导地位的城市。

（8）可研审批

互联互通线路的工程可行性研究报告及其支撑文件（选址意见书、用地预审、节能报告）由项目主导方所在地发改部门审批、其他城市做好初审配合（广东省已将城市轨道交通线路可研审批事权委托各市）；其余的社会稳定风险评估、规划许可、消防、人防等，按属地分别报所经过区域城市相关行政主管部门审批。运营改扩（新）建项目由项目原主导方负责立项与工程可行性研究阶段的技术方案研究及报批工作。

3）投融资及资产管理

区域轨道交通涉及多个城市及多个主体，其投融资、资产管理和运营补亏等均需建立统一的规则。

（1）推行基于“属地投资”的资金分担机制

①对于能够明确属地的投资（如车站、区间、轨道，征地拆迁、管线迁改、交通疏解等前期工程费），基于属地原则由广州和周边城市各自承担。

②属于全线共用且能明确属地的投资（如停车场、主变电站等），根据项目主要受益方、项目主导方、提出衔接需求方等实际情况，协商采用按属地各自承担、由项目主导方承担、按里程进行分摊或其他一致认可的方式等不同分摊方式。

③属于全线共用且无法明确属地的投资（如机电设备、车辆，工程勘察设计等前期费用，预备费、专项费及其他相关费用），原则上按里程进行分摊。

（2）资本金出资模式

基于上述项目投资分摊原则和广州与湾区内其他城市政府批复的项目资本金比例，按照“按时、同时、全额”的原则，由各城市政府负责落实项目资本金，通过各市政府出资代表出资。

(3)项目融资模式

①在不设立项目公司情况下,按照“按时、同时、全额”的原则,由各市政府出资代表基于投资分摊比例,各自负责相应的项目资本金以外的项目融资。在设立项目公司情况下,可由项目公司自行融资。

②如项目公司自行融资困难或成本较高,在各市项目资本金足额到位的情况下,按照“按时、同时、全额”的原则,可由各市政府出资代表各自负责项目资本金以外的融资,并以股东借款的形式注入项目公司,项目公司不直接向金融机构融资。项目建设期间的股东借款利息计入项目总投资。项目公司融资方案应报各方股东审核,各方股东审核后报各市主管部门审批,根据各市主管部门的批复执行。

根据现行政策要求,各市政府出资代表各自承担的融资计入各自企业负债。

(4)项目运营资金(亏损资金)分摊

运营资金(亏损资金)指互联互通线路日常运营成本扣除运营收入(含附属资源收益)后的不足部分。在全线竣工验收前,按各市已开通线路长度比例进行分摊;在全线竣工验收后,按各市实际投入测算股比并确定分摊比例。

(5)专项资金分摊

专项资金指互联互通线路固定资产更新改造、大修、架修、材料采购、国产化技改及研究开发资金等。在全线竣工验收前,按各方出资比例分摊;在全线竣工验收后,按各市实际投入测算股比并确定分摊比例。

(6)建设期间资金监管

各市政府根据协商达成的投资分摊原则向项目公司(在不设立项目公司的情况下则为各市政府出资代表,下同)下达年度投资计划,项目公司据此按季度申报资金计划,各市政府依据第三方审计机构的审核结果逐月拨付资金。第三方审计机构的审核结果作为确认各地投资分摊额和项目公司最终股比的依据。

(7)运营期间资金监管

①项目运营主体编制下一年度日常运营资金(亏损资金)和专项资金预算,经第三方审计机构审核后,在规定时间内上报各市审核,经审核确认后按各自财政预算管理规定纳入各市政府各自预算。

②预算经批准后,项目运营主体每季度末将资金需求计划报各方审核,审核后报各市财政部门,由各市财政部门按各自的财政支付流程核拨资金。

③项目运营主体每年对上年度拨付的运营资金(亏损资金)和专项资金进行审计和决算,并将审计报告及决算申请报各方。各方审核后按分摊比例向各市政府申请运营资金(亏损资金)和专项资金等审计和决算相关事项。

④由第三方审计机构每年定期对上年度运营资金(亏损资金)预算执行情况和实际产生的运营成本、运营收入等进行审计。

⑤项目运营主体依据上年度运营资金(亏损资金)预算执行情况的审计结果,组织年度运营成本控制专题评审,提出运营成本控制优化措施,并分别向各市政府备案。各方对其优化措施进行监管。

(8)资产管理

以“谁投资、谁拥有产权”为基本原则。

①在设立项目公司的情况下,由项目公司享有线路资产产权,承担资产管理责任。

②在不设立项目公司的情况下，由各市政府出资代表按出资协议或合建协议各自享有产权，资产建成后，各自办理资产移交手续，线路运营模式确定后，按协议对资产自行管理或委托管理；或由一方持有产权，其他方持有使用权。

③在一方投资建成线路资产后，因另一方或者其他方线路接入需要使用该资产，可按租赁模式，在支付租金后取得资产使用权，仍由持有产权方进行管理，或协商后委托管理。

④在明确资产产权、使用权、管理权后，各方按各自权利协商制定资产管理规范，合理划分权责，有效进行实物资产管理，由持有产权方进行资产账务处理。

一方拟将互联互通线路资产抵押、或将项目公司股权质押、或以线路票务收入等开展资产证券化融资时，应取得其他合作方的同意。

4）建设管理

重点确定建设管理、建设标准、建设期各类许可及前期工作的组织模式。

（1）建设模式

按照“属地建设、统一协调”的原则确定建设模式。

（2）建设协调机制

由广州市政府与湾区内其他城市政府共同成立建设领导小组，建立项目建设协调机制，负责研究、协调和解决项目推进过程中的重大问题；由广州与湾区内其他城市的轨道交通公司联合成立建设项目部，负责统筹工程报建、勘察测量、设计标准、工程招标、建设实施、综合联调等具体工作。

（3）项目勘察设计

由主导方统筹项目勘察设计，包括勘察设计招标、勘察管理及总体设计、初步设计（含消防专项初步设计）、招标设计、施工图设计等各阶段设计管理。

（4）规划报建

根据属地化原则，由各城市政府主管部门分别负责审批和发放规划许可（总平面、建设规划用地许可、建设工作规划许可）。

（5）前期工作

按属地化原则，由各城市分别负责征地拆迁、管线迁改和交通疏解，施工、监理等招投标，消防、人防、卫生防疫监督、职业病防护设施评价、防雷报建及防雷设施检测、工程质量安全监督等工程报建事项，以及工程变更、治安、环保监督、地铁保护、施工许可、场地移交、跟踪各项目开工条件的落实等事项。对于涉及全线的系统工程、跨区域的工程，由占比较大区域所在的行政主管部门审批，或由双方政府主管部门协商确定审批部门。

（6）施工方案审批

一般施工方案由承包商负责编制，监理工程师对施工方案进行审批。危险性较大的分部分项工程、超过一定规模的危险性较大分部分项工程的方案审批按照政府的文件执行。

（7）项目管控方案

各城市统筹编制业主项目管控方案，包括质量、安全、成本、进度管控及风险防范等内容。其中，安全管控应包括安全信息报送及安全事故处理措施，安全信息需及时报两地政府并遵循属地和业主要求并重的原则。根据项目的实施方式、结合主导方政府、站位所在地政府意见具体决定，保证安全信息的及时有效，报送及处理措施符合两地要求。

（8）土建施工

采取属地化管理模式，共同梳理施工风险清单及应对策略，在各个阶段和各个工序施工节点树立样板，逐一落实各项管理规定和技术要求，明确过程管理的标准，在全线进行经验分享，发挥示范效应。建设项目部统一出台《土建项目质量管理实施细则》。

(9)机电系统施工

统一标准，由项目主导方统筹机电系统施工管理。在机电系统施工和调试阶段，主导方统筹出台《机电工程质量管理实施细则》并报建设项目部审批，依据细则对机电工程建设的质量进行全过程、全方位的管理。

项目主导方在施工阶段，委托各监理单位，按照委托监理合同和《建设工程监理规范》等有关法律、法规对工程施工安装全过程进行质量检查与管理工作。

机电施工安装实行样板引路验收制度，样板工序验收由监理单位组织，经监督站、建设、设计、监理及施工等单位进行检查、验收。各专业的样板段划分标准，在施工安装验收标准中确定。

(10)项目调试

由项目主导方作为整个机电工程的调试管理机构，整体负责调试管理工作；其他方作为各专业的技术支持。项目主导方需建立系统联调协调委员会，负责审查各设备系统的调试大纲；编制并完善工程各设备系统联调方案，现场指导设备系统的联调；编制工程模拟载客环境下的总联调(含运营演练)和实施细则，并进行现场指导。

(11)项目验收标准

单位工程质量验收、三权移交、试运营基本条件评审等事项，原则上参照项目主导方既有程序办理；开通和竣工验收依据国家和省的有关规定，原则上参照项目主导方相关做法实施。项目主导方需统筹出台《城市轨道交通建设工程验收管理办法》及《城市轨道交通建设工程验收及移交通则》，发布验收计划，督查各工点管理部门按照验收计划完成所辖单位工程验收。

(12)竣工验收模式

采取“主导方统筹，其他方配合”的模式。轨道交通建设工程试运营一年以上、完成工程结算和各项政府专项验收后，项目主导方应会同其他方编制竣工验收方案，并向两地政府主管部门申请项目竣工验收，由项目主导方政府会其他方政府组成建设项目竣工验收委员会，主持竣工验收工作。

(13)档案管理

采取属地管理模式，各城市轨道公司负责本区域内线路工程档案管理工作，主要包括制定档案整理标准及质量要求，主导项目档案的验收及移交工作；监督、指导、检查项目施工单位、监理单位的档案收集、整理、归档及移交；与城建档案馆及运营单位的相关沟通协调及移交等工作。

5)运营管理

重点制定区域轨道交通互联互通条件下的运营主体、运营管理、运力配置、跨线运营等方面的规则。

(1)运营主体

为减少运营管理接口，提升运营管理效率，原则上由项目主导方作为项目运营主体负责项目运营管理，或协商委托广州与湾区内其他城市其中一方作为项目运营主体，负责项目运营管理，或协商确定运营商。

（2）运营管理

广州与湾区内其他城市轨道交通衔接线路按照“贯通运营”的原则由一家运营单位负责运营管理。对于衔接换乘车站，在管控界面能够划分清晰时，分别由双方运营单位各自负责管理；在管控界面难以划分清晰时，按“谁先开通，谁运营”的原则，由先开通运营的运营单位统一负责管理。

（3）运输能力匹配

结合广州与湾区内其他城市衔接线路客流需求及对各自线网的影响，合理设置衔接线路行车间隔，使运能与需求服务水平相匹配；同时，充分考虑衔接站点的换乘便捷性和运营服务需求，实现首末班车的有效衔接，方便广州与湾区内其他城市乘客出行。

（4）运能设计

广州与湾区内其他城市衔接线路的列车选型和车辆编组要尽量一致，避免衔接线路换乘时出现运力不匹配；同时，鉴于衔接线路属于跨市线路，乘客乘坐距离长，在车辆选型设计时可考虑提高列车站立标准，适度提升乘客跨市出行舒适度。

（5）运力配置

原则上按客流特征配置运力，同时兼顾线网间的换乘匹配。在编制列车运行计划时应协调换乘站列车到发时刻，缩短乘客的换乘等待时间，提高跨市乘客的出行便捷性和乘客服务水平。

（6）跨线运行

广州与湾区其他相邻城市轨道交通贯通线路应实现跨线运营。线网间相邻线路可设置联络线，联络线原则上运营期间不组织列车跨线运营；努力实现区域线网资源共享，跨线运营或组织列车经过联络线时，供电、线路、车辆、信号等行车相关设备应满足过线要求。

（7）清分原则

为保证票务收益、客运量及相关指标统计的合理性和公平性，广州与湾区内其他城市的轨道交通运营单位应协商采用统一的清分原则、清分规则体系和清分算法。

（8）清分体系

研究建立城际清分中心、各城市清分中心的分级体系，城际清分中心定位为市级清分中心以上的城际自动售检票业务清算中心，由各市轨道交通企业共同出资建设，或双方协商委托其中一方建设。城际清分中心由各市轨道交通企业共同负责日常运维管理，或双方协商委托其中一方负责日常运维管理。

6）服务解决方案

对于区域服务的统一共享和同质化服务需求，必须确定服务时间、服务界面、乘客体验等相关各方面的规则，主要包括如下几项。

（1）运营服务时间

各城市轨道交通服务时间按照《城市轨道交通运营管理规范》（GB/T 30012—2013）要求，全天运营时间不少于15h，同时，衔接线路应统筹考虑各市需求，按不低于各市城轨运营单位服务时间标准进行设置。

（2）首末班车衔接

首末班车时间设置应匹配乘客出行特征，尽量满足各市乘客乘坐跨市衔接线路的出行需求；首班车尽量满足市郊乘客往市区方向的出行需求，末班车尽量满足市区乘客返回郊区的出行需求，同时考虑与各自线网其他线路的协调匹配。

（3）导向设计

广州与湾区内其他城市的轨道交通运营单位在保留各自线网导向标志系统特点的基础上，应统一、协调衔接线路和衔接换乘站点的导向设计与设置原则。衔接换乘站站外导向标志（路引柱），按“谁先开通，谁主导”的原则进行设置。衔接换乘站出入口、站内导向标志及服务用品，管控界面能够划分清晰时，根据管辖区域划分，分别按各自导向标准设置；管控界面不能划分清晰时，以先开通车站部分所属城市导向标志标准设置。

（4）线网图设计

为减少由于一方线网变动带来的线网图更换，广州与湾区内其他城市的线网图设计采用“属地化”原则，在所辖线路车站外宣线网图显示各自轨道交通车站信息，在衔接换乘站增加可换乘广州与湾区内其他城市轨道交通的图标。广州与湾区内其他城市轨道交通的自动售票机应具备可购买各市车票的功能，自动售票机线网图显示内容应包含广州与湾区内其他城市轨道交通所有车站站点。

（5）车站编码

各市线网车站编号应设计区域码，以便于乘客识别线路、车站所属的城市范围。

（6）乘客服务

建立各市线网乘客投诉联动机制，互相共享信息，保持一致的投诉处理原则，为乘客提供高效的意见反馈渠道。通过前后台联动，建立各市线网失物招领信息共享机制，及时为乘客提供失物招领服务。便民服务举措应协同开展，让乘客在各市线网体验到不间断的温馨服务。

（7）乘客事务处理

各市线网应遵循“首问责任制”“投诉无申辩”“现场处理”“满意”“及时”“百分百回复”等原则，确保乘客事务处理的有效性及高效性。

（8）客流联控原则

各市线网间应建立客流联控机制，遇大客流时各站能共享信息，有效联动限流；原则上一方线网出现突发大客流或应急情况，需另一方线网配合客流控制时，配合方需及时介入，有效联动配合客流控制，保障乘客出行安全。

（9）票务清分机制

广州与湾区内其他城市的轨道交通运营单位应互相认可对方的票价与票务政策，采用一致的票价计算原则以及优惠政策（优惠政策必须经过双方认可方可实施），以及一致的票务事务处理规则和相近的自动售检票设备服务界面。

（10）车票互认

广州与湾区内其他城市的轨道交通运营单位之间使用的车票应实现互认互通，应实现黑名单统一管理等；发行的票卡应实现兼容互用，包括采用相同的安全密钥体系。

（11）支付业务

广州与湾区内其他城市的轨道交通运营单位基于“互联网＋”和移动支付等多种技术的自动售检票多元化支付业务应实现兼容互用，城际多元化支付业务采用“统一平台，分设资金账户”的模式运作。

7）运营维护及应急解决方案

区域轨道交通联运还需解决好运营维修维护、信息互通、应急处置、安保机制等多方面的规则。

（1）设备管理

应重点研究做好衔接换乘站的关键设备信息互通或设备互控，包括：防灾报警、机电设备实现监控信息共享；给排水专业实现消防水共享；通信电话实现互通；视频监控实现关键区域的视频镜头共享等。

（2）控制权限

相互独立，本线路控制中心负责管理本线路设备，对邻线设备只监不控，保证控制信息不冲突，确保设备的安全、稳定运行。

（3）信息共享

双方应实现信息同时报送，涉及互联设备的故障信息应与邻线控制中心共享，保障信息一致性，提升处置效率。

（4）应急组织

广州与湾区内其他城市衔接线路应急信息应及时互通，信息准确，最大限度减少突发事件对乘客的影响；信息通报渠道以电话通报为主，传真、邮件通报为辅，禁止使用微信等公共通信软件进行报送，避免信息外泄；为保证突发事件信息传递的时效性，应急事件可以先进行初报，进一步了解事件的关键信息后再进行续报。

（5）信息报送

按照分级报送原则，发生突发事件时，衔接换乘车站需将信息通报给本线路控制中心及另外一条线路车站，控制中心收到信息后，及时通知另外一条线路的控制中心；事件影响达到报送上级单位（如市应急办、市交通管理部门等）条件时，由事发线路运营管理单位的控制中心或线网指挥中心对口报送。

（6）应急信息互通启动条件

应急信息互通启动的条件为：各市存在直接换乘关系的城市轨道交通线路发生影响较大晚点事件，需要对方配合发布对外延误信息或配合进行客流控制时；城市轨道交通运营线路发生突发事件，需要对方配合采取不停站通过、清客、小交路运行等行车调整措施时；城市轨道交通运营线路发生突发事件，凭自身技术力量短时间内难以处置，需要对方提供人员、抢险物资支援时。

（7）统一乘客应急信息发布规范

为确保互联互通城市轨道线网运营发生故障时，能第一时间告知广大乘客，满足乘客知情权，各相关城市的轨道交通运营单位应执行统一的信息发布规范。

（8）建立应急公交接驳机制

衔接线路的运营单位在线路开通前应制定应急公交接驳预案，提前做好线路踩点、准备公交接驳备品、合同签订、明确承运企业等各项准备工作；发生故障需启动应急公交接驳时，由事发线路运营管理单位的控制中心或线网指挥中心负责应急公交接驳的启动及信息通报，邻市的控制中心或线网指挥中心做好配合工作。

（9）建立抢修抢险联动机制

衔接线路按照“就近、跨组织调集应急人员及物资”原则开展应急联动，原则上由故障线路运营单位的调度提出应急抢险人员及物资支援需求，支援线调度协调故障点附近的人员及物资到场配合抢险，支援人员到场后由故障线路的现场指挥统一调配。

（10）安保组织机制

互联互通城市轨道交通运营单位的安保政策、安检标准与操作程序应一致，应建立跨区域协商机制，促进各市安保工作同步展开；实施治安联防联治，各市府层面应给予政策支持，与属地区政府、执法部门、街道、沿线村委等建立健全治安环境综合治理长效工作机制。

8）可持续发展解决方案

随着粤港澳大湾区轨道交通建设的发展，各城市建设投资加运营成本的负担将日益沉重，需及早研究解决区域轨道交通可持续发展举措。近年来，国内地铁站点与城市功能结合利用的政策环境日益成熟，广州在“市区共建＋土地储备”的建设模式上取得了创新性突破，广州与湾区内其他城市还在进一步探索结合“站点综合体”“三旧改造”等新的筹资模式，保障大湾区轨道事业的可持续发展：

①积极建立“财政投资＋站点综合开发＋多种融资手段”的投融资模式，超前开展投融资规划，统筹考虑建设资金及运营补亏资金的解决途径。

②发挥城市政府主导作用，落实并优化资金分担机制，落实国家对轨道交通项目的资本金要求。

③按照国家倡导的“多式衔接，立体开发，功能融合，节约集约”的原则，建立规划报批、土地使用、税费收取等方面的政策支持机制，对互联互通线路站点周边、车辆段上盖进行TOD综合开发，形成沿线土地综合开发收益对轨道交通建设运营的反哺机制。

④规范应用PPP模式，择优采用银行贷款、银团贷款、企业债券、公司债券、融资租赁和各类非金融企业债务融资工具，拓宽境外资本市场融资渠道，降低融资成本，优化债务结构。

⑤积极开展城市枢纽综合体、场站综合体规划，完善轨道交通站点周边土地功能，深入探索由过去单纯的地铁站点交通配合，向以站点为核心整合城市功能的枢纽综合体及地上和地下空间一体化利用的纵深发展。

⑥强化附属资源开发，持续拓展运营补亏来源。附属资源开发包括车站空间及其延伸资源，如媒体广告、商业、民用通信、移动互联网、增值业务等多种资源。互联互通线路的附属资源可按照“谁投资、谁建设”的原则进行投资建设；按照“谁运营，谁经营”的原则，由该线路的运营单位负责开发和经营，经营收益应全部用于弥补该线路的运营亏损。

6.3 前沿新科技应用对线网运营提出的新需求

6.3.1 总体需求

紧随“数字化”和“智能化”新一代技术发展方向，聚焦“智慧服务、智能运行、智能运维”等领域，随着多层域感知、人工智能、移动互联、主动协同等技术的应用，推动智能轨道交通系统的全面创新。基于工业互联网、物联网的发展，将先进的智能传感、数字通信、数据处理、信息融合、计算机视觉、自主协同控制等技术有效集成，实现大范围、全方位、实时、准确、高效的运行控制与管理，推进轨道交通系统及综合交通系统向网联化、协同化和智慧化方向发展。

6.3.2 以人为本的乘客服务

轨道交通应以人为本，通过更多人性化、智能化的服务手段，从被动、单一、迟滞的服务方式，全面转向主动、整合、及时的服务方式，实现对乘客出行全链条服务需求的主动感知以及精准分析，围绕资讯、出行、增值等关键服务内容进行智能整合、提升，发挥城市轨道交通全方位的价值。

6.3.3　自适应的客运组织

突破以往经验化、被动式的客运组织，转变为运输计划、车站客运设备、信息系统相互联动的客运联控模式。通过深化数据分析应用，采集实时客流、精准预测，智能调整运力和启动客流控制，主动诱导乘客出行。如图 6-6 所示。

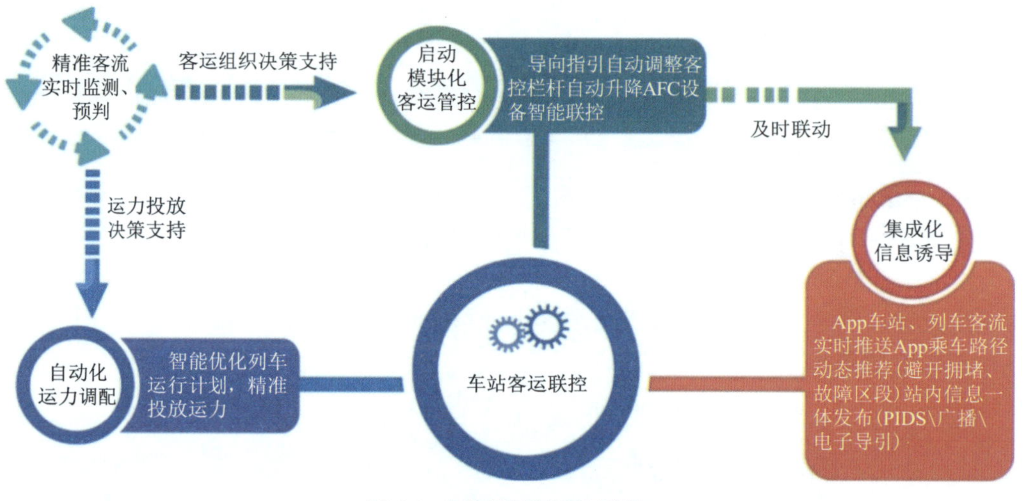

图 6-6　自适应客运体系示意图

针对拥挤站段，结合线网运力和线路条件，采取不均衡运输、空车投放、大站多停等解决方案，实现运力精准投放。

针对单站、单线、线网拥挤度，结合线网运力、车站容纳、设备能力等，启动车站、线段、区域、线网大客流预警，生成点、线、面的分梯度客运管控模式，有序实现客流管控的预见性、及时性、有效性和网络联动性。

（1）精准化的资讯服务

随着“互联网 +”通信技术和互联网产品的不断更迭，乘客获取资讯的方式和习惯也悄然改变，新的客服载体不断衍生，使服务不再受时间和空间的限制，让服务“触手可及”。

通过对乘客出行大数据的挖掘，分析不同群体乘客的服务需求及个体属性定位，通过搭建多元化、全维度的综合智能客服平台，提供便捷、精准、贴心的服务。使地铁服务深度融入乘客线上、线下全方位的服务渠道，实现乘客—客服之间的快速、精准的服务响应，为乘客提供更为智能、精准的品质专项服务；构建“虚拟客服 + 人工客服”相辅的咨询服务响应平台，并在手机 App、微信、官网等线上网络平台以及车站自助客服中心、智能自助客服终端等线下服务设备上全面应用，拓展、丰富人工服务外的各项智能服务咨询；在车站建设快速客服响应服务机制，车站现场将逐步转向“无人化”服务值守模式，并可通过“一键式”快速通知车站管理人员根据乘客具体的现场求助内容，合理安排并快速到达乘客所在位置，开展“一对一”的精准响应服务；持续、有效监控线网服务质量，及时获取乘客服务意见，后台建立智能化线网服务质量监控系统，结合乘客数据分析，掌握乘客服务需求的趋势，为服务创新发展决策提供有效的数据支撑。如图 6-7 所示。

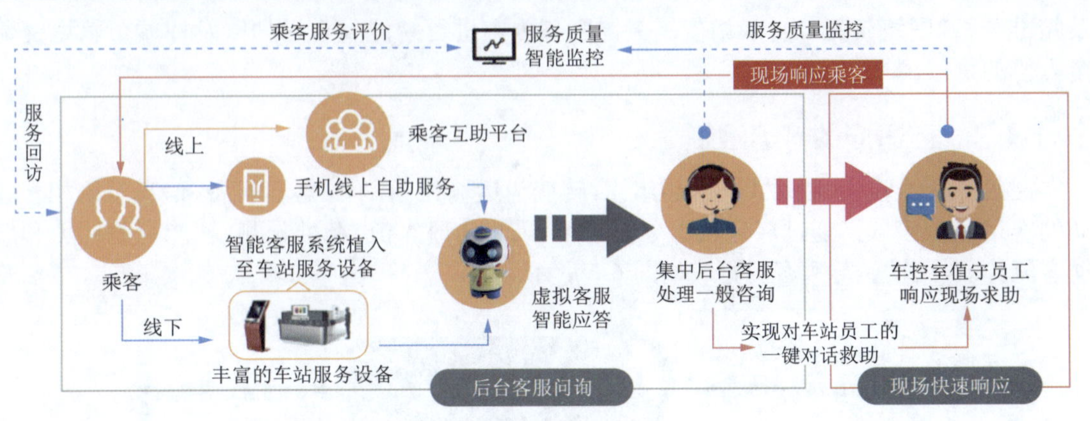

图 6-7 乘客咨询响应示意图

(2)多元化的票务服务

以乘客的便捷出行为立足点，兼顾票务数据的深挖应用，建立多元、便捷、集成的票务系统，具备“多元支付手段＋多元票种选择＋多元购票方式”于一体的乘车支付系统，并通过引入生物特征无感过闸方式（图 6-8)，满足乘客更便捷的过闸服务需求，实现多元支付方式与地铁出行的深度融合。

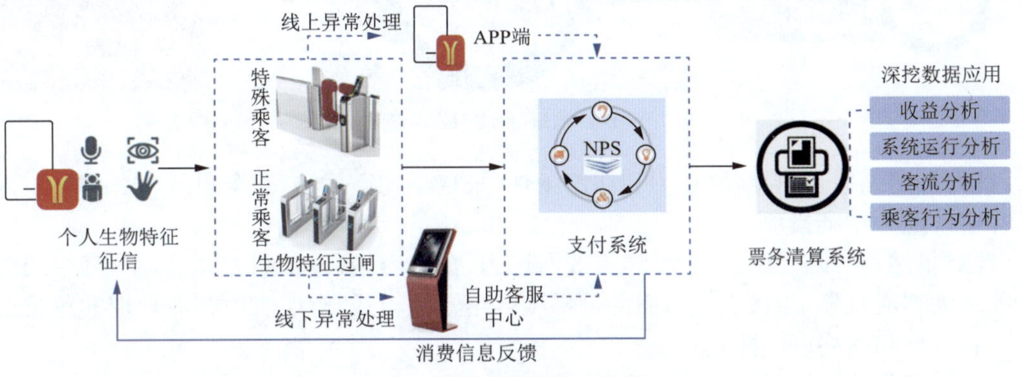

图 6-8 生物特征无感过闸票务模式

NPS- 网络化多元化支付系统

搭建线上、线下完善自助票务处理渠道。乘客可灵活选择手机 APP 或车站智能服务终端、自助客服中心等设备，自助办理异常票务处理、车程查询、支付核对等业务。

建设集成可靠后台，实现个体、整体的实时收益精准支付、对账、报警，以及整体现金、非现金收益自动核对，提升票务管理效率，保障乘客良好的票务体验和整体收益安全。通过对收益数据、客流数据、系统运行、乘客行为等数据的深挖应用，支持乘客“画像”系统及内部系统运维、收益管控优化，完善新时代票务体系。

随着城市群规划发展，以区域票务信息关联为核心，统筹规划建设适用于区域群通行的票务应用，规划统一的票务技术标准，实现区域票务信息关联，逐步实现区域统一票务清分功能，满足城际间旅客日益庞大的便捷出行需求，助力区域多制式轨道交通“一张网、一张票、一串城”的融合发展。

(3)生活化的增值服务

轨道交通将横向延展、深度融入乘客的生活当中，逐步构建基于轨道交通的生活服务圈，为乘客提供多元化的地铁定制化生活服务。打造城市轨道交通脉络，联合多种周边交通，无缝衔接周边交通服务，打造出站即换乘，一站式交通到家的便捷体验；通过线上网络平台及线下经营活动，实现广告业务的精准推送，引入周边商业，设置无人商铺，构建“一站式”地铁核心商圈；引入同城快递、地铁物流、缴费代扣、线下充值、线上线下一体化（O2O）、即取服务等生活服务，形成城市轨道交通生活驿站，为乘客提供各项生活便利；通过地铁 APP 完成线上线路查询、景点门票购买、酒店预订等文化旅游拓展服务；为乘客提供手机游戏、电影、电子书等丰富的泛娱乐项目；结合车站情况设置关爱型母婴室、智能化卫生间等人性化便民设施，提升车站服务水平。

6.3.4 科学高效的运营

1）协同高效的调度指挥

伴随信息技术、大数据计算等前沿科技的迅猛发展和轨道交通线网规模的不断扩张、网络通达性的增强，为匹配多样化的客流需求，线网行车组织方式日益复杂，突发情况下对调度的快速应变要求越来越高，调度指挥亟须实现“重点目标可视化、信息获取立体化、调度决策精准化” 等功能，在前端感知、中间网络传输、智能决策、多渠道信息报送等方面实现向智慧指挥调度的演进。图 6-9 为智慧调度指挥示意图。

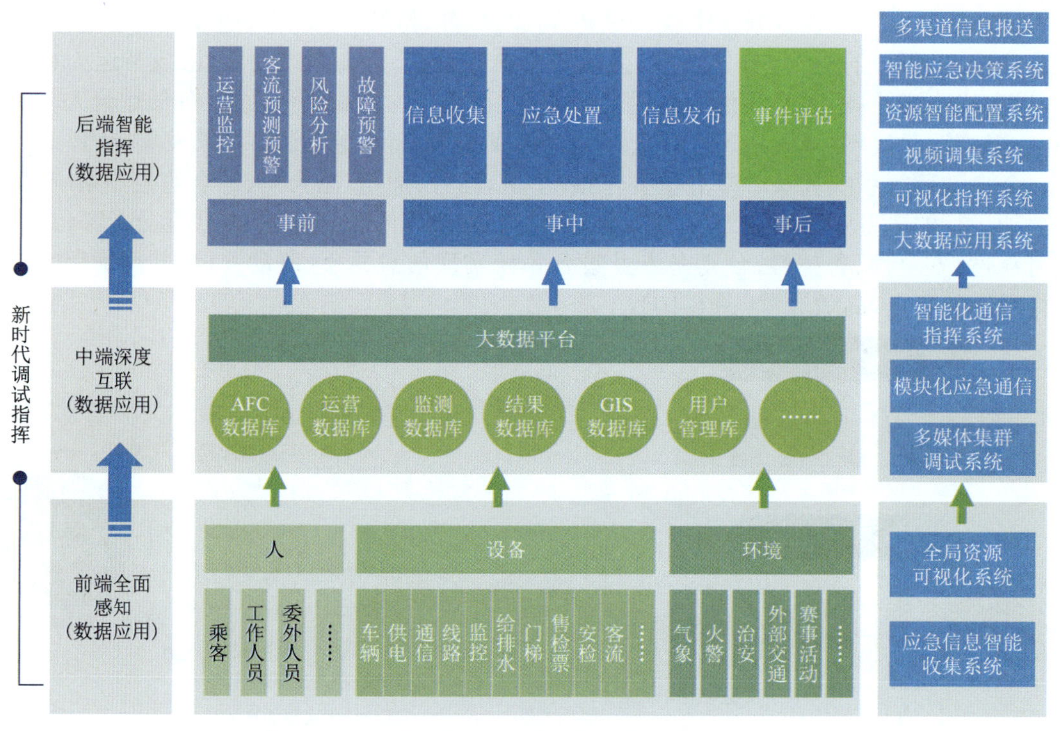

图 6-9　智慧调度指挥示意图

2）全景管控的车站管理

车站管理将借助各类先进的智能技术摆脱以往定时、定点、定岗的管理运作痛点，将车站管理模式从固定化、单站化向移动化、区域化转变，构建基于设备全息感知、系统集成联控、终端移动操控的高度自运转的全时全景车站管理模式，最终实现区域站点集中值守和远郊车站无人值守的管理模式。

（1）全息感知的安全管理

实现车站内部、外部“人、机、环”所有人员情况、设备设施的全方位动态感知、智能分析、预判，实现车站安全全景监控、预警、处理及策略生成。

（2）灵活适配的服务管理

轨道交通的服务管理将由传统的固定、被动式人员服务响应转变为主动感知、适配调整的人员与设备相辅相融的服务响应模式。

（3）移动便捷的内部管理

轨道交通将摆脱传统车站运作模式，通过引入系统化、集成化等技术手段，实现移动化、区域化管理，从而提升整体运作效率。

3）精准灵活的自动运营

轨道交通自动化水平（GoA），是根据运营工作人员和设备系统所承担的列车运行基本功能的责任划分来确定的。当前，我国城市轨道交通仍主要处于 ATO 模式的半自动化水平，列车运行过程中司机承担着操控列车、监督管理乘客、观察运行环境、处理异常情况等多项工作。由于司机对操作反应、环境反应的局限性，以及司机行为的离散性、动态性、复杂性和不确定性，因此司机的行为特征影响安全和效率的进一步提升。

城市轨道交通工程应紧密围绕“安全、可靠、精准、持续”的理念，建设全自动运行系统。全自动运行系统的技术优势体现在：强化安全措施设计，提高系统安全性；支持运力精准投放，提高线路运能；适应网络化运营的灵活调度组织管理，提高服务质量；降低运营人员劳动强度，提高运营效率；降低列车运行能耗和运营成本，提高轨道交通可持续发展能力。

全自动运行系统和核心专业主要包括：车辆、信号、通信、站台门、综合监控等系统，运用全自动运行的多专业协同控制技术和全生命周期安全风险管理体系，减少运行故障，提高系统可靠性、安全性、鲁棒性，使得各专业设备系统实现信息共享、联动管控，共同确保全自动运行系统的安全、高效运营（图 6-10）。

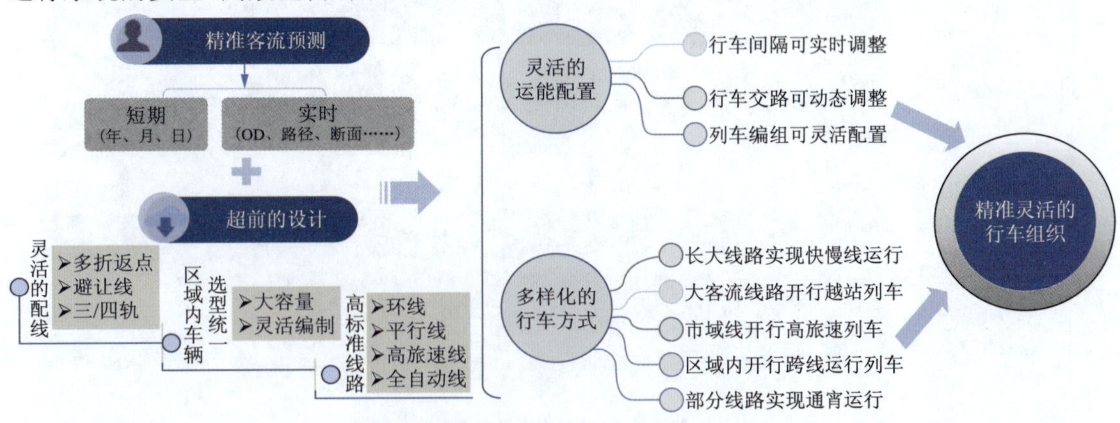

图 6-10 精准、灵活的运输组织示意图

4）集成一体的安防应急

在为乘客带来便捷、节能、环保出行方式的同时，城市轨道交通安全应急将面向车站、列车、车辆段、外部区域及线网，涵盖安检、设备设施、客运、外部环境、综治、行车、消防、施工、票务、应急等多项模块业务，运用智能监测、即时预警、态势研判、信息交互等技术手段，共同

构建一体化安检、集成式安全、网络化应急的模式机制，形成集约高效的全域立体的安全管控，确保线网安全运营。

5）体系迭代的智能运维

针对传统运维中存在数据孤岛、信息离散、平台封闭、被动响应等问题，全面构建基于状态感知及维修全过程数据的精准维护维修模式，结合设备设施全生命周期健康管理体系，实现面向线网运营场景需求的智能决策，达成体系迭代的智能运维。

（1）多元化的运维模式

智能运维以设备设施精准维护维修为导向，结合大数据、物联网、云计算、人工智能等技术手段，进行运维体系变革，从人员、设备、物料、检修、隐患、故障、分析、决策等方面实现面向多对象的主动型全域感知、电子化规范流程及场景化决策控制，促进运维精准、高效，提升前台维保、后台维修及资源调配的衔接能力及网络化运营下设备设施健康管理水平。

（2）场景化的智能运维

围绕场景需求、方法技术以及设备的智能化程度，智能运维发展历程可分为传统运维、自动化运维、敏捷型运维及智能运维等四个阶段。

城市轨道交通智能运维体系主要由需求、感知、网络、数据、技术、决策六个方面组成。需求是源头，通过面向专业对象、业务模式的需求汇聚，实现需求至感知层的畅通流转，满足体系功能的业务需求输入。感知是基础，通过传感采集形成数据源头，实现对象的原始信息获取。网络是途径，通过网络的全方位覆盖，促进数据（原始、过程、感知）充分流动及互联互通。数据是中枢，通过运维全过程的感知、采集、边缘处理、融合，实现基于数据驱动的系统性智能基础。技术是工具，围绕专业、领域等背景范畴对具体业务细项化展开方法论的构建及智能技术的应用，实现基于技术驱动的系统性智能分析。决策是应用，适配各类运营场景的策略生成能力，具备自学习、演进的逻辑能力，实现智能运维的业务成果指引及输出。图 6-11 为基于乘客出行链需求的专业聚类图。

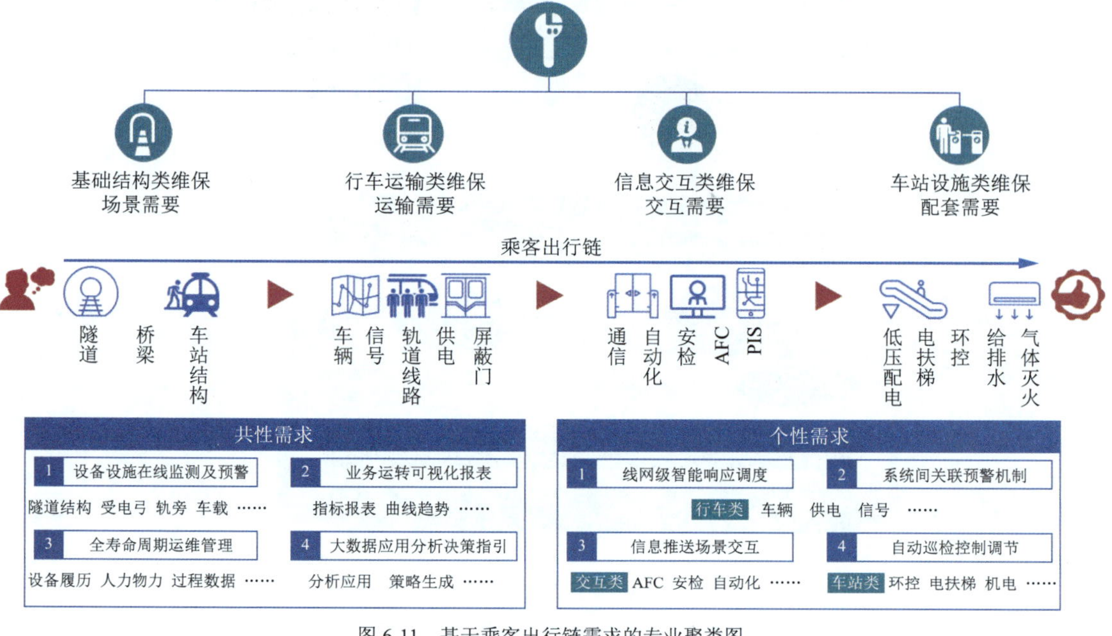

图 6-11　基于乘客出行链需求的专业聚类图

6.3.5 智慧出行的生活平台

面向新时代，各城市地铁将形成“多网合一、换乘高效、互通互联的轨道都市”，适应城市群协同发展要求。优化城市轨道快线，确保主城区至副中心及外围城区快速直达。加密轨道线网，优化城市轨道普线，缓解主城区内主要轨道客流走廊压力，提高城市连绵发展片区服务水平。将绿色发展理念融入地铁规划、设计、建设以及运营全生命周期，实现轨道交通与城市发展的有机融合，打造绿色地铁、低碳地铁。

实现以乘客需求为核心的人性化出行的转变，从地铁服务全过程进行分析，借助移动互联网、云计算、大数据、物联网等先进技术和理念，将传统城市轨道交通运输业和互联网进行有效渗透与融合，形成具有“线上资源合理分配，线下高效优质服务”的新业态和新模式，实现城市轨道交通运营状态、乘客出行的实时感知，通过手机终端、智能客服设备、资讯发布终端、广播、智能导向等多种设备设施，创造准确、全面的，与乘客信息交互的环境，为乘客提供增值和增质的定制化精准服务，提升乘客乘车体验。结合突发故障的影响范围及其影响程度，分析突发故障下乘客的出行行为，预测不同突发故障下受影响乘客在路网的重分布情况，进而推算受影响客流规模，以此指导应急情况下的应急处置。打造全信息化感知及运维的智慧地铁。

构建“交通、服务、经济”三网叠加的上盖垂直城市，打造“国计、民生、交通”复合功能的城市轨道交通场站综合体，实现“城中之城”。通过城市轨道交通场站综合体，以及公共开放的交通核和零换乘慢行通道，衔接公交首末站、出租车站、社会停车场等交通设施，并通过多首层地面连接商业、餐饮、文化等一站式公共服务，将拥挤的进出站客流转化为有序疏散的生活出行，实现轨道交通优生活。图 6-12 为智慧出行的地铁生活平台示意图。

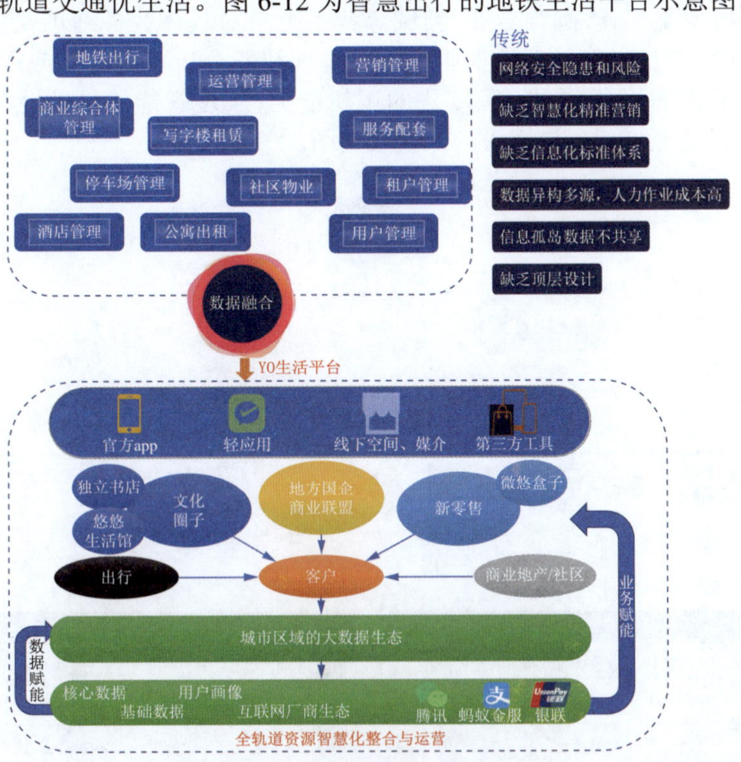

图 6-12 智慧出行的地铁生活平台示意图

YO 生活平台 - 广州地铁智慧出行生活平台

第 7 章

城市轨道交通规划阶段对运营需求的考量

7.1 规划体系

城市轨道交通规划阶段，应在统筹考虑建设和运营需求的基础上，超前搭建全业务输入的规划体系，从战略层规划、网络层规划和实施层规划逐级推进，系统落实线网运营和经营的需求要点。如图 7-1 所示。

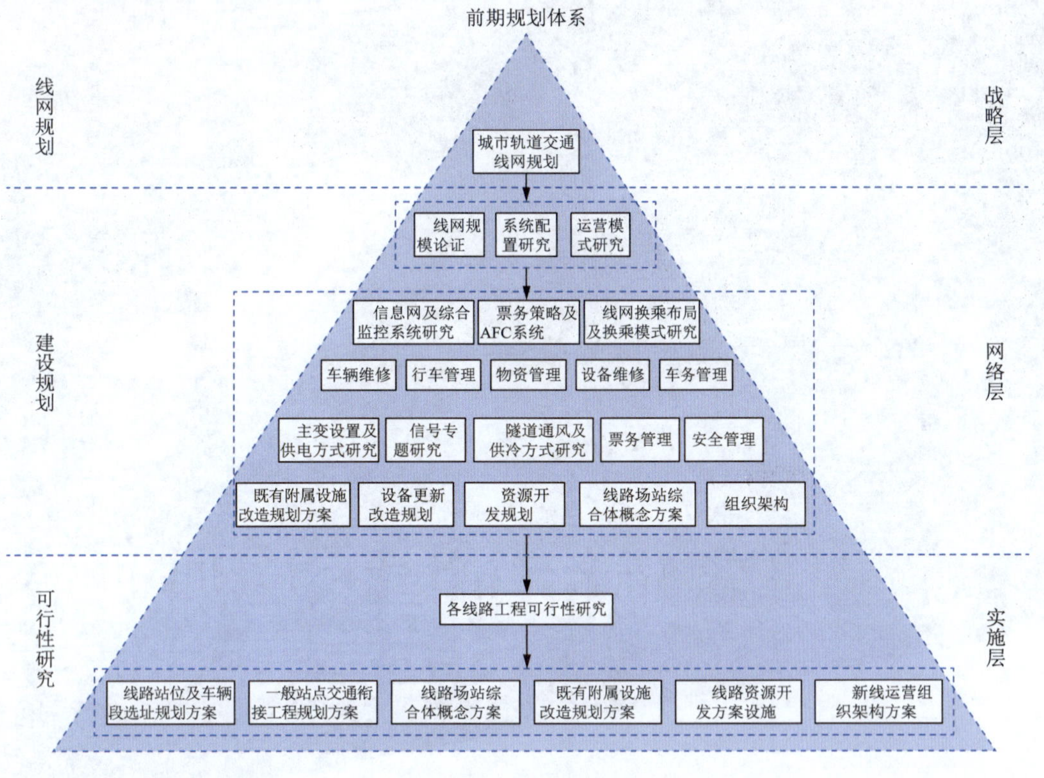

图 7-1 规划体系示意图

战略层规划以线网规划为起始，确定了城市轨道交通线网的规模和布局，提出了城市轨道交通设施用地的规划控制要求，并对远景城市轨道交通线网布局提出总体框架性方案。

网络层规划由建设规划及其附属专题构成，在线网规划确定的初始规模和布局基础上，进一步明确近期线路规模、建设时序与投资，之后开展系统配置研究、运营模式研究，两者互动共同确定了系统选型、共享设施规模与分布以及人员的管理模式，该成果既可以为建设规划提供支撑，也为后续开展工程可行性研究（工可）的分线路研究提供指引。

实施层规划由工可及审批配套专题、支撑性专题和同步开展专题构成。线网资源共享规划对系统定位、线路规划、车辆选型、车辆段与综合基地规划、供电方式、通信信号形式、通风供冷方式等方面的设计方案进行了深入的研究，并进行了控制性的规定。在基础上，后续开展具体线路的工程可行性研究将系统、设施、管理的具体要求落实到各条线路中去，并确保规划目标在资金和工程上的具体落实。

同样，各附属专题也是在建设规划确定内容的基础上进一步细化。例如，场站综合体规划（含交通衔接规划）是在建设规划确定的换乘模式研究基础上，对轨道站点的交通衔接设施统筹规划，并为轨道建设筹集资金；交通运输规划主要以城市轨道交通近期建设规划为依据，结合新线接入对既有线网的影响，提出未来运输组织需求，并形成未来各年度运输组织方案。运营架构发展规划则在运营组织方案基础上，制定运营组织架构发展规划和人员发展规划，人员规划将纳入工程可行性研究报告及初步设计中，是争取新线储备费用、做好成本管控、落实新线人员招聘储备、培养及到位计划的重要支持依据。

在设计阶段，规划工作进一步细化为线路和站点的详细规划方案，包含线站位规划、选址红线、既有附属设施改造规划和站点的总平面规划方案、地块控规调整方案、用地规划红线、修建性详细规划方案、建设工程规划许可方案、工程规划验收方案等，主要为落实建设规划的用地做好准备。本类规划具体内容和审批途径如下。

①站点总平面规划方案。城市轨道交通站点总平面规划方案主要包含车站、车辆段等城市轨道交通主体总平面规划方案、线路一般站点交通衔接总平面规划方案和线路场站综合体总平面规划方案，是开展站点规划许可报审、地块控规调整的规划依据。

②站点地块控规调整方案。城市轨道交通站点地块控规调整方案主要包含地面车站、高架车站、车辆段等城市轨道交通主体控规调整方案、线路一般站点交通衔接控规调整方案、线路场站综合体控规调整方案、资源开发空间（含出入口便民服务设施）控规调整方案。经市政府批准的控规调整方案和规划批复同意的总平面规划方案是市规划部门核发项目规划用地红线的依据。

③站点规划用地红线。城市轨道交通站点规划用地红线主要包含车站、车辆段等城市轨道交通主体规划用地红线、线路一般站点交通衔接规划用地红线、线路场站综合体规划用地红线和资源开发空间（含出入口便民服务设施）用地红线，规划用地红线、总平面规划方案作为市规划部门审批后续修建性详细规划方案及核发建设工程规划许可的审批依据。

④站点修建性详细规划方案。城市轨道交通站点修建性详细规划方案主要包含车站、车辆段等地铁主体、线路一般站点交通衔接、线路场站综合体修建性详细规划方案、资源开发空间（含出入口便民服务设施）修建性详细规划方案。修建性详细规划方案、规划用地红线是市规划部门核发项目建设工程规划许可的技术基础。

⑤站点建设工程规划许可方案。城市轨道交通站点建设工程规划许可方案主要包含车站、车辆段等地铁主体建设工程规划许可方案、线路一般站点交通衔接建设工程规划许可方案、线路场站综合体建设工程规划许可方案和资源开发空间（含出入口便民服务设施）规划许可方案。建设工程规划许可方案是经城市规划行政主管部门审定，许可建设各类工程的法律凭证，是项目竣工后申请规划验收的依据。

⑥站点建设工程规划验收方案。城市轨道交通站点建设工程规划验收方案主要包含车站、车辆段等地铁主体建设工程规划验收方案、线路一般站点交通衔接建设工程规划验收方案、线路场站综合体建设工程规划验收方案和资源开发空间（含出入口便民服务设施）工程验收方案，该环节一般是对经规划审批的建设项目实施管理的最后一道关口。规划验收后如项目需改建，根据《城乡规划程序规定》，按“加、改、扩工程”类别进行报审。

7.2 线网规划阶段

7.2.1 概述

城市轨道交通系统对城市的发展影响深远，在我国已历经数十年发展，已形成相关理论体系，具有很强的专业性和系统性。线网规划在城市轨道交通规划工作中层次最高，是城市轨道交通发展的“龙头”。线网规划的目的是确定轨道交通的长远发展目标，科学的线网规划应当具备以下特点：

①能够引导城市用地布局优化、支持城市总体规划目标的实现。

②构建一体化综合交通体系，促进综合交通规划目标的实现。

③为控制轨道交通建设用地和轨道交通工程立项提供依据。

④指导轨道交通有序建设，促进自身可持续发展。

⑤为城市大型基础设施布局和建设的统一安排创造条件。

7.2.2 线网的规模

确定线网的规模是线网规划工作的起点，建设城市轨道交通应符合城市发展和客流的需要，界定一个合理、适度的线网规模。

轨道交通在我国是一项高品质、高造价、高成本、高运量、公益性很强的民生工程，线路建成后运营不能停。线网规模过小，制约城市的发展，而客流需求不断增长，更会给运营带来较大压力。线网规模过大，客流效益不显著，建设投资大、运营补贴会给运营企业和政府带来长远的负担。因此，线网规模要与城市总体规划条件、发展目标相协调，量力而为，做到“造得起、养得起、高效益”。

线网的规模要与以下四个主要因素相适应：

①城市轨道交通线网规模要符合城市的战略目标，促进城市建设与轨道交通的相互促进，协调发展。

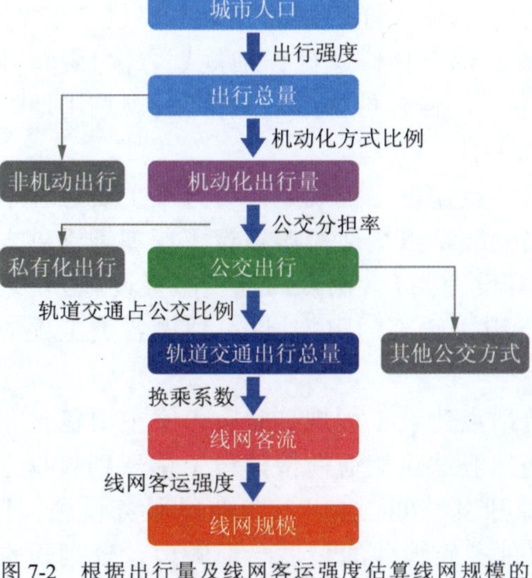

图 7-2 根据出行量及线网客运强度估算线网规模的技术路线示意图

②城市轨道交通线网规模要与城市规划远期的客流需求相适应，保证线网的客流效益，达到一定的客运强度。

③应合理评估城市的经济能力与线网规模的协调关系，保障建设资金以及后续运营成本的可持续负担能力。

④线网规划规模应保障线网的运输服务水平，使线网对城市空间合理覆盖，满足乘客的合理需求。

综合国内外城市轨道交通线网规划建设和运营情况，建议进行线网规划时，对其规模的确定应在追求城市综合目标的基础上，同时兼顾自身的效率和效益，结合运营成本平衡概念。根据出行量及线网客运强度估算线网规模的技术路线示意图见图 7-2。国内外城市中心城区线网密度规划指标对比见表 7-1。线网规划指标建议取值范围见表 7-2，城市轨道交通网络运营设施配置目标值选取范围见表 7-3。

国内外城市中心城区线网密度规划指标对比　　表 7-1

城　市	区　域	面积（km^2）	线网密度（km/km^2）
北京	四环内	324	1.24
上海	中环线内	400	1.27
纽约	300km^2 区域内	300	1.16
伦敦	300km^2 区域内	300	1.6
巴黎	市区范围内	105	2.2

线网规划指标建议取值范围　　表 7-2

城市规模		万人线路长度（km/ 万人）	万人站点数（座 / 万人）	线网客运强度 [万人次 /（km·d］	站点日均客运强度 [万人次 /（站·d）]
500 万人以上	30 年以上	0.09 ～ 0.353	0.08 ～ 0.331	1.85 ～ 3.2	2.2 ～ 5.2
	10 ～ 30 年	0.07 ～ 0.16	0.05 ～ 0.142	1.35 ～ 2.8	1.5 ～ 3.3
	10 年内	0.05	0.04	1.0 ～ 1.45	1.1 ～ 1.68
200 万～ 500 万人	30 年以上	0.15 ～ 0.444	0.269 ～ 0.486	1.4 ～ 2.3（3.0）	1.0 ～ 3.9
	10 ～ 30 年	0.11 ～ 0.25	0.09 ～ 0.245	0.9 ～ 2.1	1.0 ～ 2.2
	10 年内	0.08 ～ 0.25	0.05 ～ 0.245	0.9 ～ 1.3	0.9 ～ 1.4
100 万～ 200 万人	30 年以上	0.22 ～ 0.56	0.161 ～ 0.799	1.0 ～ 1.5	0.9 ～ 1.4
	10 ～ 30 年	0.09 ～ 0.265	0.077 ～ 0.392	1.0 ～ 1.9（3.3）	0.8 ～ 1.8（3.9）
	10 年内	0.085 ～ 0.2	0.074 ～ 0.167	0.55 ～ 0.8（2.5）	0.65 ～ 0.9（2.1）
100 万人以下	30 年以上	0.49 ～ 1.43	0.464 ～ 1.35	0.5 ～ 1.5	0.5 ～ 1.1
	10 ～ 30 年	0.23 ～ 1.0	0.253 ～ 0.94	0.4 ～ 1.2	0.4 ～ 0.9（1.5）

城市轨道交通网络运营设施配置目标值选取范围建议表　　表 7-3

城市规模		平均最小行车间隔（min）	平均线路定员（人 /km）	平均线路配车（辆 /km）	平均车辆客运强度（人 / 辆）
500 万人以上	30 年以上	2	70 ～ 80	13.3	1700 ～ 1800
	10 ～ 30 年	3	50 ～ 60	9.2	1950 ～ 2050
	10 年内	5	60 ～ 70	5.7	1800 ～ 1900
200 万～ 500 万人	30 年以上	2.5	40 ～ 60	9.6	1400 ～ 1500
	10 ～ 30 年	4	40 ～ 50	8.0	1400 ～ 1500
	10 年内	4	40 ～ 50	6.2	1650 ～ 1750
100 万～ 200 万人	30 年以上	3	90 ～ 100	8.5	1450 ～ 1500
	10 ～ 30 年	3	80 ～ 90	6.2	1800 ～ 1900
	10 年内	3	40 ～ 50	3.8	2200 ～ 2300
100 万人以下	30 年以上	4	20 ～ 30	4.7	1400 ～ 1500
	10 ～ 30 年	4	20 ～ 30	3.5	2050 ～ 2150
	10 年内	4	10 ～ 20	1.7	2050 ～ 2150

7.2.3 线网结构、运营效率、客流效益

1）城市轨道交通线网典型结构形态

城市轨道交通线路相互组合，受城市空间布局、经济发展布局、区域空间发展等条件制约，形成了特定的轨道线网方案，没有固定不变的线网结构，不同的线网方案表现出不同的线网结构，其中常见、基本的线网结构为如下三种形式。

（1）网格式

网格式线网的各条线路形成方格网，呈格栅状或棋盘状。网格式线网中的线路走向比较单一，其基本线路关系多为平行与“十”字形交叉两种。

这种结构的线网线路分布比较均匀，客流吸引范围比例较高；线路按纵横两个走向，多为相互平行或垂直的线路，乘客容易辨识方向；换乘站较多，纵横线路间的换乘方便，线网连通性好。

此类线网的缺点：一是线路走向比较单一，对角线方向的出行需要绕行，市中心区与郊区之间的出行常需换乘；二是平行线路间的换乘比较麻烦，一般要换乘 2 次或 2 次以上，当线网密度较小，平行线之间间距较大时，平行线间的换乘时间较长。在同样的线网规模下，网格式线网所覆盖的区域范围要比无环放射式及有环放射式的小，运输效率也较低。图 7-3 为网格式线网示意图。

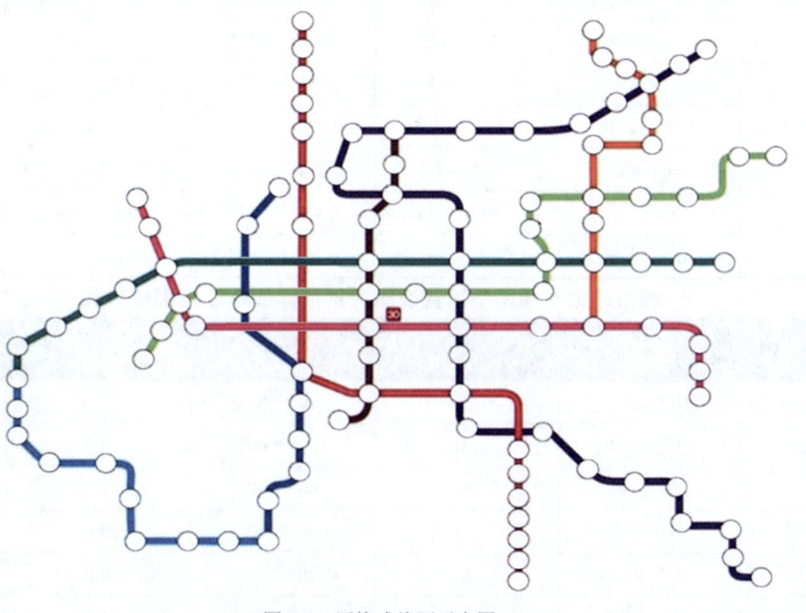

图 7-3 网格式线网示意图

在线网的覆盖范围内，网格式线网分布比较均匀，各地块上的可达性差异不大，引导城市居民均匀分布，居住环境会好一些，交通压力相对较小，并进一步影响城市结构趋于均匀分布，但另一方面它也会导致城市用地效率降低。

（2）放射式

放射式线网（图 7-4）是由穿过市中心的直径线或从市中心发出的半径放射线构成。这种类型的线网可使整个区域至中心点的距离较短，因此其线网中心点的可达性很好，有利于

提高市中心集聚能力和客流的疏散，也方便了市郊居民到市中心的工作、购物和娱乐出行，有助于保证市中心的活力，支持中心区高强度开发。线路较少时（比如少于 7 条）基本可以实现两两相交，即任意两站之间只需一次换乘即可实现互达，线网连通性好。

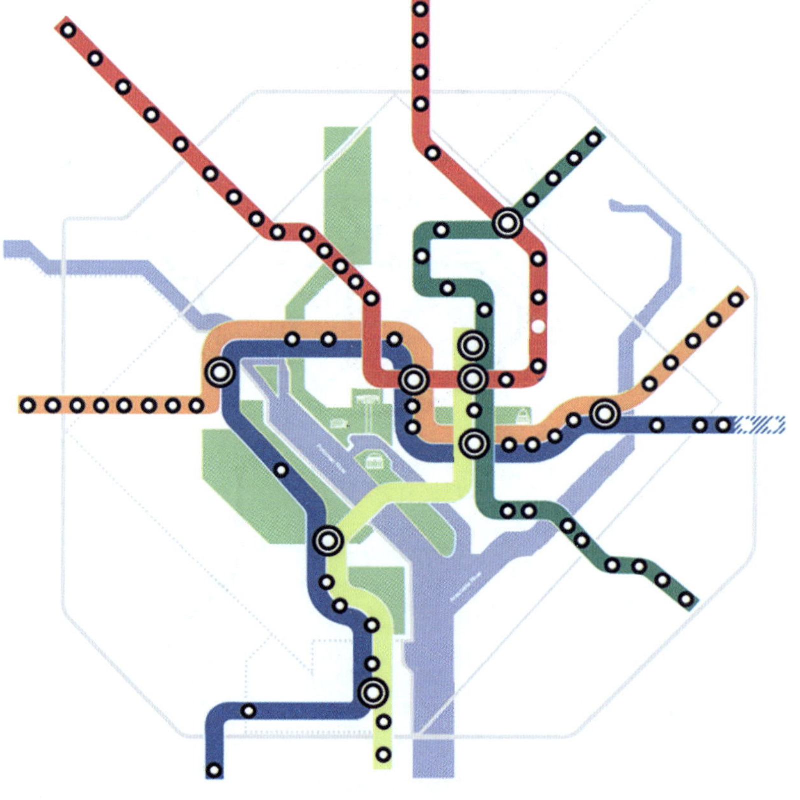

图 7-4　放射式线网示意图

放射式线网的线路走向比较多，且它们都指向或穿过市中心区，这种结构使中心城区因交通资源优势，成为中心区高密度集聚的前提条件，一方面促使市中心区容积率的不断提高；另一方面促进城区的扩大，市中心核心区向中央商务区（CBD）周围渗透蔓延，有利于城市形成一个强大而密集的市中心。放射网中的放射线路能够有效地将市郊的居民出行引向市中心，而且还能够促成轨道交通沿线居住密度的提高，形成城市居民的带状发展走廊，形成若干发展轴线。这有利于节约城市土地资源，防止城市“摊大饼”式的蔓延发展。

(3)有环放射式

有环放射式线网（图 7-5）由穿越市中心区的径向线及环绕市区的环行线共同构成。在一些轨道交通线网规模不是很大或建设时期较短的城市，如北京、新德里等，环线一般只有一条，而在一些轨道交通线网规模较大、轨道交通发展比较成熟的城市，如莫斯科、东京等，会出现两条或两条以上的轨道交通环线。轨道交通环线的基本特征如下：

①轨道环线的平均长度约为 30km。

②轨道环线的站间距约为 1.2km。

③有环线网的放射线路数一般超过 15 条。

图 7-5　有环放射网式线网示意图

各城市轨道交通的环线资料见表 7-4。

各城市轨道交通环线资料一览　　表 7-4

序号	城市	人口（万人）	线网			环线		
			线路数	线路里程（km）	放射线	长度（km）	车站	运营类型
1	北京	1180	18	561	15	28	18	独立环线
2	东京	827	12	292	39	34.5	29	独立环线
3	首尔	955	8	287	13	50	43	独立环线
4	马德里双环	329	12	227	19	23	27	独立环线
5		329	12	227	19	40.5	28	独立环线
6	莫斯科	1125	12	276	17	19.4	12	独立环线
7	新加坡	420	5	254.4	5	10.7	14	独立环线
8	名古屋	217	8	170	10	25	28	勺型环
9	伦敦	747	12	408	28	15.7	14	勺型环
10	布加勒斯特	230	5	62.4	5	40	27	勺型环
11	布鲁塞尔	100	6	133	18	7.5	15	勺型环
12	柏林	347	10	146	16	35	27	共线环线
13	上海	1815	13	510	24	41.8	26	共线环线

有环线网与放射式线网基本功能一致，不同之处在于由于环线的出现而加大了城市核心区范围，或是在原核心区周围形成多个城市副中心或发展带，利用轨道环线串接核心区边缘的发展带和交通枢纽。

环线加放射线网一般适合于城市空间较大，有多个发展轴的大城市或都市圈，此类城市一般拥有强大的中心区，并通过环线进一步强化。

2）换乘布局

城市轨道交通线网普遍由独立运营的单线构成，单线之间通过换乘站实现客流交互，以形成不同的网络出行路径。换乘布局对线网运输效率、服务覆盖能力及运营服务水平有至关重要的影响。

换乘布局目前主要有集中布局、分散布局两种形式（图 7-6）。

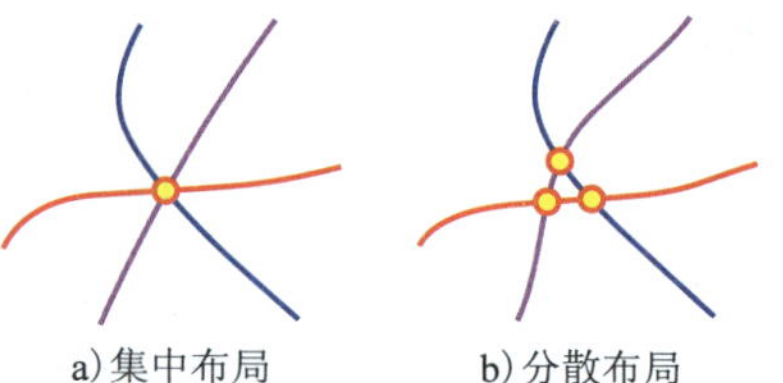

图 7-6　两种换乘布局模式示意图

集中布局将多线汇集到一个换乘站形成多线换乘站，其优点是单点的通达性强，通过一个车站可换乘多个方向，容易在换乘站聚集大量客流，有利于周边的城市建设和商业开发，集中换乘也有显著的缺点，换乘站集中的线路多，车站工程规模大，对车站用地、周边环境、施工场地条件要求很高；车站内客流方向随换乘线路条数增加成倍增长，需要更大的换乘空间和换乘设施配备数量来保证换乘通畅，运营组织难度也成倍增加。

分散布局，能有效降低单个车站的工程规模，缓解换乘站的客流压力，换乘客流比较好组织；线网局部的直接通达条件不如集中换乘模式；对换乘车站周边城市发展的支持不如集中换乘显著。在规划时应建议根据换乘点的区位环境、客流特征，结合两种模式各自的优点综合选择。

3）运营效率与客流效益

运营效率和客流效益直接影响线网建成及运营后的乘客出行服务水平、轨道交通运营企业的经济效益、运营难度，以及城市轨道交通的建设发展。科学的线网规划方案应具备良好的运营效率与客流效益。线网整体的运营效率与客流效益主要可通过轨道交通分担率、线网客运量、客运强度、平均运距、换乘系数等基础指标进行评价。

（1）轨道交通在综合交通中的分担率

轨道交通在城市综合交通中的分担率是城市公共交通发展战略的具体表现，反映了轨道交通在城市综合交通体系中的定位，主要通过公共交通在机动化交通中的比例和轨道交通在公共交通中的比例两个细化指标来体现。

（2）线网客运量

线网客运量是单位时间内城市轨道交通线网中各线路客运量之和，与轨道交通基础设施规模直接相关。线网客运量为绝对指标，反映了城市轨道交通线网的整体运输规模。

1999—2017 年末，广州地铁运营里程由 18.5km，增长至 390.6km（含广佛线佛山段），增长约 21 倍；日均客运量由 17 万人次增长至 784 万人次，增长了约 45 倍。线网客运量与线网建设规模在一定范围内基本呈现正相关，在局部时间范围内存在一定的增速波动。轨道交通成网后，客运量增长迅速。如图 7-7 所示。

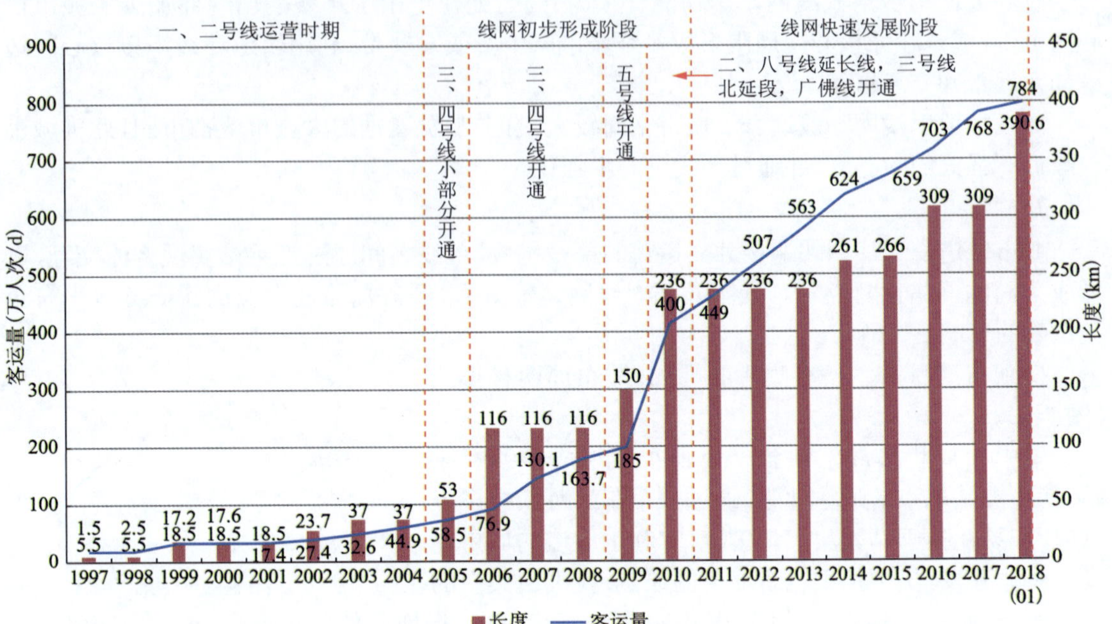

图 7-7 广州市轨道交通客运总量变化情况

(3)客运强度

线网或线路的日客运量与其运营长度的比值为客运强度(也称负荷强度),客运强度反映了线网客流效率,为线网规模的相对指标。

客运强度曲线的总体趋势是:新建线路开通时,客运强度会有所波动,但随着客流稳定后,客运强度开始升高。根据线网构建的阶段来看,在线网构建的初期,因线网里程和客流存量较小、网络效益并不显著,新建线路集中开通对客运强度的影响波动幅度较大;在成网阶段,新建线路的集中开通对客运强度的影响波动幅度相对减小;线网成型后,经过时间的培育,网络效益愈发明显,客运强度增长速度较快。

1999 年以来,广州市轨道交通线网的客运强度保持增长趋势,由 0.93 万人次 /d/km 上升至 2.64 万人次 /d/km（2016 年），2017 年底新线开通后,客运强度大幅下降,目前为 2.05 万人次 /d/km,如图 7-8 所示。

结合以上分析,城市轨道交通的发展特性如图 7-9 所示。其各阶段发展特性如下。

①当人均站点数从 δ_{r0} 增加到 δ_{r1} 时,线网客运量 Q、站点日均客运强度 K_r、边界站点日均客运强度 M_{Kr}（$M_{kr}=\Delta Q/\Delta L_s$，$L_s$ 为线网站点数)均表现为递增特点,且 $M_{Kr}>K_r$;此时线网发展处于规模收益递增区。

②当人均站点数从 δ_{r1} 增加到 δ_{r3} 时，M_{Kr} 开始递减;当人均站点数为 δ_{r2} 时，K_r 最大,这时 $M_{Kr}=K_r$;当人均站点数超过 δ_{r2} 时，K_r 将逐步减少,此时线网发展进入规模收益递减区;当人均站点数为 δ_{r3} 时，$M_{Kr}=0$,线网客运量 Q 达到最大值。

③当人均站点数超过 δ_{r3} 时，M_{Kr} 小于零,线网客运量将减少。根据以上定义,对广州的城市轨道交通线网客流发展进行分析，$\delta_{r0}=0.043$,时间位于 2004 年,即广州地铁二号线开通运营之后,线网运营开始进入规模效益发展阶段。

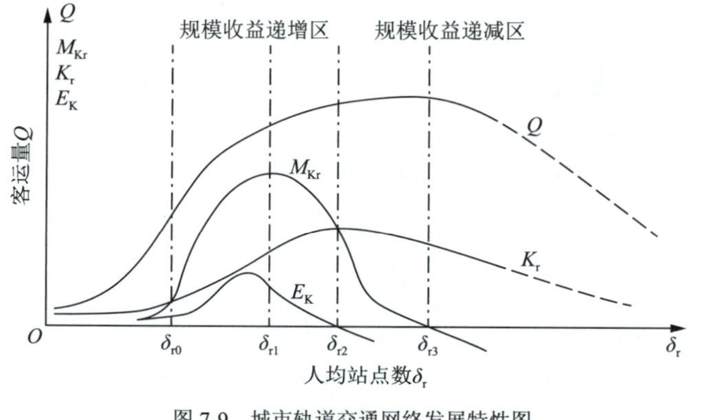

图 7-8　历年来广州市轨道交通客运强度变化情况

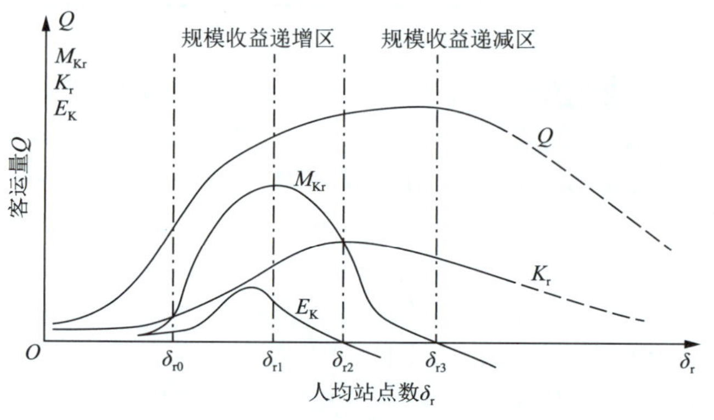

图 7-9　城市轨道交通网络发展特性图

（4）换乘系数

换乘系数是单位时间内，城市轨道交通线网客运量与进站客运量之比。

城市轨道交通线网换乘系数是线网评价的关键指标，主要与线网规模、线网结构、换乘站布局、城市客流分布等因素有关，反映了线网的直接通达性。换乘系数越小，表明线网内直达客流比例越高，体现了市民乘坐城市轨道交通出行的便捷性。目前，我国运营轨道交通的城市线网换乘系数范围为 1.0 ～ 1.9。如图 7-10 所示。

一般来说，换乘系数随线网规模的增加而呈现增大趋势，线网结构对换乘系数也有显著的影响，如放射状线网的换乘系数比方格网状线网的换乘系数要小。根据广州运营数据（表 7-5）可以看到，线路成网后，换乘系数大幅上升。广州目前本线客流、一次换乘和二次换乘为 0.46∶0.33∶0.21，在出行量中呈一定级配比例。目前线网换乘系数为 1.75。

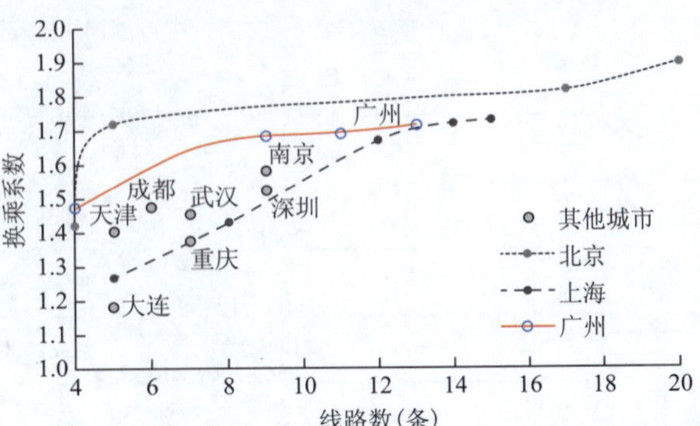

图 7-10 我国部分城市轨道交通线网换乘系数与线路条数关系图

广州市轨道交通线网不同阶段换乘系数变化情况 表 7-5

阶 段	出行量(万人次/d)			客运量(万人次/d)	换乘系数
	本线	换乘	合计		
单线运营(2001 年)	17.4 (100%)	0	17.4	17.4	—
两线运营(2004 年)	27 (74%)	9.5	36.5	46	1.26
四线运营(2008 年)	62.2 (56%)	49.2	111.4	163.7	1.47
九线运营(2015 年)	185.5 (47%)	209.1	394.6	659	1.67
十三线运营(2017 年)	207 (47%)	231	438	736	1.68
新线开通[2018 年(01)]	206 (46%)	242	448	784	1.75

(5)平均运距

平均运距是城市轨道交通线网中乘客出行空间尺度的数据化体现。

根据运营数据，随着运营阶段的变化，广州市轨道交通线网平均运距逐步增长，外围至主城区的新线开通后，线网平均运距为 14km，较上年 12.1km 增幅较大。但占线网里程比例下降迅速，各条线路平均乘距的表现规律也各不相同，以广州为例，市区线路以一号线为代表，平均运距自开通以来呈下降趋势，目前趋向稳定，占全线长度约 27%；TOD 线路以三号线为代表，平均运距呈一定的窄幅震荡，约占线路长度的 23%；跨区域的城际线路以广佛线为代表，平均运距约占线路长度的 50% 以上；可以看出，跨区域的轨道交通其主要客流出行目标与线路规划目标一致，为跨区域的长距离出行，其客流特征与市区线路有较大的不同。广州市轨道交通线网的平均乘距变化(表 7-6)有以下特点：

①两线运营时，因一、二号线线路客流特点较为一致，全网平均运距几乎不变。

②随着郊区线的接入，郊区线的平均运距通常要远高于市区线。

③随着轨道交通网络逐步成规模，单线运距下降，平均运距增加，进而全网运距上升。

广州市轨道交通线网平均运距的变化情况 表 7-6

阶 段	运营里程(km)	平均运距(km)
单线运营(2001 年)	18.5	6.80
两线运营(2004 年)	37	6.86
四线运营(2008 年)	116	9.44
初步成网(2015 年)	260	11.55
初步成网(2017 年)	309	12.1
新线开通(2018 年)	390.6	14

（6）线网定员配置指标

线网效率除了通过线网客运强度、线路车辆配置、车辆客运强度等指标表达外，还需要通过线网定员配置指标予以表达。统计数据显示：500 万人口以上规模城市线网平均定员为 60 ～ 80 人 /km；200 万～ 500 万人口规模城市为 40 ～ 60 人 / km；100 万～ 200 万人口规模城市存在两个量级，量级一的初期为 20 人 / km，近、远期为 20 ～ 40 人 / km，量级二的初期为 40 ～ 60 人 / km，近、远期为 100 ～ 120 人 / km；100 万人口以下规模城市为 20 ～ 30 人 / km。且其发展存在以下特征。

①500 万以上人口城市线网定员各发展期配置指标虽然处于一个量级内，但其发展形态为“V”字形，线网定员配置指标呈现初、远期高，近期低的特性。

②200 万～ 500 万人口城市线网各发展期定员指标基本相当，线网定员具有与线网发展的同步特征。

③200 万人口以下城市线网定员配置指标呈现初期低，近、远期高且量级基本相当的特点，具有伴随线网、客流增长的特性。

线网定员配置指标需由城市轨道交通运营企业结合所采用的运营管理组织架构、技术架构和管理模式综合确定。

7.2.4　线网分层规划、功能、线路长度

1）线网分层规划的意义

城市轨道交通作为公共交通骨架，发挥着“承上启下”的作用，一方面城市轨道交通积极衔接国家铁路和城际铁路，打通轨道交通壁垒。城市轨道交通要力求实现与周边城市乃至全国范围的国铁系统联系，打造开放互联的轨道交通网络。另一方面，要强化轨道交通在机动交通出行中的骨干、主体作用，形成以轨道交通为核心的城市客运交通组织。

最新广州市居民出行调查结果显示（图 7-11），在全方式出行结构与出行距离关系中，轨道交通发展基本满足中长距离（8 ～ 15km）的出行需求，主要运输空间还集中在城市内部。

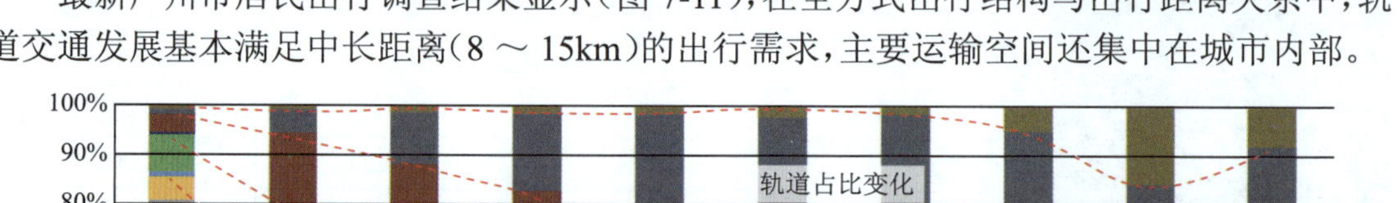
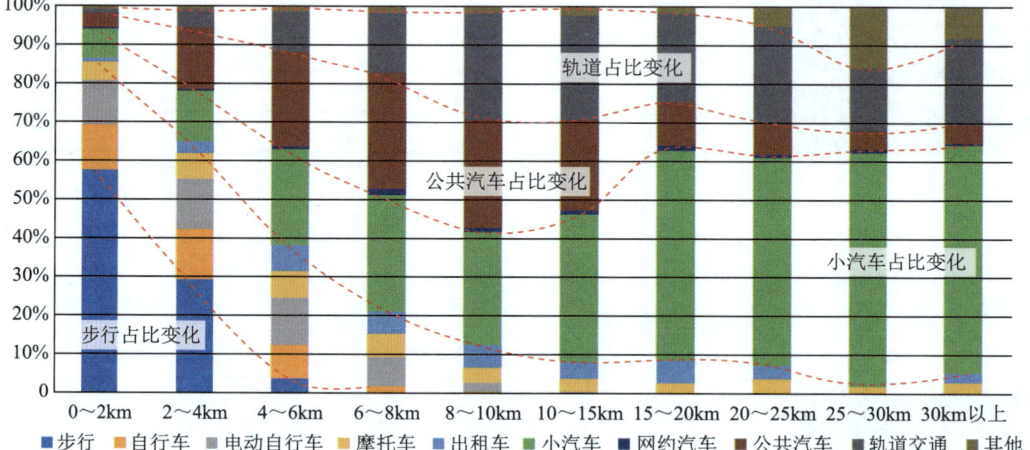

图 7-11　广州全方式出行结构与出行距离间的关系

我国特大型城市的行政辖区面积较大，经济、人口辐射能力较强，对轨道交通线网的有效覆盖区域提出了更高的要求。比如，广州整体呈南北狭长形态，外围城区与主城区间联系

距离超30km，甚至达到60km，这使以往的城市轨道交通线网难以产生有效竞争的运输距离。对于力求建设轨道都市的特大型城市，为满足不同特征的出行需求，使城市轨道交通在更大的空间运输距离上产生竞争优势，扩大轨道交通线网的有效运输服务范围，在既有地铁普线、快线的基础上，发展更高标准的轨道交通网络势在必行。在线网规划阶段重视轨道交通的层次规划，搭建高效、便捷的多层次轨道交通线网具有重要意义。

2）国内外城市案例

（1）巴黎大区

巴黎大区线网层级可以概括为：市郊铁路、市域快线、市区地铁线和有轨电车线。其各个线网层级的功能特点如下。

①高铁、普铁和市郊铁路：呈放射形，接驳到位于105km²城市核心区内的6大火车站。

②市域快线：贯穿核心区，串联核心区与相距30km左右的近郊新城；规划建设外围大环线串联各个新城，增强地区发展活力。

③市区地铁线：服务于城市核心区，呈环＋径向的密集线网编织结构。

④有轨电车：未成网络结构，呈现城市外围区域环状连接线（衔接市区地铁线的末端车站）以及市郊末端线（填补线网覆盖的空白，为上一层次线网提供接驳和喂给客流）。

巴黎大区各线网层级规模见表7-7。

巴黎大区各线网层级规模表　　表7-7

系统	市郊铁路	市域快线 RER	地　铁	有轨电车
线路数量（条）	8	5	16	9
总长（km）	1105	587	219.9	103.8
平均站间距（km）	4.3	2.4	0.73	0.570
车辆长度（m）	90～120	100～140	70～90	25～45
单列运能（人/列）	800～1000	800～1300	500～800	130～320
轨道类型	专线/与高速铁路共用	专线/与高速铁路共用	专线/隔离	隔离/混行
覆盖范围（半径）（km）	>60km	30km	10km	105km²的核心区外围
高峰行车间隔（min）	10～15	2～6	1.30	5
最高速度（km/h）	120～140	120～140	70～80	70
旅行速度（km/h）	60～100	40～60	20～40	20

（2）大伦敦区

大伦敦区线网层级可以概括为：城际铁路线网、快速轨道（Crossrail铁路）、地铁线网（地上、地下）和有轨电车线网。

大伦敦区各线网层级规模见表7-8。

大伦敦区各线网层级规模表　　表7-8

系统	城际铁路	市域快线（Crossrail）	地铁（地上线网）	地铁（地下线网）	有轨电车
线路数量（条）	—	—	9	11	4
线网总长（km）	—	136	123.6	402	28
平均站间距（km）	—	3.4	1.1	1.5	0.7
车辆长度（m）	100	200	100	100	30

续上表

单列运能(人/列)	—	1500	—	850	220
轨道类型	同 Crossrail 铁路以及"地上线网"共享	专有隧道/与城际铁路共享	与城际铁路共享	专有线网	同小汽车分离/混行的形式
高峰时段发车间隔(min)	20	2min30	8	3	9
最大运行速度(km/h)	160	160	100	100	80
旅行速度(km/h)	—	—	—	33	24

注:不同系统间的分级目的是给乘客提供不同等级特征的交通服务。最重要的区别特征为高峰时段的发车间隔。Crossrail 以及地下线网提供了更高水平的交通服务。

(3)国内大城市经验——上海

上海轨道交通线网层级情况见表 7-9。

上海轨道交通线网层级　　表 7-9

系统模式		功能定位	设计速度(km/h)	平均站距(km)	设计运能(万人/h)	规划里程(km)
市域线	城际铁路/市域铁路/轨道快线	服务于主城区与新城及近沪城镇、新城之间的快速,中长距离联系,并兼顾主要新市镇	100 ~ 250	3 ~ 20	≥ 1.0	1137
市区线	地铁	服务高度密集发展的主城区,满足大运量、高频率和高可靠性的公交服务	80			1298
	轻轨	服务于较高密集发展的主城区次级客运走廊,与地铁共同构成市区轨道网络	60 ~ 70	0.6 ~ 1.2	1.0 ~ 3.0	
局域线	现代有轨电车、胶轮系统等	作为大容量快速轨道交通的补充和接驳,或服务局域地区客运走廊,提升局域公交服务水平	—	0.5 ~ 0.8	0.5 ~ 1.5	主城区:200 ~ 300 城镇圈:600 ~ 700

3)线网层级划分

结合国内外经验,根据轨道交通服务范围、线路功能和服务目标,将轨道交通线网层级划分为城市轨道交通普线、城市轨道交通快线两个层级。

城市轨道交通普线按运量可划分为大运量和中运量两个层次。

城市轨道交通快线按旅行速度可划分为快线 A 和快线 B 两个等级,不同速度等级的技术特征指应符合表 7-10 的规定。

城市轨道交通不同速度等级技术特征指标　　表 7-10

速度等级	旅行速度(km/h)	服务功能
快线 A	>65	服务于区域、市域,商务、通勤、旅游等多种目的
快线 B	45 ~ 60	服务于市域城镇连绵地区或部分城市的城区,以通勤为主

各层级功能特点如下。

城市轨道交通快线:串联主城区与副中心、外围城区及临接城市,以径向穿心结构为主,并构成主要的线网骨架。

城市轨道交通普线:以合理的编织结构形成覆盖面广、可达性强的基础线网。

4)线路的长度

《城市轨道交通工程项目建设标准》(建标 104—2008)中提出"对超长线路应以最长交路运行 1h 为目标",条文解释中指出"1h 的全程运行,是避免司机驾驶疲劳,属劳动安全问题"。地铁普线全线长度控制在 35km 左右,"城市形态规模为带状城市,可根据实际情况适当增加建设长度。近年来，因大型城市的不断建设发展及跨区域互联互通的需求，超长线路的案例愈发增多。如广州2015年线网修编方案中，规划全线长度大于60km的线路多达5条，分别为设计速度160km/h的十八号线（全线63.8km），设计速度120km/h的三号线（全线73.3km）、十四号线（全线90.2km），设计速度100km/h的十三号线（全线60.8km），设计速度80km/h的八号线（全线76.5km）。

超长线路对设计、运营均带来诸多影响：

（1）超长线路对系统选型、运输组织的影响

超长线路通常为城市直径线，由城市中心向城市远郊形成放射线，线路连续覆盖城市中心区、城市建成区外围和城市远郊，并与多条换乘线相交。

强中心城市在城市径向上的出行特性，造成了超长线路的客流不均衡问题，客流的不均衡主要体现在客流断面的不均衡性与速度需求的不均衡性两方面。城市外围空间尺度大，建设密度低，单个车站客流较小，但乘客基本需求是进入城市中心，平均乘距大，对速度需求高，客流在线路上不断累积；中心区空间尺度小、建设密度高，车站集散量大，站间距小，需要增加车站保证中心区的覆盖和可达性。

城市空间的不均衡性造成超长线路易形成外围低、中心高的不均衡客流断面和城市外围速度需求高、站间距大、中心区站点密、覆盖高的不均衡需求。城市轨道交通的系统制式是相对固定的，若要满足超长线路在空间、时间上的不均衡需求，就需要采用大小交路、快慢车等运输组织手段，但仍会提高运营难度，并对系统资源造成一定的浪费。

广州地铁四号线已开通黄村至南沙客运港，运营长度约58.4km，共23座车站，线路自广州老城区东部向南一直延伸至南沙客运港。目前全日客流约38万人次。其早高峰小时断面客流情况如图7-12所示。

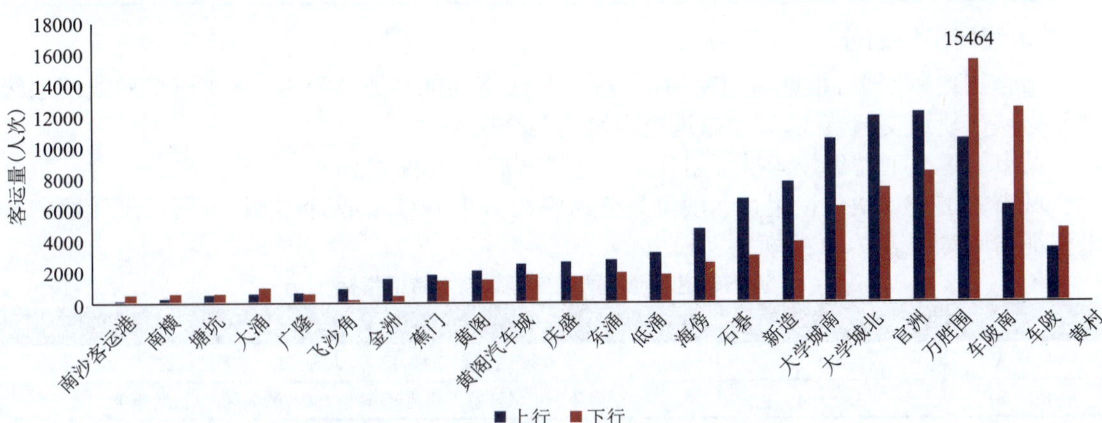

图7-12　四号线现状早高峰断面客运量

四号线现状客流“北段大、南段小”的特点明显，高客流断面主要集中在线路北部城区段。现运营通过开行小交路来解决客流不均衡的问题（图7-13）。

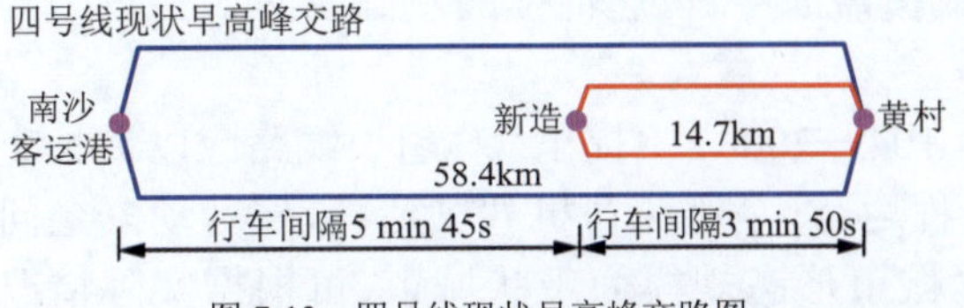

图7-13　四号线现状早高峰交路图

（2）超长线路对工程规模和运营难度的影响

超长线路带来的问题除司机驾驶时间过长外，线路的配车数量也相应增加，为保证停车检修能力与运营收发车的平衡，需要配备

更多的车辆基地。广州地铁三号线及三号线北延段配备两座车辆段（嘉禾车辆段、厦滘车辆段），2017 年批复的三号线东延段工程中，增设了广州新城停车场，全线配备两段一场。

（3）对客流吸引力的影响

超长线路若全线运行时间过长，不利于城市轨道交通在综合运输中的竞争。出行者能接受的出行时间基于出行目的是存在上限的，线路旅行时间较长，轨道交通的竞争优势会显著减弱，乘客将选择转移至其他交通方式上，不利于轨道交通聚集客流。

针对超长线路可能存在的问题，在规划阶段，应重视城市中心区和外围的交通出行特性差异，尽量避免规划超长的城市直径线，重视城市半径线的规划使用。采用合理速度、运能的城市半径放射线连接城市中心区和外围组团，实现城市外围出行人群的快速进城，做好半径线与城市中心区线网的换乘规划，实现多线、多点的便捷换乘。通过线网的运输配合，来满足各类出行者的不同需求，提高线网规划的资源配置效率。

7.2.5　车辆基地与联络线规划

（1）车辆基地

各大城市轨道交通线网建设规模和建设范围的扩大，对城市经济、规划、资源，以及轨道交通系统的技术、管理、运营、设备、安全风险控制等提出了更高的要求。而车辆基地是城市轨道交通行车系统的重要单位之一，车辆基地包括车辆段（停车场）、综合维修中心、物资总库、培训中心和其他生产、生活、办公等配套设施，它是城市轨道交通系统中对车辆进行运营管理、停放及维修、保养的场所，同时也是车辆基地工作人员的办公场所。因此，线网规划阶段应以运营需求为导向对线网车辆基地规划开展资源共享及资源配置规划研究，以实现线网车辆基地规划布局的系统性、协调性和合理性，节约后期建设投资和运营成本。

线网规划阶段开展线网车辆基地资源共享规划研究，应充分考虑既有线网网络化建设运营经验、网络化运营的多元化、复杂化，并以节约资源、实现网络效益最大化为目标。应着重从以下方面进行合理分析及统筹规划。

①以运营资源共享需求为导向进行系统性规划。车辆基地资源共享规划内容一般包含车辆检修、综合维修、焊轨基地、大型工程车配置及工程车中大修、线网物资采购、培训等多方面。

②以提升线网运营效率及适应发展趋势为目标。解决好既有线网存在的运营问题、规划好线网新增规模的需求，同时线网车辆基地规划应充分考虑未来全自动运行、智慧地铁等运营发展趋势需求。

③适用线网运营检修模式多样性、车型多样性等需求。对不同检修内容、检修模式（自修、委外修等）进行梳理、分析，车辆检修可遵循相同制式线路 80 ～ 120km（2 ～ 4 条线路）资源共享，线网综合维修、焊轨基地、大型工程车配置及工程车中大修、线网物资采购、培训等应遵行集中资源共享。

④车辆基地规划规模应满足运营服务水平、检修能力需求。车辆基地规模应以运营行车组织服务水平、检修修程及检修能力为依据，对车辆基地规模进行定量分析，明确资源共享检修设施、设备配置的规模，提前做好线网车辆基地功能层次定位、规模和布局，提出线网车辆基地用地规划控制要求，确保车辆基地规划科学、合理、可持续发展。

以广州市城市轨道交通线网规划为例。原广州 2020 年城市总体规划线路 23 条、1025km，对应已批复的 2016—2022 年建设规划里程约 792.3km，对应的车辆基地共 30 座

（含既有的，十二五、十三五建设规划在建）、总用地面积约 779ha，指标约为 0.98ha/km。而新线网修编中，新增线网里程规模约 1420km，新增规划车辆基地 45 座、总占地面积约 1250ha，指标约为 0.88ha/km，车辆基地指标优于既有占地指标，且满足《城市轨道交通线网规划标准》（GB/T 50546—2018）规定“车辆基地用地总规模宜按 0.8 ～ 1.2ha/ 正线千米控制”的指标要求。由此可见，通过科学、合理的车辆基地资源共享规划研究，既满足了网络化运营的需求，又实现了集约土地、资源共享的目的，确保线网科学、合理、可持续发展。

（2）联络线

在城市轨道交通线网规划过程中，对联络线进行合理的布局是线网规划的重要组成部分，也是城市轨道交通线网实现线网联运、车辆基地、大型工程车等资源共享的前提条件。

线网联络线规划应按照运营需求对联络线进行分类统筹规划，主要包括以下几方面。

①跨线运营需要的联络线规划。一般分为需要按照贯通运营的条件设置不同线路间的联络线，以及仅在线路建设和维修的过程中属临时运营性质的联络线。

②线路间车辆调配需要的联络线规划。各城市轨道交通线路配属的运营车辆数理论上是根据单线路运输能力计算得出的，但实际运营过程中运营车辆保有量是受不同时期的客运需求、运营商的经济实力、运营管理水平和车辆状况等多方面因素影响的变量。因此，在各城市轨道交通线路之间布局规划联络线作为调转运营车辆的通道是必要的。

③车辆送修需要的联络线规划。一般城市轨道交通车辆在运营 5 年、10 年后分别需要进行架修、大修，而各城市轨道交通一般都考虑架大修集中检修资源共享，由多条线路共用一个大架修车辆段，因此与大架修车辆段没有直通的线路需设置联络线与直通大架修段的线路进行联通。

④运营物资转运及资源共享需要的联络线规划。城市轨道交通线网在具备一定规模后，不仅应考虑车辆检修的资源共享，还包括大型工程车、焊轨长钢轨转运、物资转运等资源共享需求，设置联络线也是保障实现上述物资转运资源共享需求的必要通道。

⑤运营安全需要的联络线规划。线网运行过程中发生险情时将成为两独立运营的线路之间专用救援车辆进入、撤出和转移的通道，对于保证城市轨道交通运营安全，提高系统可靠性具有重要意义。

⑥满足线路间调车需要的联络线规划。在正常运营时间内城市轨道交通线路维持高密度行车，跨线调车作业只能利用晚上的非营业时间封闭线路后进行。因此在线网中的长距离调车受到“天窗”时间的限制。

以广州市城市轨道交通线网规划修编为例，根据线网联络线规划研究相关结论，在线网既有（已建或在建）的 22 条联络线基础上，新增规划车辆大架修送修联络线 22 处，线间大型工程车转线、焊轨换轨转运联络线 13 处，与国铁货运铁路的联络线 1 处。形成线网远期共达 58 处联络线的布局，指标超过 1 处联络线 / 线路。

7.3　建设规划阶段

城市轨道交通建设规划是在城市总规和城市轨道交通线网规划的构架下，明确较短时期内城市轨道交通的建设目标和建设任务，完成实施项目选取、确定主要技术方案、落实大宗用地、研究资金筹措与效益测算等前期研究工作，为后续项目立项提供前置依据。

7.3.1　建设规划线路选择原则及时序选择

建设线路的合理选择和实施时序的安排直接关系到城市社会经济发展的需求能否被满足、城市规划战略目标是否能实现，能否引导城市未来空间发展导向等关键问题，以及能否充分发挥线网的整体效益和效率。城市轨道交通线网的规划建设是一项长期、庞大的工程，是在资金、人力、物力等客观限制条件一定的前提下，对城市轨道交通线路的建设规模、时序、效率的综合权衡的抉择，其结果不仅对轨道交通线网的可操作性起决定性作用，而且直接影响轨道交通运营的整体性和安全性。所以，轨道交通近期线路的项目选择和建设时序的排序受其社会性和自身系统性的双重作用。

1）选取符合城市上位规划、支持城市发展战略实施、支持综合交通规划、与近期重点发展地区相协调的项目

城市轨道交通建设规划首先要解决的关键问题是如何使城市轨道交通的发展与城市建设发展目标、城市的社会经济发展目标、城市交通发展目标相协调。明确城市轨道交通发展目标与城市发展战略、发展目标之间的相互关系和轨道交通在实现城市发展目标过程中所起的作用，是做好建设规划的基本前提。

城市轨道交通与城市发展是互相依赖、相互促进的。适应城市发展的城市轨道交通设施能极大驱动城市发展的活力，支持城市战略的实现；城市战略的实现又会为轨道交通运营带来正向的客流和经济效益的反馈，促进轨道交通的稳定可持续发展。

城市轨道交通建设规划中，应重点研究城市总体规划的发展战略目标、在城市和轨道交通系统中可平衡的条件下，可重点或优先考虑支持城市发展战略、支持城市规划功能实现、支持综合交通体系构建的建设项目。

2）“先市区、后市域、再区域”的实施顺序和“先解决有无、再提升质量”的发展原则

城市的普遍发展规律是市区先发展繁荣，带动城市外围组团和连绵带的经济活跃度；经济活跃地区经过一定时期的发展进程后，城市间的社会活动越发密切，带来区域沟通交流的需求增长。轨道交通的建设发展与城市发展进程密切相关，建设实施要符合城市和系统内在发展的客观规律。从解决城市居民出行需求的本质出发，先解决交通需求旺盛地区的出行需求，随时间维度按照“先市区、后市域、再区域”的空间维度去建设布局。

城市轨道交通建设是具有阶段性、持续性的系统工程，结合交通需求的发展规律，应本着量力而行、逐步推进的思路，先解决轨道交通运输供给的“有无”问题，再结合发展的实际情况改善轨道交通运输服务的供给质量，提高市民出行的服务水平。

（1）先搭线网骨架，再提高服务水平

城市选择发展轨道交通的初期，解决城市交通供需矛盾和轨道交通网络规模特征决定了搭建轨道交通线网骨架是其主要任务。在这一时期，优先在市区最主要的交通廊道上建设轨道交通骨架线路，具有线路客流效益好、改善城市交通效益明显的优势；促进了城市中心区的社会经济发展，项目建设一般具有良好的经济效益和示范效应。

线网骨架线的构建对线网长远发展有重要影响，其不仅奠定了线网中心结构的基本形式，且因骨架线路分布于城市开发强度最高、空间资源最紧张的核心位置和交通核心廊道上，是轨道交通线网的“大动脉”，后续线路在其基础上生长发展。因此骨架线网的运输能力和运输效率也往往成为控制线网整体客流承载能力的关键影响因素。

（2）客流需求大、缓解交通拥堵明显的线路优先建设；选择外围线路建设时，应同步补强

中心城区线网

响应居民出行需求，缓解交通拥堵问题是城市轨道交通建设的一大重点考量因素，缓解拥堵应有两方面的理解，一是缓解道路交通拥堵，二是缓解既有轨道交通线路运能不足的压力。建设客流需求大的线路能适时响应市民的出行需求，较快兑现线路的客流效益，缓解道路交通拥堵效果明显，项目具有良好的正向效益和示范作用，应当优先考虑建设。

选择建设外围线路时，由于城市核心区域较强的交通吸引能力，外围线路建成之时，必然会为中心区线网带来大量的新增客流，这部分客流往往具有明显的潮汐现象。若中心区线网的加密补强工作不同步跟进，中心区线路将面临服务水平下降、运营管理难度升高的风险。因此，支持城市外围TOD线路的发展和中心城区线网的补强工作需相辅相成、同步进行。在核心区主要线路出现运能紧张时，应适时在平行交通走廊上构建分流线路，缓解既有线的客流拥堵和运营压力。

(3)适时考虑与周边城市轨道交通线网的衔接、实现区域一体化的功能

城市的生长发展，定会带来社会活动区域的扩大，城市边界在社会活动中愈发模糊，跨区域的出行需求显著增长。在区域一体化趋势愈发显著的背景下，适时优先建设跨区域运营、互联互通的轨道交通线路，对引导城市群结构重构，提升城市轨道交通线网的服务范围、占据跨区域运输市场的主导地位、提高线网客流效益有重要意义。

(4)考虑交通系统建设一体化，强化综合交通枢纽功能

综合交通枢纽是城市对外交通运输集散的主要设施，城市轨道交通设施按照打造连接内外、快速便捷的规划要求，无缝衔接各主要交通客运枢纽，实现内外客运交通一体化，能够快速解决对外、过境交通与城市内部交通的接驳转换，充分发挥综合枢纽的客流集聚和服务辐射能力。通过城市轨道交通强化综合交通枢纽的集散能力，能够为城市轨道交通带来稳定且持续的接驳客流，两者相互促进，增强城市整体客运交通的服务水平。

3)合理评估拟建设线路与既有线网的匹配关系

运营线路、在建线路形成的既有线网是城市轨道交通网络运输的既有载体，承载了运营期内培育的客流及乘客的基本出行习惯。既有线网随着城市的建设发展，以及运营时间的增长，也会逐渐暴露出如运能不足或运输效率有限等问题。选择新建线路时应重视与既有线网关系的评估，要与既有线网形成良好的网络匹配，并重视解决既有线网的问题，通过合理规划新建线路来增强线网的整体功能和网络效益。

7.3.2 资源共享

1)车辆基地资源共享

建设规划阶段开展车辆基地资源共享研究是根据城市现状与规划、地铁建设现状、轨道交通线网规划、近期建设规划与线网客流预测的要求，从有利于规划设计、建设施工、运营管理和资源共享的角度，提出近、远期车辆大架修、综合维修、焊轨基地、大型工程车配置及工程车中大修等的设置规划；提出基于集约用地、运营维修流程合理、维修成本低、管理先进的车辆基地选址、布局方案；明确近期建设线路车辆基地用地规模；明确线网联络线的近期建设方案。

结合线网网络化运营多元化、复杂化等需求，建设规划阶段车辆基地资源共享应着重从以下几方面充分考虑运营需求进行规划。

①应充分考虑节约运营资源整合、节约运营成本需求。不同线路相互临近的车辆基地宜统一选址，车辆基地内综合楼、污水处理站、牵引变电所、材料库/材料堆场等常规配套办

公及生产设施可合设；检修设施、主变电站、控制中心等线网资源共享型设施亦可结合共址车辆段设置，便于资源共享；两线之间可通过共址车辆段内进行直接联络，相比于两线正线换乘站设联络线，可大幅节约工程投资及运营费用。

以广州为例，目前已建成的共址合设车辆基地有二、三号线共址的嘉禾车辆段（图 7-14），十四、二十一号线共址的镇龙车辆段（图 7-15）。

图 7-14　二、三号线共址的嘉禾车辆段

图 7-15　十四、二十一号线共址的镇龙车辆段

②充分考虑日常运营组织效率与降低运营费用成本需求。一条线设置不少于 1 个车辆段，对于超过 20km 以上的线路一般宜增设停车场，长大线路宜设置 1 段多场。车辆基地的设置位置及数量影响全线的服务水平，合理的车辆基地设置可以大大减少列车的空驶，保证检修作业时间、节约运营费用。车辆段选址宜按起终点优先，中部次之，一般线路段场数量以两座为宜，超长线路应按一段多场设置。

分析广州市轨道交通多年的运营情况，车辆基地的设置位置及数量对轨道交通的日常运营服务和运营费用影响极大，具体案例分析如下。

(1)车辆段位于线路端头的运营服务水平案例分析

以广州地铁一号线（L1）、五号线（L5）、十三号线一期（L13）为例，该三条线目前均仅设置一座车辆段且车辆段位于线路端头，运营服务水平数据统计如表 7-11 所示。L1、L5 运行交路与车辆段位置分布关系如图 7-16 所示。

全线设置一座段场位于线路端头的运营服务水平统计数据　　表 7-11

线路		L1	L5	L13
线路运营长度(km)		18	31.4	27
旅行速度(km/h)		32.5	35.6	50.2
车站至段场接轨站运行距离		0/18	4/25.6	1.5/25.5
车站至段场接轨站运行时间		0/33.2	6.6/46.7	1.8/30.0
车辆段近端车站	早班车发车时间	6:00	6:00	6:00
	运营服务时间	18:02	18:09	17:22
车辆段远端车站	早班车发车时间	6:10	6:15	6:15
	运营服务时间	17:20	17:35	16:46
起终点站运营时间差异		0:42	0:34	0:36
车辆段天窗时间		5:08	4:15	5:02
运营前空跑列车数		7	8	13
日空跑距离(km)		144	1570	325.5

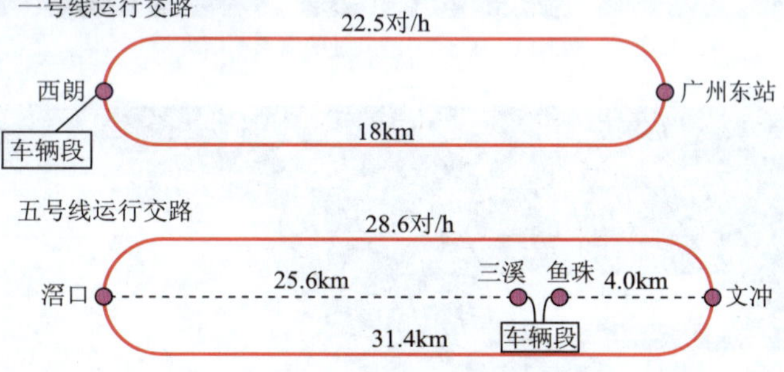

图 7-16　L1、L5 运行交路与车辆段位置分布关系示意图

从上述数据分析可知，全线设置一座车辆段，且车辆段位于线路一端的线路，一般起终点站运营时间相差在 30～50min，运营服务水平差异较大，空跑距离较长，运营前空跑 7～8 列；以五号线为例，日空跑费用约 20 万元（占全日票务收入 7%），全年 7000 万元。

（2）车辆段位于线路中部的运营服务水平案例分析

以广州地铁三号线（L3）、三号线北线（机场线）、广佛线（GF 线）为例，该三条线目前均仅设置一座车辆段且车辆段位于线路中部，运营服务水平数据统计如表 7-12 所示。L3、机场线、GF 线运行交路与车辆段位置分布关系如图 7-17 所示。

全线设置 1 个段场位于中部的运营服务水平统计数据　　表 7-12

线路		L3	机场线	GF
线路运营长度(km)		32.85	33.2	33.2
旅行速度(km/h)		45.1	50.45	35.2
车站至段场接轨站运行距离		13/17.65	14.4/18.8	13.6/18.6
车站至段场接轨站运行时间		11.7/29.8	15.7/22.2	21.2/33
车辆段近端车站	早班车发车	6:00	6:00	6:00
	运营服务时间	18:09	17:54	17:23
车辆段远端车站	早班车发车	6:10	6:00	6:08
	运营服务时间	17:25	17:39	17:50

续上表

起终点站运营时间差异	0:44	0:15	0:27
车辆段天窗时间	4:44	4:46	4:43
运营前空跑列车数	6	6	15
日空跑距离(列 km)	684	650.4	708

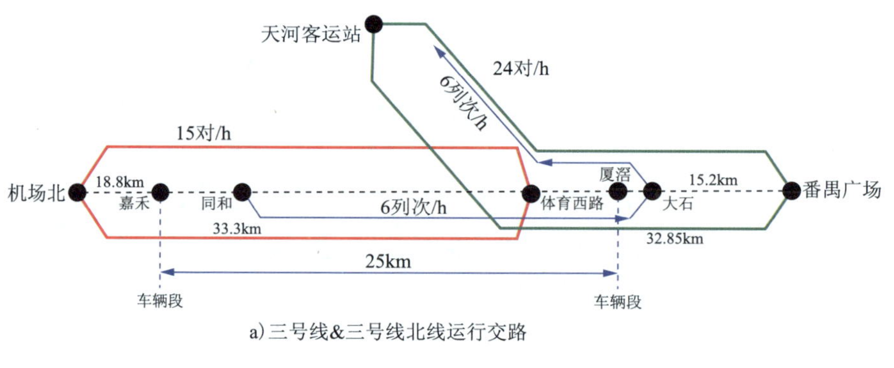

a) 三号线&三号线北线运行交路

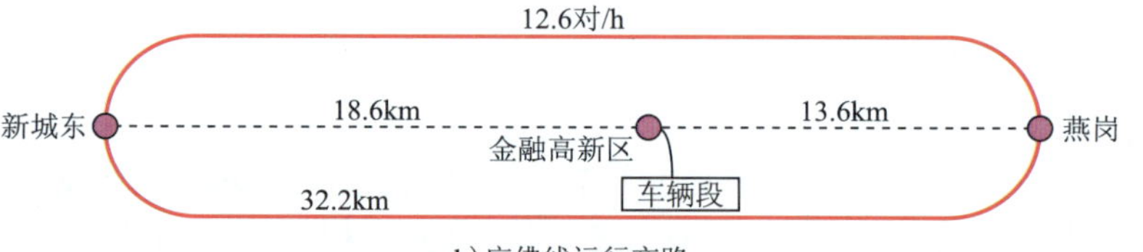

b) 广佛线运行交路

图 7-17　L3、机场线、GF 线运行交路与车辆段位置分布关系示意图

从上述数据分析可知，全线设置一座车辆段，且车辆段位于线路中部的线路，一般起终点站运营时间较接近，基本小于 30min。运营服务水平差异较小，但空跑距离较多。

（3）一段一场线路的运营服务水平案例分析

以广州地铁二号线（L2）、六号线（L6）为例，该两条线目前均设置一段一场，运营服务水平数据统计如表 7-13 所示。L2、L6 运行交路与车辆段位置分布关系如图 7-18 所示。

全线设置 1 段 1 场的运营服务水平统计数据　　表 7-13

线路		L2	L6
线路运营长度(km)		30.9	41.4
旅行速度(km/h)		36.5	34
车辆段近端车站	早班车发车时间	6:00	6:00
	运营服务时间	18:25	18:00
车辆段远端车站	早班车发车时间	6:00	6:00
	运营服务时间	18:21	17:58
起终点站运营时间差异		0:04	0:02
车辆段天窗时间		4:44	4:33
运营前空跑列车数		5	7
日空跑距离(km)		104.5	261

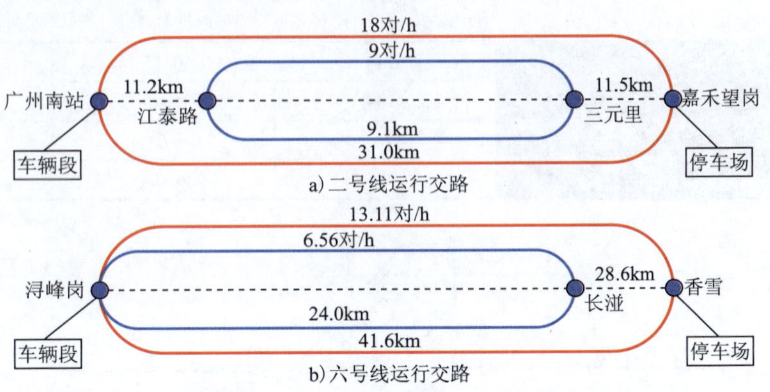

图 7-18 L2、L6 运行交路与车辆段位置分布关系示意图

从上述数据分析可知，全线设置一段一场线路，有以下特征：

①若一段一场分别位于线路两端，则起终点站服务时间基本无差异；

②若一段一场均位于中间车站，线路起终点站运营时间差异较大，且空跑距离长；

③天窗时间差异不大。

2）控制中心资源共享

（1）物理空间的资源共享

①土地资源的共享。城市轨道交通控制中心的建设无论从土地资源的征用方面、与城市规划及线路规划等结合方面，均存在资源集约利用和共享方面的问题。即将区域乃至整个线网内的所有线路控制中心在统一地址上及在同一建筑物内合建共享。

②基础设施及设备和管理用房的共享。控制中心所需基础设施无异于其管理组织机构设置条件；控制中心内涉及运营管理的设备用房和管理用房，也基本适合多线路共同使用的要求。

③集中控制模式与操作功能区域空间的共享。调度大厅的设置是城市轨道交通线控制中心建设中的主要落实因素之一；真正发挥出轨道交通网运行指挥功能的前提是统一、协调的、科学的管理程序和空间共享。应充分利用既有控制中心预留线路条件，做到资源充分利用。

（2）人员与物力资源配置共享

①用多线综合管理思路实现共享。从目前国内现有的实际应用情况看，存在着人员及设备不可避免的重复设置现象；多线综合管理的思路是实现人员与物力资源配置共享的主要前提之一，可采取垂直管理或横向管理模式，其中横向管理模式具有一定的优势。

②用人员与物力资源的统一调配实现共享。从控制中心的管理与操作模式上分析，通过采用在同一运营组织下的综合性管理，可以实现人员与物力资源的统一调配。

（3）信息资源的共享

①控制中心实现内部信息资源共享。区域控制中心一般将多条线路在指挥管理方面进行集中，同时可构建统一的 COCC，并采用先进指挥技术，提高网络应急处理能力。目前线网指挥技术发展迅猛，各地均积极采用先进的预测、预防、预警和应急处置技术，提高行车事故防范水平；不断完善轨道交通应急救援体系建设，提高救援装备技术水平和应急救援能力。各线各调度指挥系统均应以此为基础架构开展系统设计工作，在满足线路指挥的同时，应考虑接入线网指挥系统，提高应急处置联动能力。

②线网指挥平台实现与外部信息交换及信息资源共享。线网运营管理指挥中心作为城市轨道交通对外的统一窗口，负责城市轨道交通与其他公共交通系统之间的沟通、协调和共享信息；为各线提供信息服务，如气象、重大活动等信息；同时线网指挥中心能为市相关部门提供决策所需的数据。其中，在区域控制中心设置线网调度信息报送终端（专用工作站），通过人性化的信息报送界面，向 COCC 报送本线路各类信息，COCC 应能接收线路 OCC 上报；运营信息统一发布指在 COCC 作为信息发布的集成平台，应能对外面向乘客、面向政府部门，对内面向公司员工，利用多种通信手段，实现应急信息的发布。发布手段包括线网 PIDS、短信平台、门户网站、手机 App、电话、Web 等。

7.3.3 沿线土地利用调整

1）土地利用调整的目标

轨道交通沿线土地调整的目标在于整合线网和城市相关资源，促进城市近期建设与轨道交通线网建设相协调，正向加速实现近期综合交通规划的目标，反向支持城市发展战略。合理调整沿线土地利用，优化城市空间结构及土地利用模式，引导线路与土地利用的协调，提高轨道沿线土地集约化利用，为地铁提供客源保障，加快实现轨道交通网络效应；同时通过制定地块控制条件及措施，落实站点与设施的控制边界，落实线网沿线土地综合利用开发的控制指标、规划概念方案及控制措施，为沿线站点规划控制、管理提供依据，并落实相关设施用地。

2）用地优化策略

（1）整体优化策略

旧城地区：针对旧城地区轨道网密集，站点覆盖范围大，但主要地区已完成建设，既有沿线土地利用难以体现轨道交通引导土地开发的价值这一问题，沿线规划土地利用的优化应着重从强化商业内核着手。在商业圈层内外使用两种不同的优化策略：一是“堵”的优化，首先在圈层界面用开敞空间、公共空间等经营价值低的土地进行“堵”，避免商业开发无边际扩张；二是“导”的优化，即通过经营性价值较低的公共空间所带来周边地区环境的优化，促进周边地区价值的提升。

根据这一圈层布局模式，利用开敞空间对公共活动和人流的吸聚能力以及环境的优化，对内可引导商业开发的进一步强化，包括提高开发强度，以商业走廊形成同质化的强中心空间；在外圈层，宜采用组团式的模块，通过增加的开敞空间、公共空间等，形成分异化的多样单元空间，创造疏密有致、功能多样的站点空间布局。

主城边缘：主要通过轨道交通沿线土地利用的优化，一方面引导商业及日常生活服务设施的集聚，促进主中心城区公共服务功能向外围的疏解，另一方面通过交通衔接设施加强中心边缘区的轨道交通辐射功能，推动边缘地区城市功能拓展，带动外围居住功能片区的发展，实现疏解旧城人口密度，促进土地利用的高效集约开发与城市交通的高效、通畅，实现土地利用与交通建设良好互动，从而促进城市科学发展。

外围组团：主要通过轨道交通沿线土地利用优化促进地区公共服务中心的形成，推动城市外围地区功能片区的发展，以形成新的城市中心节点，推动市郊区域城市化进程。对于外围组团，可通过结合站点布置公交社区的发展模式对地铁沿线周边土地利用进行优化与控制，促使土地开发以交通引导发展为前提，空间结构与交通分区相结合，建立起土地开发与公交优先的互动机制，带动城市（群）等外围地区的发展，形成新的副中心城市。

(2)站点优化策略

在轨道交通沿线功能分区的基础上,应进一步根据各个不同站点的功能定位,制定更有针对性、因地制宜的调整方案。

7.4 线路规划阶段

7.4.1 概述

线路规划阶段,应立足于线网规划、建设规划中确定线路的功能定位、基本走向、系统选型、换乘关系等基本前提,深化落实线路的系统选型、运营模式、线站位规划等研究内容,以实现规划目标落地、功能定位实现、技术方案可行、客流效益显著、市民乘坐舒适便捷的目标。

7.4.2 线位规划

1)一般原则

以打造“安全可靠、功能合理、技术先进、经济实用、节能环保、舒适快捷”型现代城市轨道交通为目标,认真分析研究线路选线设计和重要节点的设置,结合工程的具体条件,研究合适的线、站位方案。

线路平面位置应根据城市地形、道路、地下管线、重要建筑、文物保护、环境景观、地质水文条件、施工方法与交通疏解等条件确定,尽量减少拆迁,节约用地。线路宜沿道路敷设。必须穿越地块时,应考虑施工运营期间的沉降、振动和结构二次噪声对建筑物的影响,必要时采取相应措施,以满足安全及环境保护要求。

注重线路选线的经济性。充分考虑技术标准、行车条件、站位布置、工程实施难度与风险、对交通和环境的影响、动拆迁量、工程造价等因素,对线路局部走向、敷设方式及施工方法等进行比较和优化,合理确定各段线路平面布置、车站分布、配线设置和敷设方式。布线、设站应充分考虑沿线地质条件,线路尽可能避开不良地质地段,设置在较好的地质层,从而减少工程难度,确保工程质量和安全。

线路设计应根据线网规划,同步研究换乘站的相关线路(包括两端延伸至下一站的线路);根据线网车辆基地资源共享规划,同步研究共享车辆基地的出入线、与相邻线路的联络线,并做好接轨点的设计预留。应根据运营组织、行车交路,结合线路条件优化配线,达到方便折返、停车、灵活调度、有利运营、缩短折返时间及折返长度的目的。线路走向和联络线设置应符合城市总体规划、综合交通规划、城市轨道交通线网规划、城市轨道交通近期建设规划等要求。

线、站位设计应充分考虑对历史文物的保护,线路布设与历史文化风貌区和城市整体环境相协调。

2)线路起终点研究与预留延伸

城市轨道交通线路的起终点及预留延伸方案问题是线路选线的一项重要工作,线路的起终点将直接影响项目的建设规模、工程投资及近远期分界点。线路起终点应尽可能在工程上预留远期发展的条件。

起终点选择的主要原则如下。

（1）城市规划

总体规划、各分区规划总体布局及空间结构形态、用地规划是线路起终点研究的重要因素，尤其是要研究线路与各外围片区规划、重要基础设施及公共服务设施、风景名胜区等衔接的可行性，预留线路远期发展的条件。

（2）城市轨道交通线网规划

城市轨道交通线网规划和建设规划是线路设计的依据，应结合城市近期建设规划、工程实施条件等进一步论证分析，合理选择近远期的分界点，适时建设轨道交通，实现可持续发展。

（3）自然地理条件和行政区划

如山、河、湖、海以及行政区划等，也是限制线路起终点的重要因素。

（4）适应客流

线路起、终点不宜设在市区内大客流断面位置，也不宜设在市区中心同其他线路换乘。这主要是考虑全部乘客量或换乘量较大，上下车的时间较长，影响列车的停站时间，限制了列车折返能力，使得远期的运输能力受到较大影响。如深圳地铁二号线，早期规划终点为大剧院，处于城市核心区，目前已向东延伸至新秀。

（5）衔接换乘

重大交通枢纽的选址与确定也是影响线路起终点选择的重要因素。尤其是这些重大交通枢纽往往受用地限制而选址于郊区。城市轨道交通线路起终点车站宜与枢纽片区用地规划相结合，构筑城市交通一体化，方便接驳换乘。

近年来高速客运专线建设较多，有轨道交通规划的城市纷纷将城市轨道交通线路延伸至高铁车站，形成换乘枢纽。在 2003 版线网规划中，广州二号线起点为南浦站，而 2005 年因广州南站选址于番禺石壁而将线路南延约 6km 至广州南站，与高铁车站接驳，实现一体化换乘。

（6）工程实施条件

应考虑线路的可实施性问题、车辆基地选址问题等，由于城市用地越来越紧张，尤其是车辆基地用地一般都在 20ha 以上，市中心区范围或近郊区一般都很难选址，使得很多线路都只能往远郊延伸。如广州地铁十三号线，2003 版线网规划的终点为新塘，因车辆段选址困难，线路向东延伸 5km，将车辆段选址于象颈岭。

（7）土地及车辆段上盖开发

随着城市的不断发展和轨道交通的飞速发展，土地资源显得越来越宝贵，车辆段占地面积较大，若仅仅为轨道交通服务，很难最大限度地发挥土地的效益。因此，如今的车辆段大多采用上盖开发的模式，在满足轨道交通日常服务的同时，也解决居民的居住、商业活动等。若车辆段采用上盖开发的模式，则需要有轨道交通站点对车辆段进行有效的覆盖。

3）平面控制点与绕避建（构）筑物

（1）确定线路的必经控制点

为城市居民的生产、生活提供交通服务，是修建城市轨道交通系统的主要目的。起讫点和必经点，即线路走向，体现了线网规划中所确定的功能定位。在线路基本走向确定以后，利用大型客流集散点（大型住宅区、商业中心、娱乐中心等）、交通枢纽（公交枢纽、火车站、长途汽车站等）和换乘点进行线路固定。这些重要节点为线路走向的稳定提供了依据和基础。如图 7-19 所示。

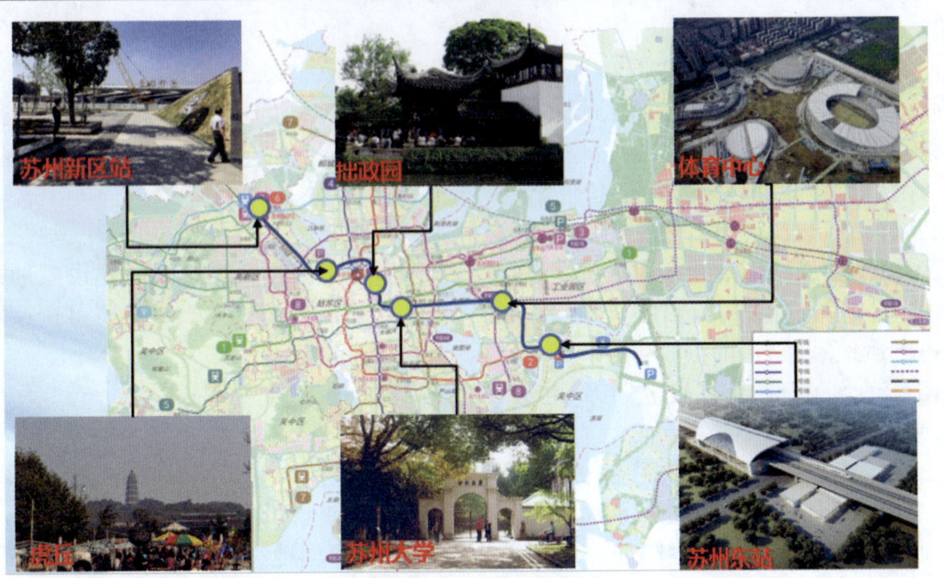

图 7-19 线路沿线重要控制点示意图

(2)充分考虑线路与沿线建(构)筑物的关系

在线路设计中,应需充分考虑线路经过的建(构)筑物与线路的关系。线路周边建(构)筑物一览见表 7-14。

线路周边建(构)筑物一览表 表 7-14

环境设施类别	建(构)筑物重要性类别	
	重要设施	一般设施
地面和地下轨道交通	既有城市轨道交通线路和铁路	—
既有地面建(构)筑物	省市级以上的保护古建筑,高度超过 15 层(含)的建筑,年代久远、基础条件较差的重点保护的建筑物,重要的广播电视塔、烟囱、水塔、油库、加油站、气罐、高压线等	15 层以下的一般建筑物;一般厂房、车库等构筑物
既有地下构筑物	地下道路和交通隧道、地下商业街及重要人防工程等	地下人行过街通道等

(3)轨道交通线路与控制点的安全距离

①地下线与地面建筑物之间的安全距离。

为了确保地下线施工时地面建筑物的安全,轨道交通线路与建筑物之间应留有一定的距离。它与施工方法和施工技术水平密切相关,采用放坡明挖法施工时,其距离应大于土层破坏棱体宽度。北京地铁一期工程采用工字钢桩加护板支护、深水泵降低地下水位的明挖法施工,由于护板与土层之间有空隙,施工过程中,在距基坑边 10m 左右的地面,平行线路方向出现明显的裂缝。上海地铁一期工程施工时,无论采用盾构法,还是采用连续墙的明挖法,隧道外缘至建筑物之间的距离一般不小于 2m。由于施工过程中采用措施,从施工结果看,房屋和地面基本上没有受到影响。

②高架线与地面建筑物之间的安全距离。

轨道交通高架线与建筑物之间的安全距离,由防火距离与防止物体坠落轨道交通线路内的安全距离确定。前者参照建筑物、铁路相关防火规范执行,后者暂无规范,可视具体情况考虑。

③地面线与道路及建筑物之间的安全距离。

a. 轨道交通围护栏杆外缘至机动车道道牙内缘最小净距 1m（无防护挡墙）或 0.5m（有防护挡墙）。

b. 轨道交通围护栏杆外缘至非机动车道道牙内缘最小净距 0.25m。

c. 轨道交通围护栏杆外缘至建筑物外缘最小净距 5m（无机动车入口）或 10m（有机动车入口）。

4）合理的经济技术比选

线路平面比选内容主要包括以下几部分。

①线路条件比较：包括线路长度、曲线半径、转角等。对于小半径曲线，在拆迁数量、拆迁难度、工程造价增加不多的情况下，推荐大半径的方案；若半径大于或等于 400m 时，则不宜增加工程造价来替换大半径曲线。

②房屋拆迁比较：包括拆迁房屋数量、质量、使用性质、拆迁难易等的比较。质量差的危旧房屋可以拆除。住宅房易拆迁，办公房次之，工厂厂房难拆迁；对于学校、医院等单位，一般考虑临近位置迁建；商贸房异地搬迁，在市场经济的条件下拆迁难度较大。

③管线迁改比较：包括上下水管网、地下和地上电力管、地下和地上通信电缆管、煤气管、热力管等的数量、规格、费用及拆迁难度比较。一般大型管道迁改难、费用高。

④道路迁改和交通便道比较：包括施工时改移的临时道路及便桥，恢复被施工破坏的正式路面及桥梁等。

⑤施工工法比较：包括施工的难易度、安全度、工期、质量保证、对市民生活的影响等方面的综合分析评价。隧道主体结构施工的工法很多，不同施工工法的土建费用和对城市的干扰程度差别很大。

明挖法是一种经济、快捷的施工方法，该工法适用于各种不同的地质条件，施工工艺简单、综合造价较低；但缺点是对周边环境、市政管线和道路交通有较大影响，从而制约了明挖法在城市中心区的使用。

矿山法施工工艺简单灵活、适应性较强，施工时对道路交通及市政管线的干扰较小；但在一般情况下，矿山法施工引发的地面沉降较大、工期较长、造价较高、风险较大且工程质量较难保证；矿山法适用于结构埋深较深、覆土层较厚、岩层具有一定自稳能力的地层；当施工中不允许中断城市交通或道路无疏导条件时，或根据配线需要在区间变化断面时，在地质条件满足要求的条件下，通常考虑采用矿山法施工。

盾构法是利用盾构机切削土地，在地层中推进，常见为单圆形结构；盾构法以其工艺先进、安全快速、结构及防水质量好，对地面交通干扰小、对地层沉降控制好等特点受到设计人员的青睐。近年来，盾构法在国内地铁区间隧道施工中得到了广泛应用。

⑥对地块的影响比较：为保证轨道交通运营安全，以轨道交通线路为中心线的宽度近 50m 的通道范围内，不得建有影响其安全的建筑。因此，轨道交通对穿越地块以后的综合开发是有较大影响的。轨道交通的选线要支持城市和区域发展总体规划，同时方案的比选要充分考虑各个方案对地块的影响，以最终决定推荐方案。

7.4.3　站位规划

1）站点布局

站点布局的总体思路应以上层次规划（线网、建设规划等）为基础，确定轨道线路的控制走向和各站的初步站位；结合站位周边用地性质和规模（包括大型的公共建筑、交通设施、旅游景点、居住区等），以及车站覆盖人口与就业岗位规模、属性分析，结合客流集散路径确定大型的客流集散点及其与车站的衔接关系；车站应尽量设在主要客流集散点、主要道路路口、公交枢纽、轨道交通线路交叉处。

换乘站设计应遵循“以人为本”的原则，从网络总体上强化线网换乘衔接功能，实现便捷换乘，研究切实可行的换乘枢纽实施方案。

根据客流集散点的位置及其与车站的衔接关系，提出车站平面布局和出入口布局的初步方案；根据初步方案，以车站覆盖人口与就业岗位规模最大化以及乘客总体步行距离最短为主要原则，进行各种客流利益的权衡，调整车站的站位。

结合各城市线网不断调整、扩大的情形，必须十分重视对一般站点的选址研究，尤其对位于主干道交叉口和枢纽的站点，应尽量靠近交叉口和枢纽布设，预留将来可能调整为换乘站的可能。比如，广州五号线大沙东站由原规划镇东路与大沙东路交叉口向东调整后，失去了与七号线设置换乘的可能。

2）换乘站布置

（1）换乘车站设计情况

轨道交通作为城市的公共交通的主体或骨干系统，乘客在旅途中换乘是不可避免的，在单线规划建设进入到网络化整体规划建设的大形势下，从整个线网协调统一、整体优化的角度考虑，在线网的交汇或交叉地段处理好线路间设置换乘车站的设计规模问题是十分必要的。线网的结构特性在一定程度上体现为线路之间的换乘特性。换乘站位于城市轨道交通线路的交叉点或汇合点处，功能上把线网中各自独立运营的线路连接起来，使线网形成一个四通八达的整体，为乘客换乘其他线的列车创造条件。图 7-20 为车站换乘透视图。

图 7-20　车站换乘透视图

随着城市轨道交通线网的不断发展、不断完善，交织的线网形成了两线及多线的换乘。换乘站作为城市轨道交通线网中的“中枢节点”，起着极其重要的作用，其设计是否合理，能否满足便捷、高效、舒适的换乘要求，已成为轨道交通设计中需要解决的关键问题。

（2）换乘车站设计的主要原则

城市轨道交通系统虽然具有快速、大量运输、可靠性高、自动化等特性，可以有效疏解城市干道运输中交通拥挤的问题，但也由于其固有特性，致使建设运营费用巨大。在城市轨道交通的建设费用中，车站的建设占据较大的份额，车站的规模越大，土建工程造价就越高。因此，缩小城市轨道交通车站的规模是降低城市轨道交通造价的一个重要方面。

在适当规模下，车站布局是否合理，换乘是否便捷高效、客流组织是否顺畅等已成为城市轨道交通车站设计中必需面对、解决的问题。对地下换乘车站进行换乘节点标准化设计，有利于工程预留，确保换乘车站的工程质量。合理选择换乘站的换乘形式需要遵循以下几个主要原则。

①换乘形式应尽量遵循规划路网的走向及敷设方式。

②换乘形式应考虑换乘量的大小、站址周边环境、规划建设时序、前后区间的施工工法和工程造价等各因素综合确定。

③换乘方式应为付费区换乘，在确保换乘能力匹配和换乘安全的前提下，应优先采用站台至站台的换乘，其次为站厅内的付费区换乘，最后为通道换乘。

④在确保运营及乘客安全、舒适的前提下，应尽量缩短换乘距离，减少换乘高差，避免损失。

⑤换乘路线应简洁明了，以便乘客识别。

⑥应分析换乘客流占车站总客流的比例，研究确定正常上、下车的客流及换乘客流的组织。

⑦合理布置进出站楼、扶梯及换乘楼、扶梯，换乘客流宜与进、出站客流分开，做到客流流线便捷、顺畅，不同客流相互交叉干扰小。

⑧换乘设施（楼、扶梯及通道）的设置除应满足换乘量的需要外，还应有一定的富余量。

⑨非同期实施的换乘站应尽量保证预留工程的调整弹性，以降低工程变化风险，且尽量减少后期线路实施，并应尽量减少对已运营线路的影响。

（3）换乘形式分析

轨道交通换乘车站受客观条件限制较多，换乘形式不能拘泥于一种模式，必须结合该站所处的线路条件、近远期客运量（包含换乘量）、周边环境、地质情况、结构类型和施工方法等进行综合考虑，在满足车站基本功能（包含换乘功能）的前提下尽量减少车站埋深，控制车站规模，降低工程造价。

两条相交的城市轨道交通线路相互交织，一般可分为平行、交汇两种模式，每种模式下，随线路之间相互关系、站台形式及站台搭接关系，又存在着多种的变化与组合方式。从换乘设置形式分，可分为节点换乘和通道换乘两大类。其中，节点换乘形式中，两线换乘的平面组合根据线路敷设走向的不同可形成“十”形、“T”形、“L”形和上下叠落的换乘，三线、四线换乘的平面组合可形成“H”形、“Y”形、“△”形、“川”形、“卅”“井”形等多种形式。从各线站台形式分，又可分为侧—侧换乘、岛—侧换乘和岛—岛换乘等形式。

①两线平行换乘模式。平行换乘主要表现在两条线路换乘的情况，其形式主要有地下双岛式和上下叠落式。

a. 地下两层双岛平行换乘。根据车站所处的周边条件、区间线路走向等因素考虑，平行换乘形式分为同台换乘和同站厅（通道）换乘两种形式。

地下双岛式平行换乘适用于两线换乘客流较大，建设时序近，且后期线路稳定、建设条件许可、地面有交通疏解条件的情况。车站同期实施，区间可采用分期实施。

a）同站台换乘。两换乘线路采用左、右平行交替设置的地下两层双岛式四线车站。地下 1 层为共用站厅层，地下 2 层为双岛式站台层，其特点主要为：

- 换乘功能好，可实现一半客流的同台换乘（另一半客流可采用站厅—站厅换乘），换乘距离短；
- 车站断面宽，道路宽度要求高，实施时对地面交通及地下管线影响大；
- 中间线间距的大小取决于区间的施工工法；
- 相邻两线区间相互交叉较多，施工风险较大，造价较高；
- 当两线运能不匹配时，站台可能存在客流堆积现象，引发运营安全问题。

此换乘形式的如图 7-21 所示。

图 7-21 同站台换乘示意图

这类车站的形式，国内外比较普遍，如广州七号线西延线与佛山三号线换乘车站北滘新城站（图 7-22、图 7-23）。

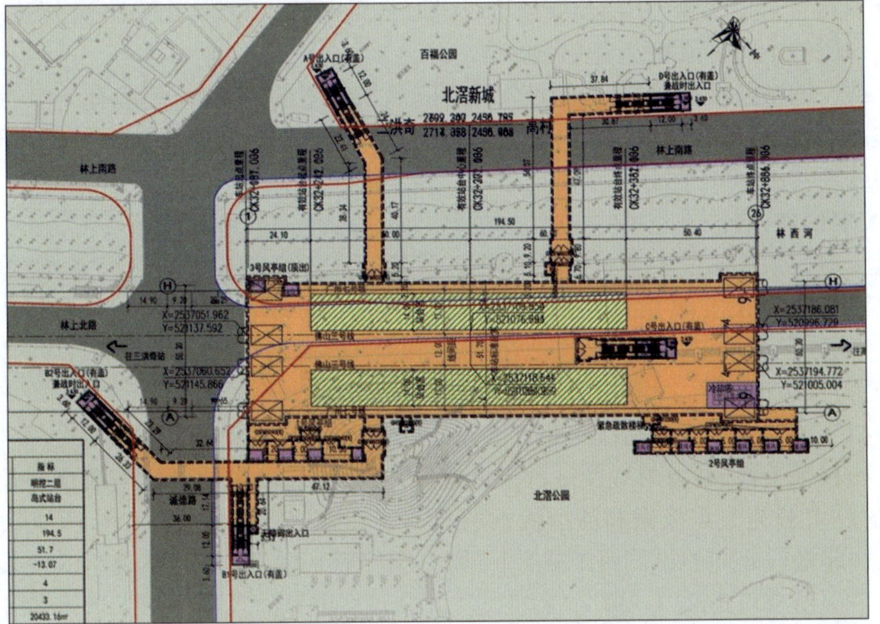

图 7-22 广州地铁七号线西延线与佛山地铁三号线北滘新城站总平面示意图

图 7-23 广州七号线西延线与佛山三号线北滘新城站剖透视图

b）同站厅（通道）换乘。两换乘线路采用左、右平行顺序设置的地下两层双岛式四线车站。地下 1 层为共用站厅层，地下 2 层为双岛式站台层，其特点与同台换乘形式相比，主要为：

- 换采用站厅—站厅（通道）换乘，换乘距离较长，换乘功能稍差。
- 两线区间交叉较少，施工风险较小，造价较低。
- 车站可分期实施，但分期实施车站工程预留较复杂。

此换乘形式的剖面图如图 7-24 所示。

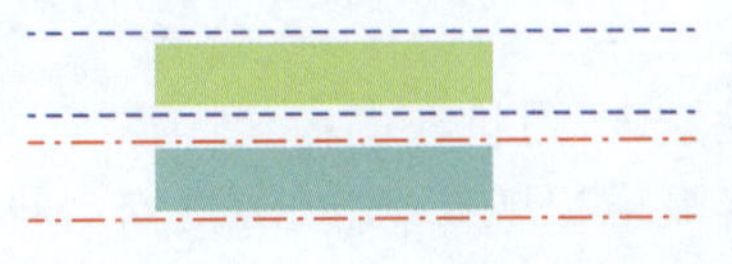

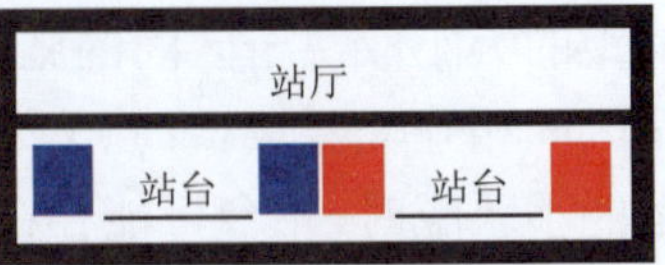

图 7-24 双岛四线同厅换乘剖面图

b. 地下三层叠岛式平行换乘。两换乘线路采用上、下平行设置，或者两线线路采用上下重叠设置并与另外一条线路形成左、右换乘。该形式车站一般设计成地下三层岛式站台形式，地下一层为共用站厅层，地下二、三层均为岛式站台层；或者地下一、三层均为站台层，地下二层为站厅层。它与单层同站台换乘方案的主要不同在于两个换乘站台并不位于同一层，而是分别位于上、下层。一般说来双层同站台换乘方式（图 7-25、图 7-26）优点是同方向换乘方便快捷，反方向换乘也较单层车站快捷。其缺点是车站的埋深加深，此外采用双层同站台换乘方式要求两条线要有足够长的重合段，车站及区间交叉方式复杂，工程量大，施工难度大。

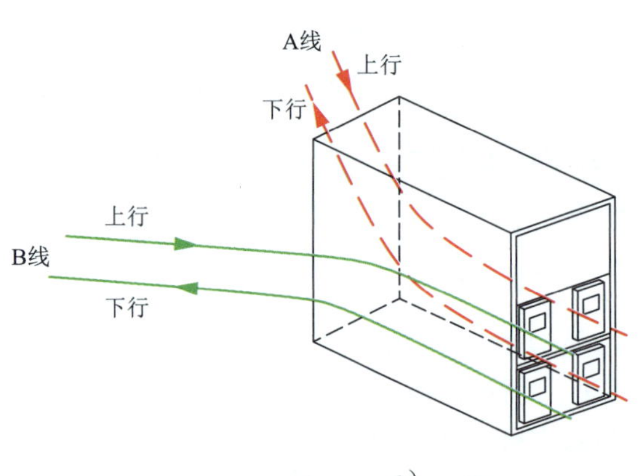

a）

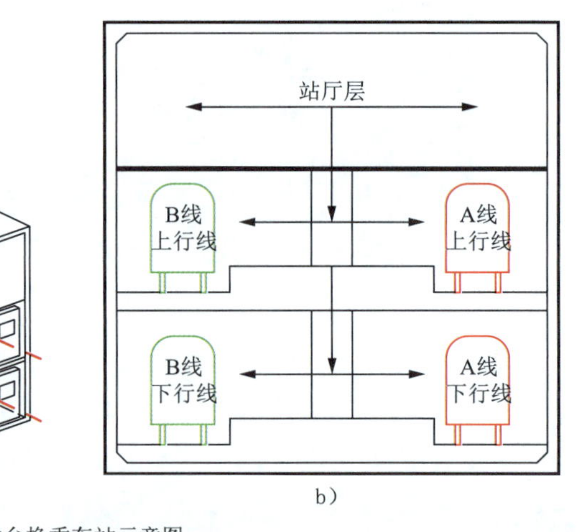

b）

图 7-25　双层同站台换乘车站示意图

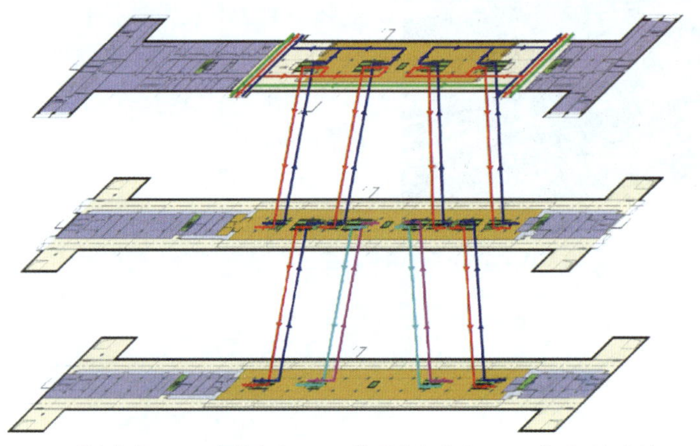

图 7-26　双层同站台换乘车站流线示意图

这类车站的形式，国内外比较普遍，如天津五、六号线宾馆西路站，广州广佛线与八号线沙园站。如图 7-27、图 7-28 所示。

此换乘形式的主要特点为：

- 采用同站台或者上、下站台换乘，换乘距离短，服务水平高，换乘功能好。
- 车站站台层楼扶梯组数较多，占用纵向空间较大。
- 近、远期车站需同期实施，车站埋深较深，近期投资高，投资风险较大，但两线综合投资较低。

- 相邻区间上、下重叠设置，施工较复杂，风险较大。
- 当两线运能不匹配时，站台可能存在客流堆积现象，易引发运营安全问题。
- 事故状态下，为减少对另一条线路的影响，需要采取严格的防灾安全措施。

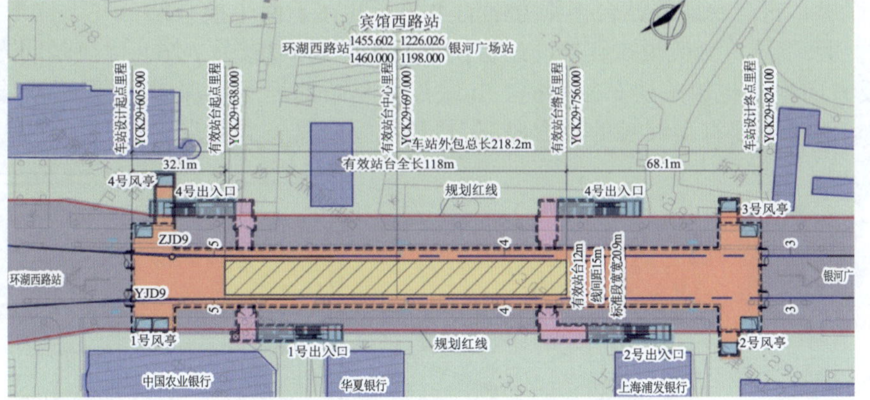

图 7-27　天津地铁五、六号线宾馆西路总平面图

地下三层叠岛式平行换乘适用于 6 节编组以上、区间地质条件较好，建设时序相近，线路采用上、下平行设置的情况。如条件具备，可优先考虑换乘功能好的同台换乘。

②两线交汇换乘模式。国内外已运营的或在建的两线换乘车站大部分形成“十”形、“T”形和“L”形三种换乘形式，主要特征为在两条线路交叉处，将两线车站重叠部分的结构做成整体节点，并采用楼扶梯将两座车站站台直接连通，乘客通过楼、扶梯进行换乘。区分节点换乘具体的形式主要看公共区的布置，尤其是换乘楼扶梯的布置。

图 7-28　天津五、六号线宾馆西路剖透视图

a.“十”形节点换乘（以岛式车站为例）（图 7-29）。地下 2 层岛式—地下 3 层岛式“十”形换乘。此形式车站地下 1 层为共用站厅层，地下 2、3 层均为岛式站台层。此换乘形式的主要特点如下。

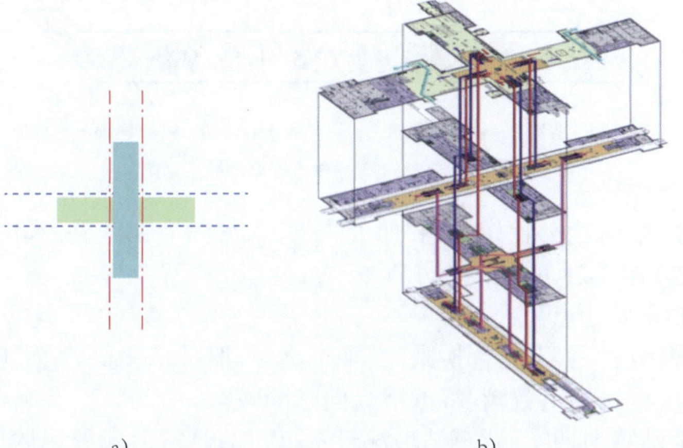

a)　　　　b)

图 7-29　“+”形节点换乘

- 全部客流可实现台—台换乘，换乘距离短，换乘均匀，换乘能力适应 1 万人 /h 左右，换乘功能较好；但如采用楼梯换乘，服务水平较低，且高峰时段容易造成换乘客流的拥堵。
- 站厅层非付费区的沟通方便，客流易于组织，乘客使用及运营管理均很方便。此换乘形式因换乘功能较好，客流组织、乘客使用及运营管理方便而得到较多运用。

b. “T”形节点换乘(以岛式车站为例)(图 7-30)。地下 2 层岛式—地下 3 层岛式“T”形换乘。此形式车站地下 1 层为共用站厅层，地下 2、3 层均为岛式站台层。此换乘形式的主要特点与岛—岛“十”形换乘的特点基本相同，只是换乘楼梯由“十”形变为“T”形，换乘能力较“十”形换乘有所提高，但其中一线换乘距离较长，换乘较不均匀，换乘客流大时可通过站厅层进行组织，或按单向客流方式组织换乘。

a)

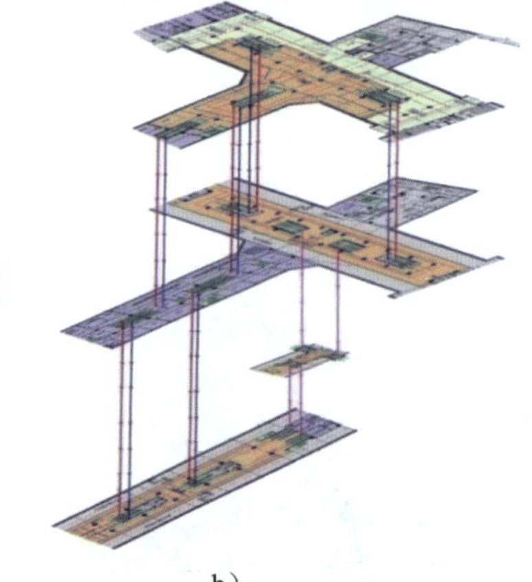

b)

c)

图 7-30　典型“T”形换乘车站流线图

此换乘形式因换乘功能较好，客流组织、乘客使用及运营管理方便，且可将两线站台脱离设置，将换乘楼梯做宽，适应更大的换乘客流，而得到广泛运用，是目前国内业界普遍认同的一种换乘方式。图 7-31 为苏州五、八号线车斜路站透视图。

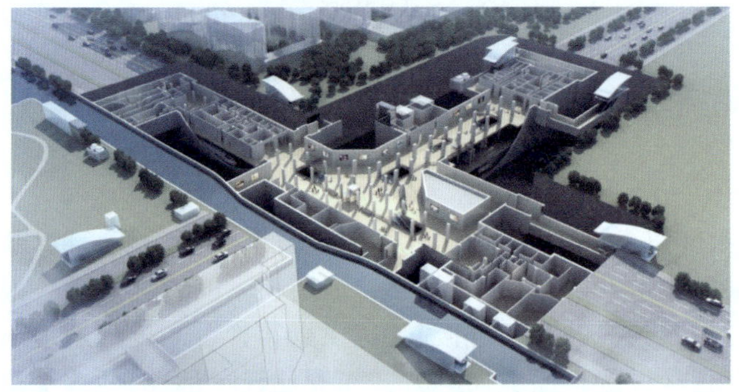

图 7-31　苏州地铁五、八号线车斜路站透视图

c. “L”形换乘(以岛式车站为例)(图 7-32)。

地下 2 层岛式—地下 3 层岛式“L”形的节点换乘。此换乘形式的主要特点与岛—岛“十”形换乘的特点基本相同，只是换乘楼梯由“十”形变为“L”形，所以两线换乘均需到站台端部换乘，换乘距离较长，换乘客流不均匀，换乘客流大时，易出现交通“瓶颈”问题。

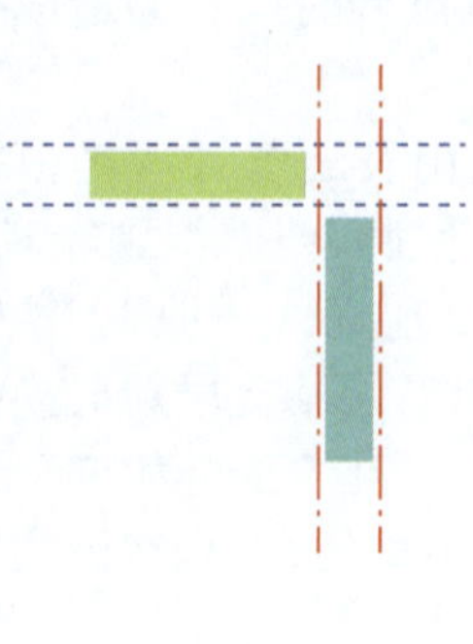

a）

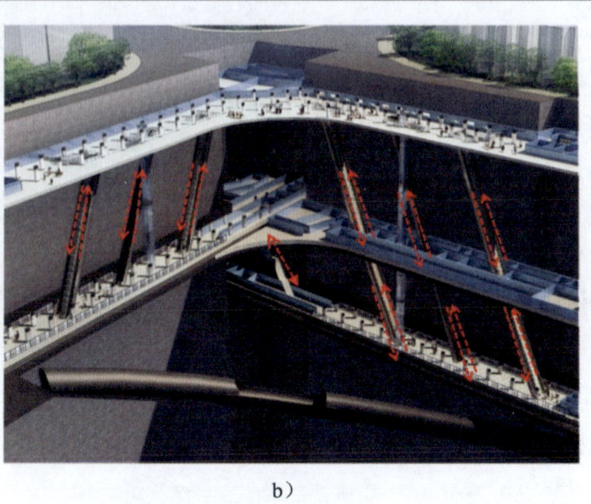

b）

图 7-32 地下 2 层—地下 3 层岛式“L”形换乘图

此换乘形式适用于车站受周边条件限制多，不能采用岛—岛“十”形和“T”形换乘的情形。图 7-33 为广州地铁二、八号线昌岗站总平面图。

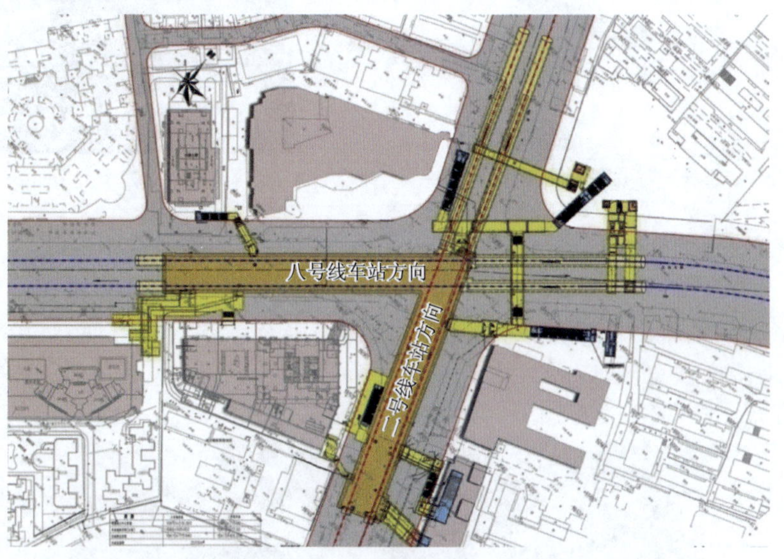

图 7-33 广州地铁二、八号线昌岗站总平面图

d. 两线通道换乘（以岛式车站为例）。两条建设时序间隔较长的线路，远期线路及站点尚不稳定，车站换乘形式也常常选择通道换乘，通道换乘的定义是指换乘的 2 条线路车站结构完全脱开，用通道将两条线的车站连接起来，供乘客换乘。连接通道一般设于两站站厅之间，也可以在站台上直接设置。通道换乘方式布置比较灵活，对两线交角和车站位置有较大的适应性，预留工程少，甚至可以不预留。通道宽度按换乘量的需要设计，换乘条件取决于通道长度，有利于两条线工程分期实施，预留工程最少，后期线路位置调整的灵活性大。图 7-34、图 7-35 为典型通道换乘车站透视图。

通道换乘分别可采用付费区和非付费连接两种方式，同一票制须采用付费区至付费区的换乘；不同票制可采用非付费区换乘的方式。

图 7-34　典型通道换乘车站透视图(一)

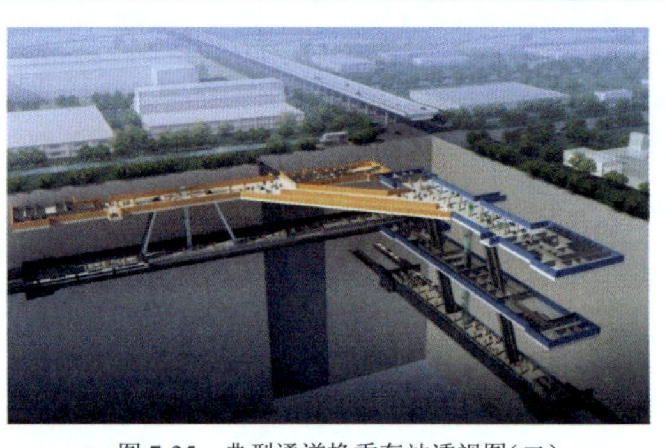

图 7-35　典型通道换乘车站透视图(二)

通道换乘的主要特点为:

- 换乘常采用“厅—厅”的付费区或非付费区的通道换乘,换乘距离较长,乘客走行距离较长,换乘功能较差。
- 由于车站分期、单独设置,车站布置较为灵活。近期投资低,无投资风险。

(4)换乘站设计的思考

通过对换乘车站的理论及实际运营情况分析,在轨道交通设计中应充分结合车站周边情况,研究换乘车站设计,重点考虑以下几个方面。

①根据各线换乘建设时序和两端线路走向,车站所处环境及施工组织等条件,选取适合本站的换乘方式。换乘站设计应确保在运营安全的前提下,把车站功能及换乘功能放在第一位。

②根据各站及前后区间的施工工法、换乘量的大小,分析确定车站的站型是岛—岛换乘还是岛—侧换乘,确定换乘车站的上下关系。

③换乘时间不宜大于 5min,换乘的走行时间不宜大于 3 min,真正做到“以人为本”。

④在增加工程投资较少的情况下,应尽量把换乘节点通道做得宽敞、舒适,可适当考虑增设自动扶梯或自动步梯的可能。

⑤换乘客流流线应尽量避免交叉,当换乘客流较大时,可满足组织单向客流换乘的条件。

⑥近期线路应为远期线路预留灵活、可实施性强的换乘条件。

7.4.4　线路敷设方式

1)概述

线路敷设方式是线网的三维空间规划概念,主要是根据城市总体规划的要求,结合城市现状以及工程地质、环境保护等条件,选择采用地下线、高架线或地面线。

(1)地面线

地面线适用于非城市中心区、城市绿化隔离带和地质条件差的地区。地面线要求道路红线不小于 60 m,并需协调好与相交道路的关系,保证道路的行人、车行通道需求。地面线的特点是可以节省大量的土建费用,但会占用一定的土地,并对沿线区域带来一定的隔离作用。

(2)高架线

高架线适用于非城市中心区。高架线要求道路红线不小于 60m,并需协调好与规划道路网、交通设施的关系，具有全封闭、全立交、占地少、造价低、工期短等特点，更有利于穿越地质情况比较复杂的地段。高架线型式除了噪声等对环境的影响之外，还对城市景观、沿线日照等有一定的影响。

（3）地下线

地下线适用于城市中心区、建筑密度高的地区、规划的重点地区以及对环境要求高的区域，地下线能较好地解决与城市建（构）筑物的关系和城市景观问题，节省土地，使城市土地资源得到更合理的利用。

2）影响线路敷设方式选择的因素

随着城市规模的扩展，城市空间结构也在发生变化，对城市形态结构提出了新的总体发展目标：以区域共同发展与生态优先为前提，充分保护和合理利用自然地理条件，保持地区生态环境的平衡，强调经济的发展必须同资源开发利用及环境保护相协调。线路敷设方式应根据城市总体规划的要求，结合城市土地使用规划情况和线路周围的城市环境、地理条件，从线网上综合选择合适的线路敷设形式，使城市空间资源、地下空间资源得到合理的配置，以节省城市发展的综合成本和轨道交通工程投资及运营成本。

（1）环境协调

地面和高架线路均存在与周围环境协调的问题，包括与周围建筑和地形相协调，以及与相邻环境（日照、防噪、景观等）相协调。

采用地面线时，沿线两侧一般通过植树、植草等方式与周围建（构）筑物形成一定的隔离地带；另外，地面线经过景观风景区时，工程建设应满足各风景区的景观保护要求。

高架线对城市景观及沿线居民生活有一定的影响，在满足功能要求的前提下，其建设形式宜轻巧、明快，与周围建筑形成合理的比例和空间尺度关系，突出建筑主景。

采用地下线时，应尽可能避开地下文物，不能避开时也应会同文物部门做好保护措施。出入口宜与沿线建筑物结合设置。地下线尤其应注重对地下空间的分层利用，避免制约未来地下空间开发。

（2）工程地质和水文地质条件

工程地质和水文地质条件不仅影响线路敷设方式的选择，而且在很大程度上决定了地下线的埋置深度和施工方法。

在基岩的岩性为灰岩、石英砂岩、泥质砂岩、灰质页岩夹薄层煤及煤线地区，以及岩层断裂发育、大面积采空区和分布有土洞或溶洞的地区，线路采用地下线通过，存在较大工程风险和运营风险，适宜采用地面线或高架线路敷设。

水文地质条件调查资料也为线路敷设方式选择提供了科学的参考，线路穿越河流地段需要采用高架线或隧道方案通过。

因此，在选择线路敷设方式时，要充分考虑地形、地貌和地质条件，尽量避开不良地质地段和重要的地下管线等构筑物，以利于工程实施、降低工程风险和造价。

（3）环境影响因素

一般情况下，城市轨道交通对外环境影响因素主要有噪声、振动和电磁辐射，其中，噪声和振动往往会影响线路敷设方式的选择。

轨道交通噪声的大小与轨道交通的形式、车辆的性能、轮轨条件、线路条件、道床结构、行驶速度等因素有关。地下线路中由于列车是在封闭的隧道中运行，声音在隧道内混响，产生的内部噪声最大；但地下线路噪声只影响车内乘客，对外环境无影响。地面线路和高架线路噪声对车内乘客影响相对较小，但对外环境有较明显影响。

城市轨道车辆运行时，轮轨相互撞击而产生振动与噪声。其振动通过轨道、道床、隧道或梁、桥墩及岩土介质传播到地面和沿线建筑物，引起地面一定范围的振动，可能造成沿线建筑物的二次结构振动，使沿线居民感到不舒适，影响其工作和休息。

城市轨道交通的电磁辐射主要来自其供电系统以及电动客车的运行，但与国家标准规定的限值相差甚远，不会对乘客、工作人员及线路两侧居民的健康造成损害。同时，如果线路附近居民使用有线电视系统，轨道交通的电磁辐射也不会影响电视信号。

线路敷设方式各方案环境影响的综合比较见表 7-15。

各线路敷设方式环境影响因子一览表　　表 7-15

敷设方式	噪　声	振　动	电磁辐射	占用土地
地面线	2	1	1	2
高架线	2	0	1	1
地下线	0	2	0	0

注："0"表示基本无影响；"1"表示影响很小，不需要采取控制措施；"2"表示影响相对较大，但采取控制措施后可以达到环境要求。占用土地因子为各方案比较的相对概念。

3）线路敷设方式的技术特征分析

轨道交通线路采用不同的敷设方式，其用地规划控制条件是截然不同的，而且对城市用地、环境以及轨道交通系统自身的工程造价产生重大的影响。如表 7-16 所示。

各种线路敷设方式特点一览表　　表 7-16

比较项目	地　面　线	高　架　线	地　下　线
适用范围	非城市中心区	非城市中心区	旧城市中心区、建筑密度高的地区；规划的重点地区以及对环境要求高的区域
对城市土地利用的影响	隔断了线路两侧土地	对沿线一定范围存在不利影响	与城市规划配合最好，能促进沿线土地利用
对道路红线的要求	道路红线不小于 60 m 宽	道路红线不小于 60 m 宽	无特殊要求
对城市交通的影响	隔断了线路两侧的横向交通，需根据情况处理	影响较小	基本无影响
对工程地质条件的适用性	好	好	地质不良地带将付出较高工程代价；岩溶、煤层采空区等不良地质地区不适用
占地	大	较大	在地下，地面以上占地很少
对环境的影响	城市景观方面有影响；运营时产生的噪声和振动对沿线一定范围有影响	城市景观方面有影响；运营时产生的噪声和振动对沿线一定范围有影响	城市景观方面无影响，对沿线主要影响是运营产生的振动
节能	节能	节能	车站及区间一直需要照明，相对能耗较大
工期	—	车站约 14 个月	车站约 22 个月
拆迁	相对较多，平面无法避让的建(构)筑物均需拆除	相对较多，平面无法避让的建(构)筑物均需拆除	相对较少，平面无法避让的建(构)筑物可通过纵向进行避让
工程造价	最低	区间为 4.75 万元 / 双线延米，车站为 7000 万元 / 座，造价较低	区间为 10.1 万元 / 双线延米，车站为 18000 万元 / 座，造价高

4）确定线路敷设方式的基本原则

线路敷设方式主要取决于线路在城市中所处的地理位置和铺设条件，应结合城市总体规划以及线网沿线土地利用规划和开发计划，按照城市景观需求，结合城市现状以及工程地质、环境保护等条件，从空间布置、整体连续性、生态、建筑、经济（工程造价和运营费用）、工程实施等方面进行综合考虑；并重点研究其线型、坡度、车站与区间的衔接、与周围建筑环境和建筑空间配合等。

在建筑密集、道路狭窄、交通拥挤、环境及地面景观要求严格保护的城市中心区，以及沿线土地利用规划和开发计划严格控制的地段，轨道交通均应考虑采用地下线方案。

在市郊结合部和郊区，地面建筑稀少、路面宽阔，应结合沿线土地利用规划和开发计划，考虑以高架线和地面线为主；城市间、城市与卫星城之间的快速客运轨道交通宜以地面线为主。

7.4.5 车站、区间的规划用地控制

1）概述

为控制建设投资、减少拆迁，提前预留轨道交通建设条件，规划线路应做好沿线用地控制。《国务院办公厅关于加强城市快速轨道交通建设管理的通知》（国办发〔2003〕81 号）提出："对规划建设城轨交通项目的线路，要搞好沿线土地规划控制，编制专项土地控制规划，防止新建建筑物对线路的侵占。"《住房和城乡建设部关于加强城市轨道交通线网规划编制的通知》（建城〔2014〕169 号）中指出："编制线网规划应对线网规划中的线路、站点，明确其初步位置及其用地控制要求，落实车辆基地等设施用地，划定城市轨道交通主要设施的用地控制界线和规划控制区。"目前，国内大部分城市都已开展用地控制工作，但在用地指标上存在一定的差异。

车站、区间、车辆基地、控制中心、主变电站是轨道交通设施用地资源占用较大、且影响轨道交通工程的主要设施（图 7-36），规划阶段应结合各设置的用地特征，对此五类设施做好用地控制。

城市轨道交通工程是由人工构筑物形成的基础设施，其各部分对设施的空间范围、施工的场地要求都有具体要求，设施空间范围、施工场地要求是城市轨道交通规划用地控制的基础条件；城市轨道交通运营必然会对周边环境产生一定的不利影响，如列车运行的振动和噪声等，产生不利环境影响的范围应纳入用地控制范围内。在综合考虑设施空间、施工场地、环境影响等因素后，确定城市轨道交通规划的用地控制范围。如图 7-37 所示。

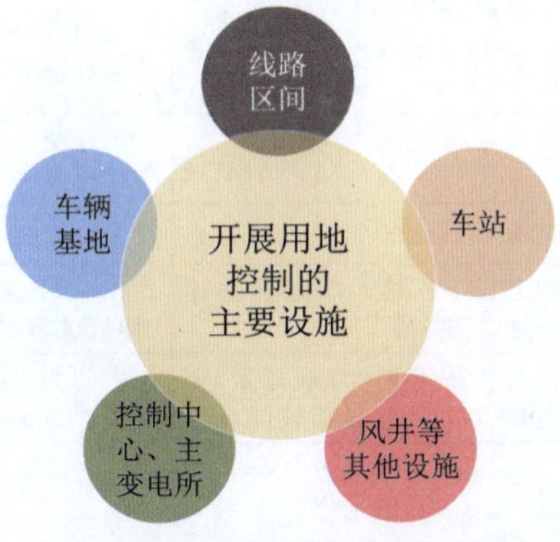

图 7-36 需开展用地控制的主要设施

图 7-37 用地范围控制

2）线路区间隧道

（1）用地特点

贯通的路由是工程可实施的基本条件，尤其是穿越地块段的线路，预留用地和空间是保障区间贯通的基本条件。

（2）影响用地的主要因素

①区间设施及施工范围。城市轨道交通区间是由区间隧道、桥梁、路基等构筑物形成的列车运行区域，构成区间的构筑物本身具有特定的结构尺寸，且有一定的施工范围要求。以地下双线盾构区间为例，6m 外径盾构双线隧道线间距普遍为 13 ～ 15m，双线隧道结构总宽度约 19 ～ 21m。

②环境影响范围。在不采取减振降噪措施的情况下，达到声环境 4 类区和 3 类区的噪声防护距离为 35 ～ 120m（依列车密度不同而有较大差异）。采取减振轨道、声屏障等措施后，可将高架线噪声影响范围控制在 30m 左右。

③区间控制用地指标。地下、高架区间的用地控制红线以线路的左、右中心线为基准，两侧各外扩 10m。地下隧道以隧道结构外边线外侧 50m 范围作为地铁保护范围，过江隧道结构外边线 100m 内作为地铁保护范围。

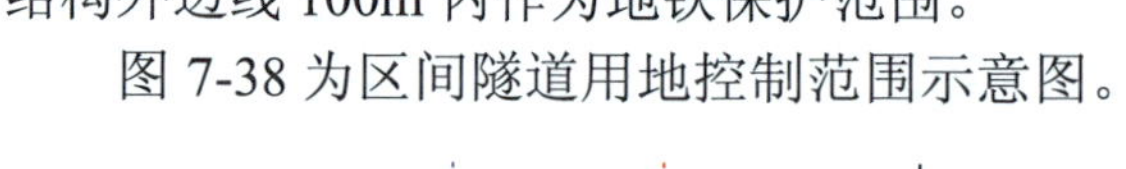

图 7-38 为区间隧道用地控制范围示意图。

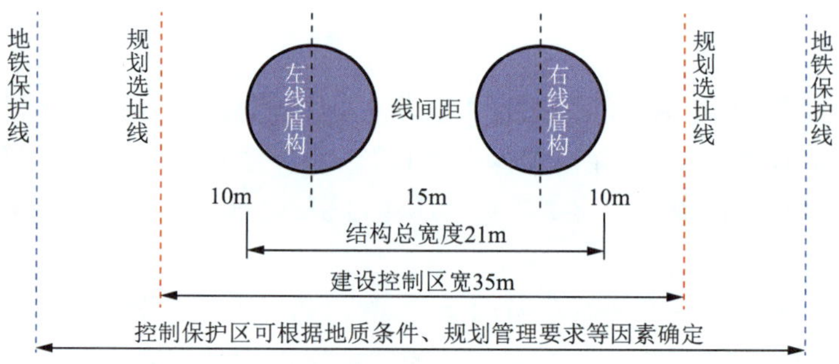

图 7-38　区间隧道用地控制范围示意图

3）车站

（1）用地特点

车站主体结构、附属设施都需占用较大的地下空间，部分附属设施需要占据一定的地面空间。车站施工需要占据较大的地面场地，风亭、冷却塔等附属设施运营期间对周边环境有一定的影响，在规划阶段，控制好车站用地规模，能有效降低建设阶段车站的实施难度。

（2）影响用地的主要因素

车站通常分为主体结构和附属结构，地下站主体尺寸与轨道交通制式选型直接相关。一般车站规模为 180 ～ 240m、宽约 21m，带越行、折返、出入线接轨功能的车站尺寸根据功能需求进行相应调整。地下站附属设施常规尺寸为：出入口长 15m、宽 8m，风亭长 5m、宽 5m，冷却塔长 4m、宽 4m。车站建筑尺寸及施工场地要求是决定车站用地控制范围的关键因素。

城市轨道交通运营期间，车站主体及出入口不小于 10m、风亭及冷却塔不小于 15m，能有效降低轨道交通运营期间环境的不利影响。车站用地控制范围影响因素如图 7-39 所示。

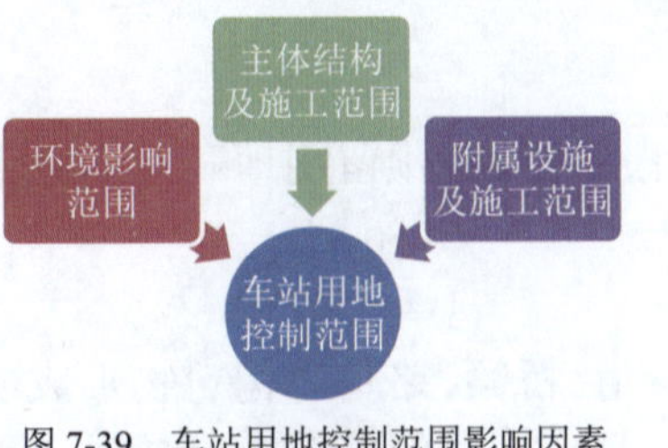

图 7-39 车站用地控制范围影响因素

(3)车站控制用地指标

地下车站以实际结构边线及建筑投影线为基准外扩10m作为用地控制红线范围，车站出入口、风亭、冷站等地面附属设施以外轮廓外扩15m作为用地红线范围。

地下车站结构外边线外侧50m内作为地铁保护范围，出入口、风亭等附属建(构)筑物结构外边线外侧10m内作为地铁保护范围。

地面车站、高架车站以实际结构边线及建筑投影线为基准外扩10m作为用地控制红线范围。

地面车站和高架车站以结构外边线外侧30m内为地铁保护范围。

4)风井、救援站等其他设施

对于地下敷设的长大区间隧道，根据环控、疏散救援的要求，需要修建中间风井或区间救援站等土建设施。因其结构形式及施工方法与车站类似，因此其规划用地控制方法可基本参照车站的方法进行控制。

7.4.6 线路附属设施规划

1)车辆基地

在线路规划阶段，车辆基地的规划设置应根据本线的技术特征，充分利用所选段址的站段关系以及段址环境进行设计，并以确保车辆检修、维保质量和生产安全及满足工艺要求为前提；以提高作业效率，改善劳动条件、节省基建投资、降低生产成本、获取最佳综合效益为目的。

线路规划阶段应从以下方面着重考虑运营需求，进行车辆基地规划设计。

①充分考虑运营收发车能力及效率。车辆基地选址规划应充分协调好站段关系及车辆基地设计规模。首先考虑运营效率及出入段能力的要求，一般车辆基地停车规模不宜超过60列，对于个别规模较大的车辆段应设置3条或4条出入段线；其次应充分考虑运营收发车的时间效率，合理控制出入段线长度，出入线长度不宜超过1.5km，出入段线距离过长将增加工程投资与运营成本，同时在出入段线接轨设计中，应优先采用八字接轨方式，方便双向运营收发车，且能通过的车辆换端解决运营线路小曲线半径轮轨偏磨问题。

②车辆基地用地面积应满足运营功能和布置的要求，并宜为远景运营发展适当预留弹性空间。车辆基地选址用地控制应同时满足长度及宽度的要求，其中，用地长度是制约车辆基地功能布局的最大因素，车辆基地的用地长度决定了车辆基地内试车线能满足的最高试车速度条件。一般当车辆段规划长度为1200m时，可以满足列车80km/h运行性能试验要求，但难以满足市域快线列车的试验要求，宜进一步加长试车线长度，特别是大架修车辆基地内的试车线长度；若条件困难则只能采用适当降低试验速度的方式，试验速度不宜低于60km/h。

经统计分析，广州既有车辆段的用地面积基本符合规范的规定范围，且不同车辆段的用地面积与其设计的配属车规模呈线性关系。如图7-40所示。

名称	车辆类型	配属车数	用地面积(ha)
西朗车辆段	6A	240	40
厦滘车辆段	6B	198	25.18
厦南车辆段	4B	192	22.15
邓村车辆段	6B	222	31.86
官湖车辆段	8A	320	30.6

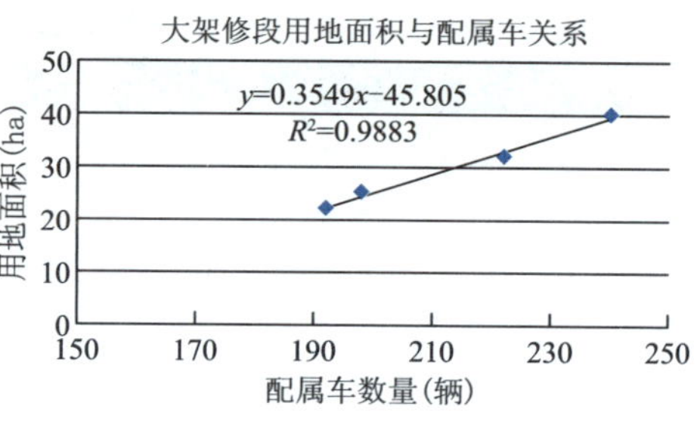

a)大架修段

名称	车辆类型	配属车数	用地面积(ha)
嘉禾车辆段	6A/6B	360	33.09
新造车辆段	4L	144	27.6
鱼珠车辆段	6L	348	25.68
浔峰岗停车场	4L	108	10.37
赤沙车辆段	6A	180	33.76
萝岗车辆段	4L	300	30.71
白云湖车辆段	6A	318	25.9887
岐山车辆段	6B	180	17.87
镇龙车辆段	6B	294	31.4

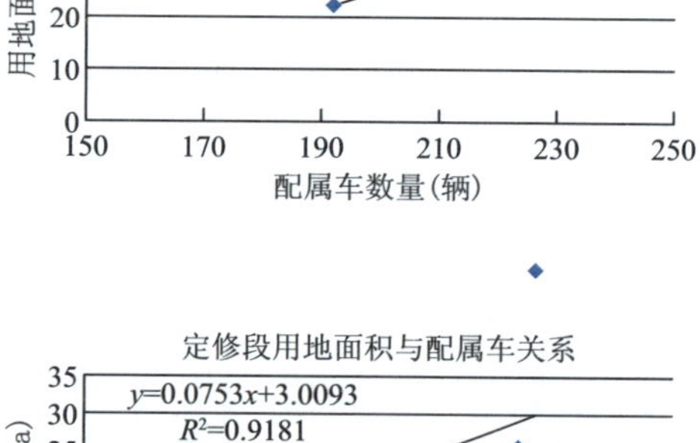
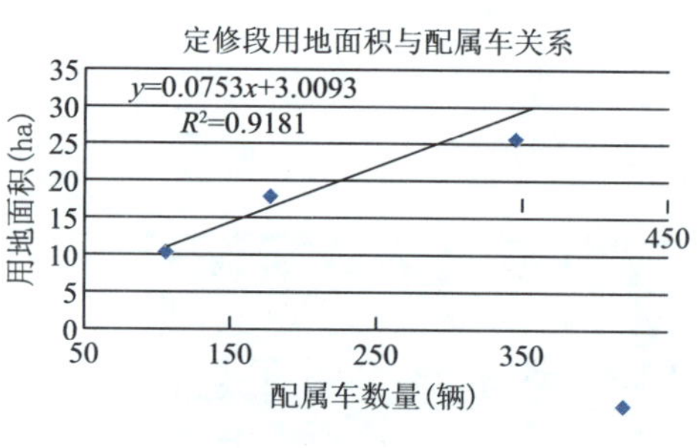
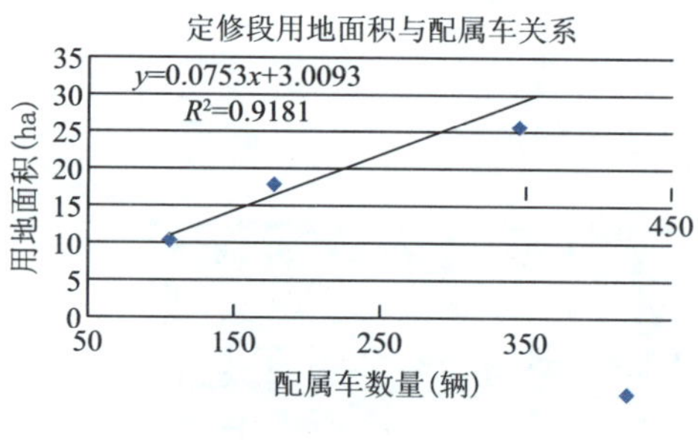

b)定修段

名称	车辆类型	配属车数	用地面积(ha)
大洲停车场	6A	96	10.7
石湖停车场	6B	120	10.96
水西停车场	6B	78	14.97
象岭停车场	6B	144	11.2
南沙停车场	4L	236	18.2

c)停车场

图 7-40　广州既有建成车辆基地用地面积与配属车关系

结合既有段场的长、宽与配属车数量关系研究，一般车辆基地规划长度、宽度宜按表 7-17、表 7-18 的指标控制为宜。

车辆基地用地长度控制参考值(单位:m)　　表 7-17

配属车数	大架修段	定修段	停车场
20 列以下	670+2L（840+3L）		
20 ～ 29 列	725+2L（950+3L）		
30 ～ 39 列	765+2L（1030+3L）		
40 ～ 49 列	795+2L（1090+3L）		
50 ～ 59 列	820+2L（1140+3L）		
60 列以上	视实际情况而定		

注:①上表中 L 表示一列车的长度,单位 m。
②表中数值适用于尽端式布置的车辆段或停车场,括号内数值适用于贯通式布置的车辆段或停车场。
③车辆段长度仅表示段内红线围闭范围内的水平长度最大值。

车辆基地用地宽度控制参考值(单位:m) 表 7-18

配属车数	大架修段	定修段	停车场
20 列以下	285	205	175
20 ~ 29 列	315	235	205
30 ~ 39 列	350	270	240
40 ~ 49 列	380	300	270
50 ~ 59 列	410	330	300
60 列以上	视实际情况而定		

城市轨道交通规划阶段应科学、合理地做好车辆基地资源共享、车辆基地布局、功能定位、用地控制规划,以实现网络化运营的系统性、协调性、统一性和合理性,节约建设投资和后期运营成本。一般线网车辆基地用地总规模宜按 0.8 ~ 1.2ha/ 正线千米控制,单个车辆基地用地指标按表 7-19 的指标进行控制。

车辆某地占地面积指标表(m^2/ 车) 表 7-19

车型	A、B	L_b
车辆基地(厂架修,设备维修)	1000	900
车辆段(定修级)	900	750
停车场	600	500

对于上盖开发车辆基地,应留有上盖柱网用地,规划阶段可在上述指标基础上再考虑 1.2 的上盖开发用地系数。

2)控制中心

控制中心是确保轨道交通列车安全、正点、可靠和高效运行的基本保障设施。控制中心的调度人员通过各种现代化通信与控制手段对轨道交通的运营过程实施全面的集中监控和管理,为轨道交通运营生产创造良好的运营条件、为乘客提供优良的乘车服务并对设备的运行实施监控管理,确保其正常运行。控制中心是全线指挥和调度的场所,也是全线主要机电系统中央级设备的布置场所。

控制中心主要具备以下主要功能:对列车运行的指挥监控;对供电系统设备的运行监控;对环控系统设备运行监控和防灾报警系统运行的监控;线路各系统设备故障信息的收集,组织抢修,和制订设备计划性维修计划,组织指挥大型故障的抢修和抢险工作;线路控制中心应建立与线网指挥平台的接口,服从线网统一调度指挥。

为了解决好线网运能匹配、线网客流引导、维修综合调度、紧急事件协调处理、线网地铁运营服务信息统一发布等一系列问题,保障政府、地铁公司和其他应急力量在日常运营管理和紧急事件的处理过程中快速、及时、准确地收集到相关信息,通过多种方式进行高效沟通,做好地铁事故灾难及紧急事件的防范与处置工作,应设立线网指挥平台进行集中调度管理。

国内外轨道交通控制中心规划主要有集中式、区域式、分散式三种规划形式,如表 7-20 所示。

控制中心布局模式对比表 表 7-20

比选项目		集中式	区域式	分散式
建设	投资	初期投资较大,线网总体投资大	初期投资和线网总体投资均较为适中	初期投入小,线网总体投资较大
	选址	单一	较易	独立建设困难
	资源共享	最好	适中	一般
	初期用房闲置情况	闲置面积与线网规模相关	存在部分闲置用房	无闲置

续上表

比选项目		集中式	区域式	分散式
运营	运营费用	高(带后备)	适中	最高
	线网互动性	好	较好	一般
	应对紧急事件能力	强	较强	一般
安全风险		大,需建设后备控制中心	适中,可控制中心之间互为备用	小,不需建设后备控制中心
适用范围		适合线网规模较小、建设年限集中,投资、运营主体单一的城市	适合线网规模适中、线网整体建设时期较长且具有明显的阶段性的城市	适合线网建设年限跨度大,投资、运营主体非单一的城市

控制中心用地具有占地规模略大、选址灵活的特点,控制中心选址应靠近监控对象的中心地带、靠近第一条开工建设线路,保证环境清静、光线充足、避开公路、铁路等振动源。

控制中心分布应满足运营管理要求,选址宜接近监控管理对象的中心地带;根据监控管理对象的线路规模,控制中心可分为单线控制中心和多线控制中心。单线控制中心建设控制区不宜大于 3000 m²,多线控制中心建设控制区按每条线路 2000m² 左右控制为宜。

3)主变电站

主变电站选址必须依据上层规划,如城市总体规划、电网规划的总体控制;应从线网角度统一牵引供电与降压所的方案和用电规模,确定主变电站供电范围,优化城市轨道交通供电网络。主变电站应尽量设置在轨道交通线路交会车站附近,一个主变电站可同时向多条线路供电。主变电站按一级用电负荷考虑,需提供两回 110kV 的外部电源。外部电源的设置方案既要考虑从电网规划中临近主变电站附近的 220kV 变电站引接电源,以减少电缆的长度,同时也要充分考虑与地铁施工期之间的配合。主变电站用地应因地制宜,可以选用户内式或者半户内式,用地规模控制在 2500 ～ 3800m²。对于同时向几条轨道交通线路供电的主变电站,容量确定仅需考虑与其相邻的一个主变电站解列的情况。

4)交通接驳设施

轨道交通站点与其他交通方式的衔接设施是枢纽为实现交通转换基本功能而设置的设施,主要包括对外交通衔接设施及公交站场、公交停靠站、出租车及 K+R 上落客泊位、P+R 停车场(换乘停车场)和自行车停车场等市内交通衔接设施,衔接规划仅针对公交站场、公交停靠站、出租车及 K+R 上落客泊位、P+R 停车场和自行车停车场等市内交通衔接设施的配套标准进行研究。

(1)常规公交设施

通常轨道交通枢纽都设置公交停靠站,根据是否设置公交总站,可以分为两种情形进行考虑。

①情形一:同时设置公交总站和公交停靠站。

如果枢纽内部同时设置了公交总站和公交停靠站,公交总站和公交停靠站客流承担比率视具体情况而定,规划取两者的分担比率可按 50 : 50 考虑。

a. 公交总站。首先是根据常规公交换乘量计算出需要的公交始发线路条数,再根据《城市道路公共交通站、场、厂工程设计规范》(CJJ/T 15—2011)要求计算公交总站的规模。公交总站的始发线路条数的计算方法如下:

$$\text{线路条数}=\frac{\text{高峰小时始发线路换乘量}}{\text{高峰小时公交平均上下客量}\times\text{高峰小时发车频率}} \tag{7-1}$$

根据现状调查的数据，高峰小时常规公交始发线路平均上下客量为 30 人 / 车；高峰小时常规公交平均发车间隔 5 ～ 6min/ 班，平均发车频率为 10 ～ 12 辆 /h，可以得到一条始发线路高峰小时在始发站能到发乘客 300 ～ 360 人。而公交总站与公交停靠站的分担比率按 50 : 50 考虑，故常规公交换乘量为 600 ～ 720 人 /h 时应设置一条始发线路。为了鼓励公交出行，建议高峰小时换乘公交的乘客超过 1200 人时可考虑设置 2 条始发线路的公交总站，每增加 600 人 /h 增设 1 条始发线路。

公交总站的规模可以采用式（7-2）计算：

$$S_{总站}=\sum_{i=1}^{m} b_i \times S_{标车} \tag{7-2}$$

式中：$S_{总站}$——公交总站的规模（m^2）；

m——公交总站始发线路的条数（条）；

b_i——计算第 i 条始发线路按总站考虑时配置的公交车辆数（标台），如广州市平均每条线路的配车数约为 16.5 辆，按《城市道路公共交通站、场、厂工程设计规范》（CJJ/T 15—2011）规定，可以取该条线路配备的公交车辆数的 60%，即 10 辆；

$S_{标车}$——每标车在总站中的占地面积，按《城市道路公共交通站、场、厂工程设计规范》（CJJ/T 15—2011）规定，通常取 90 ～ 100 m^2/ 标车。

由此可以计算得到，1 条常规公交始发线路用地规模为 900 ～ 1000 m^2。由此建议轨道交通枢纽高峰小时换乘公交的客流超过 1200 人时，即达到设置 2 条常规公交始发线路的标准，可设置衔接的公交总站，面积按 1800m^2 控制，此后每增加 600 人 /h 增加 1 条线路，用地增加 900m^2。

b. 公交停靠站。公交停靠站的泊位主要根据时空消耗理论进行计算，由公交车在停靠站的时空消耗等于停靠站的广义容量（为停靠站的面积与其使用时间的乘积），可得到：

$$S_{停靠站} \times T \times \eta = \sum_{i=1}^{n} f_i \times S_{bus} \times t_{bus} \tag{7-3}$$

公交停靠站泊位的计算公式为：

$$公交停靠站泊位数 = \frac{S_{停靠站}}{S_{bus}} = \frac{\sum_{i=1}^{n} f_i \times t_{bus}}{T \times \eta} \tag{7-4}$$

式中：$S_{停靠站}$——公交停靠站的规模（m^2）；

n——停靠站停靠线路的条数（条）；

f_i——第 i 条公交线路在高峰小时发送的车辆数，高峰小时为平均 10 ～ 12 辆；

S_{bus}——常规公交停靠时的平均占地面积；

t_{bus}——常规公交在停靠站的停靠时间，包括乘客上、下车以及车辆启动的时间等，通常取 1.5 ～ 2 min；

T——高峰小时，60min；

η——高峰小时公交停靠站的利用率，通常取 0.7 ～ 0.8。

根据上述公式计算，一个公交停靠泊位可以满足 1.8 ～ 3.2 条线路的停靠，公交停靠站的平均上下客量为 15 人 / 车，能够集散 270 ～ 576 人 /h。

综上所述，常规公交换乘量高峰小时每百人应该设置 0.10 ～ 0.20 个公交停靠泊位，不足 1 个泊位按 1 个计算，每个公交停靠站的泊位最多不超过 3 个，超过则必须设分站。

②情形二：只设置公交停靠站。

该情形公交停靠站的高峰小时换乘量就是常规公交高峰小时的换乘量，参考上述公交停靠站配套标准的计算过程，常规公交换乘量高峰小时每百人应该设 置 0.2 ～ 0.4 个公交停靠泊位，不足 1 个泊位按 1 个计算，每个公交停靠站的泊位最多不超过 3 个，超过则必须设分站。

（2）P+R 停车场

P+R 停车场的规模与高峰小时小汽车停车换乘的客运量、小汽车的平均载客数、每辆车停靠所需的面积以及停车场的周转率等相关，其计算公式为：

$$S_{\mathrm{P+R}}=\frac{N_{\mathrm{P+R}}}{P_{\mathrm{P+R}}\times\lambda_{\mathrm{P+R}}}\times s_{\mathrm{P+R}} \tag{7-5}$$

式中：$S_{\mathrm{P+R}}$——轨道交通枢纽内小汽车停车场的规模（m^2）；

$N_{\mathrm{P+R}}$——高峰小时内停车换乘的客运量（人 /h）；

$P_{\mathrm{P+R}}$——小汽车的平均载客数（人 / 辆），通常 取 2 人 / 辆；

$s_{\mathrm{P+R}}$——小汽车的平均停车面积，地面停车场用地面积，每个停车位取 $30m^2$；停车楼和地下停车库的建筑面积，每个停车位取 $40m^2$；

$\lambda_{\mathrm{P+R}}$——小汽车停车场的周转率，机动车每个停车位的存车量以一天周转 1 次计算。

从停车场建设的经济性出发，单个停车场泊位数不宜过小，建议以不少于 50 个泊位为宜，即高峰小时换乘量超过 100 人时，需设置专门的 P+R 停车场。地面 P+R 停车场的规模应该是 $1500m^2$/ 百人，地下停车库或者停车楼的规模应该是 $2000m^2$/ 百人。高峰小时换乘量不足 100 人时，宜就近寻找公共停车位自行解决。

（3）出租车及 K+R 上落客点（区）

为了实现设施的共享，出租车及 K+R 上落客点（区）可以结合设置。现以出租车为例，分别研究出租车上落客点（区）的规模计算方法。

①出租车上落客点。一般的枢纽通常只设置出租车上落客点，将上落客泊位结合设置，并不设置待发区。出租车上落客点的泊位数量可以用概率论的方法来进行计算。

按照预测的客流总量及出行方式比例计算出租车的高峰小时到达车辆数，方法如下。

$$\text{高峰小时到达车辆数}=\frac{\text{高峰小时出租车换乘量}}{\text{出租车的平均载客数}} \tag{7-6}$$

参考现状调查数据，出租车的平均载客数为 2.0 人 / 车。假定出租车在高峰小时的到达服从泊松分布，则可按照式（7-7）计算出租车同时到达 n 辆车的概率。

$$P(n)=\frac{(\lambda t)^n e^{-\lambda t}}{n!},\quad n=0,1,2,3,4,\cdots \tag{7-7}$$

式中：λ——单位时间内的车辆到达率（辆 /s）；

t——每个计算时间间隔，取出租车平均上落客时间为 28s。

以一个计算时间间隔内到达的车辆不超过设置泊位数的概率不低于 99% 为原则，计算得到单个出租车上落客点的规模。换乘客流量与位置泊位数关系见表 7-21。

高峰小时出租车换乘量与设置泊位数的对应关系　表 7-21

换乘客流量（人）	0 ～ 20	20 ～ 50	50 ～ 90	90 ～ 140	140 ～ 200
设置泊位数（个）	1	2	3	4	5

出租车上落客点一般分散设置在地铁出入口附近，每处 1 ～ 2 个泊位，每个地铁站约 2 ～ 5 个泊位，能够满足高峰小时 200 个乘客以内的上落客的需求。因此，建议高峰小时乘坐出租车的乘客在 200 人以内时可以分散设置出租车上落客点，以满足客流的需求，超过 200 人 /h 应当考虑设置出租车上落客区。

②出租车上落客区。综合枢纽通常设置出租车上落客区，出租车上落客区包括上客区、落客和待发区等三个部分。令出租车上客停车等待时间为 t_{w1}（s），到达枢纽的出租车进入候客区的比例为 n_{taxi}，需 $\frac{N_{taxi}\times n_{taxi}\times t_{w1}}{3600\times P_{taxi}}$ 个上客位，每个落车位平均每车落客时间为 t_{w2}（s），需落客位 $\frac{N_{taxi}\times t_{w2}}{3600\times P_{taxi}}$ 个，按周转率 λ_{taxi} 来计算，需 $\frac{N_{taxi}\times n_{taxi}}{\lambda_{taxi}\times P_{taxi}}$ 个待发泊位，则出租车停车场规模的计算公式为：

$$S_{taxi}=\left(\frac{N_{taxi}\times n_{taxi}\times t_{w1}}{3600\times P_{taxi}}+\frac{N_{taxi}\times t_{w2}}{3600\times P_{taxi}}+\frac{N_{taxi}\times n_{taxi}}{\lambda_{taxi}\times P_{taxi}}\right)\times s_{taxi} \tag{7-8}$$

式中：S_{taxi}——轨道交通枢纽内出租车上落客区的规模（m^2）；

N_{taxi}——高峰小时内通过出租车交通方式到达或者离开枢纽的换乘量（人 /h）；

n_{taxi}——到达枢纽的出租车进入待发区候客的比例，一般取 0.7 ～ 0.8；

P_{taxi}——出租车的平均载客数（人 / 辆），一般为 2 人 / 辆；

s_{taxi}——出租车的平均停车面积，取 30 m^2/ 小汽车；

λ_{taxi}——出租车待发区的周转率，一般大于小汽车停车场的周转率，可以取每小时 12 ～ 13 次。

经过调查得到出租车平均上落客时间为 28s，出租车上客位约 0.3 个 / 百人，落客位约 0.4 个 / 百人，待发泊位约 3 个 / 百人，总共 3.7 个 / 百人，出租车上落客区的规模约为 110 m^2/ 百人。

（4）自行车停车场

自行车停车场规模的计算方法与 P+R 停车规模的计算方法相似，主要考虑的因素为到达枢纽的自行车车辆数、每辆车停车占用的面积、自行车的平均载客数以及自行车停车场的周转率，其计算公式为：

$$S_{bike}=\frac{N_{bike}\times s_{bike}}{P_{bike}\times\lambda_{bike}} \tag{7-9}$$

式中：S_{bike}——轨道交通枢纽内自行车停车场的规模（m^2）；

N_{bike}——高峰小时内通过自行车交通方式到达枢纽的接驳客流量（人 /h）；

P_{bike}——自行车的平均载客数（人 / 辆），通常是 1 人 / 辆；

s_{bike}——自行车的平均停车面积，单个泊位面积按 1.2 m^2 计；

λ_{bike}——自行车停车场的周转率，自行车停车场服务对象多为通勤交通，存车时间较长，存车场周转系数较低，因此存车场应按 1 辆自行车 1 个泊位的标准设置。

通常地铁出入口附近边角空地布置临时自行车存车场规模大概在 120 m² 左右，能够设置 100 个自行车泊位。因此，高峰小时接驳客流量小于 100 人时，可结合地铁出入口附近边角空地布置临时自行车存车场，当高峰小时接驳客流量大于 100 人时，应该设置专用的自行车停车场。自行车停车场的规模可以按照 120 m² / 百人的标准配套，存车场用地面积不足的情况下，可考虑设置立体存车场。

（5）交通广场

交通广场可以划分为城市绿化景观、衔接设施、乘客集散和换乘区域三个部分。其中城市绿化景观的规模没有严格的要求，可以根据枢纽的用地条件灵活设置。交通广场一般设置公交总站、小汽车停车场、出租车上落客区和小汽车停车场等衔接设施，其规模采用上述的标准进行配套。乘客集散和换乘区域的规模要视衔接设施的种类和换乘量而定，交通广场总的规模为城市绿化景观、衔接设施、乘客集散与换乘区域三个部分规模的总和，这里不进行重点研究。表 7-22 为广州市轨道枢纽衔接设施用地配套标准建议。

广州市轨道枢纽衔接设施用地配套标准建议　表 7-22

设施类别	单位	配套基数	配套标准	备注
公交总站	m²	100 人	150	1. 配套基数指高峰小时常规公交换乘量，包括公交停靠站换乘的客流； 2. 常规公交换乘客流每 600 人 /h 设 1 条始发线，2 条及以上线路可考虑设置公交总站
公交停靠站	泊位	100 人	0.1 ～ 0.2（设置总站）	1. 配套基数指高峰小时常规公交换乘量，包括设置总站和不设总站两种情形； 2. 计算值不足 1 泊位按 1 个计，单个停靠站泊位不超过 3 个，超过则须设分站
			0.2 ～ 0.4（不设总站）	
P+R 停车场	m²	100 人	1500（地面式）	1. 配套基数为高峰小时 P+R 换乘量； 2. 高峰小时换乘量不足 100 人时不设专用停车场，乘客就近寻找公共停车场解决
			2000（立体式）	
出租车及 K+R 上落客设施	泊位	<20 人	1	1. 配套基数为高峰小时出租车及 K+R 换乘量； 2. 高峰小时换乘量小于或等于 200 人时，建议设置出租车及 K+R 上落客点； 3. 高峰小时换乘量大于 200 人时，建议设置出租车及 K+R 上落客区
	泊位	20 ～ 50 人	2	
	泊位	50 ～ 90 人	3	
	泊位	90 ～ 140 人	4	
	泊位	140 ～ 200 人	5	
	m²	100 人	110	
自行车停车场	m²	100 人	120	配套基数为高峰小时自行车交通换乘量

7.4.7　轨道交通站点周边土地综合开发（TOD 模式）

站点周边土地综合开发概念即是：在以轨道交通场站综合体为中心的 500 ～ 800m 为半径区域，建立集交通、商务、商业、文化、教育、居住为一体的城市功能区。

1）城市轨道交通与城市空间发展的关系

城市轨道交通又被称为城市发展的黄金动脉。一条城市轨道交通线路的开通，不仅可以优化当地的交通系统，改变沿线的交通区位，通过轨道交通物业开发，还能有效激发城市活力促进区域发展，实现城市轨道交通和商业经营性空间的客流互补，形成城市建设发展的良性循环。因此城市轨道交通一直是推动城市更新改造、功能完善、资源整合的重要源动力之一（图 7-41）。

图 7-41 城市轨道交通与城市发展示意图

根据广州的实践经验，结合大量的实际开发设计经验，城市轨道交通站点周边土地综合开发应采用统筹规划，分区定位，特色化差异发展；建立公共交通衔接一体化；优化车站的布局形式；实施分期衔接的城市轨道交通开发及城市更新策略。

2）城市轨道交通站点周边综合开发的理解及理念

城市轨道交通站点周边综合开发是指在城市旧城更新与新区开发的过程中，通过城市设计的协调，衔接城市规划与城市轨道交通规划，将多种城市功能（其中包括交通功能、商业功能、办公功能、居住功能等）与轨道交通站点的设计、建设与开发相结合，从而充分利用城市轨道交通站所聚集的大量人流，以及由轨道交通所提供的便捷的可达性的公共活动与区位经济优势，来推动城市开发与旧城更新，从而实现城市的可持续发展。

3）轨道交通站点综合开发的理论体系

（1）TOD 理论

TOD（Transit Oriented Development）是指“以公共交通为导向的开发”，其核心是以公共交通为中枢、高密度集约开发，综合发展步行化城区。TOD 模式提出的公共交通引导城市发展的理念，对新城区的开发建设有很强的指导意义。如图 7-42 所示。

（2）点—轴空间结构理论

点—轴空间结构理论指在区域发展过程中，大部分社会经济要素在“点”上集聚，并由基础设施联系在一起而形成“轴”。“点”指各级居民点和中心城市，“轴”指由交通、通信干线和能源、水源通道连接起来的“基础设施束”，“轴”对附近区域有很强的经济吸引力和凝聚力。而在轴线上集中的极核点对于附近区域具有辐射扩散作用，点轴的形成推动区域的空间发展。如图 7-43 所示。

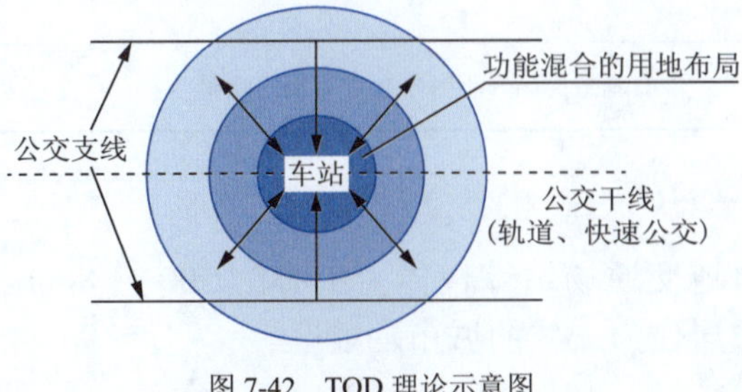

图 7-42 TOD 理论示意图

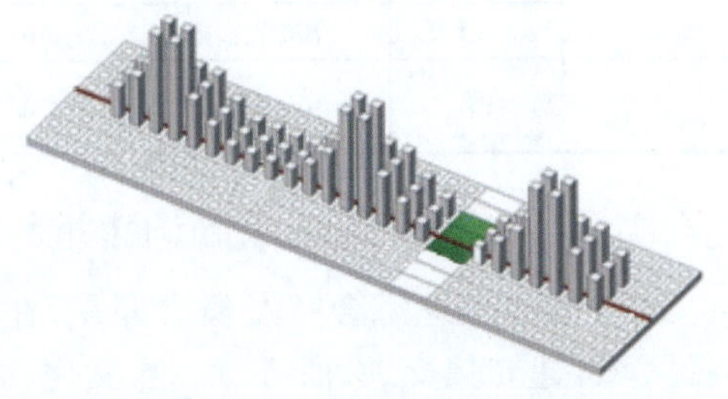

图 7-43 点—轴空间结构示意图

（3）城市触媒理论

城市触媒理论指城市中新元素的进入导致城市持续发展，以一项开发引起更多开发，这种连锁促生的效应涵盖了城市发展的各个层面。就区域发展建设而言，城市触媒的作用是“带动和激发城市的建设与复兴，促使城市结构进行持续、渐进的改革”。如图 7-44 所示。

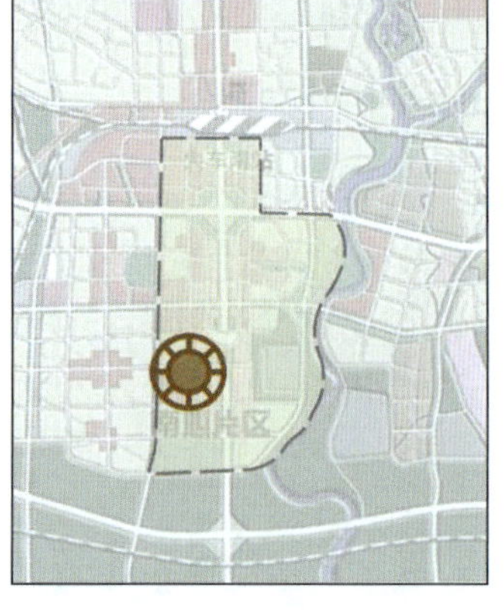
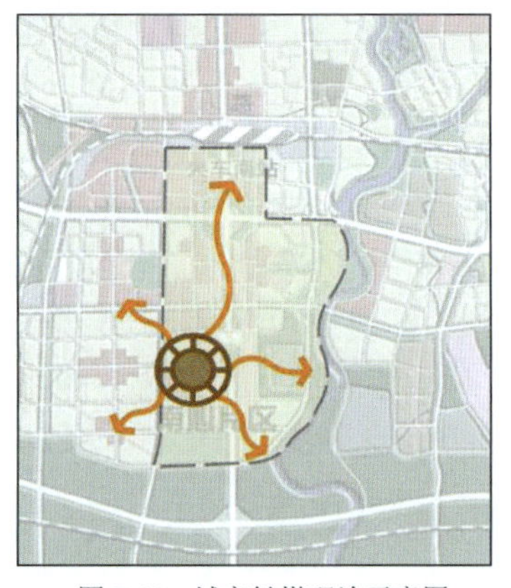
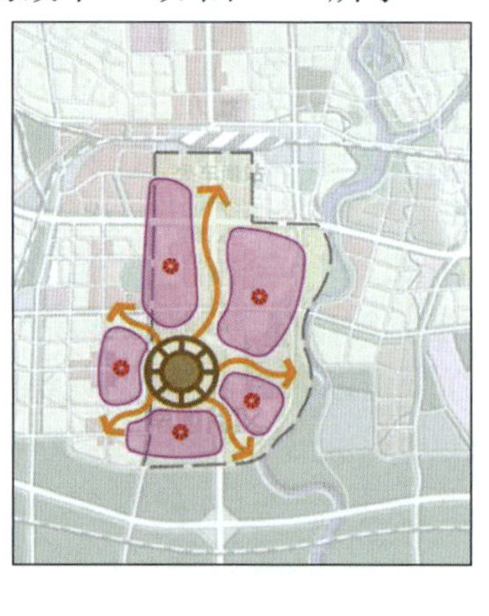

图 7-44　城市触媒理论示意图

4）TOD 的主要特征

城市轨道交通 TOD 模式主要围绕城市轨道交通场站进行多样性、混合化、高密度的土地开发，改变城市土地价值的分配，推进城市功能的复合，引发城市空间的变迁，并形成多赢的发展局面。

①以人为本：TOD 模式最重要的特征之一是以人的尺度和感受进行设计，这种“以人为本”的设计理念讲究目的地与站点间舒适的步行、购物、游憩等空间设计，努力塑造多样化、人性化、社区化的城镇生活氛围。

②高密度建设：TOD 模式的目标原则之一就是通过提高密度来增加土地使用的效率，遏制蔓延，强调对土地的综合利用和开发，形成的是中心商业区、办公区、外围居住的类“同心圆结构”，高地租土地高度集约，创造更多经济收益。

③混合功能：TOD 模式强调多功能的空间交互，实现商业、办公、居住、休闲、娱乐等功能为一体，满足人对功能和环境多元化的需求，达到设施混合高效使用。

④高效可达：TOD 模式形成以轨道交通站点为中心的环形放射状路网，利用多种交通“零换乘”减少步行距离，加大公共出行选择，是现今条件下交通通达性的最好表现。

⑤优化城市结构：TOD 模式根据站点所在区域属性和人流特点，对站点周边地区进行个性化开发和差异化营造，形成以轨道交通站点为中心，由轨道交通线相连的“珍珠项链”式开发，整体分散与局部集中性相协调，为走出“摊大饼”式的城市发展困境提供了思路，实现了城市结构的优化。

⑥良性循环：轨道交通的准时性、高效率使人们选择在车站周围工作居住，从而大大提升了轨道交通的通勤客流，而这些客流的增加推动了沿线商业的开发，开发的扩大进一步方便了轨道交通乘客，并继续助推沿线的土地开发，从而进入一种良性循环状态。

5）站点周边综合开发目标

（1）促进城市机能的高效发展，形成聚集效应

考虑到城市发展与土地利用之间的内在关系，城市发展将沿着轨道交通线路轴向延伸。轨道交通建设后，由于地租与运费的作用关系，轨道交通的建设运营促使住宅和商业等设施更容易向城市轨道交通沿线影响区域内高度聚集，亦促使城市特定区域内的土地

增值，这种聚集效应的产生亦会导致沿线土地利用性质的改变，而土地用地性质的改变会为经济主体带来大量的超额纯收益，进而更使得土地级差地租上升。最终造成土地开发强度、利用方式等的质变，使轨道交通对土地的外部效益充分显化，有利于发挥资源的最大价值。

（2）提升级差地租和土地价值，促进城市更新改造

城市交通方式与城市土地利用形态有着非常密切的关系。城市轨道交通的快捷和大运量可以承载沿线物业更大的开发强度，站点200m半径以内为高强度开发区域，200～500m为中高强度开发区域。在高强度开发区域，土地容积率往往可达到10；在中高强度开发区域，容积率通常也可以达到5以上。车站功能组合的多样和容积率的提高有效提升了单位土地的产出效率，提高了土地价值。

（3）推进城市轨道交通建设运营的良性循环

综合化开发模式，一般指直接给予城市轨道交通企业土地补偿，城市轨道交通企业将城市轨道交通经营与周边物业开发有机结合、统一开发，最终以物业开发收益的形式实现土地增值效益返还。利用所得收益，交通企业可以再次投入到建设中，形成良性循环，交通路网完善与轨道交通企业的发展相得益彰。

①综合开发能有效激励城市轨道交通企业提升经营效率。城市轨道交通的建设和运营带来其周边土地和物业价值的大幅度增值，而且增值幅度与城市轨道交通的建设和运营水平正向相关。根据资源“谁创造、谁享有”的公平和效率原则，将土地增值部分按照某一比例或全部返还给城市轨道交通企业，可以激励城市轨道交通企业以更好的建设和运营水平回报社会，创造更大的土地增值和社会效益。

②综合开发是实现城市轨道交通物业发展与投融资体系的有机结合。城市轨道交通企业以土地增值部分投入作为新开线路的建设成本，形成城市轨道交通发展“土地储备—增值收益—轨道建设”的良性循环。

③综合开发是建立健全有效的运营亏损补贴机制。以土地增值补贴的方式可替代国内通行的“财政兜底”的补贴方式，有利于城市轨道交通运营企业加强市场化运营理念，转变经营机制。

对于城市轨道交通企业来说，有必要建立土地增值效益返还的机制，使土地增值的外部效益部分返还、内化为城市轨道交通企业的内部效益，激励城市轨道交通企业提升建设和运营水平，实现城市轨道交通与土地增值效益的最大化和城市轨道交通发展的良性循环。

④实现轨道交通和商业经营性空间的客流互补。根据轨道交通建设与运营的需要，结合轨道交通建设进行商业经营性空间的开发，布置不同类型的服务设施，吸引大量人口，改善市民购物环境，且足够的人流能促使商业经营良性运作；同时在具体地块的规划上，通过交通组织，对道路、设施、出入口等进行合理安排，把客流引向轨道交通，增加其客源。通过综合开发，可把地下商业、地下停车、地下通道及上盖物业联系起来，使人在满足交通需求以外还能避免穿梭于通道时的枯燥感。

6）站点周边综合开发类型

（1）结合形式的轨道交通站点及物业综合开发

不同形式轨道站点的物业开发情况见表7-23。

不同形式轨道站点的物业开发情况　　表7-23

开发形式	模式简介	实施特点	图示
结合地下站点用地发展物业	以车站为中枢，通过地下人行设施，联系站点周边地块，并在这些地块上实施高强度的综合开发	结合站点周边用地发展物业，从战略角度对轨道交通和周边物业设置进行统一规划，使轨道交通对沿线物业增值最大化	
结合高架车站发展物业	对于高架线路，由于站位高程较高，可采取结合高架车站，利用轨道下方和轨道上方的空间发展物业	常用于路侧高架站、地块内的高架站及路侧站厅的路中高架站，但要注意轨道交通噪声对物业安全性及舒适性的影响	
结合地下轨道线区间发展物业	当线路位于地下隧道内时，可以在隧道上方修建不同形式的建筑，这种情况对于地铁较为实用	常见于明挖区间上方的地下步行商业街及车站正上方的上盖物业开发	
结合轨道设施发展上盖物业	集合的轨道交通设施包括停车场、车辆段及车站，所建大型上盖综合体可以吸引大量消费群体，也为地铁运营带来大量客流，经济效益非常显著	需要重点解决规划、消防、振动、噪声、结构转换、周边设施等技术问题	

(2)车站周边用地开发

轨道交通建设为沿线和车站附近的土地升值提供了很大的空间，通过利用轨道交通建设拆迁用地和配套用地、弃用和闲置土地的权属转移、城市旧区改造等方式进行物业开发与土地综合利用。

①无权属用地。无权属用地通常是城市中尚未开发的土地，其开发需要在规划选线时与政府规划部门洽商，争取获得这些地块的使用权，用以进行商业和房地产业的发展。但是作为未开发用地，其配套工程建设具有一定的风险性，所以应选用恰当的投融资方式。

轨道交通建设方应在设计中充分考虑与房地产开发配套建设的可能性，并将其贯彻于设计全过程中。这样可极大提高房地产配套建设的可能性与土地的利用率，减少房地产配套建设的风险指数，从而加大房地产配套建设商的投资热情，建设方以全部或部分出让土地使用权来获收益，从而为轨道交通的建设提供资金。

②单一权属用地。车站周边用地有许多权属清晰、单一的用地。此类靠近地铁车站的用地，可充分利用地铁人流量大的特点，把地铁通道引入商场、综合楼内，既方便乘客又可带动商业发展。

此种类型用地的开发通常是地铁建设需要进行拆迁时，带来的用地变动和调整，通过与相关地块所有者的协商，一起进行物业的综合开发。通过地铁与物业开发的一体化建设，充分考虑周边城市业态环境，做到与之相辅相成、良性互动。将车站出入口、风亭可与地铁同期建设的周边建筑物合建，或通过接口的预留实现开发时序的衔接等方法，可以很好地解决地铁建设受用地限制、拆迁费用过高、与城市空间系统联系不够紧密等问题。

③多权属用地。多权属用地是指城市用地由其用地性质决定，其权属为众多个体组成，最常见的形式就是居住用地、城中村等。这一类型用地由于涉及的用地权属者众多，土地使用者的诉求较多，且难以达成一致，因而开发难度较大，需要政府部门在政策、规划等多方面给予支持，通常将地铁建设与城市更新相结合。

7）轨道交通站点综合开发的模式

将轨道交通站点的综合开发模式按照其整合的不同城市功能与物业形态，可分为四类：综合集成模式、商业集成模式、商务集成模式及居住集成模式，见表 7-24。

轨道交通站点综合开发模式分类归纳 表 7-24

模式	商业集成模式	商务集成模式	居住集成模式	综合集成模式
示意图				
特点	将地铁站点与商业中心综合开发，可充分发挥商业及地下商铺的潜力	将商务办公楼与地铁站点综合开发，优化土地使用结构，大量减少乘客的通勤换乘时间	将地铁站点布置在居住区中心，结合社区配套商业的设置，成为社区商业中心	将办公、商业、酒店式公寓、地铁站、公交和换乘枢纽集成于一体的站点综合开发模式
适用性	对应于新旧城区的交接地段，开发规模大，集美食、文体、休闲娱乐于一体。根据在城市中的区位差异，商业集成模式又可分为购物中心型与专业市场型	对应于新城中心区、CBD、总部基地、后勤基地、产业创意园区	一般对应于城市居住区中心，常见的组合模式为大型超市＋社区服务中心＋高层住宅	常见于城市商业核心区，枢纽地区及新城中心区等地段，建筑形式表现为大型城市综合体

8）轨道交通工程沿线物业开发研究思路

按工程实施流程，大致可分为设计阶段、施工阶段和工程后评估阶段（图 7-46）。设计阶段的工作重点在前期方案的落实上，站点综合开发的多样性决定了其前期设计工作线路的复杂性。

在实施方案确定之前，共有三条线索交织，分别是：车站设计线、用地规划线和物业设计线，三线穿插，形成站点综合开发的工作流线网络。

其中车站设计线主要解决车站与物业的界面划分，接口衔接等问题；用地规划线主要研究城市综合交通资源的平衡，区域规划发展的衔接，综合开发的用地的落实，规划控制条件的协调等问题；物业设计线主要考虑商业物业开发的策划、评估及具体的物业形态设计。

9）沿线土地综合开发方案及目标

通过轨道交通系统沿线土地开发，引领城市发展，在轨道交通线网建设规划阶段同步做好沿线土地储备规划方案，推动轨道交通综合枢纽一体化建设，实现高效换乘，提高土地使用效益，筹集轨道交通建设和运营补亏资金。图 7-45 为综合开发技术路线示意图。

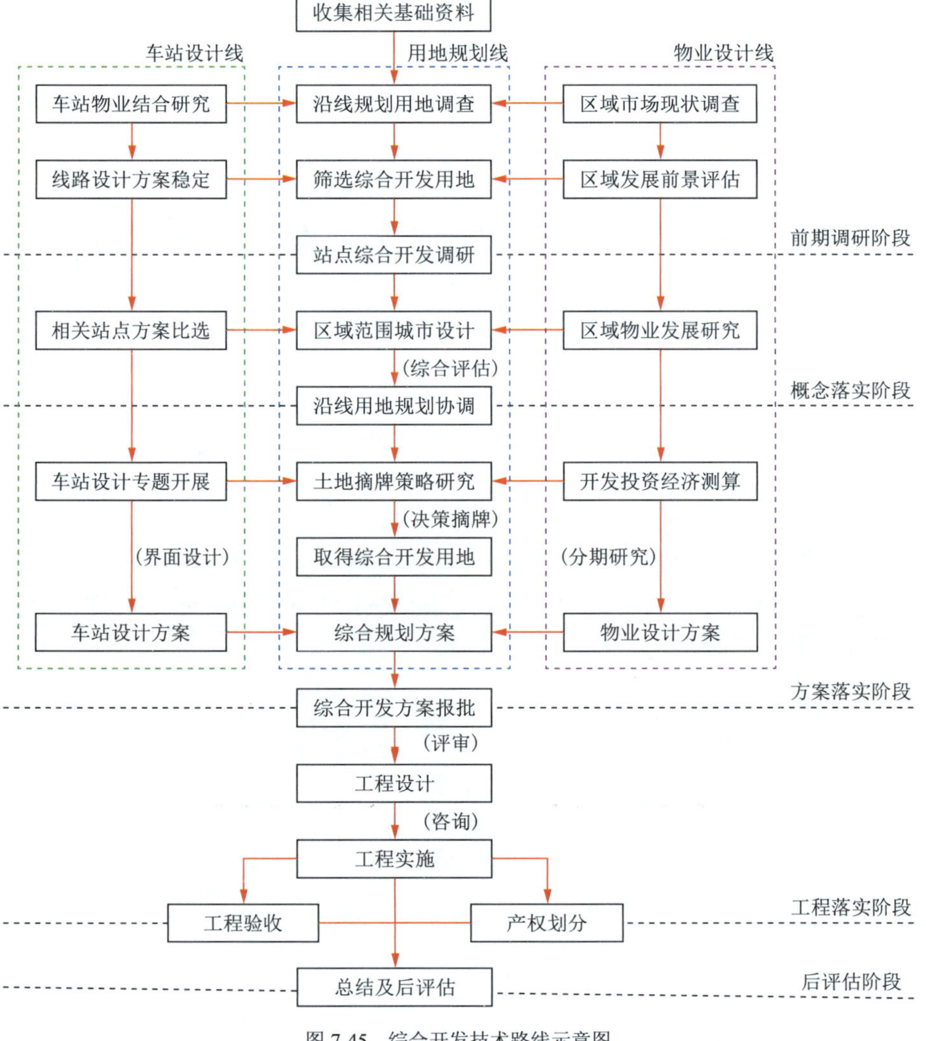

图 7-45　综合开发技术路线示意图

沿线开发主要有以下目标和开发方案：

（1）筹集地铁建设资金，增强可持续发展能力

沿线土地和物业开发是推动轨道交通建设和城市功能协同发展，反哺轨道交通建设运营的重要手段，能有效缓解城市财政压力，增强城市轨道交通可持续发展能力。

（2）提前开展土地收储，化解征地拆迁难题

征地拆迁是制约轨道交通建设的一大瓶颈，也是“轨道交通 + 物业”开发模式能否落地实施的关键影响因素。通过统筹规划，提前开展沿线土地储备：一方面，能加快完成轨道交通建设前期征地拆迁工作，保障轨道交通建设和物业开发的用地需求；另一方面，能以较低

价格收储土地，使轨道交通建设带来的土地增值更多地回归政府。

(3)实现“多规合一”，推进沿线土地综合开发

充分发挥轨道交通引领城市发展的作用，吸取以往“三规”自成体系、缺乏衔接的经验教训，以轨道交通线网为主干，开展土规调整、控规调整和修建性详细规划设计，深化建筑空间组织、道路交通规划、开发强度、间距退缩等要求，将多种规划落实到一个共同的平台，实现一张蓝图的目标。

(4)实施“地铁 + 物业”模式，打造一批零换乘城市综合体

对具备开发条件的轨道交通站场及周边土地实行统筹规划、同步设计、同步建设。打造一批城市综合体，培植新的城市经济增长点，促进城市经济发展。

如广州按“交通引领、土储先行、规划联动”建立一体化工作机制。根据《广州市轨道站点一体化规划设计建设及沿线土地综合开发实施细则》，在线路规划编制的阶段，同步编制沿线土地综合开发方案，以衔接线网规划、物业开发、资金平衡之间的联动关系。广州市城市轨道交通第三期建设规划(2017—2023年)的十条新线划定了33个场站综合体，总选址用地面积约452ha，总规划建筑面积约1082.4万m^2，经测算可筹集建设资金784亿元。33个场站综合体概念方案均获第三届广州市城市规划委员会主任委员会审议通过，目前正在开展场站综合体的征地拆迁及控制性详细规划调整工作。

7.4.8 场站综合体规划

场站综合体是按照“零距离”换乘、一体化建设运营要求，构建轨道交通场站及相关设施，其总体要求达到布局协调、交通设施无缝衔接、地上地下空间充分利用、轨道运输功能与城市综合服务功能有机衔接的一体化建设项目。如图7-46所示。

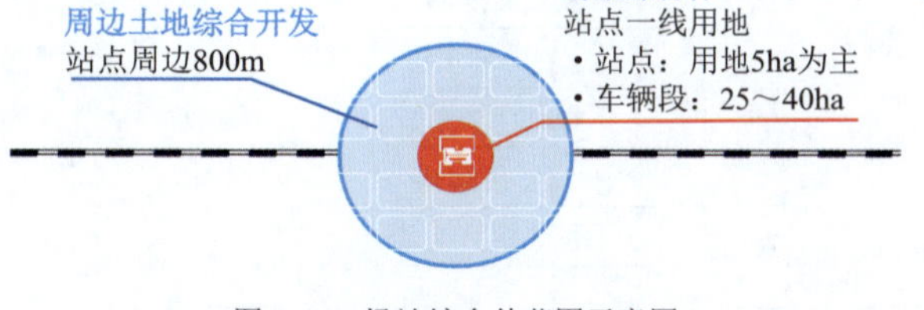

图7-46 场站综合体范围示意图

1)工作流程

场站枢组综合体规划、设计工作流程如图7-47所示。

在轨道交通建设规划、可研、建设实施阶段充分衔接场站综合体与城市轨道交通主体工程，实现“规划、选址、设计同步及一体化建设”。

2)“四同步”

通过“同步规划，同步选址，同步设计，同步实施”，实现站地、站城、站盖协同。

①站地协同(图7-48)：通过对站、段分离，“三规”不符的低价值开发用地，结合轨道计划和城市规划两个相对独立的系统，进行综合开发干预，实现段站合一。通过整合白地，承接“轨道 + 产业 + 社区”模式，为设计城市轨道交通场站综合体实现用地条件。

②站城协同：以轨道线站位布局的时点为契机优化城市规划，通过产业规划，以轨道交通引领城市更新。

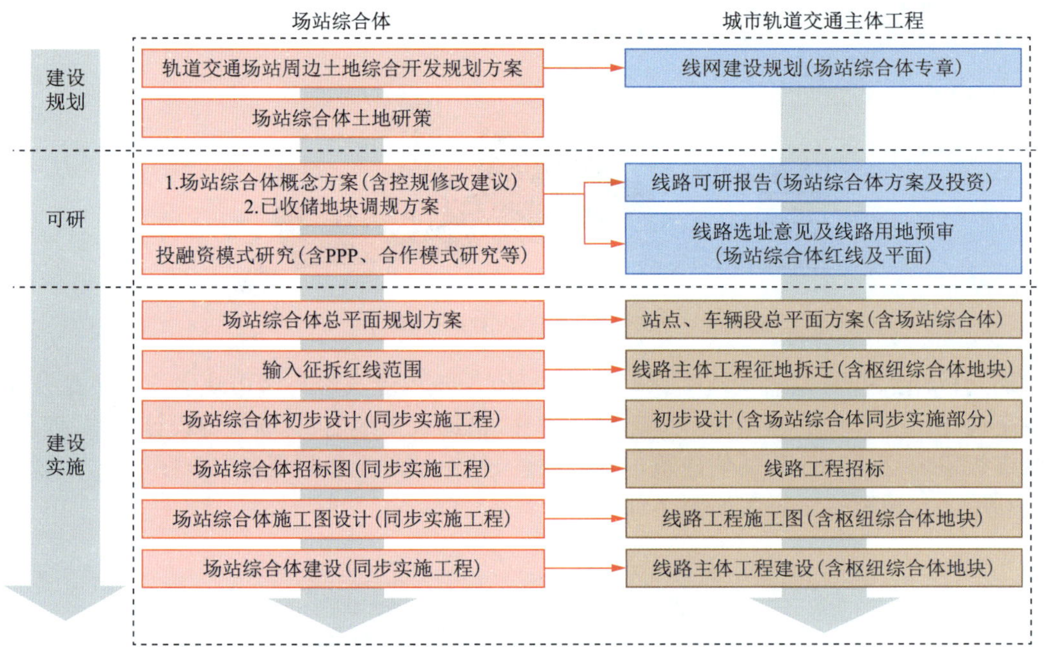

图 7-47　场站枢纽综合工作流程示意图

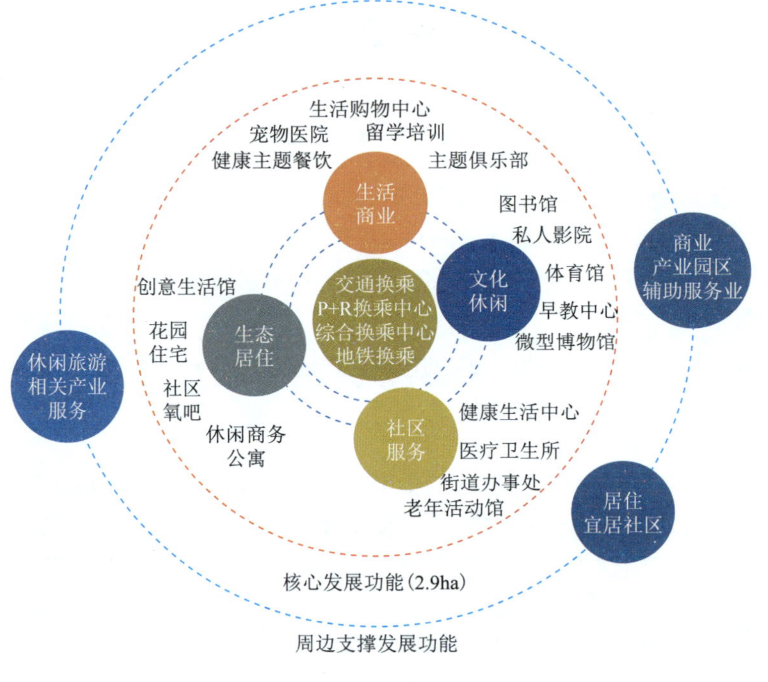

图 7-48　站地协同示意图

③站盖协同（图 7-49）：打造城市轨道交通场站综合体的站城协同片区，实现功能复合、高强度开发，能有效控制城市蔓延，释放更多的片区生态空间。

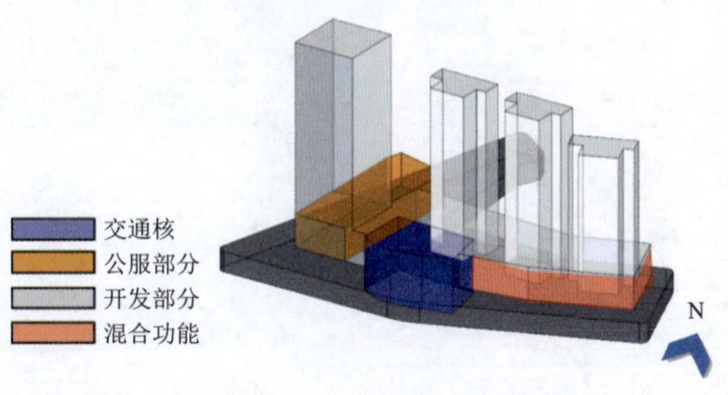

图 7-49 站盖协同建设示意图

场站枢纽综合开发需从轨道线网立项开始，全流程深入参与城市轨道交通车站及城市轨道交通场站综合体的零换乘一体化设计工作，借助人工地面、交通核等设计方法、理念，融合城市级室内交通动线所需的建筑与规划要素，使站城从无序割裂走向有序统一，实现土地高效利用。交通衔接示意图如图 7-50 所示。

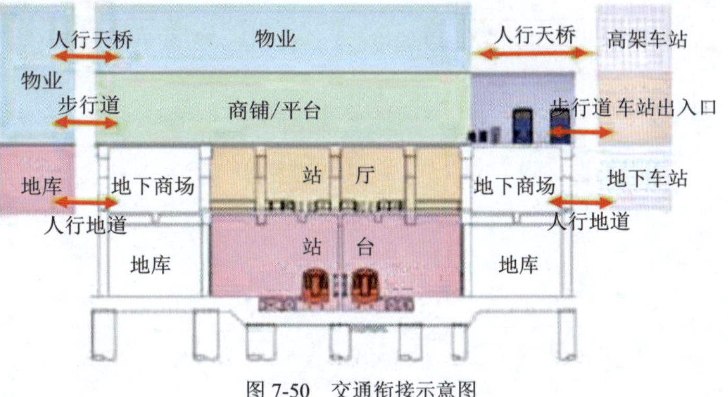

图 7-50 交通衔接示意图

结合多开发商共同开发以需求和实际，通过城市轨道交通场站综合体的概念方案，可以有机切分同步工程界面，实现精算投资；并根据建筑概念方案，从经济、功能、容量、形态、施工、运营的完整规划，反推立体控制图则，减少精细化规划实施过程的失真。

3）实践与探索

场站综合体规划建设除需与城乡规划、轨道规划相统一外，尚需制定配套机关政策和细则予以支持，以广州为例。

（1）政策制定

《国务院关于广州市城市总体规划的批复》《中华人民共和国国民经济和社会发展第十三个五年规划纲要》及国家发改委《关于打造现代综合客运枢纽提高旅客出行质量效率的实施意见》明确要求广州建设国际性综合交通枢纽、打造全国首个综合交通枢纽示范城市，探索“枢纽＋社区＋产业”城市规划建设新模式，在规划、政策等方面给予支持。

这一要求为广州建设综合交通枢纽示范城市带来了契机。2017 年，广州市印发了《广州市人民政府办公厅关于印发广州市轨道交通场站综合体建设及周边土地综合开发实施细则（试行）的通知》（以下简称《实施细则》），推进交通枢纽场站综合体及周边土地高效集约利用，筹集轨道交通建设及运营补亏资金，全面指引规划及实施工作。

广州地铁集团有限公司全面组织落实《实施细则》要求，编制完成了场站综合体概念方案，通过可操作、可实施的政策、工作程序和标准的制订，推动轨道交通的可持续发展。

（2）协商机制

广州市通过《实施细则》优化城市规划协商机制，制定了发改部门、规划部门、轨道建设主体协同议事规则，理顺了城市规划与轨道计划的衔接机制，促成了“交通、土地、规划、建筑、经济”跨专业技术人员充分磨合，完成了广州十三五期间“政府放手，企业上手，部门帮手”的协商式规划。如图 7-51 所示。

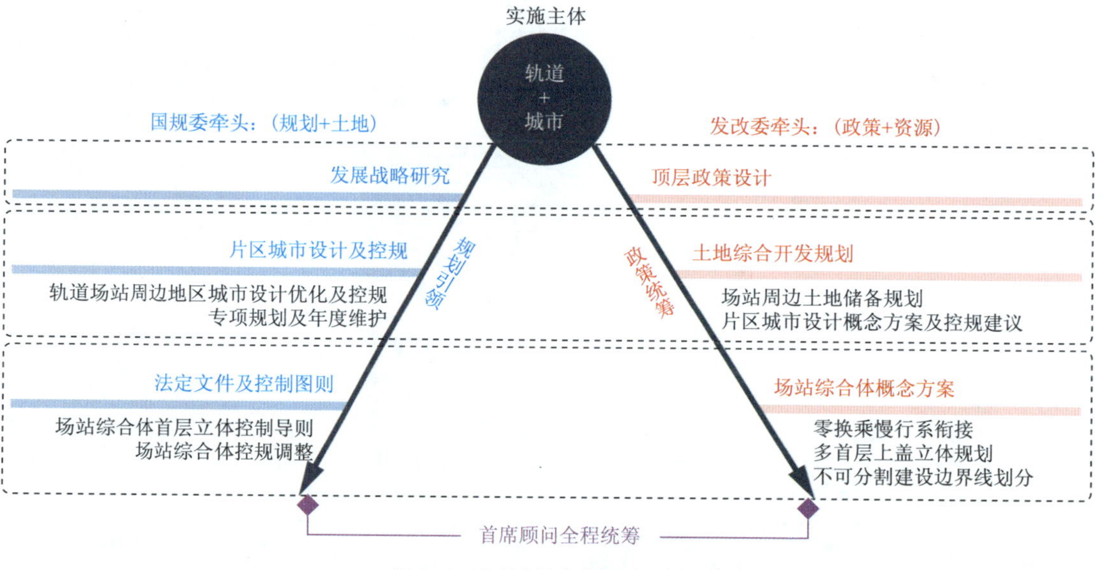

图 7-51　广州市协商式规划示意图

（3）“同步规划、同步选址、同步设计、同步实施”的实践与探索

同步规划，使城市规划和轨道计划两条相对独立的流线有效磨合。在轨道线站位布局的时点为契机优化城市规划，在轨道站可研和初步设计阶段通过城市轨道交通场站综合体方案优化轨道车站（场）设计，促成“规划 + 交通 + 建筑”协同设计，实现可落地的精细化规划方案，使轨道站城协同发展，密而不乱。

①土地摸查。按照《实施细则》工作要求，对广州市第三期十条线 113 个站点沿线进行土地摸查，共摸查出 33 个场站综合体用地（图 7-52），用地 452ha，18 片综合开发用地，用地 1400ha。

②选址优化。对广州市轨道交通第三期建设规划线网 10 处线站位选址进行优化（含 4 处车辆段、6 处站点），使轨道站点与具备收储条件的用地结合、车辆段与站点结合，提升土地价值。实现车辆段与车站选址结合，实现“轨道 + 产业 + 社区”的模式。如图 7-53 所示。

③概念方案编制。确定选址后，全面编制场站综合体概念方案，深化精细化零换乘建筑设计，并划定同步实施界面，输出土地规划设计条件。

④规划调整。概念方案为土地规划调整提供依据，结合城市总规、土规、控规，编制场站综合体控制规划调整。

⑤场站综合体与轨道主体工程“四同步”推进（图 7-54）。广州市轨道交通第三期建设规划线网（2017—2023 年）规划成果已纳入建设规划、可研同步审批，目前，场站综合体选址、初步设计方案（含场站综合体）已通过审批。

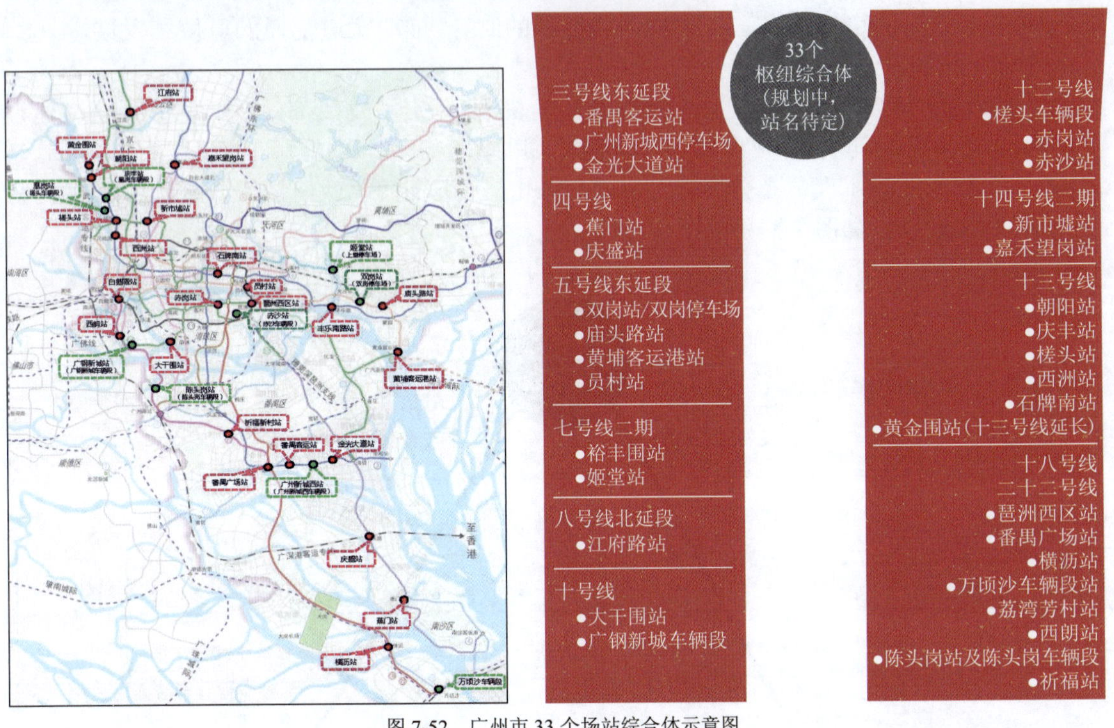

图 7-52 广州市 33 个场站综合体示意图

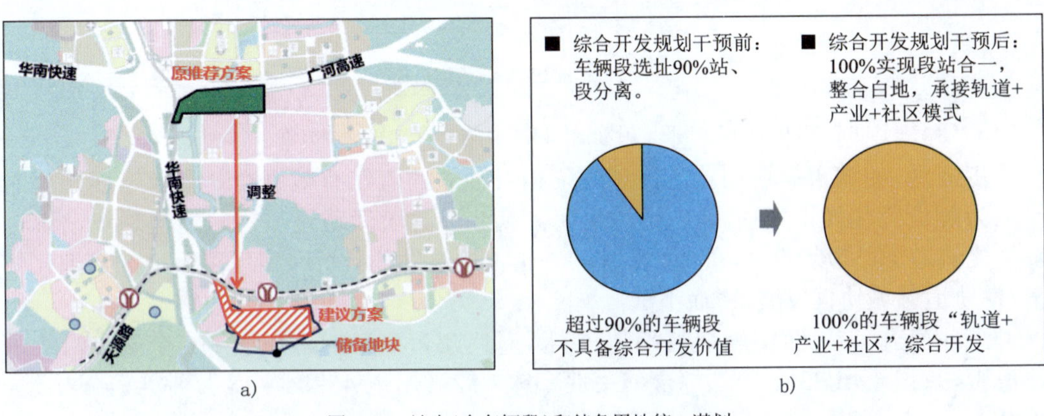

图 7-53 站点（含车辆段）和储备用地统一谋划

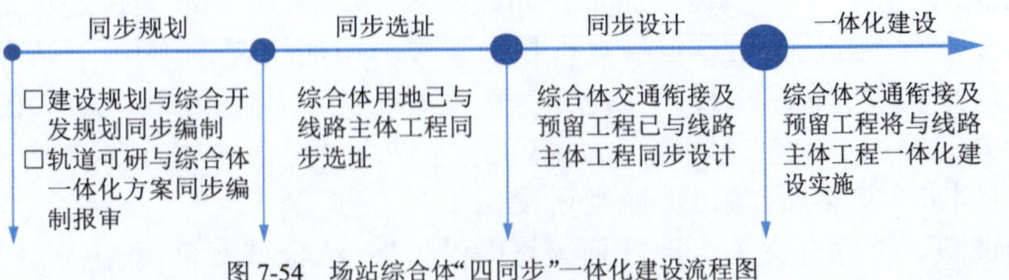

图 7-54 场站综合体“四同步”一体化建设流程图

⑥初见成效。在《实施细则》指导下，“四同步”实施的第一个站点综合体（汉溪长隆地块）、第一个车辆段上盖综合体（官湖车辆段）已实施建设，并已开始销售（图 7-55）。一级土地出让收入 63.8 亿元，可筹集建设资金 25.52 亿元。自 2012 年至 2018 年间，广州地铁累计

出让站点周边场站综合体开发用地 116ha，实现出让收入 408 亿元，筹集城市轨道交通建设资金约 220 亿元。

a）汉溪长隆站地块

b）官湖车辆段地块

图 7-55　综合体示意图

汉溪长隆站地块（站点综合体）位于佛莞城际线、地铁三号线、地铁七号线三线交会的汉溪长隆站上盖，3 条轨道交通汇聚，可迅速连接广州南站及白云国际机场。据规划显示，该地块 40 万 m^2 的建筑体量与天河地区的太古汇大小相当。

官湖车辆段属于广州市首个车辆段上盖开发项目，项目位于增城新塘、地铁十三号线官湖站车辆段上盖，总建筑面积约 130 万 m^2，包含普通住宅、复式等多种产品形态。作为地铁车辆段上盖物业，项目与地铁 13 号线官湖站有机连接。

第 8 章

城市轨道交通建设阶段对运营需求的考量

考虑设计工作与建设工作在实际中同步开展，互为影响，为便于论述，本章包含内容为项目的全建设阶段，即从初步设计到设计、施工的全阶段内容。

8.1　城市轨道交通设计阶段对运营需求的考量

8.1.1　概述

面对 5G、移动物联网等信息化新技术的快速发展，城市轨道交通设计必须着眼于百年运营的需求，在确保线网运营效果、运营效益，降低运营全寿命周期成本的基础上，勇于自我变革和创新迭代发展。

（1）制定多层级轨道交通网络互联互通、协同运输的技术标准体系和服务评价体系

当前，国内关于线网互联互通等方面的讨论很多，各方对于互联互通并没有形成统一的认识。基于广州地铁的实践，互联互通应该是横向跨越城市行政区界的限制，纵向突破跨层级技术壁垒的多维立体综合交通体系的协同互联和互通。以国家推进粤港澳大湾区、长三角区域一体化及现代都市圈建设为契机，迫切需要行业内加快推进建立区域“城际轨道交通 + 城市轨道交通”互联互通、协同运输的技术标准、服务标准和管理体系，在区域线网管辖权关系、系统设施资源、区域协同运输组织、票务清分规则、信息互联互通规则、安全应急处理机制等方面取得突破，为区域轨道交通一体化融合扫清技术障碍。

同时，还需要创新跨城市、跨层级轨道交通管理机制，突破由于行政主体不同、实施主体不同、管理主体不同存在的机制障碍，组织和支持大湾区或城市群内轨道交通企业协调机制和协作模式的建立。如需要国家层面牵头研究制定适用于都市圈或城市群的区域轨道交通管理机制，形成区域轨道交通规划设计、立项、投融资、建设、运营、经营、验收、资产管理等方面的顺畅管理模式。同时，鼓励、支持和指导大湾区或城市群区域内轨道交通企业联合建立协调机制和协作模式，形成“政府 + 企业”的双层架构。

（2）创新设计理念，突破传统技术架构，构建新时代智慧城轨交通

国务院提出开展智慧城市试点工作以来，迄今在建智慧城市已达 500 多个，占全球在建城市一半左右。其后，国务院又要求加快推进城市智慧管理，到 2020 年要建成一批特色鲜明的智慧城市。笔者认为，智慧城市建设，必须智慧交通先行，并且应起到主导作用。

根据中国城市轨道交通协会的《中国城市轨道交通智慧城轨建设报告（2019）》，智慧城轨是指应用云计算、大数据、物联网、人工智能、5G+ 等新兴信息技术，全面感知、深度互联和智能融合乘客、设施、设备、环境等实体信息，创新服务、运营、建设管理模式，构建高效、便捷、安全、绿色、经济的新一代中国式智慧型城市轨道交通。报告提出大力推进智慧地铁设计，并重点围绕智慧乘客服务、智慧运输组织、智慧能源系统、智慧列车运行、智慧技术装备、智慧基础设施、智慧安全保障、智慧企业管理、城轨云和大数据平台等方面开展，最终形成自主知识产权的中国城轨新技术标准。

2019 年 4 月，广州发布了《新时代城市轨道交通创新与发展》，提出新时代广州轨道交通体系内涵是以“服务交通战略强国、支撑大湾区高质量发展、引领轨道交通科技进步、满足市民幸福出行”为总体目标，以“服务型、引领型、融合型、持续型”为总体思路，以“数字化、智能

化”为技术发展方向，以“安全、可靠、便捷、精准、融合、协同、绿色、持续”为核心特征的轨道交通体系，如图 8-1 所示。借助新一代信息技术，用互联网思维和技术对传统轨道交通进行重构和再造，实现人、车、运行环境、设备、指挥调度之间在线数据以前所未有的速度、广度和深度进行交互与共享，通过海量数据采集，可感知全景交通信息环境，从而形成“管理和服务共融、线上和线下互动、需求和资源匹配”的开放互联交通新业态、新模式。

图 8-1 新时代轨道交通核心特征

“安全”包括在线运行车辆及行车设施安全、面向乘客服务核心设备安全、乘车环境安全、数据信息和私人信息安全、建造及运营全过程安全。促进轨道交通全要素“更安全”，人的因素方面：将国家安全观全面融入轨道交通安全运行风险治理，系统集成各方人员的群体行为，并转化为市民情感认同和行为习惯，新时代轨道交通培育风险理念，创新风险治理模式，将安全管理关口前移，构筑智慧应急体系，强化事前风险防控。物的因素方面：针对轨道交通客流不均衡性和局部区段运能矛盾长期存在的现状，加快缓解现状满载率较高线路的平行线建设，采用智能化措施，实现精准预测、实时感知、灵活组织、高效应急。加快完善轨道交通路网，强化轨道交通分层分级，尽量实现整体网络客流在空间和时间上的均衡。环境因素方面：实现自然环境、社会环境、内部环境安全风险的异常监测、即时识别、自动报警，联动相应设备应急模式，并生成处理建议。

“可靠”包括车辆系统、列车控制系统、运行基础设施、运营核心设备等可靠性的控制。在 2017 年度世界地铁协会（CoMET）公布的全球 34 家大型地铁同行业绩表现指标（KPI）评估中，广州地铁运营利用度、运营服务可靠度排名首位。新时代轨道交通建立基于可靠性的设备设施全寿命周期的健康管理体系，实现线网列车服务可靠度的持续提升，打造“更可靠”新时代轨道交通。设计阶段聚焦可靠性分配，以行车可靠度为基准，建立系统可靠性分配方法；建设阶段聚焦设备固有可靠性的实现，从供应商选择、设备制造与安装质量保障、可靠性验证三方面建立严格的执行标准与流程，同步建立系统可靠性的常态化评价与反馈机制；运营阶段聚焦可靠性的保持与提升，结合设备设施的历史表现及其对运营服务的影响程度，建立基于四象限的设备设施分类，对应构建差异化的可靠性维修策略体系，并通过实时获取全线网设备的实时运行状态，利用大数据挖掘技术，建立设备设施可靠性趋势预测模型。

“便捷”涵盖出行便利和快捷，体现交通运作节奏、效率和公平。构建一体化大湾区轨道交通网络体系，轨道交通站点集约化设置，实现 75% 以上人口居住和就业覆盖。面向湾区满足广州主城区与相邻区域中心 1h 可达，主副双核及其他组团中心到相邻市域枢纽间 30min 可达，实现区域及重要节点间高可达性出行时间控制。促进公交多制式一体化，简化出行过程环节；灵活组织运营，全程信息感知、交通有效衔接，实现轨道交通“四通八达”。

“精准”体现精准客流预测、精准运能投放、精准运营调度、精准乘客服务，用程序化的方式洞察和倾听海量乘客诉求，以完整数据驱动实现运营方式优化。面向乘客服务核心是“增值、增质、增效”。增值：以价值为导向，链接生活要素，向乘客提供更多增值服务。构建都市生活服务平台，最终将实现由“群体性服务”向“个体化定制”精准服务的过渡。增质：以品质为核心，搭建智能化、精准化的综合服务平台，为乘客提供全息感知、高品质的出行体验。基于广泛覆盖的信息网络及深度互联的信息体系，构建城市轨道交通协同信息共享机制，实现信息的开放应用、智能处理。优化乘客信息界面及发布手段，实现自动感知相关乘运信息，主动推送智能引导。通过智能客服，实现车站信息咨询的智能应答、求助响应的智能服务。增效：以效率、效益为目标，着眼运营服务的可持续发展，优化网络运输组织模式，实现运能的精准投放。

“融合”是开放共享模式。建设大湾区内畅外联的轨道交通网络，促进多网合一，建设各种轨道交通制式有效衔接，构建立体化综合客运枢纽，实现多式联运、互联互通、轨道交通一体化。加强与各城市交通融合，实现核心城市的辐射带动，科学规划建设和运营，满足跨区域、跨方式乘客便捷出行，以共识打破种种阻隔、壁垒，形成“一张网、一张票、一座城”的格局，促进湾区社会经济融合。

“协同”以安全保障为支撑，以信息服务为载体，从单制式独立运营向多制式协同运营转变，共同打造资源互补、有序衔接的区域 1h 交通圈；健全突发事件下应急响应协同联动机制，提高区域交通运输秩序修复能力，形成智能信息驱动的区域轨道交通协同运输服务体系；通过土地储备、物业开发、商业经营和物业管理全价值链的有机协同，促进“城市轨道交通＋物业”的发展。

“绿色”为乘客提供绿色出行环境，将绿色交通理念注入到城市轨道交通网络规划优化决策中，解决城市的开发强度与交通容量及环境容量的关系，使土地使用与轨道交通系统两者协调发展。在全寿命周期内，最大限度节约自然资源、人力资源及资金，在高效、安全地运载乘客的基础上，为乘客提供舒适、便捷的交通运输服务。推动全自动运行、智能客服、节能及智慧安检等技术应用，增效降本，最大限度节约自然资源、人力资源及资金，降低能耗和物耗，保护生态环境，实现轨道交通与城市发展的有机融合，打造绿色地铁、低碳地铁。

“持续”指经济可持续、社会可持续、环境可持续、财务可持续及技术发展可持续。在城市主交通走廊中，完善大容量快速轨道交通线路；逐步建成多层次、多平面的立体交通体系。以资本为纽带、以产业创新为依托，整合市场、产品、合作伙伴等资源，塑造国内标杆的城市轨道交通行业生态圈。推进“城市轨道交通＋物业”建设模式的实施，打造复合功能地铁场站综合体，产业布局叠加的一站式服务，构建“交通、服务、经济”融合多功能叠加的城市形态，实现轨道建设与土地开发协同发展。将线网由城市交通走廊变为都市生活走廊，将交通客流转变为有序集散的生活出行，建立出行无忧的地铁“轻生活”方式。推动线上平台与线下多种生活服务之间的整合，形成多种商业形态的联动合作。面向列车载运工具、运营基础设施及乘客等多层域感知对象，综合利用智能信息处理、物联网技术，基于数据中台、业务中台、技术中台的构建，实现技术的迭代演进、平滑升级，实现多场景、运营服务功能的组合、迭代。

（3）以运营服务标准为龙头的设计标准，科学选择设计标准和设计参数

着眼未来，从乘客及运营角度出发，坚持“运营就是用户”理念，以“支撑运营高质量发展、满足市民幸福出行”为目标，建设人民满意的地铁，不断汲取运营经验，创新设计理念，从设计、施工、一体化开发、安全防护等方面着手，科学选择设计标准和设计参数，满足轨道交

通高质量可持续发展需要，提高优质运营服务保障能力，提升运输品质与乘客体验，为乘客提供多层次富有竞争力的运输服务。

8.1.2 行车组织设计

行车组织设计是城市轨道交通设计的重要组成部分，是综合运用各种技术设备合理组织列车运营以实现旅客运输过程的生产计划与组织工作。行车设计需要考虑线网运能匹配性、快捷性、乘客舒适性、运营灵活性、客流波动性等。以下分别从服务标准、系统选型与运营模式、行车组织、配线设计四个方面分析城市轨道交通设计在实际运用当中是如何考量运营需求的。

1）服务标准

（1）站立标准

①车厢内站席面积标准。车厢内站席面积标准是影响列车定员、乘客服务水平和系统规模的重要因素，在进行系统方案设计前应先合理确定乘客站立标准和对应的服务水平。对于规定，《地铁设计规范》（GB50013—2013）已从原来的 6 人 / m²，降至 5 ～ 6 人 / m²，而欧洲地铁规定值为 4 人 / m²。

通过对广州地铁的现场调研，了解高峰时段各断面的车厢拥挤度情况，得出车厢站席密度及分级标准见表 8-1。

车厢站席密度服务水平分级表　　表 8-1

等　级	A	B	C	D	E	F
站席密度平方米	3 人及以下	3 ～ 4 人（含）	4 ～ 5 人（含）	5 ～ 6 人（含）	6 ～ 7 人（含）	7 人以上
乘客感受	舒适	良好	正常	有些拥挤	非常拥挤	极端拥挤
使用说明	机场线、快速线等舒适性较高线路的设计和评价用		设计和评价用		评价用	

每个等级所对应的站席密度并不是一个值，而是一个范围。对于新线设计来说，应有一个确定的建议值。A 级～ D 级适用于设计阶段，即按 3 人 / m² ～ 6 人 / m² 取值。

一般情况下，结合工程经济性考量车厢服务水平等级首先考虑选择 D 级；如果线路属于城市主干线，服务水平等级可以考虑适当提升半级或一级；如果线路属于机场线，携带行李的乘客可以直接选择 B 级。站立时长也会对车厢内站立乘客的舒适度有较大影响。服务水平等级选用 D 级时，列车在正常运行下通过满足 D 级水平的连续断面时间不宜超过 15min；服务水平等级选用 C 级时，列车在正常运行下通过满足 C 级水平的连续断面时间不宜超过 30min。

同时，在一列车中还存在乘客站立密度不均匀的情况，在靠近楼扶梯的车厢站立密度会明显偏高，所以在设计时除了考虑平均站立密度，还要为站立密度的不均衡性预留余量，站立密度不均衡系数可按 1.3 ～ 1.5 考虑（D 级水平时）。

设计中需综合线路功能定位、客流特征及出行需求确定运营乘坐服务目标，制订合理的座位比例与站立密度，运营乘坐服务目标的设定既要考虑提高系统的服务水平，又要兼顾工程经济性。市区线宜按照 5 人 /m² 的站立标准，在节假日及突发客流时按照 6 人 /m² 的站立标准控制。市域线站席宜采用横排座位，可采用 4 ～ 5 人 /m² 的站立标准。延伸线可参照原有标准设计。另外，对于连接多个交通枢纽，携带行李乘客比例较高的线路，需适当降低站立密度，提高服务水平。

②车站站台站立标准。通过对运量数据的统计分析发现，乘客在站台存在客流分布的不均衡性并对实际服务水平产生影响。由于受到站台布局（主要是楼梯、扶梯布设位置）的影响，以及乘客随机选择的因素，车站站台客流分布呈现较为明显的不均衡性。在客流量较

小的站台，客流分布不均衡系数较大，但由于整体乘客数量较少，故站台服务水平较好；当站台乘客数量增大后，其各车门候车乘客不均衡系数相对稳定。

车站站台客流密度服务水平分级如表 8-2 所示。

车站站台客流密度服务水平分级表　　表 8-2

相关标准	站台客流密度各等级参数选用（单位：m^2/ 人）					
	A	B	C	D	E	F
《地铁设计规范》（GB 50157—2013）	0.33 ～ 0.75					
文献汇总建议值	≥ 1.2	0.9（含）～ 1.2	0.7（含）～ 0.9	0.33（含）～ 0.7	0.2（含）～ 0.33	＜ 0.2
实际调研值	≥ 1.42	0.94 ～ 1.14	0.71 ～ 0.84	0.39 ～ 0.69	0.25	0.16 ～ 0.19
汇总推荐值	≥ 1.2	0.9（含）～ 1.2	0.7（含）～ 0.9	0.33（含）～ 0.7	0.2（含）～ 0.33	＜ 0.2

站台等级选用建议如下。

站台层的服务等级应结合车站的区域特征进行选择：位于对外交通枢纽的重要站点可设为 1 级站；位于一般地区中心站点、轨道交通换乘站、重要的公交枢纽和轨道交通换乘站，可设为 2 级站；位于城市一般居住区的一般客流站点，可设为 3 级站。

1 级站服务等级可选择 C 级，其超高峰系数较大，可选 1.3 ～ 1.4；2 级站服务等级可选择 D 级的高值（如 0.6 ～ 0.7m^2/ 人），超高峰系数宜为 1.2；3 级站服务等级可选取 D 级的中值（如 0.5m^2/ 人），超高峰系数宜选 1.1。

正常工况与非正常工况的服务水平等级应有所区分，正常工况选用 C 级和 D 级的站点，在紧急工况中可选用 E 级服务水平进行验算。F 级为极端拥挤情况，在验算中不建议选用。

（2）发车间隔

城市轨道交通系统所承担的居民出行可分为刚性出行与弹性出行两种。诸如上班、上学等出行目的属于刚性出行，其比较注重出行的可靠性，需要快速、准时地到达出行目的地，而且由于其日常性的反复，将会形成比较稳定的客流。相反，弹性出行（包括购物、访友等）不存在日常性的反复性，其与很多因素相关，会在不同时间内呈现较大的波动，最终造成轨道交通客流在不同时间内存在一定的波动。

客流波动包括不同日高峰小时的波动和小时内客流的波动（即超高峰小时）。在对各设计年限的运输能力进行设计时，要充分考虑这两种波动系数，运输能力要满足超高峰小时客流需求，同时能应对一定程度的突发大客流。

开行对数的选取要充分考虑客流预测的不确定性，为将来客流的增长预留余量。高峰小时行车对数选择应考虑与换乘线路系统能力及服务水平匹配，市区线初期的行车间隔不宜大于 4min，市域线可适当降低。近、远期全网服务水平宜相近（高峰行车间隔相差不宜超过 1min）。对于中心区的采用不同车型的线路，建议中运量列车其行车对数应不小于大运量列车，以与大运量列车运能相匹配。

在设计大型换乘站换乘线路发车间隔时，除考虑本线功能定位、客流需求、系统选型和服务水平的需求之外，需要考虑换乘线路发车间隔的匹配性与适应性，对线路发车间隔进行统筹考虑，如图 8-2 所示。

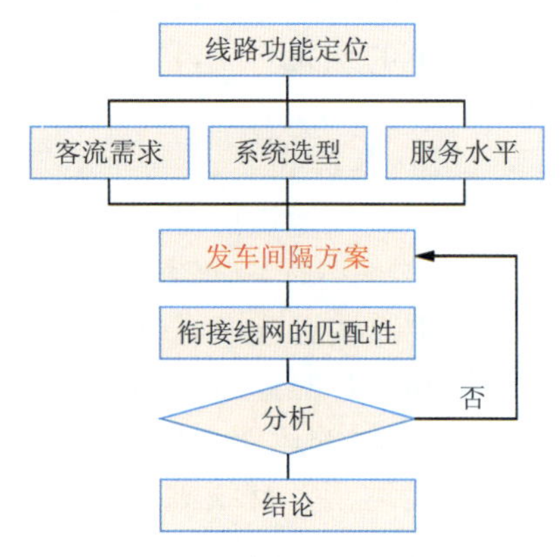

图 8-2　发车间隔设计流程图

2）系统选型与运营模式

（1）系统选型

系统选型是地铁设计的基础，是决定技术标准和系统规模的依据，其核心是确定列车车型、列车编组、动拖比、最高运行速度等。系统选型偏小，可能会影响乘客的舒适度，给运营造成较大的运营压力，增加车站定员，同时对运营安全带来一定的风险。偏大则造成运能的浪费，增加建设和运营成本。所以适当的系统选型应兼顾舒适性与经济性。

系统选型应基于线路的功能定位，具体应从车辆适应性、线网车型资源共享、投资及国产化率等方面分析。以客运量为基准，结合初、近、远期的行车方案，综合考虑运输能力、舒适度水平、服务水平等多方面因素。对于运能相当的选型和编组，应综合考虑土建成本、购车成本、牵引能耗等因素，从全生命周期的角度分析确定。

但由于客流预测存在明确的不确定性，系统选型不能以客流预测为唯一标准，应综合考虑城市规模。如广州市明确到 2035 年常住人口规模控制在 2000 万人，每年人口净流入，2017 年末对比 2016 年末净增长 45.5 万人，人口规模持续增长，所以交通要按一线城市的标准设计，为城市将来的发展预留余量。

同时还要考虑换乘线路运能，线路远期延伸等因素，系统选型应具有一定超前性。根据换乘线路的功能定位和客流特征，结合换乘客流分析确定两线的系统制式。考虑换乘线路实施时序、系统选型、服务水平、换乘站点换乘通道与设备能力确定换乘线路的系统制式。相同制式换乘线路的列车选型和车辆编组要尽量一致，避免换乘线路换乘时出现运力不匹配。对于跨区域线路的选型，应充分考虑两地连通后激发的客流潜力。

最高运行速度的选择也是系统选型的一个重要内容。目前城市轨道交通列车最高速度基本在 80 ～ 120km/h，但由于城市范围的不断扩大，区域联系的需求不断增多，城市轨道交通也逐渐出现 120km/h 速度等级以上的列车，如广州地铁十八号线、二十二号线采用 160km/h 的市域列车。

各种速度列车适宜的区间长度如表 8-3 所示。

列车速度与适宜的区间长度 表 8-3

列车最高速度（km/h）	80	100	120	140	160	200
适宜的区间长度（km）	0.9 ～ 1.5	1.5 ～ 2.5	2.5 ～ 3.5	3.5 ～ 5	5 ～ 10	10 ～ 18

列车最高运行速度的选择除了考虑站间距，还要对线路的时空目标、线路曲线限速情况、达到最高速度的区间里程比例、牵引能耗等因素进行综合比选确定。

列车的动拖比对列车的能耗、轮轨间的黏着利用和故障运营能力有一定的影响，同时也影响车辆的购置费用，因此动拖比的选择十分重要，需针对工程实际综合比较，合理地确定动拖比。

（2）运营模式

为了提高地铁服务水平，除常规线路运营模式外，还有主支线运营模式、快慢线运营模式、长时（24 小时）运营模式等，满足乘客高品质出行需求的运营模式。

①主支线运营模式（图 8-3）。主支线运营模式有贯通运营和独立运营两种，贯通运营模式可提高乘客的直达性，减少乘客换乘；独立运营模式在支线客流较高（小）的情况下，可以保证主、支线的运能。主支线接轨站的配线宜设置为双岛四线的配线形式（图 8-4），以满足今后贯通运营及支线独立运营模式的选择。当支线长度大于 15km 时，可按独立运行线路设计，并核算正线客流的承受能力。

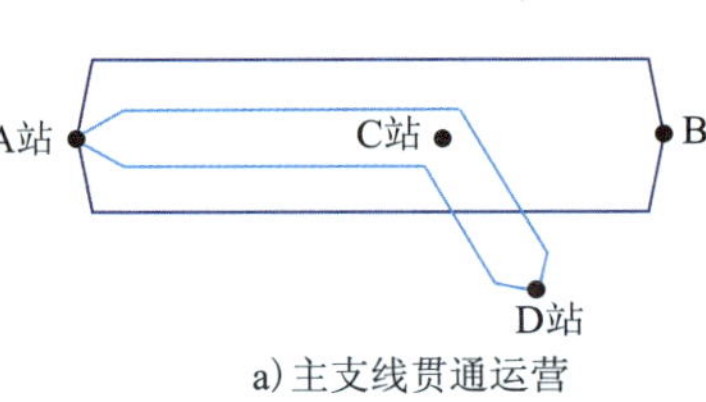

a) 主支线贯通运营

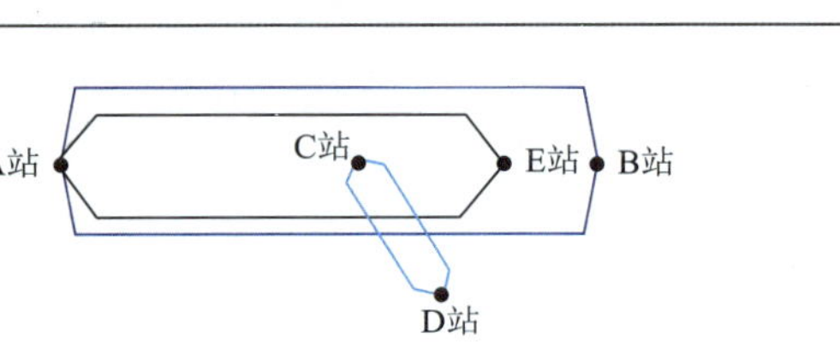

b) 支线独立运营

图 8-3　主支线运营模式示意图

②快慢线运营模式。对于连接距离较远组团的市域轨道交通，线路长度长，平均站间距大，乘客平均乘距较长，时空目标要求高，且兼顾不同类型乘客需求的线路，可采用快慢线运营模式。

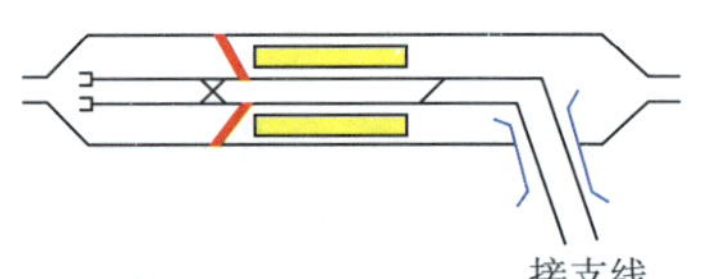

图 8-4　主支线接轨站配线推荐方案示意图

快慢线运营模式中的快线列车（大站停列车）主要是解决大组团间的长运距乘客的快速出行需求，大站停列车在部分站点不停车过站，以提高过站速度和减少停站时间来实现快速的目的。

大站停列车的客流需求条件如下：有多个距离较远的大客流的组团（或枢纽），且有较多的直通客流（一般 1/3 以上），且直通距离较远。例如，市中心到机场的线路、城际线中大城市间的直通客流（如广珠城际线中的广州与珠海间的直通客流）等。

大站停靠选取原则为：

- 线路首末站；
- 换乘枢纽；
- 服务组团的中心站点；
- 客运量较大且有长距离出行需求站点。

快慢线运营模式有两种方式：

第一，采用四（三）线运营，优点是快慢线互不影响，运营组织较简单，运能较大；缺点是工程投资较大。

第二，采用越行线实现快慢车运营，工程量较小，但缺点是运营组织复杂，降低了系统能力，同时也增加了站站停列车乘客的旅行时间。由于快慢线运营线路站间距较大，越行站车站规模较大，考虑经济性，宜采用高架敷设方式。

③长时（24h）运营模式。为了推动城市夜间经济的发展，服务夜间工作人群，促进城市经济和社会的发展，我国国际化都市可借鉴纽约、伦敦、柏林等国际大都市的经验，延长地铁运营时间，实现地铁长时（24h）运营。

a. 实施范围：根据城市轨道交通夜间进站客流情况，采取全部线路通宵运营，在部分客流较小的线路将造成较大的人力物力浪费，成本较高。所以可优先考虑连接交通枢纽以及市中心区域的线路。

b. 实施时长：

- 每天通宵运营能够最大限度满足乘客出行需要，但同时对城市轨道交通运营管理要求较高，为实施每天通宵运营，主要采取以下两种方式：

第一，线路设计为三轨或四轨，夜间服务与检修轮流使用不同轨道，如纽约地铁。

第二，线路未设计为三轨或四轨，则采取夜间短时停止对外服务或者拉大夜间行车间隔，为夜间设备维护提供时间，例如芝加哥地铁、哥本哈根地铁。

- 固定日期通宵运营，在实施日期的选择上一般为夜间需求较大日期，如周五、周六。在线路选择上，优先考虑连接交通枢纽以及市中心区域的线路，如伦敦地铁。
- 在重要节假日实施通宵运营，实施天数少而且不连续，对设备的维护影响较小，选择实施的节假日通常为影响较大或有重大意义的节假日，如跨年夜、除夕。

实施长时(24h)运营应持续优化夜间运营及维护方案，减轻由于延长运营对运营维护管理带来的不利影响，加强延长运营期间的安保措施，协同政府相关部门共同确保运营安全。随着对车辆、轨道等日常维护模式的不断优化，实现长时（24h）运营常态化的基础条件日益成熟。

④广州长时(24h)运营方案(图 8-5)。

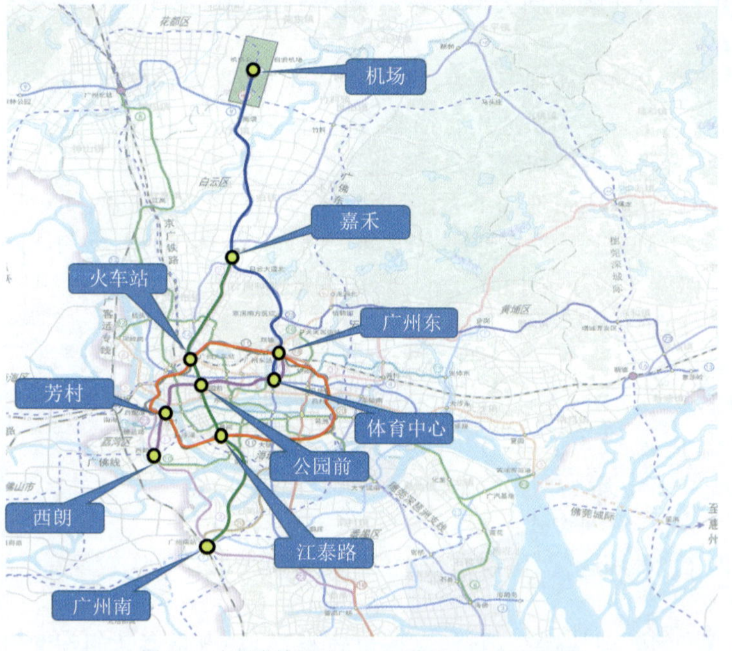

图 8-5　广州实施延时(24h)运营线路及站点示意图

a. 逐步延长运营时间。基于广州市的发展现状，全网推行轨道交通的长时(24h)运营条件（管理、维修）尚不具备。但可以逐步延长运营时间，以适应乘客夜间的交通需求，具体时长的选择应根据实际需求及所创造的社会价值估算，以及所需投入的成本和运营组织的限制等因素综合考虑，从中找到最为合适的均衡点，即财务上可承受，且服务水平最大化。同时需考虑社会效益、文化、公共服务等角度。

b. 采用固定日期或重大节假日实时长时运营。

第一，固定日期长时（24h）运营。基于广州地铁夜间客流情况，若实施固定日期通宵运营，则建议固定日期选择周五、周六。长时(24h)运营将直接导致可进行检修作业天数减少，投入的人力和生产运作成本也将增加。

第二，重大节假日长时（24h）运营。由于不需要连续执行运营任务，对线网整体运作影响较小，可行性较高，如跨年夜、除夕等。

c. 广州市轨道交通线网规模庞大，建议线网部分线路实施长时(24h)运营。由于线网规模较大，没有必要对线网的所有线路都实现长时（24h）运营，应根据夜间客流集散点的特征对线网中的骨干线路，尤其是涉及机场火车站的线路，首先实现长时（24h）运营。

建议优先考虑：一号线（公园前、体育西、广州东）、二号线（嘉禾、火车站、广州南）、机场线（机场、嘉禾、广州东）、环线（各大枢纽及商业点，覆盖范围广）。

d. 延时（24h）运营间隔建议设置为 15 ～ 25min。延时（24h）运营行车间隔的设置注重运营服务水平和运输成本的综合考虑，在满足一定服务水平的要求下，尽量节省上线车数和开行列次，降低运输成本。参考国内外部分城市地铁通宵运营间隔情况（图 8-6），建议各线路将夜间行车间隔设置在 15 ～ 25min 之间。

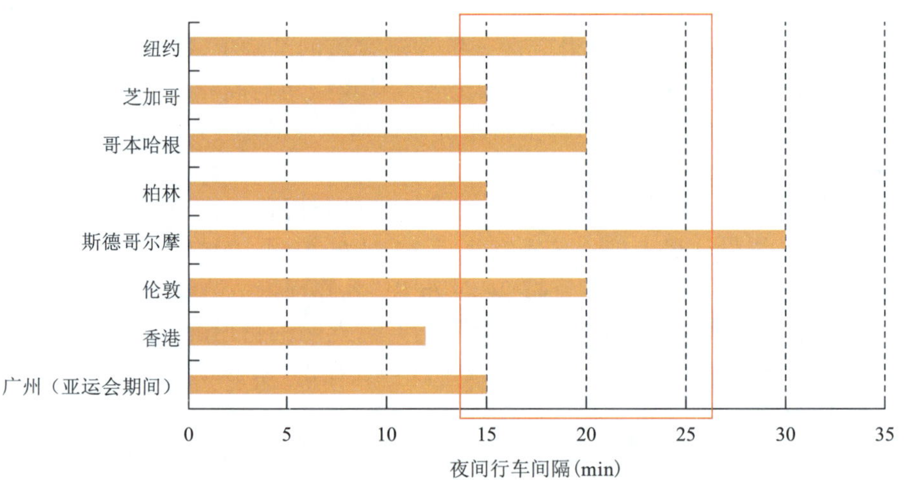

图 8-6　延时运营服务水平

3）行车组织

行车组织是为了使列车在轨道线路上正常运行，质量良好地完成铁路运输生产任务而进行的技术组织工作。

（1）行车交路与系统能力

①行车交路。行车交路包括单一交路、大小交路、嵌套交路、分段小交路等。采用合理的行车交路，能在不降低服务水平的前提下提高车辆运用率，避免运能虚靡，减少配属车和机构定员，使行车组织做到经济合理。图 8-7 为各种交路形式示意图。

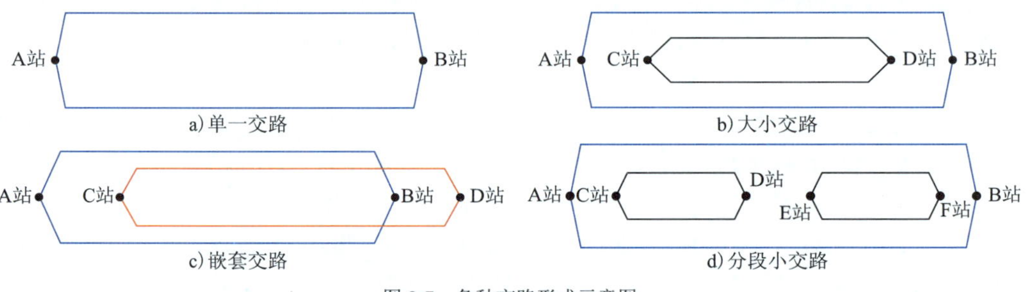

图 8-7　各种交路形式示意图

行车组织设计时，交路形式的选择以及小交路折返点的选择，不仅要根据全线客流特征和断面流量，还要综合线网结构和换乘覆盖等因素进行考虑。为规避客流预测风险，应考虑线网运营组织的匹配性，按照线网服务水平和运输能力的要求进行行车设计。

在需要组织大小交路运行时，应选择合理的折返站，配线结合小交路设置，全线停车线按照线路中心对称分布，停车线方向应朝向大客流方向，优先保证疏导大客流方向，便于大客流方向开行站后折返的小交路列车或临时交路列车。大小交路行车对数宜取 1 : 1 或 2 : 1，也可取倍数比例，快慢车开行比例一般取 3 : 1，预留 2 : 1。开行对数的选取如前文所述要充分考虑客流预测的不确定性，为将来客流的增长预留余量。高峰小时行车对数选择应考虑与换乘线路系统能力及线网服务水平匹配。考虑到客流的不确定性，对长大线路最好另外预留 1 ～ 2 处小交路折返的条件，为灵活组织小交路预留条件，在工程条件许可下小交路折返点宜设置 2 条折返线，并需具备自动折返能力。

②系统能力。线路设计输送能力应在分析预测客流的基础上，根据沿线规划性质和乘客出行特征、客流断面分布特征综合确定，满足各设计年限单向高峰小时最大断面客流量的需要，宜留有 5% ～ 10% 的富余量。每条线路的设计运能应满足全线近远期高峰小时、各站间客流断面预测值。

系统最大设计能力应根据客流规模、客流增长趋势分析和近远期设计行车密度等综合研究确定，市区线系统设计最大能力按不宜小于 30 对 /h 控制；市域线采用快慢车组合运营模式时，远期高峰小时系统设计能力宜按 24 对 /h 控制，并预留站站停模式 30 对 /h 条件；市域动车组最大设计能力按系统允许最大能力预留。折返站的折返能力、大客流集散车站集散能力和追踪能力、车辆基地出入线能力以及主线与支线的接轨站通过能力等，均应与正线最大通过能力相匹配。

换乘线路的系统能力应满足站点换乘的客流需求。换乘线路运力配置原则上要与客流特征相匹配，同时兼顾换乘线路间的换乘匹配：一是在高峰时段按“以需定运”原则安排运力；二是非高峰时段在满足客流需求同时兼顾运输成本安排运力。

（2）停站时间与旅行速度

①停站时间。列车停站时间由开门时间、乘客上下车时间、关门时间三部分组成。各中间站列车停站时间，应根据预测的车站客流进行计算。在乘客上下车时间的计算中，根据车站的大小和通道分布情况，适当地考虑乘客在时间上和站台上到达和分布的不均衡性。在有站台门的车站列车开关门时间不宜大于 15s，乘客比较拥挤的车站不宜大于 17s，无站台门的车站宜控制在 13s 以下。采用全自动驾驶模式线路列车开关门时间可适当降低为 8 ～ 10s。

设计停站时间的计算应留有余量，一般车站停站时间不宜小于 30s，换乘车站和折返站不宜小于 40s。快慢车组合运行线路，中间站为越行站，正常情况下慢车停站待避时间不应大于 5min。

②旅行速度。旅行速度是由区间运行时间和停站时间计算得出的。一般市区线路采用最高运行速度 80km/h 列车运营时，旅行速度不宜低于 35km/h。对于线路较长、站间距较大的线路，宜采用最高运行速度大于 80km/h 的系统，旅行速度应相应提高，不宜小于最高运行速度的 40% ～ 50%。采用全自动驾驶的线路由于停站时间较短，故旅行速度比一般线路高。

到初期配车结合项目列车增购的时间周期等因素综合确定，初期配车选用的旅行速度可按线路计算旅行速度基础上适当预留 10% 左右确定，以增加运能储备，提高抗风险能力。

（3）配属车

配属车数是根据线路长度、高峰小时开行对数和旅行速度确定的，一般在设计时会预留 15% ～ 25% 的备检车，供高峰时期加车及车辆检修使用。一般每条线按预留 2 ～ 3 列热备车即可，对于存在潮汐客流上下行组织不均衡运输的线路，可结合行车组织方案计算核定热备车数，方便运营时采用单向加车的运营方式，满足客流需求。

为了应对初期客流的快速增长风险，在初期配属车计算时，也可适当提高备检率，可按预留 20% ～ 30% 的备检车。速度等级较高的列车由于车公里较高，检修车比例较高，备检率可适当提高。市区骨干线配属车系统规模可按单一交路 30 对 /h 计算，市域线或较长的线路可按大小交路计算配属车规模。

4）配线设计

城市轨道交通配线是为了保证城市轨道交通线路的正常运营，实现列车的合理调度，并满足非正常情况下组织临时运行和维修作业所设置的辅助线路。配线包括折返线、存车线、停车线、渡线、安全线、出入段线和联络线等。配线的形式多种多样，在具体工程中应根据运营需求和工程实施可行性综合考虑，不仅要满足基本运营需求，还要为运营提供灵活性的运行条件。

结合配线设置的原则如下。

①车站配线设置除需满足列车折返功能外，需充分考虑故障列车救援的便捷性，降低故障车推送对正线运营的影响。在车辆段与停车场间隔较远时，可考虑设置一线两列位停车线。

②车站配线的设置应满足近远期线路运营能力的需要。

③全线配线设置需考虑不同开通年限列车折返和运营管理上的需要。

④在满足上述要求的情况下，配线的设置应充分考虑一定的运能余量以及运营管理上的灵活性。

⑤任何一组道岔出现故障都不应该中断整条线路的运营，必要时可采用局部单线运营的方式，避免线路因部分区段堵塞而引起中断全线运营的严重后果。

⑥车故障救援以推送至停车场、终点站、停车线为主。为满足故障运行工况，市区线每隔 5 ～ 6 座车站（或 8 ～ 10km）应设置故障列车待避线，其间每相隔 2 ～ 3 座车站（约 3 ～ 5km）应加设渡线。市域线停车线设置间距宜为 10 ～ 15km，有条件的线路特别是高架线路宜适当增设渡线。存车线和渡线的设置要考虑全线配线布置的均匀性。

⑦车站配线的设置还需考虑线路敷设方式、工程地质条件以及工程代价等因素。

⑧出入段线在日常运营中使用频繁，需考虑配线的冗余设计，应以运营功能为主，同时节省运营能耗，降低运营成本。

（1）折返线

永久终点站应设置为站前、站后双折返的配线形式。站后折返故障时，可利用站前备用折返，提高运营灵活性。

对于由于工程实施条件限制而无法实施站前或站后配线的永久终点站，在其相邻的车站设置单渡线。如图 8-8 ～图 8-11 所示。

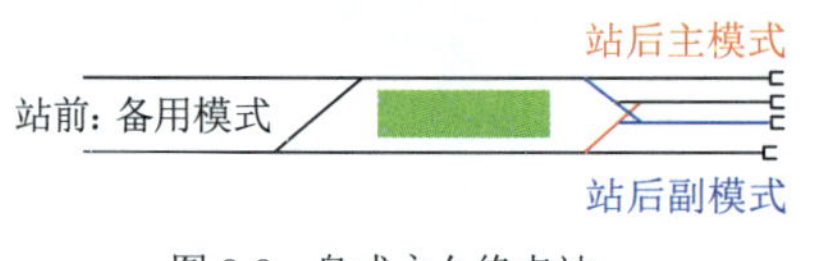

图 8-8　岛式永久终点站

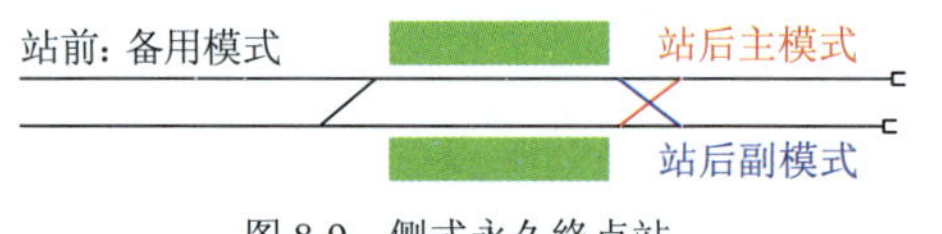

图 8-9　侧式永久终点站

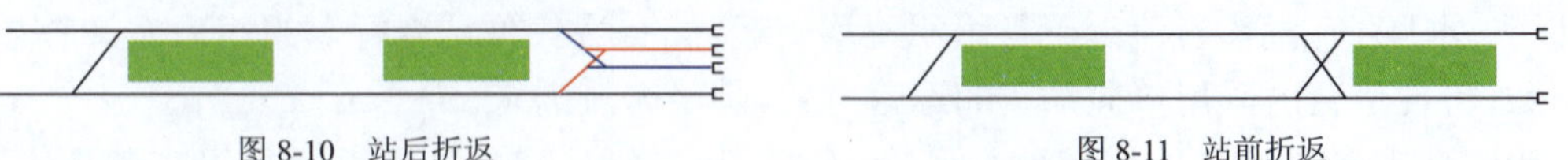
图 8-10 站后折返　　图 8-11 站前折返

(2)停车线(图 8-12,图 8-13)

全线停车线按照线路中心（重心）对称分布,停车线方向朝向大客流方向,优先保证疏导大客流方向,便于大客流方向开行站后折返的小交路列车,为灵活组织小交路预留条件,小交路折返点宜设置 2 条折返线,需具备自动折返能力。工程条件允许情况下,停车线宜设计成连接四个方向（“4 条腿”),在有故障情况下可使列车灵活进出停车线及折返线。

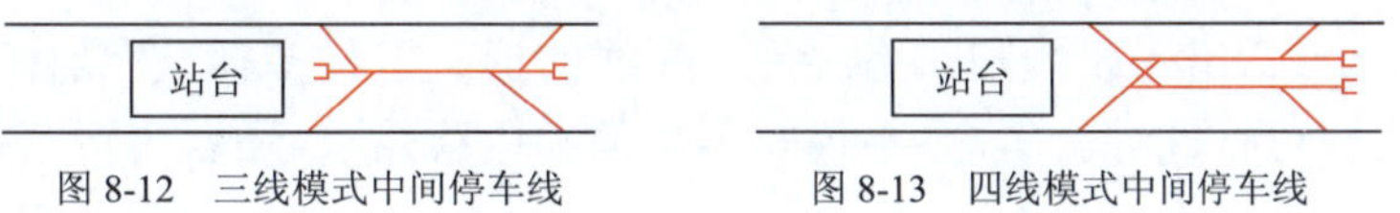

图 8-12 三线模式中间停车线　　图 8-13 四线模式中间停车线

对易发生突发客流的车站,宜在临近车站统筹考虑设置停车线,用以预先停放备用列车,以应对大规模突发客流,提高运营可靠度。

当设置停车线车站距离车辆基地超过 16km 时,可结合全线配线情况采用一线两列位形式,提高故障救援速度,必要时可在一线两列位”停车线上设检修地沟和足够的照明,供夜间停车,可发展成为地下小型停车场,延长天窗时间,减少列车空跑里程,节省运营成本。一线两列位停车线最好利用站间距较短的区间贯通设置。如图 8-14 所示。

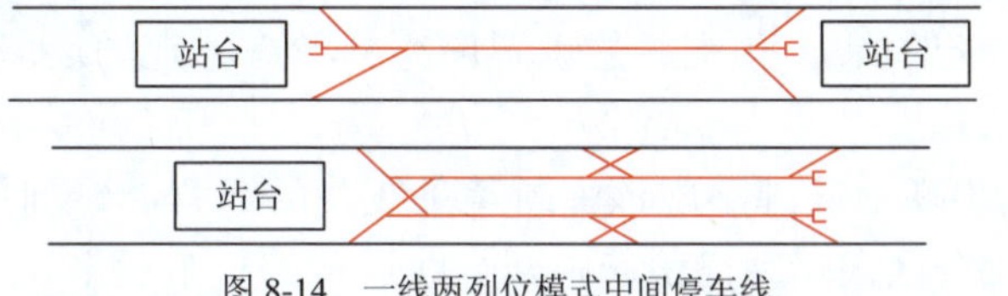

图 8-14 一线两列位模式中间停车线

(3)出入段线(图 8-15)

出入段线在日常运营中使用频繁,为方便列车收发专业并加强运营效率。车辆基地位于线路端部时,配线接轨方向应尽量朝向主要收发车方向;当车辆基地位于线路中间时,在工程条件许可情况下建议优先采用“八字线”或“双岛三线”接轨方案。如图 8-14 所示。

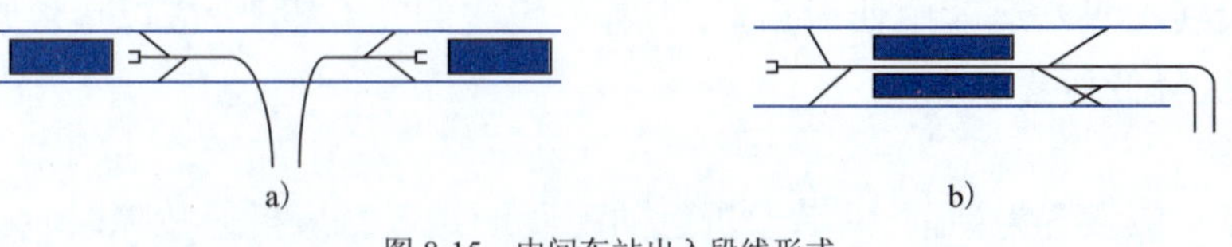

图 8-15 中间车站出入段线形式

(4)越行线

越行线是快慢车运营模式中,慢车停站避让后方同方向快车通过的配线。越行站除正线外应设置避让线,满足单方向越行或双方向越行的需要。越行线的设置应优先考虑高架车站。

常用越行线配线形式及优缺点分析见表 8-4。在线路条件满足的情况下宜增设渡线、停车线,满足上下行联通,列车存放,以实现列车降级情况下的灵活调度。

越行线配线形式　　表 8-4

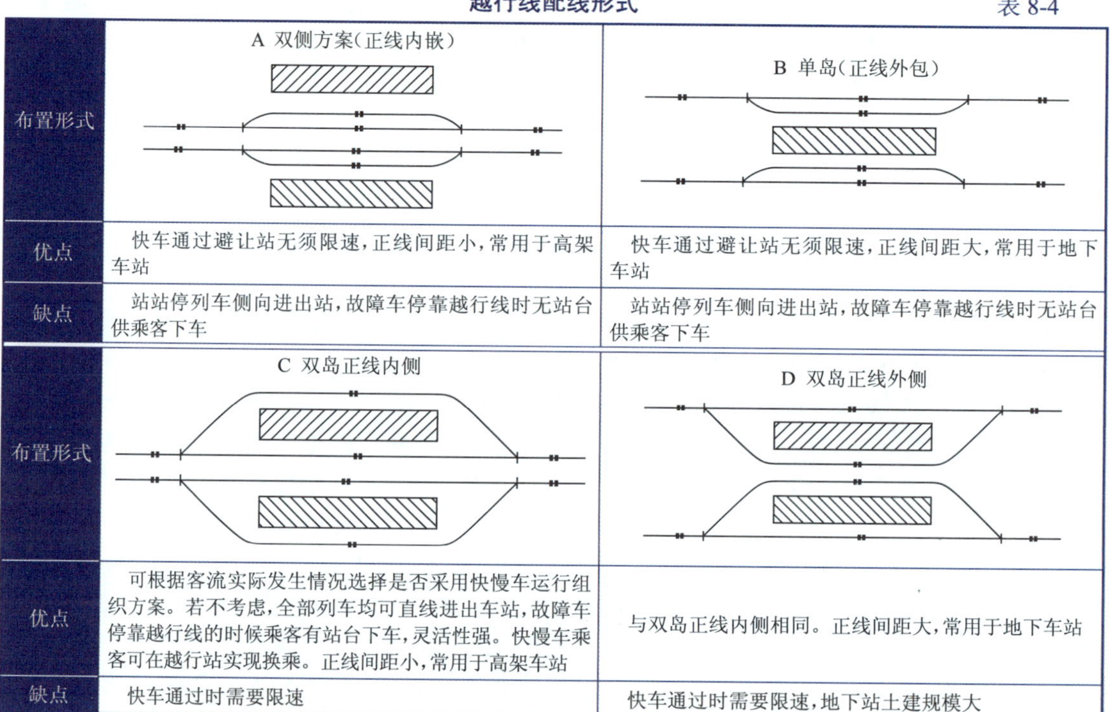

	A 双侧方案(正线内嵌)	B 单岛(正线外包)
布置形式		
优点	快车通过避让站无须限速,正线间距小,常用于高架车站	快车通过避让站无须限速,正线间距大,常用于地下车站
缺点	站站停列车侧向进出站,故障车停靠越行线时无站台供乘客下车	站站停列车侧向进出站,故障车停靠越行线时无站台供乘客下车
	C 双岛正线内侧	**D 双岛正线外侧**
布置形式		
优点	可根据客流实际发生情况选择是否采用快慢车运行组织方案。若不考虑,全部列车均可直线进出车站,故障车停靠越行线的时候乘客有站台下车,灵活性强。快慢车乘客可在越行站实现换乘。正线间距小,常用于高架车站	与双岛正线内侧相同。正线间距大,常用于地下车站
缺点	快车通过时需要限速	快车通过时需要限速,地下站土建规模大

8.1.3　车站、区间设计

1)车站设计

地铁车站既是人流密集、功能性突出的公共场所,又是联系地下与地面交通的一个重要节点。地铁车站的主要功能是有效地做好客流组织,使乘客能够安全、便捷、舒适地乘降和换乘,从而完成地铁网络运送乘客的任务。

如今的地铁站作为都市要素而存在,不仅仅是交通功能的载体,也是融合文化、信息、科技的多元综合体,更是交通换乘、商业消费、娱乐休闲等城市功能集于一身的地铁车站综合体。车站内部空间设计应更加注重满足人的行为需求,消除人在地下空间的不良生理心理反应,注意安全与防灾设施的设计,注重满足社会特殊人群的需求,并尽可能为新线车站多预留零售商铺空间。

(1)地铁车站设计的主要原则

①地铁车站设计要坚持功能合适性原则。地铁车站作为地铁运输路线的停靠地点,起到了分流车站人员的作用。因此,在实际规划设计过程中要坚持地铁车站的功能合适性原则,充分满足地铁车站的使用功能要求。在地铁车站位置选择时,要对其进行科学设计,对地铁路线周围的环境和土地资源等因素进行分析和比较,并对地铁车站和路面建筑的配合程度、衔接情况进行综合考量,确保在地铁运输人流高峰期能够及时、快速地疏散大流量的乘客;在地铁车站设计中,应对高峰期的乘客换乘要求进行合理设计,保证其能够满足实际应用的要求。此外,还要注重在地铁车站设计中对不同的功能用房进行科学设计,以保障地铁车站设计的科学性与合理性。

②地铁车站设计要坚持可识别性原则。对于现代化城市来说,地铁本身就有着十分重

要的意义，是一个城市发展的重要标志，也是一个城市交通状况和形象的典型符号。地铁车站只有具有可识别性的特性，才能够方便人们找到。为此，在实际的地铁车站设计中，必须要坚持地铁车站设计的可识别性原则。在前期的地铁线路设计中，对城市特点和优势进行充分考量的时候，必须也要对地铁车站设计的可识别性进行综合考量。通过这样的方式，最大限度地发挥城市地铁的优势和作用，并在地铁车站设计中，有效融合城市的文化底蕴和特性，让人们能够直接通过地铁车站发现整个城市的活力。因此，在地铁车站设计中，对车站的出入口、站厅和站名都要进行重点关注，要保证有明显的标志，保证对每一个乘客进行出行和空间引导，让乘客能按照指示，直观了解乘车信息。

③地铁车站设计要坚持科学性的原则。在地铁车站的规划设计过程中，要注重坚持地铁车站的经济性原则，即地铁在实际施工建设中的资金投入必须要坚持经济性原则。也就是说，在实际的地铁车站设计中，要针对施工地区的实际情况，科学地选择不同的施工方式，在控制工程施工进度的同时，减少对周边居民的影响，提升工程施工的效率。同时，还要将车站站点布设、新区土地开发以及旧城改造进行有效结合，并且要保证车站分布便于施工，最大限度地减少各种拆迁工作，有效控制地铁车站的造价，提升地铁车站的合理性、适用性。

④地铁车站设计要兼顾社会效益。地铁作为一种重要的城市交通工具，在地铁车站设计过程中，要注重遵守兼顾社会效益的基本原则。对车站位置的选择要最大限度地从乘客的角度出发，将乘客的步行距离控制在最小的范围内，还要具备快速疏散人群的功能；对车站站点的布设，要和城市道路网络与公共交通进行有效结合，实现与城市发展的协调，依靠地面的公交路线网络，充分发挥综合交通体系的效能，最大限度地吸引客流。通过这样的方式，让地铁成为城市大运量的骨干交通动脉，将地铁车站设计在道路的交叉口，方便人们乘坐，并将地铁车站和公交路线进行连接，方便人们在公交和地铁之间换乘。

（2）地铁车站内部布局要素分析

①地铁车站公共区布置原则。地铁车站是乘客与交通工具的媒介，也是城市公共区域与交通运输系统的界面。乘客须经过以下区域及设施进入车站乘车，经过的场地如下：候车站台←→水平及垂直交通设施←→站厅付费区←→售检票及安检系统←→站厅非付费区←→水平及垂直交通设施←→城市公共空间。如图 8-16 所示。

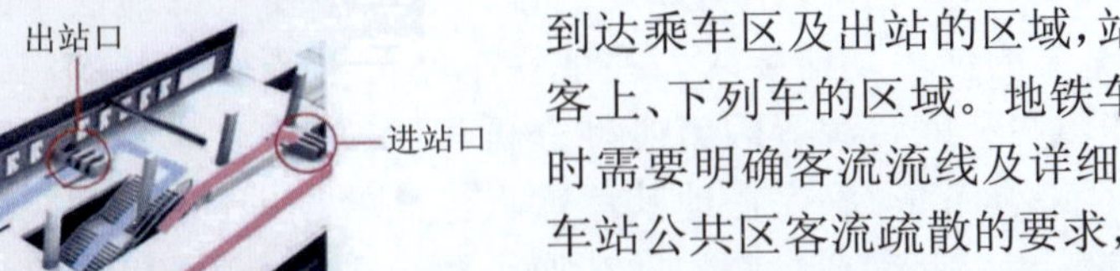

进站 → [安检 / 问询] → 购票 → 检票 → 候车 → 上车

到站 → [辨认方向 / 获取信息] → 换乘通道 → 换乘大厅或站台；出站通道 → 综合大厅 → 检票 → 出站

图 8-16　乘客进出站流线图

地铁站厅层公共区为供乘客完成售检票到达乘车区及出站的区域，站台层公共区为乘客上、下列车的区域。地铁车站公共区域设计时需要明确客流流线及详细导示，以确保满足车站公共区客流疏散的要求，如图 8-17 所示。

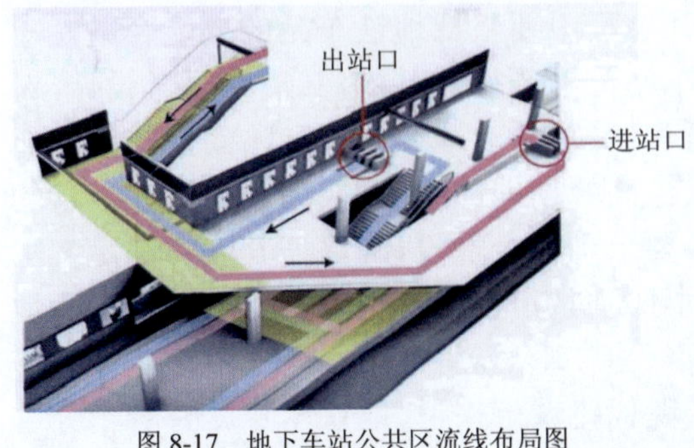

图 8-17　地下车站公共区流线布局图

在现代地铁车站设计过程中，要对地铁车站的内部布局要素进行合理整合，应注重对地铁车站内部公共区域的布置。在公共区域布置过程中，首先要考量能否保持客流的通畅性，即使在特殊阶段的高峰期，也不会出现过度堵塞拥挤等问题。设计合理的公共区，能够有效组织客流，避免出现客流交叉、人流混乱等问题，充分发挥地铁车站内部公共区的使用效率。

同时，车站需要充分考虑人流量问题，对人员进站及出站的需求分析，落实最合适的车站出入口布设方案，还需要考虑到换乘人员的便捷和服务水平，如加设换乘通道等。为了避免因人流量过多而导致车站建筑拥堵，还需要按照人流量高峰值来进行通道与楼梯宽度的设计，并适当加宽。此外，建筑内部还需要预留足够的机电设备存放空间，为未来的车站升级改造提供足够的空间支持。

a. 地铁车站站厅公共区布置（图 8-18）。地铁车站站厅层设计时，应满足近远期设计客运量的需求，对车站客流进行合理组织，最大限度地避免或减少站内客流流线的交叉和干扰。其规模除应按车站近远期设计客运量的需求确定外，还需满足发生火灾时的紧急疏散能力。根据地铁运营、客流组织及运营管理的需要，地铁车站站厅分非付费区和付费区。车站一般按照中间付费区两侧非付费区原则布置，非付费区内应设售票设备、检票设备、安检设备、便民商业、银行等，付费区内应设通往站台层的楼梯、自动扶梯，通道或站厅换乘车站还应设通向另一条线路车站付费区内的换乘通道或换乘厅。

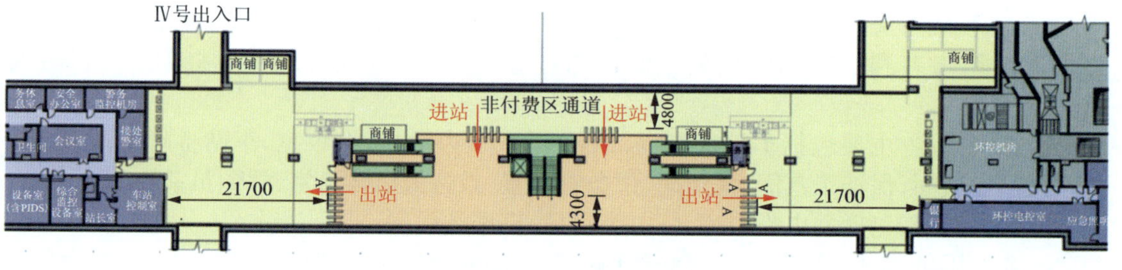

图 8-18　站厅层公共区布置图

b. 地铁站台公共区布置（图 8-19）。地铁车站站台上的楼扶梯及各种服务设施一般不得侵入站台有效宽度范围内，保证站台宽度以满足上车乘客等候及下车乘客疏散。站台上的楼扶梯布置应尽可能均匀，使各节车厢的乘客走行距离尽量均衡，避免乘客在站台上长距离行走，以避免不安全及客流交叉干扰。地铁车站站台两端布置的设备与管理用房，其伸入站台乘降区部分不宜超过半节车厢的长度，且不得侵入侧站台的最小规定宽度。关于车站站台宽度，应按照《地铁设计规范》（GB 50157—2013）计算，车站站台的侧站台宽度在满足客流候车的前期下一般均有富余，因为站台宽度核算时已考虑了部分客流的冗余考虑，可满足适当的乘客穿行需求，另外，站台中部楼扶梯以外的空间均可作为客流滞留空间。以广州为例，一般车站按客流计算侧站台 1.5m 左右可以满足，亚运会之前的线路，车站站台的要求为无柱车站 8m 站台，单柱 10m 站台，双柱 12m 站台；“十二五”线路规划，站台规模调整为单柱 11m 站台，双柱 14m 站台，侧站台达到 3m 以上；“十三五”线路规划，站台规模进一步提高，11m 无柱车站，13m 以上单柱，侧站台达到 3.5m 以上。

由于乘客乘车习惯导致车厢门区及站台楼扶梯处客流密度过高，在车站设计中，需要考虑站内不同区域客流密度分布不均衡性及持续时间的影响，结合车站实施条件，规律调整连续站点楼扶梯位置，避免短时—高密度区域成为站台通行能力的薄弱环节。

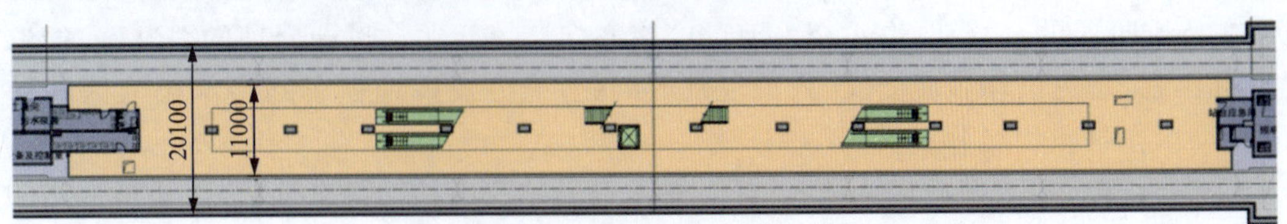

图 8-19 站台层公共区布置图(尺寸单位:mm)

c. 重要设施设备的设计。车站公共区域设施、设备包括了除设备用房及其附属功能区外的所有设施设备,其中与乘客活动关联度最高的有客服中心、售检票及相关服务设施、垂直交通等。在地铁出入口、站厅、站台及与车站相连的商业中心、市政交通枢纽等公共区域设置导向标志。车站付费区内设置卫生间、母婴室以及第三卫生间。

关于车站服务设施的能力,应根据运营的实际能力进行核算。

站台客流密度需要考虑以下因素:携带行李的乘客数量直接影响站内乘客的人均空间密度,乘客的步速与步幅影响了活动空间及在各区域的通过时间,乘客对设施的熟悉程度影响了设施的使用效率,对外交通枢纽站携带大件行李的外地乘客比重较高,大型换乘枢纽的换乘量较大且集中等。

②地铁车站内部设备管理房间布置原则。设备区的设计主要是设备和管理用房布置的设计。车站用房是车站能够运营的基础,其规模约占整个车站规模的 50% ~ 60%,整合车站用房有利于车站规模的控制。通过分析车站用房的特征,可将车站用房分为三类:

a. 管理用房,主要包括车站控制室、站长室、安全办公室、会议室、车站备品库、更衣室、工作人员卫生间、保洁工具间、保洁间、票务管理室、乘务人员休息室、站务员室等。

b. 设备用房,包括弱电类用房、强电类用房、机械类用房。

c. 其他用房,主要包括值班、维修类用房以及商业类用房。值班维修类用房主要为各类维修工班用房,商业类用房主要为广告备品库、银行、商业通信机房。

应对设备管理用房进行梳理分类,对管理、弱电、强电、车站机电设备等房间进行模块化设计,控制房间尺寸,从而有效控制车站规模,并按功能分区分类布置,进而简化管线方便运营管理及维修。

③车站方案分析总结。

a. 车站规模。遵循设计原则,根据不同的车站编组,以 11m 岛式两层标准站为例,对车站规模进行了总结,如表 8-5 所示。

11m 岛式标准两层车站规模对比 表 8-5

序　号	车辆编组	有效站台长(m)	车站长度(m)	标准段宽(m)	主体车站规模(m^2)
1	6B	120	220	19.7	9028
2	6A	140	230	20.1	9606
3	8A	186	266	20.1	11053

b. 车站埋深。

对于车站的埋深,两层车站轨面埋深约为地下 15m,三层车站轨面埋深约为地下 22m(表 8-6),三层以上的车站轨面埋深大于 29m 左右。对深埋车站可以采用明暗挖结合车站或暗挖车站。

地下车站埋深　　表 8-6

序号	车站类型	车站典型剖面图	轨面埋深	施工工法
1	地下两层站	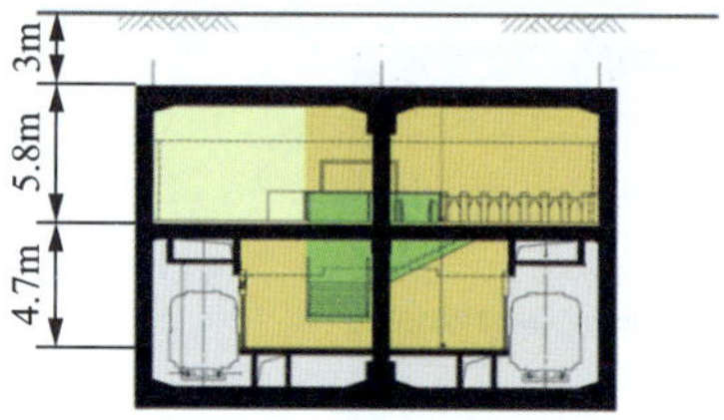 3m 5.8m 4.7m	地面以下 15m 左右，一般采用明挖	一般采用明挖
2	地下三层站	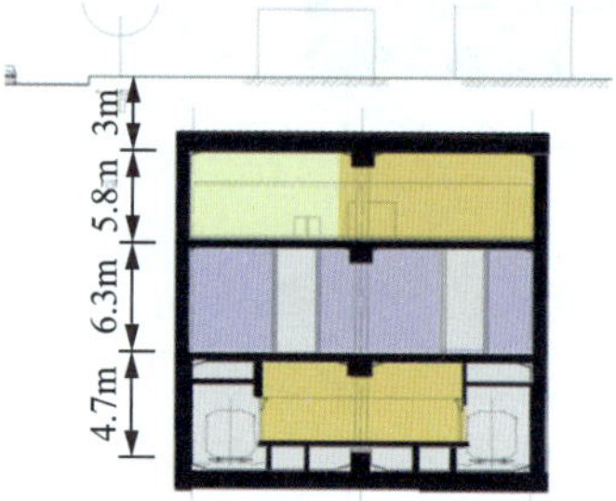 3m 5.8m 6.3m 4.7m	地面以下 22m 左右	一般采用明挖
3	三层以上车站	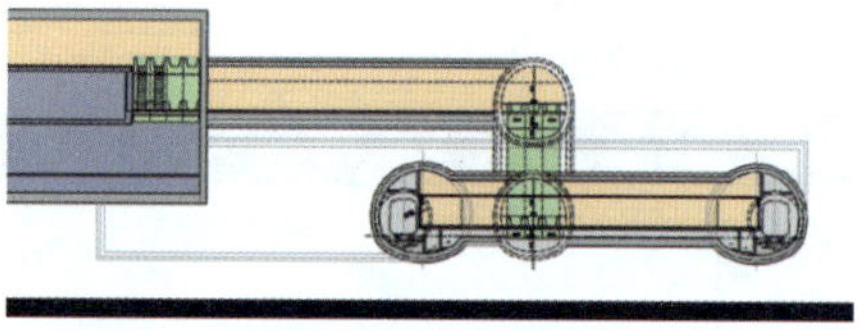	地面以下 29m 左右	在交通主干道下可以明暗挖结合方案
		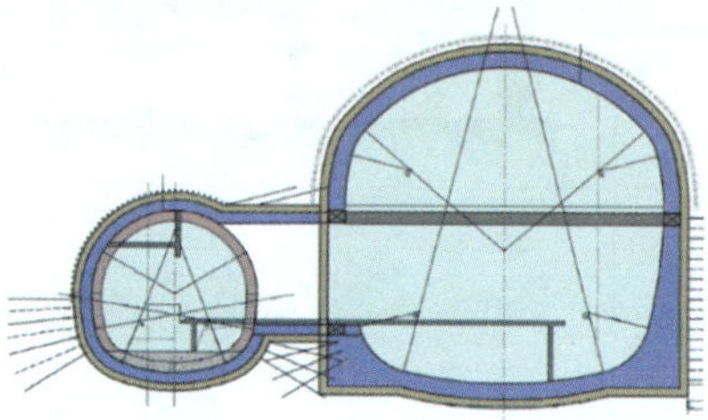	地面以下 29m 左右	在交通主干道下可以全暗挖车站

c. 车站公共区优化设计（表 8-7）。在既有开通的车站中，地铁车站一般采用的是 12m 双柱、10m 单柱的公共区布置，目前各设计单位都提出大跨单柱 / 无柱车站研究，对车站公共区进行单柱与无柱空间对比，无柱车站更利于管线布设，提高公共区装修净高，视野通透、流线顺畅。以 11m 两层车站为例，无柱车站投资约增加 500 万元左右。三层无柱车站投资约增加 800 万元左右。从提升公共区服务水平来看，这些代价是值得的。

车站公共区优化设计　　表 8-7

序号	车站类型	剖面图	轨面埋深
1	地下两层单柱	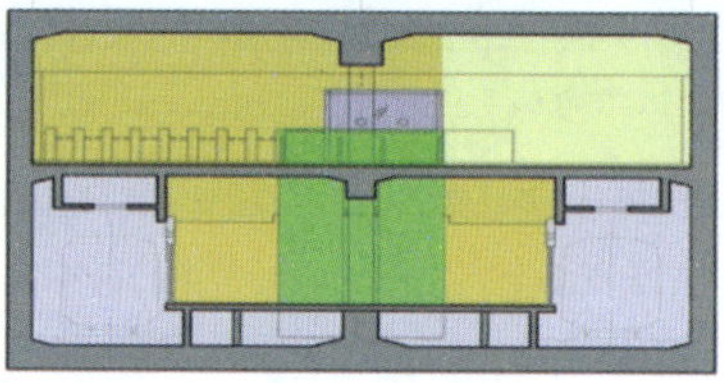	建筑布置需避结构柱；上翻梁影响市政管线回迁；下翻梁影响车站内管线布置；视野不开阔，不利于客流组织，站台利用效率低

续上表

序号	车站类型	剖面图	轨面埋深
2	地下两层无柱	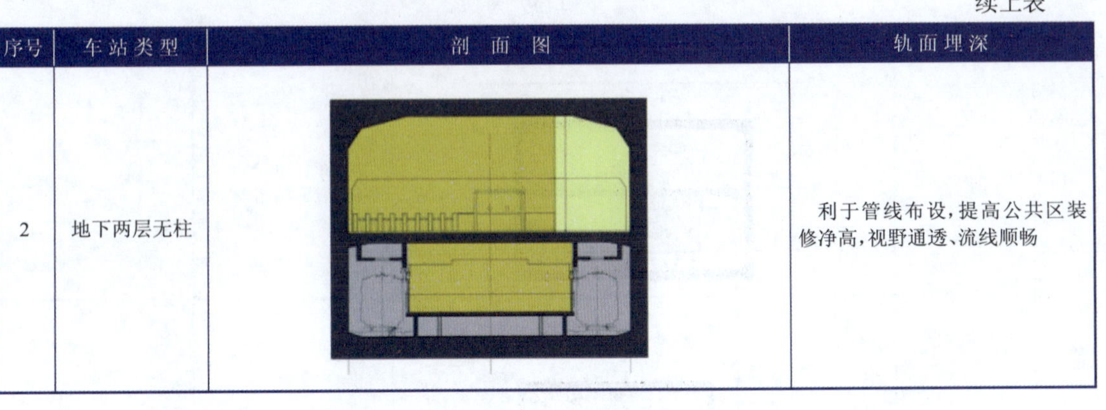	利于管线布设，提高公共区装修净高，视野通透、流线顺畅

（3）特殊车站（快慢线）设计

由于快慢线组合运营线路需要设置较多的越行线，车站体量较大，地下越行线投资成倍增加，建议采用高架、地面越行。近远郊结合部、远郊段的线路宜尽量采用高架敷设方式。当在地下站设置越行线时一般采用单岛四线形式，在高架站设置越行线时则采用双岛四线形式，以节省工程投资。如表 8-8 所示。

快慢线设计 表 8-8

序号	车站类型	配线方式	车站形式
1	高架		
2	地下		

2）区间设计

（1）地下区间

地下区间结构设计建设完成后，最终是用于轨道交通行车服务。在运营过程中，往往还需要对区间结构进行维护，以保证列车的正常运营和结构的安全性。因此，在地下区间结构设计阶段应考量轨道交通运营维护需求，从源头上解决一些在运营维护中可能遇到的问题，区间设计中主要体现在以下几个方面。

①盾构隧道断面尺寸。

对于 120km/h 速度等级的市区线路，其区间设计有以下要求。

a. 盾构隧道断面尺寸应满足隧道建筑限界要求。

对于接触网受电 A 型车（120km/h 速度等级），盾构隧道的建筑限界主要考虑：

接触网导线距轨面高度为 4040mm［《地铁设计规范》（GB 50157—2013）第 15.3.21 条］；

接触网结构安装高度为 360mm，如图 8-20a）所示；

特殊减振地段轨道结构高度 870mm，如图 8-20b）所示。

上述三项高度之和为 5270mm，因此建筑限界取 5300mm。考虑到施工误差等因素，接触网受电 A 型车盾构隧道的最小内径为 5400mm。

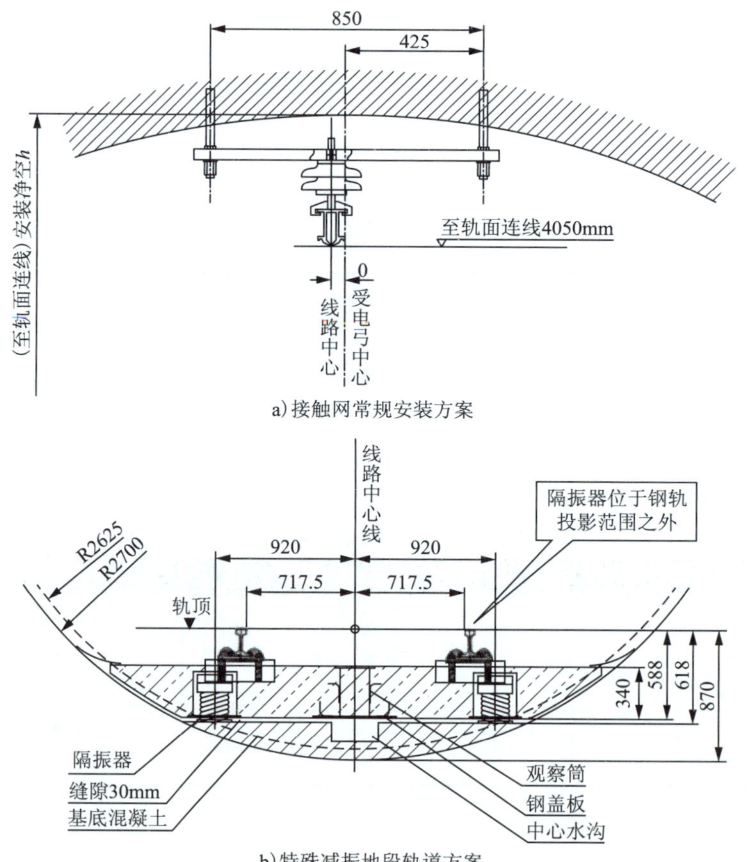

a）接触网常规安装方案

b）特殊减振地段轨道方案

图 8-20　盾构隧道的建筑限界主要考虑因素（尺寸单位：mm）

b. 盾构隧道断面尺寸须考虑运营期间乘客舒适度要求。

从运营期间乘客舒适度方面考虑，相同列车运营速度下，隧道直径越小，隧道内压力越大，对乘客的舒适度会产生一定影响。目前，不同国家对舒适度要求限值不同，如表 8-9、表 8-10 所示。

不同直径、不同目标速度空气动力学结果　表 8-9

车速 (km/h)	车速 (m/s)	隧道直径 (m)	隧道断面 (m^2)	阻塞比	最大压力 (Pa)	最大压力梯度 (Pa/s)
100	22.22	5.4	20.63	0.50	403.26	408.85
		6.0	25.87	0.40	236.88	240.77
110	27.78	5.4	20.63	0.50	443.49	449.68
		6.0	25.87	0.40	260.57	264.88
120	33.33	5.4	20.63	0.50	483.91	490.51
		6.0	25.87	0.40	284.26	288.99

不同国家地铁运营舒适度要求　　表 8-10

国　家	舒适指标	标　准	说　明
日本	P_{max}	1000Pa	密闭车体
	D_P/D_T	300Pa/s	
美国	P_{max}（1.7s）	700Pa	城市地铁
	D_P/D_T	410Pa/s	
德国	P_{max}	1000Pa	城市地铁
	D_P/D_T	400Pa/s	
中国	P_{max}	700Pa	地铁
	D_P/D_T	415Pa/s	

注：P_{max}——最大压力变化幅值；

D_P/D_T——最大压力变化梯度。

c. 盾构隧道断面尺寸需一定程度为后期维护加固预留空间。

随着轨道交通的持续建设和地下空间的大力开发，可利用的地下空间资源越来越少，隧道周边施工环境日益复杂，邻近工程活动引发的隧道结构受损事故时有发生。不同断面尺寸的调线调坡和加固空间情况如表 8-11 所示。

不同盾构隧道断面尺寸的调线调坡和加固空间情况　　表 8-11

盾构隧道内 / 外径（m）	调线调坡	加固空间
5.4/6.0	空间有限	只能加钢环
5.5/6.2	空间较富裕	只能加钢环，局部可以设置腋角
5.8/6.4	空间富裕	200mm 二次衬砌加固空间
5.9/6.6	空间富裕	250mm 二次衬砌加固空间
6.0/6.7	空间富裕	300mm 二次衬砌加固空间

基于上述原因，广州轨道交通“十三五”新一轮建设优化了盾构隧道断面内径设计，除原有 5400mm/6000mm 隧道尺寸管片外，增加了 5800mm/6400mm 隧道尺寸管片。在列车运营速度设计时速为 80km/h 时，可采用原有 5400mm/6000mm 隧道尺寸管片；当运营速度设计时速为 120km/h 时，采用 5800mm/6400mm 隧道尺寸管片，可保证列车在高速运行时乘客的舒适度，提高运营质量，并为后期隧道维护预留充足加固空间。

对于 160km/h 速度等级的市域线路（十八、二十二号线），其区间设计有以下要求。

广州城市轨道交通十八及二十二号线为首次采用 160km/h 速度等级的市域快线，具备一定的特殊性，控制盾构隧道尺寸的因素主要有以下两个：轨面以上净空面积和建筑限界。

a. 轨面以上净空面积。根据相关规范和设计标准，对于 160km/h 速度等级线路，列车动态密封指数 6s，轨面以上净空面积不小于 $35m^2$。不同隧道内径下的轨面以上净空面积如表 8-12 所示。

不同隧道内径下的轨面以上净空面积要求　　表 8-12

车　型	市域 D 车			
车辆横断面积（m^2）	11.75			
限界圆 / 隧道内径（m）	6.9/7.2	7.0/7.3	7.1/7.4	7.2/7.5
轨面以上净空面积（m^2）	33.5	34.6	35.6	36.7
阻塞比	0.351	0.339	0.33	0.32

b. 建筑限界。影响建筑限界的三个尺寸：轨道结构高度、接触网导线高度、接触网安装

结构高度。

轨道结构高度。如图 8-21 所示。

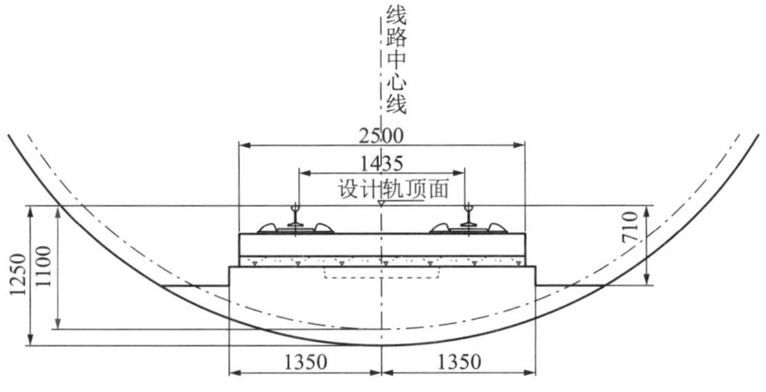

图 8-21　十八、二十二号线轨道结构高度图(尺寸单位:mm)

接触网导线高度本工程推荐采用市域 D 型车,接触网导线高度取 5300mm。

接触网安装结构高度本工程推荐采用刚性接触网,安装结构高度 800mm。如图 8-22 所示。

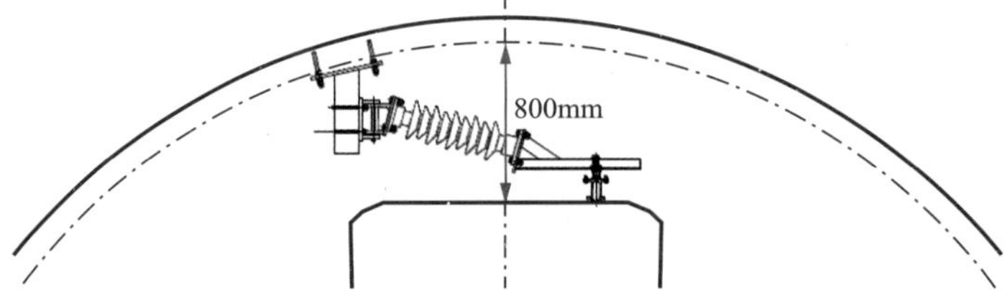

图 8-22　十八、二十二号线刚性接触网安装结构高度图

因此,对于 160km/h 速度等级的线路盾构隧道建筑限界至少需要 7200mm(限界圆直径),对应隧道内径至少需要 7500mm。

同时考虑车辆长期性能、乘客舒适度、工程包容性、软基沉降等因素,对于市域 D 型车 160km/h 速度等级的线路,推荐盾构隧道采用内径 7700mm、外径 8500mm 的盾构管片,满足轨面以上净空面积和建筑限界的要求,并具有一定的余量。该盾构区间断面尺寸已在广州地铁十八号线和二十二号线中广泛采用,选用内径 7700mm。

②区间隧道疏散救援设计。

对于 120km/h 速度等级的常规长度的区间,其设计要求如下。

对于 120km/h 速度等级内的常规线路,均需根据《地铁设计规范》(GB 50157—2013)和《地铁设计防火标准》(GB 51298—2018)中对"区间"的具体规定进行隧道疏散设计,要求两条单线区间隧道应设联络通道,相邻两个联络通道之间的距离不大于 600m。

此外,尚需对区间疏散平台进行设计,有以下具体要求。

a. 地下区间疏散平台:

- 疏散平台应满足区间隧道火灾、停车事故等灾害环境下乘客的安全疏散。
- 疏散平台设置在正线区间行车方向的左侧。盾构区间疏散平台宽度一般情况不小于 700mm,明挖、暗挖区间按照 800mm 预留疏散平台设置条件,疏散平台实际完成宽度不小于 700mm。存车线设置司机蹬车平台,宽度不小于 600mm,蹬车平台宜沿存车线通长设置。

- 平台面上高度 2000mm 范围为人员疏散区域，不能安装其他系统设备、电缆等。
- 疏散平台边缘距线路中心线的距离及平台面到轨面的距离必须满足限界专业要求，疏散平台所有结构件安装后严禁侵入设备限界。
- 疏散平台应在线路调线调坡轨道施工完后再测量施工。
- 疏散平台支架沿隧道纵向布置，在疏散平台上方靠隧道壁侧设置疏散平台扶手，扶手应沿疏散平台、平台步梯内侧连续布置(区间联络通道处断开)，方便乘客疏散。
- 考虑隧道活塞风作用，疏散平台踏板及疏散平台支架间必须进行可靠连接。
- 在疏散平台设置的起点、终点必须设置疏散步梯，疏散步梯最高一级踏步面应与疏散平台面在同一水平面上。
- 疏散平台及疏散步梯踏板面要求防滑。
- 疏散平台设置范围为全线所有轨行区（有效站台外），站台设备区隔墙外两侧均需设站台板通道，兼作疏散平台，采用间断式栏杆，道岔区、区间人防门、防淹门等地段疏散平台无法连续处，做断开处理，并设置疏散步梯下至道床混凝土面。未设人防门、防淹门的岛式车站端疏散平台应与此车站站台板相连接，并做好高程衔接的处理；当岛式车站端设置人防门、防淹门 / 配线等情况及侧式车站，平台无法与相邻车站站台板相连接时，平台作断开处理，并在主体结构外 5m 处设置平台步梯及疏散平台。在人防隔断门段，步梯第一级设在加宽段起、止点；对于未设置人防门或防淹门的车站一侧疏散平台应与车站站台相连接。岔心前后 25m 范围内不设置疏散平台。有延伸要求的终点站站后折返线需设置疏散平台。
- 区间疏散平台与车站站台相连接时车站应预留畅通的疏散通道，且疏散通道宽度不小于 800mm，且到通道边缘到线路中线的距离应满足限界要求。
- 在浮置板道床地段禁止在道床板上安装结构构件，不得采用立柱形式的疏散平台及步梯。
- 隧道内疏散平台宜与其他疏散指示设备配套使用。
- 疏散平台宜采用轻质材料，但耐火极限不应低于 1h。

b. 地面疏散平台：

- 地面疏散平台起到连接地下与高架疏散平台的作用，同时还必须满足火灾等意外情况乘客的安全疏散。
- 地面设置的疏散平台支撑系统直接立于路面，对地质较差的路面结构应进行适当处理后才能作为支撑系统的基础，支撑系统的设置必须保证疏散平台安装后的使用安全。
- 单线疏散平台宽度不小于 700mm；双线疏散平台宽度不小于 1000mm。疏散平台边缘距线路中心线的距离及平台面到轨面的距离必须满足限界专业的要求，疏散平台所有构件安装后均不能侵入设备限界，不影响过轨或地面管线的敷设。
- 地面疏散平台应尽量与地下和高架段疏散平台贯通设置，若因其他系统设备安装等情况必须断开，则须在疏散平台的起、终点设置疏散步梯下至地面，保证疏散顺畅。
- 地面疏散平台结构件必须满足强度、刚度、防腐性、耐久性等要求，同时应注意室外日照、雨水等气候环境对平台各项性能的影响。

c. 高架疏散平台：

- 高架区间疏散平台设置在桥梁的混凝土基座上，疏散平台应满足火灾等意外情况乘客的安全疏散。

- 单线疏散平台宽度不小于 700mm；双线疏散平台宽度不小于 1000mm。疏散平台边缘距线路中心线的距离及平台面到轨面的距离必须满足限界专业的要求，疏散平台所有构件安装后均不能侵入设备限界。
- 高架疏散平台设计时应考虑温度变化引起的伸缩。
- 疏散平台支撑系统设计时须考虑平台下方其他系统设备的安装。支撑沿隧道纵向间距应满足系统电缆支架的安装要求。
- 疏散平台的设置应考虑线路振动所带来的影响，同时设置在隧道外的疏散平台还应考虑防雷措施，防雷设施安装后不得影响乘客的安全疏散。
- 疏散平台设置的起点、终点必须设置疏散步梯，疏散步梯最高一级踏步面应与疏散平台面在同一水平面上。疏散平台及疏散步梯的踏板面要求防滑。
- 高架区间无配线情况时，疏散平台的布置应尽量连续贯通。若出现配线等疏散平台无法连续设置时，做断开处理，并设置疏散步梯下至道床混凝土面。
- 高架疏散平台所有组成构件必须满足强度、刚度、防腐性、耐久性等要求，同时应注意室外日照、雨水等气候环境对平台各项性能的影响。

对于 160km/h 速度等级的“长大”区间，其设计要求如下。

广州地铁十八号线和二十二号线均属于时速 160km/h 速度等级的市域快线，实现南沙新区至广州东站 30min 的时空目标，进一步扩展为至白云机场 45min 的时空目标，将广州打造成为“十三五”规划中提出的国际性综合交通枢纽。

十八号线全长 62.7km，均为地下线；设站 9 座，平均站间距 7.6km，最大站间距 26.01km，为横沥至番禺广场站区间。如图 8-23 所示。

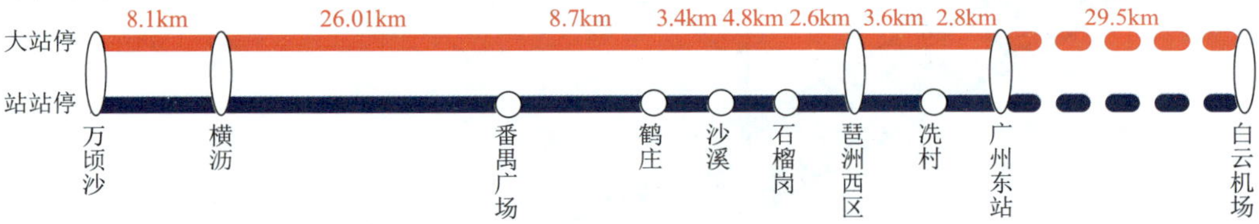

十八号线
8.1km
26.01km
8.7km
3.4km 4.8km 2.6km 3.6km 2.8km
29.5km
大站停
站站停
万顷沙
横沥
番禺广场
鹤庄
沙溪
石榴岗
琶洲西区
冼村
广州东站
白云机场

图 8-23　广州地铁十八号线各站布置及间距

二十二号线全长 31.09km（不含共线运营段），均为地下线，设站 6 座，平均站间距 6.1km，最大站间距 7.9km，为陈头岗至西朗区间，如图 8-24 所示。

二十二号线
8.1km
26.01km
7.4km
7.2km
3.5km
7.4km
5.1km
8.4km
大站停
站站停
万顷沙
横沥
番禺广场
祈福新村
广州南站
陈头岗
西朗
白鹅潭
火车站

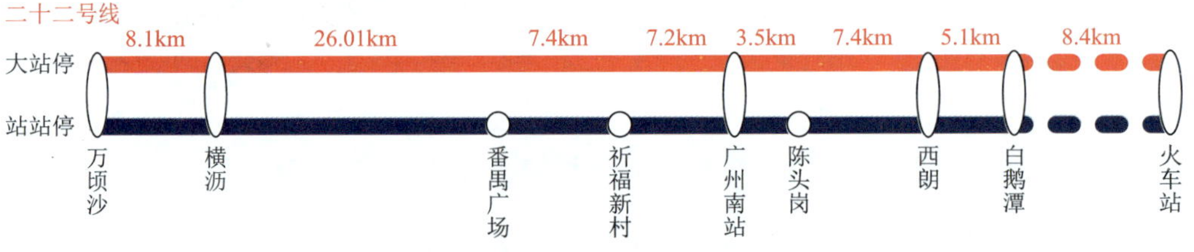

图 8-24　广州地铁二十二号线各站布置及间距

两线共设置一段两场，分别为万顷沙车辆段、陇枕停车场和陈头岗停车场。

十八号线 / 二十二号线各项技术参数为：最高运行速度 160km/h；设置两条单线隧道；市域 D 型车 8 辆编组，坐席定员 516 人；最大站间距 26.01km（横沥—番禺广场区间）；隧道净空面积 $42.4m^2$（矿山法断面）；线路远期列车开行对数为 24 对。

由于该工程定位为市域快线，列车运行速度快，各区间的间隔相对常规地铁工程大，尤其是横沥—番禺广场区间间距为 26 km，远远大于常规地铁工程的区间间距，另外还有部分区间间距在 5km 以上。按照长度来衡量区间大小对于本工程显然不合适。《地铁设计规范》（GB 50157—2013）和《地铁设计防火标准》（GB 51298—2018）规范中均没有专门针对上述“长大区间”做出的特殊规定。

考虑到同一段隧道内只允许存在一列车（超过一列列车则需设中间风井）的基本消防要求，同时考虑到列车的远期发车间隔，该工程对于区间大小的定义采用列车在区间内的运行时间来衡量，即：

- 列车在区间内的运行时间不大于 150s 的区间为常规区间，区间内无须设置中间风井。
- 列车在区间内的运行时间大于 150s 的区间为长大区间，区间内需要设置中间风井。

由于该工程区间长度大、车速高，人员疏散至地面的难度较大、救援难度较大，火灾危险性增加。现以十八号线横沥—番禺广场区间为例，简述对于 160km/h 速度等级的“长大区间”的区间隧道疏散救援设计。

a. 长大区间概况。十八号线横沥—番禺广场站区间线路长约 26 km，沿线设置 4 个区间风井。鉴于疏散救援定点的设置可以显著提升区间隧道的疏散救援能力，该区间的疏散设计方案采用“地铁站 + 疏散救援定点 + 紧急出口”的疏散救援模式。区间线路采取双洞双线布置方式，在隧道内设置疏散平台，两隧道之间设置横通道，区间内设置 4 座区间风井，每座区间风井均设置疏散紧急出口。布设方案如图 8-25 所示。

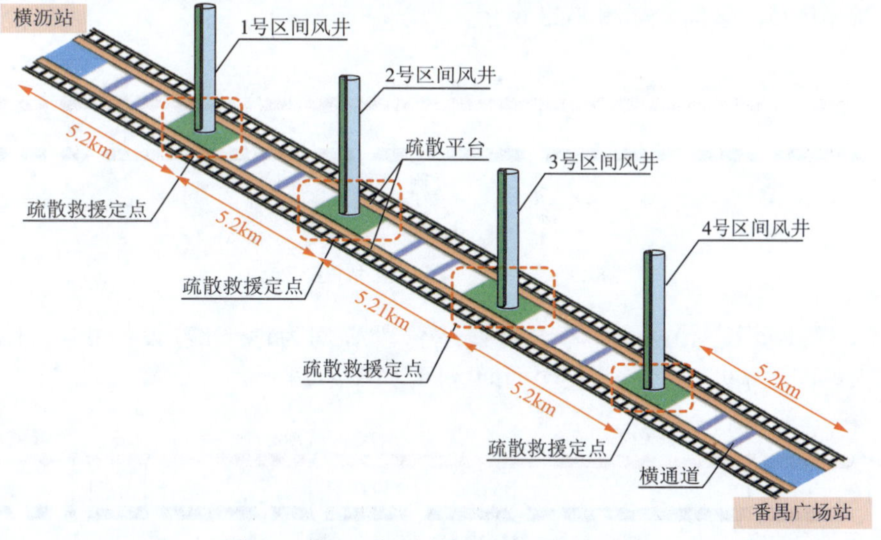

图 8-25 横沥—番禺广场长大区间疏散设计方案

b. 疏散措施。对长大区间疏散救援方面采用以下措施：

- 采用两条单线隧道、互为疏散救援。
- 两条单线隧道设联络通道，间距不大于 600m（执行地铁规范）。
- 疏散平台宽度不小于 1.1m（有条件宜设 1.25m），满足两股人流疏散（在地铁规范的基础上提高疏散能力）。
- 结合中间风井设置紧急出口，区间疏散的最不利疏散时间控制在 1h 以内。横番区间设置了 4 座中间风井，风井把隧道分为 5 段排烟区段，保证任何运营工况均不存在两列或两列以上列车在同一区段内运行；风井之间（或井站之间）最大距离约 5.5km。

- 结合中间风井设置疏散救援定点：经专题研究分析，疏散救援定点的距离（或定点至车站距离）不大于 13.5km（该数值是根据本线列车火灾规模预测、列车着火并丧失一定动力后运行至疏散救援定点或车站的时间、人员离开列车到达疏散救援定点的临时安全区的时间以及火灾来临时间和人员疏散可利用的时间等建立的逻辑联系而计算获得）；横番区间设置两座疏散救援定点，定点之间最大距离为横番 2 号风井至横沥站 10.7km，小于 13.5km，满足要求；疏散救援定点具备车站的紧急疏散功能，并在列车驾驶系统和 OCC 设置虚拟站台，使疏散救援定点等同于“不执行客运业务”的车站，从而把 26km 长大区间分解为 10.7km 一般区间，使防灾、疏散设计符合常规设计、要求，适用《地铁设计规范》（GB 50157—2013）和《地铁设计防火标准》（GB 51298—2018）关于“区间”的规定。
- 运营组织配备救援列车，在相邻隧道提供救援。
- 消防联动，优先在车站、疏散救援定点组织疏散，尽量避免在区间疏散；当区间发生火灾时，整个系统联动和响应，为疏散、救援创造有利条件。

c. 消防设计方案。横沥—番禺广场区间不停站的运行时间为 652s，按 150s 发车间隔计算，最多存在 5 列车，因此设 4 座中间风井分隔；其中 2 号、3 号风井兼作疏散救援定点、同时 2 号设置停车线，满足故障救援要求。

疏散救援定点的功能：

- 疏散功能：设虚拟站台，供列车紧急停靠。
- 救援功能：设置临时避难区、排烟、消防员电梯。
- 中间风井功能：火灾列车停在区段时，两个救援定点联动排烟；区段内不存在两列车追踪。
- 供后续阻塞列车疏散。

③不良地层中隧道穿越高铁、城际、地铁等既有轨道的施工和运维保护。

随着城市轨道交通线网的发展，地铁区间隧道下穿或上跨高铁、城际铁路、地铁等既有轨道的案例日益增多，一般可分为穿越地下轨道线路（如地铁）和穿越地面轨道线路（如高铁）两大类。

a. 隧道下穿或上跨既有地下轨道线路。在新建隧道下穿或上跨既有地下轨道线路直至运营通车的过程中，新建隧道—土体—既有隧道三者组成一个相互作用体系，在盾构掘进（矿山法）开挖使得周边地层的力学状态发生改变，原始应力平衡被打破，导致土体应力增长或松弛从而引起地层应力损失，并传递至邻近轨道线路。最终随着新建隧道—土体—既有隧道三者逐步形成一个新的、稳定的相互作用体系。

在运营期间，土体自身的强度和稳定性是关键，因此，当隧道在不良地层（溶洞发育区、断裂带、软弱地层等）中穿越其他轨道时，一般需要对地层进行预加固处理。处理方式一般可分为两类：一是地面预处理，二是洞内处理。

地面预处理：通常适用于当地面有条件时在建线路穿越同期实施或规划线路的情况，常用工法为单轴或三轴搅拌桩、双管或三管旋喷桩、地面袖阀管注浆等。加固方法与对隧道基底或拱顶的加固方法类似。例如，广州在建十二号线盾构隧道在淤泥质粉细砂软弱地层中下穿在建十一号线盾构隧道，根据两线的实际施工进度，先建线路在盾构施工前，提前对两线交汇段进行地面旋喷桩加固，为后续线路的穿越提供良好的地层条件，既减小了后建线路施工期间对先建线路的不利影响，又减缓了运营期间在软弱地层中由于行车震动形成的相互干扰。

洞内处理：通常适用于在建线路穿越既有地下线路的情况，常用工法为洞内超前注浆、袖阀管注浆、注浆型管片背后跟进注浆等。

以在建广州地铁十八号线番禺广场—南村万博盾构区间和二十二号线番禺广场站—祈福站暗挖区间下穿既有三号线市桥—番禺广场区间为例。

案例工程概况见表 8-13。

工程概况　　表 8-13

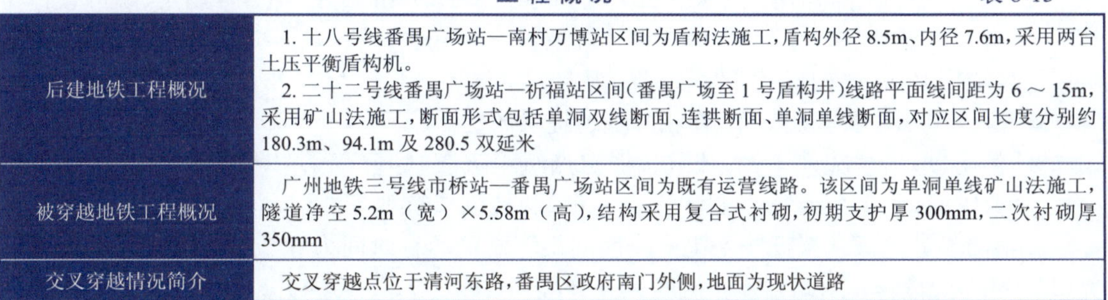

后建地铁工程概况	1. 十八号线番禺广场站—南村万博站区间为盾构法施工，盾构外径 8.5m、内径 7.6m，采用两台土压平衡盾构机。 2. 二十二号线番禺广场站—祈福站区间（番禺广场至 1 号盾构井）线路平面线间距为 6 ～ 15m，采用矿山法施工，断面形式包括单洞双线断面、连拱断面、单洞单线断面，对应区间长度分别约 180.3m、94.1m 及 280.5 双延米
被穿越地铁工程概况	广州地铁三号线市桥站—番禺广场站区间为既有运营线路。该区间为单洞单线矿山法施工，隧道净空 5.2m（宽）×5.58m（高），结构采用复合式衬砌，初期支护厚 300mm，二次衬砌厚 350mm
交叉穿越情况简介	交叉穿越点位于清河东路，番禺区政府南门外侧，地面为现状道路

图 8-26 为十八号线番—南盾构区间和二十二号线番—祈暗挖区间总平面图。

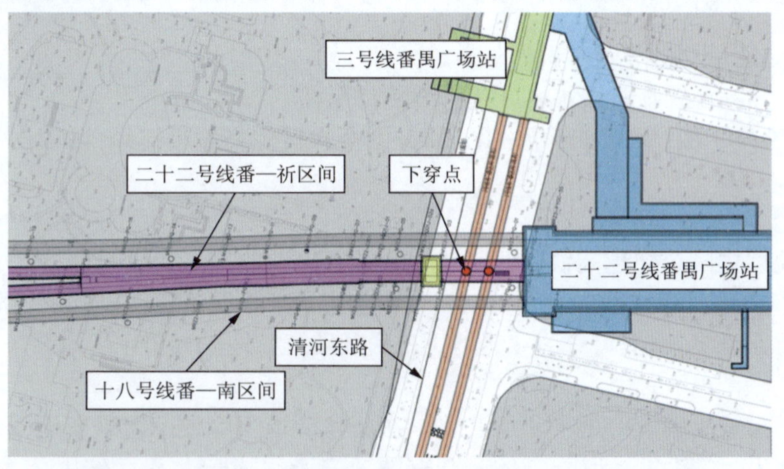

图 8-26　十八号线番—南盾构区间和二十二号线番—祈暗挖区间总平面图

交叉处相对关系及地质情况见表 8-14。

交叉处概况　　表 8-14

交叉穿越部位相对关系	1. 十八号线番南左右盾构区间下穿既有 3 号线市桥—番禺广场矿山法区间，竖向净距约 4.7 ～ 5.7m； 2. 二十二号线番祈区间暗挖单洞双线大断面下穿既有 3 号线市桥—番禺广场矿山法区间，竖向最小净距为 2.7m
交叉穿越部位地质情况	隧道拱顶地层主要为 <7H>、<8H> 层
隧道埋深（介绍位于上层的隧道埋深即可）	三号线隧道拱顶埋深约 18.6 ～ 19.1m

交叉穿越措施情况（表 8-15）。

交叉穿越措施情况　　表 8-15

设计措施	一般要求	1. 十八号线番南盾构区间下穿既有三号线市番区间： （1）盾构施工过程中注意控制掌子面压力，做到土压平衡，及时填充开挖断面和隧道的空隙，必要时进行补偿注浆加固； （2）盾构下穿三号线范围内的管片采用加强型钢筋混凝土管片； （3）施工过程中在三号线隧道内进行自动化监测，以掌握下穿过程中三号线隧道的实际状态，调整施工措施。 2. 二十二号线番祈暗挖区间下穿既有三号线市番区间： （1）加强矿山法隧道支护措施，如拱部 120° 范围通长打设 108 直径超前大管棚，环向间距 0.3m，管棚内进行注浆，洞内采用上半断面 WSS 帷幕注浆进行加固； （2）矿山法施工采用 CRD 法进行机械开挖，严禁采用爆破工艺，严格控制上台阶开挖循环进尺 0.5m，下台阶开挖进尺 0.5 ～ 1.0m； （3）对既有三号线市桥至番禺广场矿山法隧道区间采用自动化监测，严格把控既有线变形情况，必要时采取应急措施； （4）在矿山法施工过程中，对隧道自身进行系统全面的跟踪监测，实行信息化施工，必要时采取应急措施
	自动化监测具体要求	1. 监测范围：拟建十八号线线路中心线两侧各 30m。拟建二十二号线线路中心线两侧各 50m。 2. 监测布点要求：每个监测断面不少于 6 个监测点（顶部两侧、腰部两侧、轨道两侧），每隔 5m 布置一个监测断面。 3. 监测控制值：轨道竖向变形 ±2mm；两轨道横向高差＜ 2mm；三角坑高低差＜ 2mm/18m；轨距 +3mm，−1mm；隧道结构绝对沉降量及水平位移量≤ 5mm。 4. 监测报警值：取监测控制值的 80%
运营措施	正常运营，定期观测	

图 8-27 为运营隧道内自动化监测布置断面图。

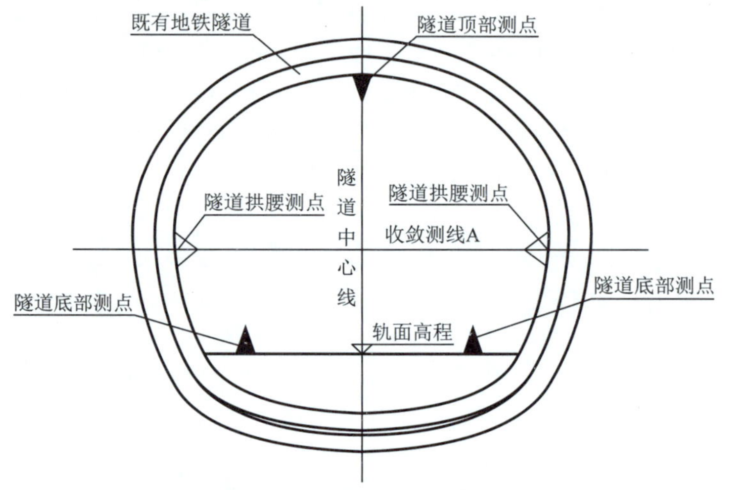

图 8-27　运营隧道内自动化监测布置断面图

b. 隧道下穿既有地面轨道线路。隧道下穿既有地面轨道线路，一般常见于地面高铁、城际线路。对于高铁、城际线路，不论是施工期间还是运营区间，对轨道的沉降要求都较为严格。尤其是在不良地层（溶洞发育区、断裂带、软弱地层等）中穿越时更为不利。通常需要提前采取地面加固保护措施，常见工法如地面袖阀管注浆、全方位高压喷射工法等，监测手段均采用自动化监测。

以广州地铁九号线下穿武广、京广高铁为例。

- 工程概况。广州地铁九号线广州北站—花城路站区间隧道在广州北站后下穿武广客运专线4条股道及两侧站台，对武广客运专线有影响的里程范围为K2247+501.170～+556.006；下穿京广铁路6条股道及站台端头处雨棚，下穿铁路站台及股道范围约100m。广州北站采用地下二层岛式16m站台，线间距19m。区间左右线线间距在京广铁路东侧秀全大道逐渐变至12m，下穿武广客专段隧顶距离地面9.4～9.7m，隧道下穿武广客专段地层主要为地基加固处理后地层；下穿京广铁路段隧顶距离地面7.8～8.8m，隧道穿越地层主要为砂层。如图8-28所示。

武广客运专线为设计时速350km的高速铁路，轨道采用CRTS-I型双块式无砟轨道；京广铁路为时速160km的国家I级干线铁路，轨道采用碎石道床、普通混凝土轨枕。如图8-29所示。

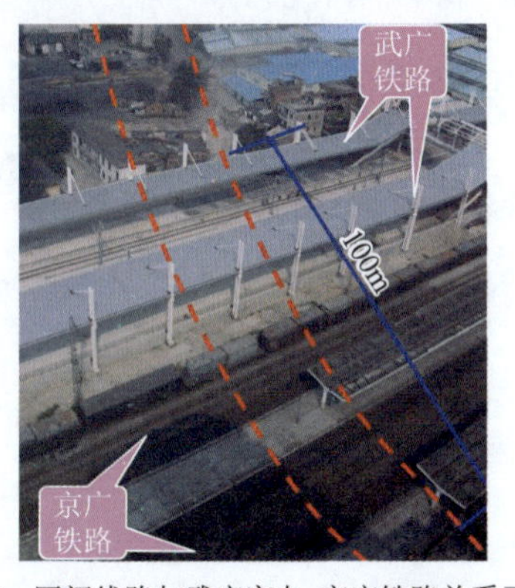

图8-28 区间线路与武广客专、京广铁路关系示意图

图8-29 武广客专无砟轨道型式

武广客专广州北站站台雨棚基础采用3桩（或4桩）1承台的端承桩基础，路基下方进行了旋喷桩地基处理，桩径0.5m，间距2.0m，桩长9～16m，三角形布置；旋喷桩顶层铺0.5m砂砾石垫层，内设一层110型双向土工格栅；同时还对岩面以下6m范围溶洞进行了压力灌浆处理，注浆孔布置为纵向间距6m，排距6m，梅花形布置。

- 实施时间和进展。

2016年11月4日—2016年11月23日，广花区间左线顺利下穿铁路路基；

2016年12月4日—2016年12月19日，广花区间右线顺利下穿铁路路基。

c. 技术措施。

在灰岩发育地区盾构区间下穿高速铁路路基段，在全国范围内尚属首次。在做好施工应急预案、安全监测及铁路部门采取配合措施的前提下，提出以下两点技术创新措施。

- 下穿铁路段采用MJS水平旋喷桩加固。

MJS水平旋喷桩加固的主要目的为：提高铁路下方路基的承载变形能力，减少盾构施工对地基的扰动引起的地层损失；为保证泥水盾构掘进施工的气密性，为泥水盾构保压掘进提供安全保障。在武广及京广铁路两侧施作竖井，进行MJS水平旋喷桩的施工，水平旋喷桩的布置为武广3排（共计74根），京广1排（共计38根），具体方案如图8-30～图8-32所示。

- 下穿铁路段进行岩溶处理。

岩溶处理的目的：降低盾构“栽头”“陷落”、地表沉降过大或坍塌等施工风险；预防溶（土）洞的坍塌，减小后期运营风险；使处理后软基满足永久隧道结构的承载力、变形要求。根据已收集到武广高铁雨棚柱地质钻孔资料、东西两侧临时竖井地质钻孔资料及区域附近地质资料分析，盾构隧道底部基本位于岩层或岩土交界面附近。结合九号线岩溶处理经验，确定对隧道正下方不小于 2m 深度范围，隧道两侧不小于 1m 范围地层内进行补充勘察及处理。

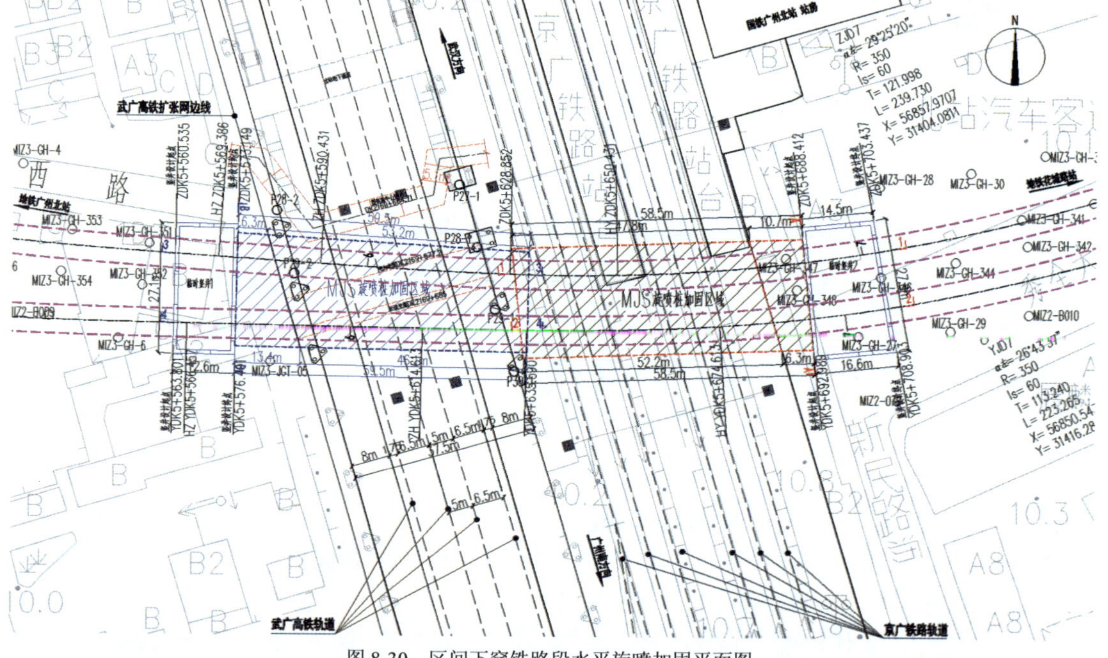

图 8-30　区间下穿铁路段水平旋喷加固平面图

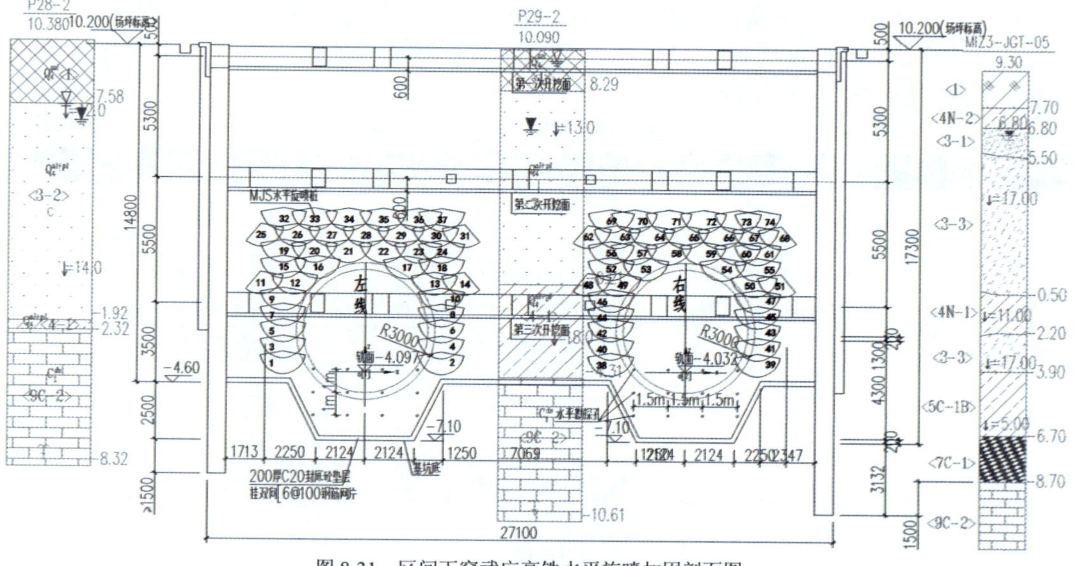

图 8-31　区间下穿武广高铁水平旋喷加固剖面图

d. 效果评价。采取 MJS 水平地层加固及溶洞处理后：广州北站—花城路站区间左线历时 20 天、右线历时 16 天，双线盾构安全、顺利下穿广州北站武广高铁和京广铁路路基段；在盾构下穿铁路期间沉降可控，高铁线路最大沉降量为 −5.64mm；整个穿越掘进施工安全、高效，有效避免了春运对施工的影响，提前 5 个月完成区间贯通，保障了九号线按计划开通运营目标的实现。

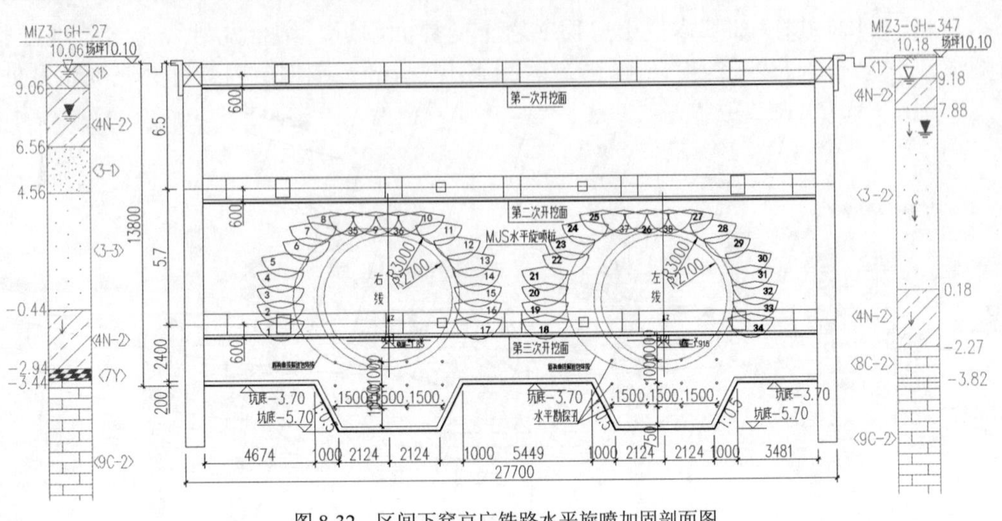

图 8-32 区间下穿京广铁路水平旋喷加固剖面图

(2)高架区间

规范、标准是工程建设的技术依据,控制建设项目的设计、施工以及运营维护工作量及运营成本,决定工程的整体技术水平。建立线路技术标准的时候,应始终把握好安全适用、经济低碳、运营维护、美观创新、环境友好的建设目标。

广州地铁经过5代桥梁的建设运营经验,从运营需求出发,形成了区间桥梁关键技术标准。

①建立运营性能化设计标准。

随着轨道交通运行速度的不断提高,桥梁景观创新不断涌现新的桥梁结构,应建立运营性能化设计标准,其应包括行车安全性、乘坐舒适性、线路稳定性及减少运维工作量的设计标准。具体指标如表8-16所示。

轨道交通桥梁运营性能化标准 表8-16

类型	部位	指标	标准
静力分析	梁(标准段)	梁体竖向挠跨比	≤ $L/1500$
		梁体单端竖向转角	≤ 3‰(当> 2‰时,检算梁端扣件上拔力)
		梁体徐变上拱限值	≤ 10mm
		梁体横向挠跨比	≤ $L/4000$=10mm
		梁顶板扭曲变形	3m梁长的钢轨扭曲变形应< 3mm
		梁端水平折角	2.5‰
	桥墩	墩顶位移	横向< $4\sqrt{L}$ =25mm 纵向< $5\sqrt{L}$ =32mm
		桥墩顺桥向线刚度	≥ 1000 kN/cm
动力分析	风车桥耦合振动分析	脱轨系数	$Q/P \leqslant 0.8$
		轮重减载率	$\triangle P/\bar{P} \leqslant 0.6$
		车体竖向加速度	$a_z \leqslant 0.13$g(半峰值)
		车体横向加速度	$a_y \leqslant 0.10$g(半峰值)
		Sperling指标	优良:< 2.50 良好:2.50 ~ 2.75 合格:2.75 ~ 3.00
		梁端水平折角	4‰
		梁端扣件水平力	≤ 40kN

②桥梁耐久性设计标准。

对于现浇桥梁，国家有较为成熟的耐久性技术标准。随着人口红利的减少，国内许多城市积极推广预制装配式建造技术。对于节段预制拼装桥梁，涉及桥梁耐久性的技术条件主要有：截面最小压应力水平，节段缝黏结剂的材料性能及检测标准，孔道压浆材料的材料性能、检测标准及压浆工艺要求，节段预制场三维控制技术要求，节段梁出厂质量标准，节段梁预应力张拉技术要求等。从设计、材料、施工、验收全方位对节段梁的耐久性进行了规定。桥梁结构良好的耐久性设计将有利于减少运营维护的全寿命周期成本。

③长大区间维养通道设计标准。

应从三个维度出发进行标准的制定：对于桥高大于 20m 或水上桥梁，应在墩顶设置墩顶检修平台及从梁部下平台的检修通道；区间长度超过 3km 的高架线路，应在线路设置上下桥的检修维养通道；因地制宜地根据地质条件选择采用无支座刚构体系桥梁，可大大减少支座维护工作量及运维成本。

④区间桥梁防撞设计标准。

应从四个维度出发制定标准：

a. 线路规划前期，在保证桥墩侧向安全净宽的基础上，在交通走廊上预留不小于 4m 以上的绿化隔离带宽度安置桥墩，对于快速路可适当提高标准。

b. 桥梁结构按规范车辆撞击荷载进行检算，保证桥梁结构自身的安全。

c. 在道路交叉口，桥墩应设置防撞设施。

d. 在道路交叉口、并行市政高架桥上方的轨道交通线路宜设置护轮轨，保证车辆冲击下线路行车的安全。

⑤区间桥梁噪声控制措施。

a. 充分考虑城市发展，在设计阶段应按全线高架安装声屏障及吸声板预留条件。从车辆构造出发，降低噪声，并预留安装车裙边吸声板的条件。

b. 与时俱进地采用轨道减振降噪措施。如香港在高架线路上多采用浮置板减振道床，国内轨道交通高架线少量地铺设了 T 形轨枕。

c. 噪声敏感地段不宜采用钢结构桥梁。

d. 设计初期对桥梁结构体系、梁部截面形式、梁部构造板厚等进行充分的考虑，运用结构噪声研究成果，优化结构设计，减少结构二次噪声。

e. 必要时进行结构噪声及线路综合噪声预测，确定综合减振降噪方案。

表 8-17 为广州地铁十四号线桥梁结构噪声研究基本结论及建议。

广州地铁十四号线桥梁结构噪声研究基本结论及建议　　表 8-17

序号	基本建议	
1	结构板厚	板厚对箱梁声辐射的影响特点，建议适当加大箱梁顶板、腹板厚度，这样能有效降低结构噪声。同时，在满足结构静动力行为的前提下，可以适当减小底板的板厚，从而降低结构自重，但对其声辐射特性影响并不大。
2	底板宽度	对箱梁声辐射特性的影响，在满足其他条件的基础上，建议适当增大底板宽度。针对 14 号线箱梁，底板宽度取 2.4 ~ 2.6 m 较为合适。
3	墩高	改变墩高对综合噪声和桥梁结构噪声的最大值基本无影响，其只影响综合噪声在空间的分布规律，墩高越高，综合噪声的最大值区域就离地面越远，要根据线路周围居民房屋的建筑高度合理选择墩高的取值。
4	截面型式	当由单箱单室改变为单箱双室时，对桥梁结构噪声的降噪效果十分明显，最大值可降低 12dB，对综合噪声最大值的降低效果没有桥梁结构噪声那么大，但也可以使最大值降低 8dB 左右。

续上表

序号		基本建议
5	轨道结构	采用梯形轨枕主要能降低桥梁结构噪声，降低的区域主要集中在桥面以下区域，此区域的综合噪声主要由桥梁结构噪声控制最大可降低 4dB 左右； 鉴于轨道结构形式对箱梁声辐射特性的影响特点，建议在噪声敏感区域采用减振轨道结构，钢弹簧浮置板对箱梁结构减振降噪效果最好，梯形轨枕次之

⑥区间桥梁附属设计。影响运营的桥梁附属设计包括桥梁排水及桥梁伸缩缝。往往造成运营困扰的问题，是施工期间施工质量控制不到位、现场不合理的专业施工工序、赶工期各专业无法按设计工序进行造成。

(3)区间疏散平台

①疏散平台的设置背景。地铁环境的封闭性、隧道的狭长性是不同于其他运输方式的固有特征。这一特征使地铁各系统具有较强的可控性，但又易造成事故（灾难）的发生和蔓延。为了能够在事故发生时，保证人的生命安全，对地铁内人员进行快速疏散就显得非常重要。

列车在区间隧道内运行的时间是较短暂的，列车运行过程中，当区间隧道发生火灾等事故时，列车应尽量驶入前方车站，利用车站站台疏散乘客。当列车处于地下区间隧道而又不能牵引到站时，列车司机应立即切断外部高压电源，启动列车应急电源，同时用列车无线电向控制中心报告，得到指令后执行隧道疏散紧急预案。同时，同向列车禁止进入事故区间，另一条隧道也应立即停止正常运营。地铁环境监控系统及时获取事故信息，指挥机电设备做出迅速反应，根据着火点位置或列车阻塞位置自动调度送风或排风，向乘客提供必要的新鲜空气，并形成一定的迎面的风速，引导人员疏散。控制中心通知并协同公安、消防、医务人员赶赴现场参加救援，同时车站引导人员携带防护用品，前往事故区间引导乘客，列车侧门打开，乘客由疏散平台下车并沿着区间疏散平台疏散，或端门打开，乘客沿道床疏散。按照隧道内应急指示方向，利用两条区间隧道之间的联络通道到达另一区间隧道，而后疏散至车站安全出口或等待救援。由此可见，疏散过程中疏散平台是疏散的基础之一。

②疏散平台的组成(图 8-33)。地铁地下区间疏散平台可采用复合材料疏散平台，由复合

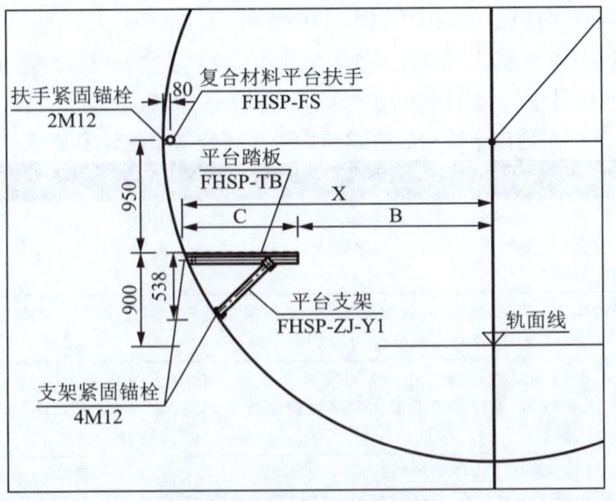

图 8-33 疏散平台组成图(尺寸单位:mm)

材料疏散平台支架与疏散平台板组成，平台支架由平台横梁与斜撑通过不锈钢连接件连接而成，疏散平台支架通过化学锚栓固定在结构侧壁上，平台板通过连接件与平台支架相连。平台板上方 950mm 处设置平台扶手，由扶手圆管与扶手锚固件组成，扶手锚固件通过膨胀螺栓紧固于结构侧壁上。

③疏散平台在运营中存在的问题。疏散平台是人员的疏散通道，平台的设置需考虑实际运营的需要，其中比较重要的就是平台的疏散能力，影响疏散能力的主要因素为疏散平台的宽度及连贯性。目前广州已经运营的线路，存在着疏散平台最小设计宽度较小，部分地段疏散平台因其他原因断开（如部分设备房侧墙紧贴轨行区），疏散平台与车站在宽度及高程衔接上存在接口问题等，影响了疏散能力。

a. 平台的宽度：既有线路疏散平台最小设计宽度为 550mm，此宽度仅容一人勉强通过，疏散能力较低，部分地段因为其他原因存在着平台宽度小于 550mm 的情况，一般只能设置蹬车平台，蹬车平台与疏散平台一般断开，通过平台步梯连接至轨面。由此可见，平台宽度预留空间过小，不仅带来通过能力低下的问题，还在建设过程中引发了连贯性的问题，严重影响疏散能力。

b. 平台的连贯性：平台的连贯性主要是要保证疏散平台在除车站有效站台外的轨行区保持连续、贯通，保证人员疏散过程平顺、畅通。目前的疏散平台连贯性方面存在以下问题：

- 疏散平台的设置仅考虑了典型区间断面的设置，未考虑到区间特殊断面（如人防门段、配线区、中间风机房）的疏散平台衔接设计，造成平台宽度、高度衔接不顺畅，部分地段甚至出现预留给疏散平台空间不足，造成疏散平台无法安装的情况。
- 仅仅考虑了区间疏散平台的设置，对设有较长配线段的车站（如存车线、折返线、接出入场线的车站、设置越行线的车站）未考虑疏散平台的设置，造成站后配线区存在着较大范围无法设置疏散平台的问题。
- 部分车站建筑结构设计未考虑与疏散平台设置相结合，导致疏散平台部分地方断开或者局部地段存在着宽度瓶颈，影响疏散的功能与效率。
- 疏散平台设计改进。

对于盾构外径采用 6.4m 盾构，相对既有的 6.0m 盾构隧道，在疏散平台安装面，平台的可安装宽度增加 100 ～ 150mm，疏散平台的最小设计宽度将达到 650mm；对于明挖与矿山法隧道，要求结构预留 800mm 宽度给疏散平台，有助于疏散能力的提高。

负责疏散平台设计人员更加深入地介入设计全过程，明确区间疏散平台与车站疏散平台的接口衔接设计条件，参与车站建筑的设计，会签车站建筑站台层疏散平台的布置，在人防门地段设置人防小门，保证疏散平台的贯通；对设置配线的多线并行地段，根据正线与配线及道岔的关系，增加车站站台层内的疏散平台布置平面图，保证疏散平台在车站平面范围内能够有效衔接到站台，会签工作重点为：

复核车站正线与配线的线间距，根据配线的功能及与正线的相互关系，布置疏散平台，同时考虑结构宽度与土建施工误差，复核线间距是否满足疏散平台的需要，如不满足，调整线间距，必要时候需调整车站有效站台的宽度来满足疏散平台的设置，在设计上从车站的规模源头保证疏散平台的设置，同时也兼顾了车站土建规模的合理性。

控制车站结构墙柱的布置。疏散平台是具有特殊功能的站台，是紧急情况下的下车平台及疏散通道，其设置需紧靠车辆限界，同时在车辆限界外需保证一定的宽度，一般可按 800mm 控制，因此，需根据此限界的需求，要求车站建筑结构不能侵入到此范围内。

部分地段，由于道岔及渡线的存在，疏散平台不可避免地需要断开，在此情况下，需严格控制疏散平台的断开长度。一般情况下，疏散平台的断开长度不应大于列车长度减去一节车的长度，保证至少一列车有一个车厢能停靠在疏散平台旁边，保证纵向疏散时的下车及疏散需要。

- 疏散平台的设置考虑了轨行区其他专业运营检修需求。

轨行区设备密集，常常存在着检修需要，疏散平台的设置，方便了疏散平台上方的低压照明、疏散指示、低压电缆等专业的检修，通过疏散平台，检修人员无须携带大件的检修梯，就可以在疏散平台上方检修相关设备。另外根据部分线路第三轨供电的特点，对于第三轨外侧的泵房的检修，疏散平台专业通过设置检修平台，为相关专业的运营检修提供便利。

如在广州二十一号线施工配合过程中，运营部门提出朱村至朱村东区间雨水泵房（左右线各一处）、象岭至钟岗区间雨水泵房需跨过接触轨才能进入，不利于白天紧急情况下泵房的故障处理（需从列车上跳下，去到泵房；或者自带梯子从列车上下去，去到泵房），存在触电等安全隐患。基于上述两个区间泵房的检修需要，在朱村至朱村东区间U型槽入洞口及象岭至钟岗区间洞口雨水泵房处增设检修平台和步梯，平台板设置于轨面以上1100mm处，直线段平台边缘距离线路中心线1600mm，平台纵向长2m，平台下方设钢横梁及钢立柱，钢横梁一端通过钢板及锚栓锚固于侧墙上，一端搭设于立柱上，可满足受力要求；平台及钢立柱距接触轨的距离，可满足接触轨安全距离要求。设置检修平台后，可在紧急情况下，直接下车，保证了检修的需要。泵房检修平台平面图如图8-34所示。

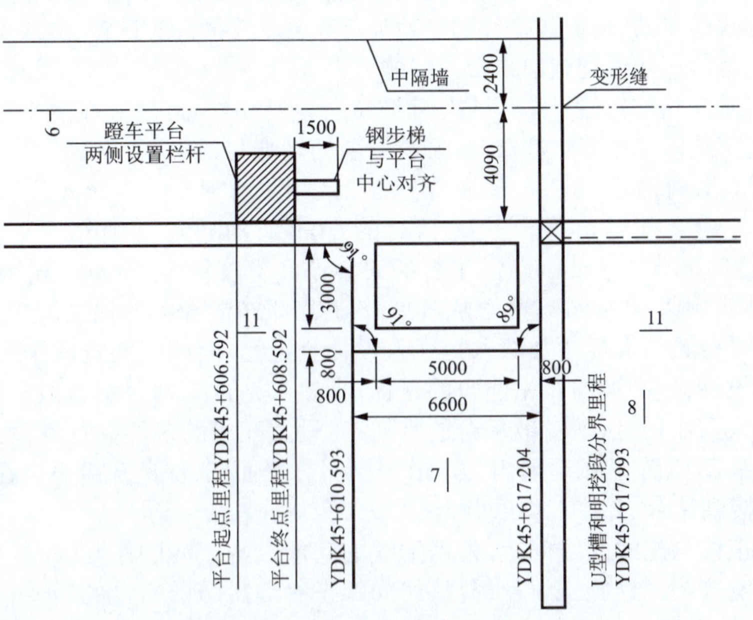

图8-34 泵房检修平台平面图（尺寸单位：mm）

8.1.4 换乘站设计

城市轨道交通作为一种公共交通形式，其线路设置应尽量满足客流起始（OD）点的直达出行需求。显然，城市轨道交通系统的车站不可能与所有客流 OD 点重合，线网中的运营线路也不可能满足所有的点对点直达出行需求。线网以外的 OD 点以及线网内的 OD 点间不能直达出行，如果借助线网来实现，就必须换乘。换乘是由于乘客的点对点直达出行需求与运营线网结构的不重合造成的。更确切地说，是与列车运营交路及停站方案不重合造成的。换乘提高了运营设施的使用效率，并已成为城市公共交通的一个基本特征。

在轨道交通线网中，乘客的换乘是在换乘站内完成的。轨道交通换乘站是轨道交通线网中各条线路相交的节点，是提供乘客跨线换乘的车站。乘客通过换乘站实现两条线路之间的转换，达到换乘的目的。

换乘站的重点是客流组织，应尽量减少客流的交织，其基本原则为：合理设计乘客流向，在站台、楼梯、大厅处尽量减少客流交叉和对流，并设计乘客路径标线，要求乘客在楼梯和扶梯上尽量靠右行走和站立，有序上下。在客流容易混行的区域，如大厅或楼梯等处，需设置必要的安全线或栅栏隔离，以免流向不同的乘客互相干扰。引导乘客在换乘通道单向流动，以免双方向大客流相互冲击。应尽量为乘客提供方便，减少进出站和换乘时间及距离。

两条或多条线路交汇于换乘节点，显然会产生多个方向的换乘客流。把从一条线路的某个方向来，到另一条线路的某个方向去的换乘称为一个客流方向，容易得出，在汇集了 N 条终点线和 M 条通过线的换乘节点，可能的客流方向数 F 为：

$$F=(N+2M)^2-(N+4M)$$

如果仅存在终点线，则 $F=N(N-1)$，如果仅存在通过线，则 $F=4M(M-1)$。由此可以看到，换乘客流方向随着交汇线路的增多而增长得很快，2 条终点线交汇时，可能的换乘方向只有两个，如果是 2 条通过线交汇，可能的换乘方向就达到了 8 个，而 3 条通过线交汇时，可能的换乘方向就高达 24 个。如图 8-35 所示。可见，换乘客流的组织是非常重要的。

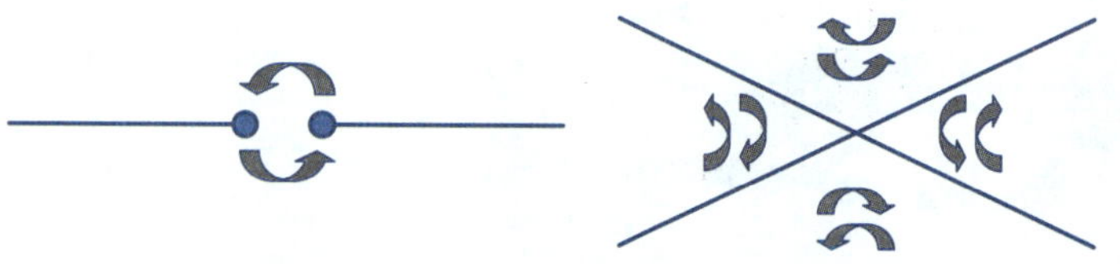

图 8-35　2 条终点线及 2 条通过线交汇的换乘客流方向

规划设计换乘站应遵循原则：

①组织方案应与换乘量相适应。

②配合线路连接方式，创造良好的换乘条件。

③尽量缩短乘客的换乘步行距离，换乘时间，提高服务水平。

1）换乘形式分类与比较

（1）两线换乘车站形式

两条相交的地铁线路相互交织，一般可分为平行与交汇两种模式，每种模式下，随线路之间相互关系、站台形式与站台搭接关系，又存在着多种的变化与组合方式。

①双线平行模式。

a. 上下重叠式(表 8-18)。

上下重叠式说明表 表 8-18

分类	示意图	特点
岛式站台	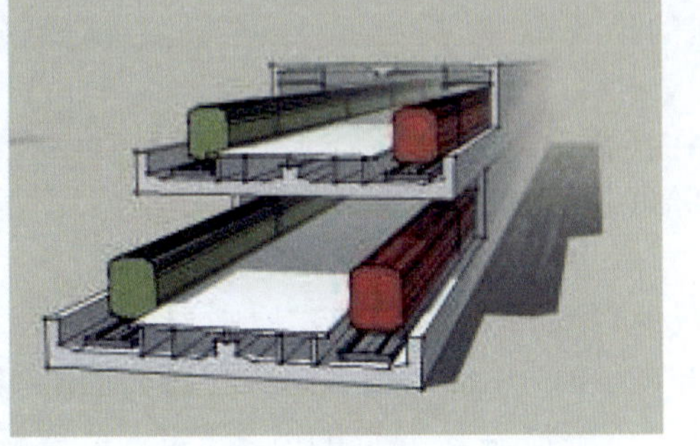	• 同步实施两线车站,车站整合度高,共用站厅公共区; • 不同线路之间同站台换乘,部分客流需要转换站台换乘; • 车站宽度小,同岛式车站; • 区间叠线,对线路设计要求高
	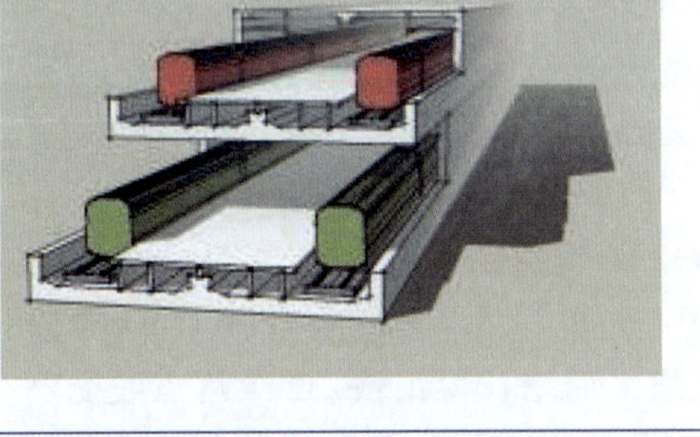	• 同步实施两线车站,车站整合度高,共用站厅公共区; • 重叠站台分属不同线路,乘客换乘需要上下站台转化; • 车站宽度小,同岛式车站; • 进出站楼扶梯和换乘楼扶梯数分开设置,导致站台空间交通设施多
侧式站台	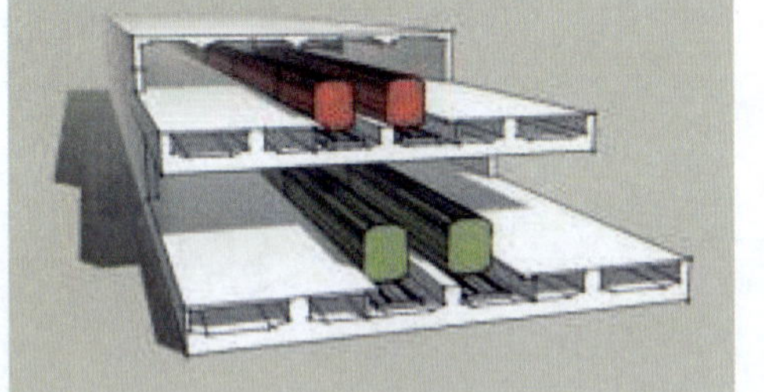	• 同步实施两线车站,车站整合度高,共用站厅公共区; • 站台背离,乘客换乘不便捷,适用于终点车站的单向客流转换; • 最底层的侧式站台,对区间工法影响大,需综合考虑
	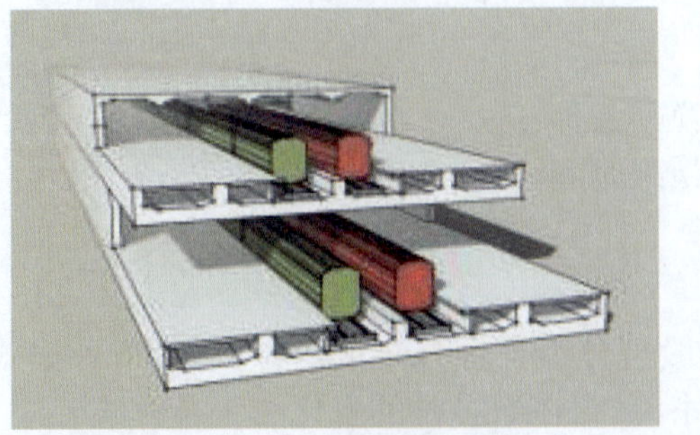	• 区间重叠但采用侧式站台,换乘客流必须通过站厅转换,功能组织不合理,区间实施难度大; • 无价值方案

b. 平行式(表 8-19)。

平行式说明表　　表 8-19

分类	示意图	特点
岛式站台	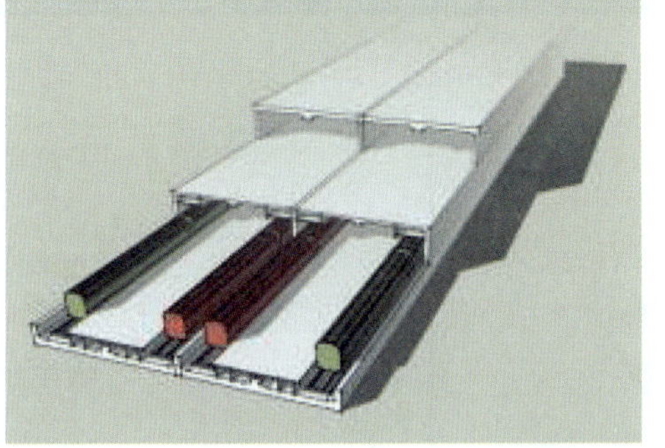	• 两线车站可同步实施，也可分期实施，工程灵活性高； • 不同线路之间同站台换乘，部分客流需要转换站台换乘； • 车站埋深小，有利土建规模； • 高度小，宽度大，空间效果要求高； • 区间线路存在重合段，对线路设计要求较高
	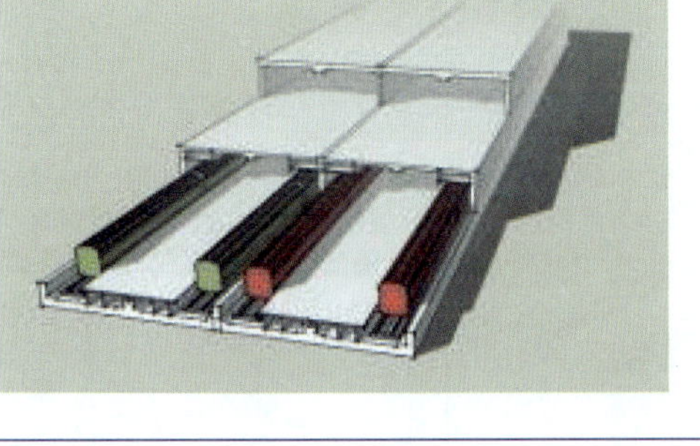	• 两线车站可同步实施，也可分期实施，工程灵活性高； • 两线站台无法互通，只能通过站厅组织换乘，适用于不同票制线路； • 车站高度小，宽度大，对空间效果要求高，影响土建规模
侧式站台	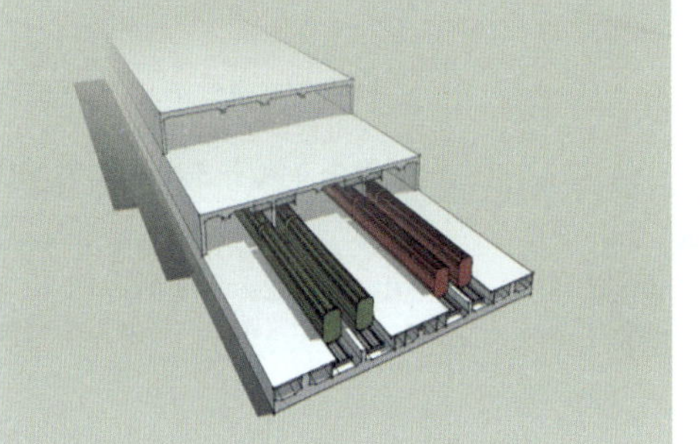	• 两线车站可同步实施，也可分期实施，工程灵活性高； • 不同线路之间同站台换乘，部分客流需要转换站台换乘，对终点车站单向客流组织有利； • 车站埋深小，有利于土建规模； • 高度小，宽度大，空间效果要求高
	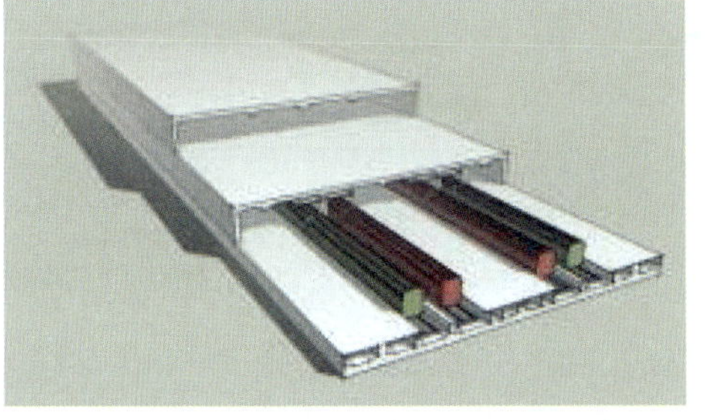	• 区间重合但站台之间不联通，换乘客流必须通过站厅转换，与进出站客流混杂，功能组织不合理，区间实施难度大； • 无价值方案

②双线交汇模式。

a. 十字相交（包括正交与斜交）（表 8-20）。

十字相交形式说明表　　表 8-20

分类	示意图	特点
岛岛十字	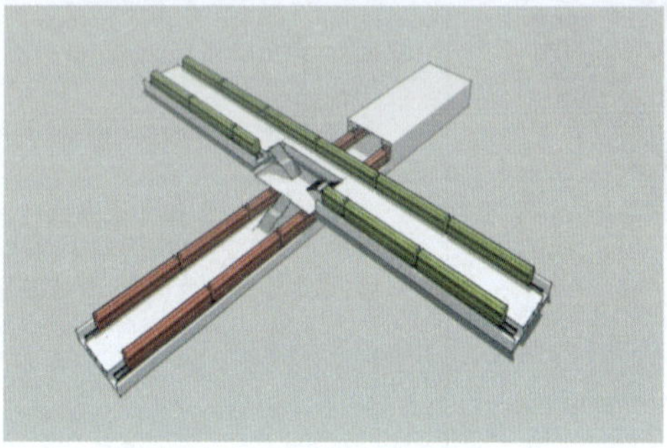	• 同步实施两线车站，车站整合度高，共用站厅公共区； • 换乘距离短，换乘客流均匀； • 换乘节点宽度受站台宽度限制； • 在站台容易出现进出站客流与换乘客流之间互相干扰交织的现象； • 两线线路区间工法简单易于实施
岛侧十字	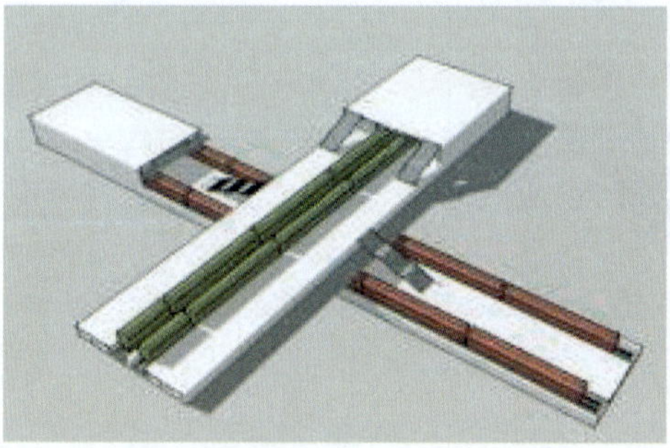	• 同步实施两线车站，车站整合度高，共用站厅公共区； • 换乘方便，换乘距离短，换乘客流均匀，相互干扰较小，尤其适用于侧式车站为终点站的情况； • 侧式站台车站存在换乘客流过轨更换站台情况； • 侧式站台对区间工法影响较大
	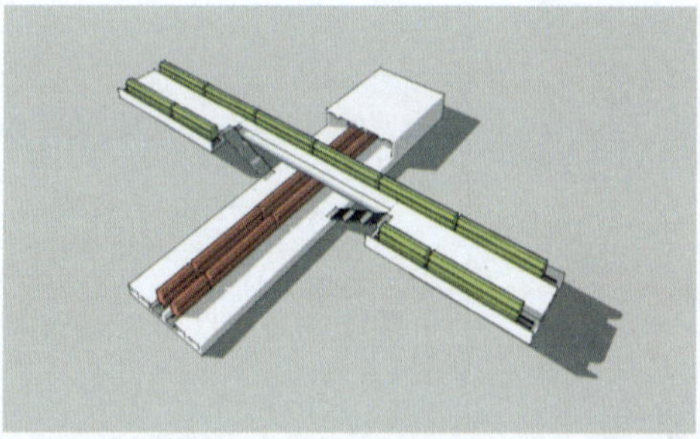	• 同步实施两线车站，车站整合度高，共用站厅公共区； • 换乘方便，换乘距离短，换乘客流均匀，相互干扰较小； • 侧式站台车站换乘客流过轨更换站台对岛式站台客流影响较大； • 底层侧式站台对区间工法影响较大
侧侧十字	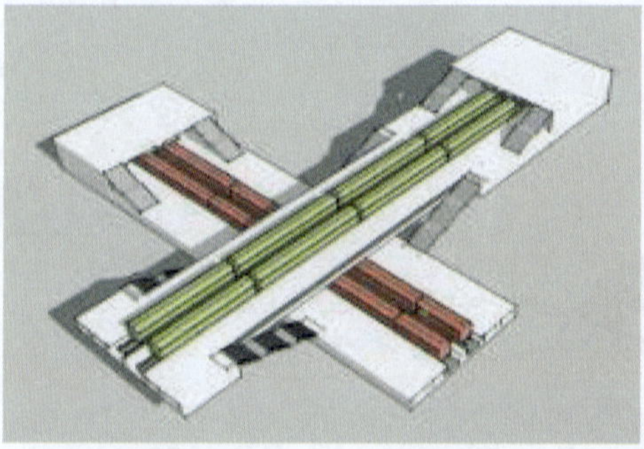	• 同步实施两线车站，共用站厅公共区，车站规模大，垂直交通设备多，不利于投资建设及运营管理； • 换乘距离短，换乘客流均匀，但两线之间过轨更换站台对导向要求高； • 双线侧式站台对区间工法影响较大

b.T 字相交(包括正交及斜交)(表 8-21)。

T 字相交形式说明表　　表 8-21

分类	示意图	特点
岛岛换乘	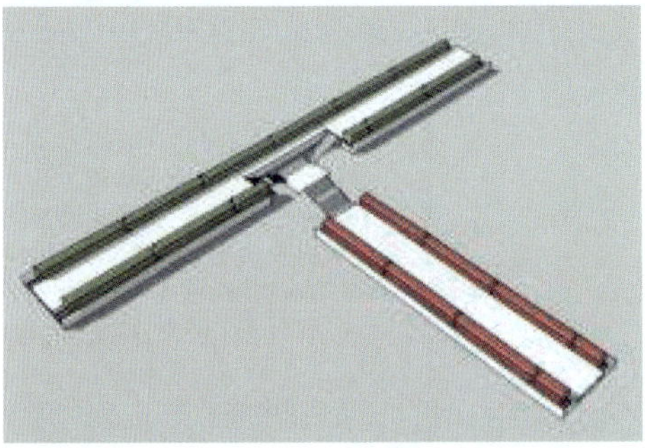	• 两线车站可同步实施,也可分期实施预留节点,工程灵活性高; • 底层车站换乘客流在车站尽端,客流组织不均匀,客流较大时需通过站厅组织换乘客流; • 上层站台有进出站、换乘客流的交汇,对规模与换乘设备要求高
岛侧换乘	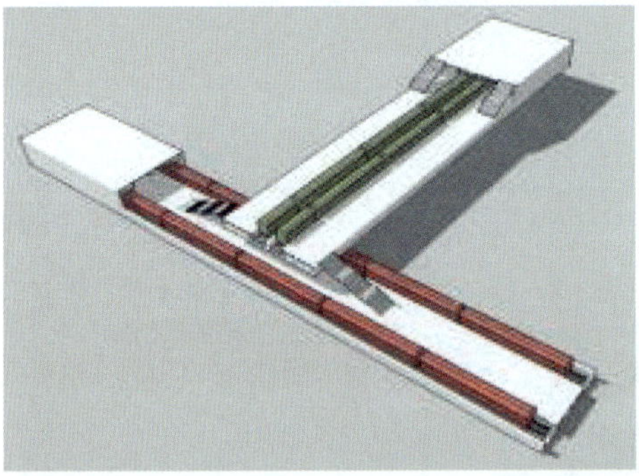	• 两线车站可同步实施,也可分期实施预留节点,工程灵活性高,可调整为换乘功能形式更优的岛侧十字换乘车站,预留条件好; • 两线站台搭接,预留节点规模稍大; • 存在客流过轨更换站台的现象,对导向设置要求高; • 上层侧式站台对区间工法影响大
	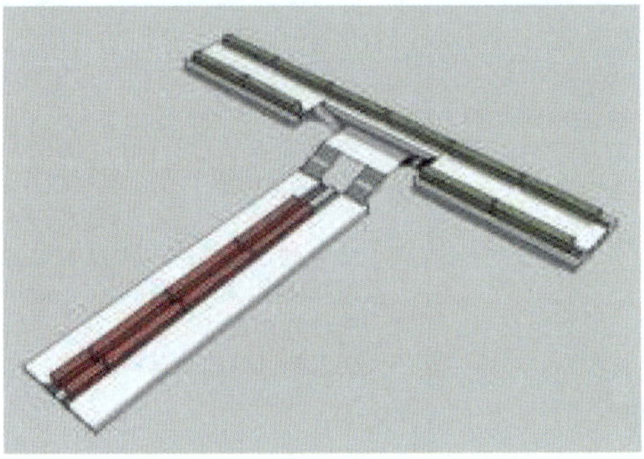	• 两线车站可同步实施,也可分期实施预留节点,工程灵活性高; • 底层换乘客流在车站尽端,客流组织不均匀,客流较大时需通过站厅组织换乘客流; • 侧式车站存在客流过轨更换站台的现象,上层站台存在进出站、换乘客流的交汇,对换乘节点规模、换乘设备以及导向设置要求高; • 底层侧式站台对区间工法影响大
侧侧换乘	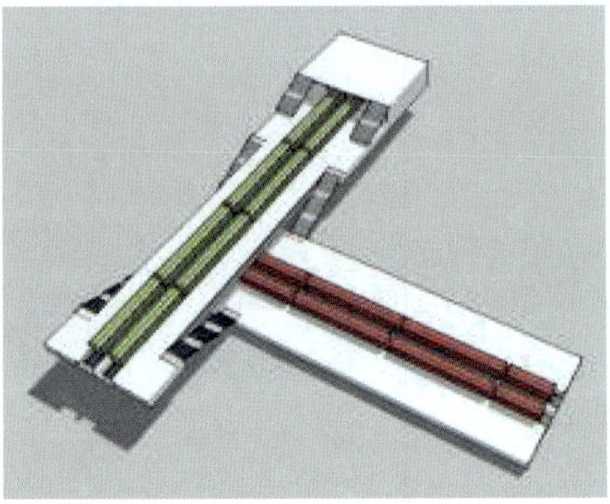	• 两线车站可同步实施,也可分期实施预留节点,但站台搭接预留节点规模大; • 两线车站共用站厅公共区,车站规模大,垂直交通设备多,不利于投资建设及运营管理; • 两线之间过轨更换站台容易在上层车站导致人流聚集,对导向要求高; • 双线侧式站台对区间工法影响较大

c.L 字相交(包括正交及斜交)(表 8-22)。

L 字相交形式说明表 表 8-22

分类	示意图	特点
岛岛换乘	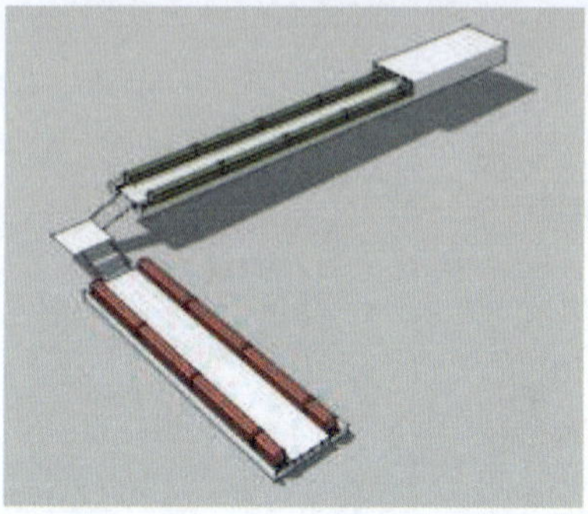	• 两线车站可同步实施,也可分期实施预留节点,工程灵活性高,预留工程量小; • 换乘较方便,但换乘客流不均匀,在站台有进出站、换乘客流的互相干扰,两线换乘集中在车站端头,换乘客流大时,易出现交通“瓶颈”问题,对换乘节点规模要求高
岛侧换乘	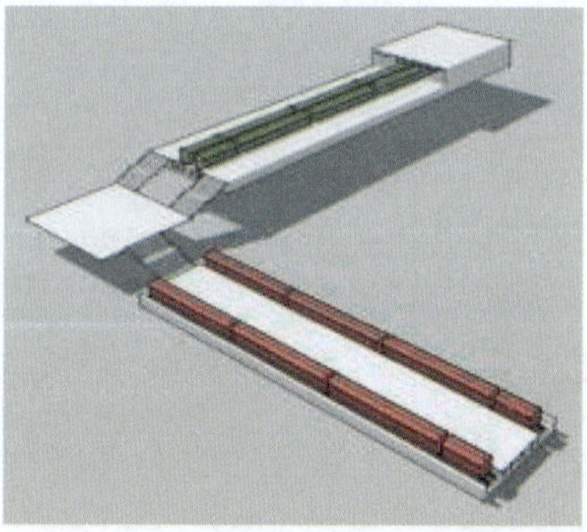	• 两线车站可同步实施,也可分期实施预留节点,工程灵活性高,预留工程量较小; • 两线换乘集中在车站端头,存在客流过轨更换站台的现象,换乘客流大时,易出现交通“瓶颈”问题,对导向指引、换乘节点规模以及下层岛式站台规模有影响; • 上层侧式站台对区间工法影响大
	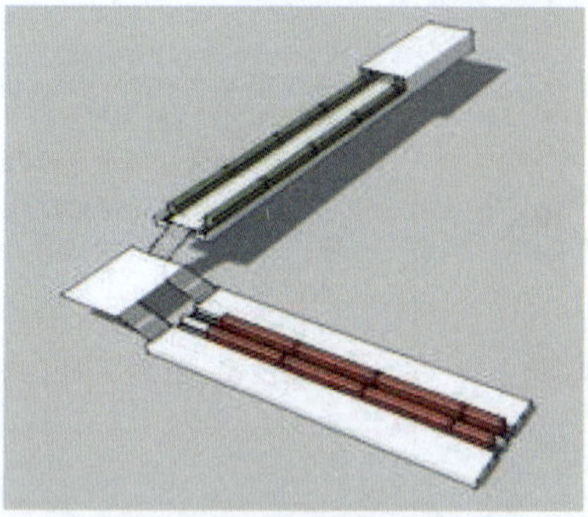	• 两线车站可同步实施,也可分期实施,工程灵活性高,预留节点工程量较小; • 两线换乘集中在车站端头,存在客流过轨更换站台的现象,换乘客流大时,易出现交通“瓶颈”问题,对导向指引、换乘节点规模以及下层岛式站台规模有影响; • 底层侧式站台对区间工法影响大
侧侧换乘	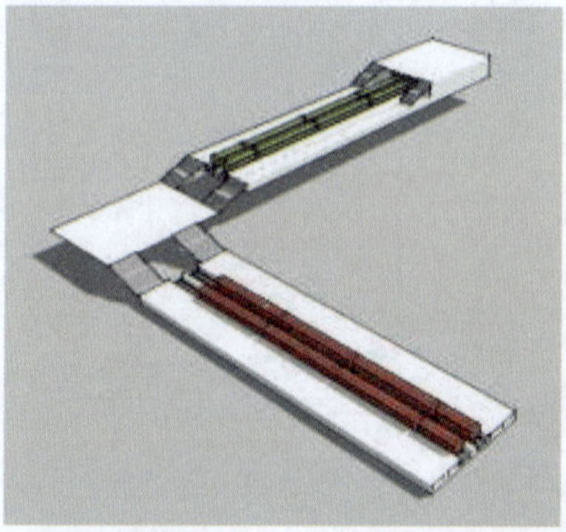	• 两线车站可同步实施,也可分期实施预留节点,预留节点规模大; • 两线车站规模大,垂直交通设备多,不利于投资建设及运营管理; • 两线之间过轨更换站台容易在换乘节点形成瓶颈,对换乘节点规模以及导向指引要求高; • 双线侧式站台对区间工法影响较大

d. 站厅换乘。站厅换乘是指乘客由下车站台经过两线共用的站厅到上车站台进行换乘。乘客下车后，不论是出站还是换乘，都要从站台进入站厅，再根据导向标志出站或进入下一个站台候车。

站厅换乘既可以独立使用，也可在站台人流交织、换乘量较大、站台拥挤的情况下配合其他换乘方式使用。在各线线路分期施工的情况下，从减少预留工程量、降低施工难度的角度出发，宜考虑采用站厅换乘方式。另外，在各种换乘方式中，站厅换乘的弹性最大，适应性最广，使用最为灵活。

在实际运营中，站厅换乘通常作为节点换乘的辅助换乘方式，服务于非主要换乘方向的客流。

站厅换乘的主要缺点是乘客换乘距离较长。

e. 通道换乘。通道换乘是指乘客由下车站台经过两连接通道到上车站台进行换乘。换乘通道连接两个车站的站厅（付费区或非付费区）。两条线路车站距离很近，但又无法合并为一个车站（常见与两条线路建设阶段不同的情况），则可以利用通道换乘方式来构建换乘站。对于两条线路工程分期实施，且后期线路不能完全确定的情况，该换乘方式具有良好的适应性。

通道换乘的主要缺点是乘客换乘距离较长（主要取决于通道长度）。

（2）多线换乘设计形式选择

两条线路之间的空间关系最为简单，即平行或交叉；三条线路之间的空间关系则较为复杂，包括三线平行、两平行一交叉、三线交叉等平面关系，以及空间上的叠线、高架、下穿等形式；四条及以上线路则为以上方式的组合，其形态更为复杂。

四线换乘车站是集中换乘的体现。香港地铁四线换乘车站设计的核心思想是将其功能进行简化，将线路之间不同方向的换乘分解到 2 ～ 3 个换乘车站，即将集中于 1 个换乘车站的高强度换乘客流进行有效化解，化整为零，简化换乘功能，缩小换乘车站体量，以提高乘客换乘效率。

综上所述，多线换乘车站应从源头，即从规划和设计阶段重点把控。首先从网络层面优化换乘关系，理顺线路间的空间关系，尽量做到同期规划、同步设计。针对换乘车站，利用环线、放射线以及棋盘线形成多线换乘枢纽是较理想的方案，该方案可以极大地改善线网的通达性，减少乘客换乘次数。除了火车站、机场、CBD 核心区等重要换乘节点，建议为换乘枢纽瘦身，原则上换乘线路不应多于 3 条，而应从网络层面分散解决，调整为多个换乘车站组合，避免换乘客流过于集中。

同时，在多线换乘车站设计中，应设法将其中换乘客流大的两线在站台解决，即优先采用同站台平行布置方案，第三线采用平行或交叉布置，以改善换乘关系、减少车站埋深、控制车站规模、降低施工难度及风险以及节省工程投资。

轨道交通之间的换乘站中，多线换乘站也经常出现，多线换乘多为以上方式的组合换乘，无法实现站台—站台直接换乘的车站可采用转换层相连，实现站台—转换层—站台换层。经常采用的换乘方式为平行换乘。三线及三线以上的换乘，如“H”“门”“Y”“△”“卄”“川”“卅”等；通过地下广场的更多线换乘，如“☼”。

在实际进行轨道交通枢纽的规划设计时，不会单独采用某种换乘方式，特别是涉及三线以上多条线路相交的换乘枢纽时，单独采用上述某一种换乘方式很难保证实现各个方向的换乘，还会增加换乘设施布置的难度，应根据不同的情况进行上述多种换乘方式的组合，形成综合换乘的布局模式，改善枢纽换乘条件，保证乘客方便快捷地使用，降低工程施工的难度和造价，从而提高枢纽的服务水平。

如在同站台换乘的基础上，结合站厅或通道换乘方式，可以保证各方向都能实现换乘，节点换乘在确定换乘方式后必须结合站厅或通道换乘方式，才能满足换乘需求，站厅换乘辅以通道换乘方式。可缓解高峰时客流换乘，解决客运量比较大的枢纽的换乘难题，并减少预留工程量。通过采用这些组合方式来形成综合换乘，既保证了枢纽具有足够的换乘能力以方便乘客使用，又使得工程实施容易，使车站换乘功能更强大，在使用枢纽时达到满意效果。

多线换乘中也可使用组团概念，即把多条换乘线路进行组团分组，先满足组团内部换乘，再进行组团之间的换乘。

下面以广州市白鹅潭枢纽为实例说明换乘枢纽设计需要考量的因素。

白鹅潭地区处在广佛两市衔接中心区位。规划白鹅潭中心商务区，定位为广佛之心、广州西部面向珠三角的商业中心，与国家中心城市地位相匹配的、高端商贸及服务集聚的、具有国际影响力的商业中心。枢纽的选址有芳村和石围塘两个方案。

白鹅潭片区涉及六条轨道交通线路。

①一号线：市内核心线，已运营线路（设芳村站，联系荔湾、越秀、天河区）。

②十一号线：城市环线，在建线路（设芳村站、石围塘站）。

③二十二号线：南北向市域快线，在建线路（设白鹅潭站，快速连接东莞、南沙新区、广州南站、主城区、白云机场，辐射中山、珠海等周边城市）。

④二十八号线：东西向市域快线，规划线路（设白鹅潭站，快速连接佛山西站、荔湾区、海珠区、第二机场，辐射佛山、东莞等周边城市）。

⑤佛山五号线：佛山市径向骨干线，规划线路。

⑥广佛江珠城际线：规划线路。

枢纽规划布局原则如下。

①满足换乘要求：

a. 换乘便捷性，应作为枢纽规划布局首要目标。

b. 优先保证二十二和二十八号线两条快线的换乘功能，其次保证快线与环线的换乘功能。

②符合区域规划：

a. 应符合白鹅潭片区规划，利于区域开发，形成客流吸引。

b. 应考虑地块开发和拆迁计划，不得影响地铁实施计划。

③工程方案可行。方案可行性应包括线路可行性、区间可行性、建筑结构可行性。

④其他因素。应包括拆迁难度及建设时序，交通疏解，铁路、城际等外部条件。

根据上述因素，共完成了两大类枢纽布局方案。

布局方案 1（图 8-36）

芳村站为四线换乘站，分别为已运营一号线、在建十一号线和二十二号线、规划二十八号线；石围塘站为三线换乘站，分别为在建十一号线、规划佛山五号线和广佛江珠城际线。

①从线网功能层面分析。

a. 市域快线（二十二号线、二十八号线）与一号线联系更为紧密，对于南沙、广州南站周边、佛山等区域快线客流快速到达广州核心区更为有利。

图 8-36 布局方案 1 示意图

b. 市域快线与广佛江珠城际线没有直接换乘，考虑到二十二号线和二十八号线两条快线自身已联系周边佛山、东莞、中山、珠海等城市，具备一定的城际线功能。

c. 广佛江珠城际客流东进广州东部（第二机场）、北上白云火车站需多换乘一次，对其服务相对不利（初步估算约 3000 ～ 5000 人 /d）。

d. 两布局分别形成三线、四线换乘，布局均匀。

e. 二十二号线具备过江继续北延去白云机场的条件。

图 8-37 为线路路由示意图。

②周边规划、土地收益层面分析。

a. 芳村站站点位于白鹅潭国际商业中心（广州西部门户）的核心区域。

b. 该中心区域的形成需要多条轨道交通服务，特别需要市域快线，满足南沙、广州东部、佛山、东莞客流交互需求，对商业中心形成和发展具有重要意义。图 8-38 为区域规划示意图。

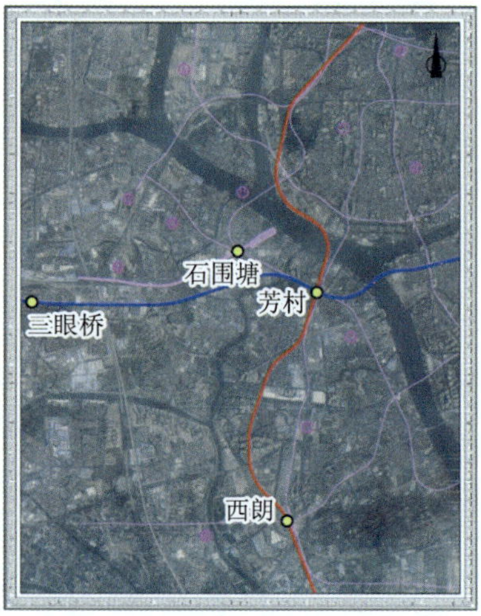

图 8-37 线路路由示意图

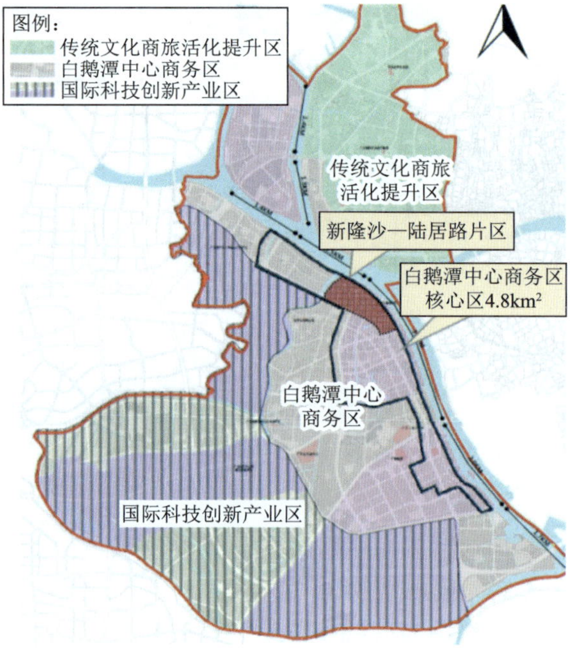

图 8-38 区域规划示意图

芳村站站点周边土地收储和地区拆迁安置工作在全面开展中；其中作为创新区起步地块的新隆沙—陆居路片区已开展控规深化工作。如图 8-39 所示。

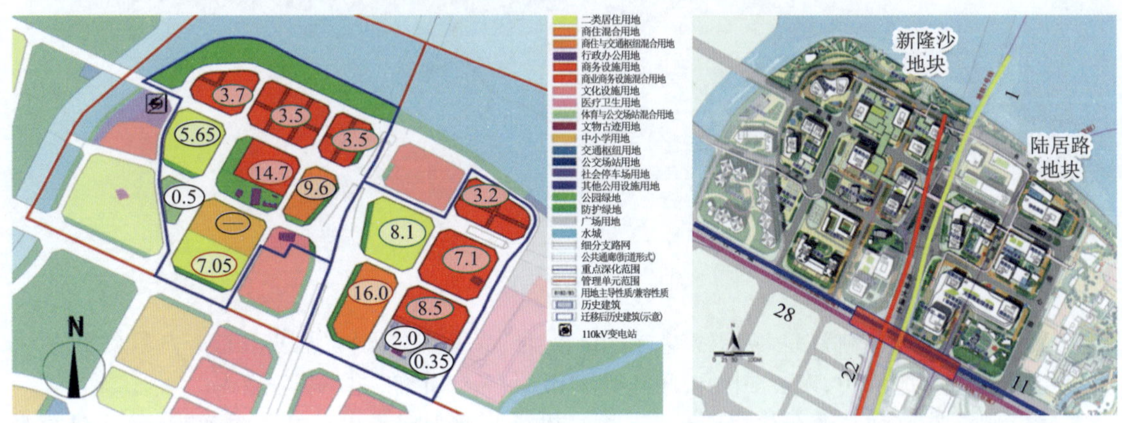

图 8-39 周边控规示意图

③具体站位方案、工程实施层面。

二十二号线路由大致呈南北走向，十一号线路由大致呈东西走向，共布置了四种方案。如图 8-40 所示。

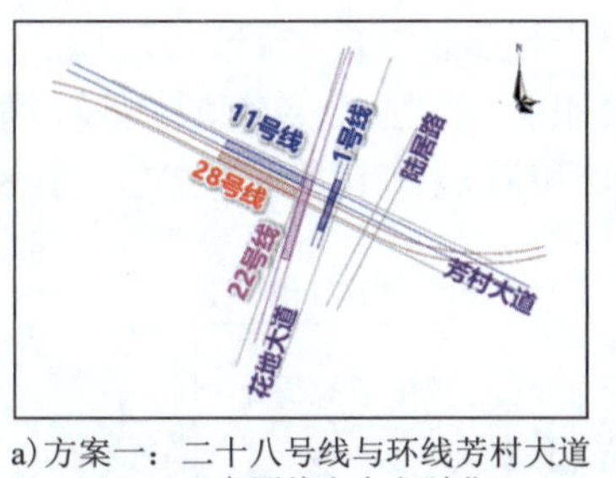

a) 方案一：二十八号线与环线芳村大道双岛四线方案(西侧)

b) 方案二：二十八号线与环线位于花地大道两侧方案

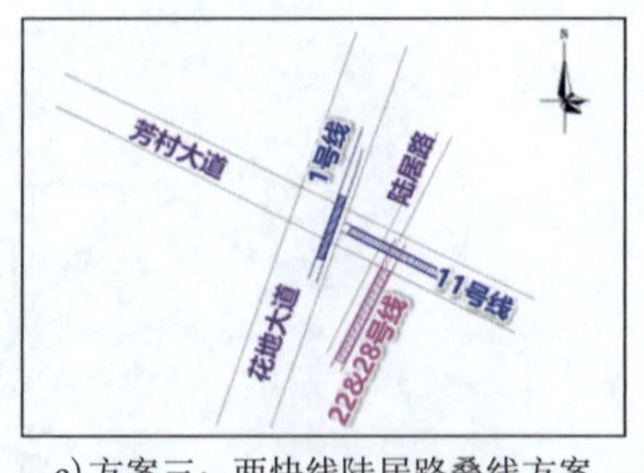

c) 方案三：两快线陆居路叠线方案

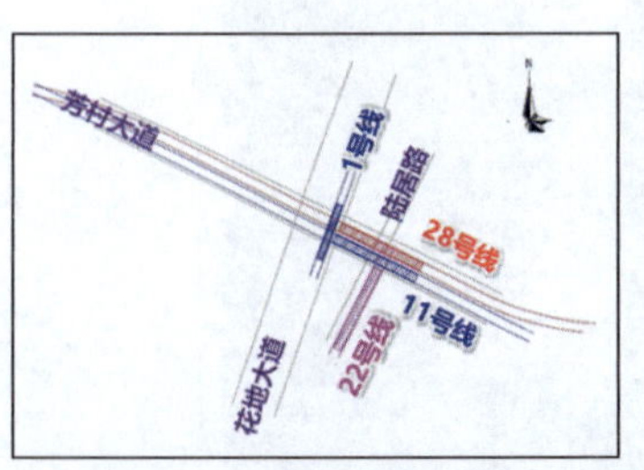

d) 方案四：二十八号线与环线芳村大道双岛四线方案(东侧)

图 8-40 站位方案示意图

布局方案 2（图 8-41）

芳村站为两线换乘站，分别为已运营一号线、在建十一号线；

石围塘站为五线换乘站，分别为在建十一号线和二十二号线、规划二十八号线、佛山五号线以及广佛江珠城际线。

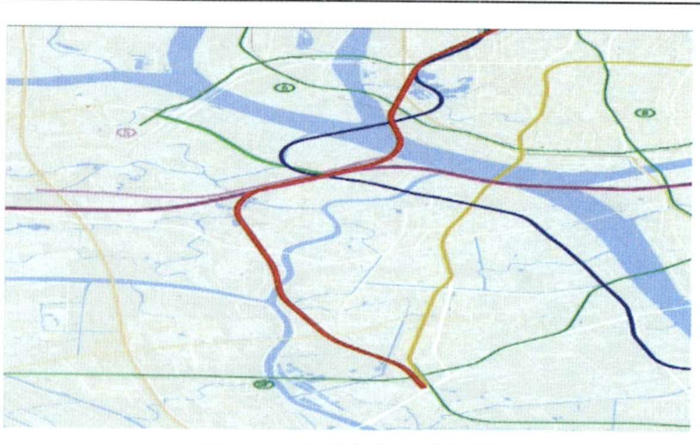

图 8-41　布局方案 2 示意图

①线网功能层面。

a. 市域快线（二十二号线、二十八号线）与广佛江珠城际线联系更为紧密，可满足广佛江珠继续北上白云站以及东进第二机场的客流需求，形成含城际客流的大枢纽。

b. 该布局快线与一号线的联系相对较弱（相较于布局方案 1），对于快线客流快速到达广州核心区方面相对不利。

c. 南沙、广州东部、佛山以及东莞客流需多换乘一次可达白鹅潭商业中心，对白鹅潭中心（西部门户）的形成支撑不足。

d. 二十二号线具备过江继续北延去白云机场的条件。

对于布局方案 1 和方案 2，二十二号线均具备北延条件，过江后北部路由方案基本相同。如图 8-42 所示。

②周边规划、土地收益层面。

a. 站点位于白鹅潭国际商业中心相对外围区域，花地河西侧。

b. 规划站点周边以商住、商业及公园绿地为主，且两快线斜向切割地块较大，制约远期地块规划。

c. 无详细片区规划，周边未征地。如图 8-43 所示。

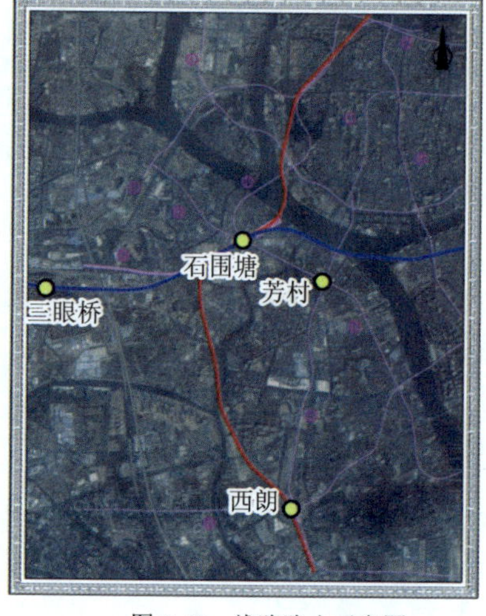

图 8-42　线路路由示意图

图 8-43　周边规划示意图

③具体站位方案、工程实施层面，如图 8-44 所示。

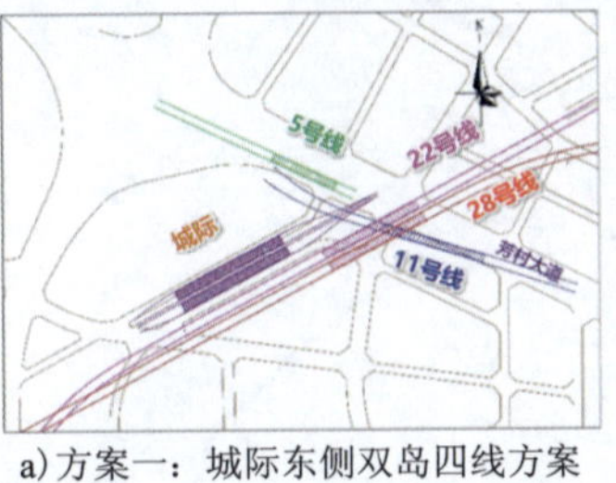

a)方案一：城际东侧双岛四线方案

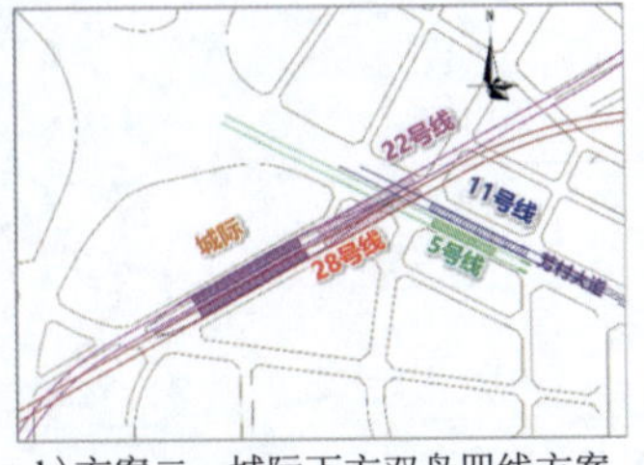

b)方案二：城际下方双岛四线方案

图 8-44 站位方案示意图

白鹅潭枢纽布局方案比选如表 8-23 所示。

方案比选表 表 8-23

	布局方案 1（芳村四线，石围塘三线）	布局方案 2（芳村两线，石围塘五线）
方案描述	芳村站为四线换乘站（一、十一、二十二、二十八号线）； 石围塘站为三线换乘站（十一号线、佛山五号线、广佛江珠城际线）。	石围塘站为五线换乘站（十一、二十二、二十八号线、佛山五号线、广佛江珠城际线）； 芳村站为两线换乘站（一、十一号线）。
方案布局	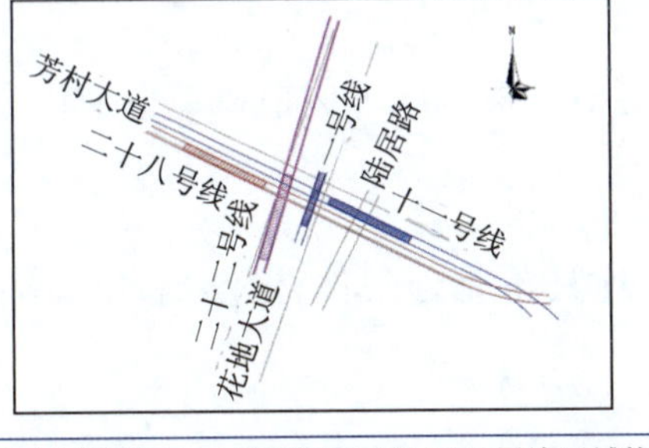	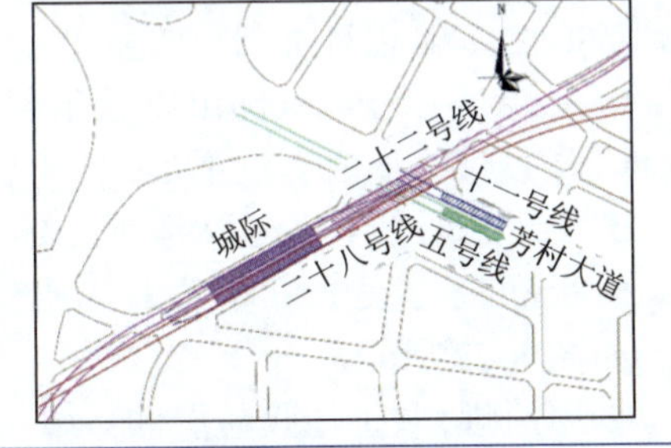
线网功能层面	（1）市域快线与 1 号线联系紧密，对于周边区域快线客流快速到达广州核心区更为有利； （2）市域快线与广佛江珠城际线没有直接换乘，考虑到二十二号线和二十八号线两条快线自身已联系周边佛山、东莞、中山、珠海等城市，具备一定的城际线功能； （3）该布局分别形成四线、三线换乘，布局均匀	（1）市域快线与广佛江珠城际线联系紧密，可满足广佛江珠继续北上白云站以及东进第二机场的客流需求，形成含城际客流的大枢纽； （2）该布局快线与一号线的联系相对较弱（相较于布局方案 1）
区域规划层面	（1）芳村站点位于白鹅潭国际商业中心的核心区域，与规划的协调性相对较好； （2）周边土地收储和地区拆迁安置工作在全面开展中，其中新隆沙 - 陆居路片区已开展控规深化工作	（1）石围塘站点位于白鹅潭国际商业中心相对外围区域，轨道交通切割地块较大，与规划协调性相对较差； （2）周边暂无详细片区规划和近期土地收储计划
建设规划符合性 层面	（1）二十二号线终点站位于芳村，与国家发改委批复的第三期建设规划相符； （2）十一号线和二十二号线站位均与省国土厅批复的选址相符	（1）二十二号线终点站位于石围塘，与国家发改委批复的第三期建设规划不符，需调整建设规划； （2）十一号线和二十二号线站位均需调整省国土厅批复选址
车站、区间拆迁	主要涉及红棉苑、车站周边；11 号线部分征拆工作已推进	主要涉及芳村跨线桥、芳村茶叶市场、货运铁路（拆迁协调难度大）
建设时序受控因素	远期二十八号线建设对其他线的影响最小、有利于初期预留（预留工程废弃的风险最小）	（1）城际工期计划； （2）跨线桥、货运铁路拆迁计划；三号线、二十二号线建设规划调整
是否推荐	推荐	

在具体的换乘站布局上，将芳村站换乘的四条线路两两分组，二十二号线和二十八号线为一个组团（均为 160km/h 等级快线），十一号线和一号线为一个组团，两者站厅净高不同，通过高差自然形成两个组团。两个组团之间的换乘客流通过换乘大厅的三组楼扶梯组织。如图 8-45 所示。

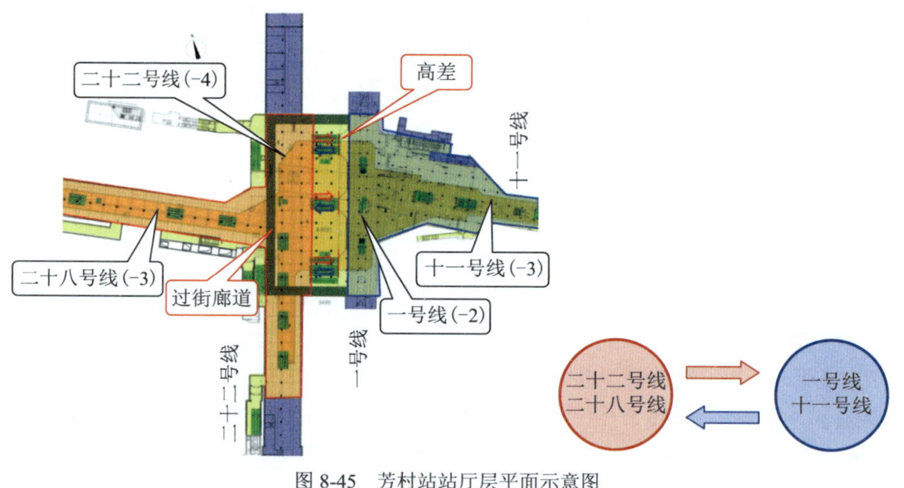

图 8-45　芳村站站厅层平面示意图

2）换乘方式的选择

任何换乘方式的选择都是以满足换乘客流功能需要为先，同时还要考虑修建时序影响预留接口的设计，尤其在节点换乘与站厅（通道）换乘之间的选择上起关键作用，如果其中一条线为远期建设线路，换乘方式可选择站厅（通道换乘），或部分换乘站已经先期建设或设计，预留条件有可能对本线及规划线的方案产生制约。

按照乘客换乘距离、客流缓冲能力、施工技术难度、分期建设难度四项评价目标，对上述集中换乘方式进行对比，如表 8-24 所示。

换乘方式评价对比　　表 8-24

换乘方式	乘客换乘距离	客流缓冲能力	施工技术难度	分期建设难度
同台换乘	最短	最小	较大	较大
节点换乘(十，T，L)	较短	较小	较小	较小
站厅换乘	较长	较大	较小	较小
通道换乘	较长	较大	较小	较小

在实际应用中，换乘站所采用的往往是以上几种换乘方式的组合。主要有以下四个方面原因。

①为使所有去向的乘客均能实现换乘。例如，同站台换乘方式需要配合其他换乘方式才能满足所有方向换乘的需求。

②分去向引导客流，避免不同换乘方向的客流在站内的行走路线产生交叉干扰。

③提高换乘能力。例如，在十字岛岛换乘方式中，站台楼梯的通行能力有限，因此部分采用岛岛换乘的车站仍然需要辅以站厅或通道换乘方式，才能满足换乘能力需求。

④减少预留工程量，降低分期建设难度。

总的来说，轨道交通换乘方式的选择与线路方向、换乘量、车站埋深、施工技术水平以及经济发展水平等因素都密切相关。对于换乘组织方式的选择和组合，应在远期客运量预测的基础上，根据实际情况选择既能满足换乘需求，又经济节约的方式。

在确定换乘形式和组合方式的过程中，应坚持以人为本的理念，以方便乘客、快捷换乘为目标，设计应保证方便快捷，缩短换乘时间和距离，减少高差。适当将换乘乘客和进出站乘客的分流。当换乘量大时，可将换乘距离适当拉长，使换乘客流的冲击在行进中逐步缓解。同时，应遵循以下原则：满足换乘量的需要，同时考虑结合远期乘客量预测进行设计；对于换乘客流与进出站客流，尽可能做到分离引导；尽量缩短乘客的换乘距离，减少换乘高差快捷直达；设置无障碍设施、导向标志系统以及各种信息显示屏努力提高服务水平。

3）换乘车站静态评价体系

随着城市轨道交通网络的大力建设，网络换乘节点数目激增，而换乘站的设计、建设和运营管理水平直接影响城市轨道交通的整体运营效益。

截至2018年12月28日，广州地铁运营的一号线、二号线、三号线、四号线、五号线、六号线、七号线、八号线、九号线、十三号线、十四号线、二十一号线、知识城线、广佛线和APM线，其中换乘站31座（含APM），1座三线换乘站点（嘉禾望岗），30座两线换乘站，节点换乘车站12座，同站台换乘3座，通道换乘6座，站厅换乘8个，出闸换乘2个。具体换乘方式如表8-25所示。

换乘方式 表8-25

序号	站　点	线路A	线路B	线路C	换乘方式
1	嘉禾望岗站	广州地铁一号线	广州地铁三号线	广州地铁十四号线	同站台换乘，站厅换乘
2	西塱站	广州地铁一号线	广佛地铁		通道换乘
3	黄沙站	广州地铁一号线	广州地铁六号线		通道换乘
4	公园前站	广州地铁一号线	广州地铁二号线		节点换乘
5	东山口站	广州地铁一号线	广州地铁六号线		通道换乘
6	杨箕站	广州地铁一号线	广州地铁五号线		通道换乘
7	体育西路站	广州地铁一号线	广州地铁三号线		站厅换乘
8	广州东站	广州地铁一号线	广州地铁三号线		通道换乘
9	广州火车站	广州地铁二号线	广州地铁五号线		站厅换乘
10	海珠广场站	广州地铁二号线	广州地铁六号线		节点换乘
11	石壁站	广州地铁二号线	广州地铁七号线		站厅换乘
12	广州南站	广州地铁二号线	广州地铁七号线		站厅换乘
13	昌岗站	广州地铁二号线	广州地铁八号线		节点换乘
14	南洲站	广州地铁二号线	广佛地铁		节点换乘
15	珠江新城站	广州地铁三号线	广州地铁五号线		节点换乘
16	燕塘站	广州地铁三号线	广州地铁六号线		节点换乘
17	天河客运站	广州地铁三号线	广州地铁六号线		站厅换乘
18	广州塔站	广州地铁三号线	广州地铁APM线		出闸换乘
19	汉溪长隆站	广州地铁三号线	广州地铁七号线		通道换乘
20	客村站	广州地铁三号线	广州地铁八号线		节点换乘
21	高增站	广州地铁三号线	广州地铁九号线		站厅换乘
22	林和西站	广州地铁三号线	广州地铁APM线		出闸换乘
23	沥滘站	广州地铁三号线	广佛地铁		节点换乘
24	车陂南站	广州地铁四号线	广州地铁五号线		节点换乘

续上表

序号	站　点	线路 A	线路 B	线路 C	换 乘 方 式
25	大学城南站	广州地铁四号线	广州地铁七号线		节点换乘
26	万胜围站	广州地铁四号线	广州地铁八号线		节点换乘
27	坦尾站	广州地铁五号线	广州地铁六号线		站厅换乘
28	区庄站	广州地铁五号线	广州地铁六号线		站厅换乘
29	鱼珠站	广州地铁五号线	广州地铁十三号线		节点换乘
30	沙园站	广州地铁八号线	广佛地铁		同站台换乘
31	镇龙站	广州地铁十四号线	广州地铁二十一号线		同站台换乘

广州地铁换乘站中，换乘量前三的站点分别为体育西路、珠江新城、嘉禾望岗站，其中体育西路站在周五的乘降量达到 77 万人次，换乘量 49 万人次。

对换乘站除了从工程经济方面的分析论证，更需要通过换乘站客流特征分析，从乘客使用角度对换乘站的设施功能建立评价指标体系，明确各个换乘设施的核算标准，并得出适宜于乘客需求的指标评价标准，通过静态、简化的计算方法，充分体现了换乘客流动态、复杂的使用效果。

换乘评价体系中，应首先核查换乘线路的运能匹配性。

轨道交通换乘站是两条相交线路的交点，换乘站的正常运营需要相交线路的运输能力与换乘客流需求相匹配，否则，将会导致换乘客流滞留在站台，当滞留站台人数过多时，就必然导致站台拥挤，危及安全。换乘站对运输能力的要求更高于一般车站，由于付费区内换乘形式，使得只要线路正常运营就必然有换乘客流进入，当运输能力紧张时，无法像一般车站通过站台限流等运营措施缓解，因此对线路的运输能力匹配性的要求更高。

尽管线路运能的不匹配，不能从换乘设施的设计上去解决，但该问题的确是轨道交通网络化运营的风险，因此有必要在车站设计中将此问题纳入考虑范围内，提前预警有可能出现的运营风险，进而对线路的运力配置、运营组织甚至线网规划上提出相应要求。

如果运能不匹配的话，换乘客流的引入对运能较小的线路的冲击一般较大，易造成换乘站严重拥堵，甚至发生事故。

（1）站台宽度需要考虑乘客滞留

在《地铁设计规范》（GB 50157—2013）中，车站站台宽度主要是按照高峰小时最大上、下客量来计算的，并未考虑乘客滞留和积压现象。对于运能不匹配的换乘站，应考虑高峰时段的乘客滞留情况，适当加大站台宽度。

城市轨道交通换乘站的站台客流随列车的到达呈现脉冲式的分布规律，对 A 线 H 站而言，在超高峰时段的某些发车时间间隔内，单个行车间隔内换入该站的冲击换乘客流 Q_μ 大于按超高峰时段 A 线发车对数来平均计算的换乘客流 Q_h。因此，将在 A 线单个行车间隔内，冲击换乘客流 Q_μ 与平均换乘客流 Q_h 的比值，定义为 A 线 H 站所承受的换乘客流冲击系数 μ_{AB}。

设 H 站为 B 线和 A 线相交的两线换乘站，B 线为行车间隔大（b min）的线路，A 线为行车间隔小（$a$min）的线路，b 为 a 的整数倍，B 线换乘到 A 线，则 A 线 H 站的换乘客流冲击系数为 $\mu_{AB}=b/a$。

当 a 与 b 的比值 a/b 较大时，考虑最不利情况，有 2 趟或 n 趟 B 线列车换乘客流由 1 趟

A 线列车全部接收，按照上述冲击系数计算公式计算是合理的。但是当 a/b 较小时，2 趟 B 线列车换乘客流由 1 趟 A 线列车全部接收这种最不利情况发生的概率较小，a/b 越接近 1 时，这种最不利情况发生的概率越小。因此，当 a/b 较小时，如 $1<a/b<1.2$ 时，虽然 A 线 H 站的换乘客流冲击系数 μ_{AB} 的理论范围是 $1<\mu_{AB}<2b/a$，但是 μ_{AB} 建议取小值，如取 1.1 ～ 1.3。

假设在客流预测中，A 线 H 站在远期超高峰时段每列车的原始站台宽度设计客流值为：上行上车客运量为 Q_{ss}；下行上车客运量为 Q_{xs}；上行下车客运量为 Q_{sx}；下行下车客运量为 Q_{xx}；上行上车客运量 Q_{ss}，包括进站上行客流 Q_{ssd} 以及 B 线换乘到该线的上行客流 Q_{ssh}，即 $Q_{ss}=Q_{ssd}+Q_{ssh}$；同理，$Q_{xs}=Q_{xsd}+Q_{xsh}$；$Q_{sx}=Q_{sxd}+Q_{sxh}$；$Q_{xx}=Q_{xxd}+Q_{xxh}$。A 线 H 站站台宽度计算中的客流取值修正如下：

上行上车客运量修正为 $Q_{ss}=Q_{ssd}+\mu_{AB}\times Q_{ssh}$

下行上车客运量修正为 $Q_{xs}=Q_{xsd}+\mu_{AB}\times Q_{xsh}$

上行下车客运量和下行下车客运量无须修正。

现有的城市轨道交通换乘站站台宽度计算中客流取值存在问题，导致站台宽度计算值不尽合理。基于换乘站客流冲击性特征，给出了城市轨道交通换乘站的换乘客流冲击系数的定义，提出了城市轨道交通两线或多线换乘站的换乘客流冲击系数计算方法，以及换乘站站台宽度计算中客流取值的修正方法。

（2）优化换乘线路行车方案

对于运能不匹配的换乘线路，一方面应错开一定时间到达，充分考虑换乘时间，使得换乘客流到达站台后能快速上车，避免因抢上现象造成人为拥堵；另一方面当换乘客流大时，可以增加开行对数，或者调整交路以减小换乘站的客流冲击。

（3）优化楼（扶）梯等换乘设施布局

换乘楼（扶）梯的位置，不宜设置在站台端部，避免换乘客流集中在站台一端。在换乘楼（扶）梯前方，应考虑一定的乘客等候区，减缓换乘客流与其他流线的干扰和对冲。对于换乘量大的楼（扶）梯，应加大楼梯宽度，不宜采用折叠回头的形式，避免降低人流速度，增加拥堵。

（4）换乘方式选择

当两条运能不匹配的线路采用同台换乘方式时，若换乘量大，容易在站台层及站台层通往站厅的楼（扶）梯造成拥堵，且由于同台换乘方式缺乏换乘通道进行缓冲，客流风险大，存在严重拥堵甚至踩踏等安全隐患。因此对于运能不匹配的两线换乘，尤其是单点换乘时，应尽量避免采用同台换乘。当客流风险大时，一般宜采用节点换乘、通道换乘或两者组合的形式。当换乘站的其中一条线路的运能明显较小时，应优先缓解该线的站台压力，该线的换出客流应采用站台—站台单向换乘的路径（如广州海珠广场站六号线换入二号线），换入客流应采用时间较长的其他换乘路径（如广州海珠广场站二号线换入六号线）。当换乘站的线路之间运能差异较小时，可采用站台—站台双向换乘的方式。当设计为站台—站厅 / 换乘层—站台双向换乘时，对线路运能小的换出客流应采用换乘时间较短的路径，换入客流应采用换乘时间较长的路径。

换乘站评价指标体系及指标标准：基于运能匹配性已经核查的前提下，对一个站的换乘方案评价体系力求采用静态、简化的计算方法，反映动态、复杂的客流使用效果。评价体系包括三个方面（表 8-26）。

评价指标构成　　表 8-26

评价内容	评价指标
换乘便捷性	换乘时间(min)
设施能力适应性	超高峰换乘设施饱和度
短时冲击性	站台人流密度(人/m^2)

①换乘便捷性。换乘便捷与否是影响换乘站服务水平的重要因素，方便、快捷的换乘条件提高了换乘效率，也是换乘站“以人为本”设计思想的重要体现。尤其在成网条件下，换乘站的换乘效率决定了整个网络的运转效率。因此，提高换乘便捷性对于提高轨道交通服务水平、节约出行成本具有重要意义。

适宜的换乘时间为换乘乘客的主观感觉，根据一般经验，乘客换乘时间的可忍受的最大值为 5min，除去候车时间，则适宜的换乘走行时间为 3min。这一标准也与国外地铁发达城市制定的同站台换乘时间不超 60s、非同站台换乘时间不超过 3min 基本吻合(表 8-27)。

换乘时间指标标准　　表 8-27

评价指标	指标标准	描述
换乘时间	<3min	较为适宜的换乘时间，乘客换乘时间的心理惩罚较小

②换乘设施能力适应性。

超高峰饱和度：设施能力适应性是考核换乘设施对换乘客流需求的适应性，借用交通工程学原理，用设施利用的饱和度值来表示。以单位小时的客流需求进行换乘设施能力考核，换乘设施能力应满足高峰小时的最大客流需求，同时需考虑到高峰小时客流分布的不连续、不均衡特性。

从乘客出行的心理角度看，前一批客流应在下一批客流到达时疏散完，即换乘设施对一批客流的疏散时间应小于高峰小时发车间隔。

在超高峰饱和度的计算中，设施每小时通过能力是重要的基础参数，直接影响评价指标的计算结果。目前车站设计中各换乘设施的通过能力采用《地铁设计规范》(GB 50157－2013)的推荐取值，但在使用中，自动扶梯的实际通过能力与设计能力不符，会导致设施能力紧张的情况。结合对有关城市自动扶梯、楼梯、通道等设备的实际通过能力调查校验，提出以下设施通过能力推荐值为可接受状态(表 8-28)。

评价中对设施通过能力的推荐取值　　表 8-28

楼梯推荐取值(人/h)	通道推荐取值[人/(h·m)]	扶梯推荐取值(人/h)
2580	1850	6600

结合实际的换乘站客流调查，并参照交通工程中的道路服务水平标准，提出如下指标标准(表 8-29)。

超高峰饱和度指标标准　　表 8-29

评价指标	指标标准	描述
超高峰饱和度	<1.0	设施能力基本满足需求，在下一批客流到达前可疏散完
	<0.8	能力较好满足需求，且应对客流风险能力高，乘客使用舒适性好

③短时冲击性在。一批客流到达的短时间内，首先带来的是站台人流密度的提高，当人流密度较高时，会心理上感觉不安，同时影响正常走行，而一旦有突发事件发生，容易造成安全事故。因此对换乘量较大，尤其是线路的端点换乘车站，车站的站台规模应适当增大，以

满足乘客适宜的安全空间要求。通过该指标评价可以对站台规模进行校核。

《地铁设计规范》（GB 50157—2013）规定的侧站台人流密度标准为 2 人 /m²，同时参考美国交通运输研究委员会 2003 年修编的《公共交通通行能力和服务质量手册（第二版）》（TCRP100），结合大量的现场实际调查，提出站台人流密度标准应满足 <1.0 人 /m²，在此范围内为可接受状态。

根据前述分析，换乘站评价指标和指标标准如表 8-30 所示。

轨道交通换乘站功能评价体系和指标标准 表 8-30

评价内容	指标	含义	评价范围	指标标准
换乘便捷性	换乘时间	反映换乘路径中的平均走行时间以及辅助设施配备完善程度的影响	所有换乘方向	＜ 3min
换乘设施能力适应性	超高峰饱和度	反映对一批换乘客流的实际疏散时间与发车间隔的关系	所有换乘设施	＜ 1；宜＜ 0.8
短时冲击性	站台的人流密度	反映一批客流达到时，站台有效容纳空间内的人流拥挤情况	换乘路径各端站台	＜ 1 人 /m²

注：考虑高峰小时客流分布的不均衡性，并提高换乘站规模的抗风险能力，指标计算中凡涉及的客流需求量均乘以超高峰小时系数。

以广州为例，采用评分标准（表 8-31）对既有换乘站进行核算，分值基本合理（表 8-32）。

换乘评分标准表 表 8-31

指标	数值	分值	比重
换乘便捷性	≤ 2	5	40%
	2 ～ 3	4	
	3 ～ 4	3	
	4 ～ 5	2	
换乘设施能力适应性	＜ 0.8	5	30%
	0.8 ～ 1	3	
	≥ 1	1	
短时冲击性	＜ 1 人 /m²	5	30%
	1 ～ 1.5 人 /m²	3	
	≥ 1.5	1	
合计	—	—	100%

既有换乘站评分表 表 8-32

站名	换乘便捷性	设施能力适应性	短时冲击性	1 分值	2 分值	3 分值	合计
公园前	1.2	0.3	0.96	5	5	5	5.00
体育西	1.76	≥ 1	1.5	5	1	3	3.20
客村	1.5	1	1.3	5	3	3	3.80
杨箕	4.15	≥ 1	1.8	2	1	1	1.40
昌岗	3.6	0.83	0.9	3	3	5	3.60

广州地铁公园前站：车站位于广州市老城中心繁华商业区，为地铁一、二号线的换乘站。车站采用地下三层正十字换乘方式，一号线沿中山五路东西向布置，二号线沿起义路南北向布置。一号线和二号线均采用一岛两侧的站台形式，一号线一岛两侧站台宽度为

（3.3+12+3.3）m，二号线一岛两侧站台宽度为（3.1+10+3.1）m。公园前站一、二号线均采用一岛两侧的站台形式，负一层为一、二号线共用站厅层，负二层为一号线站台层和二号线设备层，负三层为二号线站台层。两线十字正交，进站客流从中间岛式站台上车，出站及换乘客流由两侧侧式站台下车，选择换乘或直接出站，客流线路无交叉重叠，实现了单向性。一、二号线换乘节点平面图如图8-46、图8-47所示。

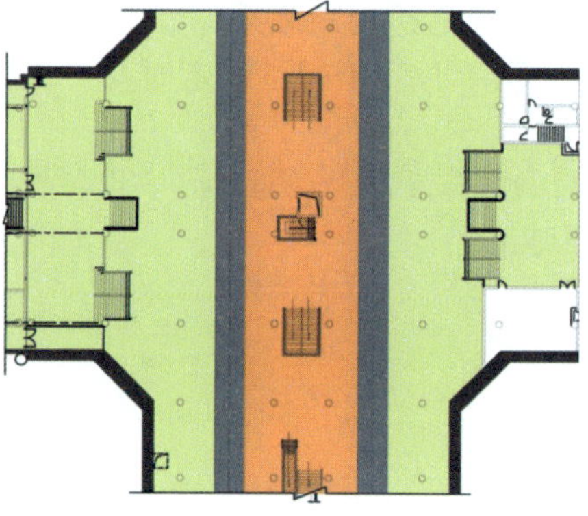

图8-46　一号线换乘节点平面图

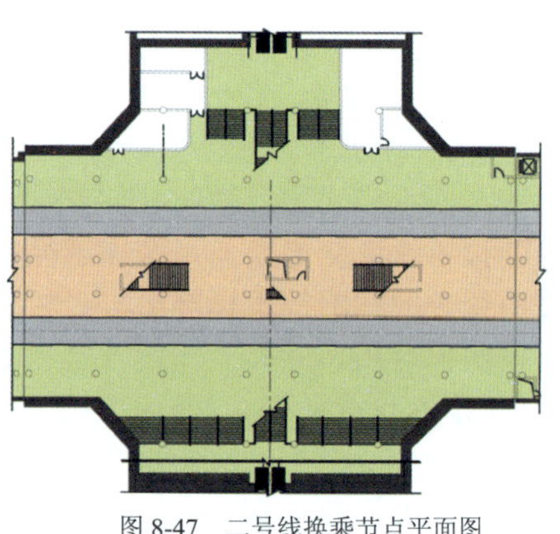

图8-47　二号线换乘节点平面图

车站特点及适用条件：本站最大特点是换乘功能好，进出站及换乘的客流均为单向客流，客流之间不发生交叉，车站公共区宽敞，可分为若干个付费区，中间节点的楼梯及电梯设在非付费区，可以三层共用。一岛两侧站台适用于客流特别大，非高峰时段也有较大客流的车站，且车站上方道路要宽敞，能容下一岛两侧站台加上设备用房的宽度。两线虽不同步建设，换乘节点已在首期工程中实施。

本站虽然换乘评价分值较高，但是换乘节点处服务水平不高，由于没有实现扶梯换乘，无障碍电梯使用有一定局限（从非付费区直接进入付费区）。后续新线设计时要避免同样的问题发生。

8.1.5　机电系统设计

机电系统设计既要考虑城市群及大湾区一体化发展需求对设备互联互通提出的新要求，以及新信息化技术对传统技术架构的颠覆作用，又要高度关注设备选型标准化，避免扩散设备类型，谨慎论证选用成功应用案例不多的新技术，降低技术风险。同时，机电系统设备选型还需要从全寿命周期的角度深入研究思考运营后的维护及系统更新问题。

1）城际互通联运的“一张票”设计

随着城市轨道交通网络快速发展，各轨道交通之间存在多条线路、多个车站的换乘关系，网络化的管理问题日益突出，特别是多个城市线网之间采用何种计费方式，票务如何清分清算，票务票制之间的关系越来越重要。

在线网融合运营环境下，乘客跨城市、跨区域、跨线路乘车，在计费方式上可考虑分段计费和联程计费两种方式。

（1）分段计费

由于不同轨道交通运营主体有各自的建设标准，同一换乘站可能存在轨道交通运营主体不同的情况，每家运营公司可制定各自的票价系统，进行分段计费，即乘客按照乘坐线路的票价政策分别计费，不享受联程优惠。分段计费方式主要适用于非付费区换乘的模式。

（2）联程计费

联程计费即乘客跨城市、跨区域、跨线路乘车时，计费方式按照联程方式统筹考虑。该方式对于非付费区换乘和付费区换乘方式均适用。

在非付费区换乘模式下，为方便单程票的管理，减少单程票的流失，建议对于使用单程票的乘客，出站回收，进站需重新购买单程票进行换乘。对于使用储值票、金融类车票、虚拟车票等非单程票的乘客，建议在规定时间内不同轨道交通进出站联乘可给予优惠措施，乘客在换乘车站 A 线路出站，在本站 B 线路进站，两次刷卡时间不超过规定时间可认为是换乘乘客，享受连续计费。

在付费区换乘模式下，线网内所有车票均可实现“一票直达”的目标，实现各类车票的联程计费，同时，各轨道交通票务系统需遵循以下原则：

①采用统一的线网技术标准。

②车票实现兼用、互用。

③票价、票务政策互认。

④数据共融。

⑤采用统一的清分规则。

（3）粤港珠大湾区“一张票”设计

近年来广州市与佛山市轨道交通正以前所未有的速度进行建设，在“广佛同城化建设”的背景下，2010 年 10 月 31 日广佛首条际城轨道交通线路广佛线（全称：珠江三角洲城际快速轨道交通广州至佛山段，佛山一号线）首通段（魁奇路—西朗段）正式开通运营，广佛线与广州线网之间采用无障碍付费区换乘，采用统一的票价票制体系。目前广佛线由广州地铁公司与佛山地铁公司的合资公司——广佛轨道交通公司负责管理运营。

随着城市轨道交通网络快速发展，目前佛山轨道交通多条线路已投入建设，同时根据建设规划，广州（含广佛线）与佛山轨道交通之间存在多条线路、多个车站的换乘关系，在珠三角城市群协同发展以及广佛同城的背景下，广佛两市轨道交通互联互通的发展需求日益增长，广佛两地票务系统实现联程计费方式，以推进城际清分的建设进程。

随着粤港澳大湾区轨道交通的不断发展，与中山、东莞、清远、惠州等城市轨道交通逐步融合，在有条件的情况下，也应优先实现线网内轨道交通之间联程计费。

城际清分中心可定位为市级清分中心以上的城际票务数据清算中心，实现并不限于以下功能：票务数据清分、交易对账结算、线网 AFC 参数管理、线网车票发行、线网多元化支付入口等功能。初始城际清分中心可由两市轨道交通企业合资组建，作为城际清分中心的投资实施主体，未来城际清分中心可扩展为地区性（粤港澳大湾区）的城际清分中心。

2）通信设计

为适应轨道交通未来线网规划目标的功能需求，通信系统的系统功能应从单一、单线路粗放型运营管理服务向集约化、中心化、线网化运营管理、反恐防灾、治安管控、增值经营、公众告知等全方位服务进行转变。通信系统之间功能类似子系统、设备应有效整合、资源共享，降低运营维护工作量，节能减排。通信外围设备的布置应与车站装修整体搭配，美化车站整体效果。

通过物联网、互联网、泛在互联等技术实现系统之间的互联互通，各系统各单元之间的无缝传递，促进数据的充分流动和集成。有线传输网络可采用基于频分的光传送网（OTN）、工业以太网等先进通信技术，无线接入网可采用 WLAN、长期演进（LTE）、5G、蓝牙等技术，实现高带宽、高稳定性、高可靠性、快速精准的信息传输功能。

通过对乘客大数据分析技术，实现乘客出行属性、服务属性、安全属性、消费属性等精准分析，根据乘客不同阶段的属性特征，并结合乘客出行的服务诉求及精准定位，为乘客提供个性化的“主动式”线上信息推送，实现对乘客全过程的服务关怀、安全提醒以及精准的增值服务推介。通过分析乘客行程偏好，对车站布局、客运流线设计、运输组织等生成预警信息及运营建议；根据乘客群体、个体服务偏好和现场服务特点、风险分析，对整体服务、个性服务、界面完善、乘车环境等生成优化建议；基于乘客行为习惯分析生成相应安全预警信息；针对乘客消费习惯生成相应的生活增值信息。通过精准分析乘客的服务需求，针对不同乘客实现信息个性化的服务。向普通乘客推送天气预报、通勤路径及预计时长、路径拥挤度、线路延误、车站预计候乘时间等信息，特殊时段事件信息推送、商圈活动或文化产品推介等；向旅游乘客推送地铁站点位置、客运站点分布、景点、天气预报等信息；向特殊乘客推送车站无障碍设施、爱心服务提醒等信息。

轨道交通在为乘客带来便捷、节能、环保出行方式的同时，地铁安全应急将面向车站、列车、车辆段、外部区域及线网，涵盖安检、设备设施、客运、外部环境、综治、行车、消防、施工、票务、应急等多项模块业务，运用智能监测、即时预警、态势研判、信息交互等技术手段，共同构建一体化安检、集成式安全、网络化应急的模式机制，形成集约高效的全域立体的安全管控，确保线网安全运营。

3）信号设计

信号系统由正线和车辆基地信号系统组成，正线信号系统的核心是完整、先进的列车自动控制（ATC）系统，它由列车自动防护（ATP）子系统及计算机联锁设备、列车自动驾驶（ATO）子系统和列车自动监控（ATS）子系统等组成，车辆基地采用与正线相同的设备并配备试车线设备、维修和培训中心设备。

信号系统应具有很高的安全性、可靠性和可用性，凡涉及行车安全的设备必须符合故障—安全原则，其安全性指标须满足 SIL4 级的要求。ATS、ATO 等子系统和设备安全性指标须满足 SIL2 级的要求。为支持全自动运行，需具备更高的冗余度，信号各子系统均需保证冗余配置并实现无扰切换。

信号系统的设计应能满足全自动运行的需求，并且具有 UTO（无人值守下列车自动运行）的功能。同时，为降低信号设备故障后对运营的影响程度，信号系统应配置必要的降级控制模式，在系统故障时，保证行车安全和一定的行车效率。

信号系统除了实现 ATC 系统的基本功能外，还应实现列车的休眠和唤醒、无人自动洗车、车门与站台门对位隔离、蠕动驾驶（CAM）模式、工况及鸣笛管理、与人员防护开关联动、与车辆远程控制的联动等功能。

线网信号系统智能运维保障系统基于轨道交通线网生产云平台而建设，各线路信号维护监测系统采集线路信号设备状态信息后，通过线网通信骨干网接入线网信号系统智能运维保障系统。线网信号系统智能运维保障系统在基于安全性、可靠性、灵活性、可扩展性、共享等方面，有效整合维修资源，具有针对性的应用分析，包括实时监控、系统分析 / 评估、数据劣化分析、专家诊断及人工智能设备监控状态识别等功能，大大提高运维保障能力，实现维修资源共享的能力。具体功能如下。

①对信号系统设备状态全生命周期进行动态监测、故障报警。

②数据分析功能：对检测数据、故障数据、维修数据进行阈值分析，判断预警、报警信息，

设备的状态发展趋势分析，并根据数据分析给出维修建议。

③对车载 / 地面信号系统设备服役状态进行检测、评估、诊断及预警。

④建立信号系统设备 RAMS 分析数据库，为信号系统设备的 RAMS 定量和定性分析提供基础。

⑤采集信号网络和维护网络系统状态信息，实现网络系统集中监测。

⑥故障信息、诊断、故障处置指南的推送功能，方便维保人员查看。

⑦信号系统备品备件资产管理功能。

4）监控系统设计

构建全息感知、自动适配人员、设备自动化监控的运营管理模式，提高人力利用效能，实现区域值守、无人值守的运作。

（1）实现设备的智能联控

自动开启出入口，联动视频进行智能巡站，同步唤醒各类服务设备设施并自动检测运行状态，自动调节调整照明模式、环控模式，确保全站进入运营服务状态，生成开站日志推送至车站、控制中心。

（2）实现车站服务的全境管理

采用基于区域化和移动式的综合业务管理，由中心车站对所辖区域各站进行远程监控及设备操作，车站人员可通过移动终端对客运服务、设备运行状态、安全设备设施等进行综合管理。

（3）实现设备设施的智能运维

利用各类智能传感设施全面感知机电系统设备设施的运行情况，通过云计算、大数据分析、预测、预警设备故障，利用数据融合和专家库智能诊断故障，实现设备设施的全生命周期的智能运维。

8.1.6 车辆基地设计

车辆基地作为地铁工程不可或缺的一部分，它是承担车辆停放、整备、运用、检修以及运营管理的重要基地。车辆基地设计应包括车辆段（停车场）、综合维修中心、物资总库、培训中心和其他生产、生活、办公等配套设施。车辆基地设计具有以下特点。

（1）专业多

工点设计包括工艺、站场、路基、桥涵、建筑、结构、通风空调、给排水、低压配电、经济，综合管线、楼宇自动化共 12 个专业；系统设计包括车辆、行车、限界、供电、主变电站、轨道、通信、信号、门禁、FAS、环境与设备监控（BAS）、综合监控、气体灭火、安防、电梯、办公自动化、AFC、防迷流共 18 个专业；对外联系包括地质、规划、国土、燃气、电力、交通、交警、公安、水务、环保、人防、消防、邮电、自来水、园林绿化、防雷所、街道处、拆迁办 18 个部门；如考虑物业开发，还需与房地产商沟通协作。

（2）接口复杂

以上工点设计、系统设计专业间均存在输入输出接口关系。

（3）占地大，投资高

简易停车场一般占地 8 ～ 12ha，普通停车场 10 ～ 16 ha，车辆段 14 ～ 28 ha。车辆基地的投资约为工程总投资的 5% ～ 8%，如含物业开发及采用地下形式，投资可达 10% 以上。

(4)设计复杂

需要 24 个专业互相配合、通力合作;牵涉面广,包括规划、水文、地质和市政管理、交通、供电、给排水、消防、环保以及绿化等诸多方面;包括政府部门、业主和各方面人士都关心、干预,想法多,意见也多,很难统一;设计输入变化多,造成设计返工多;施工配合难度大、设计变更多。专业关系如图 8-48 所示。

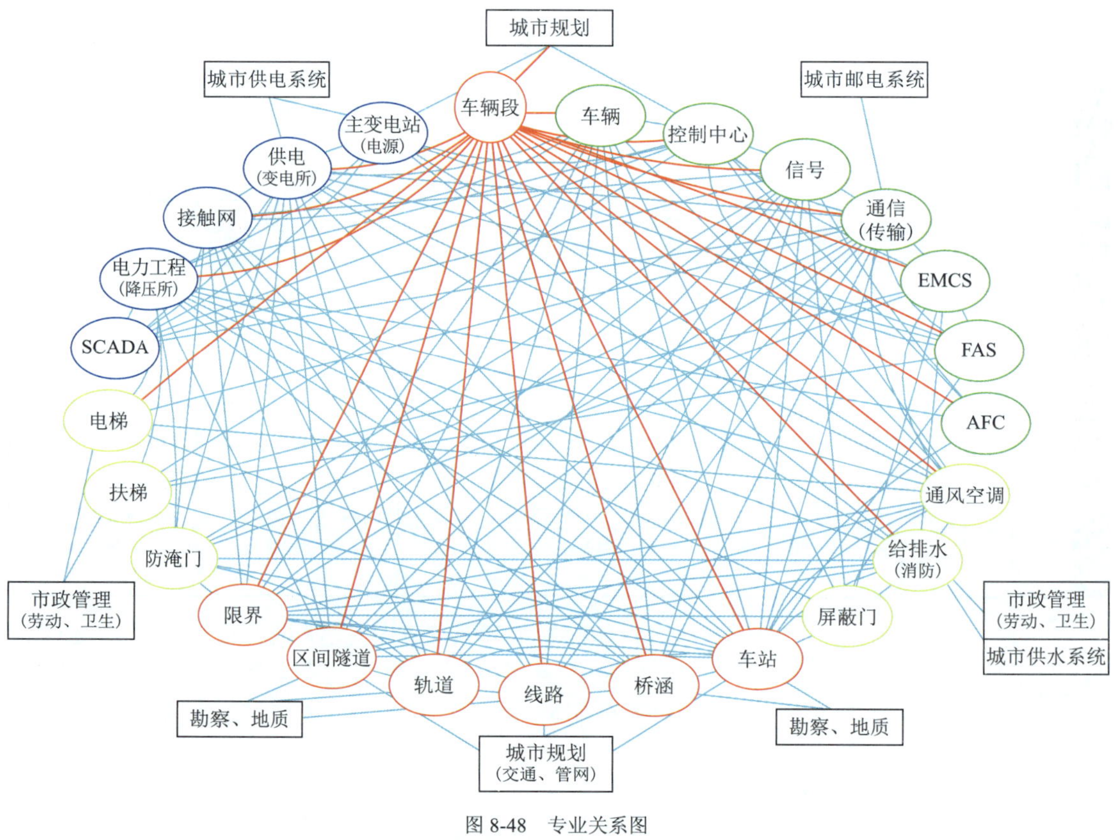

图 8-48　专业关系图

目前国内各大城市轨道交通积累了丰富的建设、运营经验,为设计总结与技术细则的制定提供了宝贵的素材。随着城市发展,轨道交通线网网络化运营需求必将更加多元化、复杂化,因此各大城市轨道交通车辆基地设计应着重从以下七个方面进行考量。

①从运营需求出发,在相关设计规范的基础上,总结建设和运营管理经验的基础上,根据网络建设和发展需求,编制车辆基地设计技术指导细则或企业标准,以指导后续城市轨道交通车辆基地设计工作。

②充分结合运营需求,符合运营相关组织架构、工作分工及工作习惯。车辆基地需要满足运营生产、生活、办公等配套设施。根据运营管理模式及组织架构,一般将生产生活用房分为线网级、线路级和段场级。本着统一调配、方便管理、相对集中、高效利用的基本原则,车辆基地需根据不同的功能定位,合理设置生产生活用房,不仅要满足本线本段的需求,同时需要满足线网的需求。

③车辆基地布局应以提高运营生产作业效率为目标,实现整体运营效益最优。车辆基地总平面布局应根据有利生产、安全和方便管理、方便生活的原则,以车辆段(停车场)为主

体，充分考虑综合基地内各系统的功能和作业特点进行分区或分层布置，力求工艺顺畅、布局紧凑整齐、经济合理，使用和管理方便，避免车辆在段内相互干扰，尽量缩短列车的空走距离。

以车辆基地总平面布局为例。车辆基地的布局分为尽端式、倒装式和贯通式（表 8-33），为避免车辆在段内互相干扰，应将用于车辆日常维修停放和定期维修的股道分开设置，日常维修停放一般组成运用库，定期维修组成检修库。

车辆基地布局形式 表 8-33

形式	尽端式	倒装式	贯通式
概念图	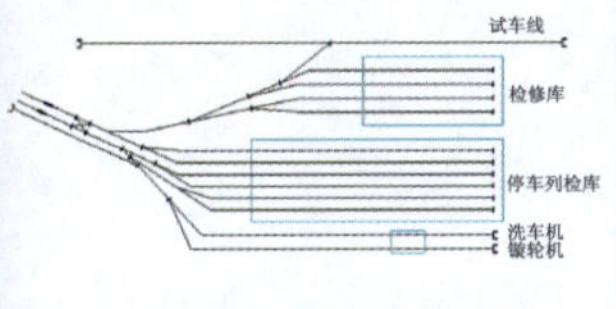 试车线、检修库、停车列检库、洗车机、镟轮机	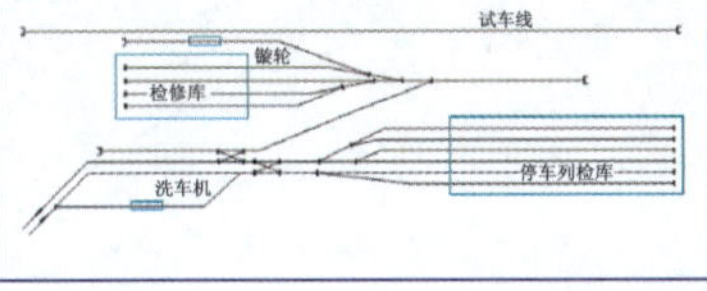 试车线、镟轮、检修库、洗车机、停车列检库	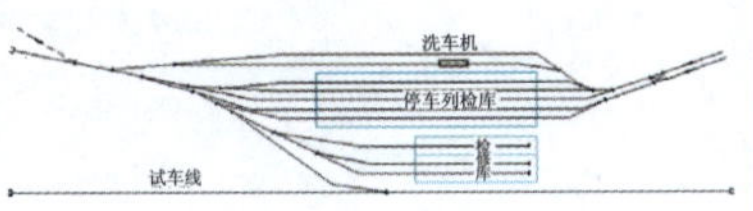 洗车机、停车列检库、检修库、试车线
优点	具备车辆出入段顺畅，段内调车作业较简捷、迂回量较小，车辆段用地车指标小	车辆出入段顺畅，布局紧凑、用地车指标小	具备车辆出入段顺畅，段内调车作业简捷、迂回量小
缺点	调车作业灵活性较贯通式略差	段内调车作业较复杂、迂回量较大	用地面积较大，车辆段用地车指标偏高
选定原则	该布置形式适用于尽端停车库和检修库位置宽大地块，一般要段址长度不小于 900m 左右	该布置形式适用于方形地块，一般要段址长度不小于 1000m 左右	该布置形式适用于两端狭窄、中间宽大地块，一般要段址长度不小于 1300m 左右

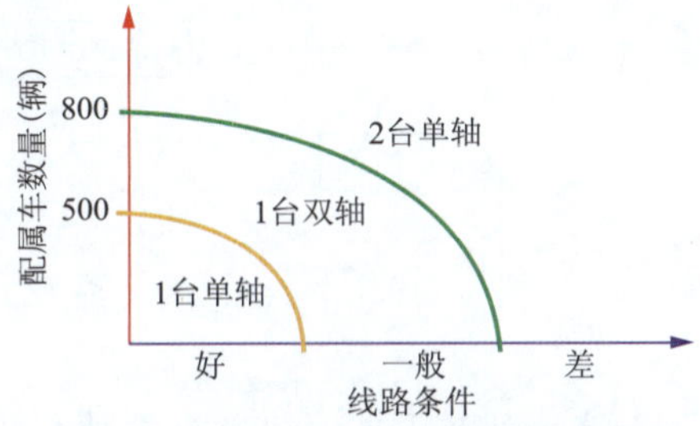

④车辆基地内的检修设备设施应根据运营检修任务量进行核算，保证运营的检修效率。除规范明确具体修程时间的大修、架修、定修、三月检、双周检、日检等以外，如不落轮镟床的设置，应根据线路条件、配属车数等计算出镟床工作量，从而得到镟床配置的数量和型号（表 8-34）。如广州地铁的不落轮镟床与配属车辆数、线路条件配置关系如图 8-49 所示。

图 8-49 车辆基地不落轮镟床配置关系示意图

车辆基地不落轮镟床配置参考值 表 8-34

列车编组	对应全线配属车数（列）					
	线路条件较好			线路条件较差		
	1 台单轴镟床	1 台双轴镟床	2 台单轴镟床	1 台单轴镟床	1 台双轴镟床	2 台单轴镟床
4 辆编组	97	150	194	52	82	104
6 辆编组	65	100	130	35	55	70
8 辆编组	50	75	100	27	43	54

洗车机应根据洗车线设置形式、配属车数、运营对洗车的需求等核算洗车能力。例如广州地铁规定按照三天清洗一次考虑，其洗车机与配属车辆数、洗车线形式配置关系如图 8-50 和表 8-35 所示。

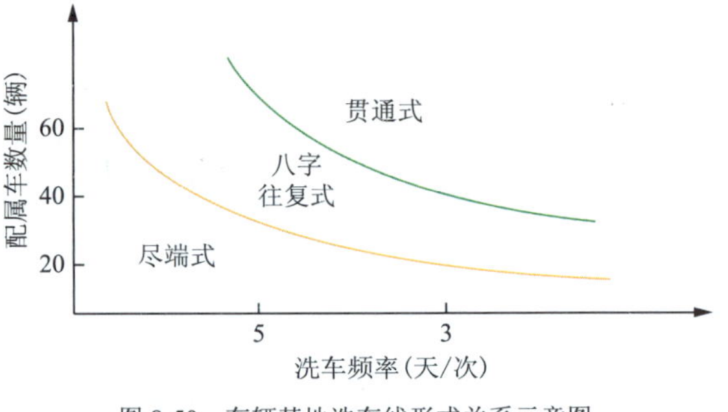

图 8-50　车辆基地洗车线形式关系示意图

车辆基地洗车机配置参考值　　表 8-35

洗车线形式	对应车辆基地最大停车能力(列)	
	设置 1 台洗车机	设置 2 台洗车机
贯通式	60	100
八字往复式	40	70
尽端式	20	35

试车线应根据车辆基地的检修内容、车辆运营速度等设置试车线的长度和数量。如广州地铁对大架修车辆基地、定修车辆基地、配置了镟轮及临修线的停车场均需要设置试车线，对于设计速度为 80km/h、100km/h 和 120km/h（及以上）的列车，其试车线试车速度应不低于 60km/h、70km/h 和 80km/h，试车线的惰行时间按 3 ～ 5s 考虑。

临修线应根据线路条件进行设置，如广州地铁对车辆段及距离本线车辆段超过 35km 的停车场设置临修线。

⑤应从方便设施、设备、管线后期运营维护、更换角度，在设计中充分考虑库房等高大空间检修条件，车辆基地内对于主要管线集中埋管敷设区域宜采用综合管沟或综合支吊架、管线梁、管廊夹层等方式进行整合设计。

以车辆基地内综合管线设计为例。车辆段管线纵多，且车辆段用地较为紧凑，既有的场段大多采用直埋敷设，导致车辆段管线交叉严重，运营后期管线维修维护十分困难。为减少管线直埋带来的重复开挖以及管线间的交叉干扰，同时为提高运营检修维护的便利性，引进了综合管沟相关做法。

a. 对于非上盖开发车辆段。在综合楼、运转楼、运用库、联合检修库、主变电站等主要库房之间，以及出入段线两侧等部位设置综合管沟。强、弱电综合管廊宜分开布置，采用地下综合管沟（盖板沟）的形式。

以广州十四号线邓村车辆段为例。邓村车辆段综合楼与运转综合楼之间有大量管线联络，在综合楼至运转综合楼之间道路北侧设置强电廊道用于整合供电及低压配电管线，强电廊道设置两纵一横。综合楼至周月检库平过道设置弱电廊道用于整合给水、消防管以及通信信号等弱电管线。如图 8-51 所示。

b. 对于上盖开发车辆段。可以参照执行非上盖开发车辆段的综合管廊设计原则；在盖板范围内的综合管廊可采用综合支吊架的形式。

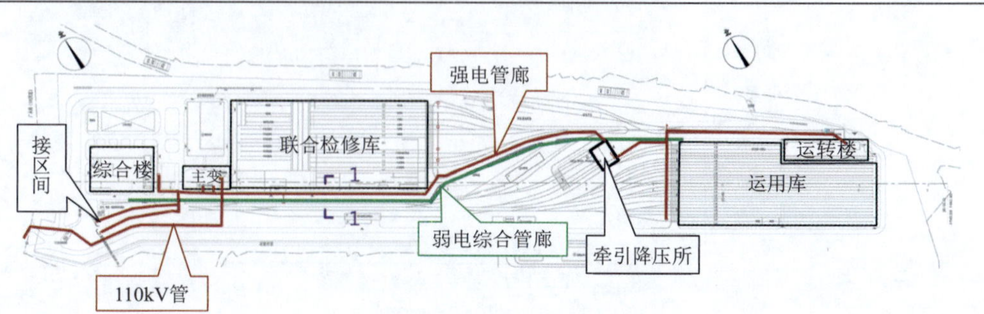

图 8-51 车辆基地内典型综合管沟平面图

对上盖车辆段，盖下区域采用综合支吊架。以广州十三号线官湖车辆段为例。官湖车辆段综合楼至运转综合楼之间有大量管线联络，为优化各专业管线之间布设，自室外地下综合廊道终点起，沿联合检修库西侧及北侧库房外侧，经调机工程车库库咽喉区，至运用库南侧运转综合楼，设置综合支吊架主廊道一条；在运用库平过道及库内消防通道设置两条综合支吊架支线。综合支吊架内设置包括供电管线、低压管线、FAS、BAS、门禁、通信、安防、综合监控、以及喷淋管和冷冻水管等。如图 8-52 所示。

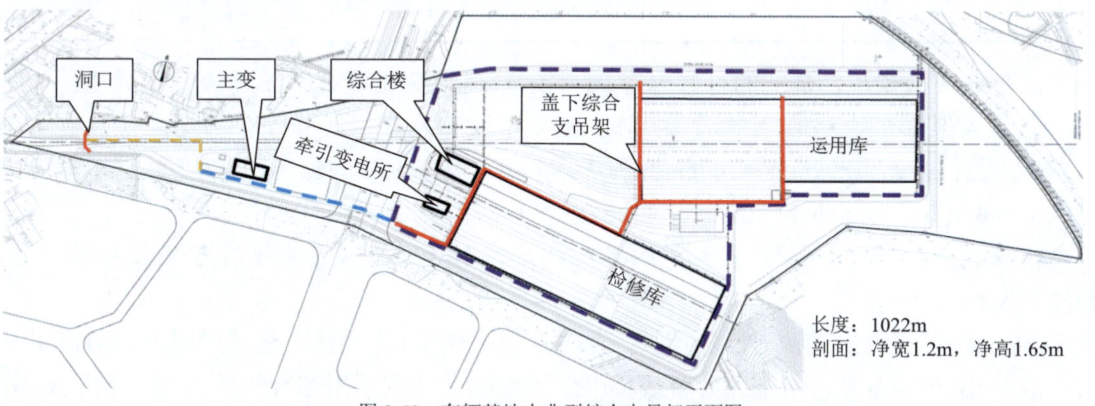

图 8-52 车辆基地内典型综合支吊架平面图

⑥车辆基地设计应考虑今后运营的生活及生产便利性、作业环境舒适性、作业安全性等进行人性化设计。

a. 便利性设计。如为方便员工上下班和工作，车辆基地应设置在靠近地铁站的位置；段内生产办公用房应集中设置，并靠近检修主厂房。为方便运输材料和备品备件，车辆基地应靠近市政道路，并保证车辆基地开通时能够与市政道路接通。根据线路调试和线路连通条件。如有条件，车辆基地应与大铁设置联络线；如无联络线，需保证车辆基地内道路和场地能够满足新车装卸要求。

b. 环境舒适性设计。如南方地区车辆段综合楼邻近库房布置的应设置风雨连廊。对于地面非上盖开发车辆基地的生产厂房，优先考虑设置高窗、通风窗等形式，利用自然通风及对流，满足生产环境要求。对于人员作业集中的场所，设置排气扇、工业大吊扇等，加强局部气流组织；对于检修平台等位置，考虑设岗位空调措施。对于上盖开发段场，运转楼及有人长期办公宜设置在盖板边缘或整合至综合楼。为了不影响盖板下的空气质量，污水处理站尽量不设置在上盖范围内，或设置在盖板边缘，且采取有效的通风和净化措施。库内设有全面机械通风措施。

c. 安全性设计。为保证员工工作安全和环境卫生，污水处理站、垃圾站、蓄电池检修间、易燃品库等有污染和危险的用房应远离检修人员集中区域，车辆基地内应做好安全防护措施：检修主厂房内带电股道应设置供电隔离启闭设备、有无电显示设施；车辆出入库应设置声光警示设施；车顶检修作业平台应设置安全保护分区，并在出入口设置安全防护设施；试车线与周围建（构）筑、有电区和无电区、股道区与非股道区、自动驾驶区和非自动驾驶区、平交道口等应具有安全隔离设施；车辆基地周界应有围蔽设施并满足封闭管理要求；车辆基地内应设置齐全醒目的安全标志；道路应设有限高等设施；有较大高差的地方应设有安全防坠落设施。

⑦从适应及满足全自动运行、智慧运维等发展趋势需求出发，车辆基地设计中应充分考虑全自动驾驶段（场）功能设计，建立全面的车辆状态监测系统、智能化检修流线、智能运维系统等。

在新技术快速发展的今天，新技术已成为业务发展的重要基石。轨道交通行业实施业务驱动和创新驱动策略，推进新技术与轨道交通业务深度融合，为运营安全稳定可控，企业运营高效，实现轨道交通现代化、智能化提供强有力的信息技术支撑。全自动运行和智慧化检修是车辆基地未来的发展方向，车辆基地的设计必须考虑到相关发展的要求。全自动运行车辆基地与常规段（场）对比见表 8-36。

全自动运行车辆基地与常规段（场）对比　　表 8-36

项　目	有人驾驶车辆段（场）	无人驾驶车辆段（场）	新增长度	备　注
停车列检库库内				
两列车之间距离	≥ 8m	≥ 20m	12m	不含车挡长度
库内列车至车挡距离	≥ 3m	≥ 15m	12m	不含车挡长度
横向地下通道	无	6m	6m	库前及库中各设置一处
合计	—	—	30m	
库外				
牵出线安全距离	10m	15m	5m	不含车挡长度

a. 全自动运行车辆基地设计。自动化车辆基地根据驾驶模式的不同可分为全自动驾驶区和人工驾驶区，列车由全自动驾驶区运行至人工驾驶区时，须在信号转换区进行驾驶模式转换。

全自动驾驶系统应具备全自动驾驶功能，以及降级为人工驾驶的功能；

自动化车辆基地应根据工艺流程及库房性质，合理划分自动驾驶区和人工驾驶；

全自动驾驶区应设安全隔离带封闭，出入口处设置门禁系统，其安全防护要求与正线要求相同。

洗车机采用无人值守、远程监控模式，洗车机的控制纳入正线信号联动系统，洗车实现自动控制及人工控制。

工艺设计时，应结合全自动运行系统特点，研究制定自动化作业流程，提高段内车辆部件检修的自动化程度，从而提高作业效率及检修质量。

应结合全自动驾驶的特点，在正线设置在线监测设备或者设置车载监测设备，以减少日常的检修任务，提高列车上线率，减少备用车的数量。

列车进出自动驾驶区域库房的场景如图 8-53 所示。

b. 智慧地铁车辆基地设计展望。未来车辆基地的设计将进一步融合新技术、新工艺、新材料的应用，由计划修逐步转向状态修，建立全面的车辆状态监测系统、智能化检修流线、智能运维系统等。

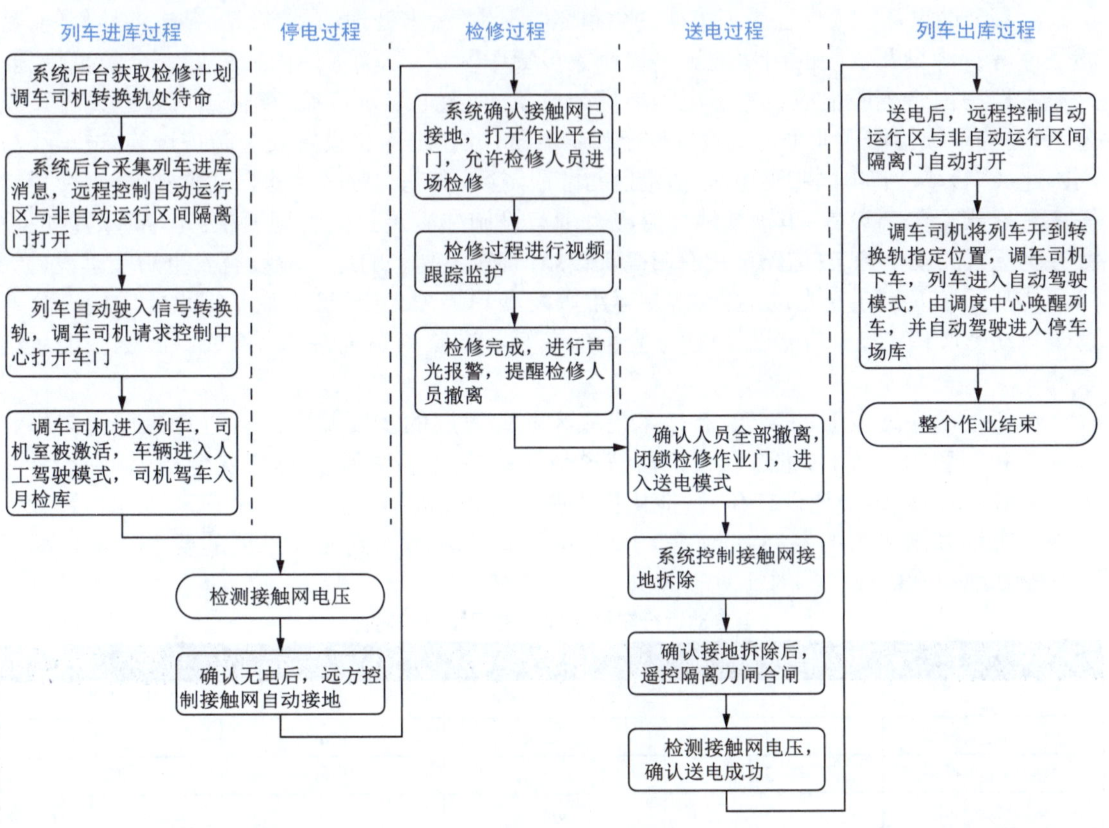

图 8-53 列车进出自动驾驶区域流程图

车辆的全状态监测（图 8-54），包括车载的弓网、转向架、车门、蓄电池等在线监测，车辆段内轮对尺寸、车顶和受电弓、车底和两侧图像、车辆运行品质等在线监测。

图 8-54 车辆的全状态监测

远程监控洗车，可实现列车清洗的无人值守。

智能化检修设备(图 8-55),如手持式移动终端、智能扭力扳手、列检机器人、自动导引运输车(AGV)物流输送设备、智能扭力系统、智能工作台、助力吊装搬运设备、机器人智能拆装清洗检修装备、机器视觉自动检测设备、分拣机器人等实现设备自动维修、材料和部件自动输送、工具设备使用过程可记录、整备检查可视等。

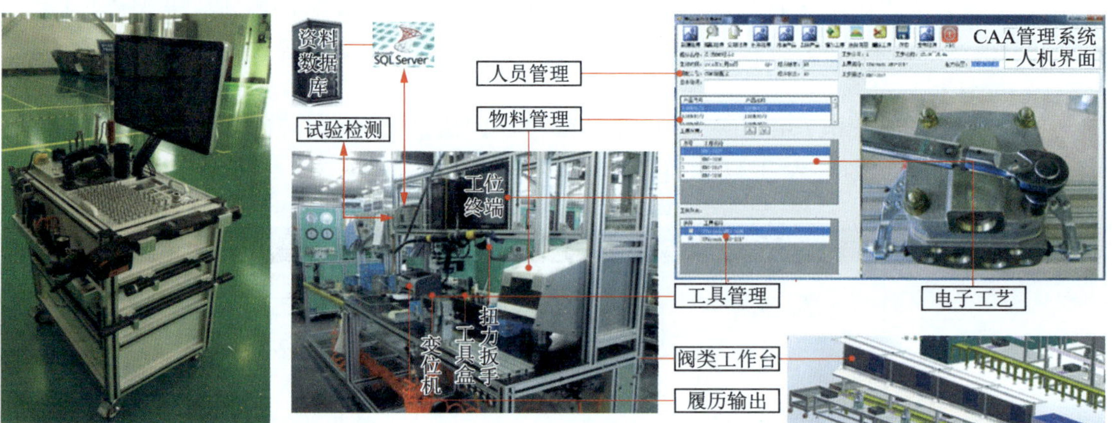

图 8-55　智能化检修设备

建立车辆智能运维系统(图 8-56),通过通信系统搭建车载在线监测系统、轨旁在线监测系统、段内检修信息与地面数据处理系统的数据传输通道,以 LTE、Wifi、5G 或信号专用通道作为通信媒介,实现数据交互,并通过数据处理中心对所有数据进行转换、存储、特征提取等工作,完成车辆的运行数据统计分析、故障预测诊断及健康管理,实现车辆的全寿命周期健康管理和车辆的状态修程。

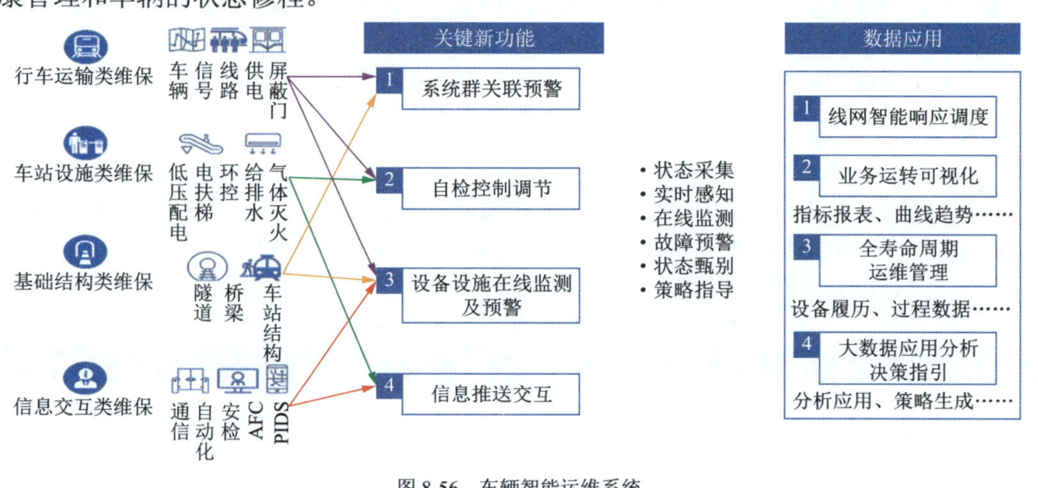

图 8-56　车辆智能运维系统

8.1.7　节能与环保设计

1)节能设计

轨道交通的电能消耗可分为两个部分:一是运营车辆及其辅助设备所消耗的牵引电能,二是动力照明设备所消耗的电能。根据对轨道交通能耗现状的分析,牵引系统能耗约占总能耗的

40% ～ 50%，其他系统能耗约占 60% ～ 50%。其他系统能耗主要集中在通风空调、扶梯、照明和变配电系统能耗。影响运营车辆牵引负荷的因素主要有线路、列车编组、运行图；影响动力照明负荷的主要因素有设备配置的数量、容量、效率及运行方式等，其中动力照明设备主要包括风机、冷水机组、空调、水泵、电梯、照明，其中空调系统占比例较大。为保障线路节能和创造良好效益，一般设计中采用线路节能坡设计、建筑热工性能控制、供电系统能量回收、通风空调活塞通风及变频技术、太阳能技术、监控系统节能控制技术、扶梯变频技术等措施，保证线路可持续发展。

（1）能耗指标体系

按照轨道交通配电 / 用电关系，构建了基于线网级能耗、线路级能耗、系统级能耗的三级指标评价体系框架，如表 8-37 所示。

网络能耗指标体系框架 表 8-37

线网级能耗	线路级能耗		系统级能耗	
线网能耗指标	线路能耗指标	牵引能耗指标	列车牵引系统能耗	
			列车空调系统能耗	
			列车照明及辅助系统能耗	
		车站能耗指标	动力能耗	通风空调能耗
				电扶梯能耗
				……
			照明能耗	
		办公能耗指标	段场能耗	
			控制中心能耗	
			……	

（2）线路能耗指标

线路能耗指标用于评价运营线路的综合能耗水平，指标为车公里综合能耗（即单位运营里程能耗）。

线路车公里综合能耗为线路运营能耗与运营里程的比值，按下式计算。

$$车公里综合能耗=\frac{运营能耗}{运营里程}（单位：kW\cdot h/车公里）$$

其中，运营能耗为线路牵引能耗、车站运营能耗及办公能耗的总和，单位为（kW·h）；运营里程为总行车对数、线路长度及车辆编组数的乘积，单位为车公里。

车公里综合能耗分级指标如表 8-38 所示。

车公里综合能耗分级指标（kW·h/ 车公里） 表 8-38

五级	四级			三级			二级			一级
＞ 5.60	≤ 5.60			≤ 4.40			≤ 3.50			≤ 2.80
	中等	良好	优秀	中等	良好	优秀	中等	良好	优秀	
	5.60	5.20	4.80	4.40	4.10	3.80	3.50	3.27	3.03	

（3）牵引能耗指标

牵引能耗指标用于评价运营线路的牵引能耗水平，指标是车公里牵引能耗。

车公里牵引能耗为线路牵引能耗与运营里程的比值，按下式计算。

A 型车、B 型车 80 车公里、120 车公里的牵引能耗分级指标见表 8-39 ～表 8-43。

$$车公里牵引能耗=\frac{牵引能耗}{运营里程}（kW\cdot h/车公里）$$

80 车公里牵引能耗分级指标（A 型车）（kW·h/ 车公里）　　表 8-39

车型	A 型车										
速度	80km/h（设计最高速度）										
等级	五级	四级			三级			二级			一级
指标	> 2.75	≤ 2.75			≤ 2.45			≤ 2.15			≤ 1.80
		III	II	I	III	II	I	III	II	I	
		2.75	2.65	2.55	2.45	2.35	2.25	2.15	2.03	1.92	

100 车公里牵引能耗分级指标（A 型车）（kW·h/ 车公里）　　表 8-40

车型	A 型车										
速度	100km/h（设计最高速度）										
等级	五级	四级			三级			二级			一级
指标	> 2.50	≤ 2.50			≤ 2.15			≤ 1.90			≤ 1.70
		III	II	I	III	II	I	III	II	I	
		2.50	2.38	2.27	2.15	2.07	1.98	1.90	1.83	1.77	

80 车公里牵引能耗分级指标（B 型车）（kW·h/ 车公里）　　表 8-41

车型	B 型车										
速度	80km/h（设计最高速度）										
等级	五级	四级			三级			二级			一级
指标	> 2.55	≤ 2.55			≤ 2.20			≤ 1.85			≤ 1.50
		III	II	I	III	II	I	III	II	I	
		2.55	2.43	2.32	2.20	2.08	1.97	1.85	1.73	1.62	

120 车公里牵引能耗分级指标（B 型车）（kW·h/ 车公里）　　表 8-42

车型	B 型车										
速度	120km/h（设计最高速度）										
等级	五级	四级			三级			二级			一级
指标	> 2.50	≤ 2.50			≤ 2.20			≤ 1.90			≤ 1.60
		III	II	I	III	II	I	III	II	I	
		2.50	2.40	2.30	2.20	2.10	2.00	1.90	1.80	1.70	

90 车公里牵引能耗分级指标（L 型车）（kW·h/ 车公里）　　表 8-43

车型	L 型车										
速度	90km/h（设计最高速度）										
等级	五级	四级			三级			二级			一级
指标	> 3.50	≤ 3.50			≤ 2.90			≤ 2.40			≤ 2.00
		III	II	I	III	II	I	III	II	I	
		3.50	3.30	3.10	2.90	2.73	2.57	2.40	2.27	2.13	

（4）车站能耗指标

车站能耗指标用于评价各运营线路车站的能耗水平，其由站均车站运营能耗、单位面积车站运营能耗指标组成。

站均车站运营能耗为车站运营能耗与车站数量及天数的比值，按下式计算。

$$站均能耗=\frac{车站运营能耗}{车站数量\times天数}\left[kW\cdot h/(站\cdot d)\right]$$

其中，车站运营能耗为车站照明能耗和动力能耗的总和，单位为 kW·h。

单位面积车站运营能耗为车站运营能耗与车站建筑面积的比值，按下式计算。

$$单位面积车站运营能耗=\frac{车站动运营能耗}{车站建筑有效面积}(kW\cdot h/m^2)$$

其中，车站建筑面积为车站建筑有效面积，单位为 m^2。

①站均车站运营能耗。

地下车站站均运营能耗分级指标见表 8-44。

地下车站站均运营能耗分级指标 [kW·h/（站·d）] 表 8-44

等级	六级	五级			四级			三级			二级			一级
指标	> 11000	≤ 11000			≤ 9580			≤ 8430			≤ 6930			≤ 5900
		Ⅲ	Ⅱ	Ⅰ	Ⅲ	Ⅱ	Ⅰ	Ⅲ	Ⅱ	Ⅰ	Ⅲ	Ⅱ	Ⅰ	
		11000	10527	10053	9580	9197	8813	8430	7930	7430	6930	6587	6243	

地面及高架车站站均运营能耗分级指标见表 8-45。

地面及高架车站站均运营能耗分级指标 [kW·h/（站·d）] 表 8-45

等级	五级	四级			三级			二级			一级
指标	> 5500	≤ 5500			≤ 4365			≤ 3365			≤ 2210
		Ⅲ	Ⅱ	Ⅰ	Ⅲ	Ⅱ	Ⅰ	Ⅲ	Ⅱ	Ⅰ	
		5500	5122	4743	4365	4031	3698	3365	2980	2595	

②单位面积车站运营能耗。

地下车站单位面积运营能耗分级指标见表 8-46。

地下车站单位面积运营能耗分级指标 [kW·h/（m^2·年）] 表 8-46

等级	六级	五级			四级			三级			二级			一级
指标	> 250	≤ 250			≤ 220			≤ 190			≤ 160			≤ 135
		Ⅲ	Ⅱ	Ⅰ	Ⅲ	Ⅱ	Ⅰ	Ⅲ	Ⅱ	Ⅰ	Ⅲ	Ⅱ	Ⅰ	
		250	240	230	220	210	200	190	180	170	160	152	143	

地面及高架车站单位面积运营能耗分级指标见表 8-47。

地面及高架车站单位面积运营能耗分级指标 [kW·h/（m^2·年）] 表 8-47

等级	五级	四级			三级			二级			一级
指标	≤ 250	≤ 220			≤ 190			≤ 160			≤ 135
		Ⅲ	Ⅱ	Ⅰ	Ⅲ	Ⅱ	Ⅰ	Ⅲ	Ⅱ	Ⅰ	
		220	210	200	190	180	170	160	152	143	

(5)主要用能系统设备能耗指标

主要用能系统设备括通风空调系统、照明、电扶梯等，其能耗指标用于评价车站主要用能系统设备的能耗水平，由通风空调系统能耗、照明能耗、电扶梯能耗指标等组成。

①通风空调系统能耗指标。

a. 地下车站(表 8-48 ～表 8-51)。

地下车站通风空调单位面积运营能耗分级指标 [kW·h/（m^2·年）]　　表 8-48

等级	五级	四级	三级	二级	一级
指标	＞ 185	≤ 185	≤ 160	≤ 138	≤ 115

地下独立供冷车站通风空调全系统 COP 分级指标　　表 8-49

等级	五级	四级	三级	二级	一级
指标	≥ 2.5	≥ 2.9	≥ 3.2	≥ 3.5	≥ 3.8

集中冷站机房 COP 分级指标　　表 8-50

等级	五级	四级	三级	二级	一级
指标	≥ 3.3	≥ 3.8	≥ 4.2	≥ 4.8	≥ 5.2

b. 地面及高架车站(表 8-51)。

地面及高架车站通风空调单位面积运营能耗分级指标 [kW·h/（m^2·年）]　　表 8-51

等级	五级	四级	三级	二级	一级
指标	＞ 150	≤ 150	≤ 120	≤ 95	≤ 70

②照明能耗指标。

a. 地下车站(表 8-52)。

地下车站照明单位面积运营能耗分级指标 [kW·h/（m^2·年）]　　表 8-52

等级	五级	四级	三级	二级	一级
指标	＞ 19.3	≤ 19.3	≤ 14.1	≤ 11.5	≤ 7.7

b. 地面及高架车站(表 8-53)。

地面及高架车站照明单位面积运营能耗分级指标 [kW·h/（m^2·年）]　　表 8-53

等级	四级	三级	二级	一级
指标	＞ 16.5	≤ 16.5	≤ 13.0	≤ 9.0

③电扶梯能耗指标。

a. 地下车站(表 8-54)。

地下车站电扶梯单位面积运营能耗分级指标 [kW·h/（m^2·年）]　　表 8-54

等级	四级	三级	二级	一级
指标	＞ 10.1	≤ 10.1	≤ 8.5	≤ 7.4

b. 地面及高架车站(表 8-55)。

地面及高架车站电扶梯单位面积运营能耗分级指标 [kW·h/（m^2·年）]　　表 8-55

等级	四级	三级	二级	一级
指标	＞ 28.3	≤ 28.3	≤ 18.8	≤ 11.8

2)环境保护设计

(1)环境影响分析

①运营期对环境影响概况。运营期主要环境影响为地面及高架段列车运营产生的噪声

影响，地下段列车运营产生的振动影响，而车站、车辆段等在运营期对环境的影响相对较小，运营期环境影响示意如图 8-57 所示。

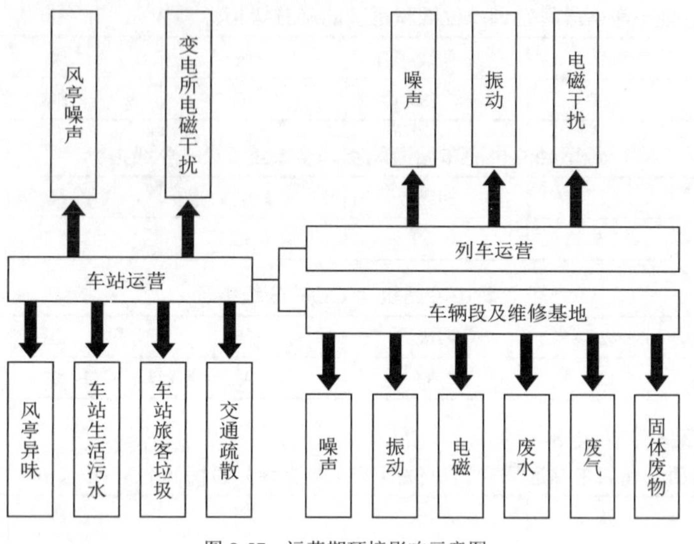

图 8-57 运营期环境影响示意图

②污染物源强分析。

a. 噪声。工程建成后，对环境产生的噪声影响主要是地下车站的风亭噪声、冷却塔噪声，地面及高架线列车运行噪声，车辆段与综合基地设备噪声、检修作业噪声等。根据类比调查与监测，运营期主要噪声源强见表 8-56。

运营期主要噪声源强 表 8-56

排放位置	测点位置	相关条件	源强 /dB	类比源
列车运行	出入场线，距轨道中心线 7.5m	时速 20 ～ 30km/h，碎石道床	75	北京地铁古城车辆段
	高架区间，距轨道中心线 7.5m	时速 60km/h，桥梁高度 10m，整体道床	92	北京地铁十六号线五道口区段
车辆段	污水处理站 5m 处	不定期	72	北京地铁古城车辆段
	维修中心 3m 处	昼夜运行	75	
	检修库 3m 处		73	
	洗车棚 5m 处		72	
风亭	排风亭百叶窗外 1m	正常运营时段前 30min 至停运后 30min	64.8	北京地铁五号线
	进风亭百叶窗外 1m		62.1	
冷却塔	当量直径 3m 处	循环水量 100m³/h	58	《机械通风冷却塔第 1 部分：中小型开式冷却塔》（GB/T 7190.1—2018）中的超低噪声冷却塔
	当量直径 4.2m 处	循环水量 300m³/h	61	

另外，列车运行时轮轨相互撞击所产生的振动，经钢轨通过扣件和道床传到隧道结构，再由隧道结构传向大地，通过土壤传递到建筑物基础，使其振动，从而引起房屋地面、墙体、梁柱、门窗及室内家具等振动，从而使建筑物内产生二次结构噪声。不同的地质条件、不同地面建筑物结构类型、基础所产生的振动是不相同的，因此由其产生的二次结构噪声也不相同。

b. 振动。轨道交通列车在轨道上运行时，由于轮轨间相互作用产生撞击振动、滑动振动和滚动振动，经轨枕、道床传递至隧道衬砌，再传递至地面，引起地面建筑的振动。

c. 水环境。运营期污水主要来自各车站的生活污水、车辆段的车辆检修、洗刷的生产废水和员工产生的生活污水。

车站排水分两个部分，一是清扫、消防用水，这部分水量较大，但是污染物含量极少；二是工作人员、旅客生活污水，水量较小，主要污染物为 BOD_5、COD_{cr} 等。车辆段污水也可分为两部分，一是列车冲洗、检修作业等废水，主要污染物为 COD_{cr}、石油类等；二是职工生活污水，主要污染物为 BOD_5、COD_{cr}，以及少量的动植物油等。

d. 大气。列车采用电力牵引，不排放大气污染物，项目运营期主要大气污染来自车辆段和地下车站风亭。

车辆段调车机车、内燃轨道车作业将排放少量废气，主要污染物为 SO_2、NO_x、烟尘。地下车站在运营初期的风亭排气可能会对近距离范围产生异味影响，随着时间推移异味逐渐减少。根据对既有地铁风亭异味的类比调查，分析得出轨道交通工程排风亭下风向 15m 外已基本感觉不到异味。

城市轨道交通工程的建设，将替代部分地面公共交通数量，相应减少了汽车尾气排放量，对改善城市中心地带环境空气质量将起到积极的作用。

e. 固体废物。运营期固体废物比较少，有各车站管理人员、旅客的生活垃圾，其中旅客在车站的停留时间很短，产生的垃圾量较少，主要为饮料瓶、水果皮、车票残票等。车辆段垃圾主要来自管理人员生活垃圾、车辆清扫垃圾、污水处理站的污泥等。

（2）环保工程措施

工程设计采用的环境标准见表 8-57。

采用的环境标准　　表 8-57

环境要素	标准号	标准名称	标准值与等级(类别)	监测分析方法
声环境	GB 3096—2008	《声环境质量标准》	0 类区：昼间 50dB；夜间 40dB	《声环境质量标准》（GB 3096—2008）
			1 类区：昼间 55dB；夜间 45dB	
			2 类区：昼间 60dB；夜间 50dB	
			3 类区：昼间 65dB；夜间 55dB	
			4 类区：昼间 70dB；夜间 55dB	
	GB 12348—2008	《工业企业厂界环境噪声排放标准》	Ⅲ类：昼间 65dB；夜间 55dB	《工业企业厂界环境噪声排放标准》（GB 12348—2008）
	GB 12523—2011	《建筑施工场界环境噪声排放标准》		《建筑施工场界环境噪声排放标准》（GB 12523—2011）
振动环境	GB 10070—88	《城市区域环境振动标准》	工业集中区：昼间 75dB；夜间 72dB	《城市区域环境振动测量方法》（GB 10071—88）
			混合区、商业中心区：昼间 75dB；夜间 72dB	
			居民、文教区：昼间 70dB；夜间 67dB	
			混合区、商业中心区：昼间 75dB；夜间 72dB	
			交通干线道路两侧：昼间 75dB；夜间 72dB	

续上表

环境要素	标准号	标准名称	标准值与等级(类别)	监测分析方法
电磁环境	GB 8702—2014	《电磁环境控制限值》		《辐射环境保护管理导则 电磁辐射监测仪器和方法》(HJ/T 10.2—1996)、《高压架空送电线、变电站无线电干扰测量方法》(GB/T 7349-2002)
	GB/T 15707—2017	《高压交流架空输电线路无线电干扰限值》		
			信噪比不低于35dB	
水环境	DB 44/26—2001	《水污染物排放限值》		样品采集符合《水质 采样方案设计技术规定》(HJ 495—2009)、样品保存符合《水质采样 样品的保存和管理技术规定》(HJ 493—2009);《环境监测分析方法》
大气环境	GB 3095—1996	《环境空气质量标准》	二级	
	GB 14554—93	《恶臭污染物排放标准》	二级	
	GB 18483—2001	《饮食业油烟排放标准》		

①噪声污染治理管理措施。结合环境影响评价方法和运营情况,考虑到轨道交通工程沿线城市发展情况,一般采取如下噪声防护管理措施:

a. 车辆选型时严格按照有关要求选择低噪声车辆。

b. 选用超低噪声冷却塔及低噪声风机,确保噪声值达到规范规定要求。

c. 车轮在运行一段时间后,踏面就会出现程度不等的粗糙面,应进行修整。

d. 合理选择风亭位置及风口朝向,控制排风亭风速,防止气流再生噪声影响。

e. 规划部门参照噪声防护距离,合理规划轨道交通沿线的城市用地,禁止在线路两侧控制距离内新建、扩建新的居民住宅、学校、医院、疗养院等,避免出现新的噪声敏感点。严格控制高架区段沿线土地利用规划,禁止将临近高架线第一排建筑规划为非敏感建筑。

f. 针对已运营项目沿线噪声预测结果基本存在超标的情况,运营期管理单位必须制定相应的噪声跟踪监测计划,进行跟踪监测。

②振动环境影响保护措施。

a. 沿线未开发区域,距离轨道交通线路40m范围内不宜规划建设居民住宅、学校和医院等振动敏感建筑物。

b. 工程车辆选型中,除考虑车辆动力和机械性能外,还要考虑噪声、振动指标,优先选用噪声、振动小的车辆。

c. 运营期要加强轮轨的维护和保养,定期旋转和打磨钢轨,对小半径曲线段涂油防护,以保证良好的运行状态,减小振动影响。

③水环境保护措施。

a. 线路所经过地区均应有建成的市政污水管网,可将沿线污水纳入市政污水处理厂处理。

b. 车辆段采用全自动洗车机进行车辆外皮洗刷作业,废水经处理后回用。

c. 车辆段检修产生少量含油污水,应对其处理,处理后出水水质可达到《污水综合排放标准》(GB 8978—1996)三级标准要求,可直接排入市政污水管网和污水处理厂处理。为节约水资源提供水的利用率,设计时可考虑对处理后污水进行深度处理。

8.1.8 安全与防护设计

城市轨道交通在运营阶段往往面临一系列问题或风险,如结构渗漏水以及后续工程的衔接施工等。这就要求城市轨道交通结合工程项目的具体建设条件及风险分析结果，采取对应的安全防护设计措施。

1）结构防水设计

（1）结构自防水

①地下结构应采用防水混凝土，防水混凝土抗渗等级不得小于 P8。

②混凝土采用“双掺技术”，加入适量的优质粉煤灰及聚羧酸防水外加剂，具体掺量根据试验确定。

③防水混凝土结构还应符合下列规定：

a. 结构厚度不小于 250mm；变形缝处混凝土结构的厚度不应小于 300mm。

b. 迎水面裂缝宽度不得大于 0.2mm，并不得贯通。

c. 钢筋保护层最小厚度应符合相关规范及《广州市轨道交通新线工程设计技术标准》的有关规定。

d. 在腐蚀环境中，混凝土的裂缝宽度、保护层厚度、混凝土强度等级等均应满足相关规范规程要求。

④选用低水化热水泥，在一般情况及弱腐蚀工点临土的明挖混凝土结构及二衬强度取 C35，水胶比取 0.45，最小胶凝材料 320kg/m^3，最大胶凝材料 400kg/m^3。

⑤每立方米混凝土中各类材料的总碱含量（Na_2O 当量）、外加剂的总碱含量（Na_2O 当量）不得大于《地下工程防水技术规范》（GB 50108—2008）要求。

⑥按有关规定严格控制混凝土中 Cl^- 的含量。

⑦选用 C3A 和 C3S 少的水泥，其中 C3A 的含量不大于 8%；三氧化硫的最大含量不会超过胶凝材料总量的 4%。

⑧处于侵蚀性介质中防水混凝土的耐侵蚀要求应根据介质的性质按相关规范进行设计。

⑨为提高混凝土的自密性、改善混凝土性能，必要时可在一定部位的构件中添加纤维等。

⑩防水混凝土的水、砂、石应符合《地下工程防水技术规范》（GB 50108—2008）第 4.1.10 条、第 4.1.11 条的相关规定。

⑪泵送混凝土入泵时的坍落度宜在 120 ～ 160mm，总坍落度损失不大于 40mm，入模温度以温差控制，混凝土的表面温度与大气温度的差值不得大于 20℃。混凝土的表面温度与中心温度的差值不得大于 25℃。混凝土降温速率应低于 3℃/d。养护时间不少于 14d。

（2）附加防水层

附加防水层有卷材防水层、涂料防水层等，附加防水层应设在迎水面、初次衬砌与二次衬砌之间或围护结构与内衬之间。

①顶板。采用 2.5mm 厚的优质柔性防水涂料，并设置隔离油毡，采用 70mm 厚细石混凝土作保护层。如顶部有种植要求，应用抗刺穿层代替隔离油毡层。

②侧墙。放坡开挖或围护结构与地下结构有一定间隙的结构形式，侧墙采用 2.5mm 厚优质柔性防水涂料，采用 24 砖墙或 50 厚的高密度泡沫板作保护层。围护结构与主体结构密贴的结构形式，侧墙采用能倒置粘贴于主体结构的预铺式柔性防水材料，并做临时保护。

③底板：能倒置粘贴于主体结构的预铺式柔性防水材料，细石混凝土保护层厚度不应小于 50mm。

矿山法隧道附加外防水层优先采用塑料防水层加分区注浆系统。底板设置 50mm 细石混凝土保护层。或采用能满粘于隧道二衬的柔性防水材料。

（3）盾构管片外防水

①根据工程水文地质条件，对有腐蚀性地段管片外侧可选涂刷高渗透型改性环氧涂料，以增强盾构管片的耐久和防腐性。

②管片壁后注浆采用同步注浆技术及时充填管片与围岩之间的空隙，以达到防水及控制地层沉降的效果。

③浆液类型、配比应根据现场试验确定。

④注浆终孔应结合注浆量、注浆压力综合而定。

⑤根据管片裂缝、接缝渗漏水的情况，还应利用管片吊装孔（注浆孔）强化二次注浆。

（4）卷材防水层

卷材防水层应根据施工环境条件、结构构造型式、工程防水等级要求选择材料品种和设置方式。

地下结构防水方案见表8-58。

地下结构防水方案 表8-58

结构形式	位置			防水方案
明挖法结构	附加防水层	顶板		2.5mm 厚双组分聚氨酯涂料（非焦油）
		侧墙	复合式	沥青基聚酯胎预铺防水卷材或高分子预铺防水卷材
			分离式	自粘聚合物改性沥青防水卷材
		底板		沥青基聚酯胎预铺防水卷材或高分子预铺防水卷材
	环向施工缝	防水等级一级		镀锌钢板止水带＋可重复注浆的注浆管＋水泥基渗透结晶材料
		防水等级二级		镀锌钢板止水带＋水泥基渗透结晶材料
	水平施工缝	防水等级一级		镀锌钢板止水带＋水泥基渗透结晶材料
		防水等级二级		镀锌钢板止水带＋水泥基渗透结晶材料
	变形缝	顶板		中埋式钢边橡胶止水带＋防水嵌缝材料＋不锈钢接水槽
		侧墙		中埋式钢边橡胶止水带＋防水嵌缝材料＋外贴式止水带＋不锈钢接水槽
		底板		中埋式钢边橡胶止水带＋防水嵌缝材料＋外贴式止水带
	后浇带			2道缓膨型遇水膨胀止水胶＋可重复注浆的注浆管
浅埋暗挖法结构	附加防水层			1.5mm 厚 PVC 防水板
	环向施工缝			镀锌钢板止水带＋可重复注浆的注浆管
	水平施工缝			镀锌钢板止水带
	变形缝			外贴式止水带＋中埋式钢边橡胶止水带＋密封胶＋接水槽
盾构法隧道	管片密封垫			三元乙丙橡胶
	螺栓孔密封垫			三元乙丙橡胶
	管片内嵌缝			聚合物水泥
	环缝和纵缝			丁腈软木橡胶垫
	洞口帘布橡胶板			帘布橡胶板由模具分块压制，然后连接成一整块
	附加防水			在中等或强腐蚀环境中，管片外涂刷高渗透改性环氧涂料

（5）其他要求

①明挖区间。

a. 地下结构的防水，应采用钢筋混凝土结构自防水，并全部增设附加防水层。

b. 地下车站与区间隧道的结合部位应采用刚柔结合的密封区，并根据结构构造形式选择与其相匹配的加强防水措施；地下车站与区间隧道所选用的不同材料应能相互过渡黏结或焊接，必须使其形成连续整体密封的防水体系。

c. 变形缝处采取的防水措施应能满足接缝两端结构产生的差异沉降及纵向伸缩时的密封防水。

②矿山法隧道。

a. 根据含水地层的特性、围岩稳定情况和结构支护形式确定，应采用全封闭式的复合衬砌。

b. 应采用防、排、截、堵相结合的综合防水措施。

c. 初支要进行系统注浆，形成初道止水帷幕，达到无明水，只有少量湿渍。

③盾构隧道。

a. 盾构法施工的隧道结构混凝土渗透系数不宜大于 5×10^{-13}m/s，氯离子扩散系数 D_{cl} 不宜大于 8×10^{-9}cm²/s。当隧道处于侵蚀性介质中时，应采用相应的耐侵蚀混凝土或在衬砌结构外表面涂刷耐侵蚀的防水涂层，其混凝土的渗透系数不宜大于 8×10^{-14}m/s，氯离子扩散系数不宜大于 2×10^{-9}cm²/s。

b. 管片接缝必须设置一道密封垫沟槽。防水材料的规格、技术性能和螺孔、嵌缝槽等部位的防水措施除满足设计要求外，尚应符合现行国家标准《地下工程防水技术规范》（GB 50108—2008）的有关规定。

c. 管片接缝密封垫应满足在设计水压和接缝最大张开错位值为 6mm 时能抵抗 0.6MPa 水压的要求。

（6）结构防水体系

通过表 8-59 ～表 8-61 的结构自防水及附加防水体系等措施，可有效缓解城市轨道交通在运营期的渗漏水问题，节约后期堵漏的时间和人力成本，降低运营风险。

明挖结构防水设计体系表　　表 8-59

项目		防水设计
结构自防水	混凝土抗渗等级	工程埋深 0<H<20m 时，抗渗等级为 P8； 工程埋深 20 ≤ H<30m 时，抗渗等级为 P10； 工程埋深 H ≥ 30m 时，抗渗等级为 P12
	裂缝控制	迎土面地表附近干湿交替环境的结构裂缝宽度不大于 0.20mm，其他结构不大于 0.30mm，不得有贯穿裂缝
	耐腐蚀要求	按《混凝土结构耐久性设计标准》（GB/T 50476—2019）执行
接缝防水	施工缝、变形缝后浇带、其他接缝	多道设防，不得渗漏水
附属措施	有排水要求时，需接通排水系统，不得造成积水	
外包防水	采用柔性防水材料进行全外包防水	

矿山法隧道防水设计体系表　　表 8-60

项目		防水设计
结构自防水	混凝土抗渗等级	初支：应进行系统注浆，形成止水帷幕； 二衬：工程埋深 0<H<20m 时，抗渗等级为 P8； 工程埋深 20 ≤ H<30m 时，抗渗等级为 P10； 工程埋深 H ≥ 30m 时，抗渗等级为 P12
	裂缝控制	迎土面地表附近干湿交替环境的结构裂缝宽度不大于 0.20mm，其他结构不大于 0.30mm，不得有贯穿裂缝
	耐腐蚀要求	按《混凝土结构耐久性设计标准》（GB/T 50476—2019）执行
接缝防水	施工缝、变形缝后浇带、其他接缝	多道设防，不得渗漏水
附属措施	有排水要求时，需接通排水系统，不得造成积水	
外包防水	采用柔性防水材料进行全外包防水	

盾构法区间防水设计体系表 表 8-61

项目	防水设计	
结构自防水	混凝土抗渗等级	管片混凝土采用 C50、P12
	裂缝控制	裂缝宽度不大于 0.20mm，不得有贯通裂缝
	耐腐蚀要求	按《混凝土结构耐久性设计标准》（GB/T 50476—2019）执行
接缝防水	管片接缝 手孔 吊装孔	多道设防，不得渗漏水
附加防水层	有腐蚀介质时根据腐蚀情况设置管片外涂层	

2）结构接口设计

已运营地铁车站的变形缝渗漏水、接口位置的结构病害及与后续结构的衔接均对城市轨道交通的运营带来风险；需要在设计阶段充分考虑车站结构接口设计，包括变形缝布置、梁柱体系设计、预留接口设计等内容。

（1）变形缝布置

变形缝的存在增加了结构布置的复杂性，其合理与否对后期的运营安全可能产生影响。一般变形缝布置主要考虑以下方面：①变形缝的平面和立面形状尽量保持顺直，减少弯折。弯折过多将给止水带的制作和安装带来困难，且易成为后期漏水的隐患。②变形缝突出车站主体侧墙一般为 1.0 ～ 1.5 m，不宜过长。过长使此处风道或出入口顶板悬挑过大，结构的变形及裂缝难以满足设计要求；过短可能使变形缝置于车站主体围护结构内，导致底板处变形缝两侧落于软硬不均基础上，削弱其后期抵抗变形的能力，且可能削弱后期防水效果。

（2）梁柱体系设计

地铁主体与通道、风道接口处由于主体侧墙开洞，使侧墙受力整体性受到削弱，一般设置梁柱体系确保受力的可靠和结构安全，同时应进行详细的设计与验算，确保设计方案安全可靠。

设置变形缝的情况下，接口处梁柱体系布置应综合考虑变形缝的位置及形状，主要考虑以下方面：①根据跨度、覆土厚度等因素，全面考虑恒载、活载按不同工况下最不利组合进行结构设计及配筋，满足结构（含梁、柱体系）的变形、裂缝控制要求。②考虑到变形缝的施工空间要求，梁 / 柱边缘距离变形缝应不小于 0.3m，否则影响止水带的安装。③受风道建筑空间及通风要求的限制，不可避免地存在顶梁上翻和底梁下翻，实际设计中尽量降低上 / 下翻的高度，有条件时可考虑采用宽边梁方案。

在某些情况下，通道或风道受周边地面条件制约，或风道内设备布置的限制，风道结构很窄，无法设置变形缝，此时，可将车站主体和附属方向的梁柱体系布置统筹考虑，尽量结合设置，既满足主体部位分跨要求，又兼顾风道结构的分跨。地铁车站与风道接口梁柱布置形式如图 8-58、图 8-59 所示。

（3）车站结构与预留通道接口

预留通道接口是地铁车站设计中常遇到的问题，也是车站后期开发设计中必须处理的问题。预留接口的型式根据预留时间、施工难易、防水可靠性等因素综合确定。预留接口既要满足使用阶段结构的安全可靠及相应防水性能，还要为后期开发预留条件，保证接口安全可靠、易于处理且具有良好的防水能力。在工程实践中，目前车站预留接口的处理形式如下。

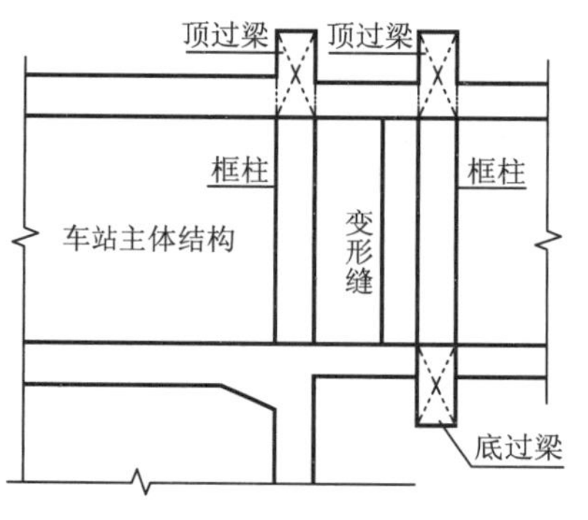

图 8-58　地铁主体与通道、风道借口梁柱布置断面示意图

图 8-59　地铁主体与通道、风道借口梁柱布置实例

①在建通道侧墙处预留暗柱及过梁，保证后期开洞结构体系安全，使用阶段按照一般墙体所受恒载和活载进行结构设计封堵，同时预留后期连接条件，一般在暗柱、过梁及底部预埋钢筋接驳器。后期开发时人工或机械破除暗柱及过梁范围内墙体。预留接口的结构处理设计图如图 8-60 所示。

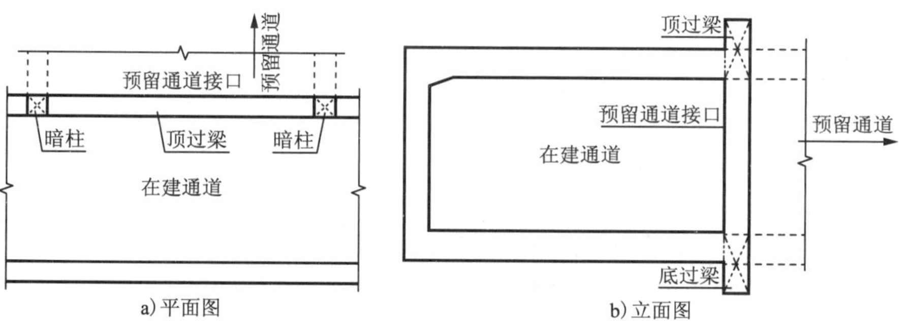

图 8-60　预留接口设计示例一

此方案不考虑后期连接形式，施工简便，但后期开发中问题较多。按目前的施工技术水平，后期破除墙体施工极易破坏既有主体侧墙结构，影响主体结构安全；接缝处防水难以处理，漏水后会在主体与通道内串流，影响二者的正常使用；同时施工时可能影响站内的正常运营。

但随着施工技术的不断进步，后期开发中遇到的问题可以逐步解决。如钢筋混凝土的整体切割技术可以降低墙体破除对主体结构的影响，也可以降低接缝处防水处理难度。但后期开发对站内正常运营的影响还是很明显的。此方案可作为远期预留开发使用。

②在建通道设计时，可于预留通道方向延伸 1.0m 左右，此部分结构根据所受恒载和活载进行结构设计并进行墙体封堵，同时于墙体四周预埋钢筋接驳器，后期开发时直接破除封堵墙体即可进行预留通道施工。预留接口的结构处理设计如图 8-61 所示。

此方案使在建通道施工时结构局部外扩，导致基坑及围护结构布置不规则，既增加了设计难度，也增加了一部分工程量，但在后期开发中具有优势。后期墙体破除施工基本不影响主体结构安全；防水处理空间充裕，防水质量可较好保证；同时接口施工对既有车站的运营影响较小。此方案可作为近期预留开发使用，远期预留开发也可推荐使用。

对在建通道与预留通道应同期设计同期施工，使用阶段对接口进行简单的建筑封堵，后期根据使用需要进行相应设施的安装及验收后可投入使用。

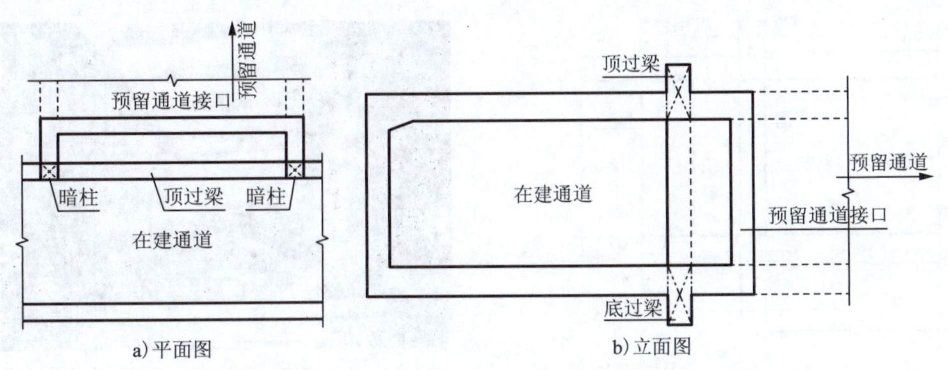

图 8-61 预留接口设计示例二

8.2 城市轨道交通施工阶段对运营需求的考量

8.2.1 深入考量前期风险，确保规划设计方案实施

征地拆迁工作一直是制约地铁工程建设进程的关键因素。2011 年，国务院颁布《国有土地上房屋征收与补偿条例》，征拆政策发生了重大变化，取消了行政强拆，如手续不齐也无法启动司法强拆措施。

以往实施过程中，尤其在老城区修建地铁，受周边外部因素影响更为突出，修建地铁车站可利用的场地范围也受到很大限制，甚至出现阻挠施工围蔽、反对房屋拆迁等群体事件，使工程无法正常推进，最终为了确保工期进度，减少实施中遇到的纠纷和困难，政府部门或建设业主往往不得不采取修改规划设计方案避让征拆难点，通过调整工法，甚至压缩车站规模、弱化车站功能来确保工程方案可以实施，最终导致车站或线路运营功能受损，降低车站（尤其是换乘站）的交通功能水平，恶化线路运营条件，增加运营维修维护成本。

如广州地铁五号线首期工程的终点站，站后为折返线及存车线，站后折返线主体上方有一栋 A3 宅基地。原设计方案车站采用明挖法施工，该房屋按拆迁考虑。由于户主索要的征拆补偿费过高，区建设局、地铁公司与其多次协商，无法就补偿情况达成一致，该拆迁户成为闻名全国的地铁建设“拆迁困难户”。为确保五号线通车，最终将明挖方案变更为矿山法暗挖下穿方案避让拆迁户。调整工法后大幅增加工程造价，同时承担了重大施工风险。

广州地铁六号线在 2016 年已经开通运营，但其中沙河站未开通，采用飞站处理。沙河站位于先烈东路和广州大道北交叉口西北象限的地块内，车站原设计有明挖站厅，但是该站厅的修建需要拆除布匹市场的部分商铺。当时该处商业繁华，拆迁难度非常大，拟拆迁商铺的拆迁工作在通车时仍未完成，因而明挖站厅最终无法完成修建，车站只得飞站，对整条线路的服务功能产生了重大影响。

还有由于建（构）筑物征拆工作未完成，导致车站的个别出入口未能建成，最终虽然车站开通了，但是出入口数量不足，导致车站功能受到较大影响。如广州地铁部分车站出现出入口仅在道路一侧开通的情况。

8.2.2　充分摸查工程地质条件，降低施工及运营安全风险

工程地质条件对轨道交通工程实施、运营安全的影响很大，近年来国内地铁施工过程中，出现了多起因地质条件摸查不足，造成坍塌、地陷等事故，不仅影响工程建设安全，更对未来线路运营的安全带来隐患。

广州素有“地质博物馆”之称，地质条件十分复杂。广州大地构造处于华南褶皱系中的粤中拗陷构造单元，受加里东、印支、燕山及喜马拉雅等构造旋回的作用，范围内发育了不同规模的褶皱和断裂，并发育了沉积岩、岩浆岩和变质岩。其中，南北向的广从断裂和东西向的瘦狗岭断裂将广州划分为广从断裂以西、广从断裂以东、瘦狗岭断裂以北、广从断裂以东、瘦狗岭断裂以南构造区，并控制各区的第四纪沉积及沉积中心的展布。多变的地质情况、孤石、溶洞等风险随时威胁着地铁建设、运营安全。

（1）地表水、地下水丰富

广州市地处珠江三角洲，河流纵横，地下水丰富，埋深较浅。地下水按赋存方式可分为第四系孔隙水、基岩风化裂隙水及碳酸盐岩岩溶裂隙水。地下水位受季节、潮汐影响明显。第四系孔隙水局部具有承压性，隐伏岩溶中的岩溶裂隙水多具有承压性。另外，广州发育多个褶皱、断裂构造，受构造裂隙和断裂破碎带的影响，水文地质条件复杂。工程施工易造成渗水、涌水，导致隧道、基坑开挖困难，易造成边坡失稳、地面沉降或突然塌陷。

广州地铁一号线杨箕站至体育西站区间采用矿山法成功穿越含水砂层和密集村民房区。由于广州地下水位高，水量丰富、来源广，地铁工程完工后地下水回升，在经过行车运营一段时间后，部分矿山法隧道有少数施工缝、拱顶、拱腰、及水沟边出现较多纵向裂缝，且有少数渗漏水，据统计，单个矿山法隧道最小排水量 120m^3/d，最大排水量 360m^3/d，矿山法隧道漏水造成轨道不同程度上浮，给运营带来很多后患。因此在矿山法隧道的设计施工中，应重视地铁隧道防水问题，把结构自防水放在非常重要的地位，并通过科学设计和精心施工来实现。

（2）断裂构造密集

广州市断裂构造密集（图 8-62 中红色线为断裂），广三断裂、广从断裂、瘦狗岭断裂等区域性大断裂通过市区。断裂破碎带岩体破碎，构成断裂带岩性可分为碎裂岩、糜棱岩、硅化岩等，后期风化可呈碎石土状、碎石混黏性土状等。使隧道围岩强度降低，增加隧道施工难度，同时断裂带又是地下水富集地带，也极易成为地下水通道，造成地下工程涌水、突水事故。

广州地铁二号线越秀公园站由南北站厅和中间暗挖隧道组成，场区地层自上而下依次为杂填土、淤泥质土、淤泥质砂层、粉质黏土、全风化、强风化、中风化、微风化花岗岩及强中风化地层断层破碎带，其地下水主要为第四系孔隙水和基岩裂隙水，含水丰富且透水性强。在南基坑前期人工挖孔桩施工阶段出现大量涌水、伴有涌泥、漏砂现象，施工受阻，采用冷冻措施后效果仍然不明显，造成地下水急剧下降，地面沉降大，邻近房屋开裂。为保护邻近建（构）筑物和道路，不得不采取矿山法洞外及明挖基坑外侧设置复合式截水帷幕形成防渗墙，在洞内增设长管分段劈裂注浆等方法，有效切断裂隙水的通道，并在临建建（构）筑物一侧设置回灌井，防止水土的大量流失，减少地面构筑物的不均匀沉降。

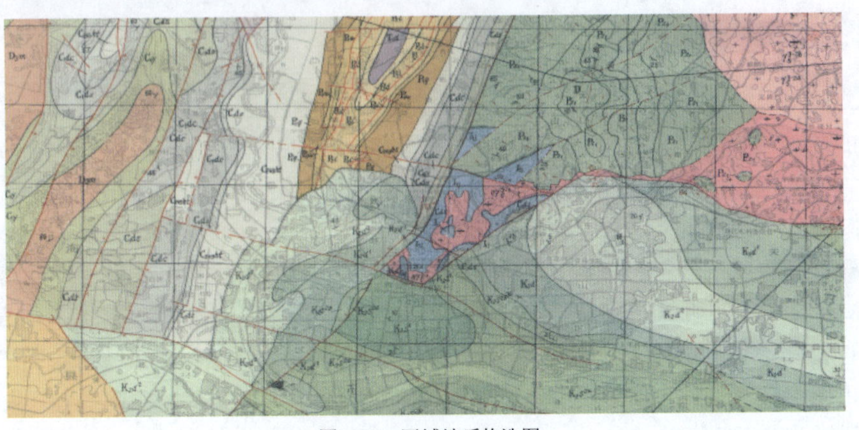

图 8-62　区域地质构造图

（3）软土工程性质差

软土地层具有含水率高、孔隙比大、压缩性高、强度低、灵敏度高和易触变、流变的特性，在外动力作用下土体结构极易破坏。广州地区发育有含水率较高的淤泥层，尤其在南沙沿海区域，埋深最深处达 45m 以上。淤泥层自稳能力差，易发生沉降导致建筑物失稳等工程事故。

饱和粉细砂层易随地下水流向被携带，隧道或基坑施工形成临空面时，易导致粉细砂大量涌入作业面。中粗砂常呈松散状，采用土压平衡盾构，推进时平衡难控制；采用泥水盾构，出土出砂量控制不当，会出现地面沉陷风险。

运营地铁隧道穿越于软土地层中极易产生压缩变形、隧道渗漏、结构损坏甚至坍塌等现象，并引起地面沉降甚至突然坍塌等危害，危及地铁正常运营甚至导致运营事故发生，从而危及运营安全。因此针对软土地基地铁线路，如十八号线，结合软土的发育部位和层厚，在工程建设中必要时采取了换填或地基处理加固以降低后期运营风险。

（4）岩性复杂多变，复合地层软硬不均

砂页层、石灰岩、花岗岩、混合花岗岩等成因不同，工程特性各异。图 8-63 为灰岩区上软下硬地层地质纵断面。

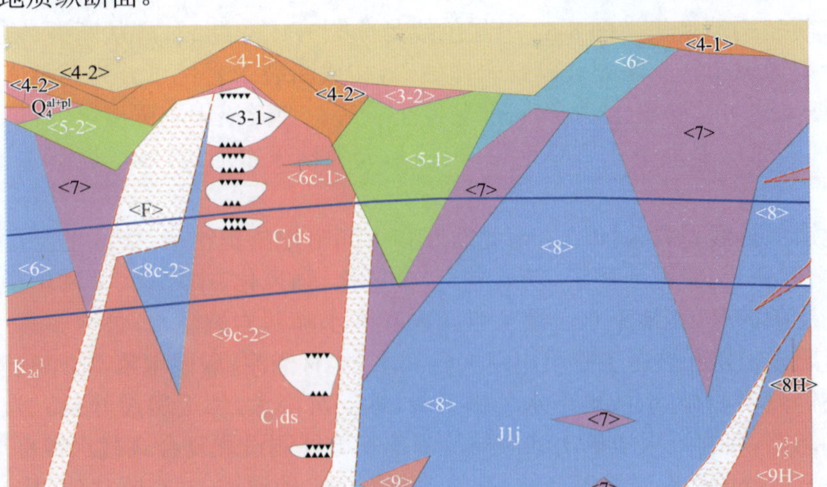

图 8-63　灰岩区上软下硬地层地质纵断面

广州市岩层总体上较浅，垂直方向上部为松软土层、下部为坚硬的岩层，或上部为全强风化下部为中微风化，或微风化岩层中夹全强风化等复杂情况，给盾构机选型和施工带来极大困难。

复合地层上软下硬，盾构推进时，刀盘上、下部受力不均，导致盾构机姿态难控制、刀具磨损严重等问题岩石地层中的上软下硬，盾构机掘进极其困难，容易造成地面沉降、塌陷。

(5)花岗岩残积层遇水软化、崩解

花岗岩、混合花岗岩残积层的特点是母岩中的长石及云母已风化成黏性土，包裹在很难风化的石英颗粒周围，在雨水情况下，黏性土会逐渐脱离对石英颗粒的包括而发生崩解。花岗岩残积土在天然状态下，强度较高，一旦暴露在空气中或者遇水浸泡时，会迅速软化及崩解，甚至流淌，极易造成基坑侧壁失稳、基底软化涌水等事故，给地铁基坑开挖造成重大风险。如图 8-64 所示。

图 8-64　基坑内残积土地层出现软化、崩解

(6)花岗岩地层存在孤石

对于桩基及基坑工程，孤石将增加成孔及成槽施工难度。端承桩桩端置于孤石层中，可能危及工程安全。

对于盾构法施工，孤石会导致掘进困难并频繁卡刀盘，盾构机姿态难控制，刀具磨损严重，刀座和刀盘易变形，换刀困难。特别在隧道埋深大或孤石上方有地面建筑时，掘进振动过大，对地面建筑保护不利。

另外，孤石通常存在于自稳能力不好的花岗岩残积土层，盾构机掘进缓慢又极易扰动周边土体，造成地面沉降甚至塌陷，施工风险极高。三北线、六号线二期、知识城支线、二十一号线等线路盾构区间施工均受到"孤石"拦路，严重影响工期，且存在工程风险。图 8-65 为对基坑内孤石进行引孔爆破。

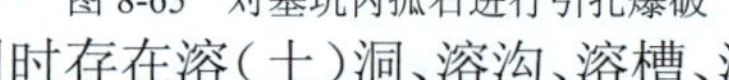

图 8-65　对基坑内孤石进行引孔爆破

(7)灰岩区溶土洞的岩土工程风险

广州西北部的荔湾区、白云区和花都区岩溶广泛发育。岩溶中等发育和岩溶强发育场地往往同时存在溶(土)洞、溶沟、溶槽、溶蚀裂隙、暗河及岩溶塌陷等多种地质现象。在岩溶地区修建基坑、隧道、桩基等工程时，容易发生涌水、岩溶塌陷等风险。岩溶场地及周边的地下工程活动、水文地质条件改变，都可能诱发岩溶塌陷地质灾害。在岩溶发育的地质条件下修建地铁工程，主要存在以下四个方面的工程地质风险。

①明挖法车站基坑，存在支护结构施工中坍塌、涌水；基坑开挖时支护结构渗漏水、支护结构底部和基坑底部突涌等风险。

②对盾构工程，存在盾构机掘进栽头、地表沉降大、坍塌及喷砂等影响地下构筑物、管线和地面建筑物等安全。

③对矿山法施工的联络通道，主要是矿山法施工及隧道结构安全风险。存在坍陷、涌

图 8-66 溶土洞塌陷现场

水等风险。

④运营期土洞及表层溶洞易受振动、地下水异常等扰动激活产生土层沉降，引起隧道结构变形过大的风险。如图 8-66 所示。

地铁施工应针对岩溶地区溶土洞发育发育程度及地质风险、环境风险制定相宜处理措施，确保地铁车站及隧道在施工期的安全及运营期的结构稳定性。

为此，在建设实施前，必须加大勘察力度，确保全面了解和掌握工程地质条件，并针对岩溶地区溶土洞发育程度及地质风险、环境风险制定合理的施工方案，确保地铁车站及隧道在施工期的安全及运营期的结构稳定性。

8.2.3 加大监督管理力度，严格把控施工质量

施工质量是工程可靠性的第一道关卡，施工质量的好坏直接关系着以后的使用安全、运营费用及使用寿命，因而必须把好施工质量这道关。

影响工程质量的因素很多，这里主要从以下几个方面进行介绍。

1）勘察设计文件的质量

勘察设计是整个工程建设的龙头，其质量的好坏，直接关系着后期工程质量的好坏和经济是否合理。建设单位要想做好该阶段的质量控制，首先要选择好一个优秀的勘察设计单位。建设工程勘察是指根据建设工程的要求，查明分析、评价建设场地的地质、地理环境特征和岩土工程条件，编制建设工程勘察文件的活动。它为工程设计与施工提供地质资料依据。

在选择勘察单位时，除重点对其资质进行控制外，还要检查勘察单位的技术管理制度和质量管理程序，考察勘察单位的专职技术骨干素质、业绩及服务意识。在进行设计的质量控制中，要根据工程特点和技术要求，编制设计招标文件或方案竞赛文件，审查设计方案的先进性和合理性，优选设计单位和优化设计方案。一个好的设计方案，应该是功能适用、技术先进、经济合理的统一体。为保证勘察设计文件的质量，建设单位在进行设计招标时要把好资质关，确保进行投标的勘察设计单位具有相应的设计资质。

2）施工质量的好坏

施工质量的好坏受多方面因素的影响，主要有以下几个方面。

（1）工程材料的质量

工程材料的质量是否合格直接关系着工程建设期间和运营期间的安全性和耐久性。就建筑结构来说，主要为混凝土的强度及耐久性是否达标，钢筋的强度和抗震性能是否达标。

（2）施工工艺的合理性

在工程材料可以保证的前提下，施工质量及安全问题多出在围护结构的施工上面，地铁的围护结构一般采用钻孔桩或者连续墙。围护桩的施工可以采用冲孔、旋挖，或者在地质较好、桩长满足条件的情况下采用人工挖孔桩，不同的工艺适用于不同的条件。在黏土地质条件下采用冲孔，就可能出现橡皮土，不但工效低而且垂直度也不易保证，此时采用旋挖成孔是一种较好的选择；在岩层条件下可以采用冲孔或者旋挖，但是由于冲击成孔噪声大，对周边影响大，应在周边无敏感建（构）筑物时采用；连续墙的成槽可以采用抓斗或者双轮铣，

如果连续墙开挖范围内全部是土层，则采用双轮铣不但不能提高效率，反而还会产生泥饼现象，影响进度，但在硬岩条件下抓斗就显得无能为力，此时采用抓斗将大大降低施工效率，且不能保证连续墙的垂直度，为主体结构的施工带来隐患。广州地铁某连续墙工程成槽深度约 25m，其中上部 16m 左右为土层，下部为岩层，连续墙外侧约 5 ～ 7m 远即是正在运营的高架桥桥桩。施工单位在上部土层成槽时采用抓斗成槽，该部分施工较为顺利。为了节约成本，下部拟采用冲击钻配合抓斗成槽，由于施工过程控制不当，造成周边高架桥桩沉降过大约 35mm，最后被迫停工，后改为双轮铣成槽，改变工艺之后连续墙顺利成槽。

（3）施工单位的水平和责任心

由于目前工程建设数量巨大，成熟的施工人员不足。因而目前工地上存在着大量的农民工和应届毕业生，甚至部分工地的技术负责人也是应届毕业生。例如，某地铁车站项目，由于施工人员缺乏经验，将围护结构外一定的距离外放错定成内放，再加上围护结构本身的变形，导致车站四周整个围护结构侵入主体结构侧墙 400mm 左右。由于侵限量大、范围广，凿除侵限围护结构风险巨大，最终只能调整车站站台宽度，将结构形式由复合墙形式改为叠合墙形式，极大地影响了车站运营功能。

3）监理及政府部门职能的发挥

在工程施工的整个过程中，监理方是全程跟踪的，其对工程的施工进程和中途出现的问题是最为了解的。监理方应具备相应的专业水平，对施工过程中发现的问题要及时指出，并参与问题的解决。切不可同施工方一起掩盖问题。政府部门也应不定时地到工地进行质量检查，督促施工单位按照国家法律法规要求施工。

4）业主的尽职尽责

业主是工程质量的第一责任方，需要对工程的质量全面负责。开工前业主要协调好临水、临电，协助完成施工场地及施工便道范围内的管线迁改及交通疏解。做好协调工作，努力减少工程的外部阻力。

工程质量是一个全面、系统的工程，涉及方方面面的因素，上面仅简述了部分因素，实际工程建设需要参建各方的共同努力。

8.2.4　科学开展工程筹划，保证合理建设工期

在竞争激烈的建筑市场中，工期多为业主单方要求，无论合理与否，设计方、施工方只能被动接受；因此普遍存在工程建设工期不足的现象，致使许多工程品质不高，建设质量有可能得不到保证。住建部 1993 年印发《全国市政工程施工工期定额管理规定》、2016 年印发《全国建筑设计周期定额》，国务院发布《建设工程质量管理条例》（国务院令第 279 号 2017 年 10 月 7 日修正版）；文件中已明确规定了建设工程发包单位不得任意压缩合理工期，并且规定了相应的罚则，但全国仍普遍存在工程建设周期不足的问题。

目前，国内各大城市的轨道交通工程建设力度逐步加大，市民对城市轨道交通的需要越来越迫切，城市轨道交通建设工期及安全压力越来越大。建设项目片面追求速度，不合理压缩工期可能造成如下问题：

一是勘察设计质量得不到保证，建筑品质不高。设计工作处于建筑全生命周期的前端，若设计功能考虑不全面、细节深度不达标，可能造成施工中返工，致使建设成本增大，也易留下安全隐患。还可能导致建筑使用过程维修工作量大，维护成本高，在节能与环保上难以满足可持续性发展要求，对建筑整个服役期产生重大影响。当工期被不合理压缩时，可能造成

勘察简化、地质灾害评估不充分、选址不当等导致建筑不安全的问题。

二是容易引发建筑施工安全事故。任意压缩施工工期易使施工过程简化，施工操作规程难以全面实施，基层工序流程和验收检查不到位，增加施工过程中的安全风险，也可能留下建筑质量安全隐患。例如，为抢工期，在混凝土浇筑后强度未达到要求时就拆除支撑，极易产生梁下挠、裂缝现象，造成质量问题；在防护措施不到位的情况下即开始作业，容易发生脚手架垮塌事故，造成施工人员伤亡等。

为保障合理工程建设周期，提出以下建议：

一是加强法律保障，提高不合理压缩工期行为的违规成本。

二是强化监管力度，在建设程序中加大对工期合法性的审查。

三是倡导科学合理的建设发展理念，使保障合理工期成为行业共同目标。

8.3 场站综合体对运营需求的考量

广州市“十三五”期间，规划要完成25个一般地块枢纽综合体和8个车辆段枢纽综合体建设，计划在枢纽综合体一级出让与二级开发中筹集资金1481亿元，称为“33个枢纽综合体项目”1500亿计划。如图8-67所示。

图8-67　33个枢纽综合体项目

8.3.1 场站综合体的经验

建地铁就是建城市。新时代将打造“地铁+物业”的升级版“地铁+公共服务+产业”，在建设产业地产的同时，通过城市公共服务集聚平台统筹各产业单位供给侧改革及产品提供，配置教育、医疗、文化、公园绿地等公共服务设施。

地铁场站综合体涉及城市规划和建筑设计领域，是基于轨道交通对于区域交通体系和城市综合发展模式的重构，通过对多种公共交通的优化，地下公共空间的完善、地上到地下步行网络的精细化设计，提升交通的便捷性和可达性；通过客流集聚效应形成的高强度开发量及丰富业态的城市综合体，引领沿线土地利用规划调整、优化城市结构、引导城市健康发展。TOD 综合开发规划虽已是全国热议话题，国家、省和各地政府出台政策大力倡导，社会资本多方也积极参与，但因涉及诸多设计方法及审批流程的瓶颈，TOD 项目的落地情况并不乐观。

过往存在的不足：

①城乡规划、轨道交通规划批复及落地分治，经常出现“站城割裂”的情况，土地效能低，因而地方政府对轨道交通建设只有投入，没有产出，造成巨大的财政负担。

②城市规划仅从交通引领城市（轨道站周边 500m）发展角度，重片区，轻节点，忽略了轨道站上盖最集聚的垂直都市原点的站城协同设计，使一旦立项便倒排工期的轨道站错过与地铁场站综合体精细化设计的协调时机。

③轨道站场与城市的衔接方法，普遍停留在平面设计层面，没有客观考虑居民的全天候立体出行需求，设计成果流于形式。未来，人们出行方式的将有所改变，70% 的市民将从地下线路经由地铁场站综合体，以垂直方式进入城市。

④传统轨道站仅仅作为交通建筑，往往忽略上盖土地利用及开发。城市规划师因存在跨专业的瓶颈问题，无法与建筑师协调交通动线和功能布局等建筑专业层面的精细化设计，缺乏有效把控。建筑师与规划师的跨界合作是实现地铁场站综合体的同步规划、同步选址、同步设计、同步实施的基础技术。

城市轨道建设的网络效应，使人们的出行观念从距离变为时间，使轨道站从单纯的交通功能，转为城市服务一站式和产业布局的叠加需求。因此，应以有用地条件的轨道站为基点，构建“交通、服务、经济”三网叠加的上盖垂直城市，打造“国计、民生、交通”复合功能的地铁场站综合体，实现“城中之城”。

8.3.2　场站综合体的需求

枢纽综合体并非普通的地铁站，不仅承担交通功能，还提供几种交通工具的换乘，以及周边社区商业公建配套等功能。

（1）零距离换乘

以前地铁、停车场、公交站场、高铁站、出租车往往相对分散，换乘比较耗时。而枢纽综合体就是按照“零距离”换乘便利出行为目的建设的。建成后，将有公交首末站、公交临时停靠站、综合换乘大厅、出租车兼 K+R 设施、自行车设施、P+R 停车场等设施，换乘速度效率、服务水平将极大提升。

（2）完善配套，提升体验

同时枢纽综合体还将设置各向慢行交通及衔接信息指引、商业开发等工程，各设施和预留工程之间设置慢行交通及综合换乘大厅来进行交通衔接。

也就是说，在综合体搭乘地铁就能逛商场，等人、等车的间隙就能购物，这可提升搭乘体验，完善城市空间的生活配套。

8.3.3 广州枢纽综合体——新亮点

广州地铁枢纽综合体，通过公共开放的交通核和零换乘慢行通道，衔接公交首末站、出租车站、社会停车场等交通设施，并通过多首层地面连接商业、餐饮、文化等一站式公共服务，将拥挤的进出站客流转化为有序疏散的生活出行。市民将遵循“轨道站—交通核—多首层上盖—慢行系统”路径，垂直进入地铁场站综合体，水平进入周边500m城市片区，实现全天候零换乘出行体验，构筑便捷安全的城市。

广州地铁枢纽综合体设计与建设有以下新亮点。

(1)枢纽综合体同步实施工程与场站“四同步”，同步投入使用。

枢纽综合体应实现同步规划、同步选址、同步设计、一体化建设。根据广州市政府颁布的《实施细则》的工作要求，在轨道交通线网建设规划阶段同步编制轨道交通场站周边土地综合开发规划方案，在轨道交通工程可行性研究报告阶段同步编制轨道交通场站综合体概念方案。场站综合体项目选址、初步设计、施工图设计及工程实施与主体工程同步推进。从规划思路、工作时序上确保线路与枢纽一体化建设的同步性，确保枢纽综合体同步实施工程与场站同步投入使用，避免不同步建设对运营场站造成影响。

(2)站点分级分类配置公共服务设施，提升城市综合功能服务水平。

场站综合体基本功能包括交通核、公共服务及开发功能三部分。

①交通核位置临近地铁站点，为不同交通方式的换乘集散空间，实现各类交通功能的无缝换乘。同时连接不同功能区域，带有明确方向引导性的公共空间。交通功能强大，客流全天候均匀分布，宜以开发可24h服务的酒店、综合商业、餐饮和文化等为主。

②公共服务圈层起到联系公共交通与其他周边功能的作用，配置交通枢纽型的各类交通服务功能、公共服务型的各类满足生活需求的社区服务及文体休闲功能、社会保障性的保障性服务、教育医疗养老等功能；并应适当减少小汽车泊位的供应，引导乘客选址轨道交通出行，减小对枢纽交通的影响。

③最外层的开发功能区主要配置可自持经营的商业、商务、文化功能及可销售的写字楼、商品房等；增强枢纽地区对外部客流的凝聚力，需同步加强自行车、小汽车停车场及公交总站等设施的配套，提高地区交通可达性。

(3)以“零换乘”为导向的交通组织系统，使车站与周边设施实现高效换乘。

以“零换乘”为导向的交通组织系统如下。

①围绕地铁站进行集中、立体布置，优先考虑公共交通之间(轨道与轨道、轨道与常规公交、出租车)的换乘。

②通过综合交通模型预测各类交通方式全天客流总量分配，根据各自交通接驳紧密程度进行横向、竖向布局规划。

③围绕交通核组织各种接驳设施，集聚的空间布局，最大程度实现直接换乘，通过人流组织实现物业人流和换乘人流分离，避免出现人流交叉局面。

④基于公共交通优先原则，适当压缩场站综合体配建停车规模，可通过交通专项论证，适当折减配建停车指标。

⑤各类交通衔接设施布局原则：

a. 步行：在中心区步行是轨道交通出行最重要的衔接方式，衔接规划的重点是为步行提供安全、连续、便捷、舒适的步行空间。通过步行系统的优化设计，引导乘客采用步行方式换乘轨道交通。

b. 常规公共交通：常规公交主要起到为轨道交通疏散客流的作用，抽疏公交线网密度，削减与轨道交通线路平行的公交线路。在市中心，常规公交与轨道交通各自发挥优势，继续完善常规公交线路，调整公交线路的站点和方向，强化对轨道交通客流的集散；在外围区，常规公交仍是公共交通的主体，根据各个区域用地的开发和人口密度的增加，增加与地区一体化接驳的常规公交线路，形成以轨道交通车站为中心向外辐射的公交线网。

c. 自行车：中心区鼓励公共交通系统换乘轨道交通，同时兼顾自行车换乘轨道交通的需求；外围区，根据衔接换乘需求，提供适当的自行车停车场地，尽可能满足需求。

d. 出租车：在核心区，限制出租车停靠。在中心区原则不设候客区，一些特殊站点考虑出租车临时停靠站；在外围区和末端站，允许临时停靠。随着小汽车拥有量的增加以及中心区对小汽车需求管理政策的加强，在外围区，结合需求和用地条件适当增设“P+R”停车场，鼓励换乘轨道交通出行。

（4）围绕轨道交通车站进行高强度、复合立体开发，通过客流集聚效应，引领城市 TOD 健康发展。

围绕轨道交通车站进行高强度、复合立体开发。根据场站综合体用地的特点，相关部门对场站综合体地块考法容积率提出具体要求，其中轨道交通站点场站综合体用地测算容积率为 5.0，车辆段场站综合体用地测算容积率为 2.0 ～ 3.0。站点周边地块配备商业服务业、商务办公、公共管理与公共服务等功能，可兼容公寓等集约型建设的居住功能。鼓励以多种形式提供公共开放空间；鼓励在综合体内设置公益性的科教、文化娱乐、体育活动等设施及政府办事机构。车辆段场站综合体以居住功能为主，在轨道站点周边，鼓励以多种形式灵活利用立体空间，提供为周边社区直接服务的中小学、幼儿园、公共医疗设施、文化设施、养老设施、体育设施等公共服务功能，鼓励以多种形式灵活利用立体空间提供公共绿地和广场。

（5）以人为本，构建连续、便捷、安全的慢行街区，提高站外 1km 的舒适性和安全性。

以轨道交通车站为基点，通过地下公共通道和二层连廊加强与周边步行的联系，并连接商业、餐饮、文化等一站式公共服务，方便市民垂直进入盖上物业，或水平进入周边 500m 城市片区，建立“轨道站—交通核—多首层上盖”慢行路径，实现全天候零换乘出行体验。

8.3.4　站点枢纽综合体案例——佛山市地铁金融城

基于站场综合体项目的复杂性，设计与建设涉及不同领域行业，结合佛山市南海区地铁金融城，从站场综合体建设要求，保证线路开通运营角度出发，应做好以下几方面工作。

①协同设计，同步推进。

②地铁—公交高效换乘。

③地铁、物业结构协调与融合。

佛山市南海金融城位于金融高新区核心区内，是广佛地铁首个站点上盖物业，是重要交通换乘节点，项目是集商业、办公、酒店、餐饮、住宅、地铁公安、地铁车站、公交车场等附属配套设施功能于一体的“轨道 + 物业”为主导的综合体，总建筑面积约达 355961m^2。设计在有限空间内解决了多种业态竖向整合叠加，以立体交通骨架构建站城一体，实现多种交通模式、商业及生活等多功能设施的无缝衔接；轨道 + 物业开发互相融合，实现功能与布局效益最大化。

广佛地铁金融高新区站及区间隧道，沿Ⅰ、Ⅲ象限曲线斜向穿越地块，负一层布置站厅层，负二层为站台层及区间隧道。办公楼西塔核心筒坐落于区间隧道结构上方，设计进行框支结构转换，使上盖建筑结构与地铁车站区间结构协调、融合，形成“轨道交通 + 上盖物业”综合体完整的结构体系。如图 8-68 ～图 8-71 所示。

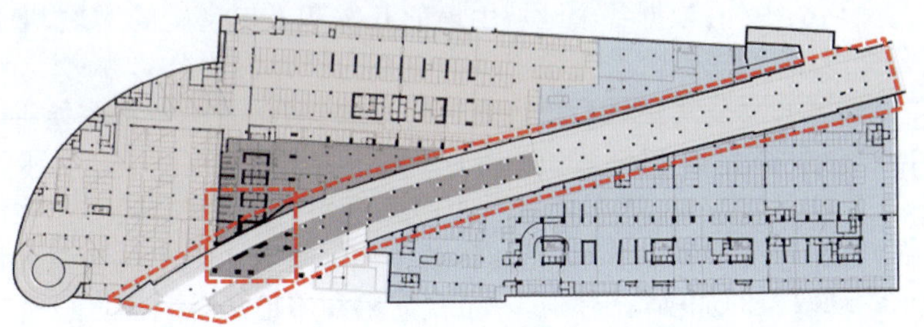

图 8-68 地下二层平面图

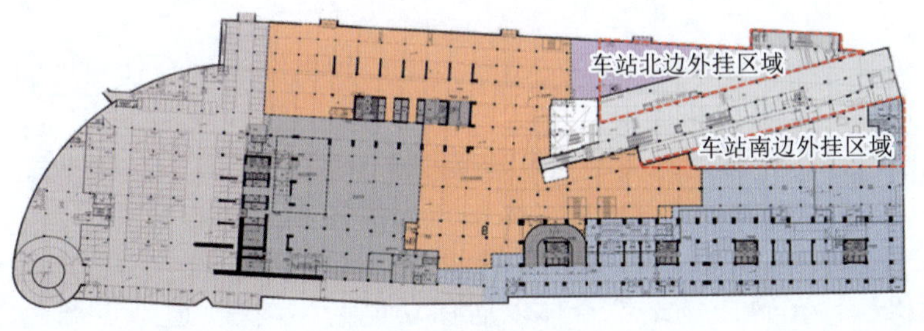

图 8-69 地下一层平面图

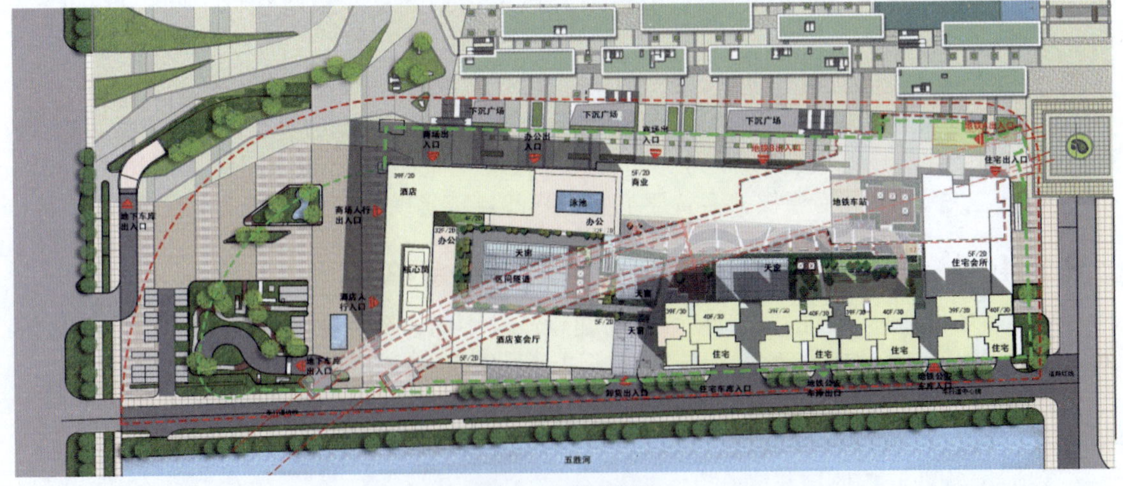

图 8-70 总平面图

1）协同设计，同步推进

轨道交通 + 上盖物业综合体的开发，需对轨道与上盖物业内外部功能条件、建设计划有全面了解，并进行深入的研究分析，从而理清关键建设工期、设计接口，提前做好布局，才能保证协同建设顺利实施。

项目站城一体化协同，在地铁车站与上盖物业衔接方面，与地铁重叠的物业需与地铁同步设计，提前或同步实施。

（1）办公楼西塔核心筒、框架柱基础

①区间两侧 3m 范围的桩基需在区间隧道施工前提前 3 个月施工。

②核心筒承台拉梁置于区间隧道底层，净距不小于 200mm。裙楼柱范围外墙与区间外墙净距不小于 100mm。保证物业结构与地铁结构完全脱开。

③核心筒采用框支转换，裙楼柱采用梁托柱转换、搭接柱转换等形式，实现物业结构跨越区间结构，达到物业结构与地铁结构完全脱开的设计意图。

图 8-71　车站与物业关系、换乘节点剖切图

（2）地铁车站设备用房、公共区

地铁车站两侧设备用房、公共区位于负一层，其投影范围的负二层为物业设备用房或汽车库。

①结构设计需与物业同步设计，相关范围与地铁建筑同步实施，并预留与周边物业的接口。

②地铁站顶板结构与传统地铁车站顶板结构布置有所不同，结构设计时考虑物业开发，与物业同步设计、预留物业开发条件。

图 8-72　核心筒、边框柱剖切图

2）地铁、物业结构协调与融合

地铁车站及区间斜穿项目地下室，与上盖物业多功能竖向叠合，针对地铁车站与裙楼不同的结构柱网布置需求，以合建的形式进行结构整合、转换、优化，从而保证各部分使用功能适用、美观，满足地铁运营要求。对于在轨道区间上方的高层核心筒及边框柱，采用分离式结构，通过结构转换的形式使上部结构与轨道区间分开，避免高层建筑对地铁的影响，为安全运营提供保障。如图 8-72 所示。

8.3.5　地铁车辆段场上盖开发

（1）车辆段、场与车站结合选址

过往很多车辆段，由于被当作工业建筑，用地比较大，往往选址在郊区比较偏远的地方，周边客流少，附近没设车站，车辆段员工通勤不便。随着车辆段上盖开发的发展，待开发的车辆段选址规划都需与车站结合。一方面，通过轨道交通车站解决车辆段的高密度开发集聚客流的出行问题；另一方面，也为车辆段员工通勤提供很大的便利；再者，也为周边区域的发展带来新的机遇。

（2）盖上盖下同步一体化设计

在项目从线网规划开始，预留物业开发实施条件，同步调整规划。车辆段设计过程中与盖上物业方案一体化设计，并同步完成施工图，保证了地铁与物业非同期开发的情况，为物业开发预留条件，合理，科学，提高了后期物业开发的可行性。

（3）优化周边规划路的路网

车辆段上盖的高强度、复合立体开发，必然给周边带来新交通需求，为此，需同步开展交通评估，优化周边规划路的交通路网，提高周边的交通效率。如广州官湖车辆段在一体化设计过程中，同步对周边的路网进行资源整合及优化，增设了茅山大道高架段连接盖上车辆的匝道，环城路在设计中预留上盖板匝道。

（4）盖上、盖下交通独立分离

车辆段上盖开发与车辆段为两个独立项目，分别设置独立的道路交通系统，为运营管理提供便利：

①出入口，车辆段上盖开发设置两个及以上的车行坡道，直通物业开发车库层及15m盖板层，周边设置多个人行出入口与周边道路衔接，与车辆段内部完全分离，不影响车辆段的独立运营。

②垂直交通，物业开发的楼宇电梯和楼梯与车辆段不共用，全部通达盖板后，通过盖板周边的人行主次出入口到达地面层。

③道路系统与车辆段内部道路不混行，是两套完全独立的道路系统。

（5）选择有利结构体系

盖上、盖下同步设计可选择有利结构体系，为盖下车辆段创造有利的条件。如广州陈头岗停车场盖上、盖下一体化设计时，在咽喉区应用钢—混凝土组合结构体系，相比传统车辆段结构体系，可拉大柱网、减小咽喉区柱数量，进而改善列车行车视线条件，提升运营驾驶的安全性和舒适性；减小盖板结构高度、提高盖下有效使用空间，改善运营检修作业环境，提升运营检修的安全性和舒适性。如图8-73、图8-74所示。

图8-73 抽柱前

图8-74 抽柱后

8.3.6 车辆段上盖开发一体化布局

1）盖上、盖下一体化布局原则

车辆基地盖上、盖下设计一体化应结合区域各综合规划（总体规划、城市设计、交通规划、商业策划）以及区域地下空间规划（地下公共空间规划、地下市政空间规划）开展统筹一体化建筑设计，将车辆基地开发建筑复合成一个有机整体，系统性地解决资源配置、界面划分、立体交通组织、优化盖上、盖下建筑布局、开展不同类别消防设计等，以确保车辆基地的安全运营、扩展上盖开发对城市整体空间及服务功能的积极影响。

2）上盖开发总体布局原则

①符合城市规划原则：规划设计应满足国家规范及当地相关法律法规的要求。

②上盖建筑设计应符合绿色、低碳原则：公建配套设施应按照新的住宅公建配套标准设置，建筑设计应贯彻绿色、低碳的原则，并注重色彩、建筑元素等与景观环境的协调，做好与周边公共交通的衔接，打造环保、便捷、舒适、先进的宜居住区。

③考虑项目自身对环境的影响，充分利用土地，体现"集约用地"的原则，结合环境、地形等自然因素进行规划设计，使项目与周边环境协调融合。合理利用资源优势和地形条件合理设置相关技术措施解决车辆段下部通风、采光要求，同时兼顾结构布置的合理性。

④盖上、盖下功能独立互不干涉，道路及出入口应各自独立，不得借用，盖板应有不少于两条市政坡道分别在两个不同方向与既有或规划市政道路衔接。

⑤符合整体规划分期实施原则：项目设计应统一规划，既考虑自身对周边环境的影响，也要考虑与周边环境的协调融合，并充分考虑分期施工的预留条件，做好专题研究。

⑥符合经济性原则：充分考虑项目开发、设计、销售、使用、物业管理等各阶段的有效衔接和使用的经济性；做好限额设计，总投资严格控制在工可投资概算范围内。

3）盖下布局优化

平面布局与建筑空间是车辆基地上盖开发一体化建筑设计的关键因素，一体化设计中相互间分层优化调整。

①库区建筑的生产办公建筑布局调整

由于上盖开发，盖下柱网密集，通风采光条件较差，因此应优化功能用房布局，调整辅跨生产办公类用房靠近库外侧布置。

②合理设置盖下设备设施

由于盖下车辆基地进深较大，应对污水处理、蓄电池间（碱性）等敏感用房进行合理布设，减低对盖下工作环境的影响。

③车辆基地综合楼、司机公寓等生活办公设施应结合开发合理布设，改善办公、生活条件、便利车辆基地上下联系，并应与其他上盖物业相对隔离。

④试车线上方不宜设计对振动、噪声敏感的居住建筑。

4）车辆段上盖与轨道交通站点紧密结合

满足轨道交通的便捷性，即车辆段上盖紧邻车站或枢纽综合体能与车站紧密结合，轨道线站位布局的与城市规划相互契合，优化枢纽综合体用地选址及轨道站设计，促成"规划+交通+建筑"协同布局，提升枢纽综合体的交通便利性，实现土地价值的提升。

5）地铁车辆段上盖住宅开发强度

借鉴国内外的车辆段上盖开发物业经验，从城市规划、交通规划出发，结合本地的相关规范标准，并从车辆段物业开发的投资收益角度分析，上盖开发容积率一般控制在2.0以上；而综合开发物业布局需符合盖下车辆段轨道及功能用房的结构和工程要求，上盖物业基础结构需与车辆段建设同步施工，在车辆段开始建设时就需稳定上盖物业布局方案。

6)资源共享

(1)车辆基地资源集约共享

上盖开发应在优先满足车辆基地安全及使用功能的前提下开展,从工业建筑与民用建筑的共融出发,对车辆基地中有关敏感性建筑,如易燃品库、物资库等生产配套设施,应结合线网车辆基地生产合理配置仓储用地及物资存放,提高仓库的智能化程度,提升空间利用效率,尽量集约其在上盖开发的车辆基地配置规模及合理设定火灾危险性等级,以减少相互影响并集约土地利用。

(2)上盖开发设施配套资源共享

上盖物业的设计将车辆段工业建筑群的功能特点与周边地块的城市规划蓝图有机地结合起来,在满足车辆段基本使用功能的前提下,对城市景观、城市区域发展形态、城市肌理、周边环境建设等做出积极回应与配合,在功能分区配置上,上盖开发的市政配套设施可考虑与盖上车辆基地建筑进行共享配套资源,充分发挥社区的城市功能,集约综合利用。

7)竖向设计及界面划分

梳理车辆基地与上盖开发用地的基本模式,从城市规划角度,按照市政设施用地、综合开发的建筑用地性质划分立体空间权属进行车辆基地综合开发建设。

(1)用地权属界面

①用地水平界面划分。根据用地条件,用地水平界面常分为两类:

a. 车辆基地用地红线内按基地用地与红线内集约开发用地进行水平界面划分。

b. 车辆基地用地红线外的开发白地与车辆基地用地进行水平界面划分。

②复合用地界面。针对车辆基地上盖开发盖板的复合用地,划分界面以 9m 平台(局部为 13m 板)为竖向分隔界面,并严格按空间相互独立分隔进行制约。

(2)管理界面

根据用地界面的划分,结合轨道交通与上盖物业开发不同时序的建设及使用阶段需统筹管理实施界面的应对措施。

①对盖下的生产、运营的保护要求。对水平、竖向界面中涉及轨道交通安全运营边界应确保安全围护并实行管理监控,对开敞空间如自然通风天井、盖板上的轨道交通机械通风竖井等应有防坠落及安全隔离措施,确保车辆基地的安全运营保护。

②管线系统的完整性及独立性。由于立体综合开发的因素,综合开发与轨道交通的管线布置空间较为紧张,必须明晰划分车辆基地与综合开发的管理界面,开发管线系统与轨道交通管线宜各自独立,开发空间的设备避免在地铁空间检修安装,同时需考虑未来开发空间使用性质的变化所带来的管线变化等有关设备层设置问题。

8.3.7 交通组织

车辆基地及上盖开发空间各自拥有独立的交通系统,车辆基地的自身交通要保障独立,不受开发功能的干扰,一体化交通组织主要从车辆基地、上盖开发不同层面进行统筹,实现上下交通互不影响。

1)车辆基地交通组织

对于地面设置的车辆基地,要求基地四周环路能够自成体系,车辆基地应设不同方向的出入口,以保证发生火灾时消防车能从不同方向进入现场。其他内部道路主要根据员工进出口设置及工艺要求进行设置。为方便工作人员上班，应分别在公交首末站附近和轨道交通车站附近设两处人员入口。

2）上盖开发交通组织

（1）外部路网的交通条件

通过交通调研分析，提出各道路远期规划年双向日高峰小时流量和饱和度，使得远期总体规划目标道路容量满足车辆基地上盖开发所增加的交通量，并应以对外交通主要道路为载体，通过对外交通主要道路及其与周边道路的交叉口节点，与外部路网相沟通；并对周边道路进行分析，确定可以衔接来自各个方向的交通道路。

（2）上盖开发内部路网的布置

内部路网的布置需分析居民、商业、办公各种交通方式的日出行量和出行特征，应对社会机动车、个体机动车、公交车、长途汽车、BRT 交通、出租车、非机动车、行人的交通组织进行合理的规划，做到既能够保证人性化的交通组织，又能够最大限度的发挥开发价值功能。

一体化交通应合理组织立体交通，需将车辆基地、上盖开发的不同层次的交通流线，与多层建筑连接成一个有机整体。

8.3.8　车辆段上盖开发案例——官湖车辆段上盖开发对运营的考量

官湖车辆段是第一个车辆段上盖综合体，已实施建设，并已开始销售。它位于广州市增城区茅山大道以西，总用地面积约 41.5ha，总建筑面积约 133.3 万 m^2，开发类型是高层住宅、配套商业。车辆段轨道东西向布置，考虑户型朝向，采用核心筒避开车辆段轨道，剪力墙全部落地方案，减少结构转换，控制造价。官湖车辆段综合体效果如图 8-75 所示。

图 8-75　官湖车辆段综合体效果图

1）车辆段咽喉区防护设计

官湖车辆段在上盖物业开发时，车辆段已投入运营使用。但咽喉区没有做保护盖，车辆段在上盖物业开发时，容易在施工过程中及以后使用过程中，有轻质物料飘落接触网或轨行区，造成安全隐患。

为此，上盖开发车辆段设计中，按以下原则进行处理：

①在满足规划要求的前提下，尽量将轨道区上方全部设置盖板，减少后期物业开发建设时对下方轨道区域的影响。

②在盖板周边预留提供相应的施工防护措施空间，例如预留架设模板的条件。

③物业开发的塔楼尽量布置在远离盖板边缘，至少应保证合适的距离，此时，在靠近盖板边缘有镂空轨道的一侧减少开窗，或者设置防护措施，减少上盖居民抛物威胁到下方车辆段镂空部位的安全。

2）工艺对盖板高度要求

对于上盖物业开发的车辆段或地下式车辆段，应在满足检修工艺要求和运营使用需求的前提下，适当考虑降低层高，以体现项目的经济效益。

车辆段接触网可考虑在结构板底，运用库净空至轨面高度按不小于 5.5m 控制。为合理利用空间，在检修库工艺设计中，车体与侧墙或柱边的通道宽度按《地铁设计规范》（GB 50157—2013）相关规定执行。

在满足上述条件的情况下，检修库起重机走行轨顶面距库内地面距离按表 8-62 进行控制，以满足检修工艺要求，同时避免起重机司机室成为影响库房高度设计的限制因素。

车辆段高度控制 表 8-62

区域	线路类别	起重机轨顶高程(m)	净空计算结果(m)	控制因素
检修库	大架修线	7.5	10.3	起重机司机室与架车作业
	临修线			
	定修线	6.9	9.3	高层作业平台与起重机司机室
	静调线	—	5.4	高层作业平台与检修人员高
	吹扫线			
	检修区	6.0	7.2	—
运用库	周月检线	—	5.4	高层作业平台与检修人员高
	停车列检	—	—	由接触网空间需求决定
工程车库	工程车线	—	—	由接触网空间需求决定
	调机车线	6.1	7.8	

注：检修库（含临修库）有 10t 起重机，调机工程库工艺净高参考要求 7.7m，这两处库房净空要求较高，考虑盖板的净高控制，具体结合各段场的工艺设计具体要求执行。

3）上盖车辆段道路系统的设计

在新建车辆段工程中，设计需充分考虑地铁运营的日常管理情况，地铁运营与物业开发的所有人、车必须分离管理。

在上盖开发车辆段设计中，将按以下原则进行处理：

①综合楼不与盖板合设，优先在白地设置，或者设置在盖板的边缘，保证综合楼周边有独立的道路交通系统。

②食堂优先考虑设置在地面层，尤其是确保收货中转室有良好的道路运输条件。

③在困难的条件下，如果确需将食堂设置在盖板上或综合楼其他楼层，则需设置收货的专用电梯，确保食品卫生安全。

4）车辆段上盖运输通道的保护设计

在新建车辆段工程中，设计需充分考虑上盖运输通道的保护设计，在建设盖板时同时完成实施。

在广州官湖车辆段盖板设计中，已有二次开发场地布局及道路设计，上盖运输通道及盖板保护层按两层 50mm 细石混凝土设计。

5）车辆段车库内管线固定方式

车辆段盖下车库内，存在接触网、消防管、排水管、风管、动力、照明、FAS 等众多管线。若固定方式还是传统模式，各系统各自设计支吊架，大部分采用吊装的方式固定在盖板上。在上盖开发的过程中，由于车辆行走、凿除结构柱混凝土等施工工序，无可避免地会产生局部震动，引起盖下车库内管线的摇晃甚至松脱。

为此，车辆段盖下综合管线的主要路径都设综合支吊架，固定安装在柱子及梁下，安全可靠；对于库内零星的管线，由于荷载较小，采用普通的支吊架安装在结构板下方。

在一般情况下，车辆段在管线主要布设区域（运用库和检修库的库内一圈）都设置综合管沟，并结合设置专用的管线夹层或者管线梁，使结构安全可靠。对于分散的各专业管线，要求优先采用在梁、柱上设置关键支架、在顶板上设置辅助支架的方式安装，确保安全。

由于抗震支吊架占用空间较大、造价较高，在综合管廊的通道上可以局部采用。

6）排水系统的设计

车辆段设计中需考虑在上盖物业施工过程中的综合排水系统，因上盖施工用水不能排到车库内的地铁排水系统中（因施工用水杂物较多，容易造成堵塞），往往导致施工用水、雨水排水组织混乱。因此，车辆段设计中，应提前做好施工场地规划，综合考虑地铁车辆段及上盖开发过程中的排水系统，分区域预留盖上施工废水排水管井，有组织地排至车辆段周边的白地开发区域，并预留日后对施工废水进行处理的场地条件，做到既独立设计又有组织排放。

7）伸缩缝、虹吸排水口的保护设计

车辆段设计需考虑在施工过程中如何对盖板伸缩缝、虹吸排水口进行保护，避免在上盖开发过程中造成渗漏水到车库内，滴落在接触网或电气设备将引起安全隐患。

针对国内多地车辆段上盖开发盖板伸缩缝出现的问题，官湖车辆段盖板伸缩缝设计，将结构板设置成“1+7”字形的并列设置方式，较原变形缝盖板（80mm 盖板）相比得到很大加强。

盖上都采用调蓄水池加雨水立管，设置挡水反坎，无须再采取保护措施。

8）车辆段地铁运营管理用房的设计

在新建车辆段工程中，设计需综合考虑运营综合楼管理用房的设计，有人值守的管理用房、司机公寓、厨房等应尽量远离物业开发的区域。

设计过程中，尽量将综合楼远离盖板区域，将公寓等对噪声要求较高的房间布局在远离开发的一侧。同时，将公寓等房间的门、窗增加降噪设计，设置隔音玻璃，提高门、窗密实性要求。

8.4　城市轨道交通安全与防护对运营需求的考量

城市轨道交通线网快速发展，沿线高强度的物业开发、市政工程建设给城市轨道交通结构和运营安全带来一定的隐患，因此沿城市轨道交通结构的安全保护工作日益严峻，一旦出现城市轨道交通结构安全事件，将严重影响城市轨道交通的正常运营。为了保障城市轨道交通安全，必须制定相应的法规、制度对地铁保护实行规范化管理。

在城市轨道交通结构设施周边进行外部作业（外部作业是在城市轨道交通结构周边进行的可能对其产生影响的作业），应制订安全可靠的作业方案和保护措施，外部作业不得影响城市轨道交通结构的正常使用功能、承载能力、耐久性和其他特殊功能及城市轨道交通正常运营。

控制保护区为保护城市轨道交通结构的正常使用和安全，在其结构及周边的特定范围内设置的控制和保护区域。城市轨道交通结构沿线应设置控制保护区，以广州为例，设置范围包括：

①地下车站与隧道结构外边线外侧 50m 内。

②地面和高架车站以及线路轨道结构外边线外侧 30m 内。

③出入口、通风亭、变电站等附属建、构筑物结构外边线外侧 10m 内。

④轨道交通过江隧道结构外边线 100m 内。

在城市轨道交通控制保护区内进行下列活动的，有关行政管理部门依照法律、法规进行行政许可时，应当书面征求城市轨道交通经营单位的意见。城市轨道交通经营单位应当在有关行政管理部门规定的期限内给予书面答复：

①建造、拆卸建(构)筑物。

②取土、地面堆载、基坑开挖、爆破、桩基础施工、顶进、灌浆、锚杆作业。

③修建塘堰、开挖河道水渠、采石挖砂、打井取水。

④敷设管线或者设置跨线等架空作业。

⑤在过江隧道段疏浚河道。

⑥其他可能危害城市轨道交通设施的作业。

重大影响的外部作业应对城市轨道交通结构进行安全评估，外部作业影响预评估、外部作业施工过程评估、外部作业影响后评估，应贯穿于外部作业的设计、实施多个阶段全过程，流程见图 8-76。

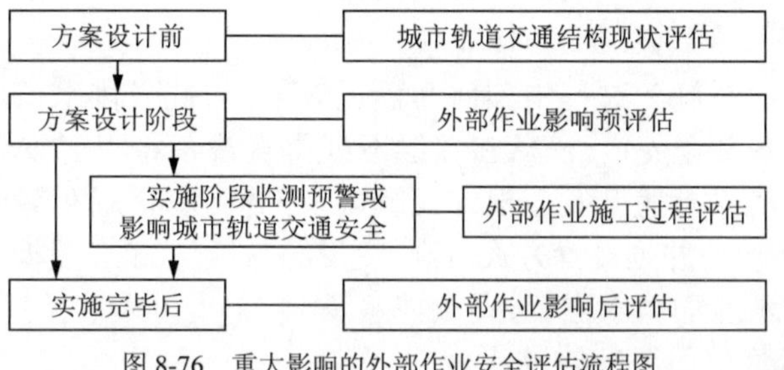

图 8-76　重大影响的外部作业安全评估流程图

外部作业的工程勘察、设计方案、施工过程及其永久使用对城市轨道交通的影响，应满足城市轨道交通结构的安全控制标准和运营安全标准，不应减弱城市轨道交通结构的强度、刚度、耐久性、稳定性、抗浮的要求，不应影响城市轨道交通运营、人防、防火、防水、防雷、防杂散电流等要求。重大影响外部作业应根据安全评估成果，制订相应的设施保护方案及应急预案，并在作业实施前经建设单位盖章确认。重大影响外部作业应由城市轨道交通专家评审会议进行城市轨道交通保护专项技术审查。

对影响等级较高和有特殊要求的外部作业，应对受其影响的城市轨道交通结构进行监测。城市轨道交通结构的监测布点，应根据外部作业影响等级确定。城市轨道交通结构的监测工作，不得影响城市轨道交通的正常运营。

城市轨道交通经营单位可以进入作业单位的施工现场查看，发现作业单位的施工活动危及或可能危及城市轨道交通设施安全的，可以要求作业单位停止作业并采取相应的安全措施。作业单位拒绝城市轨道交通经营单位进入施工现场查看、拒不停止作业或者不采取相应的安全保护或者应急措施的，城市轨道交通经营单位应当报告建设行政主管部门或者其他有关行政管理部门。

第9章 结语

自2000年以来，我国城市轨道交通从起步发展迅速进入到高速发展阶段，城市社会经济的快速发展和人口向城市的高度聚集，使超大城市的城市轨道交通建设呈现出远高于世界上任何一个国家的惊人发展速度。

我国城市轨道交通线网规模和在建规模均位居世界第一位，城市轨道交通中的地铁制式规模位居世界第一位，遥遥领先于世界上其他国家。从城市轨道交通排名看，世界前十座城市中，我国已占据了一半，如考虑当前各城市已经获得批准的2025年建设规划，以及当前我国城市轨道交通的建设发展速度，预计2025年城市轨道交通线网规模的世界前十名城市，将基本为我国所有。但从城市多层级轨道交通体系、综合轨道交通人均拥有量看，我国城市仍低于世界其他先进城市。

我国城市轨道交通线网整体运营效率也并不理想，过去各城市对城市轨道交通线网发展速度、发展规模、地铁制式过于关注，对于线网运营效率和经济效益重视不足，部分城市轨道交通建设时机和建设规模过于超前，影响了线网的可持续经营发展能力。

当前，国内各城市均以国际性的视野，以网格形城市规划空间理念，拉大城市骨架空间，以城市群几何空间核心为着力点，打造空港、陆港、海港及科技创新枢纽城市，未来城市将建设成为生活宜居，活力四射，交通便捷，配套立体完善，文化传承风格鲜明，生态和美的城市。各城市轨道交通开始着眼于区域轨道互联互通、区域轨道运营资源共享、区域快速枢纽体系建立和城市多层次交通融合等新的规划理念的创新，持续有效地支持各地区新城市空间格局的形成和社会经济的快速发展。

作为区域轨道交通应用场景的提供者，新时代区域轨道交通将依托千公里网络、千万级客流，一方面，应主动对接区域发展战略，持续完善区域各城市线网规划与建设，加快构建区（市）域（郊）快线网络，实现"跨界融合"和一体化"便捷出行"，形成"一张网、一张票、一串城"的格局，助力实现轨道上的都市，促进湾区社会经济融合、协同发展；另一方面，需坚持创新引领发展的传统，借助新一代信息技术，用互联网思维和技术对传统轨道交通进行重构和再造，形成"管理和服务共融、线上和线下互动、需求和资源匹配"的开放互联交通新业态、新模式，满足新时代乘客多元化的服务需求，促进轨道交通行业数字化、智能化转型升级，打造全智慧型的轨道交通产业生态链，支撑建设交通强国的国家战略。

目前，我们看到，国内城市轨道交通行业正面临如下几项全新的挑战。

①国内城市群、都市圈快速发展，传统分类别、分城市独立开展轨道交通专项规划的设计理念，已无法适应区域社会经济一体化发展需求，迫切需要从区域宏观视野推进大湾区或城市群多层次轨道交通的一体化协同发展。

国内粤港澳大湾区、长三角、京津冀和成渝城市群轨道交通发展迅猛。以城市轨道交通为例，截至2018年底，上述四大城市群的城市轨道交通运营里程近4000km，约占全国城市轨道交通运营总里程的70%。尽管国内各城市群轨道交通总量已经具备相当规模，但仍存在如下几点不足：

a. 四层级轨道交通网络并存，"跨层级融合"不足。目前，各城市群已从"普速铁路＋地铁"的传统二元结构，发展成为"高铁、普铁、城际、地铁"四网并存的多层级网络体系。各层级轨道交通虽已基本实现衔接换乘，但在跨层级互通互联和协同运输方面，仍存在一些障碍。如城际铁路按照国铁模式设计和运营，与地铁线网不能互联互通，无法实现公交化运营服务,不利于实现“一票式”联程和“一卡通”服务。

b. 区域内的城市地铁线网初步互联,“跨区域整合”不足。随着社会经济快速发展,城市群内相邻城市间客观上产生了轨道交通互联互通的需求,相邻城市地铁线网呈现出由边界换乘向贯通运营发展的趋势。但目前各城市线网规划因行政区界限制形成的地域性特征仍很明显,未从区域一体化规划的角度整合。

c. 多种制式并存,区域设施资源统筹、共享不足。以粤港澳大湾区为例,大湾区内已运营及规划的城市轨道交通不仅存在市域快线、地铁、轻轨、有轨电车等常规制式,也存在跨坐式单轨、云轨、云巴等各类新技术品种。制式复杂、系统多样的现状,不利于线网互联互通,不利于区域协同运输,更不利于大湾区轨道交通一体化和可持续发展。

d. 当前国家铁路、城际铁路和城市轨道交通相关技术标准和运营评价体系基本完备,但尚未形成区域协同运输、跨层级线网和跨城市线网互联互通的技术规则、标准体系和运营服务评价体系。各类轨道交通规划和设计标准在面对区域轨道交通一体化规划和设计的新需求下,存在较多不协调和不适应的地方,跨层级的行业技术壁垒现象仍很突出。

②当前科学技术快速迭代发展,全方位推动了传统行业发生巨变,国内城市轨道交通设计技术体系走到了发展变革的历史关头。

由于城市轨道交通从规划、立项、设计建设到投入运营周期长的固有特点,部分城市出现了线路投入运营时发现设计所采用的系统技术已经落后,走入重复建设“全新的旧线”的怪圈。信息化技术的巨大进步,使城市轨道交通行业呈现出如下三个新的发展趋势。

①以“技术迭代”取代“技术叠加”的发展趋势。过去几年,国内城市轨道交通行业技术创新取得了长足的进步,如广州地铁的“云支付”、上海地铁的“智能运维”、北京地铁的“全自动无人驾驶”等。但总体来看,仍未脱离在既有系统功能上不断叠加新技术、新功能,或是利用新技术手段改造传统系统设备,提升系统功能和服务能力的技术发展模式,导致城市轨道交通系统越来越复杂、投资造价和运营成本越来越高、运营维护越来越困难。新一代信息技术的发展实现了信息化与自动化双融合,互联网、物联网的发展更是将先进的智能传感、数字通信、数据处理、信息融合、计算机视觉等技术高度集成一体,城市轨道交通出现了以新科技手段为基础,颠覆传统系统技术架构,构建全新、精简、高效的新一代技术体系,以“技术迭代”取代“技术叠加”的发展新趋势。

②以“技术融合 + 信息共享”取代“自成体系 + 信息孤岛”的发展趋势。传统的城市轨道交通系统设计,严格按照专业划分,构建出近 40 多个自上而下的多层独立系统,各系统自成体系、信息封闭、管理单一、线网联动控制困难。在全新信息化技术融合与共享的发展趋势下,城市轨道交通各传统独立系统间的边界日益模糊,信息开放、共享和多系统融合联动取代传统封闭式独立系统设计的一体化发展趋势逐渐显现。

③新时代发展需求,以及国内独特的线网客流发展规律,凸显出既有城市轨道交通规划设计、建设和运营服务标准的不足,迫切需要与时俱进、创新发展。

a. 在规划方面,迫切需要总结城市社会经济发展水平、人口规模与轨道交通合理规模之间的匹配关系,城市线网极限运营承载能力与网络换乘客流分布规律,线路客流发展特征与站点周边用地类型间的对应关系,线网换乘车站设计规模、进出能力与网络行车间隔及乘客行为特征间的关系等新规律,优化提出更加科学合理的规划设计指标。

b. 在建设方面,结合城市环境保护、生态绿化、景观融合、安全有序等新要求,迫切需要进一步创新研究采用装配式建筑、盾构扩挖、结构变形实时监测预警等新技术,以及全封闭式工棚、全绿化外墙、细水雾喷射降尘、静音施工机具等环境友好的新手段，全面提升建设施工安全的可靠性，减少建设施工对城市居住环境、道路交通和环境空气质量的影响。

c. 在运营方面，迫切需要从乘客出行的角度重新定义线网运营标准，有效利用信息化等新技术手段，研究发展诸如移动端的最佳出行路线超前推送、出行前后以及车站内外的智能资讯个性化服务、无感知进出站安检及票务结算、实时车辆拥挤度显示及最佳乘车点引导、网络客流拥堵时的动态行车调整和乘客智能疏导等新服务手段，重新构建起以乘客为中心的运营服务标准和评价体系。

“为城市发展提速、为行业进步提速、为人民生活提速”，是城市轨道交通建设发展的初心与使命，它应该与人民群众相连、与自然和谐、与城市共生。面对新的历史阶段、新的战略机遇、新的发展趋势，迫切需要我们坚持“以人民为中心”的理念，勇于自我革新，系统建立以运营服务为龙头的规划、设计、建设标准，重构新时代轨道交通系统技术架构，合力推进并迎接城市轨道交通划时代的变革，以奋斗者的姿态、以实实在在的行动推动交通强国战略目标的实现，为中国经济社会的高质量发展和人民群众的美好生活做出更新、更大的贡献！

参 考 文 献

[1] 广州市地下铁道设计研究院，广州市轨道交通三号线项目建议书 [R]. 广州：广州市地下铁道设计研究院，2000.

[2] 广州市地下铁道设计研究院，广州市轨道交通三号线工程可行性研究报告 [R]. 广州：广州市地下铁道设计研究院，2001.

[3] 陈绍章，丁建隆 . 广州地铁二号线设计总结 [R]. 广州：广州市地下铁道总公司，2005.

[4] 丁建隆 . 合理构建城市轨道交通网络体系——多层次城市轨道交通与公交一体化的合理布局 [C]// 中国交通运输协会，台湾轨道工程学会，香港工程师学会 . 两岸四地城市轨道交通 / 捷运发展论坛论文集，2006：179-186.

[5] 中华人民共和国建设部 . 城市公共交通分类标准：CJJ/T 114—2007[S]. 北京：中国建筑工业出版社，2007.

[6] 中华人民共和国建设部 . 城市轨道交通工程项目建设标准：建标 104—2008[S]. 北京：中国计划出版社，2008.

[7] 中华人民共和国住房和城乡建设部 . 城市轨道交通技术规范：GB 50490—2009[S]. 北京：中国建筑工业出版社，2009.

[8] 中华人民共和国住房和城乡建设部 . 跨座式单轨交通设计规范：GB 50458—2008[S]. 北京：中国建筑工业出版社，2009.

[9] 欧阳长城 . 城市轨道交通线网发展特征分析 [J]. 城市轨道交通研究，2010，13(1)：7-11.

[10] 欧阳长城，陈波 . 城市快速轨道交通线网运营设施配置参数特征分析 [J]. 铁道建筑技术，2010，187(4)：23-26.

[11] 农兴中 . 广州地铁三号线工程设计研究与实践 [M]. 北京：人民交通出版社，2011.

[12] 刘智成 . 广州地铁四号线工程设计研究与实践 [M]. 北京：人民交通出版社，2013.

[13] 何霖，李红，方思源 . 城市轨道交通网络化运营的组织体系 [J]. 城市轨道交通研究，2014，(2)：1-3，7.

[14] 广州市交通规划研究院 . 广州市轨道交通线网规划修编 [R]. 广州：广州市交通规划研究院，2015.

[15] 广州地铁集团有限公司 . 广州地铁三号线工程竣工验收报告 [R]. 广州：广州地铁集团有限公司，2015.

[16] 何霖，方思源，梁强生 . 城市轨道交通网络化运营的挑战与对策 [J]. 都市快轨交通，2015，28(2)：1-5.

[17] 史海鸥，孙元广 . 地铁系统能力和服务水平的若干设计标准探讨 [J]. 城市轨道交通研究，2012，15(6)：23-28.

[18] 广州地铁集团有限公司 . 广州市城市轨道交通近期建设规划 [R]. 广州：广州地铁集团有限公司，2016.

[19] 丁建隆 . 关于搭建城市轨道交通行业云的思考与探索 [J]. 都市快轨交通，2016，29(3)：1-3.

[20] 上海市住房和城乡建设管理委员会 . 有轨电车工程设计规范：DG/TJ 08-2213—2016，J 13511—2016[S]. 上海：同济大学出版社，2016.

[21] 广州地铁设计研究院有限公司 . 广州市轨道交通新线工程设计技术标准 [R]. 广州：广州地铁设计研究院有限公司，2018.

[22] 广州地铁集团有限公司 . 广州市城市轨道交通行车组织设计规范 [R]. 广州：广州地铁设计研究院有限公司，2019.

[23] 中国土木工程学会标准与出版工作委员会 . 市域快速轨道交通设计规范：T/CCES 2—2017[S]. 北京：中国建筑工业出版社，2017.

[24] 广州地铁设计研究院有限公司 . 广州地铁列车、车站服务水平调研及服务等级分类研究 [R]. 广州：广州地铁设计研究院有限公司，2017.

[25] 孙元广，史海鸥 . 市域线快慢车组合运营模式研究与实践 [J]. 都市快轨交通，2013，26(2)：14-17.

[26] 朱国强 . 浅析城市轨道交通存在的主要问题及发展对策 [J]，中国高新技术企业，2017，06：125-126.

[27] 广州地铁集团有限公司 . 广州地铁五号线工程竣工验收报告 [R]. 广州：广州地铁集团有限公司，2017.

[28] 杨永平，赵东，边颜东 . 我国城市轨道交通发展政策的变迁 [J]. 都市快轨交通，2019，32(1)：4-8.

[29] 韩宝明，代位，张红健 .2018 世界城市轨道交通运营统计及分析 [J]. 都市快轨交通，2019，32(1)：4-14.

[30] 广州市交通规划研究院 . 广州市轨道交通站点客流波动特征分析 [R]. 广州：广州市交通规划研究院，2019.

[31] 郭福强 . 城市轨道交通换乘站站台宽度计算中客流取值的修正方法 [J]. 都市快轨交通，2019，(1)：67-71.

[32] 中国城市轨道交通协会 . 城市轨道交通 2013—2018 年度统计和分析报告 .